谨以此书献给美国外交部门的全体人员

他们的职业风范与献身精神支持着美国的外交事业

1919 年 1 月 25 日，威尔逊总统在巴黎和会上发表演说

华盛顿总统告别演说手稿。

嵌入人像：乔治·华盛顿，以斯图尔特（Gilbert Stuart）绘像为蓝本的雕刻像

【修订版】

大外交

DIPLOMACY

[美] 亨利·基辛格（Henry Kissinger）著
顾淑馨　林添贵 / 译

海南出版社
·海口·

版权合同登记号：图字：30-2021-063号

图书在版编目(CIP)数据

大外交 /（美）基辛格（Kissinger,H.A.）著；顾淑馨，林添贵译 .-- 修订版 . -- 海口：海南出版社，2012. 2 (2025. 12 重印).

书名原文 : Diplomacy

ISBN 978-7-5443-4073-1

Ⅰ . ①大… Ⅱ . ①基… ②顾… ③林… Ⅲ . ①国际关系史 – 史料②名人 – 生平事迹 – 世界 Ⅳ . ① D819 ② K811

中国版本图书馆 CIP 数据核字（2011）第 216739 号

大外交（修订版）

DA WAIJIAO (XIUDING BAN)

作　　者：［美］亨利·基辛格（Henry Kissinger）
译　　者：顾淑馨　林添贵
责任编辑：张　雪
策划编辑：黄宪萍
装帧设计：MM末末美书 QQ:3218619296
责任印制：郄亚喃
印刷装订：三河市祥达印刷包装有限公司
读者服务：张西贝佳
出版发行：海南出版社
总社地址：海口市金盘开发区建设三横路2号 邮编：570216
北京地址：北京市朝阳区黄厂路3号院7号楼101室
电　　话：0898-66812392　010-87336670
电子邮箱：hnbook@263.net
经　　销：全国新华书店
版　　次：2012年2月第1版
印　　次：2025年12月第21次印刷
开　　本：787mm × 1092mm　1/16
印　　张：53.75
字　　数：798千
书　　号：ISBN 978-7-5443-4073-1
定　　价：98.00元

序一

读读基辛格的《大外交》

一

基辛格是国际政坛中久负盛名、具有传奇色彩的外交活动家、思想家和著作家，是政坛不老松，也是学界常青树。值海南出版社再版基辛格的代表作《大外交》之际，我很高兴为此写几句话。

基辛格一生的最大成就，就是打开了美利坚合众国与中华人民共和国两国关系的大门。1971 年，时任美国国家安全事务助理的基辛格秘密来华访问，为美国总统尼克松访华基本敲定了行程。尼克松的“破冰之旅”标志着中美两国关系的历史车轮开始进入一个新的轨道，基辛格的名字也随之为中国人民所熟悉。基辛格第一次访华时，我还在湖南省益阳市工作。想不到 42 年后，我担任中国驻美国旧金山大使衔总领事，能有机会与他见面。更没有想到我们的缘分还在后面：我调任中国外交学院党委书记兼常务副院长之后，基辛格曾几次到外交学院演讲，与师生对话。他撰写的《大外交》更是外交学院学生广为阅读的书籍。

基辛格不是土生土长的美国人，而是生于德国的犹太人，如果不是 1938 年移居美国，他十有八九会成为德国纳粹的刀下之鬼。1943 年加入美国国籍后，他在美国陆军当了 3 年兵，然后进入哈佛大学，先后获文学硕士和哲学博士学位。基辛格毕业后留校任教，先后任哈佛大学国际关系研究班执行主任、国际问题研究中心负责人、讲师、副教授和教授。

1969—1973 年他任尼克松政府国家安全事务助理，兼任国家安全委员会主任。1973 年 1 月，他在巴黎完成了结束越南战争的谈判，并因此获得诺贝尔和平奖。1973—1977 年他任福特政府的国务卿，这是一个外来移民所能得到的最高政治职务。此后他在乔治敦大学任客座教授，兼任美国全国广播公司顾问、大通曼哈顿银行国际咨询委员会主席、阿斯彭学会高级研究员等职。1977 年 1 月，福特总统将总统自由勋章授予基辛格，并称赞他为“美国历史上最伟大的国务卿”。退出公职以后，基辛格于 1982 年开办以个人名字命名的国际咨询公司并担任董事长。一面依托自己的人脉进军商界，“无本生利”；一面发挥自己的特长纵论天下、评点时政。

基辛格是典型的学者型政治家和外交家，说他一生笔耕不辍、著作等身，一点也不夸张。他的代表作有《核武器与对外政策》(1957)、《复兴的世界》(1957)、《选择的必要：美国外交政策展望》(1961)、《麻烦的伙伴关系：大西洋联盟的重新估价》(1965)、《白宫岁月》(1979)、《纪录在案》(1981)、《动乱年代》(1982)、《大外交》(1994)、《美国的全球战略》(2001)、《论中国》(2011)和《世界秩序》(2015)等。

基辛格被中国官方称为“中国人民的老朋友”，他本人也引以为荣，且深以为荣。笔者认为，在中美关系史上，基辛格至少创造了 10 个“历史之最”：

• 中华人民共和国历史上最早访华的政要；

• 中华人民共和国历史上唯一一位秘密访华的政要；

• 中华人民共和国历史上访华次数最多的美国政治家；

• 访华时间跨度最长的美国政治家（1971—2019 年）；

• 唯一见过毛主席的美国国家安全事务助理；

• 跟中国领导人打交道最多的美国政治家；

• 见邓小平次数最多的西方政治家；

• 中美外交活动中最高龄出席人员纪录保持者（2021 年 7 月 9 日是基辛格博士秘密访华 50 周年的纪念日。中国人民外交学会和美国美中关系全国委员会于当天共同举办了纪念活动，中美各界人士共计 300 余人以线上或线下方式出席。98岁高龄的基辛格在美国通过视频连线方式出席该纪念活动并致辞）；

• 唯一出版过中国问题专著的美国政治家（39万字的《论中国》于2011年出版）；

• 个人著作在中国被翻译出版最多、发行量最大的美国政治家。

应该说，基辛格在中美关系史上创造的上述10个历史纪录，后人难以超越，甚至不可能超越。

二

作为外交学和国际关系理论领域的经典之作，《大外交》这本书是基辛格长期理论思考和从政经验的结晶，是基辛格现实主义外交思想的浓缩。学界普遍认为，《大外交》是一本描述国际关系史和美国对外关系史的书，是一本关于美国外交史的专著，是一本政治学理论和外交学理论的大作，更是一本分析当今世界格局和政治现实的名著。基辛格在该书中，以31章、70余万言的篇幅，自17世纪初的欧洲"三十年战争"和法国红衣主教黎塞留首开"民族国家利益至上"的现代外交之先河，到欧洲协调再到"一战""二战"至冷战和后冷战时代，时间跨度近400年。基辛格凭借在外交事务中的亲身体验，以其丰富的历史知识、深刻独到的视角、智慧幽默的文笔，展示了自黎塞留掌权以来特别是"二战"后几十年世界外交政治的诸多重大事件，分析了世界各国外交风格的差异，重点揭示了美国外交政策的思想实质。我们透过该书研究基辛格外交思想的最重要意义，就是要领略他在总结历史经验基础上的审时度势，以及机智灵活地处理现实问题的外交哲学。

基辛格在《大外交》一书中，对拿破仑、黎塞留、梅特涅、帕默斯顿、迪斯累利、俾斯麦、威尔逊、罗斯福、斯大林、杜鲁门、希特勒、戴高乐、张伯伦、法拉第、丘吉尔、赫鲁晓夫、尼克松、里根、戈尔巴乔夫等人外交风格的差异进行了独到精辟的点评，读《大外交》，仿佛与这些国际风云人物直接对话，引人深思。

基辛格是现实主义外交思想的大师，阅读《大外交》一书，我们可以领悟他基本的外交思想：

一、均势稳定思想。基辛格现实主义外交思想体系的核心是寻求建立均势稳定的国际秩序，这一思想在《大外交》一书中描绘得淋漓尽致，其基本理论逻辑有三：一是就客观必然性而言，均势是自然形成而不是刻意安排的。他从欧洲均势的历史经验中得到启示，指出均势常常是为了阻止某一国扩张野心而形成的，任何一国一旦具有了优势，必然对其他国家的安全构成威胁，而其他国家势必采取各种形式进行反抗。最后的结果，不是形成帝国霸权，就是出现均势。如果形成均势，那也是多种力量角斗的自然结果。二是构成均势的力量是难以估算的，因为力量处于变动状态，重要的是要对均势的本质达成共识，要看到均势稳定下的和平。三是均势体系虽不能避免危机或战争，无法让国际社会中的每一个成员都感到满意，但均势的作用并不在于阻止战争的发生，而在于防止稳定的国际秩序被推翻。他证明了均势理论同样适用于核时代，可以用来解决核时代的战争与和平问题。

二、国家利益思想。基辛格认为，国家利益必须得到明确界定。国家利益的全球化、复杂化以及相对化，要求各国明确界定国家利益的范围，即在何种情况下会涉及国家利益。要维持国际秩序的正常运转，就必须基于不同国家的利益考量，必须给不同国家的利益留下宽裕空间，要让体系内部的国家都有利可图。各个国家只有在具有共同的政治目标时，才会长期合作，国际秩序方能运行无碍。基辛格对国家利益的分析，明显不同于传统现实主义所强调的以国家利益为本的国家利益观。基辛格从国际社会相互依赖的全球化趋势来理解国家利益，而这正是随后兴起的新现实主义理论的出发点。

三、实力外交思想。基辛格的实力观念源于现实主义的权力观。他认为成功的外交总是和实力的使用分不开的。英国之所以能够在欧洲均势秩序中扮演关键角色，就是因为它运用了实力外交，才能始终在欧洲大陆扶弱抑强。俾斯麦这位被基辛格称颂的均衡大师就将实力外交玩于股掌，用基辛格的话来说，“在俾斯麦的现实政治原则下，外交政策成为一种实力的角逐”。所以，实力外交是维持国际均势秩序稳定不可或缺的组成部分。

四、有限战争思想。基辛格通常被认为是当代美国核战略与有限战争理论的领军人物。基辛格认为，核武器的发展和美国核垄断地位的丧失，使全面战争的结局只能是交战国两败俱伤。因此，全面战争已不再是执行政策的一个有意义的工具，有限战争才是核时代推行政策的可能手段，其本质在于威慑。威慑力量包括军事力量和使用力量的意志，二者缺一不可。基辛格的有限战争理论提出了对核时代外交战略的独到见解，深受美国朝野重视。

五、领袖素质思想。基辛格在寻求建立均势稳定的国际秩序过程中，特别重视政治领袖的素质，强调外交政策的制定和运作同国内结构及领导素质的关联。因为均势国际秩序的建立和维持稳定归根结底要由政治家来操控，包括对外政策的制定、外交战略的选择、外交策略的运用等。基辛格对政治领袖人物素质的基本要求有三条：一是政治家一定要有远见和魄力。他认为，“附和民众经验而画地自限的领导人注定会停止不前；超越民众经验的领导人又有不被谅解的风险”。二是政治家必须善于选择。他认为，“高明的政治领袖一定是设法保有越多的选择越好。他必然要求最佳选择，而非迫于情势。当代美国总统中，没有谁比罗斯福更擅长这种战术的运用”。三是政治家必须有勇气以及坚持到底的决心和信心。要做到这些，必须避免感情用事和草率行事，因为“轻举妄动对政治家而言是个所费不赀的嗜好，而且终有一天要付出代价。凭一时喜怒好恶而不顾及整体策略的行动绝不可能持久”。基辛格关于政治领袖素质的论述是服务于他所寻求的建立均势稳定国际秩序的外交思想核心的，他从历史的经验中已经总结出，不同水平的政治家对均势稳定国际秩序的建立的影响是不同的。

幽默、睿智、淡定、内敛、谦逊是外交家必须具有的品格，阅读基辛格的《大外交》和其他著作，有助于读者体会基辛格的外交哲学、外交心理、外交伦理和外交文理。基辛格书中充满智慧和幽默的一些话语，常常会引起读者会心一笑。例如，他说过：“在外行眼里大外交家都是狡诈的，而明智的外交家都懂得不能愚弄对手。”他曾敏锐地指出：“政治家必须权衡一下成功的奖赏和失败的惩罚，因为只许他猜一次。他不像一个观察家——在判断被证明是错误的时候，有权在另一篇论文中修正它。政治家的错误很可能是无可挽回的。”他曾这样描述中美关系：“美中建设性关系不是一国对另一国的恩赐，而是以共同利益为基础的”“美中分别是技术最先进的国家和人口最多的国家，他们有特殊的责任来化解分歧和寻求共同利益”。

三

从1997年《大外交》在中国首次出版，到现在已过去了25年。如今再版，仍然正当其时，很有必要。

我到外交学院上任后不久，曾特意去拜访前任吴建民先生。他曾担任驻法大使，是一位经验老到的外交家。他和基辛格是熟人，在他担任院长期间，曾特意请基辛格来外交学院演讲并与学生互动。吴建民特别对我谈到了八个字——“读错时代，要倒大霉”。这给我留下了非常深刻的印象。我们谈到了现在仍然是和平与发展的时代，也谈到了《大外交》的借鉴价值、启迪价值和参考价值。

从世界来看，和平与发展仍然是当今时代的主题，习近平主席也曾多次强调这个主题。从中国来看，已经进入了具有中国特色社会主义的新时代。如何认识和应对新冠肺炎疫情和俄乌战争对国际秩序和中国国家利益的冲击和挑战？如何认识和应对自特朗普上台以来出现的中美冲突？如何认识和处理中美俄的“三角关系”？如何认识和处理好台海危机、南海危机以及朝核危机？如何处理好中国自身发展与他国合作共赢的关系？读一读基辛格的《大外交》，肯定有助于我们认识和应对上述这些问题。

当然，我们不必，也不会完全认同《大外交》一书中的所有观点。但开卷有益，这是常识，何况《大外交》确实是一部经典之作。

2022年4月18日 袁南生

于外交部和谐雅园

（作者系前外交学院党委书记、常务副院长，曾任中国驻印度孟买总领事、驻津巴布韦大使、驻苏里南大使、驻美国旧金山总领事、中国国际关系学会副会长、中国国际法学会常务副会长）

序二

基辛格其人其书

一

对于任何卷入现代国际关系的国家而言，对外事务在和平时期关乎利益的增减，而在战争时期则直接意味着生存与灭亡。套用中国古代的一句老话“兵者，国之大事”，我们现在可以说“外交，国之大事也”。

经历了20多年的改革开放之后，今天的中国在一定程度上已经与不断扩展的世界经济体系，与相互依存关系不断加深的国际社会融为一体，中国内部的变化已经成为势不可挡的全球化进程的一个重要组成部分。冷战后的中国所面临的国际环境，比以往任何时候都更为复杂；同时，作为一个上升中的大国，中国在现存世界体系中的责任和地位也正处于变化之中，中国既有可能，也有必要在塑造自身的国际环境方面发挥更大的作用。现实呼唤中国外交要生发出更多的战略性理论思考，用基辛格博士的话来说，就是要有“外交哲学”，而不能仅限于把外交事务当作“行政问题”来处理。

海南出版社此刻推出基辛格所著的《大外交》一书，可以说正值其时。亨利·基辛格是20世纪最负盛名和传奇色彩的外交家之一，而1994年出版的《大外交》则是他的代表著作，凝聚着其长期从政经验和理论思考的结晶，堪称外交学或国际关系理论领域的经典之作。此书对中国国际问题学界的参考借鉴价值是不言而喻的。

二

《大外交》纵论古今，视接万里，洋洋近70万言。夸张一点说，读这本书可获得读四本书的功效。

首先，这是一本国际关系史著作。时间跨度近400年，从17世纪初的欧洲“三十年战争”和法国红衣主教黎塞留首开“民族国家利益至上”的现代外交之先河，一直写到20世纪末混沌不明的冷战后的世界秩序，读者可以对近、现、当代的国际关系历史进行全面通读。

其次，这是一本美国外交史专著。在对20世纪前的美国外交进行一番简单回顾之后，基辛格着重分析了第一次世界大战时期导致美国大规模卷入世界事务的威尔逊主义，以及此后近一个世纪的美国全球外交。在基辛格看来，威尔逊主义代表了美国外交思想的主流，其基本特征就是：强调道德主义，把外交中的政治问题法律化，对美好人性和世界和谐充满幻想。这种外交主流传统，来源于美利坚民族独特的历史经验和政治文化，而与世界其他人类（基辛格尤其着重于与旧大陆欧洲的比较）的现实政治权力均衡观大相径庭。20世纪美国外交的得失，以及深深打上美国烙印的本世纪全球政治的利弊，都与威尔逊总统所宣扬的这种道德主义外交紧密相关。

再次，这是一本政治学理论，尤其是国际政治方面的理论著作。本书的大量论述都超越了经验层次，极富哲理。比如政治领袖在历史上的作用，个人气质与政府政策的关系，传统体制和现代民主体制下公众与领导人的相互影响模式，历史经验与各个国家外交思想之间的深刻关联，权力均衡与观念一致的内在联系，等等。所有这些方面的论断都有其独到的心得，给人以理论上的启示。

最后，这是一本分析当今世界格局和政治现实的书。除了第一章“世界新秩序”和第三十一章“关于世界新秩序的重新思考”直接触及冷战后世界新秩序这个论题之外，基辛格在描述和分析历史的过程中，不断地把历史经验与当今现实相对照，其说明现实的取向是十分明显的。在这位亨利看来，今天的世界秩序类似于18、19世纪的欧洲由多个强国在权力均衡基础上建构的现实政治体系。美国虽然较之任何其他国家都更有力量，但并不能操控一切，只是“几个大国中的头一号”。其他大国包括中国、联合之后的欧洲、日本、俄罗斯和印度，它们在新秩序中的位置，与美国相比具有更大的不确定性。冷战后世界新秩序的整体性质还不明朗。

三

要给《大外交》在理论上定位，或者是说明此书与其他西方政治学和国际关系著作的异同，也要涉及四个方面：

第一，在观念上，这是一本现实主义著作。一般认为，西方的国际关系理论可以大致划分为现实主义和理想主义两大流派，两者的基本差异来源于对人性本质的看法不同。

现实主义理论认为，国际行为是由某些基本上无法改变的因素决定的，首先即是人类行为的本质，其次则包括地理等因素。他们断言，人性恶，并深负罪孽而贪婪，没有天生的善良，也不可能变得完美无缺，有很多因素制约了用政治制度改良和教育来从根本上改造人性的可能性。人类能够做到的，只是通过一定的制度安排把人类的冲突倾向和机会减少到最低限度，在国际政治层面，这就是符合势力均衡原则的制度安排。由于受到启蒙运动的影响，现代的现实主义信徒都深信，个人和国家对自我利益的追求，通过亚当·斯密在形容市场规律时所说的那一只“无形的手”，可以同时造福于全人类。现实主义者还认定，抽象的个人道德原则不能适用于国际行为。他们强调国际社会与国内社会的不同，即前者没有权威性的政治机构、法律制度和普遍接受的行为准则，而处于相似于国内有序政治结构和完全的无政府状态之间的某一点上。因此，代表国家利益行事的政治家必然体现出一种独特的行为准则，它与文明社会内的个人行为准则根本不同。

与此相反，理想主义者认为人类的行为是可以通过制度改良来加以改进的，在理论上看，还可能变得至善至美。理想主义者对人性的乐观信仰，在西方有其悠久的历史渊源并对现实政治发挥着强大的影响力。康德主义者和马克思主义者在人性可以达到完美境界的信仰上，其实是一致的。在国际关系层面，理想主义者强调国际行为必须受到文明社会通行的道德规则的制约，通过国际法和国际组织，通过集体安全安排，人们可以抛弃冷酷的现实主义权力政治，而实现永久和平。相对于现实主义者，理想主义者更强调内部政治结构与国际和平的关系，深信普遍的民主是消灭战争的根本途径。近年来盛行于西方的“民主和平论”就属于典型的理想主义流派。

基辛格是西方学界公认的现实主义理论代表人物之一，反映在《大外交》一书中，就是他在分析和评价任何历史事件与人物时，都是从现实主义的基本原则出发的。在他看来，历史上理想主义带来的问题比解决的问题多得多，而现实主义者之所以犯错误只是因其偏离了现实政治的原则。

第二，在方法上，这是一本传统学派的著作。随着战后行为主义计量分析学派在西方（特别是在美国）兴起，西方人文和社会科学界在方法上分成了传统主义者和科学论者两大派。

传统学派（又称古典派）强调社会科学研究对象与自然科学研究对象存在着根本差异，认为社会科学的研究者与研究对象的界线无法截然分开，价值中立是很困难的。传统主义者崇奉的历史 - 政治描述方法来源于哲学、历史和法律学等传统学科，其主要特点是明显依赖研究者个人的判断。他们一般对单个事件感兴趣，力图对涉及该事件的所有变量进行考察，深入理解其细节的微妙之处，借此来获得对事物的整体“感觉”。当然，传统主义者也经常把不同的事例放在一处进行对照和比较；他们偶尔也运用定量数据来说明一个论点，以省去推论的麻烦。但是，他们从根本上反对无视被测量的数字（事例）在质上的差别。比如，在有关战争的统计中，大国间的一场冲突与小国间的一场冲突可能同样被当成一个统计数字来处理，而实际上两者对国际关系的影响是完全不可同日而语的。传统主义者嘲笑科学论者迷信计量方法，往往通过煞费苦心的统计分析来论证通情达理的人们看来是显而易见的结论。他们坚信，社会科学的精髓在于发现事物质的差别，这种精细和微妙的差别只能用一字一句来表达，而不能靠同一化的数量统计来说明。

行为主义者的特点是在众多的不同事例中找出相同的变量，并通过统计分析来考察各个变量之间的关系。依靠对统计学规律的探索，他们确实发现了一些事物间新的因果关系。

《大外交》完全采用了传统方法，它对历史事件和人物进行的是深入细致的政治 - 历史描述，追求的是对事物本质的直觉把握。

第三，在风格上，这是一本糅合了理论演绎和个人实践经验总结的书。西方国际关系理论著作多数是学者的作品，纯理论色彩较强，往往力求通过演绎思维过程推导出概括性的结论。另有一大类则是著名政界人物的回忆录，其特点是对个人的从政实践进行经验性的、归纳性的总结。而《大外交》的作者既曾是在哈佛大学的“象牙塔”中面壁苦读20年的“学术隐士”，又曾是20世纪70年代叱咤国际外交舞台的政界高手，于是人们自然可以在阅读这本著作的过程中，既领悟到逻辑的缜密，又体会到来自第一手实践的“灵感”。

第四，从材料运用上看，这本书依据的事实主要是欧美的历史经验，非西方世界外交实践的经验没有在其中得到应有的反映，这与一般的西方国际关系著作并无不同。但是，与其他美国作者相比，《大外交》显然有更多的“欧洲特征”，这不仅表现在书中论述欧洲外交的篇幅远大于美国外交，而且表现在作者对欧洲外交传统的认同上。

四

《大外交》是基辛格的又一部个人著作，它的全部特征从根本上讲来源于其作者的个人特征。因此，对基辛格这个人物的了解有助于对《大外交》

这部论著的理解。

中国读者都知道，基辛格曾在20世纪70年代初中美关系缓和的进程中发挥过重要作用，此后又一直与中国政府和各界人士保持经常往来的良好的关系，堪称“中国人民的老朋友”。他的一些著作在中国也曾得到广泛传播，比如世界知识出版社曾先后出版过他的《核武器与对外政策》(1959)、《选择的必要：美国外交政策的前景》(1962)和《白宫岁月》(1980)。关于他的传记，三联书店曾翻译出版过马文·卡尔布和伯纳德·卡尔布兄弟所著的《基辛格》一书（1975），而世界知识出版社则出版过陈有为编写的《基辛格评传》(1980)。

总的来说，作为局势动荡多变的20世纪70年代中美国的头号外交家，基辛格是美国外交史上一个独特的人物，其外交思想与美国外交界的主流思想有很大差异。从观念和从政作风看，他更像一个“欧洲人”，而不是典型的美国人。

正是这位“欧洲型”的美国人成为了“多极化”理论的首倡者之一，并据此为美国设计了一套“均势”外交政策，于是有了20世纪70年代的中美和解、从越南撤退、与苏联缓和等一系列步骤。如果没有这位亨利，或者没有他在美国政坛的奇异擢升，中美两国领导人跨越太平洋的“伟大握手”完全可能要推迟发生。

基辛格的生活经历富有传奇性，并对其思想形成有重大影响。他于1923年5月27日出生在德国巴伐利亚州纽伦堡附近的费尔特市的一个犹太人家庭，原名为海因茨·艾尔弗雷德·基辛格，“亨利”是移民美国之后才改的名字。基辛格成长的年代是德国历史上极为动荡不安的时期。整个20世纪20年代，德国社会都不断交织着民族危机、社会危机、政治危机和经济危机。在此期间，以希特勒为代表的法西斯势力也像霉菌一样迅速滋生起来。到了20世纪30年代，基辛格一家也像其他德国犹太人一样，开始被纳粹的排犹主义魔影所笼罩，生活陷于恐惧和苦难之中。童年心理中的巨大阴影使他对人性的本质和人生的痛苦有着比常人更悲观的认识，因而更倾向于接受现实主义对世界的描述。

为逃避纳粹带来的失业、贫困和死亡的威胁，1938年，在基辛格15岁的时候，他们全家移民到美国纽约。初到纽约乔治·华盛顿高中念书的基辛格，当时最大的抱负是报考纽约市立大学，毕业后“当一个会计师”。但是随着美国加入第二次世界大战，亨利在1943年加入美军并奔赴欧洲的德国战场。1947年9月，他在退伍后，根据美国战时的《退伍军人权利法案》，获奖学金进入了哈佛大学。经过寒窗苦读，基辛格以优异成绩从哈佛大学政治系毕业，并立即转入研究生课程。1952年获文学硕士学位，1954年获哲学博士学位并留校任教，1957年任讲师，1959年升为副教授，1962年任教授，直至1969年离开哈佛进入尼克松政府任职。在哈佛期间，他完成了自己的思想建构，共发表了5部著作，分别是:《核武器与对外政策》(1957);《选择的必要：美国外交政策的前景》(1961);《重建的世界——拿破仑之后的欧洲：革命时代的保守主义政治》(1964年，此书实际是他的博士论文);《麻烦的伙伴关系，对大西洋联盟的重新评价》(1965);《美国对外政策(论文三篇)》(1969)。这些著作的一个共同特点是，作者深受欧洲哲学和历史经验的影响。在哲学和历史观上，他尊崇施本格勒、汤因比和康德；而在政治理念上，他成了梅特涅的信徒。

1969年1月，基辛格出任尼克松总统的国家安全事务助理。此后直到1977年年初福特总统下台为止，在长达8年的两届总统任期内，基辛格作为白宫的外交智囊和国务院首脑(1973年9月22日起兼任国务卿)，参与制订美国外交政策，执掌外交大权，穿梭于世界各地，权倾朝野，名噪一时。全面推行以现实主义权力观为基调的，“均势”与“实力”相呼应的外交战略。

退出公职之后，他成立了以本人名字命名的咨询公司，一面经商赚钱，一面纵论时政。既创造了个人年收入800万美元的高效益，又出版了7本新著，其中一本就是《大外交》。

五

《大外交》一书的内容极为丰富，每位读者都可以根据自己的理解而阐释出不同的意义。比如，对于笔者而言，该书的这样两个观点特别有价值：一是指出黎塞留和俾斯麦这类现实政治大师的成功本身，往往蕴含着反效果；二是论证了威尔逊的理想主义是怎样激发出美国民众的道德热情，使一个孤立主义的美国一步步卷入世界大战，而老罗斯福的现实主义政策为什么做不到这一点。

需要注意的是这样两个方面，首先是《大外交》在人物分析方面有独到之处，应该多加品味；其次则是基辛格对权力关系的考察，主要不在于资源的配置（这是多数现实主义学者喜欢着墨的地方），而是在于具体人物对事件和结果的控制，这有其值得借鉴之处。

总之，《大外交》是当今信息泛滥时代值得深思静览的“精品”。唯愿有更多的人读它，并在掩卷之后不感到失望。

金灿荣
中国人民大学教授

目录

第一章

世界新秩序

联合国大会一景

最能左右国际关系，作风也最矛盾的国家

几乎是某种自然定律，每一世纪似乎总会出现一个有实力、有意志且有知识与道德动力，希望据其本身的价值观来塑造整个国际体系的国家。17 世纪的法国在黎塞留（Richelieu）枢机主教的领导下，引进了以民族国家为基础，以追求国家利益为终极目标的近代国际关系的作风。18 世纪的大英帝国将“均势观念”（balance of power）发扬光大，使这个观念主宰了后两个世纪的欧洲外交。19 世纪梅特涅领导的奥地利重新建构了“欧洲协调”（Concert of Europe），而俾斯麦主政下的德国又使欧洲协调瓦解，使欧洲外交成为冷酷无情的政治权力斗争。

20 世纪最能左右国际关系的，作风却也最矛盾的国家则非美国莫属。再没有其他国家像美国一样，既绝对坚持决不容许外国干预美国内政，又如此一厢情愿地认定美国的价值观是放诸四海而皆准的。在日常的外交活动中没有比美国更务实的，但在追求其历史传承的道德信念上，也没有比美国更具理想主义的国家。没有任何国家比美国更不愿意介入海外事务，即使美国在海外的结盟与承诺均达到空前的范围与规模，这个立场仍然没有改变。

美国自开国以来始终自诩与众不同，在外交上形成两种相互矛盾的态度：一是美国在国内使民主政治更趋于完美，为其他国家的人民做榜样，

以此作为证明美国价值观优越性的最佳方法；二是美国的价值观使美国人自认为有义务向全世界推广这些价值。美国的思想就这样徘徊于怀念纯朴的过去与渴望完美的未来之间。虽然自“二战”结束后，国际现实使各国相互依赖的程度日深，但美国却仍在孤立主义与信守承诺之间摇摆。

认为美国只要做楷模及认为美国应主动出击的这两派学说都把以民主、自由商业活动及国际法为基础的全球国际秩序视为当然。但由于这种状态从来不曾真正存在过，此种高调在他国人听来，即使不被视为太天真，也难免让人觉得不切实际。然而，外国人怀疑的眼光从未浇熄伍德罗·威尔逊（Woodrow Wilson）、小罗斯福（Franklin Roosevelt）或罗纳德·里根（Ronald Reagan）等人的理想主义，其实也包括20世纪所有其他的美国总统在内。其结果是促使美国人相信，历史是可以超越的，如果全世界真心想要和平，就需要接纳美国的道德处方。

这两派的主张均是美国经验的产物。虽然共和国不止美国一家，但其他共和国均非刻意为实现自由的理想而缔造。没有别的国家的人民是打着为全民自由与繁荣的旗帜，远走新大陆开天辟地。因此孤立主义与传教士精神，这两个表面上如此相冲突的主张，正反映出美国人共同的基本信念：美国拥有世上最好的政治制度，其他人类只要放弃传统外交，跟美国一样信奉民主及国际法，即可获得和平与繁荣。

美国在国际上的经历一直是信仰胜过经验。自美国于1917年进入世界政治舞台以来，依仗其强大的国力及对理想的自我肯定，以至于本世纪主要的国际协议均是美国价值观的具体呈现，从国际联盟及《凯洛格－白里安公约》（Kellogg-Briand Pact）到《联合国宪章》及《赫尔辛基最后文件》（Helsinki Final Act），均是如此。苏联的解体似乎证明了美国理想的正确性，却也使美国无从逃避她始终不愿面对的世界局势。在逐渐显现的国际新秩序中，民族主义又卷土重来。各国急于追求本身利益远胜于坚持崇高的原则，而且竞争多过合作。我们找不到证据可以证明此种历史悠久的行为模式已有改变，或是在未来数十年中会有所变化。

在逐渐显现的世界秩序中不同于以往的是，这是美国有史以来首次面临的既不能退出又不能主宰世界舞台的困境。美国无法改变自成立以来便深自期许的使命，也不应希望有所改变。美国刚走入国际社会时，正值年轻力壮，也有实力让全世界顺从其对国际关系的理想安排。到 1945 年第二次世界大战终了时，美国国力之强（全世界的生产总值中，美国一度占了 35% 左右），仿佛注定她要根据自己的偏好来塑造整个世界。

约翰·肯尼迪总统（John F. Kennedy）在 1961 年充满信心地宣称，美国强大到足以“付出任何代价，承受任何重担”，以确保自由的胜利成功。30 年后，美国已不具备坚持立即实现其所有愿望的实力，而另一些国家已成长为强权大国。美国现在面临在不同阶段达成不同目标的挑战，而每一目标均是美国价值及地缘政治的需要相结合的产物。新出现的现实需要之一是：同时存在着几个实力相近的国家的世界，其秩序必须建立在某种均衡（equilibrium）的观念上，而这是美国向来难以接受的一种观念。

美国外交政策思想与欧洲外交传统于 1919 年在巴黎和会上交手时，历史经验的差异便极为明显。欧洲领袖想根据他们熟悉的方式调整既有的体系；美国的与会代表则认为，此次大战的起因绝非难以控制的地缘政治冲突，而是欧洲人做法不当所造成的。威尔逊在著名的“十四点原则”中告诉欧洲人，由此可知国际体系不应建立在均势上，而应以民族自决为基础，欧洲的安全不应仰赖军事结盟，而应建立集体安全，且其外交不应再由专家秘密进行，而应“以公开达成的公开协议”为准。显然，威尔逊来此主要不是为了讨论停战的条件，或恢复固有的国际秩序，而是想要把行之已近 300 年的国际关系体系加以重新建构。

美国人只要一想到外交政策，必定会认为欧洲的问题都是出在均势体系上。而自从欧洲首度必须顾及美国的外交政策时，欧洲领袖便对美国以全球改革为己任的想法不以为然。双方的态度仿佛都是认为，对方的外交行为模式全是任性的抉择，如果更加明智或不是那么好战，本应当会选择另外一种更能令人接受的模式。

事实上，美国与欧洲的外交政策模式都是其本身特殊环境的产物：美国所处的是近乎真空的大陆，毗邻的都是弱国，又有两大洋将虎视眈眈的强权国家隔离在外。由于美国没有面临需要与之抗衡的对等势力，自然不太可能全力投入应付平衡权力的挑战中，即使美国领袖曾有过“在背离欧洲的美国”模仿欧洲的这种怪念头，也不可能做得到。

让欧洲国家深受其苦的国家安全困境，美国在近150年后才开始面临。美国所面临的难题，便是参与了全是由欧洲国家引起的两次世界大战。每次美国参战，权力均势均已瓦解，这里显现出一个矛盾现象：受大多数美国人排斥的均势观念事实上保障了美国的安全，只要它运作良好。是均势遭到破坏才使美国涉入国际政治。

欧洲各国从未主动选择均势来作为历来纷争不休或旧大陆式喜好谋略的国际关系的规范。若说强调民主及国际法是美国独特的安全感所导致的，那么欧洲外交便是在严酷地打击下所形成的。

欧洲身陷均势政治之中，是因为其第一选择，即在中世纪统一诸国的美梦幻灭后，遗留下一群实力相去不远的国家。当这一群国家不得不相互打交道时，仅有两种可能的结果：要么是有一国变得异常强大，得以控制其他国家，最后形成帝国；要么是没有一国有足够的国力能够一统天下。在后一种情形下，最具侵略性的成员的言行会受到其他国家的联合抵制。换句话说，便是取得一种权力的均衡。

均势体系虽不能避免危机或战争，但如能作妥善安排，其作用则在于使一国控制他国的能力及发生冲突的规模受到限制。它所追求的是稳定缓和，甚于和平。均势依其自身含义，无法让国际社会中的每一成员都感到满意。它最能发挥功效的情形，是在对其不满的程度尚未超过受害一方已忍无可忍而力图推翻国际秩序的极限之时。

拥护均势的理论家常让人以为权力均衡是理所当然的国际关系形式。其实这种国际关系体系在人类历史上实不多见，在西半球从来不曾出现；在现代中国的领土上，自两千多年前的战国时代结束后，也成为绝响。在人类绝大部分的发展过程与历史演进当中，帝国才一直是典型的政治形态。帝国无意在某个国际体系中运作，它期望把本身建立为一个国际体系。帝国用不着权力均衡，这便是美国在美洲，及中国于历史上大部分时间里在亚洲执行外交政策的方式。

在西方，均势体系曾实际运作的少数例子仅存于古希腊城邦时期、文艺复兴时期的意大利及1648年《威斯特发里亚和约》(the Peace of

Westphalia）签订后欧洲民族国家兴起之时。这几个时期的特点是，把国际现实即同时存在着多个国力相当的国家，提升为国际秩序的指导原则。

就思想层次而言，均势观念反映着所有启蒙运动时期主要政治思想家的想法。他们认为整个宇宙，包括政治领域，均是依据理性原则运作，且这些原则会相互平衡。虽看似任意的行为，但只要是出自有理性的人，则总的来说是会趋于有利于公益的方向。然而继三十年战争后便几乎冲突不断的 17 世纪的欧洲，实在难以证明他们的理论成立。

亚当·斯密（Adam Smith）在《国富论》（*The Wealth of Nations*）中主张，有一只“看不见的手”会从个人自私的经济行动中，提炼出整体的经济福祉。在《联邦党人文集》（*The Federalist Papers*）中，麦迪逊（Madison）认为，在幅员足够大的共和国中，不同政治“派别”图谋私利的行为，在某种自动的作用之下，反而可以形成内政的和谐。由孟德斯鸠首倡并且实践于美国宪法之中的三权分立与制衡观念，也是出自同一观点。分权的目的是防止专制，而不是为了政府和谐；其用意在于使政府各部门，于追求本身利益的同时，能节制过分的行为，从而保障大家的利益。同样的原则被应用到国际事务上，各国追求本身利益之余，对国际社会也会有所贡献，仿佛有一只隐形的手能够保证，各国凭自由意志所作的选择必能为人类全体带来福祉。

百余年来，这个期待似乎并未落空。法国大革命及拿破仑战争造成欧洲失序后，各国领袖在 1815 年的维也纳会议上恢复了欧洲均势，设法以道德及法律的约束使国际行为走向中庸之道，缓和残酷的权力竞逐。但到 19 世纪末，欧洲均势又回复到权力政治，而当时的环境却是更不留情了。鄙视对手成为外交法则，导致一次又一次的实力决斗。最后，危机终于在 1914 年爆发，而谁也不肯退缩。欧洲始终未能自第一次世界大战的灾难中完全恢复其世界领袖的地位。美国脱颖而出成为世界的主导者，但威尔逊总统立即表明，美国无意于按照欧洲的规则行事。

美国历史上从未参与过均势体系。在两次世界大战之前，美国受惠于均势政治却不必置身其间，一面享受其好处，一面还对其大加挞伐。冷战期间，美国投入到在意识形态、政治和战略上与苏联的对抗之中，在此两强对峙的世界里，国际政治的原则与均势体系大不相同。在两极世界里，我们无法佯称不同势力的冲突会对大局有益，因为有一方得就必有一方失。美国在冷战中可谓不战而胜，如此的胜利却使她不得不面对萧伯纳笔下的两难："人生有两大悲剧。一是失去梦想，一是梦想实现。"美国的领袖总把自身的理想视为当然，很少认清这些价值对旁人而言是多么离经叛道，多么令人寝食难安。没有任何其他社会会认为，道德标准应一视同仁地应用于国际行为和个人行为，这跟黎塞留倡导的国家利益刚好相反。美国认为防止战争不但是外交挑战，也是法律挑战，美国反对的不是国际局势的改变，而是改变的方法，尤其是使用武力。俾斯麦（Bismarck）或迪斯累里（Disraeli）若有知，对这种外交政策只过问方法不过问实质的主张，必会嗤之以鼻。

没有国家像美国一样对自己有道德的要求，也未曾有国家让自己身陷道德与现实的拉锯之苦中。道德价值是绝对的，但应用道德的环境却天生就不完美。

冷战期间美国特殊的外交政策，应对当时的挑战极为合适。彼时意识形态的冲突严重，仅有美国一国握有政治、经济、军事等各方面完整的工具，可组织非共产主义世界的防御行动。处于此种地位的国家便能坚持己见，大可避免处于较不利地位的国家的政治家所需面临的难题；也就是说，处于不利地位的国家的政治家所能运用的工具迫使他们必须退而求其次，不可野心太大，环境更要求他们必须分阶段达成这些妥协后的目标。

冷战使传统权力观念受到相当大的破坏。人类历史上大多是军事、政治及经济实力彼此呼应，通常其消长是相互对等的，但冷战时期构成实力的各个因素却"各自为政"。苏联在军事上是超级强权，在经济上却是侏儒。也有国家可能是经济巨人，军事上却无足轻重，日本即是一例。

在后冷战世界里，这些因素很可能愈来愈趋于一致与对称。美国的相对军事力量会逐渐衰落，缺少明确的敌人会使国内产生压力，要求将资源转移到其他的优先要务上，此种发展现象已然出现。一旦单一的威胁消失，各国都会从本国的观点来考虑其危险，那些过去受美国庇护的国家会感觉必须要为本国的安全负起更大的责任。因此新的国际体系会朝均势的方向发展，即使在军事领域也不例外，虽然那或许需要数十年才能达成。这种趋势在经济上会更为明显，美国在这方面的绝对优势已开始动摇，挑战美国的危险性已缩小。

愈来愈分散又愈来愈全球化

21 世纪的国际秩序会出现一个似乎相矛盾的特点：一方面愈来愈分散；一方面又愈来愈全球化。在国与国之间的关系上，这个新秩序会更接近 18、19 世纪的欧洲民族国家体系，而不像冷战时期严格划分的两大阵营。到时至少会有六大强权：美国、欧洲、中国、日本、俄罗斯，可能再加印度，另有许许多多中小型国家；与此同时，国际关系已首次真正地全球化了。通信已是瞬间完成；全球经济活动在各大洲同步进行；有许多问题只能以全球式的方案加以解决，如核扩散、环境、人口爆炸及经济依存度日高等。

对美国而言，在地位不分轩轾的国家间，协调不同的价值观与迥然不同的历史经验，将是一种全新的体验，与上一世纪的孤立或冷战时期的霸主地位都会完全不同，这也是本书写作的主旨。其他主要国家同样面临适应新出现的世界秩序所带来的难题。

在现代世界中唯有欧洲曾有过多国体系，发明民族国家、主权及权力均衡等观念的也是欧洲。这些观念左右国际事务近 300 年之久。但过去实践国家意志的欧洲国家中，目前没有一个足以在新国际秩序中担当大任。为弥补这种相对弱势，他们正设法缔造一个统一的欧洲，这个目标令他们耗费了不少心力。但即使得以成功，仍不会自动出现现成的行为准则，供统一后的欧洲在全球舞台上行事时作为依据，因为以往从不曾有这样的政治实体存在过。

有史以来，俄罗斯一直是个特例。她很晚才步上欧洲的政治舞台，比法国及英国的统一晚了许多，而且欧洲传统的外交原则对她似乎都不适用。

俄罗斯与欧、亚、伊斯兰世界等三种截然不同的文化为邻，其人口中这三类民族都有，因此她从不是欧洲人观念中的民族国家。

随着历代君主不断并吞邻国的领土，版图不断扩大，俄罗斯的规模与欧洲任何一国都不成比例。更何况每征服一处新领土，纳入一个强悍的非俄罗斯新民族，就会使国家特征大为改观；此即俄国觉得非维持庞大的军队不可的原因之一，俄军的规模往往与真实的外在威胁无关。

在强迫性不安全感及宗教狂热两相激励之下，在欧洲的要求及亚洲的诱惑两相拉锯之下，俄国在欧洲均势中始终占有一席之地，但在情感上从不属于欧洲。征服与安全这两方面的需要在俄国领袖心中合而为一了。自维也纳会议后，俄国在外国土地上用兵的次数多过其他强权。论者常以不安全感来解释俄国的扩张主义，但俄国作家更常把其向外侵略说成是弥赛亚式的宗教使命。俄罗斯向外扩张很少懂得适可而止；一旦遭遇挫败，则愤愤不平、怨天尤人。在其历史上，俄国几乎总是一个不断寻找机会的国家。

苏联解体后的俄国发觉，自己置身于史无前例的疆界中。她必须像欧洲一样，花费一番苦心为国家重新定位。她是否会回归历史的循环，设法恢复往昔的帝国？她会否将重心向东移，更积极地参与亚洲的外交？她会根据什么原则及方法应对四周的动乱，尤其是动荡的中东地区？俄罗斯对世界秩序永远都很重要，而回答上述问题必然会带来的纷扰，对世界秩序也构成潜在的威胁。

中国也面临前所未有的世界秩序。中华帝国大一统的局面维持了两千年之久，事实上这个正统也曾有动摇的时候。战争在中国发生的频率不亚于欧洲，但中国的战争通常因争夺帝位而起，其性质多属内战，而非国际战争，而且迟早必然会导致新的中央政权出现。

19 世纪之前，中国从未有能够挑战其领导地位的邻国，也绝对想象不到会有这种国家兴起。外族侵入中国，推翻中国的王朝，到后来却完全被同化，使他们仍继续着中华文化传统。各国主权平等的观念在中国不存在；外族被视为未开化的夷狄，对中国只有藩属的关系，这正是 18 世纪英国首位派往北京的特使所获得的待遇。中国不屑于对外派遣大使，但不排斥以夷制夷。不过这只是权宜之计，不像欧洲的权力均衡是外交常态。中国也未能产生欧洲常见的常设性外交机构。自 19 世纪中国成为欧洲殖民主义侮辱的对象后，直至晚近——自第二次世界大战以来——中国才在其历史上从未有过的一个多极世界中再度现身。

日本也曾闭关自守。在 1854 年由美国海军将领佩里以武力打开门户之前，日本甚至不曾像中国一样，令蛮族自相残杀以制衡其势力，或想出中原与藩属这样的安排。与外界隔离的日本以其独特的风俗习惯自豪，借内战延续其军事传统，并深信其独一无二的文化可睥睨外来的影响，优于外来的文化，且最后必能战胜而非吸收外来文化，其内部结构便建立于此基础上。

冷战期间苏联是首要的安全威胁时，日本的外交政策能够认同千万里以外的美国。新的世界秩序及其多重的挑战，几乎一定会迫使一个有过如此光荣历史的国家，重新检讨其仰赖单一盟国的做法。日本对亚洲的均势势必更为敏感，此种感觉会超过对位于不同半球且须兼顾大西洋、太平洋、南美洲三方面的美国所作所为的感应。中国、韩国及东南亚对日本会形成与美国颇不相同的重要性，也会导致日本采取更自主的外交政策。

至于目前已逐渐成为南亚主要国家的印度，其外交政策在许多方面仍留有欧洲帝国主义全盛时期的遗风，并掺杂着古老文化的传统。在被英国人征服以前，印度次大陆千百年来从未被当做单一的政治实体统治过。英国派出小规模的军队便完成了殖民目标，因为起初当地人认为这只是一批统治者取代了另一批统治者。然而大英帝国建立起统一的统治后，她却被本身所引进印度的民主政治及文化民族主义所动摇。然而就民族国家而言，印度仍算是后起之秀。她忙于解决庞大人口的食粮问题，在冷战时期曾半认真地投入不结盟运动。但她尚未能在国际政治舞台上扮演与其幅员相当的角色。

因此，事实上这些必须负责建立世界新秩序的最重要的国家中，没有一国有面对正逐渐形成的多国体系的经验。过去从未有必须从如此众多的歧义观点中，或是在全球牵涉如此之广的规模上，组合出世界新秩序的例子。也不曾有必须将历史的均势体系与全球民主意见及当代爆炸性科技相结合的先例。

回顾历史，仿佛每一国际体系都必然有一个内在的一致性。一旦某个体系建立之后，我们很难想象如果作了不同的选择历史会如何演变，或是当时究竟可不可能做其他的选择。

在国际秩序形成之初，或许有许多的抉择，但任一选择均会挤压其他选项的空间。由于愈复杂愈难保持弹性，因此最初的抉择尤为重要。国际秩序是稳定，如维也纳会议后的情势；或是动荡不安，如《威斯特发里亚和约》及《凡尔赛和约》后的情势，取决于这一国际秩序对相关各方对于安全与正义的要求能够作何种程度的协调。

最稳定的两种国际秩序，即维也纳会议的产物及美国在二次大战后主导的国际秩序。占了观念一致的优势，参与维也纳会议的领袖，是对抽象事物有相同看法，对基本原则有共识的各国贵族；而塑造战后世界的美国领袖，则出身于极为一贯且历久不衰的思想传统。

眼前正在成形的世界秩序，则有待来自截然不同文化背景的政治领袖们加以建构。由于他们主掌着庞大而错综复杂的官僚体系，不得不耗费更多心力于行政管理，反而无暇顾及大局；他们崛起于政坛所依靠的也不必然是主政者所应具备的条件，更遑论建立国际秩序了。目前唯一可资借鉴的多国体系范例是欧洲社会所建立的，因此可能遭致许多国家反对。

但过去建立在多国基础上的世界秩序，不论是《威斯特发里亚和约》或当代，其兴起及衰落是了解现今政治领袖所面临的挑战唯一可资借鉴的经验。研究历史虽不能给我们提供即学即用的操作手段，但历史教训是类比式的，可帮助我们了解类似的情形可能有什么结果，而且每一世代必须自行决定，哪些情形确实可与历史相类比。

学者分析国际体系的运作，政治领袖则建立国际体系。分析者与从政者的观点大相径庭。分析者可自定研究主题，而政治人物所面对的却是客观环境塑造的问题。分析者可投入充分的时间追求确切的结论；但政治领袖最大的挑战却是时间压力。学者没有风险，如果结论错误，大可重新来过；政治领袖却只有一次选择，一旦出错便覆水难收。学者可掌握所有相关事实，其成败取决于个人学养；政治人物必须在眼前无法断定利弊得失的情况下当机立断，历史对他的评价将根据他如何明智地面对无可避免的变局，尤其是他如何维护和平而定。这正是为什么分析政治领袖如何解决世界秩序问题，检讨他们的成败及其原因，只可说是一个开端，却决非研究当代外交的止境。

第二章

关键人物：西奥多·罗斯福或是伍德罗·威尔逊

老罗斯福总统，1905年8月

威尔逊总统，1919年7月

美国不情愿地涉入了世界局势的旋涡

在 20 世纪初之前，美国的外交政策始终倾向于孤立主义。当时有两项因素促使美国走向国际事务：一是国力日渐强大；一是以欧洲为重心的国际秩序逐渐瓦解。在此过程中，老罗斯福总统（Theodore Roosevelt）与威尔逊（Woodrow Wilson）总统是两位关键人物。在他们主政期间，美国不情愿地涉入了世界局势的旋涡。两人均认识到美国在世局中应扮演重要角色，但他们却是以相反的理念解释美国走出孤立的原因。

老罗斯福总统是分析均势的老手，他坚持美国参与国际事务是基于国家利益需要，而且没有美国参与的全球均势对他而言简直无法想象。在威尔逊看来，美国是基于弥赛亚式的理由扮演国际角色；美国的义务不是维持均势，而是向全世界传播美国的原则。威尔逊执政时期，美国成为世界事务中的重要角色，他所宣扬的原则虽反映出美国思想中的真理，对旧世界外交官却代表革命性的转变。这些原则主张，和平有赖于民主的传播，国家应以与个人相同的伦理标准来评断，国家利益应包括遵守一套普遍的法律。

在欧洲均势外交的沙场老将看来，威尔逊这种外交政策的根本是道德的观点，令人诧异，甚至显得虚伪。但历史无视当时人们对其所持的保留意见，让威尔逊主义得以流传下来。威尔逊率先倡议成立世界性组织国际联盟，通过集体安全而非结盟来维持和平。虽然他未能说服美国民众接纳此议，但这个构想仍未夭折。最重要的是，自威尔逊关键性的任期之后，美国外交政策一直是遵循着他的理想主义方向前进，直到今天仍是如此。

美国对国际事务独到的应对之道并非于一夕之间形成，亦非受单独一人之感召而形成。美国建国初期的外交政策其实颇贴切地反映了美国的国家利益，即仅在于强化新国家的独立地位。

由于只要欧洲各国相互争斗便不致真正威胁到美国，因此开国元老显得很乐意在需要时运用人们嗤之以鼻的权力政治；他们的确特别擅长在英法之间玩弄这些手腕，不仅保住了美国的独立，更得以开疆辟土。在法国革命战争中，他们实在不希望任何一方获得决定性的胜利，因而宣布中立。拿破仑战争在杰斐逊眼中，是陆上暴君（法国）与海上暴君（英国）的争斗。换句话说，欧洲交战的各方在道德上是一丘之貉。刚独立不久的美国实行着较原始的不结盟策略，由此领悟到以中立作谈判筹码的好处，此后的许多新兴国家也颇懂得个中之道。

但美国反对旧世界的传统尚未到达肯放弃领土扩张的程度；相反地自一开始，美国便专心致志在美洲开拓领土。1794年后，美国签订了一系列对美国较有利的条约，解决了与加拿大及佛罗里达的边界问题，使密西西比河对美国开放贸易，并开始在英属西印度群岛建立美国的商业利益。其中最大的收获，是在1803年自法国购得路易斯安那（the Louisiana Purchase），带来密西西比河以西一片庞大的界线未定地，还连带西班牙在佛罗里达及德克萨斯境内的领土，由此奠定成为一大强国的基础。

决定出售这片土地的法国领袖拿破仑，对此种一面倒的交易有其旧世界的说法：

> “进入这片领土可使美国的地位永远屹立不摇，而我则为英国创造了一个迟早会挫其锋芒的海上对手。”

美国政治领袖不在乎法国是基于什么理由出售国家的财产，在他们眼里，谴责旧世界的权力政治似乎与美国在北美大肆扩张的作为毫不矛盾，因为他们不把向西开拓当作外交事务，而是视为美国的内政。

在这种情形下，詹姆士·麦迪逊（James Madison）谴责战争是所有罪恶的渊薮，是创造税捐、军队及其他一切“使多数人受少数人宰制的工具”的罪魁祸首。他的继任者詹姆士·门罗（James Monroe）却认为，从美国必须成为强国的角度替美国的西进政策辩护，就没有任何矛盾之处：

> “大家必然看得出来，领土拓展得愈远，只要不超出合理的限度，则两级（联邦及州）政府行动的自由便愈大；它们在安全上及其他各方面愈完善，对全体美国人民愈有利。领土的范围，不论大小，均赋予一个国家许多特点。它决定国家的资源、人口、自然环境的优劣。简言之，便是决定国力的强与弱。”

虽然美国立国初期的领袖偶尔会用欧洲权力政治的手法，但他们依然信守使美国独树一帜的那些原则。欧洲各国为防止可能独霸一方的强权兴起，打过无数的战争。在美国，实力加上地理上的距离使它自信，只要美国展现自己，任何挑战都会被克服。欧洲国家生存的空间小得太多，因此结盟共同对抗可能发生的变局；美国则因为距离遥远，其政策是着眼于抗拒真正发生的变局。

乔治·华盛顿（George Washington）告诫美国不得因任何理由缔结“永久性”联盟，便是基于如此的地缘政治因素。他说：

> “以人为的关系使我们涉入欧洲政治常见的变动中，或盟国与敌对国之间的分分合合‘非明智之举’。美国距欧洲遥远，采取不介入的态度，使我们得以走不同的方向。”

当时的美国不把华盛顿的这项忠告看作是务实的地缘政治判断，而当作是道德原则。以自由原则守护者自居的美国觉得，把海洋所带来的安全解释为上帝的旨意，把自身的行为归之于更高超的道德体认，而非其他国家所欠缺的安全屏障，是再自然不过了。

美国早期外交政策的主要论点之一是认为，欧洲战事不断乃源于其外交运作的尔虞我诈。欧洲领袖相信自私的利益相互竞逐，最后会得出和谐，并据此建构他们的国际体系。美国领袖却预期世界会由彼此合作的伙伴组成，而不是互相猜忌的敌人。他们否定欧洲领袖的观念，认为国家的道德应根据不同于个人的标准来评断。杰斐逊主张：个人及国家只存在着一套伦理制度，要感恩，要在任何情形下信守一切的承诺，要开放慷慨，最终要促进两方面的利益。

美国如此之理直气壮，有时令外国人深感刺耳，但反映出一个事实，即美国革命所对抗的不仅是与母国之间法律上的连属，也是欧洲的体制及价值观。美国把欧洲战乱频仍归咎于否定自由及人性尊严的政治体制当道。托马斯·潘恩（Thomas Paine）曾写道：

> “正如战争是旧世界的政治规则，各国之间所怀的敌意也不过是政府政策所激起的，目的在维持这个体制的精神。虽然人类不是彼此的敌人，但在错误的政治体制媒介下却成为如此。”

直到今天，和平有赖于民主体制推广这个观念，仍是美国思想的要义之一。美国传统思想始终认为，民主国家不会相互争战。不过有一个人，即亚历山大·汉密尔顿（Alexander Hamilton），他对共和国基本上要比其他政体更爱好和平颇不以为然：

> “斯巴达、雅典、罗马、迦太基全都是共和国，其中雅典及迦太基还是商业国，但它们打仗的频率，不论是侵略或防御，决不亚于同一时代的君主政体邻国。英国政体中有平民代表组成国会中的一院，商业也是英国数百年来最主要的目标，然而少有其他国家像它一样如此作战频繁的……”

但汉密尔顿只代表极少数人。绝大多数的美国领袖在当年跟现在一样，都深信美国负有传播其价值观以促进世界和平的特殊使命。当时也如现在一般，有歧见的仅在于用什么方法。美国应将传播自由体制当作外交政策主要目标加以积极推动，还是应仰赖以本身为榜样所产生的效果？

建国初期的主流看法是，新缔建的美国在国内实践民主最有利于民主政治的发展。以杰斐逊的话来说，美国有"公正且巩固的共和政府"，对全世界所有人民将是"活生生的标杆及模范"。一年后他再次谈及此一主题时说，美国事实上是"为全人类而从事新的政治实验，别人无法享有我们拥有的得天独厚的条件，我们有责任证明，一个社会允许其个体成员享有自由与自治可以达到何种程度"。

美国领袖强调美国行为的道德基础及美国作为自由象征的重要使命，造成欧洲公认的外交理念遭到排斥：均势可将自私自利的竞争导向最终的和谐；安全考虑超越法律原则。换言之，即国家为达到目的采取任何手段都属正当。

推行这些前所未有的观念的美国，在整个 19 世纪繁荣昌盛，其体制运作良好，其价值观获得证明。美国不知道崇高的原则与必要的生存手段之间会有冲突。久而久之，诉诸道德以解决国际争端的做法，产生了独特的进退维谷之感及纯美国式的烦恼。如果美国人对外交政策也必须像对个人生活一样讲究诚信，则国家安全应置于何地？的确，此一观念推至极致是否意味着道德比生存更重要？又或者以美国对自由体制如此之热衷，是否自然而然便使其最自私自利的行为也披上一层道德外衣？果真如此，那与欧洲的政治理由观念，即一国行动的得失唯有以成败论英雄，又有何不同？罗伯特·塔克（Robert Tucker）与戴维·亨德里克森（David Hendrickson）教授对此美国思想中的矛盾之处有精辟的分析：杰斐逊治国方略的两难在于，他明显否定各国素来赖以确保国家安全及满足野心的终极手段，但同时又不愿放弃导致国家使用这些手段的野心。换句话说，他希望美国鱼与熊掌兼得。既可享受权力的果实，又不致染患权力竞争通常会造成的后遗症。

迄今为止，这截然不同的两种态度始终是美国外交政策的主题之一。至 1820 年，美国找到折中之道而得以兼顾两方直到第二次世界大战后。在此期间，她不断谴责两大洋对岸的局势是均势政治造成的恶果，但对其本身在北美的扩张却美其名曰："天定命运"（manifest destiny）。

在进入20世纪前，美国的外交政策基本上十分单纯：实现国家的天定命运，避免海外事务的纠葛。只要情况许可，美国一定偏向民主政府，但拒绝采取行动来支持这些政府。当时的国务卿约翰·昆西·亚当斯（John Quincy Adams）于1821年说出了这种态度的要点：凡自由独立的标准得以施展或应该推行之处，美国会寄予关注、祝福及祈祷，但它不致向海外去寻找毒蛇猛兽加以摧毁。它衷心期盼全世界得享独立自由，但它仅拥护自己，只为自身奋斗。

美国如此独善其身的另一面，便是决定将欧洲权力政治排除于西半球之外，但必要时还要使用一些欧洲外交的手法。宣示这个政策的《门罗宣言》（Monroe Doctrine），起源于19世纪20年代以普鲁士、俄罗斯、奥地利为主的神圣联盟（Holy Alliance），她们意图压制西班牙的革命。英国原则上反对干预内政，因此也不愿支持神圣联盟介入西半球。

英国外相乔治·坎宁（George Canning）向美国提议共同采取行动，以阻止神圣联盟插手西班牙在美洲的殖民地。他的目标是不论西班牙的局势如何，切不可让某个欧洲强权控制了拉丁美洲。坎宁的想法是，没有了殖民地的西班牙就不会成为众矢之的，这会使他国打消干预之意或使干预失去意义。

亚当斯明白英国的论点，但不放心英国的动机。当时距1812年英国占领首都华盛顿还不久，很难让美国肯与过去的母国站在同一阵线上。于是他敦促门罗总统作出美国片面的决定，将欧洲殖民主义摒弃于美洲之外。

1823年宣布的《门罗宣言》，将隔开美国与欧洲的大西洋当作明确的界线。在此之前，美国外交政策的至上原则即美国不涉入欧洲的权力斗争。《门罗宣言》更进一步宣称，欧洲也不得涉入美国事务。而门罗总统对美国事务的定义涵盖整个西半球，的确够广泛了。

《门罗宣言》并不仅限于原则性的宣示，它更大胆地警告了欧洲各强权国家，新崛起的美国为维护西半球不可侵犯的地位将不惜一战。它指出，美国认为任何欧洲势力伸向"此一半球的任一部分，均对我们的和平安全构成危险"。

再有一点，不如两年前国务卿亚当斯所说的那么漂亮，门罗总统更为明白地指出不介入欧洲的争端："我们从不参与欧洲强权为本身事务而起的战争，参战也不符合我们的政策。"

美国在同一时间，既拒斥了欧洲，又解除了在西半球扩张的束缚。在门罗主义的护卫之下，美国得以推行与任何欧洲君主美梦没有多大区别的政策：扩张商业及影响力，并吞领土。简言之，即在不必玩弄权力政治的情形下，让国家跻身强国之林。美国对外扩张的欲望，与自诩比欧洲任何一国更纯洁更有原则的想法，从未有过冲突。美国不把扩张看成是外交政策，因此可运用本身的力量征服印第安人、在得克萨斯州打败墨西哥，而且觉得问心无愧。简单说，美国的外交政策就是不要有外交政策。

坎宁跟拿破仑在路易斯安那购地案中的地位一样，有权自诩是他一手扶植起新大陆以抗衡旧大陆的均势，因为英国表示会以皇家海军为《门罗宣言》的后盾。但美国抗衡欧洲只肯做到使神圣联盟不得进入西半球的地步。除此之外，欧洲各国必须自行维持其权力均衡，美国不会介入。

从此直到 19 世纪末，美国外交政策的主轴便是扩大门罗主义的应用范围。1823 年的《门罗宣言》警告欧洲强权，不要插手西半球事务。到《门罗宣言》届满百年时，其含义已逐渐扩大为美国在西半球掌握领导权的理论基础。1845 年波尔克（Polk）总统把美国并吞德州解释为，为防止某独立国成为"比其更强大的国家之盟友或属国"，以致威胁到美国的安全而不得不如此。换言之，门罗主义不仅是美国对已存在的威胁进行干预的依据，也使对可能的威胁采取行动变得合理化，这正是欧洲均势在美国的再现。

南北战争暂时打断了美国对领土扩张的注意力。此时华盛顿主要的外交政策考虑是如何防止南方联邦（Confederacy）获得欧洲国家承认，以免在北美土地上出现多国体系，连带带来欧洲外交的权力政治。但至 1868 年，安德鲁·约翰逊（Andrew Johnson）总统又回到以门罗主义为依据向外扩张的旧立场。这次是购买阿拉斯加：外国拥有或控制那些社群迄今一直阻碍美国的成长，削弱美国的影响力。当地长期的革命及无政府状态同样会伤及美国。

此期间在美洲大陆发生了比领土扩张更重要的变化，但所谓的大国几乎不曾注意到这一点，此即有新成员加入了他们的行列，美国已成为世界上最强大的国家。美国的工业生产总值在 1885 年超越当时公认的世界工业强国英国。19、20 世纪交替时，美国消耗的能源超出德、法、奥匈、俄、日、意的总和。自南北战争至 20 世纪初，美国煤产量增加 8 倍、钢条增加 5. 23 倍、铁轨总长度增加 5. 67 倍、小麦产量增长 2. 56 倍。移民使美国人口增长一倍。而且这个成长过程很可能愈来愈快。

任何国家的实力一旦如此大增，没有不想化实力为全球影响力的，美国的领袖也不免心动。约翰逊总统的国务卿西华德（Seward），梦想建立包括加拿大及大部分墨西哥在内的深入太平洋的帝国。格兰特（Grant）总统的政府曾打算侵入多米尼加共和国，也想过并吞古巴。这些企图在当时的欧洲领袖如迪斯累里或俾斯麦看来，必能够谅解且赞同。

但美国参议院仍专注于内政，否定所有扩张领土的计划。参院仅维持小规模陆军（25000 人），海军也很弱。直至 1890 年，美国陆军在世界排名 14，次于保加利亚；美国海军规模也比意大利小，虽然美国的工业力量是意大利的 13 倍。当时美国不出席国际会议，并被当作二流国家看待。1880 年土耳其缩减驻外单位，把驻瑞士、比利时、荷兰及美国的大使馆关闭。同时德国一位驻马德里的外交官，宁愿减薪也不愿被派往华盛顿。

可是当一国的国力到达南北战争后的美国水准，便无法永久抗拒借此在国际舞台上谋求一席之地的诱惑。19 世纪 80 年代末美国开始扩增海军，而直到 1880 年美国海军的规模仍比不上智利、巴西或阿根廷。到 1889 年，海军部长本杰明 · 特雷西（Benjamin Tracy）说服国会购置战舰，当时的海军史家艾尔弗雷德 · 塞耶 · 马汉（Alfred Thayer Mahan）还为此举提供理论基础。

虽然事实上是英国皇家海军保护美国免于欧洲强权的侵扰，但美国领袖并不把英国看成是美国的保护者。19 世纪从头到尾，英国均被视为对美国利益最大的挑战，皇家海军则被视为最严重的战略威胁。无怪乎美国一开始奋发图强，便动用素来受英国大力支持的门罗主义，设法把英国势力赶出西半球。

美国对此毫不留情。1895 年国务卿理查德 · 奥尔尼（Richard Olney）

以门罗主义向英国提出警告。他写道："如今美国在本大陆已是最高主权，其命令对其势力范围内的臣属等于法律。"美国"无尽的资源加上隔绝的地理位置使其能掌控大局，且几乎不可能受其他强国个别或集体的侵害"。美国对权力政治的排斥显然不适用于西半球。至 1902 年英国已放弃在中美洲寻求重要地位。

在西半球居于至高无上地位的美国，开始走向更广大的国际舞台。美国几乎是违反本身意愿地成为世界强国。在美洲扩张势力时，她已在四周海岸建立起强大无比的地位，却又坚持无意于施行大国的外交政策。等领土扩张大功告成后，美国发现不论本身的意愿为何，其所掌握的力量使她必然成为国际事务的要角。美国领袖或许仍执意主张，美国的基本外交政策是要做全人类的"标杆"，但不可否认，有些人已感觉到美国的实力使她有权对当代的问题发表意见，也不必等全世界都变成民主社会以后再参与国际体系。

老罗斯福，首位坚持美国有义务让世界感受其影响力的总统

对个中道理阐述最透彻的当属老罗斯福总统。他是首位坚持美国有义务让全世界感受其影响力，且应基于国家利益让美国与世界产生关联的总统。他跟以往的美国总统一样，对美国应造福世界的观念深信不疑。但他与前人不同的是，他认为除去不介入的利益之外，美国还有真正的外交政策利益存在。老罗斯福的前提是，美国跟其他强国没有两样，她不是独一无二的道德化身。若美国的利益与他国相抵触，她有义务凭借本身的实力取得优势。

老罗斯福的第一步是对门罗主义做最具干预意义的诠释，使之附和当时的大国主义理论。1904 年 12 月 6 日，在他自称为门罗主义的"必然结论"中，老罗斯福宣示一种在西半球只有美国可以行使的"文明国家"一

般干预权："……在西半球，美国坚守的门罗主义，可能迫使美国不论多么不情愿，仍不得不对恶名昭彰的恶行或无能，行使其国际警察权。"

老罗斯福在提出理论前已先有行动。1902 年美国迫使海地解决与欧洲各银行的贷款问题。1903 年她煽动巴拿马动乱，使之成为全面性的叛乱。当地居民在美国的协助之下向哥伦比亚争取独立，但直到美国在现今的巴拿马运河两岸建立起主权属于美国的运河区后其独立才得以实现。1905 年多米尼加成为美国的财政保护国。1906 年美国军队占领了古巴。

对老罗斯福而言，在西半球推行强力外交是美国扮演新的世界角色的手段，两大洋已不再足以使美国与世界隔绝。美国必须成为国际舞台上的演员，老罗斯福在 1902 年某次对国会发言时说得好：

> "国际政治与经济关系日益复杂且互相依赖，使所有文明轨道上的强国愈来愈有义务坚持对世界作适当的警察行为。"

在处理美国国际关系的做法上，老罗斯福居于特殊的历史地位。没有其他总统能如此完整地依国家利益界定美国的世界角色，或把国家利益与国际均势结合得如此天衣无缝。他同意全国人民的看法，即美国是全世界最理想的期望。但他与大多数美国人不同的是，他不相信仅靠实践公民道德，美国便能够维护和平或实现其命运。他对世界秩序本质的认识，更接近于帕麦斯顿（Palmerston）或迪斯累里而非杰斐逊。

伟大的总统必须是教育家，在人民的经验与前景之间发挥桥梁的作用。对于始终相信国与国之间和平是常态，个人道德与公共道德没有区别，而且相信对于影响世界其他地区的动乱，美国可以置身事外的美国人，老罗斯福总统可谓上了严肃一课。他一一驳斥这些基本假设，认为国际活动就是斗争，达尔文的适者生存论用在历史上比用在个人生活上更恰当。在他看来，温驯的民族必须强大才能继承地球的传承。美国不是一个榜样，而是一个强权，且有可能是最强大的。他希望在他的领导下把国家带进国际社会，使美国能像英国掌握着 19 世纪一样塑造 20 世纪，借庞大无比的国力，循明智温和的方式，以稳定、和平与进步为己任。

老罗斯福对美国外交政策思想中的许多主流信条感到不耐烦，他否定国际法的效力——国家若不能靠本身的力量保护自己，也不可能由国际社会加以护卫。他反对当时在国际上逐渐成为热门话题的裁军说："迄今尚无可能建立足以有效制止不当行为的任何一种国际力量。在此种情形下，强大且自由的国家若不能凭实力保护自身的权利，甚至在特殊情况下为他国的权利挺身而出，则不但愚昧，而且还是罪恶。最助长不公平的莫过于自由而开明的民族故意造成自己无能为力，却坐视专制及野蛮者武装自己。"

在谈到国际政治时，罗斯福的批评更为尖锐："对于威尔逊及布赖恩（Wilson-Bryan）那样信任流于空谈的和约、不能实现的诺言、各种纸上谈兵的文件，却没有有效的武力作后盾，我感到十分厌恶。在外交政策上有腓特烈大帝（Frederick the Great）与俾斯麦的传统，比以布赖恩或威尔逊的态度作为国家永久的方针，对国家或世界都要好得太多。缺乏武力支持的软弱无能的正义，百分之百与偏离正义的武力一样不道德，甚至更不可取。"

在实力决定一切的世界里，老罗斯福相信"势力范围"这个观念便代表世事的自然法则。势力范围指个别强国得以在广大的区域内享有压倒性的影响力，如美国之于西半球，英国之于印度次大陆。1908 年他默认了日本占领朝鲜之举，因为在他的观念里，认为双方关系必须由两国相对的实力来决定，而非取决于条约或国际法的规定："朝鲜绝对是日本的。虽然条约明文规定朝鲜应保有独立，但她本身无力于执行此一条约，若以为有其他国家会为朝鲜完成其本身力有未逮的目标，是绝无此可能的。"

由于老罗斯福持有此种欧式观点，难怪他对全球的权力均势眼光独到。这是其他美国总统所难以企及的，唯有尼克松（Richard Nixon）总统接近他的水准。最初他认为欧洲均势的大局多少有其本身的规律，美国没有必要介入。不过他曾明白表示，如果这个判断错误，他会力促美国干预其事以恢复欧洲的平衡。老罗斯福渐渐认为德国对欧洲均势是个威胁，开始使美国的国家利益向英、法的国家利益倾斜。

此举见于 1906 年的阿尔赫西拉斯会议（Algeciras Conference），会议的主旨是解决摩洛哥的未来。德国为阻挠法国在摩洛哥的独霸地位，因此坚持“门户开放”，并主张美国也派一位代表与会，因为德国认为美国在当地有相当大的商业利益。结果美国派驻意大利大使出席，但此人的表现令德国人大失所望。老罗斯福为地缘政治的考虑放弃了商业利益，反正那些利益也不大。在摩洛哥危机最严重时，亨利·卡伯特·洛奇（Henry Cabot Lodge）给老罗斯福的信中写得很清楚。他说：“法国应该跟我们及英国在一起，加入我们的区域及组合。这不论在经济上、政治上均是最稳当的安排。”

在欧洲，老罗斯福总统认为德国是威胁；在亚洲，他则担忧俄罗斯的野心，因此看好俄罗斯的主要对手日本。他表示：“世上没有其他国家比俄罗斯更掌握着未来的命运。”1904 年日本在英日同盟的保护下向俄国发动攻击。老罗斯福虽宣布美国保持中立，却偏向日本，他认为俄罗斯若赢得胜利，将是“对文明的一大打击”。日本击溃俄国舰队时，他高兴地说：“我对日本的胜利极为兴奋，因为日本遵从我们的规则。”

他希望俄国势力被削弱而非完全被排除于均势之外，因为根据均势外交的法则，俄国过于积弱只会使日本取而代之。他认为最符合美国利益的结果是，让俄国“与日本对抗，相互节制彼此的行动”。基于地缘政治的现实而非崇高的利他主义，老罗斯福总统邀请这两个交战国派代表，到他位于牡蛎湾（Oyster Bay）的宅邸谈和。最后的和约是在新罕布什尔州朴次茅斯（Portsmouth New Hampshire）完成的。此约使日本获得了有限的胜利，维持了远东的均衡。这使他成为首位荣获诺贝尔和平奖的美国人。他是因依均势及势力范围等原则谋和成功而得奖。在经过后一任总统威尔逊执政以后，老罗斯福此种做法显得实在不像美国的作风。

1914 年德国入侵比利时和卢森堡，此举虽大为违反确立这两国中立的条约，但他最初是持相当中立的看法：“对于违反或不尊重这些条约的行为，我不会偏袒任何一方。当大国做殊死战斗而四处转战之际，必会践踏到挡住庞大、紧张的交战国的去路者，除非这么做有危险。”

欧战爆发数月后，他改变了原先对违反比利时中立问题的判断，但可想而知，令他担心的不是德国违法侵略，而是这么做会威胁到欧洲的均势："各位相不相信，若德国战胜、击溃英国舰队，摧毁大英帝国，那一两年之内德国就会坚持要控制中南美洲？"他呼吁大规模重整军备，好让美国为协约国（Triple Entente）做后盾。他认为德国有可能获胜，这会对美国构成威胁。同盟国（Central Powers）若战胜，美国将失去英国皇家海军的保护，德国军国主义便得以长驱直入西半球。

老罗斯福之所以认为由英国海军控制大西洋比德国独霸要安全，是基于文化相近及历史经验等无形的非权力政治因素考虑。英美之间的确有很强的文化关联，是美德关系所无法比拟的。更何况美国已习惯于由英国统治海洋，对此觉得很心安，也不再怀疑英国有在美洲扩张的企图，但美国对德国却不能放心。1914 年 10 月 3 日，老罗斯福致函英国驻美大使表示（有意避而不谈他早先对德国不尊重比利时中立的判断）：如果是我当总统，我在 7 月 30 日或 31 日早已"对德"采取行动。

一个月后他在致鲁雅·吉卜林（Rydyard Kipling）的信中承认，很难根据他的理念把美国的力量投入欧战之中。美国人不愿走如此严格遵守权力政治原则的路线："倘若我坚守个人所有的信念，就不能领导我的同胞，因为他们不会追随我。我的同胞比较短视，而且不理解国际事务。贵国人民也是短视，但在这方面比美国人好一点。由于海洋的阻隔，我国人民相信他们对目前的战争不必恐惧，也没有任何责任。"

如果说老罗斯福的理念代表美国外交政策思想的极致，则它可说是由欧洲传统政治原则配合美国本身情形演变而来。他应被视为这样一位总统：在位期间正值美国奠定了美洲的盟主地位后，开始让全世界意识到其实力之时。但美国外交政策思潮并未就此停止，也不可能如此。附和民众的经验而画地自限的领导人注定会停滞不前；超越民众经验的领导人又有不被谅解的风险。美国人的经验或价值观，均不足以让美国承担起老罗斯福赋予她的角色。

这又是一个遭历史嘲弄的例子，美国后来是实现了扮演老罗斯福期待她扮演的领导者角色，而且是在他有生之年，但却是根据他所嘲笑的原则，而且是在为他所看不起的总统领导之下达成的。威尔逊是美国独树一帜的传统代表人物，他开创了美国外交政策思想的主流学派，而这一派的主张在老罗斯福看来，最多只能说是无关紧要，弄得不好反而有害美国的长期利益。

根据所有公认的外交原则来评断，这两位伟大的美国总统当中，老罗斯福的主张要高明不少。然而占优势的却是威尔逊：在 100 年后老罗斯福总统的成就固然受到肯定，但左右美国思潮的仍是威尔逊。老罗斯福了解在当年主导世界局势的国家之间，国际政治是如何运作的，对国际体系运作最有见地的美国总统非他莫属。但威尔逊真正掌握住了美国外交动机的主要脉络，其中最根本的一点便是，美国完全不把自己当一般的国家看待。美国既缺乏欧式外交的理论基础，也欠缺实务经验。欧式外交旨在使变动不已的各国势力保持均衡，为了这个目标就必须在道德上采取中立，并根据权力的微妙变化不断进行调整。不论权力政治的理论及教训为何，美国人民始终不变的信念是，实践及发扬民主自由是美国与众不同的根源。

只有以符合这种美国不同凡响的观念为号召，才能促使美国人采取伟大的行动。无论老罗斯福的主张在理智上如何吻合强国之间实际的外交往来，但他的理念并未能说服美国人投入第一次世界大战。反而是威尔逊用充满道德意味的言论感动了美国大众，虽然这在外国领袖看来相当令人费解。

威尔逊开创了美国外交政策思想的主流学派

威尔逊的成就令人惊诧。他排斥权力政治，却知道如何感动美国人。学者出身的威尔逊相当晚才进入政坛，他能当选是拜共和党内老罗斯福与塔夫脱（Taft）分裂所赐。他领悟出美国孤立主义的习性，唯有诉诸对本身理想自命不凡的国民性才能克服。他先是以积极拥护中立证明他的政府有维持和平的决心，后来却一步步地把走孤立主义的国家带向战争。号召美国参战时他不提自私的国家利益，而是表明美国别无所求，只是为维护原则而战。

1913年12月2日威尔逊首次发表国情咨文时，宣示了个人外交理念的要点，即后世所称的威尔逊主义。在他看来，国际秩序的基石在于国际法及国与国之间的信任，而不是均势或各国钩心斗角。他建议国会批准数个仲裁条约，理由是解决国际争端应仰赖具有约束力的仲裁而非武力：

> “判断美国与他国之间的纠纷只有一个可能的标准，而此标准涉及两项因素，即我们本身的荣誉及我们对世界和平的义务。在承诺新条约义务及解释既有条约义务时，均须通过如此组合的标准的考验。”

老罗斯福最看不惯的便是没有实力或执行意愿为后盾的高调。他在致友人的信中写道：“如果要我在铁血政策与弱势政策之间做抉择，我会选铁血政策，原因是，它不仅较有利于美国，最后也会较有利于全世界。”

同样的，老罗斯福建议增加国防支出以因应欧洲的战事，威尔逊也不以为然。他1914年12月8日第二次发表国情咨文时，欧战已开战了四个月。他在咨文中反对加强军备，因为这会让人以为这场战争使“我们失去冷静”，但战争的“起因与我们无关，且其存在使我们有机会建立友谊且提供中立的服务”。

他认为美国的影响力取决于她是否公正无私；美国必须站稳立场，日后才能挺身而出成为能取信于交战双方的仲裁者。老罗斯福曾认为，欧战（尤其如果德国获胜）最后势必威胁到美国。威尔逊却认为美国基本上与这场战争无关，因此应该扮演调停人的角色。由于美国所相信的价值高于权力均衡，因此欧战正是让国际事务转向更好的新方式的绝佳机会。

老罗斯福觉得这种想法实在荒谬，并指责威尔逊是想利用孤立主义论调助其在1916年的竞选中连任。其实威尔逊政策的动机与孤立主义恰恰相反。他所宣示的不是美国要撤出世界舞台，而是美国的价值观放诸四海而皆准，且时机一到美国便矢志要将这些价值发扬光大。他把自杰斐逊以来所形成的美国传统思想加以阐述，但目的在宣扬拯救世界的意识形态：

——使美国特殊的使命高于外交常态并使它有义务担任人类自由的模范。

——民主国家的对外政策在道德上高人一等，因为其人民天生便爱好和平。

——对外政策应反映与个人道德相同的标准。

——国家无权主张不同的道德标准。

威尔逊把这些美国道德高人一等的想法赋予了世界性涵义："我们无惧于任何其他国家的力量。我们在商业领域或其他和平领域的成就上不会妒忌对手。我们矢志照自己的意愿走自己的路；但也尊重他国的生存权。我们确实是世上所有国家真正的盟友，因为我们不威胁任何一国，不垂涎任何一国的财产，也不打算推翻任何一国。"

从未有其他国家是为了别国的利益而想领导世界。其他国家所在意的都是本国利益是否能与他国利益相配合。但自威尔逊以来到布什（George Bush），美国历任总统均以美国的大公无私为美国领导世界的主要号召。包括威尔逊及他后世的徒子徒孙，一直到现在，谁也不愿意面对一个事实，即对道德意识没那么重的外国领袖而言，美国的利他主义精神令人感到有些难以捉摸，因为国家利益可以计算，但利他主义的内涵就全看执行者如何定义了。

不过在威尔逊看来，美国社会的利他本质是上苍恩典的证明：仿佛是上帝的眷顾，有一片大陆被保留未开发，等待一群和平且爱好自由、人权高于一切的人们来此建立一个有福同享的国度。

这种美国的目标乃上天授意的说法，导致美国扮演的全球角色远超出老罗斯福所能想象的范围。因为他想要的不过是改善均势，并依美国国力的增长决定投入均势的程度。在老罗斯福的构想里，美国只是众多国家中的一员，实力强过大多数国家，属于强国，但仍脱离不了均势的基本历史法则。

威尔逊把美国推向完全偏离这种想法的层次。他鄙视均势，坚持美国的角色"不在于证明我们的自私，而在于证明我们的伟大"。果真如此则美国便不该独善其身。早在 1915 年，他即已提出史无前例的主张：美国的安全与全人类的安全密不可分。这意味着今后美国有责任对抗任何地区的侵略行为："由于我们要求依据我们所信奉的权利和自由原则，不受干扰地发展和管理自己的生活，因此我们厌恶本身不屑于为的侵略行为，不论它来自何方。我们坚持保有安全以执行自己所选择的国家发展路线。还不止于此，我们也要求他人得享同样的待遇。我们对个人自由及国家自由发展的热衷，不限于与切身有关的事件及范围。只要有某个民族想要走独立及民权这条艰苦的道路，我们都会有相同的热忱。"

如此把美国当成四处行善的世界警察，正是第二次世界大战后形成的遏制政策的先声。

老罗斯福总统再怎么样也想不到，会有如此一面倒的倡议全球干预的想法。但当年他是一位身经百战的政治家；而威尔逊是一位具宗教热忱的先知。政治家即使是沙场老将，所重视的是本身所生存的世界；但在先知的眼里，"现实"世界却是他们想要实现的境界。

原本是为要美国严守中立而提出的主张，经威尔逊解释后却成为扮演全球十字军的理论基础。在威尔逊看来，美国自由与世界自由没有太大的差别。他把乔治·华盛顿对介入外国事务提出告诫的本意做了极不寻常的诠释，充分证明在崇尚吹毛求疵的学术殿堂中的时间没有白费。他赋予"外国"的新定义，华盛顿若地下有知必会大感诧异。据威尔逊主张，华盛顿的本意是指美国必须避免介入他人的"目的"（purposes）。但有关人道之事没有一件"对我们而言是外国事务或无关紧要的"。

自开国元勋反对对外介入的训示中，推衍出全球干预的根据，把中立哲学引申为参与战争势不可免，这是多么的牵强附会！威尔逊不厌其烦地阐述他对美好世界的憧憬，借此把美国带向世界大战的边缘，他所唤起的理想主义及活力，似乎证明了美国蛰伏一个世纪正是为现在加入国际竞技场做准备，而美国的活力与天真是经验老到的盟国所没有的。欧洲外交在历史严酷的考验中变得冷酷、谦卑；欧洲政治领袖是透过美梦破碎、希望落空、理想因人类难以洞悉未来而失败这一面历史镜子来看事情。美国不知道有这种限制，因此即使不是大胆地宣称历史已到尽头，也必然会高唱历史无用论，同时把素来被视为美国独有的价值观转换成对全人类一体适用的普遍原则。于是威尔逊得以克服安全与孤立这两种思想之间的紧张对立，至少是暂时的克服。唯有为全世界人民而不仅只为自己，并且是以全人类自由的斗士角色自居，美国才有理由走入第一次世界大战。

德国击沉卢西塔尼亚号（the Lusitania），尤其是恢复无限制潜艇政策，成为美国对德宣战的近因。但威尔逊不是针对某些恶行而参战。此事无涉国家利益，也与破坏比利时中立或均势外交无关。参战是基于道德的理由，这场战争的主要目标是建立更公正的国际新秩序。威尔逊在要求宣战的演说中说："这是一件可怕之事，将这个爱好和平的伟大民族带入战争，带入最恐怖最惨痛的战事中，而文明本身似乎正处于平衡状态。但权利比和平重要，我们应为自己素来最关切之事，为民主，为受制于权威者对政府的发言权，为小国的自由及权利，为全体自由民族结合在一起而战，以致所有国家均可享有和平安全，终至为世界自由而战。"

因这些原则而战便不可能妥协，追求全面胜利是唯一能成立的目标。老罗斯福几乎必然会从政治及战略的角度来宣示美国参战的目标；威尔逊却标榜美国的公正无私，把参战目标完全诉诸道德。对威尔逊来说，战争不是无节制地追求国家利益引发冲突所导致的结果，而是德国无缘无故地打击国际秩序。更确切地说，就是真正的罪人不是德国而是德皇。威尔逊呼吁宣战时强调："我们与德国人民没有争执。我们对他们唯有同情及友情。他们的政府投入这场战争不是出于民间的冲动，也未事先让人民知情或征得其同意。这场战争的决定权与过去统治者从不听取人民意见，且战端总是为王朝的利益而启的那令人难过的时代没有两样。"

虽然德皇威廉二世（William Ⅱ）在欧洲早已被视为难以驾驭，但从未有欧洲领袖赞成罢黜他。没有人认为欧洲和平的关键在于推翻他或他的王朝。可是一旦涉及德国内部的结构问题，战争便无法借平衡相冲突的利益而得以妥协收场，一如十年前老罗斯福在日俄之间所达成的。1917 年 1 月 22 日尚未参战前，威尔逊宣称美国的目标是"不求胜利只求和平"，然而实际走上战场后，威尔逊所提出的却是唯有全面胜利才能获得和平。

他的这些宣言不久即成为大众公认的真理。即使经验老到如赫伯特·胡佛（Herbert Hoover）等人也开始指责德国的统治阶级心怀恶念，对“其他民族的命脉”虎视眈眈。对当时的气氛，康奈尔大学（Cornell University）校长雅各布·舒曼（Jacob Schurman）表达得颇传神，他认为这场战争是“天堂之国”与“恐怖武力的地狱之国”之间的斗争。

然而仅为了推翻一个王朝，不足以产生威尔逊言论中所隐含的全部含意。他把他的道德理念推向全世界，不仅德国，必须使所有其他国家均不得危害民主，因为和平需要“民主国家的合作”。威尔逊在另一次演说中更进一步表示，除非美国在全球传播自由，否则美国的实力便会萎缩：

> “我们缔造这个国家是为使世人获得自由，这个观念与目的并不限于美国，现在我们便是要解放世人。如果不这么做，美国将失去声誉，实力也会消散。”

威尔逊对参战目标说明得最详细的当属十四点原则，这留待第九章讨论。他的历史成就在于他认识到，若在道德信仰上无法令美国人信服，他们便无法长久支持重大的国际介入行动。

他的失败则在于把历史的悲剧看作反常现象，或归咎于个别领袖人物的短视或罪恶，以及除民意力量或民主体制普及全世界以外，他否认还有其他客观的和平基础。在追求和平的过程中，他要求欧洲国家在思想上或历史上均毫无准备的情况下，在它们刚打完仗已国疲民穷之际，从事他所理想的事。

300 年来，欧洲各国始终是以寻求国家利益的均衡来维持世界秩序，其外交政策以追求安全为目标，任何额外的好处则视为意外之财。威尔逊却要这些国家以道德原则为外交政策的基础，而安全最多只当作附带的结果。但欧洲对这种无所求的政策缺乏思想架构，更何况刚结束一个世纪孤立主义的美国，是否能持续如威尔逊的理论所主张的永久介入国际事务，尚有待观察。

威尔逊的出现是美国历史上的一个转折点，是罕见的领导人彻底改变本国历史方向的一个例子。若老罗斯福或他的理念得以持续到 1912 年，则参战目标的问题当是考虑美国国家利益的本质。他会把美国参战的理由放在，除非美国加入协约国，否则同盟国会得胜，并迟早会对美国安全构成威胁，事实上他也曾如此主张。

若如此看待美国的国家利益，久而久之美国必会采取类似于英国对欧陆政策的全球政策。三个世纪来，英国领袖的基本假设是，欧洲的资源若为独大的强权所掌握，则此强权便有能力挑战英国在海上的霸主地位，因而可威胁到英国的独立。自地缘政治的观点来看，美国也是欧亚大陆海岸外的一座孤岛，基于同样的理由也应觉得有必要反抗由单一强国主宰欧洲或亚洲，甚至由“同一”强权控制“两大”洲。基于这些推理，美国参战的主要缘由应该是压制德国的地缘政治势力范围，而非德国在道德上的出轨。

不过此种旧世界式的论调与被威尔逊激起的美国大众情绪相抵触，且至今仍是如此。即使老罗斯福也难以驾驭他所拥护的权力政治，虽然他至死都相信自己办得到。无论如何，他已不再是总统，而威尔逊甚至在美国参战之前即已明确表示，反对依据国际政治的既定原则来建构战后世界秩序。

威尔逊认为战争的原因不止于德国领导阶级的恶行，欧洲的均势体系也是罪魁祸首。1917 年 1 月 22 日他抨击战前的国际秩序为一“有组织的敌对”体系：

> “未来一切的世界和平及政策均取决于这个问题：目前的战争是为正义且安全的和平而战，抑或仅是为新的均势而战？世界必须是权力的共同体，而非权力的均衡；它必须是有组织的共同和平，而非有组织的敌对。”

他所谓的“权力共同体”是个全新的观念——虽然英国的威廉·格莱斯顿（William Gladstone）在 1880 年即已提出类似但未受重视的说法——后世称之为“集体安全”。

威尔逊深信世界各国对和平均享有同样的利益，因此会联合起来惩罚破坏和平者，于是他提议由爱好和平者的道德共识来保卫国际秩序：这个时代是拒绝一度支配各国意图的唯本国利益是问的标准，而要求各国接纳新秩序的时代，我们唯一要问的是："事情对不对？""公不公平？""合不合全人类的利益？"为使这个共识制度化，威尔逊倡议设立国际联盟——一个美国主导的机构。在此一世界组织的监督之下，权力将臣服于道德之下，武力将受民意指挥。他不断强调，如果大众能获知正确的信息，战争根本不会发生，他显然忽略了战事初起时在各国首都，包括民主的英法两国，所表现出的欢欣鼓舞与激昂慷慨。威尔逊认为，若要这个新理论发挥效用，国际政治至少须做两项改变：一是将民主政府向全世界普及，二是根据"与我们对个人所要求的同样高的荣誉标准"，努力经营"新的更健全的外交"。

1918 年威尔逊提到一个前所未闻的和平要件，也是一个野心奇大的目标，即"摧毁任何地方的每一个可能个别、秘密及独断独行地扰乱世界和平的专制强权；如果目前无法加以摧毁，至少也要将它压制到近乎无能为力的地步。"在此种态度之下建构的国际联盟不必诉诸战争便可解决危机。威尔逊在 1919 年 2 月 14 日的巴黎和会上说：整个条约（《国际联盟盟约》）主要依恃的是一股伟大的力量，即全世界舆论的道德力量——众目睽睽所产生的清除、澄清及强制等影响力……好让见不得阳光的事物，可经由世人普遍加以谴责的万丈光芒予以适当的摧毁。

维护和平将有赖于举世的共识并以具有警察功能的机制为后盾，而不再来自传统式强国弱国的实力计算。由民主程度高的国家集体担任"和平的信托人"，取代老式的均势及同盟体系。

过去从未有国家表现过如此崇高的情操，更勿论付诸实践了。但在美国理想主义的熏陶之下，这种情操便成为国家外交政策的一贯思想。自威尔逊以后每位美国总统均提出过大同小异的主张，但都不曾脱离威尔逊的主题。美国国内的议论主要是针对未能实现威尔逊的理想而发（不久他的理想已深入人心以致大家不再指明这是威尔逊的主张），反而不是辩论这些理想是否确实能对动荡的世局偶尔会出现的残酷的挑战，提供适当的指引。

近百年来批评者对威尔逊的分析及结论大肆抨击，然而在此期间他的原则始终是美国外交政策思想的基石。

不过他将权力与原则如此混为一谈，也导致这几十年来设法使原则与现实需要取得妥协时，美国良心所面临的挣扎。集体安全的基本前提是，每个国家对任何的安全威胁均有一致的看法，“而且”愿意冒同样的风险共同抵御此一威胁。类似的情况当时不仅不曾实际发生过，而且注定在国际联盟或联合国的整个历史当中也不会发生。唯有威胁的确大到令人难以承受的地步，也真正会影响到全体或大多数的社会时，才有可能出现此种共识，例如两次世界大战及区域性的冷战。但在绝大多数的情况下，以及几乎所有棘手的情况中，各国对威胁的性质或面对威胁愿做何种牺牲，往往各持己见。这早在 1935 年意大利侵略阿比西尼亚（Abyssinia，即今天的埃塞俄比亚），直至 1992 年的波斯尼亚危机，一直都是如此。至于要达成正面的目标或纠正被认为不公平的事件，想取得全球共识更是难上加难。具有讽刺意味的是，在后冷战的世界里，没有强烈的意识形态或军事威胁，对民主言惠而实不至的程度也超出以往任何时期，但达成共识的困难度不减反增。

威尔逊主义还凸显了美国国际事务思想中另一个隐而未现的分歧。美国是否有一种不论遭到何种方式的挑战均必须加以维护的国家利益？还是美国只应对抗（公道地说是一种）非法手段的挑战？美国在乎的是改变国际情势的事实抑或方法？美国是否一概排斥地缘政治的原则？还是需要透过美国的价值观重新诠释这些原则？倘若这些原则相互抵触，又应当如何取舍？

威尔逊主义的含义是，美国尤其应该反抗非法的改变方法，若是受到显然合法的方法所威胁，则美国没有值得维护的战略利益。直至海湾战争，布什总统仍坚持他是为反侵略而出兵，维护石油供给还在其次。冷战期间美国国内的一些辩论，便是有关美国有没有组织对抗莫斯科威胁的反抗力量的道德权利。

老罗斯福对以上这些问题的答案会非常肯定。主张国家对所有威胁一视同仁或打算以同一种方式回应一切的威胁，等于否定了他全部的理念。

他也难以想象会有受害者与侵略者可以共同加入且处之泰然的世界组织。1918 年 11 月他写过一封信称："我赞同这样一个联盟，只要我们的期望不要太高。我不愿扮演连《伊索寓言》都视为笑柄的角色，在这则寓言中羊与狼同意解除戒备，而羊群为表现诚意，请牧羊犬离去，结果它们却成了狼群的晚餐。"

到 12 月他又致函宾夕法尼亚州参议员诺克斯（Knox）称："国际联盟作用有限，但它越是自大，越是好高骛远，真正能成就的就越少。谈到它不免引起有趣但残酷的联想，令人想起一百年前以维持永久和平为宗旨的神圣同盟。沙皇亚历山大（Czar Alexander）便相当于在 100 年前推动和平的威尔逊总统。"

以老罗斯福的估计，只有神秘主义者、梦想家及知识分子会认为和平是人类自然的状况，而且可以由无私的共识来维持。他本人则以为，和平天生便很脆弱，唯有永远的保持警戒，以强者的武力及透过志同道合者的结盟，始能加以维护。

但他不是晚生了 100 年，就是早生了一个世纪。他对待国际事务的做法在 1919 年随着他一起辞世，从此之后没有重要的美国外交政策思想学派曾提起过他。相反的是，虽然尼克松的外交政策实际上容纳了许多老罗斯福的观念，他却主要以威尔逊的国际思想传人自居，还在白宫会议室中悬挂着一幅战时的威尔逊像，这真正证明了威尔逊在外交思想上大获全胜。

国际联盟未能在美国立足，因为美国尚未准备好承担如此全球化的角色。无论如何，威尔逊在思想上的胜利比任何其他的政治成就更根深蒂固。因为每当美国面临建立世界新秩序的任务之际，她总是殊途同归地回到威尔逊的观念上。第二次世界大战结束时，美国协助成立与国际联盟原则相同的联合国，希望能在战胜国的协议之下找到和平。当这个期望落空后，美国开启冷战战端，但不是诉诸两大超强国家之间的冲突，而是以民主的道德圣战为号召。

共产主义阵营剧变以后，威尔逊有关和平之道在于集体安全和民主体制普及全世界的构想，又同时为美国两大政党的政府所容纳。

美国在世界舞台上的主要梦想具体表现在威尔逊思想中：美国的意识

形态从某个角度而言，一直相当具有革命性，虽然在内政上美国人也一直自认为满足于现状。美国人倾向于把外交问题看成是善与恶之间的交战，因此通常对妥协或是对局部或无结论的结果不是很能接受。但美国又避免让地缘政治产生大规模的改变，常使人觉得美国是想维护领土现状，有时更是政治现状。美国相信法治，却发现其本身对和平演变的信念，与历史上几乎所有重大改变均涉及暴力和动乱这个历史事实之间，很难找到和谐。

美国发现必须在先天条件不及美国优厚的世界中，与生存空间狭隘、目标有限且极缺乏自信的国家合作，以实现美国的理想。对此美国始终锲而不舍。战后的世界多半为美国所创造，以致美国终于扮演起威尔逊当年所设想的角色，做举世的模范供人效法，做举世的希望供世人去追求。

第三章

由大一统到势均力敌：黎塞留、奥兰治的威廉亲王与皮特

奥兰治亲王威廉

黎塞留大主教

欧洲均势体系

现今史家所称的欧洲均势体系（balance of power system）出现于17世纪，在中世纪的欧洲对大一统的期望终于落空之后。此种世界秩序归于一统的观念是古罗马帝国及罗马教会传统的混合体，把世界看作是天国的写照。正如天国是由唯一的上帝统治，人世也应由一位皇帝统治，罗马教会也应由一位教皇领导。

基于此种精神，德国及意大利北部的封建诸侯全都笼罩于神圣罗马帝国皇帝的统治之下。及至17世纪，神圣罗马帝国颇具掌控欧洲的实力。相对而言，边界距莱茵河以西仍有相当距离的法国，或是英格兰，只是边陲国家。假如神圣罗马帝国皇帝对理论上归其治理的领土确能实行中央控制，则西欧各国与它的关系或许将类似中国与其藩属，法国就相当于越南或韩国，英格兰相当于日本。

然而中古时期，神圣罗马帝国皇帝大多从未能达到此种程度的中央控制。原因之一是交通及通信系统不发达，很难将如此辽阔的领土结为一体。但最重要的原因还是他实行政教分离。神圣罗马帝国皇帝不像埃及法老或俄国沙皇一样，被视为具有神性。西欧以外的任何地区，甚至东正教所辖的区域，均是政教合一，主要教会职位的任命均掌握在中央政府手中；教会方面既无力量亦无权威取得罗马教会所要求的自治地位。

教皇与神圣罗马帝国皇帝在西欧时而爆发的潜在的或真实的冲突，是后世宪政及分权思想即现代民主基础得以形成的背景。它使各个封建诸侯得以利用冲突的双方强化本身的自主权。由此导致欧洲的分裂，各公国、自治郡、自治省、自治教区各自为政。虽然理论上封建诸侯均对神圣罗马帝国皇帝宣誓效忠，实际上却是各行其是。有不同的王朝自封为皇帝，中央的权威几乎不存在。神圣罗马帝国皇帝尽管仍主张普遍的统治权，却无任何实现的可能性。在欧洲边缘的法国、英格兰及西班牙，虽仍属于罗马教会，却不承认神圣罗马帝国的权威。

直至 15 世纪哈布斯堡（Habsburg）王朝几近永久地保有皇位，又通过审慎的联姻取得西班牙的王位及庞大资源，神圣罗马帝国皇帝才有可能将大一统的理想落实为实际的政治体系。16 世纪前半叶，神圣罗马帝国皇帝查理五世，将帝国的权威恢复到有希望建立欧洲中央帝国的程度，其版图囊括今日德国、奥地利、意大利北部、捷克共和国、斯洛伐克、匈牙利、法国东部及荷兰。如此强势的组合则根本不会有类似欧洲均势的局面出现。

但就在此时，教皇权威因宗教改革影响而式微，也使得建立欧洲统一帝国的希望破灭。教皇威权强大时，对神圣罗马帝国皇帝有如芒刺在背，是强劲的敌手。及至 16 世纪教皇权衰，对欧洲帝国同样不利。皇帝们不仅自己这么想，也想要别人把他视为上帝的代理人。但在 16 世纪的新教徒地区，神圣罗马帝国皇帝不被看作上帝的代言人，反被视为与式微教皇结合的维也纳军阀。宗教改革使不受节制的诸侯在宗教及政治两方面均享有新的行动自由。他们脱离罗马教会即脱离了宗教上的大一统世界；他们与哈布斯堡皇帝的抗争则显示这些诸侯不再认为有向皇帝尽忠的宗教义务。

统一的观念衰微，在欧洲逐渐形成的民族国家需要某种原则作为她们反正统的理论基础，并规范彼此的关系。结果她们在“国家至上”及“权力均衡”这两个观念上找到依据。这两者相辅相成。国家至上论主张：为促进国家福祉，用任何手段均是合法的。国家利益取代了中世纪的世界道德观，均势则取代了对大一统王国的向往，并假定一国在追求本身的私利之际，无形中对其余各国的安全与进步也会有所贡献。

最早提出相关理论而且学说最完整的是法国。她也是欧洲最早的民族国家之一。神圣罗马帝国复兴，法国将是最大的受害者，因为，套句现代说法，法国很可能被“芬兰化”。当宗教约束力减弱，法国便开始利用宗教改革所造成的其邻国之间的对立。法国历任君主均认识到，神圣罗马帝国一步步地衰弱（甚至于解体）可加强法国的安全，而且运气好的话，还能让法国向东扩展。

黎塞留：现代国家制度之父

法国这项政策的主导人物出乎常情，是一位高阶教士，阿尔芒·让·普列西（Armand Jean du Plessis），即黎塞留枢机主教（Cardinal de Richelieu），1624—1642 年任法国首相。据说当教皇乌尔班八世听到他的死讯时曾说：“如果有上帝，黎塞留枢机主教就有得辩白了；如果没有上帝，那他的一生也够辉煌的。”身为政治家的黎塞留必然乐于听到这贬中带褒的评语。他由于忽视（其实是超越）当时的基本信仰，而建立了伟大的功绩。

少有政治家能像他一样对历史造成如此大的影响。黎塞留是现代国家制度之父，他提倡国家至上的观念，并为了法国的利益义无反顾地付诸实施。在他的倡导之下，这个观念取代了中世纪的世界道德观成为法国国家政策的指导原则。他的初衷是着眼于防止哈布斯堡王朝独霸欧洲，留给后世的却是一段传奇，引起后两世纪继他而起的君主企图建立法国在欧洲的霸权的野心。这些企图一一失败后，均势逐渐成形，最初是事实如此，后来则成为构建国际关系的一种理论体系。

黎塞留 1624 年上任时，正值哈布斯堡神圣罗马帝国皇帝斐迪南二世试图恢复罗马教会的一统，摈除新教，建立帝国对中欧各诸侯的主控地位。这个过程，这股反宗教改革的逆流，导致了后世所谓的“三十年战争”。它在 1618 年爆发，并演变成人类史上最惨烈的战事之一。

1618 年时，多属神圣罗马帝国版图的中欧德语区，分为两大武装阵营：新教徒与天主教徒。战争的导火线于当年在布拉格点燃，随即全德均陷入战火之中。随着德国的人力物力日渐消耗，各诸侯国极易成为外来入侵者进攻的目标。不久丹麦和瑞典的军队一步步攻入中欧，最后法军也加入战争行列。到 1648 年战争结束时，中欧已残破不堪，德国也失去了近三分之一的人口。在这场悲惨的战事进行期间，黎塞留主教将国家至上的原则应用于法国的外交政策，之后的一个世纪内它也为其他欧洲国家所沿用。

黎塞留在教会内位高权重，理应支持斐迪南致力于恢复天主教为正统的做法，但他把法国的国家利益看得比任何宗教目标更重要。他的枢机主教的身份，使他将哈布斯堡王朝重建天主教权威的企图，视为地缘政治上对法国安全的威胁。对他而言，这不是宗教行动而是奥地利的政治运作，目的在于称霸中欧，从而将法国降至二流国家的地位。

黎塞留的忧虑并非无中生有。大致浏览欧洲的地图即可看出，法国的四周均被哈布斯堡的领土所包围：南边是西班牙；西南边是意大利北部城邦，多为西班牙所控制；东边是法朗奇康德区（Franche Comte，今日里昂 Lyon 及萨瓦 Savoy 以北地带），也在西班牙控制之下；北边则是西属荷兰。少数不为西班牙哈布斯堡家族所控制的边疆，也受制于奥地利的哈布斯堡家族。洛林公国（Duchy of Lorraine）仍对奥地利的神圣罗马帝国皇帝表示效忠，今日阿尔萨斯（Alsace）境内的莱茵河沿岸各战略要地也同样效忠于神圣罗马帝国皇帝。一旦北德也落入哈布斯堡手中，则法国相对于神圣罗马帝国将处于危险的劣势。

西班牙与奥地利虽都信奉天主教，却无法令黎塞留放心。反而，他一心想要防止的正是反宗教改革势力的胜利。为追求现代人所谓的国家安全利益，即在当时，也是首度被称为国家至上的政策，他打算站在新教各诸侯这一边，并利用教会世界内部的分裂。

倘若哈布斯堡的皇帝们遵循同样的游戏规则，或了解正在形成中的国家至上的大势，他们必然看得出他们本身拥有着多好的条件，足以达成黎塞留所最担忧的奥地利凌驾各国之上，神圣罗马帝国成为欧陆主宰的局面。然而数百年来，哈布斯堡王朝的敌国却因其无法因应战术上的需要或昧于未来大势而受惠。哈布斯堡诸皇帝太讲原则，除非被击败，否则决不肯妥协。因此，自法奥长期政治对抗的一开始，他们对毫不留情的黎塞留的种种图谋，就处于挨打的局面。

斐迪南二世，黎塞留的对手，几乎肯定是从未听说过国家至上的观念，即使他曾有耳闻，必然也会斥之为大不敬，因为他以在世间实现上帝的意旨为己任，也一直强调他神圣罗马帝国皇帝头衔中的“神圣”两字。他决不会承认圣洁的目标可以以非道德的手段达成。他决不会想到要与信新教的瑞典人或信伊斯兰教的土耳其人订立条约，而黎塞留却视此为理所当然。斐迪南的策士，耶稣会（Jesuit）的拉莫麦尼（Lamormaini），由此写下这位帝王对未来的展望：

> “此等错误且败坏之政策，固风行一时，吾皇，以吾皇之睿智，自始便大加挞伐。吾皇以行此政策者无法与言也，因其多行不义，且误用上帝及宗教。图以上帝视为不义之手段增强一国之地位，实乃谬误之极。”

死守如此一成不变的教条，这种君王其谈判立场毫无妥协余地，更勿论讨价还价了。1596 年尚是大公的斐迪南就宣称：“在宗教上，吾宁死，亦不愿与脱离教会的教派妥协半步。”虽对他的帝国造成伤害，斐迪南却始终信守这个诺言。因为与帝国的福祉相比，他更在乎遵从上帝的旨意，他自认身负打倒新教的重责大任，即使做某种妥协显然更符合他的最佳利益。用现代的说法，他是个狂热分子。他的另一位策士奇欧皮厄斯（Caspar Scioppius）的话，颇能突显斐迪南的信仰：“对上帝格杀异端者之请仿若不闻之君，灾难已不远矣。汝不应为己启战端，仅可为上帝而战。”在斐迪南心目中，国家是为替宗教服务而存在，而非宗教为国家而生：“论国事，其对我等之神圣事奉重要之极，吾人不得时时以俗务为念，而须以上帝为仰望，唯以此为信仰之所在。”

黎塞留把斐迪南的宗教观当作战略性的挑战。私底下虽信仰虔诚，但黎塞留却完全以俗世的观点来看他身为首相的职责。救赎或属他个人追求的目标，但对政治家黎塞留而言，那无关紧要。他曾说：“人可不朽，救赎可待来日。国家不得永生，救赎唯有现下，否则万劫不复。”换言之，不论在什么世界里，国家行王道并无荣耀可言，唯有实力强大到足以采行必要的措施，才值得称道。

1629 年对斐迪南主动送上门来的大好机会，黎塞留绝不可能轻易放过。当时三十年战争已进入第十一年。新教各诸侯已准备接受哈布斯堡的政治领导地位，只要他们仍能享有宗教自由，并保有在宗教改革时期自教会手中夺走的土地。但斐迪南不愿因政治上的需要而牺牲其宗教上的天职。他拒绝了原可获得的重大胜利及保障帝国存续的机会，一心想革除新教异端，于是发布返还敕令（Edict of Restitution），要求新教各君主归还自 1555 年起夺自教会的所有土地。宗教狂热战胜了务实权宜，这是信仰凌驾自我政治利益考虑的典型例证。而战争也因此势必打到最后一兵一卒。

既然如此，黎塞留便决心让战事拖延下去，直到中欧民穷财尽。他也把在内政上可能有的宗教顾忌摆在一旁。1629 年黎塞留下令给予法国新教徒信仰自由（the Grace of Alais）。这正是斐迪南不惜一战想要阻止德国诸侯享有的自由。在使法国免于发生造成中欧分崩离析的内部动乱后，黎塞留开始着手利用斐迪南的宗教热情，来达到法国的国家目标。

斐迪南未能认识到其国家利益，事实上他根本否定此种观念的正确性，反使法国首相有机会支持并资助德国新教诸侯国对抗神圣罗马帝国皇帝。护卫新教诸侯的自由，反抗神圣罗马帝国皇帝的中央集权目标，这不像是法国高位教士黎塞留及信仰天主教的法王路易十三的作为。天主教会的重臣居然资助信奉新教的瑞典国王阿道弗斯（Gustavus Adolphus），向神圣罗马帝国皇帝宣战，其革命性的意义影响之深远，不亚于 150 年后风起云涌的法国大革命。

在宗教热情及思想狂热仍重于一切的时代，不涉及道德使命、冷静沉着的外交政策有如鹤立鸡群般地突出。黎塞留的目标是终止他所认为的法国身陷重围的险境，耗尽哈布斯堡王朝的实力，防止在法国边境出现强大的势力，尤其是邻接德国的边界。他结盟与否唯一的标准便是符不符合法国的利益。据此原则，他先是与新教国家同盟，后来甚至与伊斯兰教的奥斯曼帝国（Ottoman Empire）联盟。为消耗交战国的力量，拖延战争，他不惜援助敌人的敌人，贿赂、挑起叛乱，并搬出许多有关王朝及法理的论调。他的策略极为成功，以致1618年开启的战端，年复一年地打下去，直到史学家除了以其历经的时间——“三十年战争”外，找不出更贴切的命名。

德国战得焦土遍野时，法国作壁上观，到1635年，双方民穷财尽，似乎有停止敌对并愿意妥协谋和的迹象时，黎塞留却不希望在法王的势力足以与哈布斯堡皇帝相抗衡，最好是更强大之前，中欧出现妥协。有鉴于此，黎塞留在战争的第十七年时，说服其君王，法国有必要加入战争并站在新教这一边，而最好不过的理由便是，此乃扩张法国日渐增强的势力的大好机会：

> “若谓袖手旁观，不动干戈，以盟邦之力阻挡反我势力达十年之久，乃展现出奇之审慎；待盟邦无我难以为继时公然参战，则展现勇气与大智慧。此显示我等于维护吾国和平之上，乃师法经济大师，善聚财亦善用财。”

国家至上政策的制胜关键在于，是否能正确评估权力关系。普遍的道德价值有其本身的定义，不需经常加以诠释；事实上是不应有所调整的。但要判断力量的限度，便需要有相当的经验与独到的见地，并应不断随环境变迁加以调整。当然在理论上，权力均衡应是可以实际加以估算的；但实际上，要真正算出权力的平衡点何在却极端困难。更复杂的是如何调和本国与他国之间不同的估算结果，而这却是均势是否可行的先决条件。对于均衡的本质，通常要经过长期的冲突始能取得共识。

黎塞留对赢得此一挑战的能力满怀自信，他深信在根据目标决定手段时，可达到近乎数学般的准确度。在其著作《政治证言》（Political Testament）中，他写道：“依逻辑推理，欲支持之对象及支持其之力量应呈几何比例。”命运使他成为枢机主教，个人信念却使他更像知识分子，与主张人类行为可用科学加以解释的理性主义者笛卡儿（Descartes）及斯宾诺莎（Spinoza）等人为同道；因缘际会使他得以将国际秩序转变得对法国极其有利。总算有一位政治家，对自身有正确的评估。黎塞留对其目标认识得十分透彻，但倘若他没有能力做到以战术配合战略，则他个人及他的主张便难以历久不衰。

如此反传统、如此冷静镇定的政策，不可能不受到各方的攻击指责。不论均势原则到后世变得多么不可一世，在当时以道德律为基础的天下一家传统之下，它曾是众矢之的。著名学者让森厄斯（Jansenius）这一段对不顾一切道德原则的政策的大肆抨击之辞，便颇具代表性：

> “彼等相信世俗可毁之国可超越宗教与教会乎？笃信基督之君王岂应以在其领导统辖疆域内，彼无彰显暨保护其主耶稣基督之天职？彼岂敢直言上帝：汝之权力荣耀及喻众虔信于汝之宗教，宁可牺牲放逐，但求吾国昌盛安泰？”

而这正是黎塞留对当时的法国人的做法，即可想而知他对他的上帝所传达之信息。此种革命性的做法，被反对者视为极不道德又危言耸听，必会自曝其短，却最能充分反映出黎塞留的思想。身为法王的首相，他把宗教与道德均置于个人最高原则“国家至上”之下。

为他辩护者深得他本人“以子之矛，攻子之盾”的真传，以反对者的批评为武器。他们主张，追求国家利益才是最高的道德标准，违反伦理道德的不是黎塞留，而是反对他的人。

几乎可确定是在他的授意之下，提出正式反驳的是一位与政府关系密切的学者普瑞萨克（Daniel de Priezac）。对于指责黎塞留采取助长异端蔓延的政策是犯下道德罪行的说法，他以典型的马基雅弗利式论点加以反驳。他反指灵魂有缺失的是反对黎塞留的人。因为法国是欧洲最纯正最虔诚的天主教国家，黎塞留谋求法国的利益，就等于谋求天主教的利益。

普瑞萨克并未说明，他如何得出法国曾被赋予如此神圣的使命的结论。不过基于使法国强大符合天主教教会利益的前提，黎塞留的政策是极为道德的做法。更由于哈布斯堡的包围对法国安全构成了极大的威胁，势须加以突破，这使法王为达到最终合乎道德标准的目标，采取任何手段均不为过。他说：

“为求和平而以战争为手段，其后果即使违反个人初衷，亦非出于故意，而是迫于最严苛最残酷之现实需要。开启战端之意图若为正当，便可谓正义之战。因此最主要的考虑因素乃意图而非手段。为除恶以致有时令无辜者流血，此非战之罪。”

简而言之，就是目的正确，任何手段均无可厚非。

另外一位抨击黎塞留的是墨格斯（Mathieu de Morgues）。他指黎塞留操纵宗教，“一如汝之先辈马基雅弗利所揭示的古罗马人之所为，塑造之，解释之，运用之，唯其有助于个人目标之建成是问”。

墨格斯的批评与让森厄斯的主张同样义正词严，但亦同样不具说服力。黎塞留的确是墨格斯所指的操纵者，其利用宗教的做法也被墨格斯所说中。可以设想黎塞留必然会回以他仅是就世界的真实情况就事论事，近乎马基雅弗利的观点。他应该也与马基雅弗利一样，宁可这世界的道德意识更强烈，但他相信历史将依据他如何善用既有的环境及条件的成果，来评断他的是非功过。的确，倘若政治家的政绩是以其是否达成自订的目标为准绳，则黎塞留必属近代史上开创划时代新局面的大人物之一。因为他留给后世面目一新的世界，并奠定了法国后 300 年的政策。

遵循这个政策，法国成为欧洲最强的国家，大大拓展了其版图。“30 年战争”结束后，1648 年签订《威斯特发里亚和约》之后的 100 年间，国家至上原则逐渐成为欧洲外交的指导方针。不论后世政治家对黎塞留有多么景仰，或是他的对手斐迪南二世如何被世人所淡忘，他都会无动于衷，因为黎塞留不存有任何幻想，即使对自己也不例外。在其著作《政治证言》（Political Testament）中有一段：“就国事而言，有权力者便有权利，弱者仅能尽力顺应强者的意见。”这个准则在向外拓张的世纪被奉行不渝。

黎塞留对中欧历史的影响，与他为法国所立下的建树正好相反。他对中欧的统一深具戒心，处心积虑地防止其发生。极尽一切可能，他使德国的统一延后约 200 年。“30 年战争”的初期可视为哈布斯堡王朝企图成为领导德国统一的主导者，正如英国在诺曼人（Norman）的王朝主导之下建立民族国家，几世纪后法国也在卡佩王朝（the Capetians）统治期间的变化一样。黎塞留阻挠哈布斯堡成功，使神圣罗马帝国分裂为300余个政治实体，个个都是外交政策自主。德国未能成为一个单一国家，内部时有小规模的纷争，便无暇顾及向外发展。因此德国未能发展出全国性政治文化，地方各自为政，直至19世纪末始由俾斯麦完成统一大业。当时德国成为欧洲大多数战争的战场，其中有不少是法国发动的，所以它并未赶上欧洲第一波海外殖民热。到德国终于统一后，由于对界定国家利益缺乏经验，以致制造了不少本世纪最惨痛的悲剧。

但上苍常让我们尝到过犹不及的苦果。黎塞留看出，反宗教改革运动若成功，必会使法国沦为权力更加集中的神圣罗马帝国的附庸，可谓真知灼见，尤其如果明白民族国家乃大势所趋，定会有这种看法，他本人必也作如是观。但威尔逊的理想主义虽注定会出现理论与现实间的鸿沟，国家至上除非在高手的运用之下，否则亦难免于过度扩张的报应，而即使在大政治家手中也有过犹不及之虞。

原因是黎塞留倡议的国家至上观念没有预设的限度。要做到何种程度国家的利益才算获得保障？为求得国家安全需要打多少仗？威尔逊的理想主义号召奉行大公无私的政策，这有使国家利益长期遭到忽视的危险，而黎塞留的国家至上原则，也有玩火自焚的风险。这恰是法王路易十四继位后法国的状况。黎塞留留给后世一个占绝对优势的强大法国，分崩离析的弱国德国，及积弱不振的邻国西班牙。但路易十四却无法安于此种安全形势，他起了征服的野心。他无节制地追求国家利益，令其他欧洲国家提高警觉，并结合组成反法联盟，最后粉碎了他的企图。

尽管如此，黎塞留身后200年间，法国一直是欧洲最具影响力的国家，迄今也仍是国际政治上的要角。如此的成就各国少有出其右者。但他最大的成功之处在于，他是唯一抛弃中世纪道德及宗教束缚的政治家。而继他而起者势必继承其遗志，负责维持依其原则而运作的国际体系。这使法国失去了因对手出于道德考虑束手束脚而享有的优势，不同于黎塞留与斐迪南当年的情形。一旦各国遵循同样的游戏规则，要有所成就便相当困难。尽管国家至上曾为法国增添了许多荣耀，它却也带来无止境的追求，要扩张领土，要成为德国纷争的仲裁者，借以主宰中欧，直到法国民穷财尽，一步步失去主导欧洲大势的能力。

国家至上可作为个别国家的行为准则，但对如何面对国际秩序的挑战却未提供任何答案。它可能导致某些国家有称霸的野心，或是形成国际间的均势。然而均势很少是来自刻意的安排，反而常是为了阻止某一国扩张的野心而形成的结果，欧洲的均势便是因围堵法国而产生的。

在黎塞留所开启的世界中，各国不再受制于形式上的道德规范。假设国家利益即代表最高的价值，则统治者的职责便在于扩大及发扬国家的荣耀。强者势必想要主宰大局，弱者则会团结起来，以壮大本身的声势，从而对抗侵略者。如果弱国的同盟足以制衡侵略者，均势便会出现；反之，则必有一国会取得霸权。由于这两种结果都不是绝对的，因此经常需要诉诸战争来加以确定。在一开始时，法国或德国称霸的可能性与建立均势的可能性不相上下。此即欧洲花费百年的时间，才得以建立明确以均势为基础的国际秩序的原因。最初均势几乎完全是偶然的结果，不是国际政治预设的目标。

奇怪的是，这却非当时的哲学家的看法。他们是启蒙时期（the Enlightenment）的产物，反映的是18世纪的思想，即相信在各种不同利益的相互竞争之下，自然而然会出现和谐与公平。而均势的观念不过是这种寻常见解的延伸。其主要目的在于阻止一国独霸，维持国际秩序；其出发点不在于避免冲突，而是使冲突减至最少。对18世纪务实的政治家而言，要完全消弭冲突（野心或贪婪）只是梦想，应设法约束或节制人性中的黑暗面，才是长久之计。

启蒙时期的哲学家把宇宙看成是变动不已，有如一座运转不息的大钟，而且必然是越变越好。1751年，伏尔泰（Voltaire）对“基督教欧洲”（Christian Europe）的描述是：

> “由若干国家（states）组成的某种共和体（republic），其中有些是王国，有些是混合政体，‘但彼此全都和谐相处，全都奉行相同的公共与政治规范，在世界上其他地区是前所未见的’。这些国家‘尤其一致同意奉行尽可能维持彼此间的平等均势这个明智的政策’。”

孟德斯鸠（Montesquieu）也曾论及这个主题。他认为均势是自异中求同的结果：

> “欧洲之情形为各国均相互依恃……欧洲为由数省组成之单一国度。”

在这些主张提出的同时，18 世纪已经历了两次西班牙王位继承战，一次波兰王位继承战及一连串奥地利王位继承战。

出于同样的理念，历史哲学家瓦泰勒（Emmerich de Vattel），在“七年战争”的第二年（1758）写道：

> “不断进行之谈判使现代欧洲成为某种共和体，其成员各自独立，但因共同利益而结合，为维持秩序，保卫自由而团结。此即众所周知之均势原则兴起之背景，其宗旨为对国际事务有所安排，期使无任何一国得以居绝对优势，凌驾于他国之上。”

这些哲学家们是倒果为因。整个 18 世纪中，欧洲各国打过数不清的战争，却看不出一点是为实现国际秩序的共同目标而战的迹象。正当国际关系开始讲权力而非道德之际，许多新因素纷纷出现，使各国越来越难以衡量本身的情势。

于是各王朝为加强本国的安全，无不致力于领土的扩张。在此过程中，有数国的相对实力发生了剧烈变化。西班牙及瑞典沦为二流国家。波兰开始逐步走向亡国。俄罗斯（完全未参与《威斯特发里亚和约》）及普鲁士（只是次要角色）却逐渐强大。在成员相当固定的情况下，要对其均势加以分析已属不易。而在各国相对的实力变动不已时，想要评估其均势，在各国不同的评估结果中取得共识，则无异于缘木求鱼。

“三十年战争”在中欧造成的真空，招致邻国染指的野心。法国不断自西方入侵；俄罗斯自东边蚕食鲸吞；普鲁士则在欧陆心脏地带开疆辟土。这些国家当中，没有一个对哲学家们所极力推崇的均势，自觉负有任何特殊使命。俄罗斯认为自己鞭长莫及；普鲁士身为欧洲强国中最小的一国，其力量尚不足以左右整体的均势。各国国君均认为，加强自身的实力便是对整体和平最大的贡献，并把本身的作为归因于受一股无所不在的无形力量所驱使，其野心便没有任何限制。

国家至上观念的本质基本上是一种风险与利益的估算，腓特烈大帝（Frederick the Great）在普鲁士与奥地利关系素来良好，且有尊重奥地利领土完整的条约的义务时，仍夺取奥国的西里西亚（Silesia），他所持的理由便是明证：

> "我军之精良，部署之迅捷，简言之，即显著优于邻国之势，令吾国于此突发之紧急状况中，享有高于欧洲他国之无尽优势。英、法相互为敌。若法国插手奥国之事，英国必不能坐视，因此朕必得与其一结盟。英国不致忌妒朕之获取西里西亚，此举对其无损且彼亟须盟友。荷兰亦无顾虑，尤其阿姆斯特丹商界于西里西亚贷出之款项均获保证。倘与英荷结盟不成，仍可与法国联手，彼无从破坏吾国之计划，亦乐见奥国之衰微。如此仅余俄罗斯值得顾虑。如女皇在位，我等可贿赂其大臣；若其辞世，俄人将内斗不已，无暇顾及外务。"

腓特烈大帝将国际事务看作一盘棋。他为扩大普鲁士的势力而夺取西里西亚。他心目中唯一考虑的阻碍是来自强国的抗拒，而非道德戒律。他分析的是风险与报偿如何：倘若征服西里西亚，别国是否会报复或要求补偿？

他所得的结论是此举对其本身有利。他并吞西里西亚的行动，使普鲁士跻身强国之林，但也因各国须应对这股新崛起的势力，而引发一连串的战事。最先是在1740年至1748年间进行的奥地利王位继承战（the War of the Austrian Succession）。普鲁士有法国、西班牙、巴伐利亚（Bavaria）及萨克森（Saxony）为盟国，英国则支持奥地利，萨克森于1743年投入英、奥这一阵营。接着是"七年战争"（the Seven Years War），1756—1763年，交战国也有变化。奥地利此次与俄罗斯、法国、萨克森及瑞典为伍，英国及汉诺威（Hanover）则为普鲁士后援。各国作战的动机纯粹是利害关系的考虑，不涉及任何国际秩序原则。

然而在这看似混乱，各方一味只求壮大自己的争夺战中，却渐渐出现一种平衡。这并非各国自我节制的结果，而是因为没有任何一国强大到足以让其他国家屈服、从而建立帝国的地步，即使法国也办不到。每当有某一国可能占上风时，其邻国便会联合起来，不是为了实践某种国际关系理论，而是纯为防范最强国家的野心，保护自身的利益。

这连年不断的争战并未像前面的宗教战争一般惨烈，原因有二。18 世纪的统治者动员国家资源的能力，反而不及宗教、意识形态或民选政府所能激起的同仇敌忾的情绪。他们受制于传统，或许也因为不敢课征所得税和其他现代的苛捐杂税，使之能够用于作战的国库财富有限。

最重要的还是英国的出现。英国的外交政策明确支持维持均势，这强化并维持着欧陆的均势。英国的政策是衡量情势，然后站在较弱或受威胁较大的一方，以为制衡。首倡这个政策的是英王威廉三世（King William Ⅲ），他是个果决而有世界观的荷兰人。在祖国荷兰，他曾备受法王路易十四的野心所苦，即位为英王后，便利用每一个可能的机会，联合他国来对付路易十四。英国是欧洲各国当中唯一不需在欧洲扩张便可维持国家最高利益的国家。有鉴于欧洲的均势对英国有利，因此她成为对欧陆仅求其不出现独霸的强权，此外别无他求的唯一一国。为达成这个目标，英国愿加入任何反对独大势力的组合。

威廉一世：对抗路易十四的先锋

经由在英国领导之下频频变换的各种对抗法国的野心的组合，欧洲的均势渐次成形。几乎 18 世纪的每一场战争，还有以保卫自由为名，一如黎塞留最初在德国所号召的对抗哈布斯堡的理由，在英国领导下组成的每一个对抗法国的联盟，其目的都是为了追求平衡。各国得以保持势均力敌，正是因为反对法国霸权的力量大到无法压制，也因为一个半世纪来的对外扩张逐渐耗尽了法国的国力。

英国扮演制衡者的角色乃是反映地缘政治的现实需要。像这样一个位于欧洲外海的小岛，设若整个欧陆的资源全部汇集在一个统治者之下动员起来，则其生存势必受到威胁。因为如此一来，英格兰（1707 年前尚未与苏格兰合并）所拥有的资源及人口均远远有所不及，迟早会落入某个欧陆帝国的统制之下。

1688 年英国的光荣革命使她与法王路易十四产生直接冲突。光荣革命罢黜了信仰天主教的英王詹姆士二世（James Ⅱ），并在欧陆寻找信仰新教的继任者，最后选中荷兰君主奥兰治亲王威廉（William of Orange）。他对英国王位的继承权相当薄弱，只因为他娶了詹姆士二世的女儿玛丽。威廉入主英国后，也带来了他正与路易十四进行的战争，争夺的目标即后来的比利时，那里有成群的要塞及港口，要接近英国的海岸是易如反掌（虽然这层顾虑是渐渐才显现的）。威廉深知若路易十四成功地占领这些要塞，不但荷兰的独立地位不保，法国称霸欧洲的可能性大增，而且英国也会直接受到威胁。于是他决定派遣英军为今日的比利时与法国作战，这可算是 1914 年德国入侵比利时时，英国也决定派兵的滥觞。

自此威廉成为对抗路易十四的先锋。身材矮小、驼背、又有气喘的威廉，乍看之下实在不像是注定要挫太阳王威风的人物。但这位君主有铁一般的意志，再加上不同于常人的敏捷机智。他自己的看法，而且是相当正确的见解，是认为路易十四已是欧洲权势最大的国君，倘若听凭他征服西属尼德兰（Spanish Netherlands，即今日的比利时），那英格兰便岌岌可危。因此务必要结成一个能制得住法王的联盟，这不是为了抽象的均势理论而做，而是基于维持英国及荷兰独立的实际需要。他意识到路易十四对西班牙及其属地的图谋万一实现，将使法国成为超级强权，其他国家再怎么组合也无法向其挑战。为防患于未然，他积极寻求盟友，很快便有了结果。瑞典、西班牙、萨瓦（Savoy）、奥国皇帝、萨克森、荷兰共和国与英国结成了大同盟（the Grand Alliance）。这是近代欧洲史上，针对单一强权所形成的规模最大的大结合。在近四分之一个世纪里（1688—1713 年），路易十四对这个同盟所发动的战争几乎不断。但是到最后，法国对国家至上的权威的追求，仍受到欧洲其他国家基于本身利益而采取的抵制。法国仍是欧洲最强大的国家，但无法独霸。这正是说明均势是如何发挥作用的最佳实例。

威廉对路易十四的敌意既非出于个人的好恶，亦非源自反法的情绪，却反映着他对太阳王的权势及无穷尽的野心冷静的评估结果。他曾对一位亲信透露，如果他生在16世纪50年代，眼看着哈布斯堡王朝有一国独大的危险，“他也会是个反奥的法国人，就如同他现在是个反法的西班牙人”。20世纪30年代丘吉尔（Winston Churchill）对别人指责他反德的回应也有异曲同工之妙：“如果情况相反，我们一样可能亲德而反法。”

威廉若觉得与路易十四谈判对维持均势最有利，那他会百分之百地愿意这么做。对他而言，这很简单，英国要设法维持哈布斯堡与波旁王朝（the Burbons）之间大致的平衡，好让较弱的一方在英国的协助之下，维持着欧洲的平衡。而自黎塞留以来，较弱的一边始终是奥地利，因此英国与哈布斯堡结盟，反抗法国之扩张。

扮演制衡者的角色这个构想刚提出时，英国的舆论反应欠佳。17世纪末，英国的民意倾向于孤立主义，颇似200年后的美国。当时普遍的观感是，即使万一英国真的遭到威胁，也总会有足够的时间来应对。因此不必为了别国日后可能有的行动，而对想象中的危险先下手为强。

威廉所处的地位就如同后来老罗斯福在美国的角色，他警告基本上不愿涉外的英国民众，他们自身的安全有赖参与海外的均势以获得保障。英国人民接受其号召比美国人接受罗斯福的号召要快得多。威廉死后约20年，一家通常代表反对言论的工匠报指出，均势是“英国政治最具创见的、最持久的原则”之一，而欧陆的和平“对以贸易为主的岛国的繁荣极为重要，因此应当有某个英国部门自行长期负责加以维护，并在和平遭到破坏或干扰时设法予以恢复”。

英国人民虽认同均势的重要性，但对于实行这个政策的最佳策略却始终没有定论。有两派分别代表国会两大主要政党的学说，颇类似于两次世界大战后美国所出现的争议。辉格党（the Whigs）认为，英国只有在均势确实遭到威胁时才应介入，且一待威胁消除便应抽身。相反的，托利党

（the Tories）主张，英国的主要职责是主动塑造而非仅是保护均势。辉格党的看法是，一旦各低地国家真正遭到侵犯，一定会有很充裕的时间进行抵抗；托利党的论点则是，作壁上观的政策可能导致侵略者对均势造成无可弥补的伤害。因此英国若想避免在沿海的多佛（Dover）作战，就必须在莱茵河沿岸，或任何欧洲均势可能遭到威胁的其他地方，抵抗侵略。辉格党认为结盟只是权宜之计，一旦赢得胜利，结盟的目的达成，就应中止；托利党则拥护英国参与长期的合作协议，以便于主导情势发展，维持和平。

1742—1744 年任外相的托利党人卡特雷（Lord Carteret），对长期参与欧洲事务曾有一番颇具说服力的辩解。他指责辉格党倾向于“不理会欧陆一切的问题与动乱，不走出国门发现可能的敌人，却只顾本身的生意及快乐；不在意外国发生的危险，高枕无忧，要到我国的海岸发出警讯时才被惊醒”。但他表示，英国需要面对支持哈布斯堡制衡法国以符合其长期利益的这个现实：

> “因为法王若发现在那片大陆上少了一个对手，他便可稳稳守住征服所得的战利品，届时他可能削减驻军，放弃碉堡，解散部队；但当前使大地布满士兵的庞大势力，很快便会被用于对我们更加危险的图谋之中，因此，各位大人，我们必须支持奥地利的皇室，那是唯一可与波旁王朝相抗衡的力量。”

辉格党与托利党在外交策略上的歧义是实务上而非理念上，是战术而非战略，也反映出各党对英国安全地位不同的评价。辉格党静观其变的政策反映出该党相信，英国所保持的安全距离够广够宽。托利党却觉得英国的安全不是如此万无一失。20 世纪美国的孤立主义与国际主义论战，其分野几乎与此完全相同。但不论是 18、19 世纪的英国或 20 世纪的美国，要说服其国民相信，为维护自身安全必须做长期承诺，不能闭关自守，均非易事。

这两国不时会出现某位领袖人物，向人民提出长期介入的必要性。威尔逊倡议国际联盟，卡斯尔雷（Castlereagh）数度倡言长期参与欧陆事务。1812—1821年任外相的卡斯尔雷赞同有系统地召开欧洲会议；19世纪末的首相格莱斯顿（Gladstone）提出最早的集体安全构想。但他们的提议最后均未实现，因为直到第二次世界大战结束后，英美两国人民在国家安全未明显受到挑战前均不会接受这个事实。

英国在这种情况下成为欧洲均势的保持者，最初是情势使然，后来则是主动采取此种策略。若无英国如此执着地扮演这个角色，法国几乎无疑地会在18或19世纪成为欧洲的霸主，德国也会在当代登上欧洲盟主地位。就这一点而言，丘吉尔在200年后宣称英国“保住了欧洲的自由”，实非虚言。

19世纪早期，英国将随机应变式的保护均势的做法，转变为精心设计的策略。在此之前，英国一贯奉行符合英国人天赋的务实政策，对抗任何威胁破坏平衡的国家——在18世纪那无疑是法国。战争多以妥协收场，通常法国的地位会略有增强，却无法达到它想独霸的真正目标。

法国无可避免地提供了让英国首度阐明其均势理念的机会。经过一个半世纪以国家至上为名，追求无上权势的法国，在大革命之后又回归早期天下一家的观念。它不再拿出国家至上的理论作为扩张主义的烟幕，更少提及过往君王的光荣史。大革命后法国对其他欧洲国家作战，是为保存革命的成果并在各地传播共和的理想。再一次，又出现一个占优势的法国有主宰欧洲的危险。征兵制征来的军队，结合意识形态的狂热，驱使着法军在自由、平等、博爱的大旗下，走遍全欧洲。他们在拿破仑的领导之下，险些便成功地建立了以法国为中心的欧洲国协。至1807年时，法军已在意大利与西班牙沿莱茵河建立了许多卫星国，将普鲁士降级为二流强国，并重挫奥地利。俄罗斯成为妨碍拿破仑及法国主宰欧洲的唯一障碍。

但当时俄罗斯已是令人又期待又害怕的国家，这一点直到今天都未改变。18世纪初，俄罗斯的边疆在第聂伯河（Dnieper）；100年后已向西扩张500英里，到达维斯瓦河（Vistula）。18世纪初，俄罗斯仍在深入今日乌克兰的波尔塔瓦（Poltava）与瑞典做生死存亡之战。但到18世纪中叶，它已参与“七年战争”，其部队曾抵达柏林。18 世纪末，它更是瓜分波兰的主谋。

俄罗斯纯物质条件上的强大实力，又因为其国内残酷独裁的政体而更加令人生畏。其专制体制不像西欧以君权神授为基础统治各国的君王，有传统习俗或具独立自主性的贵族作为缓冲。俄罗斯一切的事务都要看沙皇是否高兴。外交政策仅凭沙皇的心情好坏，便由自由主义转向保守也是绝对可能的，当时在位的沙皇亚历山大一世（Tsar Alexander Ⅰ）的确就这么做过。但在国内从未尝试过自由主义。

欧洲均势的出现

1804 年，全俄罗斯的统治者，善变的沙皇亚历山大一世，向英国首相也是拿破仑的死对头皮特二世（Pitt the Younger）提出一项建议。深受启蒙时代哲学家影响的亚历山大，自诩为欧洲的道德良心，对自由体制一时的向往也接近最后阶段。他在此种心态下，向皮特提出一个世界和平的大略概念，吁请各国以终止封建制度，建立宪政为着眼点，修改其宪法。经此改革的国家将因此放弃武力，将彼此的争端交由仲裁解决。至此，威尔逊认为自由体制为和平先决条件的想法，居然会有俄罗斯的专制君主出人意表地成为其前辈提倡者，不过他从未热衷到有意将这些原则应用在他的人民身上。不出几年，他又摆向完全相反的另一个极端，信奉了保守主义。

皮特与亚历山大所处的地位，非常类似于丘吉尔于近 150 年后与斯大林所处的地位。他迫切地需要俄国伸出援手以对抗拿破仑，除此之外实在想不出还有什么可击垮拿破仑的办法。另一方面，他跟后来的丘吉尔一样，都无意于送走豺狼又引进虎豹，或支持俄国成为欧洲的仲裁者。最主要的是，英国国内的气氛绝不会允许首相许下以欧洲的政治社会改革为和平基础的承诺。英国从未为这类理由而战，因为英国人民不觉得欧陆的政治或社会动乱有多大威胁，唯有均势改变才会使他们产生威胁感。

皮特给亚历山大的回复顾及了上述的每一个因素。他不提俄国倡议的欧洲政治改革，只举出要维护和平所必须建立的势力均衡。自 150 年前的《威斯特发里亚和约》后，现在首次有全欧洲的和平方案出炉。这也是有史以来首次出现明确根据均势原则所设计的方案。

皮特认为欧洲不稳定的主因在于中欧的衰弱，诱使法国一再地入侵，企图称雄。（他太客气也太在意俄国的援手，因此并未指出，倘若中欧强大到足以对抗法国的压力，同样也可以阻挡俄国的侵略野心。）全欧和平方案的第一步必须是，剥夺法国自大革命后所征服的所有领土，同时恢复各低地国家的独立。如此便不着痕迹地将英国最主要的顾虑变成和平方案的原则之一。

但德国如仍是 300 余个小邦，难令法国除去觊觎之心，压制法国的势力也是徒然。为消弭法国的野心，皮特认为有必要在中欧建立“大集团”（great masses），将各诸侯国集结为较大规模的组合。有些曾加入法国或已遭屈辱的灭亡者，将由普鲁士或奥地利兼并。其余的也会合并成较大的国家。

皮特避免提及组织一个欧洲政府。反之，他建议由英国、普鲁士、奥地利及俄罗斯，针对法国的侵略组成永久性联盟，借此作为新的领土安排的保证，就如同小罗斯福在第二次世界大战后，试图以反德日的联盟作为国际秩序的基础。不论是拿破仑时代的英国或第二次世界大战时的美国，均未能预见到日后对和平最大的威胁，结果是来自目前的盟国而非眼前去之而后快的敌人。是出于对拿破仑的担心，才促使英相居然愿意接受迄今一直为英国断然拒斥的政策而长期介入欧洲，并愿意牺牲战术上的弹性，而将其政策固定在有一永久敌人的假设上。

18、19 世纪欧洲均势的出现，在某些方面与冷战结束后的世界有相近之处。当时跟现在一样，既有的国际秩序瓦解，冒出众多只顾追求本国利益，不受任何更高原则拘束的国家。也跟现在一样，当时参与国际秩序的各国正在为其国际角色寻求某种定义。当年的各国决定完全以追求国家利益为依归，把一切委诸那只所谓看不见的手。问题是，后冷战世界是否能找到某种原则来节制各国对国家实力及利益的主张。当然，几国互动的结果，最后必然会形成近乎均势的局面。问题在于对国际体系的维护是否能出于刻意的规划，还是任其由一连串的实力测试中产生。

到拿破仑战争即将结束时，欧洲已准备以均势为原则来建立国际秩序，这是欧洲史上空前绝后之举。自 18 世纪及 19 世纪初各次战争的严酷考验中所得的教训是，不可任由均势自各国交战的灰烬中产生。皮特的计划列有领土重整的方案，借此匡正 18 世纪国际秩序的弱点。但其欧陆盟国还学到另一个教训：一国的实力太难评估，各国愿支持此种评估的程度各异，因此它不足以作为建立国际秩序的可靠依据。有基于相同理念而达成的协议为后盾，均势才能发挥最大的效用。均势可压制破坏国际秩序的“实力”（capacity），基于共同理念的协议可遏阻破坏国际秩序的“欲望”（desire）。有实力而无合理的安排会引起测试实力的争战，有合理安排而无实力为后盾，则只是虚有其表。如何结合这两者是维也纳会议（Congress of Vienna）面对的的挑战，也是其取得的成就，由此所建立的国际秩序有一世纪之久未见到全面性的战争。

第四章

欧洲协调：英国、奥地利与俄罗斯

1815年维也纳会议

重建国际秩序刻不容缓

当拿破仑在厄尔巴岛（Elba）度过首次被放逐的岁月之际，拿破仑战争的战胜国于1814年9月齐集于维也纳，规划战后的世界。维也纳会议（Congress of Vienna）在拿破仑逃离厄尔巴岛到他最后在滑铁卢被彻底击败期间，一直持续进行。而重建国际秩序则变得愈加刻不容缓。

代表奥地利参与谈判的虽是梅特涅（Prince Klemens von Metternich），但会议地点就在维也纳，因此奥皇得以就近掌控。普鲁士国王派哈登堡（Prince von Hardenberg）与会。复位不久的法王路易十八借重塔列兰（Talleyrand），使他保持了自大革命前以来为历任法国统治者服务的纪录。沙皇亚历山大不愿将俄罗斯代表的尊崇地位让给任何人，因此亲自出席。英国外相卡斯尔雷（Lord Castlereagh）则代表英国出席。

这五人圆满达成任务。维也纳会议之后，欧洲经历了有史以来最持久的和平。众强国之间有40年未开启战端，而1854年克里米亚战争后，又有60年未曾发生重大战事。《维也纳协议》与《皮特方案》如出一辙，因此当卡斯尔雷将协议呈递英国国会时，特附上一份英国原始的设计方案，以示两者有多么雷同。

矛盾的是，这个国际秩序以均势（或权力均衡）为号召的程度可谓空前绝后，然而其维持的力量却不在于权力。造成此种独特的国际态势的部分原因是，其均势建构得极佳，要集结足以推翻它的庞大势力极为困难。但最重要的因素则在于欧陆国家是因共同的价值观而结合在一起。各国不仅在有形势力上，在道德上亦处于均衡状态。权力与正义取得相当的协调。权力均衡降低诉诸武力的机会；共同的价值观则减低诉诸武力的欲望。国际秩序若被认为不公正则迟早会受到挑战，但一国人民如何认定国际秩序是否公平，这同时取决于国内体制及对外交政策战术性问题的判断。因此，国内各体制之间若能运作和谐，对和平是一大助力。虽显讽刺，但梅特涅先于威尔逊总统，因为他也相信有一致的正义观念是建立国际秩序的前提，尽管他心目中的正义与威尔逊在 20 世纪想要具体实现的正义概念是多么大相径庭。

事实证明建立普遍的均势并不困难。五位政治家将皮特的方案当作建筑蓝图般遵循。由于民族自决的观念当时尚未发明，他们丝毫未曾想到要把自拿破仑手中夺回的领土，依民族的分布分割成不同的国家。奥地利扩大在意大利、普鲁士扩大在德国的版图。荷兰共和国（Dutch Republic）获得奥属尼德兰（Austrian Netherlands，大部分属今日比利时）。法国被迫放弃所有征服的土地，回复大革命前的“古老边界”。俄罗斯得到波兰心脏地带。（为遵守其不在欧陆攫取领土的政策，英国仅获得非洲南端的好望角。）

依英国对世界秩序的想法，国际均势的成败在于各国是否能扮演好各自在整体大局中所担负的角色，美国在第二次世界大战后所寄望于其盟邦的也是如此。在实践的过程中，英国遭遇到欧陆国家观点不同的难题，这也与美国在冷战期间的情形相仿。各国不会只把自己视为大安全体系下的一个小齿轮。国家的生存需要安全，但这绝非国家存在的唯一目的，甚至也不是主要目的。

就像现代法国未曾以分工的角度来看北约组织（NATO），奥地利及普鲁士当年也不认为自己属于一个“大集团”。欧洲整体的均势，若未能兼顾奥地利及普鲁士本身特殊且复杂的关系，或考虑到其传统的角色，则均势对这两国便没有多大意义。

哈布斯堡王朝在“三十年战争”中未能取得中欧霸主的地位后，奥地利便放弃想要控制全德的企图。衰颓的神圣罗马帝国于 1806 年寿终正寝。但奥地利仍自视为中欧的龙头，矢志不让其他德意志国家，尤其是普鲁士，抢走奥国传统的领导地位。

奥地利有充分的理由应深具戒心。自腓特烈大帝抢得西里西亚后，奥国的领导地位便受到普鲁士的挑战。外交冷酷，崇尚军事，加以高度纪律感，腓特烈大帝把普鲁士在一个世纪内，由位于北德蛮荒之地的二流诸侯国，推向一个堂堂的王国，虽然在列强中仍是最小的，但军事力量却名列前茅。普鲁士的边界断断续续，由部分为波语区的东边，越过北德，再到已渐拉丁化的莱茵区——此地因汉诺威王国（Kingdom of Hanover）而与普鲁士本土分隔——这使普国产生极为强烈的使命感，以保卫其四分五裂的领土为国家最高目标。

这两个最大的德意志国家彼此间的关系，以及各自与其他德意志小国的关系，是欧洲稳定与否的关键。至少自“三十年战争”后，德国内部的情势便一直令欧洲左右为难：每当德国分裂衰弱，就会招来邻国的入侵，尤其是法国。反之，德国若有统一的可能性，又会令邻国疑惧，甚至到今天仍是如此。黎塞留生怕统一的德国会独霸欧洲并凌驾于法国之上，在 1609 年便有一位英国人提出相同的看法：“再论德意志，若全德定于一尊，则各国均将惊骇不已。”在历史上，德国不是太弱便是太强，此二者对欧洲和平均无助益。

维也纳会议的主导人物明白，若要中欧和平稳定，就必须打破黎塞留在 1600 年所做的安排。黎塞留刻意助长中欧的分裂衰弱，使法国始终保有侵略的野心并作为法军演练战技的场地。因此集会于维也纳的领袖们着手合并但非统一德国各邦。奥地利及普鲁士是最强的两国，其次是一些中等规模的国家，如巴伐利亚（Bavaria）、符腾堡（Wurttemberg）及萨克森，分别被扩大及强化。拿破仑时代之前的 300 余个邦国，被合并为约 30 个较大的国家，全部结合在新成立的德意志邦联（the German Confederation）之下。德意志邦联旨在共同抵御外侮，它是个完美的设计，虽强大到不怕法国的攻击，却又太分散而尚不足以威胁到邻邦。这个邦联平衡了普鲁士超强的军事力量与奥地利无上的威望及正统地位。其目的在阻止德国走向全国的统一，保存各诸侯国与王国的王位，同时又防阻法国的侵略。它在这三方面均很成功。

胜利者在处置战败的敌人，以及设计和平方案时，心态必须由获胜所必要的奋战到底的精神，调整到为达成持久和平所需要的妥协求全。惩罚性的谋和对国际秩序无益，因为它会使战争期间实力已大肆消耗的战胜国，还需要负责压制战败国对和约不满，决心抑制到底的反弹。凡有不服的国家几乎必可找到不满的战败国为盟友。此即《凡尔赛和约》(the Treaty of Versailles)失败的根源。

维也纳会议的战胜一方与第二次世界大战的胜利者一样，都避免了这个错误。要对法国宽大并非易事，法国企图称霸欧洲已150年，其军队在邻国驻扎也已25年。但参与维也纳会议的政治家认定，如果能让法国相当满意，而不是愤愤不平，对欧洲才比较安全。法国征服的领土虽被剥夺，但得以保留“古老”即大革命前的疆域，而且比黎塞留治理下的法国要大了很多。拿破仑的死敌英国外相卡斯尔雷说明如此安排的理由：

> “法国持续之过度作为无疑仍可能促使欧洲分崩离析，但若令其失望则此等国家势必再动干戈，其不仅掌握主动，且有一股道德力量，仅此便足以令其紧密结盟。因而盟国出于确保欧洲各强国均迫切需要之和平，应再给予其一次机会。”

到1818年，法国获准加入在维也纳定期举行的有关欧洲事务的集会。此集会历史已有50年之久，几乎等于是欧洲的政府。

英国相信各国均十分明白自身的利益所在，一旦遭到挑战也懂得如何自卫，因此对这样的安排或许不致有异议。他们不认为需要有正式的保证，或是这种保证对一般的常识判断会有多大的助益。但150年来饱受战争所苦的中欧各国，却坚持要有明文的保证。

尤其是奥地利所面临的危险，英国不太能体会。奥国乃中世纪之产物，是多民族组成的帝国，在其位于德国及意大利北部的历史据点，聚集着多瑙河盆地的众多民族。奥国有感于有动摇国本之虞的自由主义及民族主义浪潮，越来越令人反感，便设法撒下道德约束之网，以抑制这些浪潮。梅特涅最高明的手法在于能说服大国自异中求同。塔列兰曾指出如此有所节制对化解歧见是多么重要：

> “若最小的反抗力量与最大的攻击力量相当，则可取得平衡。但实际情况仅允许人为的非稳固的平衡存在，唯有若干大国秉持中庸及公正之精神，此一平衡始得以持续。”

维也纳会议后，均势及正统观之间的关系表现在两份文件中：四国同盟（the Quadruple Alliance），由英国、普鲁士、奥地利及俄罗斯组成；神圣同盟（the Holy Alliance），仅由被称为东方三强（Eastern Courts）的普、奥、俄三国组成。19 世纪初各国对法国的疑惧，无异于 20 世纪大家对德国的观感，都视之为虎视眈眈，包藏祸心。因此集会于维也纳的政治领袖组成四国同盟，以压倒性的武力，不容法国的侵略野心有一点出头的空隙。1918 年凡尔赛和会上的战胜国若也曾组成类似的联盟，则第二次世界大战可能不会发生。

神圣同盟是维也纳和会最值得一提的创举

神圣同盟则完全不同。自近 200 年前斐迪南二世退下神圣罗马帝国皇位后，欧洲就未曾见到这类的文件。它由沙皇亚历山大一世提出。亚历山大一世始终无法忘情于自诩的伟大使命：重整国际秩序，改革每个参与国。1804 年，皮特所倡议的建立各国自由体制的圣战无疾而终；到 1815 年，亚历山大自信满满，义无反顾地勇往直前，尽管此次他所号召的圣战与他 11 年前所拥护的正好相反。如今他独尊宗教及保守思想，他所主张的国际秩序改革，其大前提也改变了：

“诸强国过往对彼此相互关系所遵循之方向，须彻底改变，且亟须以我主永恒之信仰之崇高真理，重建此秩序。”

奥国皇帝曾笑言，他一时之间不知该在部长会议上，还是该在告解室内讨论这些事。但他很清楚，自己既不能加入沙皇圣战的行列，也不能加以驳斥，以免给亚历山大自行其是的借口，仅留下奥地利面对当时的自由主义及民族主义浪潮孤军奋战。因此梅特涅将亚历山大的草案转变为后世所称的神圣同盟，以缔约国有责任维持欧洲内部现状为各国的宗教义务。这是近代史上，欧洲列强首次赋予本身一个共同的使命。

英国的政治领袖绝无可能加入一个赋予一国干预他国内政的权力，或应说是义务的组织。卡斯尔雷称神圣同盟为“满纸冠冕堂皇莫测高深之荒唐事”。梅特涅却视此为让沙皇保证维持正统统治，尤其是防范其独断专行地抒发其宗教热忱的一个机会。神圣同盟将保守的国君聚在一起对抗革命，但也要求他们必须协同行动，这无异于让奥地利在理论上对强邻俄罗斯的妄动享有否决权。所谓的“欧洲协调”（Concert of Europe）是指，在某些层面一较高低的各国，对影响整体安定的事务要以一致的步调设法解决。

神圣同盟是维也纳和会最值得一提的创举。“神圣”两个字常使人忽略它在实际运作上的意义，即在各强国的互动关系中加入道德的限制。为维护其国内体制以保有既得的利益，促使欧陆国家结合在一起，避免了如前一个世纪它们必然走上的冲突之路。

但以为各国体制相容，便可保证处于和平的均势，不免太过一厢情愿。18世纪欧陆各国的统治者均以君权神授为政权基础，也可谓志同道合。但他们有种使命感，正因为对本身的制度感到自豪而彼此争战不断。

一国国内的制度会决定其在国外的行为，威尔逊不是第一个提出此主张的人。梅特涅有同样的想法，却是基于截然不同的前提。威尔逊认为民主国家就一定爱好和平，讲道德。梅特涅却认为民主国家很危险，不可捉摸。他眼见行共和政体的法国给欧洲带来如此大的祸害，因此认为唯有合法正统的政权才能带来和平。他冀望各古老王朝戴着冠冕的国君即使不维护和平，也至少会保存国际秩序的基本架构。由此政权的正统性便成为巩固国际秩序的凝聚力量。

区别威尔逊及梅特涅对国内正义与国际秩序的不同看法，对了解美国与欧洲呈对比的观念十分重要。威尔逊不遗余力地推动他认为具革命性的新观念，梅特涅则力图将他视为古老的观念制度化。威尔逊领导的是刻意为追求自由而建立的国家，他深信民主价值可形诸法律，并深植于全新的世界组织中。梅特涅代表体制演进缓慢，几乎不被人知觉的古国，他根本不相信权利可经由立法来创造，在他看来“权利”是自然存在的东西，法律或宪法上是否有规定仅属技术问题，与是否能带来自由无关。梅特涅认为权利还需保障便是矛盾：“理所当然之事经大肆宣扬，反失去其力量，误将客观之存在当作立法对象，会造成原欲保障之事却反受束缚。”

梅特涅有些论点是为无法适应新国际形势的奥地利帝国的行为自圆其说，但亦反映出理性主义者的观点，即法律与权利自然存在，非来自君王的命令。他成长的背景适逢法国大革命，以高唱人权为始，却以恐怖统治（Reign of Terror）为终。威尔逊的美国经验比这好多了，而且现代极权主义要再过 15 年才开始，因此他不会想到民意会出轨。

维也纳会议后，梅特涅在维持国际体系及解释神圣同盟的要求上居关键地位。他是被迫担负这个责任，因为奥地利强敌环伺，国内体制又与当代的民族主义与自由主义潮流越来越不相容。普鲁士觊觎其在德国的地位，俄罗斯虎视着巴尔干诸国的斯拉夫人口。当然也少不了法国，亟待在中欧重建黎塞留的传奇。梅特涅明白，一旦允许这些危机演变为实力的角力，不论最后是输是赢，奥地利必落得民穷财尽。因此他的政策是建立道德共识以避免危机，对不可避免者则设法借力使力，支持愿站在冲突第一线的国家，如在低地国家与法国对抗的英国，在德国与普鲁士对抗的诸小邦。

梅特涅凭着非凡的外交技巧，将熟知的外交理论化作可行的外交政策原则。他对奥地利两个最亲近的盟友，也是奥国两个地缘政治上的威胁，说服它们相信，革命所带来的意识形态上的危险，大于它们战略上的可乘之机。若当年普鲁士有意利用德国的民族主义，可能早在俾斯麦前一代便会挑战奥地利在德国的龙头地位。若沙皇亚历山大一世或尼古拉一世（Nicholas Ⅰ）只考虑俄国的地缘政治扩张机会，则必会像他们的后来人一个世纪后所做的那样，更彻底地利用奥斯曼帝国的瓦解，而对奥地利十分不利。当时普、俄均自我节制，以免有违维持现状的大原则。在拿破仑的猛攻下仿佛即将寿终正寝的奥地利，借梅特涅的安排又获得苟延残喘的机会，多延续了百年的寿命。

解救这个不合时宜的帝国并指引其政策近 50 年的功臣，在 13 岁前不曾到过奥地利，直到 17 岁才去定居。梅特涅的父亲曾任哈布斯堡所属莱茵区（Rhineland）总督。他本人见多识广，总觉得说法文比说德文自在。1824 年他在写给威灵顿（Wellington）的信中说："长久以来欧洲对我有如祖国。"当时反对他的人对他义正词严的大道理及巧饰过的讽喻不以为然，但伏尔泰及康德应能理解他的看法。身为启蒙时期的产物，却发现自己被拖进一场与本性不合的革命斗争中，又成为一个四面楚歌但国体难改的国家的首相。

态度严肃，目标中庸是梅特涅的处事风格，他曾说："勿在意抽象概念，接受事物现状，竭尽所能避免昧于事实。"又说："对经不起考验的高调，如保卫人类文明，无从产生实际行动。"

秉持此种态度，梅特涅得以使自己不致随波逐流。拿破仑刚在俄国被打败，俄国军队还未抵达中欧前，他便看出俄国是一长期的潜在威胁。当奥地利的邻国都专注于摆脱法国的统治时，他却以战争的目标是否有利于其摇摇欲坠的国家，作为奥国参与反拿破仑联盟的条件。他的态度与第二次世界大战期间，民主国家在类似情况下面对苏联时的立场完全相反。他跟卡斯尔雷及皮特一样，认为中欧强大乃欧洲稳定的前提。为极力避免一决实力高下的战事，他对中庸之道的重视不亚于对纯实力的累积：

> "欧洲强国之态度随其地缘位置而有不同。法、俄各有一处边界，且易守难攻。莱茵河加以三道堡垒的防御令法国得保安全；恶劣天候则使尼曼河（Niemen）成为俄国天险。奥、普却四境门户洞开，饱受邻国威胁。两国在法、俄的强势压力之下，唯有善用智慧步步为营之上策，彼此及与邻国保持友好，始得安宁。"

奥地利虽需要俄国作为对抗法国的屏障，却不放心这躁进的盟国，尤其是沙皇宗教般的狂热。塔列兰曾说，亚历山大一世不愧为疯狂保罗（Tsar Paul）之子。梅特涅说亚历山大是“集男性美德与女性弱点于一体的奇异组合。对真正的野心不敢造次，对纯粹的虚荣却勇气十足”。

梅特涅以为对俄国的问题不在于如何防范其侵略野心，因奥国对此力不从心，而是如何缓和此种野心。一位奥国外交官回报：“亚历山大期望世界和平，但非为和平本身及和平之好处，而是存有私心；非一无条件，而是有所保留；和平须由其仲裁，世界之安定幸福须来自于他，全欧均应承认此为其功德。有赖其恩赐，并可任其予取予求。”

卡斯尔雷及梅特涅对于应如何对付见异思迁好干预的俄罗斯，有不同意见。卡斯尔雷身为远离冲突现场的岛国的外相，只打算对俄国明显的攻击采取行动，而且一定要这种攻击威胁到均势才会有所反应。梅特涅的国家却在欧洲心脏地带，冒不起这种风险。正因为不信任亚历山大，梅特涅力主与他保持密切关系，全力防备他可能造成的威胁。他曾写道：“一旦开火，亚历山大定会在佞臣的引领下逃离我等的监督，届时将无以节制其自恃天命而为所欲为。”

为冲淡亚历山大的狂热，梅特涅采取双管齐下的策略。他虽坚决反对奥地利强出头或采取片面行动，但在他领导下，奥国却成为打击民族主义的先锋。他更不鼓励他国自行行动，部分即由于他担心俄罗斯的宗教式狂热会演变为扩张主义。对他而言，温和中庸既是哲学上的美德，也有实际上的需要。他曾对一位奥国大使做如下的指示：“化解他人之利益主张比急于追求本身利益更重要，别无所求，收益反大。”只要情况允许，他一定设法以耗日废时的谈判，限制他国不得超越欧洲共识所容许的范围，借以拖延他国祭起圣战旗帜的图谋。

另一方面，梅特涅的做法是团结保守势力。凡诉诸行动势不可免时，他另有巧妙之戏法，对此他曾做过如下解说：“奥地利事事重实质而多思量，俄罗斯唯重形式，而英国重实质不重形式。我方之任务即在结合英方之诚挚，而不可与俄方惺惺作态。”梅氏以灵活的手腕，把他深怀戒心的俄罗斯，变成基于保守利益而结合的盟友，把他信任的英国，变为保卫均势不受挑战的最后依靠，由此使奥国得以掌控一个世代的欧洲事务步调。然而必然要发生的事只能延后，无法扭转。即使如此，能够依据不符时代主流的价值观，延续一古国国祚长达一世纪，不可谓成就不大。

令梅特涅两难的抉择在于，他与沙皇越接近，与英国的关系就越可能受影响；他越是冒此风险，就越不得不靠拢沙皇以免遭遇孤立。他的理想组合是，既有英国支持维护现有的领土平衡，又有俄国支持弭平国内的动乱；既有四国同盟保护地缘政治上的安全，又有神圣同盟保护国内的安定。

但随着时光流逝，拿破仑逐渐被遗忘，这个理想组合越来越难以维持。这两个同盟越是走向集体安全与扮演欧洲政府的角色，英国越是觉得有必要敬而远之。而英国越是保持距离，奥地利就越得仰赖俄罗斯，因此对保守势力便更不遗余力地加以保护。如此形成一个牢不可破的恶性循环。

不论卡斯尔雷有多么同情奥地利的处境，但他无法说服英国对潜在而非实际的危险有所行动。他曾声明："逢欧境领土平衡遭破坏之时，彼（英国）可有效干预，但于任何抽象之问题，彼定为欧境最不可能冒险投入之政府，值确切之危险危及欧洲体系，吾国必不落人后；但吾国无意亦无法依抽象假设性戒备原则，即付诸行动。"但梅特涅最头痛的便是，基于现实需要，他必须将英国视为假设性抽象的危机当作实际威胁来看待。国内的革命浪潮正是奥地利感觉最难以处理的危机。

为缓和原则上的歧见，卡斯尔雷建议各国外相定期见面或召集正式会议，检讨欧洲局势。这一后世所称的欧洲会议（Congress）制度，旨在就欧洲所遭遇之问题凝聚共识，为多边行动解决问题找到出路。但英国对这种"欧洲政府"制度颇为排斥，因为它太接近英国所极力反对的统一欧洲国。且不论英国的传统政策，没有哪届英国政府曾许下永久承诺，愿在无实质威胁的平时，随时检讨时势。英国民意对参与欧洲政府的态度，就仿佛 20 世纪美国人对国际联盟的观感，而且均是基于相同的理由。

英国内阁早在 1818 年首次于亚琛（Aix-la-Chapelle）召开欧洲会议时，即明示其保留态度。卡斯尔雷带着他极不情愿的指示与会："我国赞同此次会议有一共同宣言，并同样勉为其难，保证次等强国定期集会将限于一个主题，甚或一国家，但排除以任何方式涉入国际法所不容之干预。我国真正之政策始终为，除极紧急事故决不涉入，一旦涉入必挥大军前往。”英国希望节制法国，但除此之外，伦敦对“涉入欧陆”及统一欧洲的双重排斥心理始终不减。

唯有一次英国觉得欧洲会议外交与其目标吻合。1821 年希腊革命期间，英国将沙皇有意保护崩溃的奥斯曼帝国境内信仰基督教的人口，视为俄罗斯企图进攻埃及的先声。鉴于英国的战略利益受到威胁，过去虽极力将欧洲的问题关系仅限于对抗法国，此刻卡斯尔雷却毫不迟疑以同盟之名请沙皇节制。不出所料，他就理论与实际间的差异做了一番解析：“土耳其的问题完全另当别论，在英国我们认为它涉及非理论上而是实质上的考虑。”

但卡斯尔雷向四国同盟提出呼吁，反而最是显示出这个同盟的不可靠。当有成员以本国战略利益为唯一实际标准时，这个同盟便无法给予各会员国额外的安全保障。因为不论发生什么危机，各国除本国利益外，并无更大的安全义务。梅特涅显然对卡斯尔雷个人，对其目标甚至对欧洲会议制度本身明白的认同，感到欣慰。某奥地利外交家曾说卡斯尔雷，“有如热爱音乐者坐在教堂中，想鼓掌却又不敢造次”。但如果连英国最倾向欧洲的政治家，都不敢对自己的信念喝彩，那英国在欧洲协调中的角色，注定只是过渡性而无法发挥功效的。

类似威尔逊及其倡议的国际联盟在一个世纪后的遭遇，卡斯尔雷欲说服英国参与欧洲会议制度的做法，远超出英国代议政府在理论上或战略理由上所能容忍的限度。他跟后来的威尔逊同样认为，若其国家肯参与某种永久性的防患于未然的欧洲论坛，才是防范新兴侵略野心的最佳途径。他对欧洲的了解超过同时代多数的英国人，也明白新建立的均势必须小心加以维护。他以为他已设计出英国可接受的方案，因为这只不过是四个战胜国的外相进行的一连串的讨论会，不涉及任何义务。

但即使只是讨论会，对英国内阁而言仍带有太多欧洲政府的意味。事实上，这个制度性会议连最初的障碍都未克服。卡斯尔雷参加 1818 年首次在亚琛的集会时，法国被允许入会，英国继而退出。此后英国内阁拒绝让他再参与任何欧洲会议，会议随后曾于 1820 年在特罗保（Troppau），1821 年在莱巴赫（Laibach，即今天的卢布尔雅那），1822 年在维罗纳（Verona）举行。对英国外相一手筹划的欧洲会议，英国始终敬而远之，正如一个世纪后，美国对其总统所倡议的国际联盟保持距离。在这两个例子中，由最强大国家创建的集体安全制度，均由于国内禁忌及历史传统而失败。

威尔逊及卡斯尔雷都相信，在一场毁灭性的战争后所建立的国际秩序，唯有靠国际社会所有主要成员，尤其是其国内主导人物的积极参与，始能获得保障。对他们两人而言，安全必然是集体的；倘若有任何一国受害，到最后则没有一国能幸免。如此看来，安全是不可有缝隙的，每一国在对抗侵略上享有共同利益，而预防侵略则更符合这共同利益。卡斯尔雷认为，不论英国对个别问题持何种观点，维持整体和平及维持均势理应符合英国真正的利益。他与威尔逊均相信，维护这个利益最好的办法，便是参与影响国际秩序的决策过程，以及组织对抗破坏和平者的反抗势力。

集体安全的弱点在于各国的利益极少一致，安全也很难做到无懈可击。因此一个全面性集体安全制度，其成员同意坐视不管的可能性大于采取联合行动的可能性。大家要不是集结在泛泛的大原则下，便是眼看着最强大的一员，因自觉最安全最不需要此制度的保障而出走。威尔逊及卡斯尔雷均未能说服其国家加入集体安全体系的原因是，这两个社会都不觉得眼前有什么危险，都自认为可以独立应付，即使必要时也能在最后一刻找到需要的盟友。国际联盟或欧洲会议对这两国而言，只会增加风险，却无助于提升国家安全。

不过这两位英美政治家之间有一项很大的差异。卡斯尔雷不但与同时代的英国人见解不同，甚至与整个英国近代外交政策都格格不入。他未留下典范，没有英国政治家曾以他为榜样。而威尔逊不仅对美国人舍我其谁的热情有所回应，更将此种情绪推向新高点。后世所有的美国领导人多少都有他的影子，在他之后的美国外交政策也深受其主张的影响。

获准参加历次欧洲会议的英籍“观察家”，卡斯尔雷同父异母的兄弟斯图尔特爵士（Lord Stewart），大部分精力都用在阐明英国的参与有哪些限制，很少对达成共识出力。在特洛波，他提出一份文件，肯定各国有自卫的权利，但坚持英国“身为四国同盟之一员，不会承担维持一支欧洲警察部队的道德责任”。在莱巴赫，他奉命重申，英国决不会介入对抗“臆测性”危险的行动。卡斯尔雷本人在1820年5月5日发布的官方文件中，曾说明英国的立场。他肯定四国同盟是“为欧陆极大部分国家自法国军事统制中解放”而成立的。但它从未以成为世界政府联盟（Union for the Government of the World）或以监督他国内政（Superintendence of the Internal Affairs of other States）为宗旨。

到后来卡斯尔雷发现自己身陷于个人信念与国家需要之冲突的两难中，却寻不出一条出路。在最后一次觐见英王时，他说：“陛下，向欧洲道别已不可避免；唯陛下与微臣了解欧洲并曾解救欧洲；在微臣之后，将无人了解欧陆之事。”四天后他结束了自己的生命。

随着奥地利日渐仰仗俄罗斯，梅特涅最难解的问题变成他以保守思想讨好沙皇，借以牵制俄国利用其在巴尔干及欧洲边陲发展的大好机会，能持续到几时。答案是近30年，这期间梅特涅应付了那不勒斯（Naples）、西班牙及希腊的革命，同时有效地维持着欧洲共识，避免了俄国介入巴尔干。

东欧的问题不会消失

但东欧的问题不会消失。基本上，其缘由来自巴尔干各民族欲脱离土耳其统治而纷纷发生独立革命。这为梅特涅体系所带来的难题，一是不符其维持现状的承诺，二是今日对土耳其而发的独立运动，有一天可能转向奥地利。再有，对维护正统最不遗余力的沙皇，干预的欲望最强，但谁也不会相信，至少在伦敦或维也纳无人认为，沙皇一旦发动大军，他只会维护“现状”。

为平息奥斯曼帝国瓦解所带来的震撼，英奥两国曾有一段时间关系相当密切。不论英国多么不在乎特定的巴尔干问题，俄罗斯向俄土边界两个海峡推进，在英国看来也对其地中海利益构成了威胁，因而俄国遭到强烈抵抗。梅特涅虽乐见其成，但从未直接参与英国反俄罗斯扩张的举动。他以审慎且最要紧的隐形外交（anonymous diplomacy）团结欧洲，顺应俄国，计诱英国并让他国承担抵制俄国扩张的直接压力，奥地利却保留对俄或敌或友的主动权。

梅特涅于1848年退出欧洲舞台，这象征着奥地利运用团结保守势力，维持维也纳和会安排的这招险棋，开始走向末路。可以确定的是，正统论难以无止境地弥补奥国地缘政治地位衰微的颓势，或减缓主流民族主义思想与其国内体制日益恶化的冲突。但随机应变是政治技巧的要诀。梅特涅运筹帷幄处理了东欧问题，但继他而起者，既然无力改变国内体制以适应时代潮流，便只有让奥国的外交，去迎合刚兴起且不受正统思想束缚的权力政治潮流，那就是要打破现有的国际秩序。

结果是欧洲协调终于在解决东欧问题时被粉碎。1854年，列强自拿破仑时代后首次开战。具讽刺意义的是，这场一直被史学家指责为无意义，根本可防止的战争，即克里米亚战争，其导火线不是来自与东欧有重大利益关系的俄、奥、英三国，而是法国。

1852年法皇拿破仑三世刚经由政变上台，他说服土耳其苏丹封他以奥斯曼帝国基督信徒保护者的名号，而这一向是俄国沙皇自命的角色。尼古拉一世对他眼中视为非法暴发户的拿破仑三世，居然胆敢踏进俄罗斯的地盘，当起巴尔干斯拉夫人的保护者，深为震怒，要求获得与法国同等的地位。苏丹斥回俄国使者，俄国与之断交。19世纪中叶英国外交政策的主导人帕麦斯顿勋爵（Lord Palmerston），对俄国深具戒心，立即敦促派皇家海军至达达尼尔海峡（Dardanelles）外的贝西卡湾（Besika Bay）。沙皇仍秉持着梅特涅体系的精神。他说：“你们四国（指另外诸强）合力可制住我，但这绝对办不到。而我可仰仗柏林及维也纳。”为表现其不在乎，尼古拉下令占据摩尔达维亚（Moldavia）及瓦拉几亚（Wallachia，今罗马尼亚）两诸侯国。

最不愿看到战争的奥地利，提出了最显而易见的解决办法，即由法国、俄国共同担任奥斯曼境内基督信众的保护者。帕麦斯顿对如此调停不甚热衷。为增加英国的谈判筹码，他派皇家海军进到黑海口。此举鼓励土耳其向俄国宣战。英、法支持土国。

战争真正的起因有更深一层的缘故。宗教只是政治及战略图谋的借口。尼古拉所追求的是古俄罗斯的梦想：取得君士坦丁堡及两个海峡。拿破仑三世则是眼见有机会削弱俄国，破坏神圣同盟，结束法国的孤立。帕麦斯顿希望找到某种借口，可一劳永逸地终止俄国向两个海峡进攻。战争爆发后，英国战舰进入黑海，开始摧毁俄国的黑海舰队。英法联军登陆克里米亚，占领俄国海军基地塞瓦斯托波尔（Sevastopol）。

这些发展令奥地利的领袖不知所措。他们重视与俄国传统的友谊，但又担心俄国在巴尔干的斩获，可能导致奥国境内的斯拉夫人更加蠢蠢欲动。他们也怕在克里米亚战争中与老盟友站在一边，会给法国进攻奥属意大利地区以借口。

起初奥国宣布中立，这是正确的抉择。但新上任的外相布奥尔伯爵（Count Buol），觉得不采取行动太令人坐立难安，而法国觊觎奥国的意大利领土也令人放心不下。在英法联军进攻塞瓦斯托波尔时，奥地利向沙皇提出最后通牒，要求俄国撤出摩尔达维亚与瓦拉几亚。这是结束克里米亚战争的决定性因素，至少此后的俄国领导人一直做如是想。

奥地利就此放弃了尼古拉一世，及远自拿破仑战争时代即与俄国建立的坚定友谊。轻率加上恐慌，使梅特涅的后继者抛弃了经一个世代苦心经营所得的保守势力团结局面。一旦奥国主动摆脱共同价值观的束缚，就同样让俄国获得解放，使之完全可根据地缘政治的取舍来制定本身的政策。照这个方向发展下去，俄国势必与奥地利就巴尔干的前途而起冲突，也总有一天会想要打倒奥地利帝国。

维也纳方案之所以能行之 50 年，就在于东欧三强（普鲁士、俄罗斯、奥地利）视其团结是对抗革命乱象及法国主宰欧洲的主要屏障。但克里米亚战争中，奥地利（塔列兰称之为“欧洲贵族院”）却与急于将其赶出意大利的拿破仑三世，不愿涉入纷争的英国，结为不甚协调的盟友。它因此解放了昔日神圣同盟的盟国俄国、普鲁士，任这贪得无厌的两国毫无顾忌地追求其国家利益。普鲁士要奥地利付出的代价是强迫奥国撤出德国，而俄罗斯在巴尔干逐渐升高的敌意，后来成为了一次世界大战的导火线之一，也导致奥匈帝国最后的崩溃。

保守利益需团结在一起

面对权力政治的现实时，可惜奥国未能认识到，其生存全仰赖欧洲各国矢志维护的政治正统。保守利益需团结在一起的观念超越国界，因此有缓和权力政治冲突的作用。民族主义有相反的作用，它唯国家利益是图，激化对立，增加每个人可能面临的危险。不堪一击的奥地利由此让自己身陷一场毫无胜算的斗争中。

克里米亚战争结束后五年内，意大利民族英雄加富尔（Camillo Cavour）展开把奥地利赶出意大利的工作，在与法国结盟，俄国默许的情况下，挑起对奥国的战事，这两种状况在过去都是令人无法想象的。再过五年，俾斯麦在一场争夺德国盟主的战争中打败奥国。俄国再次袖手旁观，法国虽不情愿但也未插手。在梅特涅时代，遇到此种情势欧洲协调必会集会讨论，对这些乱事加以控制。但此后，外交更仰赖赤裸裸的权力，而不再是共同的价值观。和平又持续了 50 年，但每过十年，紧急情势便加倍，武器竞赛也加剧。

英国在以权力政治为本的国际秩序中，另有一番局面。一则它从不依赖欧洲会议制度保障其安全；再者，这新的国际关系形态对英国来说反而是常态。在 19 世纪中，英国成为主导欧洲的国家。它有足够的力量独善其身，有地理上的屏障使其不必介入欧陆的乱事。加上历任领导人持续冷静地追求国家利益，这也是英国的优势之一。

卡斯尔雷之后的英国领导人，对欧洲的了解的确不及他。但他们对基本国家利益的认知却比卡斯尔雷更透彻，他们以高超的技巧与锲而不舍的精神追求这个利益。继他之后出任外相的乔治·坎宁（George Canning），立即切断了卡斯尔雷对欧洲会议制度仍有影响力的最后几个渠道，不管它们是多么的间接。1821 年，在他继任卡斯尔雷之职的前一年，坎宁呼吁“言行均保持中立”的政策，并说：“不要为愚蠢的浪漫情绪所惑，误以为我们只手便可重建欧洲。”正式出任外相后，他明白宣示以国家利益为基本方针，这在他看来是与长期介入欧洲相冲突的：

> “我国与欧洲系统关系虽可言密切，但并非意指每有状况我国便须应邻国之关切召请，而致涉入纷扰之中。”

换句话说，英国要保留视不同情形选择本身策略的权利，且一切以国家利益为依归。在此政策之下，盟国仅是辅助性质，甚至根本无此必要。

帕麦斯顿在 1856 年解释英国国家利益的定义时说：“凡有人问何谓政策，唯有答以‘视个别情形之发生，求最佳之对策，以吾国之利益为方针’。”半世纪后，官方对英国外交政策仍没有更确切的说法，如外相艾德华爵士（Sir Edward Grey）的这番话：“英国外相素来遵循的乃是他们所认为的国家眼前的利益，而对未来不做太详细的盘算。”

在大多数其他国家，如此的说法难免被讥为了无新意。我们认为好的就是上策。在英国这些话却会被看作再明白不过了；很少有呼声要求对经常挂在嘴上的“国家利益”加以定义。帕麦斯顿说过：“没有永远的朋友，也没有永远的敌人。”英国不需要正式的策略，因为领导人对国家利益均心知肚明，牢记在心，碰到任何状况自然知道该如何应对，也有信心会获得国人的支持。套句帕麦斯顿的话：“国家利益恒久不变，你我有义务加以遵循。”

英国的领导人可能对什么不该做，比对事先洞悉战争的因由更清楚。他们更不肯明白说出有何积极的目标，或许是因为他们对现状很满意。由于自信对国家利益可以掌握得很好，这些领导人认为没有必要事先加以说明。它们宁可等事件发生，这是欧陆国家办不到的，因为欧陆国家就是这些事件本身。

英国对安全的看法跟美国孤立主义者所见略同，即英国仅对惊天动地的大事会有反应。但英美对和平与国内政治结构的关系，则各有主张。英国的领袖丝毫没有美国领导人的想法，以推广代议政治为达成和平的关键，他们对有别于本身的政治体制也不以为意。

帕麦斯顿曾在 1841 年为英国驻圣彼得堡（St Petersburg）大使说明，在哪种情况下英国会出兵抵抗，及为什么英国不会抵制纯属内务的变局：

> "女王陛下之政府于处理英格兰与他国关系时，其行为准则愿遵循的大原则之一，即外国对其内部宪法及政府形式有意做何种变革，应被视为英格兰无由以武力干预之事。
>
> 但一国企图夺取侵吞属他国之领土则另当别论，因此类企图将扰乱既有均势，改变各国相对实力，而可能为其他强国制造危险。因而此类企图，英国政府享有予以制裁之充分自由。"

英国外相无一例外，最在乎的都是保有国家的行动自由。1841 年，帕麦斯顿重申英国对抽象事件敬谢不敏：

> "英格兰少有参与介入尚未实际发生或非即将发生之事。"

近 30 年后，格莱斯顿在《上维多利亚女王书》里提出同样的原则：

> "英格兰应完全掌握就各项事端评量其应负义务之主动；不应就他国实际或假设之利益而向彼等有所宣示，使之自视为至少具有共同阐释权，以致减损吾国选择之自由。"

英国政治家对自主权相当坚持，对任何形式的集体安全一律排斥。后世所称的"光荣孤立"（splendid isolation）正反映出英国人深信结盟弊多于利的观念。有能耐奉行如此无动于衷的策略的国家，必然实力雄厚足以自立，也不预期会遭遇须向外求援的危险，任何可能威胁到它的极端发展，对其可能结盟的对象威胁一定更大。英国身为维持欧洲均势的关键国，使其领袖们享有一切需要或想要的选择自由。这个政策对欧洲没有任何领土的要求，因此可以持久。英国对欧洲除均势外别无所求（虽然其对海外殖民地极贪得无厌），因此可主动选择要干预欧洲哪一个争端。

尽管如此，“光荣孤立”并未阻止英国针对特殊事件与他国临时结盟。英国为海权国家，缺少大规模常备陆军，偶尔会需要与某一欧陆盟国合作，但它总是宁愿事到临头才选择合作的对象。每逢这种时刻，英国领袖们均能表现出不计前嫌的弹性。1830 年比利时脱离荷兰的过程中，帕麦斯顿先是扬言，若法国企图掌控刚独立的比利时，英国将向其宣战。数年后，他又主动提议与法国结盟，以保障比利时的独立：“英格兰独力难以于欧陆行其政策，势须借重别国之助力。”

当然与英国短暂结盟的各国也各有其目标，通常都是为了扩大在欧洲的影响力或疆域。一旦其作为超出英国认为恰当的限度，英国便会转向或组织为维持均势而对抗旧盟友的新联盟。这般铁面无私，坚决以自我为中心的作风，为英国赢得“老奸巨猾的英国”（Perfidious Albion）之喻。这种外交形态或许称不上如何崇高，但确实保持了欧洲的和平，尤其是在梅特涅的体制的边缘逐渐出现破绽后。

19 世纪英国的影响力到达巅峰。英国自信满满，也当之无愧。它是当时工业最发达的国家，皇家海军更称霸四海。在各国内部波涛汹涌之际，英国的内政却十分太平。在面对 19 世纪的重大问题时，干预或不干预，维持现状还是与变革者合作，英国的领袖们毫不受教条所拘束。19 世纪 20 年代的希腊革命战争中，英国同情希腊脱离奥斯曼统治而独立的意愿，只要这不致加大俄罗斯的影响力，以致威胁英国在东地中海的战略地位即可。但到 1840 年，英国选择干预以便阻止俄国扩张，因而转为支持奥斯曼帝国的现状。1848 年匈牙利革命期间，英国正式的立场虽为不干预，其实却欢迎俄国恢复现状之举。19 世纪 50 年代意大利反抗哈布斯堡的统治，英国虽同情却未插手。为维护均势，英国既不能归类于干预主义，也不能说是不干预主义；既不是维也纳旧秩序的守护者，也不是改革派的拥护者。其作风极其务实，决不带感情，英国人民则深以能全身而退为傲。

任何务实政策，应该说尤其是务实政策，都必须以某种固定的原则为基础，以免乱枪打鸟，漫无目标。无论英国是否公开承认，其外交政策的固定原则即英国愿扮演均势维护者的角色，通常这个原则的含意是指支持弱者对抗强者。到帕麦斯顿上任后，均势已成为英国理所当然的外交政策原则，不需要任何理论上的辩解，无论在任何时刻要行何种政策，必须以保护均势为着眼点。在几个固定切实的目标之外则是无比的弹性。比方说，各低地国家不得落入强国之手这个政策，自威廉三世在位时至第一次世界大战爆发均未改变。1870 年迪斯累里再度肯定此一政策：

> “吾国政府素来以为，自敦刻尔克（Dunkirk）及奥斯坦德（Ostend）迄北海诸岛之欧洲沿岸诸国，应为自由兴旺之社群所有，行和平之道，享自由之权，为有益人类文明之商业活动，不得落入军事强权之手，如此始符合英格兰之利益。”

1914 年英国对德国入侵比利时的反应是对德宣战，此举却大出德国意料之外，由此可见德国领袖是多么昧于时局。

直到进入 19 世纪多年，英国仍认为维护奥地利是一重要目标。18 世纪时，马尔伯勒（Marlborough）、卡特雷及皮特曾参与过几场战争，以阻止法国削弱奥国。虽然奥国在 19 世纪所感受到的法国的侵略威胁不再如此强烈，但它仍被英国视为对俄罗斯向黑海两个海峡扩张有用的制衡力量。眼见 1848 年的革命可能使奥国解体，帕麦斯顿曾这么说：

> “奥地利居欧洲核心，可左抵蚕食右挡鲸吞。以吾之见，欧洲政治独立自由全在于彼仍居列强之林，享领土主权完整；因此之故，或有意或无意，但使之积弱不振，甚或由一等强国沦为二流小国，对欧洲必为害甚巨，且英人必群起而攻之，阻挡之。”

但 1848 年革命之后，奥地利日趋衰颓，政策摇摆不定，使其在英国东地中海政策上的作用大减。

英国政策的焦点在于防止俄罗斯占领达达尼尔海峡。俄奥两国的对立多半与俄国图谋奥地利的斯拉夫省份有关，这一点与英国的关系不大，但达达尼尔海峡的控制权亦非奥国的重要利益。于是英国开始认为奥地利不是制衡俄国的合适筹码。这便是奥国在意大利皮埃蒙特（Piedmont）被击败，在与普鲁士角逐德国领导地位时败北，英国均无动于衷的原因。此种冷漠态度在上一代是难以想象的。至 20 世纪初，对德国的疑惧成为英国政策的主轴，而奥地利为德国盟国，于是首度被英国视为敌对的力量。

19 世纪谁也想象不到有一天英国会与俄罗斯结盟。帕麦斯顿认为，俄罗斯正推行“全方位普遍性的侵略政策，部分成因在于沙皇尼古拉之性格，部分源自政府长期之政策”。25 年后，克拉瑞登爵士（Lord Clarendon）也附和这种看法，他曾说克里米亚战争是“文明对野蛮之战”。19 世纪英国主要致力于钳制俄罗斯兼并波斯，向君士坦丁堡及印度进发的野心。此后要再经过德国数十年的穷兵黩武，目中无人，英国才将主要的安全考虑转向德国，直至 20 世纪后这疑虑才真正成为事实。

英国政府更替的频率比所谓的东欧强国要频繁：英国主要政治人物（帕麦斯顿、格莱斯顿及迪斯累里）在位期间都很顺利，没有波折，梅特涅、尼古拉一世及俾斯麦也一样。但英国政策目的的一贯性却颇不同凡响。一旦择定方向，它便会坚持到底，令人产生信赖感，因此英国在稳定欧洲局势上可发挥决定性的影响力。

英国在面临危机时能临危不乱，是其代议政体的本质使然。自 1700 年起，民意在英国外交政策上即扮演重要角色。18 世纪欧洲所有其他的国家，都看不到有关外交政策的“反对”意见；而这在英国则已是体制的一部分。18 世纪托利党一直是代表国王的外交政策，倾向于干预欧陆的纷争。罗伯特爵士（Sir Robert Walpole）等人的辉格党则偏向对欧陆的纠纷保持某种距离，且更重视对海外的扩张。到 19 世纪，两党的角色对调。帕麦斯顿所属的辉格党代表积极派，德比（Derby）与索尔兹伯里（Salisbury）的托利党则不赞成与欧陆有所纠葛。像科布顿（Richard Cobden）这类的激进人士，也跟保守派立场一致，赞成英国保持不干预态势。

由于英国的外交政策是公开辩论的产物，因此人民在战时表现得出奇的团结。再者，即使外交政策如此公开，但有时首相换人，政策也会180度大转弯，虽然这种情形并不常见。例如，19世纪70年代英国对土耳其的支持，到认为土耳其人道德可疑的格莱斯顿，于1880年大选中击败迪斯累里后，便突然告终。

无论何时英国都把本身的代议政体视为特例。其对欧陆政策唯国家利益是图，不涉及意识形态。每当它对某国的革命表示同情时，如1848年对意大利的革命，都明显的是基于实际的理由。因此帕麦斯顿曾赞许地引述坎宁对务实原则所发的箴言："因反对创新而抵制改进者，终有一日当改进已成常态，便唯有接受创新。"这是经验之谈，并非在吹嘘英国的价值观或制度。整个19世纪，英国均根据一国的外交政策来评断这个国家，除格莱斯顿时期略有中断，英国对他国的内政体制并不在意。

英美对时时刻刻陷入国际事务都不太感兴趣，但英国采取孤立主义的理由，与美国有很大的歧异。美国自认为其民主体制应为世上其他国家的典范；英国却觉得本身的议会政体与其他国家无关。美国相信推广民主政治可确保和平，更应该说，要获得可靠的和平，除此之外别无他法；英国或许会对某种政体特别青睐，但不会为它冒险。

英国虽对法国君主专制被推翻及再出现一个拿破仑，怀有依历史经验而来的疑惧，1848年帕麦斯顿却以下述的英国政治务实原则盖过此一疑惧：

> "英国行事所依据的不变原则，即承认一国自行选定的体制为其国体。"

帕麦斯顿主导英国外交政策近30年。1841年梅特涅曾语带推崇但略显嘲讽地分析其务实的作风：

> "帕麦斯顿爵士何所求？欲令法国有感于英国之强大，并证诸埃及事件之结果操之于其手，且法国无插手余地。又欲向德、法二强表明

英国无求于彼二国，有俄罗斯之援手已足矣。再者，即挟英国或将与法国靠拢之顾虑，以令俄罗斯就范，且不致蠢动。”

这段话描述英国对均势的了解可谓一针见血。最后英国靠着它走过19世纪，仅与一个强国发生过相当短暂的交战，即克里米亚战争。虽然一开始各方根本无此意，但正是克里米亚战争，使维也纳会议费尽心血所建立的梅特涅秩序崩溃。东欧三王国团结的解体，使温和中庸的道德因素自欧洲外交消失。随后是15年的乱世，继而再出现的稳定却十分不可靠。

第五章

两大革命家：拿破仑三世与俾斯麦

俾斯麦

拿破仑三世

欧洲新秩序

克里米亚战争后梅特涅体制的崩溃带来近二十年的冲突：皮埃蒙特（Piedmont）战争及1859年的法奥战争，1864年因石勒苏益格公国（Schleswig）与荷尔斯泰因公国（Holstein）而起的战事，1866年普奥战争及1870年的普法战争。自这个混乱局面中出现了新的欧洲均势。曾参与三次交战并鼓动其他上述争战的法国，不再能主导德国的情势。更关键性的发展是梅特涅体系的道德约束力消失。这个剧变可自一个新出现的名词中看出端倪，代表纯讲实力的均势政策的德文Realpolitik（现实政治或权力政治），取代了法文的raison d'etat（国家至上），但实际意义上并无改变。

这一欧洲新秩序是两个能力差距十万八千里的人的杰作，即拿破仑三世（Napoléon Ⅲ）与俾斯麦（Otto von Bismarck）。他俩后来更成为针锋相对的敌人。他们无视梅特涅的信条：为求稳定，欧洲各国合法正统的王位必须保留，民族与自由运动必须镇压，最重要的是国际关系须由理念相同的统治者共同决定。现在这两个人物却以现实政治为政策基础，即国际关系纯由实力决定，强者掌控全局。

拿破仑三世是曾横扫欧洲的拿破仑的侄儿，年轻时他曾加入意大利秘密社会组织，反抗奥地利的统治。1848年当选总统，后在一次政变后于1852年自封为皇帝。俾斯麦出身普鲁士名门，他激烈反对1848年的自由革命，1862 年因时势而成为首相，普鲁士强势国君因为军费与难驾驭的国会相持不下，别无他法，唯有请俾斯麦出掌大局。

在他俩的相互利用之下，维也纳会议的安排完全被推翻，由共同的保守观念衍生而来的制度更完全被打破。然而没有比这两人个性更具差异的了。铁血宰相与高深莫测的法皇，因反对维也纳国际体系而结合。他们都视 1815 年在维也纳由梅特涅擘画的国际秩序为眼中钉。拿破仑三世不满的原因是它以围堵法国为目标，虽然他没有叔父拿破仑那般狂妄的野心，但这位反复无常的皇帝认为，法国偶尔获得一些领土并不为过，因此不希望出现团结的欧洲来横加阻挠。他更觉得世人均以法国为自由主义、民族主义的表征，而维也纳体系欲压制这两种思想，便是想钳制他的野心。俾斯麦反对梅特涅体系，是因为它使普鲁士在德意志邦联中的地位在奥地利之下，他也认为邦联中保留了太多小国令普鲁士有志难伸。若要完成普鲁士的历史任务，统一德国，则势必要推翻维也纳体系。

虽然对既有的国际秩序均深恶痛绝，这两位革命家最后的成就却是天南地北。拿破仑三世努力的结果是适得其反，他以维也纳体系的终结者、欧洲民族主义的启蒙师自居，却把欧洲外交导入一片混乱，且法国从中一无所获，反而使其他国家受惠。他制造了有利意大利统一的环境，更无意中促成了德国的统一，这两国的统一削弱了法国在地缘政治上的地位，法国素来在中欧享有的绝对影响力也遭破坏。法国固无能力阻挡这两国走向统一，但拿破仑三世反反复复的政策却使统一的过程大为加快，同时也消解了法国依据其长远利益建构国际秩序的能力。他要打破维也纳体系是因为他认为法国受到孤立，这也代表了某种程度的事实。但到他的统治于 1870 年结束时，法国却比梅特涅时代更为孤立。

俾斯麦的功绩则截然不同。少有政治家能像他这样创造历史的。他上任之前，德国的统一原看好会由有国会、有宪法的政府来完成，这也是 1848 年革命主要的目的。五年后，对解决已持续三代的统一问题他已进行得差不多了，但他不是以民主宪政，而是依恃普鲁士的强大优势来推动统一。俾斯麦的做法从未获得很多人的拥护，新德国对保守派而言太民主，对自由派而言太专制，对正统派而言太重实力，但它却是一位天才人物的精心制作，这个天才主张导引他在国内与国际上所解放的力量，利用其间的矛盾对立——这一点他做得相当成功，后世无人能望其项背。

拿破仑三世：摧毁维也纳体系

拿破仑三世在位期间有“杜依勒里宫之谜（Sphinx of the Tuileries）”之称。外界总认为他雄才大略，颇有一番图谋，至于他葫芦里卖的什么药就无人知晓——药是一点一滴慢慢显现的。大家多认为他得以结束法国在维也纳体系下的外交孤立，又以克里米亚战争促成神圣同盟的解体，的确是深不可测的英明。唯有一位欧洲领袖，即俾斯麦，自一开始便看穿他。1850 年俾斯麦对拿破仑三世就有如此的嘲讽：“他喜怒无常反令人高估其智慧。”

拿破仑三世也与叔父一样深以非正统王室出身为憾事。虽他自认是革命家，却极渴望为欧洲各正统国王所接受。当然，若神圣同盟仍秉持原有的信念，则必会设法推翻 1848 年取代法国君主专制的共和政体。法国大革命的血腥暴力此时仍令人记忆犹新，但外国的干预使法国革命军在 1792 年踏上欧洲各国的领土。同样对外国干预的戒心使行共和的法国誓言向外输出其革命。在禁制不成之余，保守势力各国只得勉强承认法国共和，起先它是在诗人政治家拉马丁（Alphonse de Lamartine）治理之下，后来拿破仑三世当选总统，最后他为推翻宪法限制其连任，干脆在 1851 年 12 月发动政变，次年称帝，法国进入第二帝国。

拿破仑三世称帝后关于承认的问题再起。此次牵涉到的是要不要承认拿破仑三世的帝位，因为《维也纳和约》中明白禁止波拿巴（Bonaparte）家族再登上法国王位。奥地利率先接受了无法改变的事实，其驻法大使胡布纳男爵（Baron Hubner）曾提到其上司施瓦曾伯格亲王（Prince Schwarzenberg）于 1851 年 12 月 31 日有感而发的一句话：“讲原则之时代已成过去。”它也象征梅特涅时代的结束。

拿破仑三世心上第二件大事是别国国君会不会称他为“兄弟”，一如他们彼此间的称谓，还是会在称呼上歧视他。后来奥地利及普鲁士君主妥协，沙皇尼古拉斯一世却不让步，只肯称他为“朋友”。以沙皇对革命分子的观感，他必然觉得这个称呼已太抬举拿破仑三世了。胡布纳曾记下如下的感受：

“有如受欧陆王族世家无情之呵斥。深深啃噬着法皇拿破仑之心。”

无论这种感觉是真有其事，还是无中生有，却反映出拿破仑三世与其他欧洲君主间的鸿沟，这是造成他对欧洲外交不顾一切猛加挞伐的根本心理因素。

他一生最讽刺的对照是，内政比外交更为他所擅长，但他对内政无多大兴趣，对外交又欠缺胆识。每当他暂时放下自诩的革命使命，对法国的发展便有重大贡献。他把工业革命带到法国，他对大规模借贷机构的鼓励，使他对促进法国经济发展居功至伟。将巴黎重建为如今的磅礴气势，也应归功于拿破仑三世。19 世纪初，巴黎仍是个中世纪城堡，街道狭窄弯曲。他授权亲信豪斯曼男爵（Baron Haussmann）并给予经费，建造出有宽广街道、宏伟建筑、一排排林荫的现代化都市。建造宽广道路的原因之一固然是为方便枪弹的发射，但无损于其对伟大壮丽的市容的贡献。

可惜他热爱的还是外交，却常受左右为难的情绪所煎熬。一方面，他明白自己绝无可能实现求得正统地位的夙愿，因为那是由出生所决定，无法靠后天赐予。另一方面，他又并不真想在历史上留下正统主义者之名。他曾是意大利独立斗士（Carbonari），又自视为民族自决的守护者。同时，他反对冒太大的风险。拿破仑三世最终的目标是废除《维也纳和约》有关领土的条款，改变此约所依据的国家制度。但他从未觉悟，要达成他的目标也会导致德国统一，并就此让法国永无主宰中欧的希望。

他反复无常的政策正反映出其难以取舍的困境。由于不信任那些“称兄道弟”的国君，他转向依赖民意为政权基础，因此其政策往往随他对民意不同的解读而起伏。1857 年观察入微的胡布纳向奥皇奏报：

> “其（拿破仑三世）视外交仅为保障其统治，合法其王位，建立其王朝之工具。任何可维持其人望之途径、手段必不放过。”

由于缺少内在的定力使他不致迷失方向，此种作风常使他自食其果，受制于自己所制造的危机。他一再鼓动危机，一下在意大利，一下在波兰，一下在德国，到后果显现时又退缩。他有叔父的野心但无叔父的胆量、才具，也无拿破仑那么大的权势。他支持意大利民族主义，只要它不越过意国北部。他赞成波兰独立，只要那不致引起战争。至于德国，他根本不知道该站在哪一边。原预期奥地利与普鲁士之间的角力会持续很久，事后他居然要求获胜的一方普鲁士赔偿因他个人优柔寡断而致的失算，落得贻笑国际。

拿破仑三世的如意算盘是召开欧洲会议，重新划定欧洲国界，这样他才能冒最小的风险，有最大的收获。但他对于希望如何重划国界却没有任何明确的打算。无论如何，其他强国都不愿召开这种方便他迎合国内需要的会议。没有国家会愿意更改国界，尤其是对本身不利的变动，除非是迫不得已。结果拿破仑唯一主持的一次欧洲会议，是结束克里米亚战争的巴黎会议（Congress of Paris），会上并未能重绘欧洲的地图，只是追认战争所造成的既定事实。会议决定俄罗斯海军不得进驻黑海，使俄国无法预备英国再一次的攻击。俄国也被迫将比萨拉比亚（Bessarabia）及黑海东岸的卡尔斯地区（Kars）归还土耳其。此外，沙皇也被迫放弃奥斯曼帝国基督信徒保护者的头衔，这原是克里米亚战争的导火线。巴黎会议象征着神圣同盟的解体，但与会各国均无意于修改欧洲的地图。

此后拿破仑三世想召开重绘欧洲地图的会议，却始终不曾实现。有一个基本缘由，英国大使克拉瑞登爵士曾向他提过：一国既想大刀阔斧的改变，又不愿放手一搏，最后注定是徒劳无功。

> “余眼见法皇渐生召集欧洲会议之意，借以扩大其疆界，废止已失效之条约，并完成其余必要之遗留问题。余即席力陈若会议之决议无法达成共识，或将导致众多危险阻难，然共识达成不易，抑或有一二

顶尖强国愿以战遂其所欲亦可。”

帕麦斯顿曾一言以蔽之说明拿破仑三世的政治人格：“其脑中想法增殖之快，有如一窝窝兔子。”问题出在他这些想法没有一个更高的中心思想为依归。在梅特涅体系被打破后的混乱中，法国有两个策略选择。一是遵循黎塞留的政策，设法使中欧保持分裂。这个选择必须要拿破仑三世放弃他支持革命的主张，至少在德国不能支持，要拥护现有的各正统君主，他们也急于维持中欧各自为政的现状。另一个选择是效法叔父的作为，做革命运动的领袖，希望因此使法国赢得各国民族主义者的感激，甚而因此成为欧洲政治领袖。

对法国很不幸的是，拿破仑三世将这两个策略同时进行。他赞成民族自决，却仿佛无视于这对法国在中欧地缘政治地位的风险。他支持波兰革命，但面对其后果时却又临阵脱逃。他反对维也纳会议的安排，认为是对法国的侮辱，却未能及时觉悟其实这也是最能保障法国安全的安排。

因为德意志邦联原本的构想，便是只为对抗强大的外来危险而团结在一起的组织。邦联的各国受到明文禁止因攻击的目的而集结，也从无可能形成共同的攻势策略。由这个主题在邦联 50 年历史中从未被提出即可证明这一点。法国莱茵河边界只要维也纳国际秩序不变，就不会有问题，但在拿破仑三世促成德意志邦联瓦解后的一个世纪里，却都是纷扰不安。

他从未觉悟到这个有关法国国家安全的重要因素。直至 1886 年普奥战争，即结束德意志邦联的战争爆发，他还向奥皇写道：

“目睹以反法为主旨之德意志邦联解散，朕坦承不可谓不欣慰。”

哈布斯堡的奥皇回信中比他看得透彻得多：

“纯因防御而起意所组之德意志邦联，于其半世纪历史中始终未令邻邦心生疑惧。”

取代邦联的不是黎塞留理想中分崩离析的欧洲，而是一个统一的德国，人口比法国多，工业实力也很快便超越法国。拿破仑三世反维也纳安排的结果，是把对法国安全的防御性障碍转变为具潜在攻击性的威胁。

政治家的考验在于是否能自战术性决定的旋涡中，分辨出国家真正长远的利益为何，并擘画适当的策略以达成这些利益。拿破仑三世大可沉浸在克里米亚战争期间他明智的战术（也是拜奥地利短视之赐）为他赢得的美名中，并善用战后他所拥有的更多外交选择。符合法国利益的应该是与奥国、英国接近，因这两国最可能维持中欧的领土现状。

然而他的政策却颇为出人意表，且受其善变的性格影响。他是波拿巴家族的一员，因此不论根据“国家至上”原则应该怎么做，他对与奥地利合作始终不放心。1858 年他曾对一位皮埃蒙特的外交官说：“朕对奥地利素来甚为嫌恶，至今依然。”他对革命运动的热衷促使其于 1859 年为意大利而与奥国交战。战后他并吞萨瓦及尼斯（Nice），又一再提议召开欧洲会议重划边界，都使英法渐行渐远。更有甚者，他支持 1863 年的波兰革命，以致牺牲与俄罗斯结盟的可能性，使法国完全孤立。拿破仑三世在民族自决的旗帜下，把欧洲的外交导入乱无章法的状态，却突然发现自己孤立无援，而由他大力促成的混乱，反有助于德国完成统一大业，结束法国在欧洲一枝独秀的地位。

在克里米亚战争后，拿破仑三世在 1859 年，巴黎会议后三年，首度有所行动。谁也未料到他会重操年轻时的旧业，想要帮助意大利脱离奥地利的统治。自这个冒险行动中法国能获得的利益十分有限。若得胜，将形成一个更能够阻挡法国传统侵略路线的国家；若失败，不但有损法国威望，也令人质疑法国参与其事的意义何在。而不论成败，法军进入意大利都会使整个欧洲不安。

基于这些理由，英国大使柯利爵士（Lord Henry Cowley）相信法国绝无可能派军队至意大利作战。据胡布纳报告，柯利曾说：

> “与英之同盟虽曾一时生变，且仍呈蛰伏状，但其仍为拿破仑三世政策之根本。”

30 年后胡布纳有如下的省思：

> “吾人甚感费解，此君既已位及至尊，若非心已狂乱或丧失理智，岂竟极有心于涉入又一冒险行动，却无可理解之动机可言。”

拿破仑三世令所有外交官大惊失色，仅与他有如寇仇的俾斯麦例外。俾斯麦已预见法国会与奥地利交战，也的确希望借此战争削弱奥地利在德国的地位。

1858 年 7 月，拿破仑三世与意大利境内最大的一国皮埃蒙特（撒丁 Sardinia）首相加富尔（Camillo Benso Cavour）达成秘密协议，将合作对奥地利作战。这纯粹是马基雅弗利式的分赃，加富尔可借此统一意北，拿破仑三世则可得到皮埃蒙特手中的萨瓦与尼斯作为报偿。到 1859 年 5 月，他们终于找到合适的借口。总是沉不住气的奥地利，被皮埃蒙特人的侵扰弄得气不过而宣战。拿破仑三世宣称这等于是对法国宣战，便派军直入意大利。

很奇怪的是，在他那个时代，法国人在谈到民族国家的统一为大势所趋时，所想到的主要是意大利，而不是更强大的德国。法国人对意大利颇为同情，也有彼此文化相近的感觉，对东边来势汹汹的邻居德国却不然。再者，将德国推向欧洲一流强国地位的经济荣景，此刻才刚开始；因此一点也看不出来意大利的实力会逊于德国。普鲁士在克里米亚战争时的小心翼翼，则加深了拿破仑三世的成见，认为普鲁士是列强中最弱的，没有俄罗斯为后援就无法采取强势行动。所以他的如意算盘是，与意大利作战，会削弱奥地利的实力，可使法国最危险的敌手德国实力下降，增强法国在意大利的重要性，但在这两方面其判断都是错得无以复加。

他同时维持两个相抵触的选择。比较之下可称上算的是他可扮演欧洲政治大师的角色：意北脱离奥地利统治，欧洲各强国愿出席他所主办的会议，并赞同他在巴黎会议未能达成的欧洲版图大修正。下策则是战争出现僵局，由他操持马基雅弗利式的权术，追求“国家至上”的利益，以牺牲皮埃蒙特换取奥地利若干好处，作为终止战争的条件。

拿破仑三世欲同时兼顾这两个目标。法军在马坚塔（Magenta）及苏法利诺（Solferino）两地获胜，却在德国引起强烈反法情绪，以致有一度，德国诸小邦仿佛因畏惧再遭到拿破仑式的攻击，而有意强迫普鲁士站在奥地利这一边加入战事。受此初显的德国民族主义迹象所冲击，又受到实地巡视苏法利诺战场的震撼，他居然在 1859 年 7 月 11 日，在未知会皮埃蒙特的情况下，与奥地利在维拉法兰加（Villafranca）议定休战。

他不仅一个目标都未达成，更大大地动摇了法国在国际舞台上的地位。此后，意大利民族主义者将他所拥护的原则，推行到完全出乎他想象的地步。他想在约略分为五国的意大利建立一个中型卫星国的目标，引起皮埃蒙特的不悦，皮埃蒙特是不会放弃其统一大业的。奥地利坚持不放威尼西亚（Venetia），拿破仑三世则坚持将它交还意大利，这样又制造了一个无从解决的争端，而法国在其中并无明显的利益。英国对法国并吞萨瓦及尼斯的看法，是视其为又一个拿破仑征服时代的开始，对法国提议召开拿破仑三世念念不忘的欧洲会议一概拒绝。而在此期间，德国民族主义人士看出，欧洲的乱局正是他们推动国家统一的大好时机。

拿破仑三世在 1863 年波兰革命期间的行为使他益形孤立。他重温波拿巴家族与波兰友好的传统，先试图说服俄罗斯向其闹革命的波兰子民做些让步。但沙皇连谈都不愿谈。其后他又想与英国结盟，但帕麦斯顿对这位捉摸不定的法皇深怀戒心。最后他向奥地利提议，要奥国放弃其波兰省份给一个尚未成形的波兰国，将威尼西亚让给意大利，然后向西里西亚及巴尔干半岛寻求补偿。这个提议对奥地利不具吸引力，因为这么做有引发与普鲁士及俄罗斯的战争的危险，所换来的却是可能在其边境出现一个法国的卫星国。

轻举妄动对政治家而言是个所费不赀的嗜好，而且终有一天要付出代价。凭一时喜怒好恶而不顾及整体策略的行动绝不可能持久。在拿破仑三世的统治之下，法国失去了对德国内部安排的影响力，虽然它曾是自黎塞留以来法国政策的重心。黎塞留了解勿让中欧坐大是法国安全的关键，但拿破仑三世的政策受其好大喜功所影响，却集中于欧洲边陲，这是唯一风险最小而能有所获的地带。随着欧洲政策的焦点转移到德国，法国却发现自己已势单力孤。

1864年有一不好的情势发展。自维也纳会议后，在奥地利与普鲁士的联手下，中欧的平静首度被打破，它们为代表德国对抗非德国的势力而发动战争。战争的焦点是石勒苏益格与荷尔斯泰因这两个易北河（Elbe）公国。这两国与丹麦的王室有关系但又是德意志邦联的成员。丹麦国君逝世后，形成了极其复杂且纠缠不清的政治、王族及民族问题，帕麦斯顿还曾因此发过一段妙语。他说只有三个人了解其中的来龙去脉：一个已经死了，一个在疯人院里，还有一个是他本人，可惜他已经忘了。

这个争端的内容没有普奥联手向小国丹麦宣战，迫使其放弃这两块古老的德国领土来得重要。此次战争证明德国确有能力采取攻击性行动，而且若邦联的组织太累赘，那普奥两个德意志大国可能根本就无视于它的存在。

依维也纳会议的传统，此时欧洲各强国必已集会设法大致恢复原有的状况。但欧洲现在却是一片混乱，这主要是拿破仑三世的“功劳”。俄罗斯不打算与它镇压波兰革命时未介入的普奥为敌。英国对普奥进攻丹麦虽感到不安，但必须与欧陆国家结盟始可插手，但唯一可行的结盟对象法国又令人不敢信任。

历史、意识形态和“国家至上”原则应已足以警告拿破仑三世，此种局势发展下去不久就会失控。但他却在要维持法国传统的外交原则使德国继续分裂，或奉行他年轻时所笃信的民族主义原则之间摇摆不定。法国外长路威（Drouynde Lhuys）在写给驻英大使杜维涅（La Tour d'Auvergne）的信中说：

> “一方涉及我长期同情之友国之权利，一方涉及德意志人民之愿望，两者均须虑及，吾国势必较英国更为审慎其事。”

然而，政治家的责任在于解决问题而非思考问题。对缺乏决断力的领导者而言，审慎便成了拖延决定的托词。拿破仑三世自认为坐而言才算明智，便听任普奥决定石勒苏益格与荷尔斯泰因的前途。在欧洲其他国家袖手旁观的情况下，切断石勒苏益格、荷尔斯泰因与丹麦的关系并合力加以占领，这在梅特涅时代是难以想象的举动。法国最恐惧的梦魇，也是拿破仑三世逃避了十年的德国的统一，终于就要来临。

俾斯麦并不打算与他国分享德国的领导权。于是他把为石勒苏益格与荷尔斯泰因而打的战争，变作又是奥地利所犯的一大错误。十年来奥国仿佛大错不断，使其大国的地位江河日下。奥地利犯下这些错误的原因都一样，每每主动提出与其合作以讨好所谓的敌手。但讨好策略对普鲁士的效用，与十年前克里米亚战争中对抗法国时的结果差不多。对丹麦的胜利不但未能使奥地利摆脱普鲁士的压力，反而提供了新的而且是对奥国不利的角力场所。它现在必须与普鲁士共同治理石勒苏益格与荷尔斯泰因，而普鲁士首相俾斯麦是决心要利用这个机会，在距奥国千百英里外却接近普鲁士主要地区的土地上，挑起一场他等待已久的摊牌行动。

紧张情势升高，拿破仑三世进退维谷的态势也越加明朗。他害怕德国统一，但又同情德国的民族主义，对解决这棘手的难题畏惧不已。他认为普鲁士是最道地的德意志民族国家，在 1860 年曾写道：

> "普鲁士为德意志民族、宗教改革、商业进步、自由宪政之表率，乃正统德意志王国中最大者；其自由良知，思想开明，人民之参政权，均优于其余诸多德意志邦国。"

俾斯麦对这番话必定举双手赞成，但对他而言，拿破仑三世肯定普鲁士的独特地位，正是他如何定夺的关键。拿破仑公开表示对普鲁士的推崇，最后又成为他坐而言不起而行的一个借口。他把犹豫不决当作是英明权谋，并实际上鼓励普奥开战，部分原因是他认为普鲁士必败。1865 年 12 月他告诉前任外长瓦留斯基（Alexandre Walewski）："卿可信朕所言不虚，奥普之战必有意外结果，对我之利将不止一端。"很奇怪，在鼓动两方作战时，他似乎从未自问，若普鲁士胜算如此之小，那俾斯麦为何执意要上战场。

普奥战争爆发前四月，拿破仑三世已毫不避讳，明白敦促双方兵戎相见。1866 年 2 月他告诉普鲁士驻巴黎大使戈尔兹伯爵（Count von der Goltz）：

“请代致贵国王陛下，彼我友好和睦永不生变。普奥若起战事，朕必保持绝对中立。朕愿石勒苏益格与荷尔斯泰因公国与普合一。设若情势出人意表，朕深信必可与普取得谅解，因贵我双方多有所见略同，然朕与奥则无协议之可能。”

拿破仑三世究竟想要如何？难道他相信战争会出现僵局使他的谈判筹码增加？他显然是希望普鲁士肯做些让步以换取他的中立。俾斯麦知道他用意何在，便提议，若拿破仑肯保持中立，他对法国占领比利时将持乐观其成的态度，因为这有让英国涉入与法纷争的好处。拿破仑可能对这个提议不太在意，因为他认定普鲁士会战败；他的行动着眼于让普鲁士继续走向战争的成分大于为法国争取利益。数年后法国外长首席助理阿曼德伯爵（Count Armand）承认：

“外务部唯一之顾虑为普国遭击溃羞辱太过严重，对此吾国誓以及时介入予以防范。皇上陛下欲待普国战败，既而干预，并依其想象建造德意志。”

他所想的是黎塞留式谋略的更新版。它假定普鲁士会因战败而愿献出西部土地作为对法国的补偿，威尼西亚给意大利，德国境内的新安排则是，设立由普鲁士领导的北德邦联及由法、奥支持的南德意志集团。这个计划唯一的问题是，黎塞留知道该如何判断各股势力之间的关系，且愿意为自己的判断而战，拿破仑却两方面都不行。

他一再拖延，盼望出现转机，好让他不必冒任何风险便可实现他最大的愿望。他用的是一贯的策略，提议召开欧洲会议化解战争危机。各国的反应到现在也有了固定的模式，大家对拿破仑的图谋深怀戒心，均拒绝参加。不论他转向哪一边，都是两难的抉择：他可以放弃对民族主义的支持，决定维持现状；要不然就是鼓励革命及民族主义，而危及法国传统的国家利益。他逃避的做法是向普鲁士暗示要有“补偿”，却不明讲是什么补偿，这令俾斯麦相信法国的中立是代价问题而不是原则问题。戈尔兹在致俾斯麦的信中说：

> “以法皇视之，普、意、法于会议采共同立场唯一之难处为法未获补偿。吾国之所求，众所皆知；意国之所求，亦众所皆知；然法皇于法国之所求语焉不详，就此我等无从予其任何意见。”

英国提出参加欧洲会议的条件是，法国必须同意维持现状。对于法国一手促成且对其安全关系重大的德境情势，拿破仑却未能善用确立此一情势的机会，反而临阵退缩，坚称：“为维护和平须斟酌国民情绪与要求。”换言之，他情愿冒普奥不免一战及德国统一的风险，只为取得在意大利对法国实质国家利益无关痛痒的不明确战利品，及他又不肯明讲的想在西欧获得的利益。而他所对抗的俾斯麦却是对现实的力量深信不疑，并会为其本身的目的而利用拿破仑所最擅长的种种虚张声势之举。

有法国领袖了解拿破仑所冒的风险，以及他有意获取的所谓赔偿与法国的基本利益无关。1866 年 5 月 3 日，坚决反对拿破仑且日后曾任法国总统的梯也尔（Adolphe Thiers），在一次精彩的讲演中正确地预言，普鲁士可望成为德国最强大的势力：

> “查理五世建都于维也纳之王国如今将重现于柏林，而且距我国边境更近，压力将随之而来。诸位有权以法国利益为名反对此一政策，因法国的地位如此重要，势必受到此次革命严重的威胁。法国奋斗了 200 年欲摧毁此劲敌，现在是否打算就此坐视其重振国威而无动于衷？”

梯也尔指出，法国应采取明确的反普鲁士政策，取代拿破仑暧昧的意向，并抬出维护德国诸邦的独立为借口，即黎塞留的老手法。他主张法国有权抗拒德国的统一：

> “先以德国诸邦为名继之以其本身独立为名，最后以欧洲之平衡为名，此符合全体利益，全体国际社会之利益。现今有人对‘欧洲平衡’一词大事嘲弄，但何谓欧洲平衡？即欧洲之独立。”

此时要阻止会使欧洲平衡永久改观的普奥战争，似乎已嫌太晚。理论上说梯也尔的主张不错，但采取这个政策的前提应在百年前即已确立。即使现在，若法国发出强烈警告，决不容许奥地利被击败，或传统诸侯国如汉诺威王国被消灭，或许可让俾斯麦有所收敛。可惜拿破仑认定奥地利会赢，而且似乎更在乎打倒维也纳体系和完成波拿巴的家族传统，而轻忽对法国传统利益的种种权衡，便不肯选择此路。他在三天后回应梯也尔："朕憎恶 1815 年诸条约，现今众人却欲以其为吾国政策唯一之依据。"

就在梯也尔演讲后一个多月，普奥正式开战。完全出乎拿破仑三世的预期，普鲁士很快便获得决定性胜利。依黎塞留的外交规则，他应该协助战败的一方，避免普鲁士大获全胜。但他虽派出一队"观察"部队到莱茵河，却不敢有所行动。俾斯麦以请他调停向他示好，然而这空洞的姿态已无法掩饰法国对德国事务越来越无过问权的事实。1866 年 8 月签订《布拉格条约》后，奥地利被迫退出德国。汉诺威和黑森 - 卡塞尔（Hesse Cassel）两邦因战时与奥地利同盟，与石勒苏益格、荷尔斯泰因以及法兰克福自由邦，一同被普鲁士并吞。俾斯麦废掉它们的君王，借此昭告天下，曾为神圣罗马帝国一员的普鲁士，已放弃以正统论作为国际秩序的指导原则。

德国北部仍保有独立的诸邦全部纳入俾斯麦新成立的北德邦联（North German Confederation），各邦所有政务举凡制定贸易法令以至外交政策，全由普鲁士主导。南德的巴伐利亚（Bavaria）、巴登（Baden）及符腾堡也与普鲁士签订条约，允诺在与外国有战事时将其军队交由普鲁士指挥，以此为条件保有其独立。德国的统一如今只差一步之遥。

拿破仑三世的自作聪明将国家带入死胡同，法国已无路可走。他想与奥地利结盟，但已太迟，他曾以军事行动将奥国逐出意大利，又保持中立令奥国退出德国。而奥地利已无心恢复在这两国的地位，宁愿先集中全力重建同时以维也纳和布达佩斯为首都的奥匈帝国，再向巴尔干半岛发展。英国因法国对卢森堡及比利时的图谋而对结盟兴趣不大；俄罗斯则从未原谅他对波兰革命的作为。

法国只有孤军奋战挽救它在欧洲已丧失的优越地位。情形越是悲观，拿破仑越是想要出奇制胜，就像赌徒输得越多，赌注下得越大，越想翻本。

俾斯麦在普奥战争期间用取得领土为饵，先是在比利时境内，后在卢森堡，诱使拿破仑保持中立。但每当拿破仑想要攫取时，希望总是落空，因为他希望这些“补偿”是由别人送上门来，而俾斯麦觉得既已成功地利用了拿破仑的优柔寡断，何必再多冒风险。

拿破仑深感颜面尽失，尤其眼见欧洲的情势对法国越来越不利，便想借当时出缺的西班牙王位继承问题大做文章，以弥补因错估普奥战争奥国必胜所犯下的错误。他要求普鲁士国王保证霍亨索伦（Hohenzollern，普国王室）不会有人继承西班牙的王位。这又是一次浮面的表态，充其量只能提高声望，对中欧的权力关系毫无影响。

在变动的外交情势中运筹帷幄无人比得上俾斯麦。他再以高明的计谋，利用拿破仑此番表态诱使他于 1870 年向普鲁士宣战。法国要求普鲁士王族不得有人继承西班牙王位，这确实颇具挑衅意味。但老谋深算的普王威廉不但没有动怒，反而心平气和、理直气壮地拒绝了法国派来获取承诺的使臣。威廉帝电告俾斯麦事情的经过。俾斯麦将电文加以删减，去掉用词比较客气委婉的部分，而普王实际上是对法国派来的使节相当客气。超越时代的俾斯麦随即利用一种技巧，后世政治家已将其发展成一门艺术，即将所谓的埃姆斯密电（Ems Dispatch）透露给报界。经删减后的电文看来像是打了法国一记耳光。愤怒的法国民众要求对普国一战，拿破仑顺应了他们的要求。

普鲁士在所有其他德国诸邦的助力下，又迅速取得决定性胜利。此刻德国统一的大道已畅行无阻，普鲁士便毫不客气地在 1871 年 1 月 18 日，于凡尔赛宫的镜厅正式宣布德国统一。

拿破仑就此促成他一向赞同的德国革命，但其后果却与他原先所预期的大不相同。欧洲的地图确实重新绘过，但此新局面已无可挽回地削弱了法国的影响力，而且未能带给拿破仑他所渴望的声望。

他鼓励革命却未能意识到革命可能的后果。他无法评估各种力量之间的关系，并利用此种关系实现个人长期目标。他经不起考验。他的外交政策全盘尽输，原因不在于缺乏理念，而是他无法自众多的想法中理出一个头绪，或分清理想与周遭现实间的关系。他一味追求虚名，从未有一贯的政策作为指引。他受制于一团纷乱的目标，其中有些更是相互矛盾。每当面临事业上的重大危机时，各种不同的直觉反应便会互相抵消彼此的力量。

拿破仑三世视梅特涅体系为法国之耻辱，也是对法国对外扩张的野心的限制。他在克里米亚战争中在奥地利与普鲁士之间制造分裂，成功地破坏了神圣同盟。但他不知该如何善用成功的果实。1853—1871 年间是一段相当混乱的时期，因为欧洲秩序在重整中。这段时期结束后，德国一跃而成为欧陆最强大的国家。使欧洲保守君王团结在一起的正统原则，曾调和梅特涅时代均势体系的紧张，如今却变成空洞的口号。而对这所有的发展，拿破仑三世本人都难辞其咎。他高估了法国的实力，鼓动每一次的争战，误以为法国可以从中渔利。

到最后，国际政治演变成纯以实力为基础。而在这样的世界中，法国自视为欧洲第一大国的想法与是否有实力支持这种想法，其间始终存在着差距，这个差距直到今天仍影响着法国的政策。拿破仑三世在位期间，他屡次呼吁召开欧洲会议改写欧洲地图不成，便是理想与实力无法配合的例证。1856 年克里米亚战争后，1859 年意大利战争前，1863 年波兰革命期间，1864 年丹麦战争期间，1866 年普奥战争前，他都曾呼吁各国领袖集会，每次均希望在会议桌上改写各国的疆界，却从不曾明言究竟要如何改写，也不肯为此矢志一战。他的难题在于没有足够的实力坚持己见，他的构想又太激进难以获得共识。

法国倾向于与肯接受其领导的国家结盟，是自克里米亚战争后法国外交政策中一贯的要素。由于与英、德、俄或美国结盟无法占上风，又以屈居次要与堂堂大国及济弱扶贫的国家形象不合，法国便思虑与次要国家结盟以取得领导地位，如在 19 世纪与萨丁尼亚、罗马尼亚及中等规模的德国诸邦，在两次世界大战期间与捷克、南斯拉夫及罗马尼亚结盟。

同样的态度也见于后戴高乐时代的法国外交政策。普法战争 100 年后，实力强大的德国始终是法国的梦魇。法国很勇敢地选择了与这个可畏又可敬的邻国交好。然而就地缘政治的逻辑来推理，法国应设法与美国建立紧密关系，即使只为多一些选择余地。但法国的自尊阻碍它选择这条路，反而倾向于在欧洲号召组成与美国抗衡的团体，即使有时是不切实际，有时是饥不择食的任意凑数，甚至不惜付出让德国最终称霸欧洲的代价。在现代史上，法国有时的行为犹如反美国领导的国会反对派，试图将欧洲共同体（the European Community）擘画为可取代美国的世界领袖，并与它能够主导或自认为能够主导的国家结盟。

自拿破仑三世去位后，法国一直欠缺足够的力量，实践其得自法国大革命的天下一家的理想，也没有合适的场合供其发挥兼善天下的热情。百余年来，法国始终难以接受的事实，即黎塞留所建立的让法国独大的客观条件，在欧洲各国完成国家统一后便告消失。法国的外交作风常令人感觉突兀，便是起因于其领导人企图在越来越不利的大环境中，延续法国仍是欧洲重心的政策。首创国家至上观念的国度，居然在一个世纪的大半时间里，均致力于挣扎着使愿望与实力能够旗鼓相当，的确相当讽刺。

由拿破仑三世发动的摧毁维也纳体系的大工程，在俾斯麦手中完成。俾斯麦以对 1848 年自由革命持强硬保守反对立场而在政坛大放异彩。他也是率先在欧洲实行男性普选权的领袖。在前后 60 年间堪称欧洲最完善的社会福利制度，也出于他的手笔。1848 年他费尽心机反对民选的国会将德国的帝位授予普鲁士国王的决议。但就在仅仅 20 年之后，他却在反自由主义原则下，借普鲁士强大的军事力量，完成德国的统一大业后，亲手将皇位交到普王手上。这惊人的成就将国际秩序又带回 18 世纪毫无节制的竞赛局面，而此刻更因工业技术的精进及国家可动员的庞大资源，使此种角力更加危险。没有人再提起正统王朝的团结，或欧洲各古国的和谐相处。在俾斯麦的现实政治原则下，外交政策成为一种实力的角逐。

“铁血宰相”俾斯麦

俾斯麦的成就与他的个性一样出人意表。这位“铁血宰相”能写文字极为简练优美的散文，喜爱诗，曾在日记中一页页地抄录拜伦（Byron）的作品。这位称颂现实政治的政治家却有绝佳的均衡观，虽大权在握却懂得自我约束。

怎样才算革命家？这个问题很难得出确切的答案，否则能成功的革命家就不多了。因为革命家刚起步时必然是处于弱势，但革命家的胜算在于既有势力对本身的弱点总缺乏自知之明。尤其当革命的挑战不是以向巴士底狱（the Bastille）进攻等激烈的方式呈现，而是披着保守的外衣时，这个道理更是正确。社会既有秩序对于表面上看来是要保护它的人很少会起戒心。

俾斯麦正是这样一个人。他的政治生涯开始于梅特涅体系最蓬勃的时代。当时的国际秩序包括三个要素：欧洲均势；德国内部普奥相安无事；因保守理念而结合的联盟体系。在维也纳会议后的一个世代里，国际情势紧张的程度相当低，因各国都相信彼此有祸福与共的利害关系，而普、奥、俄这三个所谓的东方王朝也认同彼此的意识形态。

俾斯麦一一破解这三个前提。他相信普鲁士已成为德国最强大的一邦，也不需要神圣同盟作为与俄罗斯的桥梁。他认为共同的国家利益已足以使国与国之间结合在一起，且普鲁士标榜的现实政治可取代保守势力的同盟。他视奥地利为普鲁士统一德国的障碍而非伙伴。他的看法几近于与所有当时的领袖相反，或许只有皮埃蒙特首相卡武尔是例外，因为他不把拿破仑三世不按牌理出牌的外交看作是威胁，反而当作是可加以利用的机会。

1850 年俾斯麦在一次演讲中，对于德国的统一须以建立议会式机构为前提的普遍想法大加挞伐，拥护他的保守人士起先还未领悟，他演讲内容的重点是反梅特涅体系的前提：

> “普鲁士之荣誉非取决于全德各地，为唯恐其宪政招致威胁而心怀不满之议会名流，行堂吉诃德式之追求。余以为普国之荣誉在于不与民主产生任何不名誉之瓜葛，并决不容许未得普国同意之事出现于德国。”

表面上俾斯麦对自由主义的抨击，是沿用梅特涅的哲学。但两者所强调的有极大的差异。梅特涅体系是基于普奥对保守制度有共同的承诺，且需要彼此合作对抗自由民主的潮流。俾斯麦则暗示普鲁士可自行其是，即使对内采取保守政策，在外交上也无须与奥国或其他保守国家发生关联，同时普国也不需要与他国结盟来应付本国的革命。因为俾斯麦，使哈布斯堡又面临与黎塞留所带来的同样的考验——除国家荣耀外不涉及任何价值体系的政策。也跟黎塞留当年的情形一样，他们不知该如何应对，甚至无法掌握这种政策的真正含意。

但普鲁士在中欧不向外求援，又如何维持现实政治呢？自1815年以来，普国几乎一向是不惜任何代价地依附着神圣同盟；但俾斯麦的做法却恰恰相反，他是全方位的与各国结盟，建立关系，使普国与起冲突的各国的关系总是比那些国家彼此之间还要密切。在这样的安排下，看似孤立的地位反使普鲁士能操持他国许下的承诺，并对冲突中要支持哪一国待价而沽，看谁出价最高。

在俾斯麦看来，普鲁士除加强本身在德国的地位外，别无太多的外交利益可追求，这是最有利于它待价而沽的策略。而其他每一强国都有更复杂的牵扯：英国不但有本身的帝国，还有欧洲整体的均势需要操心；俄罗斯同时向东欧、亚洲及奥斯曼帝国三方面进攻；法国有新缔造的帝国，对意大利有野心，还在墨西哥开疆辟土；奥地利忙于意大利与巴尔干半岛，又须顾及在德意志邦联的领导地位。由于普鲁士的政策完全集中于德国，因此除奥地利外，与其他大国均无主要歧见，而当时与奥国的歧见基本上仍是俾斯麦个人主观的想法。现代人所说的不结盟（nonalignment）与他将普鲁士的援手待价而沽——而他认为那可以左右逢源——有异曲同工之妙：

> “当下情势迫使吾国难以向他国先许以承诺。吾国无力于依本身意旨决定列强间之关系，但可保有行动自由，随机善用彼此关系间之优势。吾国与奥、英、俄之关系不应构成与任一国交好之障碍。唯与法之关系须谨慎从事，以便视需要随时可与之往来。”

如此暗示可与波拿巴主政的法国友好往来，显示出他已打算将意识形态打入冷宫，以便于普鲁士得与任何国家结盟（不论其国内的制度如何），只要有益于增进国家利益即可。这样一来他的政策与黎塞留的政策暗合。黎塞留虽身为枢机主教，却会因法国利益的需要而反对同样是天主教的神圣罗马帝国。俾斯麦也一样，虽个人思想属保守派，但当保守派的正统原则有可能限制到普鲁士的行动自由时，他就会与保守派大佬们分道扬镳。

这隐含的歧见到 1856 年变得白热化。当时任普鲁士驻德意志邦联大使的俾斯麦，更详细地说明他主张普鲁士应对拿破仑三世持更积极的态度，但在普国保守派的眼中，拿破仑三世是正统王位的篡夺者。

将拿破仑三世当作普国可能的对话对象，在一手提拔俾斯麦建立外交事业的保守派大佬眼中，是可忍孰不可忍。他们对俾斯麦这逐渐成形的想法大为震怒、大惑不解的情形，与 200 年前黎塞留提出国家利益应超越宗教之上的革命性论点时的遭遇不相上下，同样的反应也见于当代尼克松总统（Richard Nixon）提出的与苏联缓和（detente）的政策。在保守派看来，拿破仑三世代表法国新的扩张主义野心，更有甚者，这象征着肯定令他们憎恨不已的法国大革命所标榜的原则。

俾斯麦对保守派关于拿破仑的看法并未极力驳斥，就如同尼克松对于保守派对共产党缓和动机的解读着墨不多。俾斯麦在不够老成持重的拿破仑身上，跟尼克松在老朽的苏联领导阶层身上（参见第二十八章），同样都看到机会，但也看到危险。他认为法国的扩张野心与法国革命的影响，对奥地利的威胁比对普鲁士更大。他也不认同一般认为拿破仑三世很狡猾的看法，还曾故意说，欣赏他人的才能并非他的特长。奥地利越怕拿破仑三世就越必须向普鲁士让步，而普鲁士就越能享有更大的外交弹性空间。

俾斯麦与普国保守派关系破裂的原因，与黎塞留跟反对他的教士起争执的因素大同小异，其间最大的差别在于，普鲁士保守派是坚持普遍的政治原则，而黎塞留的反对者是坚持宗教无国界。俾斯麦主张实力本身就可以创造正统；保守派则认为正统观所代表的价值观超越实力的算计之上。他相信对自身实力做正确的评估会令各国懂得自我节制；保守派却坚信唯有道德原则始能真正地限制各国对权力的主张。

这个冲突引起俾斯麦与其恩师格拉克（Leopold von Gerlach）在 19 世

纪 50 年代末期在信件中你来我往地激辩。格拉克是普王军事上的左右手，俾斯麦之所以有今日，他的第一个外交职位，他与王室的关系，他的整个事业，全都要归因于格拉克的提携。

辩论始于俾斯麦上书格拉克，建议普鲁士研拟多一个与法国结交的可能选择，在随此建言所附的信函中，他提出实用重于意识形态的主张：

> "余对数理推论之结果，即吾国难以与今日奥国为友，无从逃避。奥方若始终拒不同意划定德境内之势力范围，则吾国势必预备于承平时期借外交及谎言与奥对决，并运用任何机会予其致命之一击。"

但格拉克无法说服自己接受为战略利益便可牺牲原则的说法，尤其是有波拿巴的一员牵涉在内时。他力主梅特涅的做法，让普鲁士与奥地利、俄罗斯的结合更密切，并恢复神圣同盟以孤立法国。

俾斯麦再提出的建议令格拉克更难以理解，俾斯麦建议邀请拿破仑三世参观普鲁士军团的演习，因为"此一与法国关系友好之明证，可增强吾国对所有外交关系之影响力"。

有人居然胆敢建议让波拿巴家的人参观普鲁士的军事演习，令格拉克大为震怒："以君之才智，怎可因拿破仑一类之人物而牺牲原则。拿破仑为吾人之天敌。"若他看到俾斯麦所做的眉批："有何不可？"可能就会省下写下一封信的力气了。他在此信中重申一生所秉持的反革命原则，也是促使他支持神圣同盟及襄助俾斯麦早期事业的原则：

> "余始终不渝之政治原则即对抗革命。汝将无法说服波拿巴勿同情革命阵营。彼显然因此立场而受益，殆无可能改变态度。若余之反革命原则正确无误，则于实务上务须加以遵行。"

然而俾斯麦与他意见不合并非像格拉克以为的，是出于他对格拉克认识不清，反而是因为他对恩师太了解了。在俾斯麦心目中，现实政治必须不受制于意识形态，须有弹性及能够善用每一个可能的选择机会。他就像为黎塞留辩护的人士一样，把辩论的方向转向他与格拉克均赞同，而且显然是对格拉克不利的一个原则上，即对普鲁士忠诚高于一切的大道理。在他看来，格拉克坚持保守势力的团结是有违爱国原则的：

> “唯因法国有可能影响到吾国，余始对其有兴趣，且吾国唯有与事实存在之法国打交道。身为浪漫主义信徒，余对亨利五世之命运（波旁王朝王位被夺者）故可一掬同情之泪；但身为外交家，若余为法国人则必为其子民，然依实际情况，无论法国为何人所领导，对余而言均是外交棋盘上无可避免之一子，余唯一之职责即为**吾**王及**吾**国效命（译注：黑体字为俾斯麦自标之重点）。个人对于外国强权之同情或反感，不应与处理外务之责任感有所混淆；余确感其间有对吾王及吾国不忠之虞。”

一个地道的普鲁士人对爱国心应超越正统原则之上，而且若环境需要，一个世代对保守势力应团结的信仰居然可能近乎对国家不忠，对这样的主张能够如何反驳？俾斯麦先下手为强地切断他所有的退路，先一步驳斥了他可能提出的说辞，即维持正统符合普鲁士的国家利益，因此拿破仑三世是普鲁士永久的敌人：

> “对此余可加以否认，但即使君所言属实，余仍以为令他国知悉吾国承平时期之忌讳，就政治而言非明智之举。于君所预言之破裂发生前，余以为令世人相信，吾国之政策非注定要导致与法国关系紧张，于我方有利。”

这也就是说，现实政治要求在战术上保持弹性，而普鲁士国家利益也要求对于与法国有可能的往来保持开放的态度。一国的谈判态势取决于它自认手上有哪些牌可打，断绝任一种可能性反而便宜敌方更易于算计我方的行动，压缩了奉行现实政治者的行动自由。

格拉克与俾斯麦正式决裂到 1860 年时已是势不可免，当时的争议是普鲁士对法国与奥地利为意大利而战应持何种态度。格拉克认为这场战争已充分证明，拿破仑三世的真面目是要为效法拿破仑一世对外侵略而开路。因此他呼吁普鲁士应支持奥地利。相反地，在俾斯麦眼中却看到机会——若奥国被迫退出意大利，则可借此作为最后将奥地利逐出德国的先声。他感觉梅特涅那一代的信念已成为有害于普鲁士的种种禁制：

“余誓与吾王同生共死，即便余以为吾王乃咎由自取，然法国之为法国，无论在拿破仑或圣路易（St.Louis）治理之下均无两样，奥地利对余而言则为一外国。君必然答以现实与原则必不可分，即便自实用之角度观之，吾国之政策若谓考虑周详则亦须顾及对外事务之正义原则。余愿与君讨论实用观点；但君若一定要强调正统与革命、信仰基督与无信仰、上帝与魔鬼间之对立矛盾，则余将无言以对，仅能回以：‘君我所见不同，君无权对余之观感置喙。’”

这段毫不客气的宣示可以说与黎塞留所见略同，即人因灵魂不朽，所以必须受上帝之审判，但国家并非不朽，因此仅能以功过论英雄。他跟黎塞留一样，就个人道德观点他并不反对格拉克的主张，而且很可能相当赞同；但俾斯麦反对把个人的道德观反映到政治行为上，他特别阐述了个人信念与现实政治间的差别：

“余非出于主动为吾王效命。此乃天意，或许上帝将指引明路，令余之灵魂不致毁灭，若非深信 30 年后吾或吾国于欧洲之政治成就已无关乎个人荣辱，否则不免高估余此生之价值。余甚而得以想见，日后‘反新教之非正信者’将以波拿巴式专制统治马克－勃兰登（普鲁士核心）。余与君非属同一时代之人，但就诚实而言君我均可问心无愧。”

俾斯麦的确是与其恩师不同时代的人。他属于现实政治的一代。格拉克则是梅特涅那一代的思想。梅特涅体系反映着 18 世纪的宇宙观，认为宇宙有如一座庞大的时钟，其内部的每一个齿轮均复杂而密切地咬合着，只要有一个环节出了问题，其他部分的互动就会受影响。俾斯麦则代表科学上与政治上的新世纪。他看宇宙不是机械式的平衡，而是现代的观点，即宇宙包含许多变动不已的个体，相互激励而形成我们所谓的现实。在生物哲学上与它相当的理论便是达尔文的物竞天择、适者生存的进化论。

基于这种信念，俾斯麦主张所有信仰的均是相对的，连他对普鲁士将永垂不朽的信念也不例外。在现实政治的世界里，政治家有责任在做决定时，将思想也当做一股势力，与其他相关的势力放在同一天平上加以评估；而各种因素应以其对国家利益能有多大的贡献，而非根据预设的意识形态来判断其价值。

不论他的理念看起来是多么冷酷无情，其所根据的前提与格拉克的前提一样难以求证。俾斯麦的前提是，每位政治家对相同的已知情势经仔细分析后，必会得出相同的结论。正如格拉克认为若正统原则可有一种以上的解释，是令人不可思议的，俾斯麦也认为政治家评估国家利益居然会出现一种以上的可能性，是不可思议的。由于他极擅长于掌握权力间细微的差异及其种种变化，使他能在有生之年排除梅特涅体系的束缚，代以一种自制政策（policy of self restraint）。但因这些微妙之处对俾斯麦的后继者及仿效者而言，不是如此明显而易于掌握，他们一成不变地奉行现实政治的结果，导致过度仰赖军事力量，以致造成武器竞赛及两次世界大战。

成功往往令人极难以捉摸，因此政治家在汲汲营营于追求成功之际，很少会多考虑到成功可能带来的反效果。俾斯麦在事业刚起步时也是如此，他一心一意要以“现实政治”打倒仍极受梅特涅原则所左右的世界秩序。这必须要让普鲁士切断普国安全有赖奥地利领导德国以及维护保守理念等念头。不论这在维也纳会议时是多么正确的观念，到19世纪中叶，普鲁士已不需要与奥地利结盟以维护国内的稳定或欧洲的安定。事实上依俾斯麦的看法，误以为需要奥地利的援手是妨碍普鲁士完成统一德国大业的最大障碍。

在他看来，普鲁士过去的光荣史足以证明他所主张的普鲁士在德国居领导地位，以及普鲁士有足够自立的能力。因为普鲁士不仅只是德国的一邦。姑不论其内政政策的保守，但自历次对抗拿破仑的战争中因其重大牺牲所累积的国家荣耀是绝不容抹杀的。普国的国界，自维斯瓦河横过北德平原以迄莱茵河西岸，那一连串曲曲折折的领土，仿佛这样的安排已注定它要领导德国迈向统一，即使自由派也持这种看法。

但俾斯麦更进一步否定传统因袭的观念，即认为民族主义与自由主义是一体的，或是至少也认为德国的统一必须经过自由的体制才能实现：

> “普鲁士非因自由主义或自由思想而壮大，反是历代有为睿智之良相辅国有功，极力耕耘吾国之军事及财政资源，并善加掌握，以待有利时机则可立即义无反顾地将其投入欧洲政治大局之中。”

俾斯麦所依恃的并非保守原则，而是普鲁士体制的特点。他是根据普鲁士的实力，不是诉诸公认的意识形态，而主张普国在德国的领导地位。他有信心普鲁士体制对外在影响具绝对的免疫力，因此它可利用当时的民主浪潮作为外交政策工具，以在国内鼓励更多的言论自由作为对他国的要挟，虽然 40 年来没有一个普鲁士国王曾实行过这种政策：

> “即便我军全数在外，吾王仍可居国家之首而安全无虞，欧陆他国尤其德境任一他邦均无此能耐。其有助于加倍顺应时代之需要，接纳公众事务之发展。普鲁士皇家权威之巩固，并使鼓动其国会更加活跃，借以对德境局势施压，亦不足虑。”

俾斯麦不赞同梅特涅的观点，即东欧三王国均担心国内之动乱，所以必须密切结合在一起。俾斯麦认为情形正好相反。因普鲁士国内没有发生乱事之虞，正可利用这股团结力量作为动摇维也纳体系的武器，借着扬言采取煽动民主革命的政策来威胁其他国家尤其是奥地利。俾斯麦觉得，普鲁士在政治、军事及财政制度上的实力，为其登上德国的盟主地位开启了康庄大道。

1852 年他获任命为驻德意志邦联议会（the Assembly of the Confederation）大使及 1858 年出任驻圣彼得堡大使时，他终于晋升到可以主张自己的政策的地位。他写回来的报告内容精彩，条理分明，主要是敦促普国的外交政策不要感情用事，也不要死守正统，而要根据对实力的正确评估。此举使他回归18世纪路易十四及腓特烈大帝等君主所立下的传统。加强国家的影响力成为即使不是唯一的也是一国最主要的目标，其唯一的限制则来自所有能集结在一起的反对该国的力量：

> ——感情用事之政策难以引致共鸣。此为普鲁士独一无二之特点。
>
> ——出于感情之同盟切切不可，因我方之牺牲仅可得自认为完成一善举之报偿。
>
> ——政策为可能性之艺术，科学则为相对性之艺术。
>
> ——即便国君亦无权允其个人好恶凌驾于国家利益之上。

俾斯麦对外交政策的评估近乎科学式的计算，以俾斯麦的盘算方式来看，外交政策有一种近乎科学的运作根基，以客观标准分析国家利益是可能办得到的事。按照这种估算法，奥地利应该算是外国，而不是兄弟之邦，更是普鲁士在德国取得正当地位的一大障碍。他曾说："我们的政策是德国境内不容其他武力纵横，而这正是奥地利相信该国自身亟须采用的政策……我们会彼此剥夺我们呼吸所需的空气……不管这样的状况多么不受欢迎，这却是不能忽略的事实。"

他首次出任大使时的普王腓特烈·威廉四世（Frederick William Ⅳ），在格拉克的正统保守主义思想与俾斯麦的充满机会的现实政治之间左右为难。

俾斯麦坚决认为，国王个人对传统以德国为尊的关切想法，不能抑制了普鲁士的国策。既然奥地利绝不接受普鲁士支配德国的局面，俾斯麦的策略就是一次又一次地削弱奥地利。1854年克里米亚战争期间，俾斯麦极力主张利用奥地利与俄罗斯断交之际加以攻击，当时该国仍是普鲁士在神圣联盟的伙伴国家，理由无它，只因机会千载难逢：

> "我们有能耐让维也纳当局认为，普鲁士攻打奥地利不见得是不可

能发生的事，我们很快就会听到维也纳方面传来的更敏感的说法……”

1859年，在奥地利与法国和皮埃蒙特开战时，俾斯麦又老调重弹：

“目前的情况再次向我们显示出有重大斩获可得，只要我们让奥地利与法国之间的战事演发至不可收拾，接着南向出兵，拔掉两国之间的界碑，直抵康斯坦湖或其他任何奥地利人无法支配的区域再宣布战果。”

当时梅特涅已经料想到这种异端行径，但腓特烈大帝对于采纳其属下征服西里西亚的建议更关心，并不赞同梅特涅的顾虑。

当俾斯麦整合日耳曼内部的时候，服膺的是达成欧洲均势时、根本不讲情义的分析方式。在克里米亚战事方酣的时候，俾斯麦指出普鲁士原则上可采取的方案如下：

我们有三种选择：（可基于保守利益的相同立场）与俄罗斯联手对抗法国；与奥地利协议联手对抗次要的德境诸邦（或许也对抗俄罗斯）；内政转向自由主义以与奥地利、俄罗斯对立（或许与法国结盟）。俾斯麦与黎塞留一样，对于选择盟国不喜受拘束。不论法、奥、俄均可考虑，完全根据哪一个选择最有利于普鲁士国家利益来做决定。虽然他强烈反对结盟奥地利，却仍愿意研究与奥国合作的可能性，以换取在德国境内的补偿。另外，他在内政上虽然极端保守，却毫不在意让普鲁士的内政向左转，只要这么做能对外交有利，因为他视内政政策也是现实政治的工具。

当然想要改变欧洲均势的企图，即使在梅特涅主义的全盛时期也并不少见。但当年各国必然会设法协调取得一致共识使改变的结果合法化。梅特涅体系是通过召开欧洲会议调整均势，而非采取威胁或反威胁的外交政策来达此目的。俾斯麦应是最不可能反对道德共识有效的人，但这对他而言仅是众多权力元素中的一个，而国际秩序的稳定正是有赖这种种元素的相互运作。靠施压改变均势，却不再空洞地强调既有的条约关系、共同理念或欧洲协调，这代表外交的一大革命。将实力当作唯一的标准，久而久之难免使所有国家均投入武器竞赛，并采取对抗式的外交政策。

只要维也纳体系的基本要素，即普、奥、俄三国保守势力的团结完好无缺，且普鲁士不敢独力加以破坏，那俾斯麦的主张就只限于学理。但神圣同盟在克里米亚战争后出乎意料地迅速解体，梅特涅所擅长的借幕后操持化解衰弱的奥国所面临的危机，现在奥地利却学而不用，几经犹豫，终于决定与俄罗斯的敌人结盟。俾斯麦立即意识到此次战争促成了一项外交革命。他说："只需数年，算计实力之日必将来临。"

的确，与克里米亚战争有关的最重要的历史文献，就是俾斯麦在 1856 年战争终了时所发的电文。像过去一样，文中主张充分的外交策略弹性，并毫不掩饰地崇尚机会主义。德国史家称之为"经典电文"（Prachtbericht 英译 Master Dispatch）的确当之无愧，因其中汇集了现实政治的精华，不过对收件人普鲁士首相曼托伊费尔（Otto von Manteuffel）来说，这种言论还是太大胆，由他所做的无数批示中可见出他根本难以接受。

电文一开始便说明拿破仑三世在战争终了时处于最有利的地位，俾斯麦因此认为欧洲各国都会向法国示好，但最有可能成功的是俄罗斯：

> "法俄同盟极其自然，不容轻忽。迄今神圣同盟之向心力尝令法俄无从合流；然沙皇尼古拉已逝，神圣同盟因奥而解散，再无可阻挡一无利益冲突之法俄二国自然修好之障碍。"

俾斯麦预言，奥地利将沙皇推向法国，因此已身陷自作聪明的泥沼中难以脱身。拿破仑为维持军队的效忠正需要有文章可做，方便他随时可找到"不过于妄为且不过于无理之借口发动侵略。意大利为最理想之对象。对撒丁之野心，加以对波拿巴与缪拉（Murat）之感怀，借口已足，对奥之怨恨则有推波助澜之功"。当然这预言在三年后完全应验。

在法俄势必暗度陈仓地合作，而法奥极可能起冲突的情况下，普鲁士应如何自处？依梅特涅体系的做法，普国应加紧与保守的奥地利联盟，强化德意志邦联，与英国建立紧密关系，并设法断绝俄罗斯与拿破仑三世结盟。

俾斯麦却一一推翻这些做法。英国的陆军太微不足道，在对抗法俄同盟上作用不大。结果是普、奥必须承受战争的冲击。德意志邦联也无法增加真正的实力：

> “若得俄、普、奥之后援，德意志邦联或可团结一体，因即便未获支持，其对得胜仍有信心；然若东西两面作战，则未受制于我方枪下之诸邦，倘未出现于反我之战场，亦必会宣示中立以求自保。”

虽然超过一个世纪以来，奥地利一直是普鲁士主要的盟国，但现在在俾斯麦眼中却是个不太相称的伙伴。它成为普国成长的主要障碍：

> “德国之小，容不下二主，若彼我总同耘一田畴，则唯有奥国可令吾国获永久之得或遭永久之失。”

不论考虑到国际关系的哪一个层面，俾斯麦都认为普鲁士必须突破因邦联而受到的对付奥地利的束缚，并扭转梅特涅时代的政策，以便利用任何机会削弱奥国：

> “奥国有如螳螂捕蝉，吾国乃黄雀在后。”

稳定的国际体系都有一个可怕的弱点，即对于致命的挑战几乎完全无法预见。革命党人的盲点在于他们认为，自己可以结合本身目标的优点与接收自打倒对象的优点。但革命所解放出的力量往往一发不可收拾，而这些力量的发展方向却不见得是由革命者所标榜的主义所决定的。

俾斯麦也不例外。自 1862 年掌权后五年内，他得以实践前十年中自己所提出的主张，除去了妨碍德国统一的奥地利。经由本章前面所述的三场战争，他把奥地利逐出德国，并使法国残存的黎塞留所留下的梦想破灭。

刚统一的德国并未实现前两代德国人的理想，建立民主宪政的政府。事实上这个德国不代表过去任何重要的德国思潮，它是由各邦君主间的外交协定所缔造的，不是民意的表现。其合法地位来自普鲁士的实力，并非民族自决原则。俾斯麦虽成功地达到目标，但正因为他有如此大的成就，使德国的未来，更应该说是整个欧洲国际秩序的未来，都有了保障。他在为达到目标的准备阶段固然冷酷无情，但赢得胜利后的温和作风也不遑多让。一等到德国的边界到达他认为国家安全所必要的范围，他便开始采取审慎的具有安定作用的外交政策。二十年内，他根据现实政治原则，以极高明的手法，为欧洲和平的利益，而操持着欧洲各国的承诺及利益。

一旦决心战力向前，这种气概的力量就不会为任何欺诈行为所乘，不管这种虚假行为多绚丽唬人或多么保守谦抑。德国已经统一，这是外交上采取无限制适应力为先决条件的结果，而这种外交上的辉煌成就也使得国际体系更无弹性。因为，国际体系的参与者因此更少，成员国减少之下，调整的能力就消失了。新的国际体系涵盖为数更少、但分量更重的成员国，以至于很难妥协出一个大家能接受的均势状态，或不是经过连番国力测试而维持的均势。

这种均势结构中的问题，随着普鲁士在普法战争获胜于此种和平状态的不良本质而加剧。德国并吞阿尔萨斯与洛林，引发法国无法平复的恨意，导致德国对法国的外交政策毫无选择余地。

在 19 世纪 50 年代，俾斯麦极度重视对法外交的可选择方案。为了推动对法关系，他甚至牺牲了与格拉克的友谊。在兼并阿尔萨斯与洛林之后，法国的恨意滋长到成为“德国人天性中与生俱来的无法弥补的缺憾”，俾斯麦疾言厉色地提出上述警告。

这也是他在“经典电文”中主张的政策，即静观其变待其他列强已决定立场后再与出价最高者结盟。

德意志邦联只有在强敌压境时，各邦才能暂时放下彼此的对立，团结抵御外侮；但联手发动攻势是根本无此可能。这个组织的薄弱的确是俾斯麦坚持德国的统一必须由普鲁士领导来完成的原因之一。但他也为此付出代价。当德国由弱势的被侵略对象转变为可威胁到欧洲的均势时，原本不太可能的由其他欧洲国家结合起来对付德国的情况，如今却极有可能发生。而这种恐惧影响到德国所采取的政策，这个政策不久便使欧洲分裂成两个阵营。

欧洲政治家中最能掌握德国统一对欧洲的影响的，当属不久后出任英国首相的迪斯累里（Benjamin Disraeli）。他在1871年即对普法战争有如下的看法：

> “此一战事乃一场德意志革命，其政治意义远大于上一世纪之法国大革命。往昔之外交传统一一被其打破，新天下产生于焉，均势已遭全毁。”

俾斯麦掌权期间，各种的难题都靠他以高明灵活的外交手腕解决，但久而久之他种种复杂的安排却注定要失败。迪斯累里不幸言中。俾斯麦改变了欧洲地图及国际关系模式，但终究未能建立起其后继者能遵循的制度。一旦他出奇制胜的种种战术逐渐失去作用，后继者及竞争对手不肖，就只能从加强军备上追求国家安全，以减少对充满变数令人难以掌握的外交的依赖。铁血宰相无法将其政策制度化，使德国被迫落入左支右绌的外交困境中，到最后唯有靠武器竞赛，继而发动战争来获得解脱。

俾斯麦在内政上也无法提供后继者可依循的蓝图。在世时独来独往的俾斯麦，在辞世并成为传奇人物后更没有人能了解他了。德国人只记得完成统一大业的三场战争，却忘记在事前曾费尽多少心血做准备，以及在成功后必须改持稳当温和的路线。他们只看到耀武扬威的一面，却未能对成功背后的基础观察清楚。

俾斯麦为德国设计的体制，正包含了他个人的种种癖性。虽然德国的议会建立在欧洲第一个男性普遍拥有参政权的基础上，国会还是无法控制政府，政府由国王指派，只有国王能解散。首相和国王、国会的关系，比国王和国会之间更亲密，因此，俾斯麦可以玩弄国内的政治机构，使二者彼此抗衡，就像他在外交策略中玩弄其他国家一样。俾斯麦的继任者当中，没有一个人拥有这种技巧，更别提有胆量这么做了。结果，德国民主制度培养出来的国家主义，逐渐变得好战排外，同时，不能担负责任的民主成为无效的体制。俾斯麦的毕生精华，可能以这位铁血首相自己在给未来妻子的一封信中最能表达：

> “在地球上所遂行的事情，总是有一种堕落天使的特质：漂亮，却不意味和平；概念伟大，也付出极大努力，却不欲表示成功；骄傲，同时也孤独。”

无人可得以不朽而无须付出代价

两位革命家站在当代欧洲国家体系的开端，促使现代所遭遇的许多矛盾现象成形。拿破仑不甘不愿地成为革命家，他代表的是适应公共关系的政策趋势；而俾斯麦这位作风保守的革命家，反映出的政策走向则是权力分析。

拿破仑有革命的理念，但是壮志未酬。他的年轻岁月都花在我们所谓的异议活动上头，从未能在理想与实践之间的鸿沟上架起桥梁。他对自己所倡议的言论于自身的正统性缺乏信心，于是很依赖公共意见来跨越鸿沟。拿破仑执行外交政策的方式，如同现代政治领袖的行事风格，成功与否就靠电视晚间新闻的反映来衡量。拿破仑也像现代的政客一样，让自己成为纯战术、只注重短期目标和立即成效手段的囚徒，只想以施压的方式来加深群众印象。在这种过程中，拿破仑把外交政策和巫师念咒行为搞混了。事情到了最后，决定一个领袖人物是否有不同作为的，是事实，而不是宣传。

领导人的作为若只是反映本身的不安全感，或只看到危机的表象而看不到长远的大势，久而久之这种领导人是得不到社会大众的尊敬的。领导人的责任便是要对自己就局势发展的方向以及个人可如何左右这一发展做判断，必须有信心，并据以采取行动。否则，危机便会接二连三地发生，这等于是表示领导人已无法掌控情势。现在看来，拿破仑三世可谓一种现代怪象的鼻祖，即某些政治人物拼命想要投大众之所好，到头来却惨遭民意排斥，甚至唾弃。

俾斯麦对依据自已的判断行事信心十足。他对基本的现实及普鲁士的机会何在，分析得十分透彻。由于他了不起的建树，使得他所缔造的德国经历了两次世界大战的失败、两度遭外国占领及国家分裂达两个世纪之久，却仍巍然屹立。但他的失策之处在于，他把德国社会建构成务必每一代都要出一位能人，才能继续他所留下的传统。可惜这很难办到，而且德国的专制政体也不利于此。就这一点而言，俾斯麦不仅种下德国成功的种子，也埋下德国 20 世纪的悲剧的伏笔。其友人鲁恩（von Roon）曾对他写下如此的评语：

> “无人得以不朽而无须付出代价。”

拿破仑三世的可悲之处是他眼高手低；俾斯麦的遗憾则是他的能力超出社会可接受的程度。拿破仑三世留给法国的是策略上的动弹不得；俾斯麦留给德国的则是难以企及的丰功伟业。

第六章

现实政治自食其果

英国首相迪斯累里

欧洲外交起了革命性的变化

现实政治（根据对国家实力及国家利益的计算而制定的外交政策）促成了德国的统一，但德国的统一却使现实政治自食其果，造成与原意全然相反的结果。因为除非国际体系中主要的各国能依据变动不已的情势自由调整其相互关系，或受到共同的价值观所约束，否则难免发生武器竞赛与战争。

德国统一后成为欧陆最强大的国家，而且国势与日俱增，使欧洲的外交起了革命性的变化。自黎塞留时代近代民族国家兴起后，欧洲边缘地区的强国包括英国、法国、俄罗斯，一直在对中欧施加压力。现在中欧首度拥有足够的实力可对边缘地区施压，欧洲应如何应对这个位于中部的新兴巨人？

欧洲的地理分布形成一个无解的难题。依照现实政治所有的传统，欧洲各国应会结成同盟，围堵德国日益壮大且有可能称霸的力量。由于德国位于欧陆心脏地带，它随时面临着被敌对的同盟所包围的梦魇。但德国若想保护自己，不让东西两方的邻国结成敌对自己的联盟，那就势必要各个击破，而这又会促使感受到压力的各国团结在一起。会自我应验的预言也成为国际体系的一部分。仍称为欧洲协调的国际体系现在被两组对立势力所割裂：法德之对立及奥匈帝国与俄罗斯帝国之间日益激化的敌意。

就德法而言，普鲁士在1870年普法战争中大获全胜，使法国始终想要报一箭之仇，而德国并吞阿尔萨斯与洛林（Alsace-Lorraine），给这股怨气找到了一个焦点。当法国领袖们察觉到1870—1871年的那场战争，已为法国的优越地位画下休止符，也使各国国势的强弱产生无法挽回的变化，怨恨的情绪就又掺杂了恐惧。黎塞留在四分五裂的中欧操持德国各邦相互对立的做法，已不再适用。在缅怀过去及未死的野心两相煎熬之下，法国将其挫折感升华为以近50年的时间为代价一心一意只想收回阿尔萨斯与洛林，却从未考虑即使成功地收回这两地，最多也只能安慰法国的自尊，丝毫无法改变根本的战略现实。如今法国凭一己之力已难以对付德国，因此永远都需要与他国结盟始得自保。同样的，法国也随时准备同任何与德国敌对的国家结盟，因而限制了德国外交的弹性，也使任何涉及德国的危机均会加剧。

至于奥匈帝国与俄罗斯的对立，也是德国统一所造成的。俾斯麦在1862年出任首相后，便请奥地利大使向奥皇转达一项惊人的提议，建议古神圣罗马帝国的首府奥地利将其重心由维也纳迁至布达佩斯。这位大使认为此一提议荒谬之极，因此在回报维也纳时把它归咎于俾斯麦的神经有问题。然而奥地利在争取德国的领导地位失败后已别无选择，只能依俾斯麦的建议行事。布达佩斯成为奥匈帝国新成立的第二个首都，与维也纳平分秋色甚至偶尔凌驾其上。

被排除于德国之外后，奥匈帝国就只能向巴尔干求发展。奥地利并未参与海外殖民运动，因此奥国领袖认为斯拉夫民族聚集的巴尔干半岛，就地缘政治而言应是奥国进行扩张理所当然的场所，即使这么做只是为了不落于其他强国之后，但这个政策便会与俄国起冲突。

照常理，奥地利领袖应能警觉到不应挑起巴尔干的民族主义，或让俄罗斯成为奥国永久的敌人。但维也纳循情理办事的时候不多，在布达佩斯情况更糟，于是激进的民族主义气氛弥漫。维也纳的内阁仍不改在内政上不求建树，外交上漫无章法的做法，这种作风是自梅特涅时代奥国便逐渐处于孤立的罪魁祸首。

德国认为在巴尔干没有国家利益，但对保持奥匈帝国却十分重视，因为奥匈帝国一旦崩溃，就有可能打破俾斯麦全盘的外交政策。届时其说德语信奉天主教的部分，会想要加入德国，从而威胁到信奉新教的普鲁士在德国的地位，使俾斯麦的一番心血付诸流水。此外，德国也将失去唯一可信赖的盟友。另一方面，俾斯麦虽想保留奥匈帝国，但并不想得罪俄罗斯。他虽在数十年内得以勉强维持这两者不起冲突，但问题始终并未真正得以解决。

更糟糕的是奥斯曼帝国正经历一段缓慢解体的痛苦过程，使大国之间经常因争取势力范围分赃不均而冲突不断。俾斯麦曾说，在五个人的竞赛中，最理想的当然是站在占多数的三个人那一边。但在英、法、俄、奥、德五国中，法国对德国敌意甚深，英国因“光荣孤立”政策不可能结盟，俄罗斯因与奥地利有利益纠葛，立场摇摆不定。德国想要组成三人多数就须同时与奥、俄结盟，唯有具俾斯麦那样的意志力及手腕的政治家，才想得出如此危险的平衡做法。此后德国与俄国的关系便成为欧洲和平的关键。

俄罗斯一进入国际舞台，就惊人地迅速取得主要地位。1648 年威斯特伐利亚和会上，各与会国还认为俄罗斯不够资格参加。但自 1750 年起，俄国已成为欧洲每一场主要战争的积极参战国。18 世纪中叶时它已引起西方某些观察家莫名的不安。1762 年法国驻圣彼得堡代办曾回报：

> “若对俄之野心未善加抑制，其后果对邻邦或将不堪设想。俄之实力固不应以幅员之广阔而论，且其统辖东境广大之领土气势远胜实质。但余以为，无畏严苛天候而得以适应严酷自然挑战之国度，加以习于奴隶式的服从，使其人民需求极其有限，因而交战时所费亦极少。如此国家，余以为极可能对外征服。”

到维也纳会议召开时，俄罗斯已算得上是欧陆最强大的国家。至 20 世纪中叶，它已晋身至世上仅有的两大超级强权之一，又在近 40 年后分崩离析，在不过几个月的时间内丧失了前两个世纪获得的庞大领土。

沙皇绝对的权力使俄国的统治者得以为所欲为，全凭一时的喜好采取外交政策。在 1756—1762 的 6 年间，俄罗斯参加了“七年战争”，与奥地利结盟一道入侵普鲁士。1762年女皇伊丽莎白（Elizabeth）驾崩，俄罗斯转而投向普鲁士，同年6月叶卡捷琳娜二世（Catherine the Great）罢黜其夫后又改持中立。50年后，俾斯麦曾指出，沙皇亚历山大一世相信任何一种思想没有长过5年的。梅特涅的顾问根茨（Friedrich von Gentz）曾对沙皇的地位做如此描述："束缚拘限他国君王之阻碍（分权、宪政、民意等等）对俄皇均不存在。若其夜有所梦，次晨即可付诸实现。"

矛盾是俄国最明显的特征。它虽不断作战，不断向四面八方扩张，却仍自认为时时受到外来威胁。组成俄国的民族越复杂，它越没有安全感，这可能有部分原因是因为必须把各民族与邻族隔离起来。为维持统治并压制各民族之间的紧张关系，俄国历朝的统治者都会伪称有某种外来的庞大威胁，而时间一久谎言往往成真，使欧洲稳定经常笼罩在阴影下。

俄罗斯自莫斯科周边地区分路向中欧、中亚、太平洋沿岸推进，这为追求安全而征服的行动逐渐演变成为扩张而扩张。俄国史家克琉契夫斯基（Vasili Kliuchevsky）对此过程有如下的描述："此类战争，原意为防御，却于俄罗斯诸领导人无预谋无意识之下成为侵略之战。承袭前罗曼诺夫（Romanov）王朝之固有政策，为从未隶属俄罗斯之领土而战。"

俄国对欧洲均势的威胁逐渐变得与其对周边邻国的威胁不相上下。不论控制着多大的领土，它仍是毫不留情地向外推展边界。最初此举主要是为自保，如1776年波将金亲王（Prince Potemkin，其最著名的事迹为在女皇必经之路上建造假农村）赞同自土耳其夺取克里米亚，便是基于此举有助于增强俄国国防的合理理由。但到1864年时，安全已成了不断扩张的同义字。首相戈尔恰科夫（Aleksandr Gorchakov）将俄罗斯在中亚的扩张解释为，一股沛然莫之能御的力量使其边界不断推进，又为绥靖使其边境不得不继续向外扩展：

> "俄罗斯于中亚之情形，凡与无固定社会组织半野蛮游牧民族接触之文明国均有此现象。此时，为边界安全及贸易关系计，较文明之一方势须对其邻邦享有某种权威。
>
> 该国须做一抉择：或放弃此一长期使命，听任其边界扰攘不安；

或一而再再而三深入蛮荒之地，以致其最大之困难在于如何收手。”

1979年苏联入侵阿富汗时，许多史家均曾提到以上这段话。

然而矛盾的是，过去200年间，俄罗斯也曾数度以坚忍英勇的表现，保存了欧洲均势于不败。要不是俄国，拿破仑与希特勒几乎笃定可建立世界性的帝国。因此俄罗斯对欧洲具双重意义，既是均势的威胁，又是均势的关键国之一，对均势很重要但又不完全属于均势。翻开俄罗斯的历史，它多半是在受到外力阻挠时才会停手，而且是极不情愿地勉强接受。但也有些时候，最突出的便是拿破仑战争结束后四十年间，俄罗斯并未大发威风，反而是以其庞大的实力为保卫中西欧的保守势力而服务。

即使是在维护正统时，俄罗斯也远比其他保守王朝更理直气壮，也因而更有帝国主义倾向。西欧保守君王懂得自我节制，俄罗斯统治者却自诩是在替天行道。沙皇的地位几乎从未受到任何挑战，因此他们对民主运动所知不多，只认定那是不道德的。至少在克里米亚战争前，沙皇一直是保守势力团结的推动者，但也不忘利用正统论扩大自身的影响力，尼古拉一世因此赢得“欧洲警察”（gendarme of Europe）之称。在神圣同盟最兴盛时期，根茨对亚历山大一世有这样一段记述：

“亚历山大一世虽对大联盟始终如一热切支持，彼却最无求于该盟约。该盟约仅为其行使影响力于大局之工具，此亦为其野心之主要目标之一。彼之所以有意维护该体系，非如奥、普、英乃出于必要或恐惧；而是基于自由运用且经精心估算之利益，此种立场只待有另一体系可予其更大利益时，便随时可放弃之。”

俄国人与美国人一样都认为自己的社会不同凡响。俄罗斯向中亚发展时遭遇的只有游牧或封建式社会，在许多方面都类似美国人向西开拓，而俄国所持的理由，如上述科尔恰科夫的说法，也与美国人对其本身“天定命运”（manifest destiny）的解释不谋而合。但俄罗斯越接近印度，就越引起英国的疑虑，到19世纪后半叶，俄国对中亚的扩张演变成外交政策间题，但美国西进则没有这个困扰。

美俄少数几个与众不同的共同特征中，有一点便是国界都是开放的。美国是因其自由观念而自命不凡，俄罗斯则是出自集体受苦的经验。人人都有资格分享美国的价值观，但俄罗斯的价值观仅限于俄国人，其他被统治民族多被排除在外。美国的自命不凡使它走向孤立主义，偶尔则出现舍我其谁的救世企图；俄罗斯也因此而充满使命感，但经常因此而走向军事冒险。

俄籍民族主义宣传家卡柯夫（Mikhail Katkov）对西方与俄罗斯价值观的差异有如此的分析："彼处事事讲求契约关系，此地则讲求信仰，此一对比源自教会于西方与东方所取得地位之差异。彼处同时存在双重权威，此地则独一无二。"

俄罗斯族与泛斯拉夫族的作家及知识阶层，异口同声地将所谓的俄国利他主义归之于其希腊正教的信仰。伟大的小说家同时也是热爱俄国的民族主义者陀思妥耶夫斯基（Fyodor Dostoyevsky），将俄国的利他主义解释为一种必须把斯拉夫人自外国的统治中解放出来的义务，且必要时不惜对抗整个西欧的反对。他于1877年俄罗斯在巴尔干半岛用兵时写道：

> "问问人民，问问士兵，为何要挺身而起？为何要走上战场？如此所为何来？他们将众口一词地答以为侍奉基督，也为解放受压迫之兄弟。我国应监督其相互和谐，保护其自由独立，即便与全欧为敌亦在所不惜。"

俄罗斯虽既钦佩、忌妒，又轻视西欧各国，但它并不像西欧各国一样把自己视为一个国家，而是自视为一个使命，超出于地缘政治之外，受信仰所驱使，借武力而结合在一起。陀思妥耶夫斯基不认为俄国的使命仅是解放其他斯拉夫民族，而是还包括维持他们彼此间的和谐，这种社会任务很容易便会演变成对其他民族的统制。在卡柯夫眼里俄罗斯是第三罗马帝国：

> "俄皇不仅为其先人之继承者，亦为东罗马诸皇、成立教会及奠定

基督信仰教义之宗教会议主其事者之继承人。拜占庭灭亡后，莫斯科兴起，俄罗斯伟大之一页于兹开始。”

俄国革命后，这股热烈的使命感转移到共产国际上面。

俄国历史的矛盾在于同时受解救同胞的使命感与普遍的不安全感两股力量所煎熬，始终挥之不去。到最后终至错乱，成为不扩张就分裂的恐惧感。因此，在俄罗斯主导瓜分波兰时，一部分是为安全理由，一部分也为追随18世纪的扩张潮流。一个世纪后，俄国的征服已成为不由自主的行动。1869年，一位泛斯拉夫官员法德耶夫（Rostislav Andreievich Fadeyev），在一篇影响深远的文章《东方问题之我见》（Opinion on the Eastern Question）中指出，俄罗斯必须持续西进以保护既有的征服成果：

“俄国自第聂伯河朝向维斯瓦河（瓜分波兰）之历史性举动乃对全欧之宣战，东西已分裂不再属于同一阵营。俄国如今立于敌方阵营之中，但此仅为一时情况：它唯有击退敌人，否则便须放弃阵地，若无法将其势力推进至亚得里亚海（Adriatic），则只得再退居第聂伯河以东。”

法德耶夫的分析与凯南（George Kennan）大同小异。凯南在其早期论苏联行为根源的文章中是自战争的另一面加以解析。凯南在文中曾预言，苏联若扩张不成，便会分裂崩溃。

俄罗斯自视甚高，很少能获得外界的共鸣。虽然俄国在文学及音乐上有非凡的成就，却从未能像一些殖民国家一样，成为被征服民族在文化上仿效的对象。俄罗斯帝国也从未被其他社会或其统治的民族视为榜样。在外界看来，俄罗斯是一支庞大可怕的力量——神圣而深具侵略野心，令人生畏，必须以合作或对抗来加以遏制。

梅特涅尝试过合作路线，在当时大致相当成功。但德、意统一后，19世纪上半叶的自由民主伟大理想失去了统合的力量。民族主义及革命式共和思想不再被视为对欧洲的秩序的威胁。一旦民族主义成为普遍被接受的国家组成原则，俄、普、奥各国君王合力防卫正统的必要性便越来越弱。

梅特涅得以建立一个接近欧洲政府的架构，是基于各国君王公认共同的价值观是对抗革命不可或缺的防御工事。但到19世纪70年代，或是对革命的恐惧已消减，或是各国自认为不借外力即可打倒革命。此时自路易十六上断头台后已过了两个世纪；1848年的自由革命已大功告成；法国虽已是共和，但也失去感化其他社会的热忱。俄奥在巴尔干或德法为阿尔萨斯及洛林越演越烈的冲突，如今已没有共同的价值观可约束。列强相互看待彼此时，眼中不再看到为共同目标合作的伙伴，而是潜在危险甚至不共戴天的敌人。冲突成为标准的外交模式。

现实政治已成主流

在更早时英国曾扮演欧洲平衡者的角色，对约束各国有所助益。即使此时，在欧洲所有强国中，也只有英国仍处于可进行均势外交的地位，不受与另一国有宿仇的束缚。但英国已逐渐无法掌握什么才是最严重的威胁，直到数十年后才恢复正常。

为英国所熟悉的维也纳均势体系已完全改观。统一的德国无须外求便可渐渐累积雄霸欧洲的实力。过去英国一直反对以征服来达到德国统一，但大部分英国领袖，迪斯累里除外，认为无理由反对中欧基于民族国家而进行的统合，因为这是英国政治家几十年来都赞成的，更何况最后完成统一的是拜一场战争之赐，而战争中法国等于是侵略的一方。

自40年前坎宁开始将英国与梅特涅体系保持距离后，光荣孤立政策使它大致得以扮演平衡维持者的角色，因为欧陆没有一个国家占绝对的优势。德国在统一后却逐步获得此种能力，但德国又不是以对外征服而是以发展本身的疆土建立实力，一时之间令人看不出其真正的用意。英国的作风向来是均势真正受到破坏而不是有可能受到破坏时，才会插手干预。而德国对均势的威胁要数十年后才看得出来，因此19世纪后半叶英国外交政策的主要考虑是在法、俄，法国是因为在海外殖民野心上与英国有冲突，俄国则是因为她向达达尼尔海峡与博斯普鲁斯海峡、波斯、印度的扩张及后来对中国的侵略。这些全都是殖民问题。就欧洲本土的外交而言，虽在 20 世纪曾引起多次危机与战争，但此时英国仍采取光荣孤立政策。

由此可见俾斯麦在 1890 年去职前一直主导着欧洲的外交。他希望新缔建的德意志帝国享有和平，不想与任何其他国家起冲突。但在各国失去道德约束的情况下，他的任务极其艰巨。他必须阻止俄罗斯及奥地利加入与德国敌对的法国阵营。他必须不让奥地利脱离他的法国敌人的阵营，又要防止俄罗斯动摇奥匈帝国。他需要与俄国保持良好关系，同时又不能得罪对俄国图谋君士坦丁堡与印度深感忧虑的英国。即使是像俾斯麦这样的天才人物，也难以永久地维持如此险象环生的平衡。国际体系承受的压力越来越强，越来越无法控制。不过俾斯麦领导德国的近 20 年间，他以超乎寻常的谨慎小心，执行自己曾大力鼓吹的现实政治，至少欧洲的权力均衡始终不曾被破坏。

他的目标是，除无法和好的法国之外，不让任何其他大国有任何借口形成直接反德国的联盟。他公开宣称德国统一后已"饱和"，不再有侵占更多领土的野心，以此向俄罗斯保证德国对巴尔干没有兴趣，他说巴尔干根本不值得德国费一兵一卒。至于英国，他极力不在欧陆做出任何会引起英国对均势产生忧虑的行动，并且退出殖民地竞争。曾有人建议德国走殖民主义路线，他答以："俄罗斯在此，法国在此，我国夹在中间，余之非洲地图便是如此。"不过后来他受到国内政治压力，对此不得不改弦更张。

但仅是保证还不够。德国需要的是同时与奥地利、俄罗斯结盟，虽然乍看之下不太可能。但俾斯麦却在 1873 年真的组成了第一个所谓的"三皇同盟"（Three Emperor's League）。这个联盟也标榜三个保守王朝的团结，极类似于梅特涅的神圣同盟。难道俾斯麦对他曾处心积虑打破的梅特涅体系，一夜之间又重新垂青？但多半是拜他之赐，时代已不同了。德、俄、奥虽是以正宗梅特涅式的方式宣誓，要合作镇压各国的颠覆倾向，但对政治激进分子的共同反对立场已不足以让这三国结合在一起，尤其各国都已有信心不必仰赖外援即可压制国内的动乱。

再说，俾斯麦也已失去主张正统论的资格。他与格拉克的书信往返（见第五章）虽未公开，但他基本的态度是众所周知的。从事公职期间素来拥护现实政治的他，突然转向正统论实难以令人信服。俄罗斯与奥地利之间越来越严重的地缘政治冲突，已超乎保守势力的团结之上。俄、奥均觊觎衰落的奥斯曼土耳其在巴尔干的领土。俄国在泛斯拉夫主义及传统扩张主义驱使下，对巴尔干采用冒险政策。单纯的恐惧感使奥匈帝国也持同样的态度。于是在文字上，德国虽与俄、奥保守王朝联盟，但那两个盟国实际上都对对方恨之入骨。如何应付这两个誓不两立的盟国，势必令俾斯麦在位一天就寝食难安一天。

第一个三皇同盟使他觉悟，无法再以讨好俄、奥的内政保守原则，控制由他本人所解放出来的势力。于是他设法以强调实力及自利来操持这两国。

有两件事最能显示现实政治已成为当时的主流。第一件发生于 1875 年，起因于德国一家主要报纸刊出标题耸人听闻的一篇社论："战火一触即发？" 这是有意制造的一场虚惊。这篇社论是针对法国军费增加，法军又购入大批马匹而发。俾斯麦很可能只是要引起战争将来临的危机感，但并无意于更进一步，因为德国没有部分动员，也没有威胁性地调动部队。

对不存在的威胁将计就计，很轻易地就能强化一国的态势。法国高明的外交手腕，制造出德国打算先发制人发动攻击的印象。法国外交部发出消息，指沙皇在召见法国大使时曾表示，法德若发生冲突他将站在法国这一边。英国对一国独霸欧洲向来极为敏感，此时也被惊动。首相迪斯累里命外相德比爵士（Lord Derby），向俄罗斯首相戈尔恰科夫提出吓阻柏林之议：

> "余以为我国应推动某种协议行动以维护欧洲和平，如当年派姆（Pam）（帕麦斯顿爵士）力挫法国并将埃及人逐出叙利亚。或许可为此特殊目的与俄罗斯结盟，其他强国如奥地利，或许意大利亦可邀其加入。"

迪斯累里虽对俄国的侵略野心深怀戒惧，居然也暗示英俄可结盟，由此可见他对德国可能主宰西欧是多么当真。但是一场虚惊来得快也去得快，所以迪斯累里的计划不曾有机会付诸实施。俾斯麦虽不确知迪斯累里心中的盘算，但如此敏锐的他不会猜不到英国最大的顾虑。

正如坎南所指出，这个危机的本身没有它所引起的关注来得重要。俾斯麦并不打算在刚令法国颜面无光之后，那么快便走上战场，但他也不排斥让法国以为，若逼不得已他有可能这么做。沙皇亚历山大二世无意于保障共和制的法国，但也不介意让俾斯麦觉得俄国可能做此种选择。所以引起迪斯累里有所反应的是尚不存在的事实。然而英国的不安、法国的军事活动和俄国的难以判断使俾斯麦相信，唯有采取攻势才能阻止对抗德国的结盟，而一代之后确实出现了反德的三国协约（Triple Entente）。

另一个危机则确有其事。它以又一次巴尔干危机的形式出现，并且证明了当国家利益发生基本冲突时，思想或意识形态上的结合已无法维持三皇同盟。由于此次危机所揭露的冲突到最后无可避免地终结了俾斯麦的欧洲秩序，并令欧洲陷入第一次世界大战中，在此要说明得详细一些。

自克里米亚战争后暂时趋于沉寂的东方问题，此时又再度成为国际瞩目的焦点，并引发一连串环环相扣、错综复杂的事件，随着 19 世纪一年年过去，逐渐变得像日本歌舞剧一样千篇一律。有某一近乎意外的事件触发危机，俄罗斯扬言要有所行动，英国便派出皇家海军。然后是俄罗斯占领奥斯曼帝国巴尔干的某一部分作为要挟，英国于是扬言要宣战。双方此时展开谈判，俄罗斯在谈判桌上做些退让，而就在这个时候情势又更为恶化。

1876 年，多年来受土耳其统治的保加利亚人开始反叛，其他巴尔干民族也群起呼应。土耳其的反应是令人发指的镇压，而泛斯拉夫情绪高涨的俄罗斯扬言欲加以干预。

这个举动在伦敦又引起例行的对俄国将控制达达尼尔海峡与博斯普鲁斯海峡的恐慌。自坎宁以后，英国政治家始终奉行一个信条，即俄国一旦控制这两个海峡，就会主宰东地中海及近东，继而威胁到英国在埃及的地位。因此根据英国一贯的认定，奥斯曼帝国即使再老朽再不人道也要保留，甚至不惜与俄国一战。

这种情势令俾斯麦极端为难。俄罗斯的冒进若能激起英国军事反应，也很可能引得奥地利加入战团。假设德国被迫在奥、俄之间做一选择，那俾斯麦的外交政策必将随三皇同盟一同付诸流水。不论情势怎么发展，他不是会与奥国就是会与俄国敌对，如果采取中立那就会得罪双方。1878 年他对国会表示："每逢奥、俄意见分歧，我国必须选择一边形成二对一的多数。"

这种中庸作风是他一贯的策略，但此次危机发生后却使他倍感棘手。他第一步行动是设法找出三方面均能接受的立场，以强化三皇同盟的关系。1876 年年初，三皇同盟起草了所谓《柏林备忘录》(Berlin Memorandum)，警告土耳其勿继续其镇压。这个有一定附带条款的备忘录似乎在暗示，俄罗斯可能代表欧洲协调干预巴尔干，一如梅特涅在维罗纳、卢布尔雅那及特洛波召开的会议曾指定某一国负责执行其决议。

但当年与此时采取这类的行动有一个极大的不同点。梅特涅时代英国外相是卡斯尔雷，即使英国拒绝参与但他仍赞同神圣同盟的干预行动。然而现在迪斯累里是英国首相，他对柏林备忘录的看法是，这是解散奥斯曼帝国的第一步且英国被排除在外。如此太接近英国所最忌讳的欧洲霸权。迪斯累里向俄国驻英大使苏瓦洛夫（Shuvalov）抱怨道："英国受到之待遇有如黑山（Montenegro）或波斯尼亚（Bosnia）。"他也对经常与他通信的布莱福夫人写道：

> "均势已失，若不采非常之举，与北方三强共进退，则彼三强可自行其是，此非英格兰之愿见者。"

以圣彼得堡、柏林、维也纳所展现的团结，英国想要抗拒它们达成的共识，不论其为何，都将万分困难。迪斯累里显然别无选择，只有在俄罗斯攻击土耳其的同时仍加入北方三强的行列。

不过他依循帕麦斯顿的传统，仍决定放手一搏。他将皇家海军移往东地中海，并表明同情土耳其的立场，使土国保持顽强的态度，逼得三皇同盟所有潜在的歧见曝光。素来并不十分谦虚的迪斯累里向维多利亚女王（Queen Victoria）宣称，他已打破三皇同盟。他认为此联盟"已形同历史遗迹，有如古罗马之三头统治”。

迪斯累里是英国政府领导人之中最奇特也最杰出的人物之一。1868 年当他得知自己将被任命为首相时，不免欣喜若狂：“万岁！万岁！我已爬上顶峰，位极人臣！”相形之下，当他的宿敌格莱斯顿（William Ewart Gladstone）在同一年受命继任首相时，却撰写了一篇万言书，谈权力的责任及自己对上帝的神圣使命，文中还有一段祷词，祈求全能的上帝赐他以不屈不挠的毅力，以便负起首相任重道远的责任。

在 19 世纪下半叶主导英国政治的这两位伟人，上述的反应将两人正好相反的性情表露无遗：迪斯累里锋芒毕露，才华横溢，敏锐机智；格莱斯顿则学问渊博、态度稳重、信仰虔诚。这的确是很大的讽刺，维多利亚时代由乡绅及笃信英国国教的贵族家族组成的托利党，居然会选出一位犹太裔的豪爽之士为领袖；由精英分子形成的保守党派却把一位圈外的能人志士推上了世界舞台的最前端。犹太人获得如此高位的，他是第一人。一个世纪后，同样也是看似高高在上的托利党（英国保守党），而不是自诩为进步的工党，让一位蔬果商人之女即撒切尔夫人（Margaret Thatcher）登上首相宝座，她又是一位了不起的领袖人物，也是英国第一位女首相。

迪斯累里的崛起颇出人意料。年轻时他是个小说家，更像是文人而不像是政治决策者，原本极可能终此一生做个成功的作家，没想到却成为 19 世纪英国政治的主角之一。他跟俾斯麦一样，都赞同将投票权扩大到全体男性，他有把握英国的中产阶级会投票给保守党。

身为托利党党魁的迪斯累里，对帝国主义自有一套论点，与 17 世纪以来英国所奉行的以商业为主的扩张政策颇不相同，有人曾说英国是因商业扩张而无心插柳地建立了帝国。对迪斯累里而言，大英帝国不是为商业需要而是为精神需求而存在，也是英国之所以伟大的基本前提。在著名的 1872 年水晶宫（Crystal Palace）演讲中他说道：

> “此一问题非同小可。症结在于英国是否甘于不求长进，一切追随欧陆，模仿欧陆，到一定时间后走上势不可免的命运；抑或是要成为泱泱大国，成为帝国，使后世子孙得以君临权位的巅峰，不仅为其国

人也为全世界所景仰尊敬。”

对此深信不疑的迪斯累里必然会反对俄罗斯对奥斯曼帝国的威胁。就欧洲均衡的角度，他拒绝接受三皇联盟的解决办法；就大英帝国的角度，他反对由俄罗斯来执行欧洲列强对如何处置君士坦丁堡所达成的共识。因为在 19 世纪里，视俄罗斯为英国世界地位主要威胁的观念已渐渐根深蒂固。英国认为在海外的利益遭到俄国的两面夹攻，一面是针对君士坦丁堡而来，另一面是经过中亚逼向印度。俄国在 19 世纪后半叶向中亚扩张的过程中，其处心积虑的侵略方法后来成了公式化。每次被侵略的对象一定是远离国际焦点的偏远地带，使西方人很少能确知究竟发生了什么事，依旧不改沙皇其实很仁民爱物，是他的子民好勇斗狠的成见，借此把鞭长莫及及混淆视听当作俄国外交政策的工具。

欧洲各强国中，仅英国关切中亚。当俄罗斯南侵步步逼近印度时，英国屡次抗议，但总被俄国首相戈尔恰科夫搪塞过去。戈氏往往也不清楚俄军的行动。英国驻俄大使奥格斯特爵士（Lord Augustus Loftus）推测，俄国对印度的进逼“非出于俄皇之授意，虽俄皇享有绝对权威，实乃军方跋扈使然。既建有庞大之常备军，为其寻求出路便势在必行。一旦侵略之举启动，如中亚，领土征服即接二连三，欲罢不能”。当然这番心得几乎是前面提到的戈尔恰科夫的看法的翻版。另一方面，俄国究竟是因骑虎难下还是刻意扩张才威胁到印度，对英国而言并没有差别。

同样的模式一再重演。每一年俄军都会更深入亚洲心脏地区。英国随即要求解释，所得到的不外乎种种保证，保证沙皇无意于并吞一尺一寸的土地。起先这些敷衍之词还能把事情摆平，但令人不安的是俄国又会再一次进攻，重新挑起问题。比方 1868 年 5 月俄军占领撒马尔罕（Samarkand，在今日乌兹别克斯坦境内）后，戈尔恰科夫告诉英国大使安德鲁爵士（Sir Andrew Buchanan）：“对该地被占领，俄国政府不仅不愿其发生，亦深表遗憾，并保证不致永不放手。”当然我们也知道，撒马尔罕一直在俄国统治下，直到一个多世纪后苏联解体时才终止。

1872 年同样的文字游戏又在东南边数百里外重演，这次是位于现代阿富汗边境的诸侯国希瓦（Khiva）。沙皇的侍从武官苏瓦洛夫伯爵（Count Shuvalov）奉命到伦敦向英国保证，俄国无意于在中亚再取更多领土：

> “我皇不仅毫无据有希瓦之野心，甚至曾三令五申加以禁止，又频频指示应保有不致导致持久占据希瓦之情势。”

这些保证言犹在耳，消息传来，俄军将领考夫曼（General Kaufmann）已攻破希瓦，并订下内容与苏瓦洛夫所言迥然不同的条约。

1875年，同样的手法又用于阿富汗边境的另一个诸侯国浩罕（Kokand）。这一次戈尔恰科夫感觉似有必要对俄方的言行不一致有所解释。他很天才地想出一种前所未见的片面保证与正式双边协定间的差别（前者在他看来是不具约束力的）。他曾写道：“英内阁由我方数度自动善意地陈述我方对中亚之看法，特别是我方之坚定决心，决不采取兼并或征服政策，似因而信以为我方已就此事与其订下确切之约定。”言下之意，俄罗斯将坚持在中亚行动的自由，其进退存乎莫斯科一心，即使它本身提出的保证亦不足以限制其行为。

迪斯累里不会允许俄国如法炮制地逼近君士坦丁堡。他鼓励奥斯曼土耳其拒绝《柏林备忘录》，并继续在巴尔干的镇压。虽然英国表现出坚定的态度，但迪斯累里在国内却受到很大的压力，因为奥斯曼土耳其人的暴行使英国民情愤然，格莱斯顿对迪斯累里不顾道德的外交政策也是冷嘲热讽。因此迪斯累里不得不加入1877年的《伦敦议定书》（London Protocol），与北边三王朝德、奥、俄一同呼吁土耳其停止在巴尔干的滥杀，改革对当地的统治。土耳其苏丹认为，不论表面上提出什么要求，迪斯累里一定是站在他这一边的，因此连这个议定书也拒绝接受。于是俄罗斯对土宣战。

一时之间俄罗斯似乎赢了这场外交角力。不但有德、奥的支持，法国也对其表示同情，更甚得英国的民心。迪斯累里则动弹不得，如果助土耳其一战，他的政府很可能垮台。

但就像过去多次的危机一样，俄国领袖这次又做得太过火了。俄军在善战但鲁莽的将军兼外交家伊格那提也夫（Nicholas Ignatyev）的率领下，兵临君士坦丁堡城下。奥地利对支持俄国的立场开始动摇。迪斯累里将英国舰队开到达达尼尔海峡。此时伊格那提也夫宣布的《圣斯特凡诺条约》（Treaty of San Stefano），震动全欧。这个条约将削弱土耳其，改建立一个“大保加利亚”（Big Bulgaria）国，其国土将延伸至地中海。各国都相信这个国家一旦建立，必定成为俄罗斯的附庸。

自 1815 年以来，依欧洲传统概念，奥斯曼的命运只能由欧洲协调共同来解决，不可由一国尤其是俄罗斯单方面行动。《圣斯特凡诺条约》有可能使俄国控制重要的黑海海峡，英国决不会坐视不管；它还可能让俄国控制巴尔干的斯拉夫人，但奥地利也决不会任其发生。于是英、奥均宣布此条约令人难以接受。

突然之间迪斯累里不再孤单无助。他的行动看在俄国领导人眼里，等于是克里米亚战争时的反俄同盟又死灰复燃。英国外相索尔兹伯里爵士发表其著名的《1878 年 4 月备忘录》，说明《圣斯特凡诺条约》为何必须修改时，连俄国驻英大使即伊格那提也夫的宿敌苏瓦洛夫，也表示赞同。英国扬言若俄国进入君士坦丁堡就要宣战，奥地利则扬言若巴尔干的领土分配不公，也不惜一战。

俾斯麦最看重的三皇同盟现已摇摇欲坠，濒临破产。在此之前他一直极端小心谨慎。1876 年 8 月，在俄军假“为正教及斯拉夫世界而战”之名进军土耳其前一年，戈尔恰科夫曾向俾斯麦提议，由德国召集会议解决巴尔干危机。要是梅特涅或拿破仑三世，他们对担任欧洲协调的主导者是求之不得的，俾斯麦却犹豫踌躇，他认为召开会议只会令三皇同盟内部的歧见曝光。他曾私下表示，所有与会国包括英国，来参加会议，“均是对我国别有用心，因无一国可获我国如其预期之支持”。他也以为让迪斯累里与戈尔恰科夫共聚一堂非明智之举，他称这两人为“同等危险自负的臣子”。

可是情势越来越不妙，巴尔干眼看要成为一场欧洲大战的导火线，俾斯麦这才勉为其难地在柏林举行了会议，因为俄国领袖拒绝前往其他的国都。不过他宁愿不插手寻常的外交庶务，便说服奥匈帝国外长安德拉西（Andrassy）发出请帖。

会议定在 1878 年 6 月 13 日举行。但会议尚未开幕，英俄便就主要问题达成了协议，由索尔兹伯里与俄罗斯新任外相苏瓦洛夫于 5 月 30 日签订。《圣斯特凡诺条约》要建立的“大保加利亚”国由三个新实体所取代：规模缩小许多的保加利亚独立国；东罗美利亚国（Eastern Rumelia），理论上在土耳其总督统治之下的这个自治实体将受一个欧洲委员会的监督（20 世纪联合国维持和平计划的前身）；保加利亚其余的部分仍回归土耳其统治。俄罗斯在亚美尼亚占领的领土则减少。在另外的密约中，英国向奥地利保证将支持其占据波斯尼亚的黑塞哥维纳（Bosnia Herzegovina），并向苏丹保证将保障土耳其的亚洲领土。苏丹则报以允许英国使用塞浦路斯为海军基地。

到柏林会议实际开议时，促使俾斯麦同意主办会议的战争危机已大部分消除。此次会议的主要功能便是对已达成的协议给予全欧洲的认可。早知道会有如此结果，俾斯麦会不会肯担起可能两面不讨好的调停者角色，的确是个疑问。当然也可能是因为会议即将召开，使得英、俄很快以私下方式取得协议，宁可直接谈判保住既得利益，以免受后果难测的欧洲会议所掣肘。

协商一项已达成的协议的细节实在算不上是什么壮举，因此各主要国家除英国外只派外相参加。而英国则是有史以来，首次由首相及外相一同出席在英伦三岛以外举行的国际会议，因为迪斯累里不愿把已经成功在望的重大外交成就，被索尔兹伯里抢去功劳。自负且年事已高的戈尔恰科夫，50 多年前曾与梅特涅在莱巴赫及维罗纳会议上交手，此次则选择柏林会议作为他在国际政坛的最后一次演出。他抵达柏林时宣称：“宁可如明星般沉没，不愿如油灯将尽般熄灭。”

俾斯麦曾被问起他认为谁是此次会议的焦点，他的答案是迪斯累里：“那个老犹太，就是他。”虽然这两人的背景大不相同，却有英雄惜英雄之感。他俩都是现实政治的信徒，都厌恶被视为伪善的道德外交。（他俩均看不起的）格莱斯顿宗教意味浓厚的言辞，在他们眼中纯是唱高调。俾斯麦和迪斯累里对巴尔干的斯拉夫民族并无好感，都认为他们只是一群暴戾、不断惹是生非的乌合之众。他俩有尖酸刻薄、以偏概全、话中带刺的倾向，不耐枝节琐碎之事，喜好以大手笔、海派作风推动政策。

或许迪斯累里可谓唯一曾超越俾斯麦的政治家。他抵达柏林参加会议时已立于不败之地，目标都已达成，一如卡斯尔雷在维也纳会议，斯大林在第二次世界大战后所享有的地位。所剩不过是如何执行英俄先前的协议的细节问题，及基本上属军事技术问题的由土耳其，抑或保加利亚，控制巴尔干的隘口要塞。对迪斯累里而言，柏林会议的策略问题在于，如何把俄罗斯被迫放弃部分征服领土的不满，由英国转移到其他国家。

由于俾斯麦本身的处境极端复杂，迪斯累里得以如愿。俾斯麦认为德国在巴尔干无利益可言，对会议将讨论的问题也没有特别的立场，只除了几乎不惜任何代价务必防止俄、奥发生战争。他自称在会上的角色有如“诚实的经纪人”（honest broker），每次发言时开场白几乎不外是：“德国在东欧问题上没有任何直接的利益。”

虽然他对眼前的种种钩心斗角再清楚不过了，但是他就像做噩梦一般，眼看着危险一步步接近，却动弹不得。当德国国会促请俾斯麦采取更强硬的立场，他的答复是他打算保持距离。他以 1851 年的一个事例说明调停可能带来的危险。当时沙皇尼古拉一世介入普、奥，而且实际上是站在奥国这一边：

> “当年俄皇尼古拉之角色便有如今日欲加诸德国之角色，他（尼古拉）来此说道：‘谁先开枪，我就打他。’结果和平得以保全。对谁有利，对谁不利，有待历史论定，在此不拟赘述，仅有一问，俄皇尼古拉为此可曾得到任何好处？普鲁士绝无可能如此！奥国是否感激俄皇尼古拉？三年后克里米亚战争爆发，到此便无须再多说。”

或许他还可加上一句，沙皇的干预也终未能阻止普鲁士统一北德，这才是 1851 年真正的问题所在。

俾斯麦尽可能在恶劣的情势中求取最好的结果。他的做法是在关系到巴尔干东部的问题上——如并吞比萨拉比亚（Bessarabia）——大致上支持俄国，对巴尔干西部的问题（如并领波斯尼亚的黑塞哥维纳）则支持奥地利。只有在一个问题上他与俄国立场对立。在迪斯累里扬言除非让土耳其保有面对保加利亚的山区隘口，否则要退出会议后，俾斯麦才向沙皇说项，推翻苏瓦洛夫的主张。

如此俾斯麦避免了克里米亚战争后奥地利所遭遇的与俄罗斯失和，但仍未能全身而退。众多俄国领导人物感觉并未享受到胜利的果实。俄罗斯可为维持正统而暂缓领土的取得（如亚历山大一世在 19 世纪 20 年代希腊革命，及尼古拉一世在 1848 年革命期间的做法），但对终极目标从未放弃，也从不接受妥协的结果。对俄国侵略的制止行动通常只会换来不以为然的厌恶。

于是在柏林会议之后，俄国把未能达成所有的目标怪罪于欧洲协调，而非自身的野心太大；怪罪于勉为其难召开会议以避免一场大战的俾斯麦，而非集结反俄联盟扬言不惜一战的迪斯累里。俄罗斯已习惯英国的反对立场，但由德国这样一个传统盟国担起诚实的经纪人角色，泛斯拉夫主义者却认为受到了冒犯。俄国民族主义报纸把此次会议说成是“俾斯麦亲王领导的反俄联盟”，把他当成俄罗斯欲求未获满足的替罪羔羊。

俄国在柏林的谈判代表苏瓦洛夫，因在现场所以对真实情形知之甚详，他总结会后俄国好战声浪四起的现象如下：

> “彼宁愿令人民维持一错觉，即俄罗斯之利益严重遭若干外国强权之行动所破坏，以此延续最恶毒之鼓动人心之举。人人冀求和平，我国情势亦亟须和平，然彼却于此时，试图将实为本身政策错误造成之不满情绪，转移至向外界发泄。”

不过苏瓦洛夫未曾反映当时的俄国民意。沙皇本人虽没有像报界或激进的泛斯拉夫主义者一般反应如此过分，但对会议的结果也不尽满意。此后数十年内，德国在柏林的背信弃义一直是许多俄国政策文件中的主要论点，包括第一次世界大战爆发前的几件文件。以保守国君团结为基础的三皇同盟，至此已难以为继。自此，若要说国际事务有任何的凝聚力量，那就只有现实政治一途了。

19 世纪 50 年代，俾斯麦所赞同的政策相当于英国“光荣孤立”政策的欧陆版。他力主不论在任何情况下都要先持观望态度，在选定对普鲁士国家利益最有利的一边后，始能投入普国的力量。这种做法可以避免结盟，保有行动自由，更可使普鲁士享有比任何可能的对手更多的选择余地。到19世纪70年代，俾斯麦为求完成德国的统一而回归传统的与俄、奥结盟。但19世纪80年代出现了前所未有的情势。德国国势太强，已无法坐观情势的发展，否则可能演变成整个欧洲联合起来对付德国。同时它再也无法依恃俄国会像过去一样，几乎是直觉反应式地支持德国。现在德国是个需要朋友的巨人。

为解决这个困境，俾斯麦完全改变以往的外交政策取向。如果他不能以比对手少作承诺来操控均势，那他索性尽量与比对手更多的国家建立关系，以便在必要时能有更多的与国可供选择。他放弃前二十年间外交政策对行动自由的主要诉求，改而建立一个联盟体系，经他巧妙地运用，一方面可防止德国潜在的敌国结成联盟，另一方面也可约束德国盟国的行动。德国与不同国家结盟有时显得自相矛盾，但在每一个联盟中，德国跟各盟国的关系必定比它们各自彼此间更亲密，因此俾斯麦总是对联盟共同的行动有否决权，并有权选择独立行动。前后十年间，他成功地维持了与盟国的敌国间的协定，而得以节制各方面的行动。

他自1879年开始实行这个新政策，先是与奥地利密切结盟。他明白柏林会议后俄国的不满情绪，因此现在希望建立阻止俄国再扩张的屏障。但由于不愿让奥国利用德国的支持向俄国挑衅，他设法获得了对奥地利巴尔干政策的否决权。索尔兹伯里对德奥同盟表示热烈欢迎，还用了“可喜的福音”（tidings of great joy）的字眼，令俾斯麦深信想要制止俄国扩张的不只是他。索尔兹伯里显然希望奥地利在德国的支持下，会承担起英国阻挡俄罗斯向达达尼尔海峡与博斯普鲁斯海峡前进的负担。但为他国的国家利益而战并非俾斯麦的专长，他尤其不肯在巴尔干这么做，因为他对当地的纷扰感到极端厌恶。有一次他发巴尔干人的牢骚：“务必让这些宵小明白，欧洲各国政府无必要因其贪婪或内斗而令自身束手束脚。”可惜对欧洲和平而言很不幸的是，他的后继者把这番警语完全置诸脑后。

俾斯麦主张以结盟而非对抗的方式约束俄罗斯在巴尔干的扩张。至于沙皇，已到孤立的边缘。鉴于英国是俄国主要的敌对国，法国国势仍弱，而且其共和体制使法国不可能成为可信赖的与国，于是沙皇同意恢复三皇同盟，但此次是基于现实政治的原则。

奥皇一开始看不出与主要的敌对国结盟有什么好处。他理当愿意与英国同盟，因为双方在阻挡俄国向达达尼尔海峡与博斯普鲁斯海峡扩张上有共同的利益。但迪斯累里在1880年竞选失败，格莱斯顿上台，英国即使是非直接地参与亲土耳其、反俄罗斯的同盟也全无可能，奥地利只得放弃与英国结盟。

第二个三皇同盟绝口不提道德，完全以现实政治为基本条件。盟约中规定，任何一签约国一旦与第四国开战，如英、俄或法、德，其他两国将保持善意的中立。如此一来德国便可免于两面作战，俄国可免于克里米亚战争时的反俄联盟（英、法、奥）再次出现，而德国保卫奥地利对抗侵略的承诺也维持不变。奥国则至少在文字上受限无法加入反俄的结盟，抗拒俄国向巴尔干侵略的重责大任便转移到英国肩上。俾斯麦借着部分相互抵消的若干同盟维持了均势，使他几乎可享有跟先前观望外交阶段同样的行动自由，最主要的是他去除了可能使地方性危机演变成全面大战的促因。

1882年，即第二个三皇同盟的次年，俾斯麦将他的结盟罗网更加扩大，说服了意大利加入德奥二国同盟（Dual Alliance）形成德奥意三国同盟（Triple Alliance）。意大利通常不过问中欧的外交，但现在对法国捷足先登征服突尼斯感到不满，因为这影响到意大利对北非的图谋。同时意国摇摇欲坠的专制王朝希望，若在强国外交上有些建树或可有助于压制日益高涨的民主运动。至于奥国，也希望多一层保障以防三皇同盟无法约束俄国。在结成三国同盟时，德、意保证互伸援手对抗法国攻击，意大利则保证万一奥、俄交战时对奥保持中立，缓和了奥地利对两面作战的顾虑。最后在1887年，俾斯麦又鼓励意、奥两个盟国跟英国达成所谓地中海协议（Mediterranean Agreements），三方面同意联合保持地中海的现状。

俾斯麦的外交策略形成了一连串环环相扣的同盟，有相互重叠也有相互竞争之处，使奥地利获得对付俄罗斯攻击的保障，使俄国得以抵制奥地利的冒险挑衅，使德国可免于被包围，又让英国加入反对俄国向地中海扩张。为减少这个复杂的体系可能遭遇的挑战，俾斯麦竭尽所能地满足法国除阿尔萨斯与洛林之外在各处的野心。他鼓励法国扩大殖民地，部分即为了转移法国对中欧的兴趣，但更主要的原因是让法国涉入与其他殖民国尤其是英国的对立。

十多年间，这一番布局被证明相当正确。英、法几乎为埃及而兵戎相见，法国因突尼斯而与意大利交恶，英国仍反对俄国在中亚及向君士坦丁堡的扩张。俾斯麦急于避免与英国起冲突，因此在19世纪80年代中期前对攫取殖民地采取守势，把德国外交政策范围限于欧陆，目标则是在维持现状。

但到最后，现实政治的需要复杂到难以为继的地步。时间一久，俄、奥在巴尔干的冲突已失去控制。若纯讲均势不受外力干扰，则巴尔干早已划分为俄、奥两个势力范围。然而民意已被挑起，即使在最独裁的国家也无法接受这个政策。俄罗斯绝难同意让斯拉夫人落入奥地利手中，而奥地利也不会同意让俄罗斯在巴尔干的斯拉夫附庸增加。俾斯麦的18世纪式内阁外交与大众民意时代渐行渐远。英、法两国的代议政府对回应民意已视为当然。在法国，这意味着要求收复阿尔萨斯与洛林的压力日增。但最能彰显民意重要性的最突出的例子发生于英国，即1880年格莱斯顿在英国主要以外交政策为诉求的大选中击败迪斯累里，然后完全扭转他的巴尔干政策。

格莱斯顿算得上是19世纪英国政治上的主导人物。他对外交政策上的看法类似威尔逊总统后的美国人。他以道德而非地缘政治标准来评断外交政策，因此他认为保加利亚人期待民族复兴是合理的，而且同为信仰基督的国家，英国理当支持保加利亚对抗信奉伊斯兰教的土耳其。格莱斯顿主张应由列强联合起来教训土耳其，然后负起治理保加利亚的责任。他提出与日后威尔逊总统“集体安全”相同的概念：欧洲需要联合行动，否则英国就不应有任何动作。

> “务须由欧洲列强联合行动始合乎安全。我国国力固然庞大，但首要条件在于各国应齐心协力。余在此仅提出六大国：俄、德、奥、法、英、意。此六国之完整结合对最后之圆满成功不仅重要且近乎不可或缺。”

1880年，格莱斯顿因不满于迪斯累里强调地缘政治的做法，在苏格兰中罗西恩郡（Midlothian）展开他关键性的竞选活动，开创首次在小城镇展开竞选的历史，也是首次将外交政策议题直接诉诸选民公决。年事已高的格莱斯顿却突然挺身而出走上讲台，他主张道德是正确的外交政策唯一的依据，并坚持基督信仰的正道及尊重人权才是指引英国外交政策的明灯，而不应是均势和国家利益。在某一站他曾说道：

> “别忘记，在全能的上帝眼中，阿富汗山村中的生命尊严与你我是同样的神圣不可侵犯。也别忘记，你我有着相同的血肉，以共同的爱相连接，不限于基督文明世界。”

格莱斯顿为开路先锋，威尔逊步其后尘。威尔逊主张个人道德与国家道德没有区别。格莱斯顿也跟晚他一辈的威尔逊一样，认为自己领会到一股在全球民意监督下迈向世界和平的新潮流：

> “显见一国际新规律正渐得举世人心，且将转移世事运作之道。此一规律肯定独立，蔑视侵略，爱好和平，反对流血，重视长远，排斥短视。更有甚者，乃认定全体文明人类之公决为辨别是非善恶至高无上之权威。”

上述的每一句话都可能是出自威尔逊之口，而其含意当然也十分类似于威尔逊的国际联盟（League of Nations）。格莱斯顿在1879年曾谈到他与迪斯累里在政策上的差异。他强调不会采用均势，而是要致力于“维持欧洲众强国之团结。然理由何在？乃在于维持整体团结可中和暨约束其各自之私欲，共同行动乃自私自利之致命伤。未能维持全欧团结显系紧张持续升高之缘由。德、法或奥、俄间之嫌隙将何从弥合尚未可知，保加利亚之未来亦然”。

在格莱斯顿之前，英国历任首相从未发表过这类论调。卡斯尔雷将欧洲协调视为执行维也纳协议的工具。帕麦斯顿视它为维持欧洲均势的工具。格莱斯顿则完全不把欧洲协调用于强化欧洲现状，而是赋予它革命性的角色，要借着它来建立崭新的世界秩序。这些理想经过一个世代之后，要到威尔逊走上台面时才再度被提出。

俾斯麦认为这类主张纯粹是痴人说梦，也就难怪这两位重量级人物会水火不相容了。俾斯麦对格莱斯顿的态度就相当于小罗斯福总统对威尔逊总统的态度：他感觉这位维多利亚时代的重臣好大言不惭又令人头痛。铁血宰相于1883年上德皇书中写道：

> “若往昔娴熟欧洲政务之英格兰政治大家，其传承尚余一线生机，则吾之任务当轻易许多。以格莱斯顿氏之无能，仅好逞口舌之利，则英格兰之立场不可恃，徒增吾国政策之困扰。”

格莱斯顿对德国对手的看法就更不客气，还曾称俾斯麦为“邪恶的化身”。

格莱斯顿的外交政策理念与威尔逊的理念的共同缺陷是，造成其国人对国际事务更为疏离，而不是更积极地参与。在一般的外交事务层次上，格莱斯顿于1880年上台后，英国在埃及及苏伊士运河以东的帝国主义政策并无多大改变，但确实使英国不再介入巴尔干及整个欧洲均势。

因此他的第二任期（1880—1885年）也造成反效果，使俾斯麦——欧陆最温和的政治家——的安全网难以为继，就如同坎宁当年退出欧洲造成梅特涅投向俄国沙皇。只要由帕麦斯顿或迪斯累里的观点主导英国外交政策，当俄罗斯在巴尔干或在向黑海扩张时若做得太过火，英国总能够成为最后的一股制衡力量。但格莱斯顿在位却使得这项保障落空，迫使俾斯麦不得不更为仰赖日渐不合时宜的德、奥、俄三角联盟。

这东方三王国一直是保守势力的堡垒，但到头来却比民主代议政府更易于受民族主义民意所驱使。德国的内政体制出于俾斯麦的手笔，以便于他充分利用内政达到均势外交的目标，但也极易于导致野心家的煽动。国会虽是由欧洲最开放的普选制选出，但德国内阁是由德皇指定，直接向德皇而非国会负责。

于是国会监督的职责被剥夺，国会议员们便肆无忌惮地乱发议论。而军事预算是每五年表决一次，有一度政府不免每到国防预算的关键年时便会制造危机。若假以时日，这种体制或可逐渐演变成政府须向国会负责的君主立宪制，可惜在新德国成形的关键年代，历任政府极其受制于民族主义煽惑性宣传的影响，也习惯于制造国外的危机以号召国内的选民。

俄罗斯的外交政策同样受泛斯拉夫主义者的激烈宣传所左右，这些人的基本诉求为呼吁俄国在巴尔干采取更激进的政策，并与德国摊牌。1879 年一位俄国官员曾向连任至亚历山大二世王朝结束时的奥地利大使做如下的解说：

> “本地人民对民族主义报章唯有敬畏二字。此等报章标榜民族主义不仅可自保，且保证其会大受支持。自民族主义风潮席卷全俄，尤其自该党于对土耳其或战或和之问题上，排除一切良策，唯我独尊后，所谓‘民族’（national）党已成为实际之一股势力，特别于军中呈现一面倒之势。”

另一个多种族国家奥匈帝国的情形也一样。

在如此情况下，俾斯麦越来越难以执行他那危险的平衡。1881 年新沙皇亚历山大三世于圣彼得堡登基，他不像祖父尼古拉那般受保守思想所束缚，也不像父亲亚历山大二世一样对年老的德皇有个人的感情因素在内。他懒惰专制又不信任俾斯麦，部分原因也是俾斯麦的政策对他而言实在是太复杂了。有一次他甚至说，每次只要在电文中看到俾斯麦的名字，一定立刻批上“悉”字。他的疑心因其皇后而更为强烈，出身丹麦的皇后，对俾斯麦强占其祖国的石勒苏益格、荷尔斯泰因的行为永远无法原谅。

1885 年保加利亚危机将所有激昂的情绪推到顶点。又一次革命后产生了大保加利亚国，十年前俄罗斯热切想促成而英、奥深以为忧的局面终于成真。然而历史不乏完全出人意表的事例，现在又多出一个例证，新的保加利亚全然不是俄罗斯主控下的产物，却是在一位德裔贵族领导下统一的。圣彼得堡的朝廷为这俾斯麦所极不愿见到的结果而迁怒于他。俄国朝廷十分震怒，认为在维斯瓦河以西处处都是阴谋的泛斯拉夫主义者，故而散发谣言指俾斯麦在幕后主使恶毒的反俄阴谋。在这种气氛下，亚历山大三世在 1887 年拒绝延长三皇同盟。

不过俾斯麦还不打算放弃他的俄罗斯牌。他深知若听任俄国自行其是，迟早它会走向与法国结盟。但以19世纪80年代的大势来看，英、俄始终处在战火一触即发的边缘，俄与法结盟只会增加与德国对立的危险，却无助于减轻与英国的敌对。更何况德国还有英国牌可打，特别是现在格莱斯顿已卸任。不论如何，亚历山大有充分的理由怀疑法国是否甘冒在巴尔干卷入战争的风险。换言之，俄、德之间的关系仍反映着双方国家利益仍有非常确切的交集，即使它是在缩小中，而不仅是俾斯麦的一厢情愿，只是若缺乏他的外交技巧，这些共同的利益无从正式地显现出来。

不愧是外交大师，俾斯麦设想出他最后一个主要的安排，即通称的《德俄再保险条约》(Reinsurance Treaty)。德、俄相互保证除非德国攻击法国或俄罗斯攻击奥地利，否则在一方与第三国发生战争时，另一方将保持中立。理论上，只要不主动发动攻势，德、俄现在都不必担心腹背受敌。然而这多半要看对侵略者如何定义，特别是动员已越来越被等同于宣战(详见第八章)。由于这个问题从未被触及，《德俄再保险条约》显然存在着限制，更因为沙皇坚持此约保密，使其效用越发束手束脚。

此约之必须保密最足以说明内阁外交的要求与外交政策民主化的要求是多么格格不入。当时的情势复杂到这个条约居然含有两种层次的秘密。更深一层的秘密是一条极机密的附加条款：俾斯麦保证不阻挡俄国图谋夺取君士坦丁堡，并协助俄国增加在巴尔干的影响力。这两项保证均非德国的盟国奥地利所乐于见到的，更甭说英国了，但英、俄若果真因达达尼尔海峡的未来而起冲突，想必俾斯麦也不致感到不悦。

《德俄再保险条约》虽复杂，却维持了圣彼得堡与柏林之间不可或缺的联系，也向俄国保证，德国虽会防卫奥匈帝国的完整，但不会协助其扩张以致牺牲俄国的利益。如此德国至少延后了法、俄携手的时间。

俾斯麦以其错综复杂的外交政策促成节制及维护和平的苦心，在1887年三皇同盟终止后，德军将领向他施压，要求对俄先发制人发动战争时，他的反应中表露无遗。他在对国会演说时否定了所有的臆测，并设法替俄国美言，避免刺激法、俄修好：

“我方不会扰乱与俄之和平，本席亦不认为俄方将攻击我国。再者，本席不认为俄方正寻求其他盟国以便合力进袭我国，或有意于利用我国在另一边或将遭遇之困难以便于其发动进攻。”

然而，不论俾斯麦的手腕有多高明，作风有多稳健，他平衡均势的做法注定即将要告终。他种种的折冲已复杂到即使是大师也难以为继的地步。搭床架屋的各个同盟原旨在确保各国节制，但最后却造成各国相互猜忌，而民意的重要性日增，各国的弹性空间便缩小。

无论俾斯麦的外交政策多么高超，需要如此高度的操控正证明强大的统一的德国对欧洲的均势造成了何许的压力。即使是俾斯麦在位的日子，强势的德国仍引起了诸多不安。事实上，俾斯麦的擘画立意固在提供保证，日久却意外地造成不安，这有部分也归因于同时代的领袖难以理解其环环相扣的本质。他们担心成为被操控的牺牲品，便想要左右逢源。但如此做法反而限制了行为的弹性，而以现实政治取代冲突却主要取决于行为的弹性。

欧洲文明的自戕

俾斯麦式的外交作风或许在他卸职后便人亡政息，但并不意味着一定要代以任意而为的武器竞赛及更类似冷战时期势不两立的结盟，而将传统的均势置之不顾。在近二十年间俾斯麦以其稳健弹性的作风，保住了欧洲的和平，缓和了国际上的紧张情势。但他也付出了遭后人误解其伟大之处的代价，因为继他而起或后世仿效他的欧洲领袖，自他的榜样中未能撷取更好的教训，只懂得增加军备，兵戎相见，最后导致欧洲文明的自戕。

到 1890 年，均势观念已发展至极限。起先，自中世纪大一统理想的灰烬中产生的众多国家，使均势首次应运而生。迄 18 世纪，因其强调国家利益至上，不可避免地导致战事不断，以防一国独霸的局面及欧洲再出现帝国。均势维护了各国的自由独立，却无法维持欧洲的和平。

均势政策在拿破仑战争之后 40 年达到巅峰。这段期间该政策运作顺畅，因为均势状态经过周详设计，更重要的是由于有共识支持（至少在保守国家间有此共识）。克里米亚战争之后，这种共识逐渐消逝，事态又回到 18 世纪的情形，现代科技和公众意见角色的加重使得一切状态更岌岌可危。连独裁国家都能诉诸来自外国的危机，以外在威胁取代国内要求民主的共识，借此吸引民众支持。欧洲诸国的合并使国际舞台的参与者数目变少，也削弱了运用外交联合取代本身力量部署的能力，而维护法统的共识崩溃更使道德自制力受到侵蚀。

尽管美国憎恶均势思想的历史由来已久，但后冷战时期美国外交政策却又加以运用。美国有史以来首次参与国际体系，而且还是当中的首强，尽管身为军事超强国，却不能再如前人般恣意施为，因为在这个年代，军力与意识形态不再有助于遂行帝国主义野心。至于美国目前还占有军事优势的核武器，也将朝着可用军力相等的方向发展（许多国家都握有核武器）。

因此，美国愈来愈发现自己置身于一个有如 19 世纪欧洲的世界中，二者有诸多相似之处。我们可以指望世界衍生出一个很像梅特涅体系的东西，也就是以共识来强化均势局面，而当今世上，这种共识的价值观就是民主。

然而梅特涅不必建立自己的法统以营造共识，当时，法统大体上已经存在了。而在当今的世界中，民主却是很不普及的制度，而且各地对民主的定义也不尽相同，美国自然而然会想用精神上的共识来维持世界局势的平衡。为了真实地面对自己，美国必定尽可能推动对全球民主有使命感的精神共识。但是美国不敢忽略了对均势的分析，因为，当打破均衡局面时，追求精神共识反而会变成自行溃败的行为。

如果不可能以法统建立梅特涅式的体系，美国就得学习在均势体系中运作的方式，不管今昔之间的均势有多么不同。19 世纪的时候，世界上有两种均势体系模式：一种是不列颠模式，以帕麦斯顿与迪斯累里为代表；另一种就是俾斯麦模式。不列颠模式是等均势局面遭到威胁的时候才行动，主事者几乎都居于弱势；而俾斯麦的方法则是尽可能多方面建立亲密的国际关系，建立重叠的联盟体系，并运用有效的影响力以缓和交锋各方的诉求，以前述手段防范反对均势的挑战。

奇怪的是，美国在两次世界大战期间和德国有过（不快）经历的情况下，俾斯麦式的操纵均势，却和美国处理国际关系的传统方法可能更如出一辙（译按：憎恶均势、不喜德国，却又处处借鉴）。帕麦斯顿与迪斯累里均势方法，需要各方不生事端的自制，以及在面对威胁时毫不让步的使命感。所谓均势，几乎完全是在评估争端与威胁。美国终将发现，要引导各国远离是非或威武不屈是相当难办到的事，更不用想直截了当以武力介入国际事务。

俾斯麦后来的政策寻求以事先防范来抑制各方势力，方式是用不同国家集团间的共同目标来建立某些共识。而在一个互相依赖的世界中，美国发现要实现大英帝国式的光荣孤立实在困难，要建立一个周密且照应到世界每个部分的安全体系更是不可能。最有可能、最有建设性的解决之道，就是建立许多部分重叠的联盟体系，有的着眼于安全，有的专注于经济关系。美国所面临的挑战，将是以美国人的价值观衍生出目标，同时能以此目标统合不同群体。三十一章将有详述。

不论采取何种模式，在 19 世纪结束之前，两种外交政策手段都盛况不再。大英帝国由于与风险隔离，不再感到自己的能耐足以支配局面；而俾斯麦被一位没有耐性的新国王解除官职，这位君王为自己设定了一个不自量力的任务，想改进一位外交宗师的政策。在这一过程中，均势状态变得僵化，欧洲朝着更加破败的大灾难发展，因为没有人相信均势可能达成。

第七章

步向毁灭的政治机制：第一次世界大战前的欧洲外交

德皇威廉二世与沙皇尼古拉二世

失去节制的德、俄两国

到 20 世纪第一个十年结束时，曾维护和平达一个世纪之久的欧洲协调已名存实亡。欧洲列强盲目地投入两极化的对抗，最后也像 50 年后的冷战期间一样形成两大阵营。不过其间有一重要的差别：在核武器时代，避免战争可谓外交政策的目标之一，甚至可说是唯一的主要目标；而在 20 世纪初年，仍有可能一声令下战争就此爆发。事实上当时有些欧洲思想家还认为，偶尔流流血可以改善国家的体质，如此天真的假说在第一次世界大战时被残酷地打破。

多年来史学家一直在辩论谁应为第一次世界大战的爆发负责，但我们举不出是哪个单一国家能导致如此疯狂地迈向毁灭。欧洲所有主要国家都有其短视与不负责任之处，而且想法很天真，正是它们一手造成了那场深植于欧洲人共同记忆中的大灾难。帕斯卡（Pascal）在《思想录》（Pensees）中的警语说："吾人受自设障碍所蒙蔽，陷入深渊仍不自知。"

要归咎的因素有很多。欧洲国家把均势扭转为武器竞赛，却未能意识到现代科技与大规模征兵，已使爆发全面性战争成为国家安全以及整个欧洲文明最大的威胁。不过各国对一战的爆发虽均难辞其咎，但完全失去节制的当属德、俄两国。

在德国统一的整个过程中，有关均势会受到什么影响未曾引起太多注意。前后两百年间德国一直是欧洲战事的受害者而非发动者。“三十年战争”时，德国死伤的人数估计高达总人口的 30%。18 世纪各王朝间决定性的战役与拿破仑战争的决定性战役多半都战于德国的土地上。

因此统一后的德国几乎无可避免地要努力防止这类悲剧再发生。但新德国不见得非要把它当作主要是军事问题来看待不可，俾斯麦之后的德国外交家也不是非得以霸气来执行外交政策才达得到目的。因为腓特烈大帝时代的普鲁士虽是列强中最弱的一国，但统一后的德国很快便一跃而成为第一，也因此令邻国十分不安。所以德国若想参与欧洲协调，就必须在外交政策上格外地自制。可惜自俾斯麦去职后德国最欠缺的就是节制。

德国政治家之所以如此沉迷于赤裸裸的实力，乃因为跟其他民族国家比起来，德国缺乏团结全国上下的思想架构。形成西欧其他现代民族国家的各种理想，没有一种见于俾斯麦擘画下的德国，没有英国所强调的传统自由，法国大革命所标榜的全民自由，甚至看不到奥地利的主张天下一家的善意帝国主义思想。严格说来，俾斯麦一手建立的德国根本不符合民族国家的理念，因为他刻意将奥地利的德国人排除在外。他的德国只是范畴加大的普鲁士，是别有用心的图谋，主要目的是为增加普鲁士本身的实力。

缺少思想基础是德国外交政策漫无目标的罪魁祸首。多年来一直是欧洲主战场的惨痛记忆，在德国人民心中种下了极度的不安全感。俾斯麦所建立的帝国现在虽是欧陆第一强国，但德国领袖们始终有一种模糊的被威胁感，这表现在整军经武与好战的言论上，且军方参谋人员总是以全部的邻国同时进攻作为战备的依据。为准备应对这最坏的假想状况，他们反而弄假成真。因为德国若有实力足以同时击败所有邻国的攻势，则压倒个别国家必然易如反掌。这些邻国眼见德国重兵压境，自然会结合在一起互求保护，于是德国原意在求安全的做法反而造成了不安全的局面。

或许采取明智且节制的政策可延迟甚至改变即将到来的恶果。但俾斯麦的后继者抛弃了他的收敛作风，越来越追求纯粹的实力，就如同一句他们常挂在嘴边的话：德国要做欧洲外交的铁锤，而非处于挨打的铁砧。德国仿佛已耗尽太多力量投入国家的统一，以致无暇思考建国的目标何在。帝制时代的德国始终没有一个清晰的国家利益概念，随一时情绪摇摆且对外交气氛极度缺乏敏感度，使俾斯麦之后的德国领袖既蛮横又优柔寡断，将国家先是带向孤立，继而走向战争。

俾斯麦曾极力压抑德国实力的展现，利用他复杂的同盟大局约束众多的盟国，以避免各国间潜在的不和演变成战争。俾斯麦的后继者对如此复杂的情势缺乏耐心与敏锐感。德皇威廉一世于1888年驾崩后，其子腓特烈（其崇尚自由主义曾令俾斯麦忧心不已）仅在位98天便因喉癌而辞世，由腓特烈之子威廉二世继位，这位君主的言行令人颇感不安，欧洲最强国家的统治者岂可如此不成熟又反复无常。心理学家曾解释他之所以会如此反复又粗暴，是因为天生有一只手臂畸形的补偿心理，普鲁士皇室尚武传统浓厚，因此这对他而言是极大的打击。这位好显威风的年轻皇帝在1890年罢黜了被视为功高震主的俾斯麦，从此威廉二世的外交政策便成为欧洲和平的关键。丘吉尔曾讽刺但传神地描绘出这位皇帝：

> “只知昂首阔步，装腔作势，将手中之剑耍得嘎嘎作响。他只想有拿破仑的威风，不想像拿破仑一样上战场。他绝对是输人不输阵。假设是个火山口，至少也要冒得出烟来。他正是如此，白昼远观是一团云雾，晚上是一团火光。久而久之旁观者必定心生恐惧，而亟思团结以求自保。而在种种矫揉造作、虚张声势之后，却是个极其平庸、虚有其表但大体而言没有恶意，又想成为腓特烈大帝第二的人。”

威廉二世最渴望的是国际间承认德国的重要地位尤其是实力。他企图推行他与幕僚人员所称的全球政策（Weltpolitik），却从未深究这个全球政策的定义为何，与德国的国家利益又有何关系。空有口号没有理论基础：以狂妄的言辞掩饰内在的空洞，以大言不惭模糊内心的胆怯与缺乏方向感。好大喜功却优柔寡断反映出德国两个世代的本位主义。即便德国的政策不是如此不智且不负责任，要使德国这个巨人融入当时的国际架构中仍是相当艰巨的工程。更何况德皇的个性与德国内政体制相激励的结果，根本无法产生明智负责的政策，反而是任性而为，适得其反，使德国素来所恐惧的后果弄假成真。

俾斯麦去职后20年间德国居然促成了化敌为友、化友为敌的180度大反转。1898年时英法几乎为埃及而开战；英俄反目几乎一直是影响19世纪国际关系的要素之一；英国也时而想要找寻对抗俄罗斯的盟友，先试着找过德国，最后是找到日本。谁也想不到英、法、俄有一天会站在同一阵线上，但十年后德国的强势威胁性外交的后果正是如此。

俾斯麦种种的操控手法虽复杂，但从未逾越传统均势的范围。他的后继者却显然对均势怀有戒心，也从未能认识到德国越是扩大其实力，越会鼓励欧洲均势体系下不可避免的反德同盟及武器竞赛的生成。

对于其他国家不愿与已是欧洲第一强国且有独霸可能的国家结盟，德国领袖深感憎恶。他们似乎认为要采取高压的做法，才最能够让邻邦认清其实力之不足和与德国结盟的好处。但这种贬抑别人的做法却收到反效果。俾斯麦之后的德国领袖为求国家绝对安全，反使欧洲其他各国均感到绝对不安全，几近于自然而然地形成与德国相抗衡的同盟。要取得霸权没有外交捷径，唯有诉诸战争，这个道理俾斯麦之后的德国见识浅短的领袖觉悟得太晚，以致一场世界性大战已不可免。

具有讽刺意味的是在德国帝制时期，被视为和平主要威胁的多半是俄国而非德国。先是帕麦斯顿后有迪斯累里，都深信俄罗斯图谋深入埃及和印度。到1913年时德国领袖同样恐惧于惨遭俄罗斯铁蹄的征服，而且其恐惧感之强烈，对促使他们于一年后决定强迫各国做致命性摊牌影响颇大。

其实担心俄国想建立一个欧洲帝国并没有确切的证据。德军情报单位宣称有证据证明俄罗斯正计划发动战争，这既不可信也无关紧要。当时两个同盟的国家都沉醉于铁路与军事动员计划等新技术，也不断进行与当时国际争端规模不相称的战备活动。正因为如此积极的备战却找不出明确的目标，这种行为便被解释为反映着庞大但暧昧的野心。颇具代表性的是1900—1909年任德国首相的比洛（Prince von Bulow），他赞同腓特烈大帝的观点：“普鲁士众邻邦中，以俄帝之实力及位置最为危险。”

历来欧洲对俄罗斯的广大疆域与锲而不舍的扩张总感到忐忑不安。欧洲各国都在以威胁或反威胁手法扩大本身的版图，而俄罗斯仿佛是不得已非要有一套特立独行的扩张规律，唯有部署更强大的武力，且通常要通过战争始能加以制止。在无数次危机中，俄罗斯经常都看似很有希望达成合理的解决，获得比实际结果更好的安排，可是它总是宁冒战败的风险也不肯妥协。1854 年的克里米亚战争，1875—1878 年的巴尔干战争及 1904 年日俄战争前夕，情形皆是如此。

有一种解释是说俄罗斯因横跨欧亚两洲，因此有这类倾向。在西方俄罗斯是欧洲协调的一部分，参与复杂的均势运作。但即使如此，在需求未能获得满足时，俄国领袖对尊重均势往往仍显得不耐烦而且好发动战争，例如 1854 年克里米亚战争的前奏，巴尔干战争，及 1885 年俄国与保加利亚几乎开战都是如此。在中亚俄罗斯面对的是弱小的诸侯国，均势原则便不适用；在西伯利亚，俄罗斯则如同美国开拓地广人稀的美洲一般通行无阻，直到遇上日本。

在欧洲的会议桌上，俄罗斯听得进去以均势为主的意见，但不见得一定遵守其准则。欧洲各国虽一向认为土耳其及巴尔干的命运应由欧洲协调来决定，但俄罗斯一定是企图以片面的武力方式解决这个问题，如 1829 年的《阿德里安堡条约》(Treaty of Adrianople)、1833 年《安吉阿尔－斯凯莱西条约》(Treaty of Unkiar Skelessi)、1853 年与土耳其冲突、1875、1878 及 1885 年的巴尔干战争。俄罗斯认为欧洲应该只管西方的事，一旦欧洲望向东方它便有所不满。同样的问题又于第二次世界大战结束后重演，西方盟国主张东欧的命运关系到欧洲的整体，斯大林却坚持东欧，尤其是波兰，属苏联的范围，其未来应与西欧民主国家无关。斯大林也像过往的沙皇一般独断独行，以致西方势必形成某种军事联盟以对抗俄军的推进，解除俄罗斯对邻国的压制。在第二次世界大战战后，经过一代的时间这个历史模式又重新现身。

俄罗斯向外扩张很少知道有所节制，一旦受阻它便满怀悲愤，暂时隐忍，伺机报复，在 19 世纪大半是对英国，在克里米亚战争后是对奥地利，在柏林会议后是对德国，在冷战期间则是对美国。在后苏联时期，当新俄罗斯完全吸收了解体所带来的震撼后，它会对其历史帝国的崩溃如何反应，仍有待观察。

在亚洲，俄罗斯的使命感更是不受政治或地理障碍所约束。整个 18 世纪及 19 世纪的大部分，俄罗斯在亚洲都是独自行动。它是第一个与日本打交道的欧洲强国，也是第一个与中国签订条约的国家。俄国未耗费太多殖民人力，未派出太多军队，便完成了在亚洲的扩张，因此与欧洲列强不起冲突，偶尔与中国发生摩擦也不很严重。中国为了借俄罗斯协助其以夷制夷，在 18 及 19 世纪将大片大片的领土让给俄国，开启一连串的“不平等条约”，遭到此后的历届中国政府尤其是共产党政府一致谴责。

俄罗斯对亚洲领土的胃口随着每一次的斩获越来越大，似已成了一种模式。1903 年沙皇亲信也是俄国财政大臣维特（Serge Witte），在呈尼古拉二世的奏折中说：

> “以中俄接壤之广及吾国极其有利之条件，俄罗斯吸收极大部分之中国乃迟早之事。”

俄国领袖对亚洲的态度与对奥斯曼帝国一样，主张远东属它本身的事，其他国家无权插手。俄罗斯全方位的扩张有时是同时进行的，但较常见的是此起彼落，看哪个方向所冒的风险最小，就向哪边进发。

帝俄时代的决策机构反映出俄罗斯的双重性格。俄国外务部（Foreign Office）属枢密院（Chancery），其独立自主的官员立场基本上以西方为重。这些官员多为波罗的海地区的德裔，他们把俄罗斯看成是欧洲国家，所拟定的政策也以在欧洲协调下执行为前提。但枢密院的角色有同样独立的亚洲部（Asiatic Department）分庭抗礼，负责对奥斯曼帝国、巴尔干及远东的政策。换言之，俄国实际上是全方位的扩张。

亚洲部与枢密院不同，不认为自己与欧洲协调有关，反而视欧洲各国为其图谋的阻碍而予以忽视，并尽可能地设法通过片面的条约或战争，不理会欧洲，以遂行其目标。由于欧洲各国坚持有关巴尔干及奥斯曼帝国的问题必须协调解决，冲突便在所难免，俄罗斯对于来自被它视为多事的欧洲列强的阻挠则深感愤愤不平。

既为防御，又为进攻，使俄罗斯的扩张企图总是暧昧不明，因而也引起西方对俄国真正的意图辩论不休，一直延续到苏俄时期。俄罗斯的目的何在始终令人参不透的原因之一是，俄国政府总是更近似于 18 世纪的专制政府，即使是共产党时期亦不例外，而不像是 20 世纪的超级强国。不论是帝俄或苏俄时代，俄罗斯从未出过伟大的外交首长。历任外相或外长都与涅塞尔罗德（Nesselrode）、戈尔恰科夫、吉尔斯（Nikolai Giers）、兰姆斯多夫（Lamsdorff），甚至葛罗米柯（Gromyko）等人一样，聪明才干不在话下，但都缺乏擘画长远政策的实权。他们不过是善变又易于受干扰的专制君主的仆人，必须与相互排斥的诸多内政问题相竞争以争取君王的重视。帝俄时期没有俾斯麦、索尔兹伯里或罗斯福一类的人物，也就是没有对外交事务握有整体执行权力的外交大臣。

即使是强势的沙皇在位，以俄罗斯的专制决策体系，也难以形成一贯的外交政策。一旦沙皇找到可信赖的外相，往往会一直留任到极高龄时也不换人，涅塞尔罗德、戈尔恰科夫与吉尔斯都是如此。19 世纪俄国的大半外交政策便是这三人包办的。这些人即使年事已高，在外国政治家眼中仍十分被看重，认为是在圣彼得堡唯一值得会晤的人，因为他们是唯一能面见沙皇的大臣，其他人则受到仪节的限制几乎见不到沙皇。

更糟的是沙皇的执行权经常与其自认的帝王式生活方式起冲突，使决策过程益形复杂。例如亚历山大三世在签署《再保险条约》后，俄罗斯外交的关键时刻，却立即离开圣彼得堡出巡连续四个月之久，在 1887 年 7—10 月间，出海游玩，检阅演习，还探访丹麦的姻亲。唯一真正的决策者远在天边，俄罗斯的外交政策岂能不出差错。而沙皇的政策不仅随情绪而变，也极易受军方煽动的民族主义所左右。军方冒险家如在中亚的考夫曼（Kauffman）将军，对外相根本不理不睬。上一章中提到戈尔恰科夫与英国大使晤谈时，表示他对中亚一无所知，或许说的真是实情。

到 1894—1917 年在位的尼古拉二世时代，俄罗斯被迫为其专制的体制付出代价。他先是把俄国带向与日本的一场毁灭性战争，继而又让俄国身陷于同盟的体系中，使得对德作战几乎等于势在必行。俄罗斯的精力均投注于对外扩张，并被随之而来的对外冲突消耗殆尽，其政治与社会结构却日趋脆弱。1905 年对日战争失败应是一项警讯，表示伟大改革家斯托雷平（Peter Stolypin）所主张的巩固内政，已是刻不容缓的了。俄罗斯需要的是休养生息，但得到的却是一次次的对外冒险。在亚洲受阻后，它重拾泛斯拉夫主义的梦想，转向君士坦丁堡进发，而且这一次失去了控制。

然而，扩张到达一定程度后，不但不能增强俄罗斯的实力，反而促成其衰弱。1849 年时俄罗斯被公认为欧洲最强的国家。70 年后其王朝倾覆，本身也暂时退出了强国之列。1848—1914 年间俄罗斯曾卷入六次以上的战争（殖民战争除外），远超出其他主要强国。而每一次的争战，除 1849 年干预匈牙利之外，其财政及政治上的支出都远超出可能得到的好处。虽然一次次的冲突都弊多于利，俄罗斯却仍把领土扩张看成是强国地位的象征，对土地贪得无厌，却没有实际需要，也消化不了。尼古拉二世的亲信维特向他保证：

> “由太平洋岸迄喜马拉雅山峰，不仅亚洲甚至欧洲事务均将在俄罗斯控制之下。”

在工业化时代，社会、政治、经济发展对强国的地位，比在保加利亚有个附庸国或在韩国有个保护国更为有利。

俄罗斯也有一些领袖人物如戈尔恰科夫，已觉悟到这一点，因此主张对俄罗斯而言，“领土延伸便代表弱点延长”，可惜他们的观点终究未能缓和俄国对不断征服的痴迷。后来的共产党俄国也是因与沙皇时期大同小异的缘故而瓦解。苏联在二战后若能够安于其国界之内，与日后所谓的卫星国（satellite states）建立类似于与芬兰的关系，境遇会好很多。

当中欧出现双雄——实力强又莽动的德国及疆域广又不安于现状的俄罗斯——相持不下，即便德国与俄国交战得不到任何好处，俄罗斯若与德国开战也毫无胜算，冲突恐怕仍在所难免。因此欧洲的和平取决于 19 世纪扮演平衡角色极为称职且极有节制的一个国家。

英国的外交政策

到 1890 年“光荣孤立”这个名词仍可贴切地点出英国的外交政策。英国人骄傲地自诩其国家为欧洲的“平衡之轮”，借平衡之轮的重量可防止欧陆各国家联盟中出现唯我独尊的局面。而对参与这些同盟，英国政治家的想法与美国孤立主义者一样是感到应敬而远之。但仅仅 25 年后，英国却加入法国并肩对德作战，英国人成千上万地在弗兰德斯（Flanders）泥泞的战地上捐躯。

1890—1914 年英国外交政策发生了显著变化，而领导英国走过这个转变期的前半段的，居然是代表英国所有传统价值观及外交政策的一位领导人。索尔兹伯里侯爵是道道地地的圈内人，他出身历史悠久的塞西尔家族（Cecil），其先祖自伊丽莎白女王（Queen Elizabeth）时期起，便曾担任朝廷重臣。1901—1910 年在位的英王爱德华七世（King Edward Ⅶ），他的出身比起塞西尔家族只能算是后进，据说他偶尔会抱怨索尔兹伯里对他说话带有纡尊降贵的语气。

索尔兹伯里崛起政坛可谓不费吹灰之力，而且是命中注定的。年轻时在牛津基督教堂（Chris Church Oxford）受教后，他周游全国，熟读法文，与政府领袖会面。他担任过负责印度事务的次官（Secretary of State for India）后，在 48 岁时成为迪斯累里的外相，曾在柏林会议上担当大任，负责大部分实际细节的谈判。迪斯累里辞世后，他成为托利党党魁。除 1892—1894 年格莱斯顿最后一任任期外，索尔兹伯里是 19 世纪最后 15 年间英国政治的主导人物。

在某些方面他所处的环境类似布什总统（George Bush），只是他担任国家最高领袖的时间更久。他们两人掌握政权时都正值既有的世界正在消失中，他俩都知晓该如何应变，并留下功绩。布什的世界观受冷战的影响，他崛起于冷战期间，却在事业最高峰时必须领导冷战走完最后一段岁月；索尔兹伯里的成长经验则发生于帕麦斯顿执政时期，英国海外势力如日中天，英俄对立根深蒂固，但到他主政时这两个现象都已明显露出疲态。

索尔兹伯里的政府必须面对英国相对国势已衰落的现实，其庞大的经济实力现在已有德国可相抗衡；俄法也已加强殖民攻势，几乎在世界各地都对大英帝国构成挑战。虽然英国仍是一等强国，但它在19世纪中叶所享有的优越地位如今已是江河日下。正如布什对他未能预见的情势能够高明地加以应对，英国领袖在19世纪90年代也认识到必须调整传统的政策，以适应出人意表的现实。

外表肥胖臃肿的索尔兹伯里爵士，所代表的是英国满足于现状而非求新求变的仙人掌。“光荣孤立”这个词语就是他首创的。他明确保证推行英国传统的政策，在海外坚定地对抗其他殖民强国，对欧陆诸同盟，则唯有在英国面临最后选择、否则均势有失衡之虞时才会介入。索尔兹伯里认为英国是个海岛，最理想的政策便是在海上积极进取，对欧陆各国习以为常的同盟则保持距离。他曾直率地说过：“我们是鱼。”

但后来他却不得不承认英国已过分扩张的帝国，在远东及近东感受到俄罗斯的压力，在非洲感受到法国的压力，连德国也加入这场殖民竞赛。德、法、俄虽相互在欧陆时起摩擦，但在海外一律是与英国起冲突。因为英国不仅拥有印度、加拿大及非洲的一大部分，更基于战略理由而坚持掌握大片大片的土地，即使不是为了要直接控制，也是要防止其落入别个强国的手中。索尔兹伯里称此为“仿佛在土地上加盖记号，以防万一有变时这些领土不致为其他强国所占有”。这些地区包括波斯湾、中国、土耳其及摩洛哥。19世纪90年代英国感觉在阿富汗、达达尼尔海峡四周及中国北方与俄罗斯，在埃及和摩洛哥与法国备受不断的冲突所包围。

1887年的《地中海协定》签订后，英国间接与德、奥、意三国同盟发生关联，希望借此使意大利与奥地利加强在北非与法国，在巴尔干与俄罗斯相抗衡。然而事后证明《地中海协定》只是权宜之计。

失去了谋略大师的新德意志帝国不懂得如何掌握其机会。地缘政治的现实需要使英国逐渐走出孤立，虽然坚持孤立传统的著作所在多有。英国扩大参与欧陆的第一步是与德国改善关系。德国自认英、俄都有求于我，主持决策的领袖便以为可以同时自这两国获得极大的让步，却不明确说出究竟想要什么样的好处，也从未意识到他们可能是在逼使英、俄走得更近。当德国提出没有讨价还价余地的提议遭到拒绝，其领袖便感到愤愤不平，没多久便恼羞成怒。这与法国的作风形成强烈对比，法国耐心地一步步求发展，等了 20 年才等到俄罗斯，又等了 15 年才等到英国提议签署协定。俾斯麦之后的德国虽咄咄逼人，其外交政策却非常的外行、短视，在面对自己所引起的冲突时甚至是胆怯。

导致战争爆发的一连串外交举动

威廉二世最后导致战争爆发的一连串外交举动始于 1890 年，就在他辞退俾斯麦后不久。他拒绝沙皇再延长《再保险条约》三年的建议。一开始主政便拒绝俄国这个建议，德皇及其资政等于是把俾斯麦交错的结盟体系中，可算是最要紧的一根主轴给拔掉了。这么做是出于三个动机：一是希望让德国的政策尽可能的“简单与透明”——新任首相卡普里维（Caprivi）一度承认，他缺少俾斯麦可同时在空中玩八个球的能耐；二是想要向奥地利保证德奥同盟是德国的第一要务；三是他们愿意与英国结盟但《再保险条约》被视为其障碍。

这三个考虑都显示出对地缘政治的认识不足，使得威廉二世统治下的德国一步步地陷入孤立。德国的地理位置及历史天生就充满复杂性，没有一个“简单”的政策能顾及其众多的层面。使俾斯麦得以在奥地利的顾虑及俄罗斯的野心之间，左右逢源达 20 年之久，而不致与其中之一关系破裂或使巴尔干固有的危机加剧，所依恃的正是又与俄国缔约又与奥国结盟而产生的暧昧。终止《再保险条约》正好带来相反的状况：限制德国可作的选择，因而鼓励奥地利的冒险行为。俄罗斯外相吉尔斯立刻便察觉这一点，他说：“由于我三国之条约（《再保险条约》）终止，维也纳已自俾斯麦严苛但明智且用心良苦的桎梏中解放。”

放弃《再保险条约》不但使德国失去约束奥地利的筹码，最严重的是增加了俄罗斯的焦虑。德国对奥地利的信赖在圣彼得堡眼中，被解释为德国又重新支持奥国在巴尔干的活动。一旦德国在过去从未有重要利益的地区，变成对俄罗斯目标的阻碍，俄国是绝对会另找可资抗衡的援手，而法国正求之不得。

使俄罗斯有意向法国靠拢的促因，再因德皇拒绝延长《再保险条约》后不久，德英即签署《殖民地协定》而增强。英国自德国获得尼罗河的源流区及东非广袤的土地，含桑给巴尔岛（Zanzibar）。德国则换来无足轻重的一条连接西南非与赞比西河（Zambezi River）的土地，即卡普里维地带（Caprivi Strip），及北海中的黑尔戈兰岛（Helgoland），据说此岛对德国沿海的海防有某种战略价值。

这个协定中双方都不吃亏，但它却引发了一连串的误解。英国是把它当作解决非洲殖民问题的手段；德国却视其为签订德英同盟的先声；俄罗斯更进一步把它解释为英国加入三国同盟的第一步。因此俄国驻德大使斯塔尔（Baron Staal）曾如此气急败坏地回报其传统友邦德国与宿仇英国所达成的这项协议：

> "一旦因诸多利益及积极参与世上某地区之事务而结合，其几乎必然于其他国际重大问题上亦共进退。与德之协约几已成定局。唯有因应英格兰与三国同盟其他诸强之关系。"

俾斯麦对反德同盟的梦魇眼看就要成真，因为《再保险条约》的结束已使法俄结盟顺理成章。

德国原算计到法俄绝不可能联手，因为俄罗斯为阿尔萨斯－洛林而战没有任何好处，法国为巴尔干的斯拉夫人而战也是同样情形。然而事实证明这是俾斯麦之后，德国帝制时期领导阶层所犯下的众多重大错误之一。一旦德国义无反顾地承诺与奥地利同一阵线，不论法俄的目标多么不相同，两国即有必须结合在一起的现实需要，因为要想达到它们各自的战略目标，其先决条件便是要击败德国或至少削弱德国。法国是为了不打仗德国是决不会放弃阿尔萨斯－洛林而必须借重俄国，俄罗斯则心知肚明不打败奥地利，休想接收奥匈帝国的斯拉夫部分，而德国拒绝延长《再保险条约》便明白表示不会坐视俄国攻打奥国。若无法国相助，俄罗斯绝无可能对抗德国。

在德国拒绝更新此约后不到一年，法俄便签订相互给予外交支持的友好协约（Entente Cordiale）。俄罗斯年高德劭的外长吉尔斯曾提出忠言，指这个协议不能解决俄国的基本问题，即俄国最主要的敌人是英国而不是德国。法国急于摆脱俾斯麦所强加给她的孤立，便同意在协约中加注一条，约束法国在俄英发生任何殖民冲突时，要给予俄国外交支持。

这个反英条款对法国领袖而言，只是进一步建立必然成为反德联盟的结盟关系，所需付出的些许代价，因此法国努力的方向是将法俄协约延伸为军事同盟。俄国民族主义人士对此表示赞同，因这可加速奥匈帝国的解体，但传统派却感到不安。最后接替吉尔斯的兰姆多夫伯爵（Vladimir Lamsdorff），在1892年2月初的日记中写道：

> “彼（法国）亦企图极力怂恿我方同意，于遭第三国攻击时联合军事行动之协议。但为何不适可而止？由于饥馑为患、财政艰困、军备尚未完成、运输交通不便，尚有无政府主义者死灰复燃之问题，我国亟须和平安定。”

但后来法国领袖克服了他的疑虑，要不便是沙皇否决了他的意见。1894年两国签署军事协定，法方同意若德国攻打或德奥合攻俄国，法国将伸出援手。俄国则在德国攻打或与意大利合攻法国时，也会助法一臂之力。1891年的法俄协约属外交性质，若说是同时针对英、德而来或许并不为过，然而现在这个军事协定却单独以德国为目标。这个后世学者凯南（George Kennan）所称的“致命同盟”（1891年法俄协约及其后1894年的军事协定），可视为欧洲迈向战争的分水岭。

它象征着均势的运作已开始步向终点。最适于均势运作的环境在以下三种条件中，至少要合乎一项：一是各国都必须觉得自身享有可视当时情况与任何国家结盟的自由。18世纪大部分时间，均势都是因同盟关系不断调整而有所调整，在 1890 年前的俾斯麦时代也是如此。二是结盟关系固定但有另一国扮演平衡者角色，以确保不会有任一边独占上风，法俄签约后英国仍担任平衡者，并同时受到两方面的拉拢，便属此种情形。三是各同盟的组合已牢不可破，也没有平衡的第三者，但各同盟的凝聚力分散，对个别问题往往能够达成妥协或改变结盟对象。

但若没有一项条件符合，外交便趋于僵化。国际关系变成一场游戏，任一方之得必被视为另一方之失。军备竞赛及紧张升级势不可免。冷战期间的情势便是如此，英国加入法俄同盟而于 1908 年形成三国协约后，欧洲无形中也走向这个命运。

但 1891 年时的国际情势与冷战期间不同，它不是因单一的危机而产生，而是经历了 15 年，上述三个弹性条件才一一被破坏。三国协约形成后均势已无用武之地，纯就实力一比高下变成了常规，不再是特例。外交也不再是妥协的艺术。因某种危机发生而致情势失控则只是迟早的问题。

但 1891 年法俄结合共同对付德国之际，德国仍抱着能与英国联盟以资抗衡的希望，可惜威廉二世的期望却因他的莽撞冲动而落空。1890 年德英殖民协定并未导致俄国外长所担忧的军事同盟。其原因一则是由于英国的国内政情，年迈的格莱斯顿于 1892 年最后一次出任首相时，拒绝与专制的德国或奥地利结盟，伤害到了德皇脆弱的自尊心。

但德国数次试图安排英德结盟都失败的基本因素，应归咎于德国领导阶层始终未能理解英国传统的外交政策，及德国本身真正的安全需要。150 年来英国一直拒不加入任何无限制的军事同盟，它只肯参与两种盟约关系：有限制的军事协定，其宗旨一定是为对付有明确范围及定义的危险；或协约式的安排，好在与他国的利益有相通之处时，在相关的外交议题上互相合作。就某方面来说，英国对协约（entente）的定义当然是一种障眼法，其真正的意义就是合不合作主控权在英国。但协约也有形成道德及心理上连带的作用，并假定——虽无法律义务——在危机时双方会共同行动。而且这可使英国不致与法俄接近，至少使其重修旧好变得比较复杂。

但德国不接受这种非正式的程序。威廉二世坚持要达成他所说的欧陆式同盟。他在 1895 年曾说：“英格兰若要盟国或援助，便须放弃不结盟之政策，并提出欧陆式保证或条约。”但究竟何谓他所说的欧陆式保证？英国经过近一个世纪的光荣孤立后，显然并不打算许下前150年一直规避的长期性欧陆式承诺，尤其不会为了正迅速成为欧陆第一强国的德国而如此。

德国为获得正式保证频频施压却适得其反，原因是它并不真正需要这种保证，德国已强大到在欧陆所向无敌的地步，只要英国不站在敌国或敌对同盟的一方即可。德国应该要求英国的不是联盟，而是在欧陆一旦发生战事时保持友好中立，要达到这个目的，协约式的安排已足够了。但德国却为了没有必要争取的保证，提供英国不想要的交换条件（对保卫大英帝国的整体性承诺），以致使对方怀疑德国其实是想追求全球霸权。

德国的迫不及待更加深了英国的保留态度，英国开始严重怀疑德国的判断。索尔兹伯里曾写道：

> “余不愿无视于德国友人明显之焦虑，但现下不宜受其意见所左右。其大将已去，此固更易于与其打交道，气氛亦较融洽，但吾人不免怀念某位老者（俾斯麦）出众之洞察力。”

在德国领导阶层肆意地结交盟国之际，国内民众则要求空前强势的外交政策。唯有社民党（the Social Democrats）虽曾一时冷静，但最后仍向民意低头，改而支持德国于1914年宣战。德国的领导阶级对欧洲外交毫无经验，更不用说他们口口声声挂在嘴上的全球政策。当年领导普鲁士登上德国盟主宝座的少壮派贵族，在两次世界大战后，尤其是在美国，被指责为引起战端的罪魁祸首。其实他们基本上是以欧陆政策为重，对欧洲以外的事务不太关心，外交政策走火入魔不应归咎于这个阶层。反而新兴的工业经营及专业人员阶层，才是煽起民族主义情绪的主要推动者，而德国政治体制中却没有如英、法数百年来所形成的机制，有国会作为激进情绪的缓冲。西方民主社会中，强烈的民族主义风潮可通过国会获得抒发；而在德国却必须经由国会以外的压力团体。

德国虽说相当专制，其领导人却对民意极为敏感，受民族主义压力团体影响甚深。这类压力团体几乎把外交及国际关系看做是运动比赛，总是逼使政府采取更强硬的立场，兼并更多领土，开辟更多殖民地，建立更强大的陆军或海军。他们视外交上正常的交换条件或德国外交出现丝毫的让步迹象为奇耻大辱。首相贝斯曼·霍威格（Theobald von Bethmann Hollweg）的政务秘书雷兹勒（Kurt Rietzler），于战争爆发时正好在位，他曾很贴切地指出：

> “现时代的战争威胁在于……在这些国家的内部政治中，一个软弱的政府面临着一个强大的民族主义运动。”

在这种情绪与政治气氛下产生了德国外交的一大败笔，通称为克鲁格电报事件（Kruger Telegram），德皇因此失去在19世纪最后的几年中与英国同盟的可能性。1895年有某个詹姆森上校（Colonel Jameson）为了英国殖民利益，尤其最值得一提的是在罗德斯（Cecil Rhodes）的支持下率军侵入南非布尔人（Boer）的独立邦德兰士瓦（Transvaal）。这次袭击完全失败，令索尔兹伯里政府极为尴尬，虽然英国政府声称未直接介入此事。但德国民族主义的报纸借此机会大做文章，促请对英国施以更彻底的羞辱。

德国外务部主要顾问兼机要人员霍尔斯坦（Friedrich von Holstein）认为这次得不偿失的突袭是个大好机会，可教训英国与德国为敌有多么痛苦，以突显与德国友好的好处。德皇本人则觉得这扬眉吐气的机会岂可错过。1896年元旦过后不久，他向德兰士瓦总统克鲁格（Paul Kruger）拍发贺电，恭祝其击退“外来的攻击”。这直接打了英国一巴掌，而且引起在被英国视为其势力范围的心脏地带可能出现德国保护国的疑惧。实际上克鲁格电报既不代表德国的殖民意图，也不代表德国的外交政策，它纯粹只是为了讨好民意，也达到了这个目的。自由派的《总汇报》（Allgemeine Zeitung）在1月5日说：“政府多年来的作为再没有更令人满意者。它写出了德国人民的肺腑之言。”

德国的短视与轻率促使它一错再错。德皇与其亲信以为，既然向英国示好未能结成盟约，或许展现一下令德国不悦的代价会更具有说服力。可惜德国估计错误，这种做法与历史教训不符，历史上找不到英国向威吓低头的纪录。

原先是为了展现德国友谊的价值的作为，逐渐却演变成真正的战略挑战。没有比威胁到英国海上的盟主地位，更能使英国成为无转圜余地的敌人的作为了。但这正是德国所做的，它仿佛完全不知道自己正走上无法回头的挑衅之路。自 19 世纪 90 年代中期，德国国内要求扩建海军的压力便开始升高，以“海权派”为先锋，这是越来越多由工业家及海军军官组成的压力团体之一。由于与英国关系紧张有助于要求更多的海军军费，符合海权派的利益，因此他们视克鲁格电报事件为天赐良机，一如任何有可能与英国在天涯海角产生冲突的其他问题，包括萨摩亚（Samoa）的地位、苏丹的边界，到葡萄牙殖民地的前途等等。

如此形成恶性循环，最后终于导致武力相向。因为德国海军在随后的世界大战中，仅与英国舰队在日德兰（Jutland）有过一次非决定性的遭遇，为争取海军建军的特权，德国却在越来越多的敌对国中又加上了英国。因为毫无疑问地，英国对一个已拥有欧洲最强陆军的欧陆国家，又打算在海上与英国平分秋色，势必会加以抵制。

但德皇似乎对其政策的后果视而不见。英国对德国强势作风及海军扩军的恼怒，一开始并未改变法国在埃及、俄罗斯在中亚对英国形成压力的事实。但法、俄若决定联手，同时在非洲、阿富汗及中国施压，又当如何？若德国加入法俄一同在南非攻击英国，又怎么办？英国领袖开始怀疑光荣孤立的外交政策是否仍然合宜。

这一派当中最重要也最好发言的人物是殖民大臣张伯伦（Joseph Chamberlain）。生气蓬勃的张伯伦比索尔兹伯里整整小一辈，他呼吁与外国结盟的对象最好是德国，似乎较接近 20 世纪的精神，而索尔兹伯里则严守上一世纪的孤立主义思想。张伯伦在 1899 年 11 月一次重要的演说中，呼吁由英、德、美国建立“条顿”（Teutonic）同盟。他极力赞同这个计划，未经索尔兹伯里同意便向德国传达相关的信息。但德国领袖死守要求正式保证的立场，仍昧于条文内容无关紧要，而对他们关系最重大的是欧陆发生战争时英国保持中立的事实。

1900 年 10 月，索尔兹伯里因健康欠佳不得不辞去外相兼职，专任首相。继他出任外相的是兰斯多恩爵士（Lord Lansdowne）。兰斯多恩同意张伯伦的看法，认为英国无法再以完全孤立保障本身的安全。但他未能争取到内阁一致同意与德国结成全面正式的联盟，内阁只愿意接受协约式的安排："一种（英、德政府）就双方共同关切之特定问题或世上特定地区可采取之政策之谅解。"这与数年后英国与法国达成的"友好协约"，使英国足以在大战爆发时加入法国的那种安排相当类似。

但德国又一次因明显遥不可及的目标，而拒绝了唾手可得的保障。新任首相比洛（Bulow）拒绝与英国签订协约，因为他更在乎民意而非地缘政治的前景，特别是说服国会同意大增海军被他视为优先目标。除非英国同意与德、奥、意三国同盟正式结盟，否则他不肯终止海军扩建计划。索尔兹伯里不接受比洛此种无商量余地的提议，于是十年内英德同盟第三次胎死腹中。

由这两位首相对彼此意见不合的解释中，可看出英德在基本外交理念上是多么格格不入。比洛情绪激昂地指责英国是本位主义，忽略英国早在德国统一前即已实行全球性外交政策达一个多世纪之久：

> "英格兰政治家对欧陆知之不详。就欧陆而言，其认知有如我国对秘鲁或暹罗（现今的泰国）思想认识之程度。其自我意识与盲目信心使之不识好歹，对他人真正之恶意难以体会。他们极为沉默、迟钝且乐观。"

索尔兹伯里为这位跃跃欲试又目标不明的对手，做了一番高明的战略分析，以为回应。他提到德国驻英大使大言不惭地指出英国需要与德国结盟以避免危险的孤立地位，并反驳道：

> "须防卫德、奥边境对抗俄罗斯，其责任远比须防卫英伦三岛对抗法国来得重，哈兹费德伯爵（Count Hatzfeldt，德国大使）指'孤立'构成我国严重之危险。我国曾否确实感受到此危险？若我国于革命战争中落败，其缘由亦非因孤立而致。我盟国众多，但法皇当年若

得以掌控海峡，盟邦亦无法拯救我国。除其（拿破仑）在位期间，我国甚而从未面临危险，因此被指为将导致危险之‘孤立’是否确含任何危险因子无从判断。为防御我国无历史因素可信其存在之危险，而须承担前所未有且最棘手之义务，实非明智之举。”

英德就是没有足够的利益交集，不足以形成专制德国所渴望的全球正式同盟。英国担心再助长德国的力量，会使这可能结盟的对象变成英国素来反对的霸主国家；德国则不愿为了一向被视为非主要利益的问题，如印度受到的威胁，而变成英国的助力，同时德国太过骄傲，看不出英国保持中立的好处。

英国外相兰斯多恩的下一步行动，显示出德国领袖以为英国少不了德国的想法不过是妄自尊大。1902 年他与日本结盟，震惊欧洲。这是自黎塞留与奥斯曼土耳其打交道以来，首次有欧洲国家向欧洲协调以外的国家求援。英日同意，若其中一国因中国或韩国而与第三国发生战争，则另一国将保守中立。但若同时受两个敌国的攻击，则另一国有义务帮助其盟国。由于只有在日本两面受敌时这个同盟才会有所行动，英国终于找到一个愿意，更应该说是极希望节制俄国但不致使其陷入额外义务的盟友，更何况这个盟友位于远东，对英国的战略利益大于俄德边境。而日本则有防止法国借战争加强争取俄罗斯支持的好处。从此英国对把德国当作战略伙伴失去兴趣，甚而时间一久更认为德国构成地缘政治的威胁。

直到 1912 年英德恶化的关系仍有希望化解。英国首任海军大臣霍尔丹（Lord Haldane）曾访问柏林讨论缓和两国的紧张关系。他奉命根据一项海军协定及英国已定下的中立保证，设法与德国和解：“若协定之任一方（英、德）卷入不可归咎于其侵略之战争中，另一方对身陷其中之盟邦至少保持友善之中立。”然而德皇坚持英国保证“若德国被迫卷入战争”时保持中立，英国觉得这等于是要求它在德国决定对俄、法发动先发制人的战争时，在一边旁观。英国拒绝德皇建议的词句后，德皇也拒绝了英国的提议；德国海军法案通过，霍尔丹空手而返。

德皇仍未觉悟到英国决不肯明白地保证中立，才是德国所需要的。他写道："若英格兰仅愿在我国须限制舰队的条件下援手，此一任性傲慢之提议含对德国人民及其皇帝之恶意侮辱，必当断然拒斥之。"他仍执迷不悟，以为可胁迫英国与其正式缔盟，并开口道："朕已向英格兰明示，一旦接触我国军备，不啻自讨苦吃。或许此举已增强其愤恨，却也赢得其尊敬，由此促使其于时机到来时将重开谈判，其气氛可望更和缓，结果可望更有利。"

德皇如此鲁莽傲慢地寻求联盟，只引得英国更加起疑心。1899—1902年布尔战争期间，德国令英国倍感烦恼的德国海军计划，使英国全盘重估其外交政策。150年来英国始终以法国为欧洲均势的主要威胁，必须借助于某一德语国加以利衡，通常是奥地利偶尔是普鲁士。俄罗斯则被视为英帝国的头号敌人。然而一旦有了日本为盟友，英国便开始重新思考传统的政策考量。1903年英国有系统地展开解决与法国的殖民地问题，最后是在1904年签订通称的《友好协约》(Entente Cordiale)，正是德国所一再拒绝的非正式合作形式。之后英国几乎是立即着手试探与俄罗斯签订类似的协约。

由于英法协约表面上是一正式殖民地协定，理论上并未违反"光荣孤立"的传统政策。但其实际效应却是英国放弃了平衡国的地位，使自己与两个相对立的同盟之一产生关联。1903年7月，协约正在谈判期间，一位法国驻英代表为让英国放心，便对兰斯多恩表示法国将尽最大努力解除英国在其他地区受到的俄国压力：欧洲和平最严重之威胁在于德国，法、英间良好之谅解为制衡德国图谋唯一之途径，且此一谅解若能达成，英格兰当可发现法国对俄罗斯具有用之影响力，因而得以解除众多彼此间之问题。

十年内，俄罗斯由原先依《再保险条约》而与德国结盟，一变而为法国的军事盟国；英国则由断断续续向德国示好，转而加入法国外交阵营。德国发挥高超的技艺促成自我隔绝，也促使往昔敌对的三个国家结成以德国为敌的联盟。

明白将有危险发生的政治家必须做一根本的抉择：若他认为这个危险会与时俱增，便须设法防微杜渐；若他衡量情势后认为，危险是否会降临有赖几种情况意外或偶然地结合在一起，那不妨静观其变，让时间来解除危机。两百年前，黎塞留对法国遭敌意的包围可能带来什么危险知之甚详，而避免这成为事实便是他政策的核心。但他也明白可能造成这个危险的各个因素。他判断操之过急反会使法国的四邻连成一气，因此他以时间为盟友，耐心地等待法国诸敌手之间潜在的意见不合逐渐曝光，然后等这些歧见已不可调和时，才让法国加入战团。

德皇与其资政们既无耐心也无此聪明才智，虽然它感觉威胁到它的各国之间也不见得是天生的盟邦。德国面对可能遭包围的危险，其反应却是更加强当初使德国陷入危险的外交做法。它想破坏刚签订不久的英法《友好协约》，于是找借口令法国难堪，好证明英国的支持要不是不切实际便是没有效用。

德国在摩洛哥找到了考验《友好协约》有多大效力的机会，法国对摩洛哥的图谋违反了保证其独立的条约，而德国在此又有不小的商业利益。德皇选择在 1905 年 3 月出海航行时发难。在丹吉尔（Tangier）上岸时，他宣称德国决心护卫摩洛哥的独立。德国领袖是在赌，一是美国、意大利及奥地利会支持其门户开放政策；二是在日俄战争后，俄罗斯无力介入；三是英国对于可在国际会议桌上摆脱对法国的义务正求之不得。

这几个如意算盘事后证明全都落空，因为各国对德国的疑惧高于其他考虑。在《友好协约》首次遭到挑战时，英国选择支持法国到底，且在法国点头前始终不肯附和德国召开国际会议的提议。奥地利与意大利也不愿冒挑起战争的风险。但德国领袖却在日益激烈的摩洛哥争议上投下了极大的声誉赌注，他们的想法是若不能获得证明《友好协约》无效的外交胜利，后果将不堪设想。威廉二世在位期间一直是只知道制造危机，而不懂得如何收场。他觉得戏剧性的冲突相当刺激，但又没胆量面对长期的对立。他与其左右亲信估计得不错，法国的确还不打算走上战场。但事实证明他们本身也不求战。他们真正达成的不过是造成法国外长德尔卡塞（Delcasse）下台，这也是象征性的，因为德尔卡塞很快又重返政坛，且位居要津。至于争议的本身，德国领袖只懂得虚张声势，却缺乏实际举措，居然也同意了半年后在西班牙的阿尔赫西拉斯（Algeciras）召开会议。当一国曾扬言不惜一战，后来却退缩到愿接受半年后才召开的会议，其威胁自然而然无法再令人相信。半世纪后西方民主国家也以同样的做法化解了赫鲁晓夫（Khrushchev）的柏林最后通牒。

德国自我孤立的程度在1906年1月阿尔赫西拉斯会议揭幕后显现无遗。英国新上任的自由党政府外相格雷（Edward Grey）警告德国驻英大使，一旦发生战争英国会站在法国那一边：

> “一旦因摩洛哥协议而引起德攻法，英格兰之舆论势将强至英国政府无法保持中立之地步。”

德国领袖感情用事，又未能确立长期的目标，使德国在此次会议上吃了外交大败仗。美、英、俄、意都拒绝与德国立场一致。于是首次摩洛哥危机的结果恰与德国领袖原想达成的目标相反。不但没有破坏英法友好协约，反而促成法俄军事合作，也为1907年英俄协约助了一臂之力。

阿尔赫西拉斯会议后，英国结束多年来的排斥，同意与欧陆强国军事合作。英法海军将领展开协商，英内阁对此偏离传统的新政策不曾感到不安。格雷曾致函法国驻英大使康邦（Paul Cambon），希望为英国保留些余地：

> “双方已同意，专家之协商不是亦不可视为一约定，令任一方之政府承诺为尚未发生及可能永不发生之意外采取行动。”

这是英国传统的规避辞令，以避免受法律束缚在特定情况下“有义务”采取军事行动。法国接受英国为安抚国会而做此表态，因为法国相信无论有没有法律的约束，军方人员的谈判自会发挥其作用。15年来，德国领袖一直拒绝让英国保有此种自由空间。法国人却有如此的政治智慧，愿意让英国保持模糊态度，但深信一种道德义务正油然而生，一旦发生危机反而可能派上用场。

1907年英、法、俄集团出现后，欧洲外交只剩下两股势力：三国协约（Triple Entente）及德、奥的同盟。包围德国已大功告成。英俄协约与英法协约相同，都是源于殖民地协定。经过几年，英俄渐次平息了彼此间的殖民地争议。日本于1905年战胜俄国，有效地制止了俄国对远东地区的野心。至1907年夏，英国已感觉安全，可在阿富汗及波斯问题上给俄罗斯较慷慨的待遇，于是波斯（现今的伊朗）被瓜分为三个势力范围：俄罗斯获得北部；中部被宣称为中立；英国则控制波斯南部。阿富汗也属于英国的范围。英俄关系在十年前因遍及全球三分之一，由君士坦丁堡到韩国的殖民地争议而交恶，如今总算平静下来。英国在乎德国的程度可由一件事看出，即英国为确保俄罗斯的合作，甚至情愿放弃不让俄国走出达达尼尔海峡的决心。外相格雷曾说：

> "与俄保持良好关系意味旧时对其关闭海峡，及于任何列强会议上对其全力反对之政策，务必放弃。"

有史学家曾主张三国协约其实是两个走样了的殖民地协议，英国其实是为了保护其帝国，不是为包围德国。不过有一个名为《克劳备忘录》（Crowe Memorandum）的历史文件，令人无从怀疑英国之所以加入三国协约，旨在阻挠它所担忧的德国有征服世界的野心。1907年1月1日，英国外务部著名的分析专家克劳爵士（Sir Eyre Crowe）说明了为什么他认为不可能讨好德国，为什么与法国签订协约是唯一的选择。《克劳备忘录》的分析之精辟，在俾斯麦后的德国找不到出其右者。他分析当时是一场策略和实力之间的斗争。除非实力悬殊，而当时情形并非如此，否则策略专家便会占上风，因为他的一切行动都在计划之中，而只有实力的对手却只能被动的应战。他承认英国与法、俄有许多重大歧见，但估量可以达成妥协，因为这些歧见均反映确切因而是有限度的目标。而德国的外交如此令人感到威胁，正因为其无休止的全球挑衅范围之广，可远至南非、摩洛哥及远东，而背后却看不出明确的动机。此外德国积极建立海上势力，"与大英帝国之存续相违"。

克劳以为德国的任性而为势必造成冲突："最强之军力与最大之海权结合于一国手中，将迫使世人为除去此一梦魇而结合。"

他的主张颇符合现实政治信条。他指出决定稳定与否的是结构而非动机：德国的意图无关紧要，要紧的是其能力。他提出两个假设：

> “德国或明确以整体政治霸权及海上优势为目标，威胁着邻国的独立，最终危及英国之生存；抑或以其居国际列强之一，德国可自在运用其合法地位及影响力，设法促进其海外商业，传播德国文化之优点，展延其发挥国力之范围，并随时随地善用和平之机会于全世界创造德国之新利益。”

克劳却极力认为如此区分没有任何意义，因为德国实力不断增长势必带来野心的诱惑，到最后野心必会凌驾于这两种情形之上：

> “显而易见次一种图谋（半自主性的演进，无法完全摆脱政策的引导）可于任何阶段进入前一刻意设计之图谋。甚至若演进策略得以实现，德国因而累积之地位对他国当必构成巨大威胁，不亚于‘恶意预谋’刻意征服所建立之地位可形成之威胁。”

《克劳备忘录》虽只反对与德国达成谅解，未曾更进一步，但其立场相当清楚：若德国不放弃追求海权优势，并缓和所谓的全球策略，英国必会加入俄、法一方，一同反德。而且会坚持到底，就如同前几个世纪曾锲而不舍地打倒法国与西班牙的野心。

英国明白表示，不会坐视德国的力量再继续加大。外相格雷在 1909 年，针对德国提议愿“缓和”（但非结束）增建海军，但英国须同意在德国与法、俄交战时保持中立，发表其看法。格雷指如此协议：“将助长德国于欧洲建立霸权，且一旦达此目的，协议便难以为继。其无异于受邀助德建一欧洲国协，彼可伺机用于对付我国。若我牺牲他国使之落入德国之手，迟早我国亦将遭受攻击。”

三国协约成立之后，英德在 19 世纪 90 年代所玩的猫捉老鼠游戏，变得异常地认真起来，最后形成一个拥护现状的强国与一个要求改变均势的强国之间的角力。一旦外交失去弹性，改变均势唯一的方法便是增加军备或作战求胜。

欧洲这两个同盟相互对峙，彼此猜忌的鸿沟越来越大。不过当时与冷战时期不同，这两个同盟不畏战，它们更在乎如何维持内部的团结，对双方可能摊牌却不在意。冲突成为标准的外交模式。

不过仍有一个机会可避免战争的灾难，因为两个同盟之间真正能作为战争借口的问题不多。三国协约中的另两国不会为法国收复阿尔萨斯与洛林而战；德国即使再得意忘形，也不可能支持奥地利侵略巴尔干。德国若能自我节制或可延后战争爆发，使这两个不自然的同盟渐渐瓦解，尤其是三国同盟原本便是因恐惧德国而起。

到 20 世纪第一个 10 年结束时，欧洲均势已恶化成两个敌对的联盟，彼此势不两立，对可能的后果毫不在意。俄罗斯与正苦于民族主义甚至恐怖主义派系林立的塞尔维亚绑在一起，而且因为没什么可输的，所以对爆发全面战争的风险一点也不在乎。法国则对日俄战争后亟思恢复自尊的俄罗斯打下包票。德国则对奥地利亟欲保护其斯拉夫省份，免于受俄国在背后指使来自塞尔维亚的煽动，也做出同样的保证。欧洲各国自愿成为巴尔干各好斗国家的代理人。对这些任性妄动缺乏国际责任感的国家，欧洲各国却宁可被它们牵着鼻子走，唯恐不如其意，它们就会转换阵营。数年之间危机仍一一获得解决，但每发生一次，距离势在必行的摊牌就更加接近。德国对三国协约的反应也显示出其冥顽不化，将一再重蹈覆辙。每一个问题都被转变成是对男子气概的考验，务必证明德国有决断、有力量而其敌手却缺乏决心及实力。然而德国越是挑衅，三国协约就团结得越紧密。

1908 年波斯尼亚－黑塞哥维纳引起国际危机，此事值得在此重提，因为它说明了历史有一再重演的倾向。波斯尼亚－黑塞哥维纳是欧洲的落后地区，柏林会议上各国不知如何加以处置，因此其地位一直处于暧昧状态。这片位于奥斯曼与哈布斯堡帝国之间的三不管地带，宗教信仰有罗马天主教、希腊正教及回教，居民有克罗地亚人、塞尔维亚人和伊斯兰教徒，但从未建国，甚至不曾自治。似乎只有各自为政才能令各族群相安无事。波斯尼亚－黑塞哥维纳曾有 30 年以土耳其为宗主，由奥地利治理，各地方自治，如此的多国安排不曾遭遇重大挑战，听任最终的主权问题悬而未决。奥地利等了30年才展开公开兼并，因为当地种族杂处，民族情绪太过复杂，即使有多年治理此乱局经验的奥地利也无从廓清。到奥国终于并吞了波斯尼亚－黑塞哥维纳，其目的主要是为给塞尔维亚（间接的是给俄罗斯）一点颜色看看，并非为达成任何一贯的政治目标。但各民族相互仇视所形成的微妙平衡被奥国打破。

三个世代之后，在1902年，同样根深蒂固的情绪因类似的问题而爆发，虽令世人吃惊，但对置身其间的狂热分子与熟知当地沧桑史者却不足为奇。政府仓促间改朝换代使波斯尼亚－黑塞哥维纳再度沸腾。波斯尼亚刚一宣布独立，各民族便为争做老大而竞相残杀起来，塞尔维亚人以尤为残忍的手法报复过去的宿怨。

奥地利利用日俄战争后俄国的弱势，轻率地将30年前柏林会议的一则秘密附加条款付诸实行，各国在此密约中同意让奥国并吞波斯尼亚－黑塞哥维纳。当年奥地利对有实无名的控制感到满意，因为它并不想要更多斯拉夫子民。但1908年奥地利改变主意，因为担心塞尔维亚的煽动即将造成奥匈帝国的解体，也认为需要以事实证明它在巴尔干半岛仍享有优越地位。过去的30年间俄罗斯已失去对保加利亚的控制，三皇同盟也已寿终正寝。无怪乎俄罗斯对这早已遭遗忘的约定现在又被奥国用来夺取是俄国作战所解放的领土而大为震怒。

但愤怒并不能保证成功，尤其是在怨恨的对象已得逞后。德国也首次率直地作为奥国后援，表示俄罗斯若因此挑衅将不惜一战。德国得寸进尺又要求俄罗斯人及塞尔维亚人正式承认奥国的举动，使事态更加紧张。俄国不得不咽下这口气，因英、法尚不打算为巴尔干问题而开启战端，俄国本身又因刚在对日战争中失利尚无法独力作战。

德国因而成为俄国的眼中钉，而且是为了一个德国从未有过重要利益的地区，事实上过去俄国一直是仰仗德国来缓和奥国对此地的野心。德国不但暴露出其轻率莽撞，也罹患严重的历史失忆症。仅仅半世纪前俾斯麦便曾正确地预测，俄罗斯决不会原谅奥地利在克里米亚战争中对它的羞辱。现在德国却犯下同样的错误，使自柏林会议以来便与之交恶的俄国更离心离德。

羞辱大国却未同时削弱其实力向来是很危险的游戏。德国虽以为是在教训俄国了解德国的善意有多么重要，俄国却下定决心再也不会任人羞辱。于是这两大欧陆强国开始互别苗头，玩起美国俚语中的“胆小鬼”（chicken）游戏，像两个驾车撞向对方的死对头，都希望对方会在最后一刻转向，而自己的胆量能胜过对方。可惜这个游戏是在第一次世界大战前的欧洲，在几次不同的场合下发生。由于最后的冲撞都得以及时避免，使各国对这游戏的安全性渐生信心，而忘了只要有一次失败，其后果便不堪设想。

德国仿佛是要一视同仁，务必让每一个可能的敌人都感受到德国的蛮横，抑或是想要让每个潜在的敌人有更充分的理由加紧结合在一起以求自保，因为它下一步又向法国挑战。1911 年时，法国实质上已是摩洛哥的治理者，为镇压当地暴动而派军至非斯（Fez），明显违反了阿尔赫西拉斯协定。德皇对此特派遣潜艇“黑豹号”（Panther）至摩洛哥阿加迪尔港（Agadir），赢得民族主义各报纸一致鼓掌叫好。1911 年 7 月 2 日《莱茵日报》（Rheinische Westfalische Zeitung）说：“大哉此举！终于有所行动，大快人心，使各地的阴霾一扫而空。”《慕尼黑新新闻》（Munchener Neueste Nachrichten）建议政府全力向前冲，“即使因此一政策造成今日无法预料的状况”，亦在所不惜。以德国报界微言大义的作风，这家报纸基本上是呼吁德国不惜为摩洛哥而战。这次名为“豹的跳跃”（Panther leap）的自命不凡的壮举，跟过去德国企图打破自取其咎的包围下场一样。德、法再一次仿佛又面临战争边缘，而德国的目标模糊更甚于以往。这一次它究竟想要什么补偿？摩洛哥的一个港口？摩洛哥大西洋沿岸的部分领土？取得其他地方的殖民地？德国想吓唬法国，可是找不出宣示这个目标的适当词句。

顺着英法关系的演进，英国此次比 1906 年在阿尔赫西拉斯会议上更坚定地支持法国。英国民意的转变表现在当时英国财政大臣劳合·乔治（David Lloyd George）的态度上，他一向以主张和平著称，也主张与德国维持良好关系。但对这次事件他发表了一篇重要演说，警告：

“倘若迫于情势，唯有放弃我数百年来英勇努力以致之伟大有利地位始可保有和平，则余断然以为，以此代价获取之和平对我泱泱大国乃不可容忍之耻辱。”

就连奥地利也对此强大的盟邦表现得很冷淡，觉得没有必要为北非的一个国家而危及本身的生存。德国再度退缩，接受了中非洲一片大而无当的土地，这笔交易令德国民族主义的报纸不满。《柏林日报》（Berliner Tageblatt）在 1911 年 11 月 3 日说：“我国等于是为几个刚果的沼泽而冒世界大战的危险。”但应当批评的不是这片新土地的价值，而是每隔几年就以战争威胁不同的国家，却不能明确说出所为何来，反而每一次都使促成敌对同盟结合在一起的对德国的恐惧更为加深，这究竟值不值得。

若说此时德国的战术已是千篇一律，英、法的反应也一样公式化。1912 年英、法、俄展开军事人员谈判，除英国依一贯的主张宣称谈判结果不具法律约束力，这项谈判的内涵没有其他正式的限制。即使英国的说辞也因 1912 年的《英法海军条约》而无法坚持到底，根据此条约法国的舰队移防至地中海，英国则负起防御法国大西洋沿岸的责任。两年后这个条约被解释为一项道德义务，使英国加入了第一次世界大战。英国的说法是，法国对英吉利海峡沿岸的防御须仰赖英国的支持。（20 年后，1940 年时英美间一项类似的协议，使英国得以将太平洋舰队移至大西洋，暗示美国有道德上的义务保障英国在亚洲近乎不设防的领地可对抗日本的攻击。）

1913 年，德国领袖又进行了一次他们所擅长的漫无目的的行动，此举更激化俄罗斯的离心离德。这一次德国答应重组土耳其军队，并派德国将领任君士坦丁堡指挥官。威廉二世又大张旗鼓地为军事训练团送行，并表示希望“德国国旗不久即将飘扬于博斯普鲁斯海峡的要塞上”。增大了此行的挑衅意味。

对俄罗斯一百年来求之不可得的达达尼尔海峡与博斯普鲁斯海峡，德国居然有意插手，对俄国而言是可忍孰不可忍。俄国好不容易才勉强接受，由奥斯曼土耳其这样一个弱国控制两个海峡，但对于让另一个大国掌控达达尼尔海峡却决不会坐视。俄国外相萨索诺夫（Sergei Sazonov）在 1913 年 12 月上书沙皇：“放弃该等海峡以致落入一强国之手，无异于令俄罗斯南部整体经济发展全受制于该国。”尼古拉二世则告诉英国大使：

> “德国正着眼于君士坦丁堡取得之地位，足以使其将俄罗斯整个封闭于黑海之内。若其企图执行此一政策，则朕势必不惜一切抵抗之，即便唯有战争一途，亦在所不惜。”

德国后来虽为撤回君士坦丁堡的指挥官，想出了挽回颜面的下台阶办法（将这位将军升为陆军元帅，根据德国传统这表示他再也不能指挥战场上的部队），但已造成的伤害却无法挽回。俄罗斯了解到德国支持奥地利并吞波斯尼亚－黑塞哥维纳，并非一时的错误。德皇把这些作为看成是对其男子气概的考验。1914 年 2 月 25 日他对首相表示：“普俄关系已死！我们已成敌人！”半年后第一次世界大战爆发。

国际体系演变至此，其僵化且势不两立的气氛与日后的冷战不相上下。但事实上一战前的国际秩序远比冷战时期的世界更容易一触即发。核时代唯有美、苏两国拥有能发动全面战争的技术工具，而全面核战争后果之恐怖，使这两大超级强国都不敢将如此可怕的武力授予任何盟国，不论其关系有多么亲密。反之，第一次世界大战前，两大主要同盟的各国不但都具有发动战争，也具有要挟盟邦支持其作战的能力。

有一度结盟本身便具有某种约束力。法国牵制俄罗斯避开主要是涉及奥地利的冲突，德国也约束奥国勿与俄国冲突。1908 年波斯尼亚危机发生时，法国明白表示不会因巴尔干问题而作战。1911 年的摩洛哥危机期间，俄国坚定地告知约瑟夫·卡约政府，法国若想以武力解决殖民地纠纷，不会得到俄国的支持。迟至 1912 年的巴尔干战争，德国仍警告奥地利，德国的支持是有限度的，英国也向俄国施压，要俄国在为巴尔干联盟出头时适可而止。这个由塞尔维亚领导的联盟十分浮躁且动向难测。在 1913 年的伦敦会议上，英国出力阻止塞尔维亚并吞阿尔巴尼亚，否则奥地利必不会坐视。

然而伦敦会议也是一战前最后一次国际体系得以缓和冲突。塞尔维亚对俄罗斯不甚热心的支持感到不满，俄国则对英国摆出公正仲裁者的姿态及法国明显不愿卷入战争颇有微词。奥匈帝国眼看就要因俄罗斯及南部斯拉夫人的压力而解体，也不满于德国的支持不够积极。塞尔维亚、俄罗斯及奥地利都期待其盟邦能给予更大的支援；英、法、德则担心，如果再发生危机时不对盟邦提供更大的支援，说不定就会失去这个盟友。

伦敦会议后，各国突然之间都恐慌起来，唯恐采取和解的立场会被视为软弱、不可靠，盟邦会离它而去，剩下自己单独一国面对敌对的同盟。各国开始将各种与传统国家利益或合理的长期战略目标无关的风险揽上身。黎塞留的箴言“手段必须配合目的”，几乎天天都遭到违背。德国愿意冒世界大战的风险，以表现赞同奥国对南部斯拉夫民族的政策，虽然其中不涉及德国的国家利益。俄罗斯也愿意冒与德国决战到底的危险，以证明它是塞尔维亚最忠实的盟友。德、俄彼此之间并无重大冲突，它们是因盟国而对立。

1912 年，法国总统普恩加来（Raymond Poincare，1913 年成为法国总统）针对巴尔干向俄国大使表示：“若俄罗斯走上战场，法国也会如此，因我们明白在此问题上德国乃奥国之后盾。”俄国大使欣喜地回报这“崭新的法国观点”，即“奥地利掠夺领土影响全欧之均势，因而亦波及法国之利益。”同年英国外交部次官（Undersecretary）尼科尔森爵士（Sir Arthur Nicholson）致函英国驻俄大使：“不知尚可持续多久当前小心翼翼之平衡政策，而不致被迫采取明确之立场。余与汝受相同之恐惧所困——但愿俄罗斯不致对我厌倦，从而与德达成协议。”

勇往直前不落人后的德皇在 1913 年向奥地利保证，再发生危机时若有必要，德国会追随奥国走上战场。1914 年 7 月 7 日，德国首相说明这个政策，而四天后它果然导致真正的战争发生：

> “若鼓励其（奥地利）放手一搏，则它会说是德国推他们上战场的；若加以劝阻，那又会变成德国坐视他们的危难不管。他们便会投向西欧盟国，西欧正求之不得，而德国将失去最后的盟友，就是如此。”

至于奥地利与三国协约联盟会有什么好处就不得而知了。更何况奥地利不太可能加入有俄国在内的同盟，俄国是一心想动摇奥国在巴尔干的地位的。历史上，同盟总是为加强一国在战时的力量，但第一次世界大战前却成了巩固同盟是求战的基本动机。

各主要强国的领袖们全然不知道，任他们运用的战争技术富有什么含意，也不懂他们不顾一切建立的联盟有何意义。他们似乎已忘了还不算太久以前的美国内战，伤亡有多么惨重，以为可以速战速决。他们从未想到，未能配合理性的政治目标来结盟，可导致他们所认为的文明惨遭毁灭。每一个同盟都牵连到太多利害关系，以致传统的欧洲协调外交无用武之地。取而代之的是列强所制造出来的外交末日机制（diplomatic doomsday machine），不过他们对自己的所作所为却还蒙在鼓里。

第八章

卷入战争旋涡：迈向军事毁灭之路

由左到右：兴登堡、德皇威廉二世及鲁登道夫（Ludendorff），摄于 1917 年

第一次世界大战的令人惊讶之处

第一次世界大战令人惊讶之处，不在于最后引发全球大灾难的是一桩与先前众多的危机相比显得单纯的事件，而在于它居然拖延许久才发生。1914 年时，德国与奥匈帝国一边，三国协约一边，双方的冲突已到了一触即发的程度。各主要国家的政治家所共同促成的外交毁灭机制，造成每发生一次外交危机解决起来就越发困难。其军事参谋人员又火上加油，所拟出的战略计划将可供决策的时间压缩得更短。由于他们的军事计划讲究速度，而外交运作向来是旷时费日，因此在极大的时间压力下是不可能化解危机的。更糟的是将领们未将其计划的含义向政治领袖充分说明。

军事策划此时实际上已自行其是。其独立的第一步是在 1892 年，法俄谈判结成军事同盟期间。在以往这类谈判主要是讨论“开战原因”（casus belli），即敌对国有哪一种行动时，结盟的各国有义务投入战争。通常这取决于哪一方被视为率先挑起敌意。

1892 年 5 月，俄国谈判代表军务大臣欧布鲁契夫（Adjutant General Nikolai Obruchev）致函外相吉尔斯，说明传统的确立“开战原因”的做法，已被现代科技所取代的原因。欧布鲁契夫说，现在的症结在于谁先动员，而不是谁先开第一枪：“动员之行为不得再视为和平行动，反而它代表最确切之战争行为。”

迟不动员的一方将失去结盟的优势，使敌人得以将对手各个击破。因此全体盟国必须同时动员成为欧洲各国领袖的第一要务，使重大的外交活动全以此为重心。结盟的目的不再是保证在开战后能获得支援，而是保证各盟国能与敌国同样快速的动员，甚至于比敌国快一步。当如此建构的同盟相互对峙时，一旦以动员为要挟便无法回头，因为半途中止动员的后果比根本没有开始更不堪设想。若有一方先停手，另一方却继续，则优劣的差距会一天大于一天。即使双方有意同时休兵，但技术上也很难办到，几乎必然是外交人员尚未有定论，动员便早已完成。

这种自寻死路的做法使“开战原因”不再受政治因素所左右。每一个危机都可能升级为战争，即决定动员，而每一次战争都必然会走向全面化。

欧布鲁契夫不但不对危机可能自动升级感到忧虑，反而表示热切欢迎。他最不愿见到的就是局部冲突。因为，德国即使不涉入俄、奥间的战争，也必然会在战后现身，掌控谋和的条件。在他想象中，这正是俾斯麦在柏林会议上的做法：

> “我国外交切不可仰仗单独与德、奥、土等国相对立。柏林会议就此点对我国已提供足够的教训，我们也从而得知应以何国为最危险之敌人——是直接与我交战者，抑或伺我国势趋弱再主控和平条件者？”

欧布鲁契夫认为，务必让每一场战争都变成全面大战，才符合俄国的利益。而与法国结成完整的同盟，对俄国的好处便在于可防止发生局部战争：

> “每逢欧战发生伊始，外交人士总迫不及待将之局部化，尽量缩小其影响。然以今日欧陆武装及动员之情形，俄罗斯对任何战争之局部化须持特别怀疑之态度，因其将不必要地令尚隐身于幕后踌躇不前之敌国及犹豫不决之盟国，增加其可能之选择。”

换言之，为特定目标进行防御性战争有违俄国的国家利益。要打仗就一定是全面大战，而军方参谋人员不让政治领袖有其他的选择余地：

> “一旦卷入战争，除全军倾巢而出，同时与两方邻国交战外，别无他法。至于全体武装人员均全面备战，他种战事均不考虑，唯取最决战性战事，即决定欧洲列强长远未来相对政治地位尤指俄、德地位之战争。”

无论引起战争的是多么微不足道的原因，只要打仗就一定是全面的，即使一开始只有一个邻国介入，俄罗斯也务必要把另一邻国拉进来。其军事参谋人员宁愿同时与德国及奥匈帝国作战也不愿各个击破，令人匪夷所思。法俄 1894 年 1 月 4 日签署了实现欧布鲁契夫构想的军事协定，双方同意若三国同盟的任一国，无论因何种原因而动员，则法俄也将一起动员。迈向毁灭的战争机制至此可谓大功告成。例如，德国的盟国意大利若因萨瓦而对法动员，俄罗斯便须对德动员；若奥地利对塞尔维亚动员，法国现在也有义务对德动员。几乎必然在某时某刻会有某国因某种原因而动员，爆发全面大战只是迟早的事，因为只要有一个大国发动一次动员，就足以启动让全体陷入战争的毁灭机制。

至少沙皇亚历山大三世明白，现在各国投入的是赌注最大的赌局。吉尔斯问：“助法摧毁德国于我有何好处？”沙皇答：“我国之好处为今日德国将消失，将如过往一般四分五裂为众多弱小邦国。”德国也抱持同样好大喜功却不具体明确的作战目标。多次化解冲突的欧洲均势如今却转变为决一死战，然而主其事者没有一人能够解释，有什么正当理由或为了什么政治目标而需挑起战端，赶尽杀绝。

几乎就在欧布鲁契夫谈判法俄军事协定之际，俄国参谋人员所提出的理论便被德国军方运用在实际作战计划中。而以德国人设想之周到，将领们更把动员的观念推展到极致。德军参谋总长施里芬（Alfred von Schlieffen）对动员时间表的沉迷不下于俄、法的军事首长。但法俄将领谈判的重点是在何种情况下必须动员，而施里芬着重的却是如何实际动员。

施里芬不愿受反复无常的政治环境所左右，便设法设计了万无一失的动员计划，以便德国摆脱被包围的可怕情势。俾斯麦的后继者放弃了他复杂的外交运作，施里芬同样也摒弃了1864—1870年间，为俾斯麦三次速战速决赢得胜利的军事功臣毛奇（Helmuth von Moltke）的战略概念。

毛奇所规划的战略为俾斯麦最害怕的反德联盟留有一个政治解决的机会。万一必须两面作战，他打算将德军分为大致相等的东西两部分，潜在两方面都采取守势。法国的主要目标在收复阿尔萨斯及洛林，因此法军一定会进攻。若德国能击败法国的攻势，那法国就不得不考虑妥协求和。毛奇特别警告不可将战线延伸到巴黎，自法俄战争所得到的教训告诉他，一面围攻敌人的首都，一面想议和是极其困难的。

他对东面作战也主张同样的战略，即先瓦解俄军的攻势，然后把俄军击退至战略上的安全距离外，最后再提议谈和。不论东西两边哪一边先获胜，都可以转向支援另一边作战。如此安排之下，战争的规模、死伤与政治解决，将可保持某种平衡。

但正如俾斯麦的后继者对他那错综复杂的联盟关系混沌不明而感到不安一样，施里芬对毛奇的计划也不以为然，因为这个计划把军事主动权交到了德国的敌人手里。他也不赞成毛奇不求完全胜利而倾向于政治妥协的战略。他决心以实际上等于无条件投降为目标，拟订了详尽的计划，打算速战速决先赢得一边的胜利，再倾全力对付另一边的敌人，以求在两面战线都获得胜负分明的结果。基于在东面不易进行速战速决的战斗，因俄罗斯动员的步调缓慢，可能要长达六周，加以俄国幅员又大，施里芬决定趁俄军尚未动员完成之际，先摧毁法军。为包抄法国在德国边境的强大防御工事，他想出违反比利时中立的办法，将德国大军绕行经过比国境内。他打算占领巴黎，自后方诱击驻守边界要塞的法军。在东面德军则采取守势。

这个计划既欠考虑也不够高明。稍有历史知识的人都知道，若比利时遭侵袭英国一定会参战，德皇与德军参谋人员似乎完全没想到这一点。施里芬在1892年完成此一作战计划后，20年间德国领袖不断向英国提议，希望获得英国首肯，在欧陆发生战争时能给予支持，至少是保持中立。然而这一切努力在德军如此计划之下都等于白费了。英国最义无反顾、势在必行的参战理由便是为维护低地国家的独立。在对抗路易十四及拿破仑的战争中，英国的表现已足以证明其坚定的立场。英国一旦参战就一定会奋战到底，即使法国被打败也一样。施里芬的计划便也未为失败预留余地。若德国未能摧毁法军，这不无可能，因为法国有以巴黎为中心的放射状铁路公路系统，德军却需步行翻山越岭，走过路况很糟的乡间。因此在假途比利时使政治解决的后路已断的情况下，德国可能被迫采取毛奇的东西两面都采守势的战略。俾斯麦主要的外交政策目标在于避免两面作战，毛奇的战略目标则在限制两国作战的规模，施里芬却坚持毫无保留地在两面同时作战。

最可能引起冲突的地方是东欧，但德国驻军却着重于对付法国，于是俾斯麦最害怕的问题："要两面作战怎么办？"到施里芬手里则成了："不两面作战怎么办？"若巴尔干发生战事时法国宣布中立，德国或许会面临法国在俄罗斯动员完毕后对德宣战，这是欧布鲁契夫在东欧这一边已说明过的。另一方面，若德国忽略法国宣布中立一事，施里芬的计划将使德国为攻打未宣战的法国而攻击非交战国的比利时，又会令德国的处境难堪。因此他不得不找个使法国保持旁观的攻打法国的借口。他订出令人难以接受的标准，作为德国承认法国中立的依据：法国必须同意将主要军事据点之一割让给德国，德国才承认法国为中立，这等于是要法国放弃大国的地位，任德国摆布。

大规模的政治联盟加上一触即发的军事战略，这种可怕的组合注定会引起大量流血牺牲。均势已失去在 18、19 世纪时的弹性面貌。不论哪里爆发战争（百分之百是在巴尔干），施里芬的计划都会使战火蔓延到西欧，让对于导火线地区没有多少利益的国家也陷入其中。外交政策被军事战略所取代，军事战略则变成了孤注一掷，再也难找出更缺乏智慧更本位主义的战略计划了。

虽然两方面的军事领袖都坚持要打置敌人于死地的战争，他们却对现代军事技术的政治后果三缄其口。以他们所追求的战争规模，战后的欧洲将是一番如何景象？是什么样的变革值得像他们所计划的那般大肆屠杀？俄罗斯对德国或德国对俄罗斯的诸多要求中，找不出任何一个是值得打局部战的，更甭说是全面战了。

两边的外交家也都默不作声，主要是因为他们不了解各国所埋下的定时炸弹有何政治含义，而且各国的民族主义情绪使他们不敢质疑军方的作为。这种不作声的姑息使各主要国家的政治领袖，无法要求军事计划应与政治目标有某种交集。

以这些领袖人物姑息养奸所造成的大浩劫来看，他们掉以轻心的态度令人心寒。居然很少有人提出警告，唯一可敬的例外人物是俄罗斯前内务大臣、后任枢密院（State Council）议员的杜诺弗（Peter Durnovo）。1914年2月，大战爆发前半年，他上书沙皇做了如下的预言：

> “战争之主要责任将落于我国，因英格兰极难以大力参与欧陆之战，而法国人力不足。由于当前军事技术之发达，作战可导致重大伤亡，因而德国或将严采守势。在德国坚强的防御中要打出一条血路，此攻击主力则非我莫属。”

根据杜诺弗的判断，俄国的死伤不过是白白送死，因为英国是俄国地缘政治上的宿敌，俄罗斯与英国并肩作战是不会得到领土上的好处的。英国虽愿将中欧的占领地让予俄国，但多获得一块波兰领土，只会使俄罗斯帝国内部强烈的分离倾向更加恶化。杜诺弗认为，再增加乌克兰的人口将刺激乌克兰人要求独立的意愿。因此，虽然获胜，反而有可能促成种族动乱，造成使沙皇的帝国缩小的反效果。

就算俄罗斯得以一偿宿愿，征服达达尼尔海峡，杜诺弗却指出，这在战略上也不算成功：

“然（此举）无法予我国一出海口，因海峡彼端之水域几乎全属他国领海，且其间岛屿星罗棋布，以致无论有否海峡，如英国之海军仍可轻易封锁我进出之路。”

俄罗斯连续三代的领袖均渴望征服君士坦丁堡，而英国矢志不让其得逞，但为什么两方面却都未看出以上这一地缘政治上的道理，实在令人费解。

杜诺弗还认为，打仗对俄国的经济更无助益。不论怎么计算，战争的花费一定远大于可能获得的赔偿。德国胜利必将使俄罗斯经济破坏殆尽，俄国获胜则德国经济必将枯竭，因此无论哪一方胜利都得不到补偿：

“作战之花费无疑将超出俄罗斯有限之财力负担。我势须向盟邦及中立国借贷，但需付出代价。至若战争结果对我不利，为臣在此不欲多言。战败之财经后果既无法计算，甚至亦难以预见，但无疑将使全国经济全面瘫痪。然即使战胜对我财政亦极为不利，德国一败涂地后将无力于赔偿我国之军费。和约将受制于英格兰之利益，不会予德经济充分复苏以支付我战争开支之机会，即使许久之后亦不可能。”

但他反战最主要的出发点是他预测战争必然会导致社会革命，先发生于战败国再蔓延到战胜国：

“基于长期仔细研究所有当代反动势力，吾人深信社会革命势必于战败国爆发，且自然而然将散布至战胜国。”

没有证据可证明，沙皇看到了这封或可拯救其王朝的上书。在欧洲其他国家也找不到有类似见解的纪录。最接近杜诺弗观点的是贝斯曼·霍尔威格（Bethmann Hollweg）曾说过的几句警语，他正是带领德国走上战场的首相。1913年，虽已太迟太迟，但他很正确地说出了为何德国的外交政策看在欧洲其他国家眼里如此令人无法安心：

> “向各方挑战，以此挡住各方之去路，实际却无法削弱任一方。行为理由：无的放矢，需求无助于声望之成就，讨好任何当今之民意。”

同年贝斯曼·霍尔威格又提出另一个原则，若能早20年付诸实施，德国或许能逃过一劫：

> “我应对英、俄持审慎政策借以制法。此举自不为民族优越感者所喜见，不投合民意。然余以为短期内德国别无选择。”

但当这些想法形诸文字之时，欧洲已一步步陷入战争旋涡。引起第一次世界大战的导火线发生于与欧洲均势无关的地点，而交战的原因纯属意外，与战前的外交一样草率轻忽。

意外的星星之火

1914 年 6 月 28 日，哈布斯堡王位继承人斐迪南大公（Franz Ferdinand），以生命为 1908 年奥地利轻率并吞波斯尼亚－黑塞哥维纳付出代价。就连他被刺杀的经过也与奥地利解体过程同样地荒谬与悲哀。一名年轻的塞尔维亚刺客首次暗杀斐迪南失败，却误伤其座车司机。斐迪南前往总督官邸，责怪奥地利官员安全措施不当后，由夫人陪同，决定转往医院探视受伤的司机。此次为他们驾车的司机转错一个弯，在倒车转向时正好停在那名刺客面前，他因前次任务失败正在路边咖啡馆里借酒浇愁，不意竟碰上这天赐良机，这一次他再也不会失手了。

原本可说完全是意外的星星之火，因希腊悲剧式的命运而燃烧为燎原之火。由于大公的夫人非贵族出身，欧洲各王国没有一位国君参加丧礼。假设各国国王曾聚集一堂，有机会交换意见，或许就不至于在数天后轻言宣战，毕竟引起战端的仅是一桩恐怖分子的阴谋。

然而自种种迹象看来，即使有皇家巨头的集会，也无法阻止奥地利点燃德皇迫不及待递上的导火线。德皇未忘前一年许下的诺言，在奥国下一次遭遇危机时将援手，于是在 7 月 5 日邀奥国大使午宴，促奥国速向塞尔维亚采取行动。7 月 6 日贝斯曼·霍尔威格确认德皇的誓言：

> “奥须判断应如何廓清其与塞尔维亚之关系，无论奥之决定为何，均可确定德必为其盟友后盾。”

奥地利终于得到渴望多时的无限保证，以及可能让它真正用上这保证的情势。威廉二世不改一贯作风，对自己逞一时之勇会引起什么后果全不在意，到挪威峡湾地带航海去了（这是在无线电发明之前）。他心中究竟做何打算不得而知，但他显然未料到会发生欧洲大战。德皇与其首相的盘算不外是，俄罗斯尚未准备好应战，只能旁观塞尔维亚受辱，就如1908年时的情形。总之他俩相信以德国现在的地位与俄国摊牌，比几年后要有利得多。

德国领袖们始终保持错估潜在敌人心理的纪录，这一次跟当年大事筹建海军欲迫使英国就范，或扬言为摩洛哥而战以孤立法国时的想法一样，以为大好机会又来了。他们的如意算盘是，奥地利获胜可使俄国对三国协约的期待破灭，让德国得以突破越来越紧密的包围，因此便忽略法国，他们认为与法国谋和是绝无可能，对英国的调停也避之唯恐不及，以免坏了他们获得最后胜利的好事。他们自欺欺人地认为，若战争出乎一切预料居然爆发了，英国会保持中立，要不便是想要介入时已太迟。但俄国外相萨索诺夫（Serge Sazonov）在战争一爆发时，曾说明俄国这一次不再退缩的原因：

> “自克里米亚战争后，对奥国于我之感受，我国已不存任何幻想。自奥于巴尔干施行其蚕食鲸吞政策，冀望借以扶持其摇摇欲坠之统治起，两国关系便每况愈下。然我国勉力顺应现实，直至迹象渐趋明显，其巴尔干政策有德国为依恃，且获得柏林之鼓励。”

俄罗斯认为德国是有意羞辱俄国在巴尔干最可靠的盟友塞尔维亚，目的在打击俄国在斯拉夫人心目中的地位，因此觉得必须加以反抗。萨索诺夫曾写下这么一段话：“显而易见，我方须应对者并非某位识见短浅之内阁大臣，自行负责且自担风险所做之草率决定，而是处心积虑筹划而来，并经德国政府悉心协助完成之计划，且若无其首肯与保证，奥匈帝国决不致冒险加以执行。”

另一位俄国外交官，后来也曾对俾斯麦时代与威廉二世时代，德国有多么的不同，表示感慨万千：

> “因德对奥匈深入巴尔干之政策大力鼓动，加以建立德意志化‘中欧’此一华而不实之泛德思想，大战之爆发实不足为奇。俾斯麦当政时此种情况绝无可能发生。而事实是德国经常地野心勃勃，企图达成比俾斯麦更伟大之成就，却缺乏俾斯麦之才干。”

（读俄国人的回忆录需有所保留，因为他们想把爆发战争所有的责任推到德国人身上。萨索诺夫尤其应负起部分责任，虽然他整体的分析十分值得推崇，但他显然是属于主战派，主张全面动员。）

俄罗斯外交家实在是太抬举德国领袖了，因为威廉二世及资政们在1914年时仍与对过去的危机一样，根本没有什么长远计划。斐迪南大公遇刺引发的危机后来失去控制，是因为没有一国的领袖打算退让，各国都执意履行正式条约义务，不为长期共同利益的大局着想。欧洲此时缺乏的是具包容力的共同价值观，可使各国结合在一起，如梅特涅体系或俾斯麦的现实政治外交。第一次世界大战爆发的原因不是各国不遵守条约，而是太过拘泥于条约的文字。

次要的巴尔干危机转变成世界大战

这次大战前夕发生过许多怪异现象，其中最奇异的现象之一是一开始什么都未发生。奥地利不失其平素作风，反应迟钝，部分原因是维也纳需要时间，说服持反对意见的匈牙利首相蒂萨（Stephen Tisza）让帝国投入战争。蒂萨终于屈服后，奥国于7月23日对塞尔维亚发出48小时最后通牒，故意提出必然会为对方拒绝的严苛条件。但这一延误使奥国难以受惠于欧洲各地在大公刚被刺杀时所体现的义愤填膺之情。

梅特涅时代的欧洲，各国一致尊奉正统思想，俄罗斯必然会支持奥地利对塞尔维亚刺杀奥国正统王位继承人之举有所报复。但1914年时，正统不再是共同价值观。俄罗斯同情盟邦塞尔维亚之情，重于对斐迪南被刺的愤怒不平。

刺杀案发后整整一个月内，奥国外交一直是慢吞吞的。然后突然在不到一天之内骤然改头换面。奥国发出的最后通牒使政治领袖不再能控制情势的发展。因为最后通牒一旦发出，大国一定是箭在弦上，即将展开动员而没有回头的可能。可笑的是，触发一连串盲目动员的居然是最不重视动员时间表的奥地利。当时在列强当中，唯有奥国的军事计划仍是旧式不讲究速度的形态。对奥国的作战计划而言，哪一方开打都无所谓，只要奥军能与塞尔维亚交手，迟早都没有关系。奥地利向塞尔维亚发出最后通牒，目的是先下手阻止调停，而不是为加速动员。奥地利的动员行动也未威胁到任何其他大国，因为要一个月以后其动员才会完成。

因此可以说，触发动员程序使各国不得不一战的国家，直到西欧重要战役已经打完之后，其部队才真正开始作战。另一方面，不论奥地利备战的程度如何，俄罗斯若有意威胁奥地利，就需动员部分军队，而此举将连带触动德国一发不可收拾的行动（当时似乎没有一位政治领袖意识到这种可能性）。1914 年 7 月的矛盾现象是，有政治理由走上战场的国家，没有严谨的动员计划；而有严密动员计划的国家如德、俄，却缺乏作战的政治理由。

最能够阻止这连锁反应的国家英国，却犹豫不决。英国在此次巴尔干危机中的利益微乎其微，虽然维持三国协约的确是一重要利益。英国虽排斥战争，但更忧虑德国会获胜。英国若能明确宣示其立场，让德国了解英国会参与全面大战，威廉二世很可能会规避正面作战。这也是萨索诺夫的后见之明：

> “余对此亟欲一吐为快，若 1914 年时格雷爵士，依余坚决之敦促，及时确切地宣示英与法、俄同心同德，或可挽救人类免于如此悲惨之灾难，免于足以令欧洲文明难以为继之后果。”

英国领袖不愿因对援助盟友表现得裹足不前，而影响到三国协约，可是有点矛盾的是，他们又不愿威胁德国，以便保留在适当时机可以介入调停的余地。结果是两头落空。正如1914年6月11日，距斐迪南被刺两周前，格雷对下议院所作的保证，英国没有法定义务要加入法、俄这一边作战：若欧洲列强间发生战事，没有任何未公开的协定，可限制或妨碍政府或国会决定英国是否应参战的自由。

就法律上说，这千真万确，但其中还涉及无形的道德层面。法国海军因英法海军协定而留在地中海，因此英国若不参战，等于是让法国北部的海岸对德国海军门户洞开。随着危机的发展，贝斯曼·霍尔威格保证，若英国承诺保持中立，德国便不会以海军对付法国。但格雷拒绝这个交换条件，理由与1909年德国提议以减缓发展海军交换英国的中立而被他所拒的原因相同，他担心一旦法国战败，英国便只有任德国宰割。他的回答是：

> “请务必告知贵国首相，其提议我国应以如此条件而保守中立绝无可能。牺牲法国而与德国达成如此交易，将使我国名誉蒙羞且永远难以恢复。贵国首相也等于要求我国放弃对比利时中立之一切义务与利益。我方亦难接受此一条件。”

令格雷头痛的是英国民意压力与外交政策传统相互矛盾。一方面，民意不支持因巴尔干的问题而加入战争，英国便应该设法调停；但另一方面，若法国战败或对英法同盟失去信心，德国便可称霸，这正是英国一向极力反对的。因此很可能到最后，即使德国不曾入侵比利时，英国也必须参战，以免法军全军覆没。但要英国民意接受战争恐怕尚需时间。在此酝酿期间英国可能已尝试调停。然而，德国决定挑战英国最确定的外交政策原则之一，即决不可让低地国家落入任一强国之手，却解决了英方的疑虑，使战争再无妥协的余地。

格雷主张，在危机发生早期不加入哪一边，可令英国保持不偏不倚的地位，这或有助于英国介入协调解决战争。过去的经验也支持这种策略。20年来，国际紧张情势一旦激化，结果一定是召开国际会议。但过去的危机中并没有国家动员，而如今各国都蓄势待发，根本没有时间用传统的外交方式解决问题。在军事动员的关键96小时里丝毫没有机会进行政治运作，英国内阁等于只能袖手旁观。

奥地利的最后通牒把已经自认为倍受威胁的俄罗斯，更逼得忍无可忍。因俄罗斯数度作战才得以脱离土耳其统治获得自由的保加利亚倾向德国。已并吞波斯尼亚－黑塞哥维纳的奥地利，仿佛又想把俄国在巴尔干最后一个重要盟友塞尔维亚，变成奥国的保护国。最后当德国在君士坦丁堡建立据点时，俄国益发疑惧泛斯拉夫运动时代，会不会在所有其垂涎已百年之久的土地均落得被条顿民族掌控的情形下告终。

即使如此，沙皇尼古拉二世并不急于与德国摊牌。他曾在 7 月 24 日的一次内阁会议上，检讨俄国可能有的选择。财政大臣巴克（Peter Bark）向沙皇报告："战争将为全世界带来灾祸，且一旦爆发便难以止歇。"巴克说："德皇曾经常向吾皇保证其竭诚维护欧洲和平之意。"他还提醒其他大臣勿忘，"德皇于日俄战争期间及战后俄国内部动乱时期所表现之忠诚态度"。

提出反驳的是颇有权势的农业大臣克瑞弗辛（Aleksandr Krivoshein）。他表现出俄国人记仇的民族性，指出德皇虽曾对有亲戚关系的沙皇尼古拉做过这类善意的表示，但 1908 年波斯尼亚危机中德国也曾蛮横地对待俄国。因此"民意及国会无法了解，为何在涉及俄罗斯重要利益之关键时刻，帝国政府不愿勇敢地采取行动。我方过于审慎之态度可惜并未能安抚中欧各强国"。

克瑞弗辛的主张获得俄国驻保加利亚大使的电文证实，文中指称若俄国退缩，"我于斯拉夫世界及巴尔干之声望将破产且永不复返"。政府领袖对于质疑其胆识的话向来难以抗拒。沙皇终于压抑住灾祸将随之而来的预感，选择支持塞尔维亚，甚至打仗也在所不惜，不过他并未下令动员。

塞尔维亚在 7 月 25 日回复奥地利的最后通牒，态度出乎意料地顺从，全部接受奥国的条件，只有一项例外，航海刚回来的威廉二世以为危机已除。但他想不到奥地利打定主意要利用他如此轻易就提出的后援许诺。更要紧的是他忘了，或许该说他根本从未意识到，列强既已如此濒于战争边缘，军事动员的速度很可能快过外交。

7 月 28 日，奥地利向塞尔维亚宣战，虽然其军队要到 8 月 12 日才能采取行动。同一天沙皇下令对奥局部动员，却惊讶地发现，虽然过去 50 年来阻碍俄国对巴尔干野心的是奥地利，这段期间军事参谋学校一直是以局部的俄奥战争为标的，但军方参谋人员唯一拟就的计划是对德、奥同时全面动员。俄国外相对此完全不知情，在 7 月 28 日还向德国保证："我方于奥宣战后采取之军事措施，无任何一项乃针对德国而来。"

俄国军事领袖无一例外全是欧布鲁契夫的信徒，他们害怕沙皇的局部动员，要求全面动员，以便与当时尚未有军事动作的德国交战。有一位首要的将领对萨索诺夫说："战争就在眼前，若不及早行动，怕来不及拔剑出鞘已被击败。"

沙皇的做法在俄国将领眼中或许太优柔寡断，对德国而言却是太果决了。德国所有的作战计划都是以六天内打垮法国为着眼点，然后转向想必尚未动员完毕的俄罗斯。俄罗斯有任何动员，即使是局部的，都会打断这个时间表，并使原本已冒着极大风险的德国获胜的概率更低。于是德国在 7 月 29 日要求俄国停止动员，否则德国将跟进。而众所皆知，德国动员就等于是战争。

沙皇过于软弱，无法让步。若停止局部动员，那俄国整个的军事计划便付诸东流，而军事将领的抗拒也令他相信木已成舟。于是他在 7 月 30 日下令全面动员。7 月 31 日德国再次要求俄国停止。德国得不到回应后便向俄国宣战。这段期间，圣彼得堡与柏林之间从未就危机的实质有过任何认真的政治讨论，而且德、俄之间根本没有任何具体的争议，但一切还是发生了。

德国现下的难题是，根据作战计划必须立即进攻法国，但整个危机当中，法国除保证给予无条件支持以鼓励俄罗斯勿妥协外，始终是静观其变。威廉二世在终于尝到 20 年无所作为的苦果后，如今只有设法将动员的对象由法国转为俄国。但他想主导军事的企图，跟沙皇先前想局限俄国的动员一样徒劳无功。德国的参谋人同样不愿把 20 年来的辛苦计划一笔勾销，事实上德国也跟俄方一样没有任何替代的方案。沙皇与德皇虽然都想自战争的边缘退一步，却都不知该怎么做，沙皇是因为局部动员受阻，德皇则是因为不能只对俄国动员。两人都因他们自己促成的军事机器而自食恶果，而这个机器一旦发动，就无法回头。

8 月 1 日，德国询问法国是否有意保持中立。法国的回答若是肯定的，则德国会要求取得凡尔登（Verdun）及图勒（Toul）两处要塞，作为法国善意的象征。但法国却讳莫如深，答以将依照国家利益行事。德国自然没有特别的争议可作为对法宣战的借口，因为巴尔干危机期间法国一直保持观望。而动员计划再一次成为宣战的促因。于是德国捏造法国侵犯边界，并在 8 月 3 日宣战。同日，德军执行施里芬计划，入侵比利时。次日，即 8 月 4 日，除德国外在各方意料之中，英国对德宣战。

欧洲列强成功地把一个次要的巴尔干危机转变成世界大战。因波斯尼亚和塞尔维亚而起的争议，却导致远在欧洲另一边的德国入侵比利时，继而又使英国不得不加入战争。具讽刺意味的是，西线正在进行决定性的战役时，奥地利军队尚未进攻塞尔维亚。

德国终于知道，战争没有定数，而德国对速战速决取胜的痴迷，反使它身陷于消耗战中不得脱身，只可惜已经太迟。德国实行施里芬的计划，粉碎了英国会保持中立的美梦，却也未能摧毁法军，完全没有达到当初冒此风险的目的。而造化弄人，德国在西欧战线的攻势失败，在东线的防御战却胜利，跟上一辈的毛奇所预见的相仿。后来，毛奇的战略虽以政治妥协谋和为基础，但德国因政策已失去这样的机会，却仍不得不在西线改用毛奇的守势战略。

欧洲协调因各国政治领袖的退却而不幸失败。其结果是，在 19 世纪多半可提供冷却期甚至确切解决方法的欧洲会议，如今连尝试都不曾尝试。各国领袖曾对任何意外都有所准备，唯独未为外交斡旋留些时间。他们也忘记了俾斯麦的忠告："终战时领袖们无法如开战时一般理直气壮，而且必将自食其果。"

当大势已定时，奥匈帝国消失；参战的四个王朝中，德、奥、俄三个已被推翻，只有英国王室还保留着，两千万人死于战火。战后已很难追究到底是什么原因引发了这场大难。大家所知道的只有必须自这无比的愚行所造成的灰烬中建立新的欧洲体系，虽然以当时厮杀过后的气氛及精疲力竭的情形，很难认清这个体系的内涵。

第九章

外交新面貌：威尔逊与《凡尔赛和约》

由左至右：劳合·乔治、奥兰多、克列孟梭及威尔逊，1919 年摄于凡尔赛

和平的条件

1918 年 11 月 11 日，英国首相劳合·乔治（David Lloyd George）宣布德国与协约国间已签署停战协定。他是这么说的："但愿我们可以这么说，在此重大的早晨，一切战争均将终止。"事实上，不过 20 年后，欧洲又发生了另一次更惨烈的战争。

由于第一次世界大战没有一样是按计划发生的，所以在谈和时也难免徒劳无功，就如同各国当初参战时的预期全部落空一样。各国都以为战事很快就会结束，以为谈和的条件可比照过去百年来的惯例由外交会议来决定。然而随着死伤日益惨重到令人咋舌的程度，大家已忘了引发战争的政治争议，竞争在巴尔干的影响力，阿尔萨斯与洛林被占领及海军竞赛。反而把本身所受的苦难怪罪于敌国的邪恶本质，并认为妥协不能带来真正的和平，必须将敌人赶尽杀绝或是战到最后一兵一卒，否则决不罢休。

倘若各国领袖肯延续战前的国际秩序惯例，在 1915 年春即可达成折中的和平协议。交战双方的攻势已流下该流的血，各战线也都处于胶着状态。然而正像是战争爆发前一样，动员计划令外交无用武之地，如今牺牲之惨重又妨碍了理智的寻求妥协之路。各国领袖反而一再提高条件，不但使他们将国家带入战争的无能与不负责任，再罪加一等，也破坏了各国和平共存近一个世纪之久的国际秩序。

1914—1915 年之交的冬天，军事战略与外交政策已背道而驰。没有一个交战国胆敢试探谋和。法国若无法收回阿尔萨斯与洛林，一切免谈；德国若必须放弃所征服的这片领土，也决不考虑谈和。在投入战争后，欧洲的领袖们是如此陷溺于自相残杀，眼看下一代年轻男子一个个送死更是恼羞成怒，到后来求胜已成为唯一的目的，至于要造成多少破坏才能获胜已不重要。血腥的厮杀证实军方已黔驴技穷，却造成了现代科技进步前所无法想象的重大伤亡。双方极力拉拢新盟国使政治僵局益形恶化。协约国这边是意大利与罗马尼亚，德奥一边有保加利亚，这些新加盟国也要求分享预期的战利品，使仅余的些许外交弹性也不复存在。

和平的条件渐渐地变得遥不可及。19 世纪贵族式带些权术谋略的外交形式，在大规模动员时代已不再适用。协约国专长于以道德口号为号召，尤其是美国加入后，如“为终止一切战争而战”或是“让世界变得更民主”。前面这个目标可以令人理解，虽然可行性并不高，因为国与国之间结盟而战的战争千百年来从未停止过。至于其实际上的意义，则是德国须完全解除武装。第二个目标传播民主，则必须推翻德、奥的内政体制。因此这两个口号都意味着要作战到底。

拿破仑战争期间，英国曾提出皮特计划作为欧洲均势的蓝图，现在却支持追求全面的胜利。1914 年 12 月，德国曾试探地提议，以退出比利时交换比属刚果领土，但遭格雷拒绝，他提出协约国须获得“免于德国未来任何攻击的安全”。

格雷的谈话显示出英国态度的转变。战争爆发前不久，英国仍一直以均势为其安全之所恃，并以支持弱国对抗强国的方式维持均势。到 1914 年，英国对平衡者的角色越来越不安。有感于德国已强盛于欧陆其他国家的总和，英国觉得无法再置身事外。由于英国认为德国有独霸欧洲之危险，因此认为回复过去的状况（status quo ante）无助于减轻基本的问题。所以英国也不再肯妥协而坚持要获得其本身的“保障”，即永久地削弱德国，尤其要大幅删减德国的大海舰队（High Sea Fleet），这是德国除非战败否则决不会接受的。

德国的条件就更明确，更具地缘政治意义。然以德国领袖不知轻重的一贯作风，他们也开出了相当于无条件投降的要求。在西欧，他们要求并吞法国北部的煤田及掌握对比利时的军事控制，包含安特卫普港（Antwerp）。这保证会让英国记恨到底。在东欧，德国只提出有关波兰的正式要求，1916 年 11 月 5 日，德国曾保证在波兰建立“世袭式君主立宪的独立国”，使与俄罗斯妥协言和的可能性完全破灭。（德国原希望保证波兰独立能吸引足够的波裔志愿军组成 5 个师，结果仅招募到 3000 名新兵。）打败俄国后，德国于 1918 年 3 月 3 日强迫俄国签订《布列斯特－立托夫斯克条约》（Treaty of Brest Litovsk），依此约并吞了俄国三分之一的领土，并在乌克兰成立保护国。在全球策略的定义终于明朗化后，显示出德国丝毫无意仅限于称霸欧洲。

第一次世界大战开始时是典型的内阁战，大使馆之间文件你来我往，所有决定性的步骤相关电文均相互分送各国国君，直到实际战斗爆发。但一旦宣战后，随着各国首都的街道挤满一群群情绪激昂的民众，这场战争便已不再是首相之间的角力，而成为群众间的斗争。经过两年，双方所提出的条件已全然不符合任何均势的观念。

而最出乎大家预料的是交战双方各有输赢：德国击败俄国并重创英、法；但最后却是西欧盟国在不可或缺的美国援助之下成为赢家。拿破仑战争后在均势原则及共同价值观的支撑下，维持了百年的和平。第一次世界大战后的结果却是社会动荡，意识形态冲突及另一次的世界大战。

战争初始时汹涌的民族热情，到各国人民觉悟到政府能够挑起战端，却没有同等的能耐取胜或谋和，便开始冷却。在因此形成的乱局中，在神圣同盟时代曾是欧洲和平所恃的东方三君主国均被推翻。奥匈帝国整个消失。俄罗斯帝国政权落入布尔什维克党人（Bolsheviks）手中，并在此后 20 年间退隐为欧洲边陲国家。德国则接二连三受到战败、革命、通货膨胀、经济萧条与政治独裁的打击。虽然敌对国的国势趋弱，但英、法并未因此而受惠。它们牺牲全国年轻精英所换得的和平，反而使敌人享有比战前更有利的地缘政治地位。

在这自食其果的大灾难尚未完全显现出来之前，国际舞台上杀出一个程咬金，彻头彻尾地终结了素来被称为欧洲协调的国际体系。在三年杀戮后欧洲只见断垣残壁及热情的幻灭，此时美国挟其信心、实力与理想主义登上国际舞台，这些都是兵疲马困的西欧盟国所难以企及的。

欧美理念之间的差异

美国参战使协约国在技术上有获得全面胜利的可能性，但美国参战的目的却与欧洲 300 年来所理解及第一次世界大战因而爆发的世界秩序无关。美国厌恶均势观念并认为现实政治的作风是不道德的。美国衡量国际秩序的标准是民主、集体安全与民族自决，这其中没有一个是过去欧洲解决争端的基础。

在美国人眼中，欧美理念之间的差异正突显出美国思想的优越之处。威尔逊对世界秩序的想法是标榜脱离旧世界的经验与准则另起炉灶，它是基于美国人对人性本质是爱好和平、世界基本上是调和的信念。由此衍生出民主国家一定爱好和平，获得民族自决的人民便没有理由挑起战争或镇压其他民族等结论。一旦全世界各民族都享受到和平与民主的福祉，就必然会团结起来共同保卫民主与和平。

欧洲的领袖们毫无与此相当的想法。不论欧洲的内政体制或国际秩序，都从不曾根据假设人性本善的政治理论而来，反而都是以利用人性自私自利谋求自我的利益为出发点。欧洲外交的前提不是各国爱好和平而是各国有好战的本质，因此必须加以抑制或制衡。国与国结盟是为追求明确的特定目标，不是为了维护抽象的和平。

威尔逊的民族自决与集体安全原则令欧洲外交官不知所措。欧洲处理一切争端都假设为促进均势可以调整国界，均势考虑高于相关国家人民的意愿。在拿破仑战争结束后皮特便是根据这个假设构思以“大集团”围堵法国。

再举例来说，整个 19 世纪中英、奥始终不愿见到奥斯曼帝国分裂，因为这两国认为分裂后所形成的诸小国会破坏国际秩序。依它们的思考方式，这些小国因缺乏经验，会使地方性的种族对立越演越烈，而小国国势较弱也会引来大国的觊觎。在英、奥看来，小国必须为了整体和平的大局着想而放弃自身的野心。基于均势的理由，法国始终不得兼并比利时的法语区华隆（Walloon），德国也受阻不能与奥地利合并（虽然俾斯麦另有不欲与奥统一的理由）。

威尔逊彻底反对这种做法，美国一贯的态度均是如此。美国认为引起战争的不是民族自决而是不让各民族自决；造成不稳定的不是均势出现不平衡而是因为要追求均势。威尔逊建议在集体安全的基础上建立和平。他和他的信徒认为，世界安全所需要的不是维护国家利益，而是把和平当作一个法律概念来加以维护。为判定和平是否确已遭到破坏需要一个国际机构，这便是威尔逊所称的国际联盟（League of Nations）。

很奇怪，设立这样一个组织的构想最早是由一直坚持均势外交的英国提出的。其动机并非为建立新的世界秩序，而是英国在为美国参战寻找一个令人满意的原因。1915 年 9 月，英国一反常态，外交大臣格雷致信威尔逊总统的密友豪斯上校。格雷相信，信中的提议是身为理想主义者的美国总统无法拒绝的。

格雷在信里问到，总统会对一个旨在削减军备、和平解决争端的国际联盟有多大兴趣？

> 总统会提出建立一个国际联盟吗？如果任何国家违反协定，或在有争端时定要诉诸武力解决的情况下，联盟将把各国联结在一起，共同抗之。

两百年来，英国一直不停地变换盟国，要她突然间对无限度在全球范围内承担起义务感兴趣是不可能的。然而，面对德国的威胁，英国渴望占上风的决心是如此之大，其外交大臣不惜建议奉行最无限度地承担起义务的集体安全主义。国际联盟的每个成员国都有义务抵抗一个国家对另一个国家的入侵，并对拒绝和平解决争端的国家给予惩治。

格雷非常了解威尔逊其人。从青年时代，威尔逊就相信美国的联邦机构可作为最终“议会”的典范；就任总统初期，威尔逊已经在为西半球寻求建立泛美条约而努力。因此格雷丝毫也不奇怪很快就收到了肯定的答复，当然对此他非常满意。

这次交流也许是英美两国“特殊关系”的最早体现。这种关系令早已在二战后失去强国地位的英国对华盛顿始终保持特殊的影响力。共同的语言、文化传统结合圆滑的手段得以使英国人将其思想注入美国决策中，而又丝毫看不出英国的影响。因此，当威尔逊于 1916 年 5 月首次宣扬其世界联盟的计划时，他毋庸置疑地确信这完全是他自己的观点。从某种程序而言也确实如此，因为格雷在提出这项建议时就清楚地意识到这点。

不论其出处，国际联盟是非常典范的美国观念。威尔逊所构想的是一个“广泛的国家联盟，旨在为世界各国不受限制地共同利用海上通道而维护海路安全，防止因违反协约而引发的战争。它将是各国领土完整、政治独立的真正保证。”

但最初威尔逊竭力克制提出美国应参与该联盟。直到 1917 年 1 月，他的态度有了飞跃，鼓吹美国应成为联盟成员，并令人惊异地提出应奉行门罗主义的模式：

> “我建议，在某种程度上，各国应一致奉行门罗主义：任何国家都不应将自己的政策强加给别的国家和人民……所有国家应避免会导致权力竞争的结盟……”

墨西哥可能会大吃一惊，因为美国在 19 世纪掠夺了墨西哥三分之一的领土，就在前一年还向墨西哥派兵，而现在美国总统却提出门罗主义是维持兄弟国家领土完整的保证和国际合作的典范。

威尔逊并未因理想主义而一厢情愿地以为，欧洲人会理所当然地接受他的观点。他显然不排斥以施压来推广他的主张。在美国于 1917 年 4 月参战后不久，他写信给豪斯上校：“战争结束后即可强迫他们接受我们的想法，因为届时他们在财务等各方面将有求于我。”在当时有几个盟国对威尔逊的倡议感到犹豫不决。固然如此反欧洲传统的观点令他们很难接受，但他们太需要美国的援助，不愿说出真正的想法。

1917 年 10 月底，威尔逊派豪斯至欧洲要求盟国拟定可反映他所宣布的和平原则的作战目标，即排除兼并或赔偿，并由一国际权威维护世界和平。威尔逊曾忍耐了好几个月不曾声张自己的理念，照他对豪斯的说法，他是担心若美国对法、意收复领土的期望表示怀疑，这两国或许会反对他的主张。

但他终于在 1918 年 1 月 4 日自己站出来发言。在参众两院联席会议上，他以一流的口才、崇高的立论说明美国的参战目标，提出共分为两个部分的十四点原则。其中有八点原则是他认为"务必"达成的强制目标，包括公开外交、海洋自由、全面裁军、消除贸易障碍、公正处理殖民地争议、恢复比利时、撤出俄罗斯领土，另外就是他一心想促成的建立国际联盟。

其余六点更为明确的原则，威尔逊提出时是表示"应该"而非"务必"达成，或许这是因为他觉得这六点不是绝对必要。出人意料的是让法国收复阿尔萨斯与洛林居然是列在非强制目标内，无视于法国半世纪来一贯的政策便是务必收回这两个地区，并为此在战争中做出重大牺牲。其他"希望"可达成的目标有奥匈帝国及奥斯曼帝国少数民族自治、重新调整意大利边界、撤出巴尔干半岛、达达尼尔海峡国际化、建立拥有出海口的独立波兰国。威尔逊是否有意暗示这六个条件可以妥协？让波兰有出海口及修改意大利边界必会与民族自决原则起冲突，因此这也是他的构想中第一个道德上的瑕疵。

威尔逊在演说的最后标榜和谐精神，以此向德国提出呼吁。他表示美国将根据这个原则建构新的国际秩序，这是历史上从未见过的战争目标：

> "我们不忌妒其任何成就，或出之学术，或和平之建树，它在这方面的纪录十分可观且非常令人钦佩。我们不希望伤害它或以任何方式阻挠其合法之影响力或势力。若它愿与我们及世上其他爱好和平之国家，在正义、守法及公平交易的条件下往来，我们便不愿以武力或敌对的贸易措施来打击它。我们只希望它接受与全世界各民族平等的地位。"

过去从未有人提出过性质如此革命性但执行原则却如此简单的作战目标。威尔逊构想中的世界是讲原则不讲实力，讲法律不讲利益的，完全与欧洲列强的历史经验与运作方式背道而驰。其中颇具代表性的一点，即他对他个人及美国在大战中的角色的说法。由于不喜欢“盟国”这个字眼，他情愿说美国是加入史上最惨烈战争之一的“一边”（oneside），而威尔逊的作风则仿佛他是主要的调停人。他言下之意此次作战的目的似乎不为达到特定条件，而是要促使德国拿出某种态度。亦即战争是为了感化德国，而不是为了地缘政治的目标。

1918 年 12 月 28 日，一战休战后，威尔逊在伦敦市政厅讲演时公开指责均势会制造不安，而且是建立在“虎视眈眈的觊觎及利益的对立”之上：

> “他们（盟国士兵）为除旧迎新而战，旧秩序的核心及特征便是那不安定的，我们称之为‘均势’的东西，其势力的均衡是取决于某一方的武力；取决于相对利益间不安定的平衡。参与这场战争的是来自自由国度的战士，他们决心一劳永逸地终止此种事体。”

威尔逊说得不错，是欧洲各国把自己弄得一团糟。然而导致第一次世界大战这场灾难的与其说是欧洲追求均势，不如说是因为各国抛弃了均势。战前欧洲各国的领袖无视于历代前辈维护均势的苦心，放弃了可免于最后摊牌的定期调整工作，取而代之的是比日后冷战时期更为僵化的两极世界。当时尚未有核时代冲突一发不可收拾的禁忌。欧洲的领袖们一方面对均势只是光说不练，另一方面却极力迎合民意当中最强调民族主义的部分。他们在政治上或军事上的作为都不容许有任何弹性，在维持现状与引发大祸之间缺乏一个安全阀，因此造成了种种难以解决的危机，以及一再地公开作势以致到最后骑虎难下。

其实威尔逊确实指出了 20 世纪若干重大的挑战，尤其是他提出了如何利用实力来达到和平的问题。但他所提的解决之道总不免本末颠倒。他认为国与国之间的对立是出于民族不能自决及经济动机。然而历史上却有许多其他更常见的理由，包括颇普遍的为扩张国家领土及当政者或统治阶层欲提高声望。威尔逊鄙视这类动机，他深信传播民主可破解这些动机，而民族自决则可令这些动机不得付诸行动。

威尔逊倡议的集体安全则是假设，各国可团结一致对抗侵略、不公平行为，或许还有过分的自私自利。1917 年年初他向参议院讲话时表示，建立各国之间的平等权利，可确定不论各国实力概以集体安全为维护和平的先决条件。

> "权利必须奠基于各国共同而非个别的力量，和平则有待于各国间的调和。领土或资源平等当然不可能；非各国人民自正常的和平合法发展中获得的平等，也不可能。但权利平等是最基本的要求。全人类现在所企求的是生活的自由，不是势力的均衡。"

在他所提倡的世界秩序中，反侵略是基于道德判断而非地缘政治的需求。各国应追究的是某个行为是否正当，不是有没有威胁性。美国的盟国对此新鲜主张虽不太能接受，但实在无力于表示反对。盟国知道或是自以为知道如何根据各自的实力计算出平衡点；但对于其本身或别人是否能够根据道德准则来估算平衡点却没有把握。

在美国参战之前，欧洲各民主国从不敢公开对威尔逊的主张表示怀疑，而是不遗余力地迎合他希望他加入阵营。到美国果真加入协约国后，它们已走投无路。英、法、俄三国的力量仍不足以胜过德国，而俄国革命后，它们担心美国的加入充其量只能弥补俄国的退却。德俄签订的《布列斯特－里托夫斯克条约》，显露出德国对战败国的待遇是什么。英、法对万一德国获胜忧心忡忡，因此不愿与怀抱理想主义的美国伙伴争辩作战的目标。

战后协约国觉得比较有可能表达保留意见，而且若联盟关系因而有变，那也不会是欧洲的协约首次在获胜后出现紧张或破裂（维也纳会议即曾经历战胜国相互扬言不惜一战的阶段）。然而，第一次世界大战各胜利国在战后已是民穷财尽，对美国这个巨人仍相当依赖，因此不敢与美国争辩或得罪美国以致其退出和平过程。

法国尤其是如此，它发现自己的处境十分悲哀。两百年来法国拼命想取得欧洲主人翁的地位，但大战结束后，却连能不能保卫自己的疆土免于战败的德国的侵犯，都不再有信心。法国领袖们直觉地意识到，残破的法国已无力于围堵德国。战争使法国国力枯竭，和平却似乎预兆着更多的灾难。法国先前是为生存而战，现在则为国格而挣扎。它害怕没有外援，但它最强大的盟国所主张的和平原则，却把安全变做了司法程序。

胜利使法国真切地觉悟到它为报复付出了太高的代价，且近百年来国力一直在消耗中。唯有法国心知肚明自己与德国比起来是多么虚弱，这一点其他国家尤其美国是不会相信的。在此情况下，美法于胜战前夕展开的会谈使法国的士气更为低落。法国与现代以色列相同，以处处作梗来掩饰其脆弱的内在，以强硬不妥协来掩饰心中出现的恐慌。它也与现代以色列一样，不断有被孤立的危险。

盟国虽认定法国的忧虑是大惊小怪，但法国领袖有自知之明。1880 年时法国人口为欧洲总人口的 15. 7%。1900 年时已降至 9. 7%。到 1920 年，法国有 4100 万人，德国却有 6500 万，以至于法国政治家白里安（Briand）面对别人批评他采取讨好德国的政策时，为自己辩护道他实行的是依法国出生率而来的外交政策。

法国相对经济地位的衰落情况更严重。1850 年法国是欧陆最大的工业国。1880 年德国生产的钢、煤、铁超过法国。1913 年，法国年产 4100 万吨煤，德国却有 27900 万吨。到 20 世纪 30 年代末，差距更拉大为法国 4700 万吨，德国 35100 万吨。

战败国残存的实力是维也纳会议后与《凡尔赛和约》后国际秩序最主要的不同点，其不同的原因在于《凡尔赛和约》后战胜国四分五裂。当年各国联手击败拿破仑，如今压倒德国也需要多国合作。但即使战败，1815 年的法国与 1918 年的德国仍保有相当实力，足以对抗原先结盟的个别国家甚至于以一对二。其间的差别在于 1815 年维也纳会议上，谋和的各国能够齐心协力，结成四国同盟，其压倒性的实力足以粉碎法国任何东山再起的企图。但《凡尔赛和约》后战胜国却不能团结。美、苏完全退出，英国对法国则是又爱又恨。

直到《凡尔赛和约》后法国才觉悟到一个残酷的事实，即 1871 年败于德国并非只是一时落败的特例。法国唯一能只靠本身力量维持与德国势均力敌的途径，就只有将德国分裂成许多小邦，或许是重建十九世纪的德意志邦联。法国确实也不遗余力地追求这个目标，鼓励莱茵区（Rhineland）寻求独立，并占领产煤的萨尔区（Saar）。

然而要分裂德国有双重的阻碍。一是俾斯麦太成功了。他所建立的德国经历了两次世界大战，经历了法国于 1923 年起便占领鲁尔区（Ruhr），以及苏联在第二次世界大战后在东德建立附庸国达数十年后，仍保有其国家意识。柏林墙于 1989 年倒下时，法国总统密特朗（Mitterrand）一度曾想到与戈尔巴乔夫（Gorbachev）合作阻止德国统一。但戈尔巴乔夫对内政问题尚自顾不暇，不可能推行此种冒险行动。1918 年时法国同样因为势单力孤而无法令德国分裂。二是即便法国有意这么做，盟国尤其是美国也不会容许其如此明目张胆地违反民族自决原则。但威尔逊同样不打算坚持和好式的和平。最后他提出了几项违背十四点原则保证的平等待遇的惩罚性条款。

要在美国的理想主义与法国的梦魇之间取得协调，以人类的智慧势难办到。威尔逊便以修正十四点原则作为建立国际联盟的交换条件，他希望以这个组织来解决一切合约中悬而未决的合理问题。法国希望能换得美国长期承诺保障法国的安全，因而接受了它认为与其牺牲不成比例的惩罚措施。到头来没有一国达到目标：德国未享受到和解，法国的安全未获保障，美国又退出合约。

巴黎和会

1919 年 1 月至 6 月在巴黎举行的和会，威尔逊是会上的明星人物。在由美国到欧洲需在海上航行一星期的年代，很多顾问都警告他美国总统不可连续离开首都几个月。而他离去后的确降低了对国会的影响力，这在和约送交国会批准时尤其是致命伤。除此之外，国家元首亲自参与谈判的细节几乎必然非明智之举。因为这么一来，他们必须熟悉通常由外交部处理的事务，分心于交给属下更恰当的主题，反而无法专注于唯有元首才能解决的问题。由于能爬到最高职位的人自我意识都很强，要妥协相当不易，僵局更十分危险。而往往至少要表面上看来成功，才能形成各国国内有利的气氛，因此谈判的重点多在模糊歧见，无法触及问题的核心。

这正是威尔逊在巴黎的遭遇。时间一月一月地过去，他却越来越身陷于为过去从不关心的细节讨价还价而无法自拔。他待得越久，越迫不及待地要让事情告一段落，欲建立全新的国际秩序反被置诸脑后。这项和约的谈判程序造成不可避免的后果。由于有太多的时间耗费在调整领土的问题上，使国际联盟最后变成救火队，才能弥合威尔逊的道德诉求与和约实际条款间的鸿沟。

代表英国的是机敏的威尔士人劳合·乔治。他在和会就要召开前的竞选中，誓言要迫使德国赔偿战争的一切耗费，“我们搜他们的口袋也要搜出这笔钱来”。但面对善变的德国与难缠的法国，他便着重于在克列蒙梭（Georges Clemenceau）与威尔逊之间运作。最后，他号召以国际联盟为日后纠正一切不平等的机构，如愿地制定了惩罚性条款。

为法国立场辩护的是身经百战但年岁不小的克列孟梭。有“老虎”之称的他曾打过数十年的内战，经历过推翻拿破仑三世，拥护过德雷福斯上尉（Captain Dreyfus）。但在巴黎和会上，即使以他如此强势的才干，欲完成他心目中的任务仍力有未逮。他极力想促成的和平是设法分裂俾斯麦建构的德国，并师法黎塞留使法国恢复在欧陆的优越地位，但这超出了国际体系所能容忍的限度，事实上也超出了法国的能力范围。时光不可能倒流150年，其他国家也不认同法国的立场，要不便是无法真正了解法国的目标何在。克列孟梭是注定会遭到挫折，法国的士气也免不了每况愈下。

“四巨头”中的第四位是意大利首相奥兰多（Vittorio Orlando）。虽然他本人十分杰出，但因外相桑尼诺（Sidney Sonnino）非常活跃，经常抢去他不少风头。原来意大利的谈判代表到巴黎来是领取战利品的，而不是为了规划新世界秩序。协约国为拉拢意大利参战，便在 1915 年《伦敦条约》（Treaty of London）中，以保证它可获得南蒂罗尔（South Tirol）及达尔马提亚（Dalmatian）海岸为饵。但南蒂罗尔居民主要属德、奥民族，达尔马提亚海岸则属斯拉夫，意大利要求这两地是直接违背民族自决。但奥兰多与桑尼诺不断阻挠和会的进行，直至引起公愤，南蒂罗尔（但不包括达尔马提亚）终于给了意大利。此一"妥协"显示出十四点原则并非铁则，也大开了其他各种领土调整的方便之门，这全部都违反民族自决原则，而且既未改善旧有的均势，亦未建立新国际秩序。

巴黎和会不像维也纳会议那般将战败国也纳入。因此会议一开数月，德国人只能雾里看花，难免产生错觉。他们一再玩味威尔逊的十四点原则，而且虽然他们若获胜对战败国提出的和平条件会相当无情，如今却自以为协约国最后商定的和平方案会相当温和。因此当和会代表们于 1919 年 6 月宣布其决议时，德国人大为震惊，并在随后的 20 年里一步步地设法打破它。

列宁主政下的俄罗斯亦未受邀与会，他抨击这整个过程，指其为一场资本主义闹剧，而发起国最终的目的在于干预俄罗斯的内战。于是就发生了为结束一切战争的谋和，却将欧洲两大最强的国家德国与俄国摒除在外，这两国的人口加起来远超过全欧人口的半数，其军事实力也属全欧第一。仅这一点就注定《凡尔赛和约》不会成功。

和会的程序也无助于达成整体的解决方案。四巨头——威尔逊、克列孟梭、劳合·乔治及奥兰多虽是主角，却无法像 100 年前各强国的首脑主导维也纳会议一般掌控和会的进行。维也纳会议的与会者全神贯注于建立新的均势，并有皮特的计划为蓝图。但在巴黎集会的领袖们却不断为无休止的枝节问题而分神。

这次和会有 27 国应邀参加，原始构想是让全世界各民族共聚一堂，共商大计，最后却演变成漫无章法。最高委员会（Supreme Council）由英法意美四国元首组成，是此次会议所设的无数委员会与小组当中层级最高的。另外有五国委员会（Council of Five），由上述四国加日本元首组成；十人委员会（Council of Ten）由五国委员会的元首再加其外长组成。小国的代表可随意向这几个委员会表达各自的意见。这充分表现出和会的民主作风，但也十分旷时费日。

由于会前并未对议程取得共识，各国代表来开会时都不清楚各个讨论议题的先后顺序。结果巴黎和会总共设有 58 个委员会，其中大部分是处理领土问题。每一国都有一个单独的委员会，另外还有专司战罪与战犯、赔偿、港口水道铁路、劳工及不可少的国际联盟等委员会。这不计其数的委员会总共开了 1646 次会议。

对枝节问题的讨论没完没了，反而模糊了最要紧一点，即和平若要能持久，其方案便需要以某种中心思想为依据，尤其是对德国未来的地位需要有长远之计。理论上，美国的集体安全及民族自决原则应该就是中心思想。实际上，和会真正必须解决却难以解决的问题，是欧美国际秩序观的歧义，特别是美法之不同。威尔逊否认国际冲突有结构上的原因。他认为追求和谐是人类天性，因此极力促成能扫除利益冲突的幻觉、让四海一家的感觉自然而然浮现的体制。

法国身为众多欧洲战争的战场，其本身参加过的战事更不止于此，当然不会相信国家利益有冲突只是幻觉，或是国际社会隐含有尚待发掘的和谐本性。50 年内两度被德国占领，使法国对于可能再遭侵略寝食难安。它盼望获得具体的安全保障，至于提升全人类道德的任务就留待别国去努力吧。但具体的保障要不就是削弱德国，要不便是有其他国家，特别是英国、美国，保证在战争再起时会站在法国这一边。

美国反对再使德国分裂，集体安全对法国又太过不可捉摸，因此唯一的解决办法就是英美保证协防法国。而那正是这两个盎格鲁－撒克逊（Anglo Saxon）国家极不愿许下的承诺。既然无法争取到这种保证，法国退而求其次要求采取变通做法。美国有地理隔绝为保护，德国舰队投降也消除了英国对控制海权的疑虑，法国是唯一须仰赖全球舆论为其安全保障的战胜国。法国主谈者之一达塔迪厄（Andre Tardieu）主张：

“对法国而言，就如同英、美，有必要建立一安全区。这个区域海权强国靠其本身的舰队，靠消灭德国的舰队来建立。没有海洋屏障的法国，又无力消灭千千万万训练有素的德国人，就必须靠莱茵河来建立这个安全区，由盟国共同占领这条河。”

但法国要求自德国领土中割出莱茵河地区，根本违背了美国的信念，“如此得来的和平完全违反我们奋战的目的”。美国代表团指出，将莱茵河划出德国并派盟军驻守，会导致德国永远愤愤不平。英国代表克尔（Philip Kerr）告诉达塔迪厄，英国认为一个独立的莱茵邦将“制造复杂情势，导致衰弱。若当地发生冲突，后果会如何？若因此爆发战争，英国及英联邦各自治领均不会有前次战争中，使它们倍受鼓舞的与法国同仇敌忾的认同感”。

法国领袖们顾不了德国日后的愤恨，德国真正的实力才最令他们忧心。达塔迪厄坚持自己的立场：

“你说英国不愿将英军派往海外，但只要看看实际情形便知，英国在印度及埃及向来有驻军，为什么？因为英国知道其国界不以多佛（Dover）为限。要求我们放弃占领，无异于要求英美将自己的舰队凿沉。”

法国若得不到缓冲地，就需要某种保障，最好是与英美结盟。如有必要，法国愿意接受透过对集体安全概念的解释，以达到与传统结盟相同的结果。

威尔逊实在太热衷于创建国际联盟，因此偶尔会提出一些令法国满怀希望的理论。有好几次，他把国际联盟说得有如一个国际法庭，可以裁决纠纷，改变国界，为国际关系注入极有必要的弹性。他的顾问之一波曼博士（Dr. Isaiah Bowman）在1918年12月，在前往和会途中的船上草拟了一份文件，扼要地列举出威尔逊的构想。其中提到国际联盟可保证领土完整，若得以证明有不公平之处或情况已有变化，可于事后就条件及边界进行修正。而且待热情已消减，可凭公正的观点而非经年战火结束时的和会观点来看待问题时，再进行改正要容易得多。与此背道而驰的是延续列强与均势的观念，而此等概念素来仅能带来“侵略、自私与战争”。

在 1919 年 2 月 14 日召开的全体大会上，威尔逊公开国际联盟的盟约内容，会后他以几乎不变的口气对威尔逊夫人说：

> “我们就此真正地迈出了第一步，因为我现在比以往更真切地领悟到，一旦成立国际联盟，我们当前正设法达成的和约中必然会出现的种种错误，均可通过它加以仲裁改正。”

根据他的规划，国际联盟将负有执行和平及纠正不公的双重使命。然而有一个顾虑却使他寝食难安。在欧洲历史上绝找不出任何一个，靠诉诸正义或纯靠法律程序便使国界改变的例子，几乎无一例外的全是借国家利益的名义，才使国界得以改变或保全。但威尔逊也心知肚明，美国人民丝毫没有以军事承诺保证实现凡尔赛条约的意念。大致上，将威尔逊的构想形诸实际建制已等同于一个环球政府，美国人对世界政府的接受程度远不如对世界警察的自许。

威尔逊为规避这个问题，便号召诉诸世界舆论作为对抗侵略的最终制裁力量，排除使用政府或军事力量。他在 1919 年 2 月就是如此向和会说明的：通过此一工具（国际联盟），我们主要是仰仗一股庞大的力量，即全球舆论的道德力量。

至于舆论无法解决的问题，靠经济压力必可迎刃而解。波曼写的备忘录中说：对于需要惩戒的案例，有不必动武的替代方案，此即抵制；针对行为不当的国家断绝其贸易，包括邮电设施。

欧洲国家从未看过这种安排实际运作的情形，也无法说服自己相信此计可行。无论怎么说，要求法国接纳道德制裁确实太强人所难，它牺牲了无数生命财产，只为勉强苟延残喘，却无奈地面临着中欧的真空及实力远超过自己的德国。

因此在法国眼中，国际联盟仅有一个目的，即必要时它能促使各国以军事手段援助法国对抗德国。历史悠久但此时已国力衰微的法国，对集体安全的基本前提持怀疑态度，它无法相信所有国家对威胁都会有相同的解读，即便做出相同的评估，也不见得会对应如何反应得出同样的结论。倘若集体安全失败，美国，或许包括英国在内，尚不至于无路可走，还可以自己保卫自己。但法国没有第二条路，第一次就必须判断正确。万一集体安全的基本假设事后证明是错误的，那法国不像美国，是无力于再打一场传统战争的，它或许就要亡国。所以法国想要的不是一般性的保证，而是针对法国国情所需要的保障。对此美国代表团断然拒绝。

虽然鉴于美国国内的压力，威尔逊只肯做原则的宣示，不愿为美国多做承诺，这一点可以理解，然而却加深了法国的危机意识。固然美国会毫不犹豫地使用武力来维护门罗主义，威尔逊也一直援引这个范例来说明他的国际新秩序。但美国在德国威胁欧洲均势的问题浮现时，却裹足不前。这难道不是代表欧洲均势对美国安全利益的意义，没有美洲的情势来得重要？为消除这个差距，法国参与相关委员会的代表布儒瓦（Leon Bourgeois），不断要求筹组国际部队或是预做某种安排，赋予国际联盟自动采取执行行动的机制，以防德国废止《凡尔赛和约》，这是法国唯一关心的。

虽然只有极短的时间，威尔逊仿佛赞同法国的这个提议，还把他所提出的盟约说成是对“全世界领土权状”的保证，但这已令他的随员们大惊失色。大家都知道参议院决不会批准设立国际常备军或做永久性军事承诺。有一位顾问人员甚至认为，规定需以武力对抗侵略的条款本身已违宪：

> “反对此条款极有力的根据之一是，倘若美国对外条约中含有此一条款，必定无法成立，因为依宪法宣战权为国会所有。因条约规定随之而来自动发生的战争不是由国会宣示的战争。”

纯就字面上说，这表示美国所缔结的任何盟约都不具约束力。

威尔逊很快便退回到最初的集体安全概念。他拒绝了法国的提议，指出没有必要常设执行机制，因为国际联盟本身便可激发全世界普遍的信心。他表示“唯一的方法在于对国联各会员国的信用要有信心。一旦发生危险，我们也会伸出援手，但贵国必须相信我们”。

在外交官之间，信任属于稀有物质。当国家面临生死存亡关头，政治家一定会设法寻求更具体的保障，如果这个国家的处境像法国这样岌岌可危，那更是必须如此。美国的主张能够说服人之处在于除此之外别无选择，不论国际联盟的义务有多么暧昧，至少比什么保障都没有要好。英国代表之一塞西尔爵士（Lord Cecil）在责怪布儒瓦扬言没有执行机制就不加入国联时，所持的正是这个理由。他对布儒瓦说：“国际联盟对美国毫无益处，它可以听任欧洲自生自灭，独善其身即可，美国提出来争取各国支持的建议其实是为了法国好。”

法国虽满怀疑虑及不祥的预感，最后仍不得不屈服于英国这一番令人不服的解析，接受了国际联盟宪章第十条那段空洞的文字：“该委员会应建议履行此一义务（维护领土完整）之手段。”此即如果发生紧急状况，国际联盟将就各国所能同意的结论达成协议。当然即使没有盟约，这原本就是各国可能采取的步骤，传统结盟形式也正是为弥补这种情况之不足，因此要制定在特定状况下须相互支援的正式义务。

法国有一份文件中直率地指出国际联盟在安全设计上的不足：

> “设若英法间不曾有1914年曾生效的军事防御的谅解存在，尽管其作用确实十分有限，而两国间仅有国联盟约中的一般性协议，则英国的干预便不致如此迅速，而德国的胜利也就理所当然了。因此我们认为，在当前的情况下，国联盟约所提供的援助将缓不济急。”

一旦看出美国不愿在盟约中纳入任何具体的安全条款，法国又恢复施压，要求分裂德国。法国提议建立独立的莱茵共和国，作为非军事缓冲区，并主张免除其赔偿责任以鼓励其建国。英美不肯答应此协议后，法国又建议至少应让莱茵区脱离德国，等国际联盟的建制有机会得以建立，其执行机制经过考验后再说。

为安抚法国，威尔逊及英国领袖改提签订条约保证和约一定付诸实施，以替代分裂德国之议。英美可同意若德国违反和约将不惜一战。这十分类似于维也纳会议上，各盟国为保证集体对抗法国所达成的协议。但两者之间有一重大差异：拿破仑战争后各国均相信法国真会构成威胁，因此要设法维护安全；但第一次世界大战后，英美并不真心认为德国是个威胁，两国虽愿提出保证，但既不相信有此必要，也没有认真加以执行的决心。

法国的首席谈判代表为此甚觉欣慰，并指出英国这项保证是“史无前例”。他说，英国偶尔会签订暂时性协定，但过去从未承担永久性义务：“它有时会援手，但从未事先承诺！”达塔迪厄认为美国提议做此承诺，同样也具有放弃传统孤立主义立场的重大意义。

法国领袖们太过热衷于获得正式保证，以致忽略了一项重要事实，即这两个盎格鲁－撒克逊国家“史无前例”的决定，基本上是战术的运用，目的在诱使法国放弃让德国分裂的要求。在外交政策上，“史无前例”这个词永远都有可疑之处，因为它实际突破的程度太受到历史、国内体制及地理等因素的限制。

当时达塔迪厄若能与闻美国代表团的反应，应该就能了解这保证其实有多么不可靠。威尔逊的顾问群一致反对他做如此的保证。倡议新外交岂不正是明显地为了要消除这种由国家提出的保证？美国辛苦作战难道是为了追求这样的传统联盟？豪斯在日记中写道：

> “我想我应该提醒总统注意签订这种条约的害处。这条约会被当作是对国际联盟的直接打击。照说联盟应能做到条约中所规定的事项，更何况各国若有必要签署这类条约，那还要国际联盟做什么？”

这问得很有道理。因为国际联盟若像倡议者所宣扬的那么好，就无须额外的保证；若这种保证有其必要，则国际联盟便名不符实，而一切战后谋和的概念均值得怀疑。美国参议院内的孤立主义议员又有他们本身的疑虑。他们倒不担心英美对法国的保证会与国际联盟起冲突，反而更在意心术不正的欧洲人企图引诱美国陷入其泥淖一般的由来已久的纠葛之中。这个保证没多久便夭折了，参议院拒绝批准《凡尔赛和约》，使它不了了之；英国也趁机以此为借口推卸了责任。法国放弃原有的主张后已无法反悔，但所得到的保证却不堪一击。

在所有这些反反复复的力量激励之下，最后终于得出一个《凡尔赛和约》，它是因在凡尔赛宫的镜厅（the Hall of Mirrors）签署而得名。选此地点似会招来不必要的侮辱。50 年前俾斯麦在此宣布德国统一，如今战胜国却自取其辱。它们的作为也无助于平息国际环境：从言和的角度来看处罚太重，从防止德国复苏的角度来看又太宽大。《凡尔赛和约》注定使百废待兴的民主国家长期不得安宁，必须不断地面对卷土重来的桀骜不驯的德国。

尽管有威尔逊的十四点原则，这个条约却涵盖了领土、经济及军事上的惩罚。德国必须让出 13% 的领土。经济地位重要的上西里西亚（Upper Silesia）交给新建国的波兰，波兰还得到通往波罗的海的出海口及波森（Posen）一带的地区，形成“波兰走廊”（Polish Corridor），使东普鲁士与德国其他地方硬生生被分开。欧本和马尔梅迪（Eupen et Malmedy）这一小片土地割让给比利时，阿尔萨斯与洛林则还给法国。

德国丧失所有的殖民地，而这些殖民地的法定地位在威尔逊与英、法、日三国中间引起争执，这三国有意就地分赃并并吞各自所分得的殖民地。威尔逊则坚持私相授受是违反民族自决原则。最后协约国终于想出所谓的“委托原则”（Mandate Principle），此计十分高明，却也言不由衷。在此原则下，德国的殖民地及过去奥斯曼帝国在中东的领土，以受国际联盟监督的“委托”方式分配给各战胜国，以促成其独立。但委托究竟代表何意义从未有确切的规定，而委托的结果也没有使这些地方的独立快过其他地区的殖民地。

和约中设下的军事限制将德国陆军减至十万，海军则削减为 6 艘巡洋舰及数艘更小的战舰。德国不得有潜艇、飞机、坦克或重炮等攻击性武器，其参谋人员也被解散。为监督德国裁军，特别成立了盟国军事管制委员会（Allied Military Control Commission），但所获得的授权却极为模糊，很难发挥功效。

劳合·乔治在竞选时虽保证“榨干”德国，协约国却发现若德国民生凋敝，可能引起全球经济危机，使它们本身也受害。但战胜国的民众对理论经济学家的警告充耳不闻。英法两国人民要求德国赔偿民间一切的损失。

威尔逊虽看得很清楚，但终于同意在和约中列入一条，强迫德国支付战争受害者养老金并给予其家人补偿。这种规定闻所未闻，以往欧洲的和平条约中从未出现过这种条款。赔款的金额也没有确定，留待日后再商讨，造成了无穷后患。

其他经济上的处罚包括立即交出 50 亿美元现金或实物。法国可获得大量的煤，以弥补德军占领法国东部期间对其矿区的破坏。为补偿被德国潜艇击沉的船只，英国接收了德国大部分的商船。德国总计约 70 亿美元的海外资产与众多德国的专利被没收。由于《凡尔赛和约》，拜耳药厂（Bayer）的阿斯匹林成了美国货，而不再是德国货。德国各主要河川国际化，在课征关税上也受到限制。

这些条款无助于建立新国际秩序，反而在消耗它。战胜国代表齐集巴黎时，他们号称将开创历史新纪元。他们亟欲避免重蹈心目中所认为的维也纳会议的覆辙，英国代表团还特地委请知名史学家韦伯斯特爵士（Sir Charles Webster）就此主题撰写一篇论文。然而最后所得出的成果，却是美国的乌托邦理想与欧洲的恐慌症的妥协下，不堪一击的产物——有太多的妥协使美国的美梦难以成真，又有太多的权宜之计而难以平息欧洲的恐惧。仅能靠武力维持的国际秩序很不可靠，尤其当必须负责执行此一任务的主要国家（当时是指英、法两国）又不和时，更令人忧心。

很快大家便意识到，民族自决原则在实际实行时，无法像十四点原则中所说的那样简单明了，这在奥匈帝国解体后形成的各国之间尤其明显。到头来捷克斯洛伐克（Czechoslovakia）1500 万左右的人口当中，有 300 万德国人，100 万匈牙利人，50 万波兰人，有近 1/3 的人口既非捷克（Czech）亦非斯洛伐克（Slovakia）人。而斯洛伐克对于加入以捷克人为主的国家也不是很有兴趣，由 1939—1992 年它两度脱离捷克便可见一斑。新成立的南斯拉夫（Yugoslavia）实现了南部斯拉夫民族知识分子的愿望。但要建立南斯拉夫，就必须跨越欧洲史上的障碍线。这条线曾使罗马帝国分为东西两部分，使欧洲信仰分为罗马天主教与希腊正教，语言分为拉丁与斯拉夫语系。它大约是穿越克罗地亚（Croatia）与塞尔维亚（Serbia）两国之间。在这两国复杂的历史当中，它们从不曾属于同一政治实体。为建国所需付出的代价出现在 1941 年后的一场惨烈内战，到 1991 年又历史重演。

罗马尼亚涌入了数百万匈牙利人，波兰得到数百万德国人及一条分隔德国与东普鲁士的走廊。以民族自决为名的这个重整过程结束后，受帝国统治的人民其人数几乎不下于奥匈帝国时代，差别只在于他们是分散于更多、更弱小的民族国家内，而这些国家龃龉时起，使这个地区更加不稳定。

劳合·乔治后虽觉悟到协约国将自食其果，但已太迟。他在 1919 年 3 月 25 日致威尔逊的函件中说：

> “我想不出将来有比这更可能掀起战火的原因了，世上数一数二积极进取与实力雄厚的德国，居然被一群小国所包围，而其各民族中有不少从未能建立稳定的政府，但每一国中都有大批吵着要与祖国统一的德国人。”

但此时和会已进行得差不多，快到 6 月的闭幕日期了。而且在均势原则已被废除后，也没有其他的选择可资重整国际秩序。

后来许多德国领袖声称，德国是被威尔逊的十四点原则所骗才同意议和，他们在一步步地破坏和约。但这种说辞根本是自我安慰地自说自话。德国在自以为有胜算把握时全不理会十四点原则，并且在这些原则宣布后不久，强迫俄罗斯接受罗马对迦太基式的和平，签订了《布列斯特 – 里托夫斯克条约》，违反了十四点当中的每一点。到最后德国休战的唯一原因纯属实力上的对比，由于美国已参战，德国战败已只是时间问题。当德国要求停火时，它已是强弩之末，其防线已逐渐瓦解，盟军也即将长驱直入。威尔逊的原则其实使德国得以幸免于更严厉的报复。

史学家对为什么《凡尔赛和约》注定会失败有更好的解释，其原因即美国拒绝加入国际联盟。美国未能批准这个条约，无法保证法国与此约相关的边界，当然令法国大失所望。但以当时美国国内的孤立主义气氛，即使加入国联或批准对法国国界的保证，也不会有多大差别。不论是哪一种结果，美国都不会出兵反抗侵略，要不然美国也会把侵略的定义定为不适用于东欧的情形，就如同英国 1930 年代的做法。

《凡尔赛和约》的祸害在于其结构。维也纳会议带来的百年和平，有三大支柱为支撑，每一个都不可或缺：与法国怀柔修好；维持欧洲均势；对正统观念的共识。对法国采取低姿态不见得能防止法国再次侵略。但法国明白四国同盟与神圣同盟一定可以集结优越的实力，使法国向外扩张的风险太大。另一方面，欧洲定期集会使法国有机会以平等地位参与欧洲协调。最重要的是，大国拥有相同的价值观，使各国既有的不满不致累积成想要推翻国际秩序。

《凡尔赛和约》不符合以上任一条件。其条款对修好而言太烦琐，对彻底使德国屈服又不够严苛。事实上，要在令德国满意与害怕之间求得平衡并非易事。德国既觉得备受战前的世界秩序所限，在战败后大概也不会对任何可行的条款感到满意。

法国有三个战略选择：可以设法组成一个反德同盟；可以设法分裂德国；也可设法向德国示好。但法国屡次想要结盟，均因英美拒绝而未能成功，而俄国此时已不属欧洲均势范围。分裂德国也受到英美反对，但法国在危急时又必须仰赖这两国的支援。至于向德国示好，此时不是太迟，就是太早，太迟是因为《凡尔赛和约》已成，示好有违条约精神，太早是因为法国民意尚不能接受。

矛盾的是，《凡尔赛和约》虽不乏惩罚性条款，但法国的脆弱与德国的战略优势反而因此加剧。战前德国在东西两面均有强国压境，不论向东向西，只要向外扩张一定会遭遇强邻，或是法国、奥匈帝国，或是俄罗斯。但《凡尔赛和约》签订后，在东欧已无制衡德国的力量。法国国势衰弱，奥匈帝国解体，俄罗斯一度消失于欧洲社会，因而已无可能重建旧的均势，更何况英美两国不肯保证《凡尔赛和约》的执行。

早在 1916 年，英国外相贝尔福爵士（Lord Balfour）便预见到至少一部分欧洲未来将面临的危险。他当时即提出警告，若波兰独立，可能使法国在再度遭逢战争时无力反击；若“波兰被变为一个独立王国，形成德俄间的缓冲国，法国将在下次发生战争时任德国宰割，因为俄国若要援法便不可能不违反波兰中立。”这正是 1939 年时的难题。法国为围堵德国，就需要在东欧有一盟国，以迫使德国必须两面作战。俄罗斯是唯一强大到能牵制德国的东欧国家。但有波兰从中将德俄分开，俄国要向德国施压就势必侵入波兰。波兰则太弱，不足以担任俄国的角色。《凡尔赛和约》的建树却是使德俄继 20 年前瓜分波兰后，再生同样的野心。

法国在东欧找不到大国暗中支持，便想壮大新成立的国家，以制造德国腹背受敌的假相。法国支持东欧新兴国家，向德国或匈牙利所剩的版图攫取更多领土。这些国家显然有其吸引法国误以为它们可制衡德国的可取之处。但它们绝无可能取代过去奥地利及俄罗斯所处的地位。它们都太弱，又陷于内部纷扰与彼此敌对而无法自拔。它们的东面环伺着革命后的俄罗斯，也正为其领土损失而喧嚷不已。一旦俄罗斯恢复实力，它对这些小国家的威胁性不下于德国。

于是欧洲的稳定全恃于法国。先前是结合了美、英、法、俄的力量才使德国投降。如今这四国当中，美国再度倾向于孤立主义，俄国由于其革命及所谓的东欧诸小国“防疫”（cordon sanitaire）妨碍其向法国施援，而与欧洲相隔绝。法国为维护和平便需扮演全欧的警察。然而法国不仅没有采取如此干预性政策的意图与实力，而且就算有意这么做，也会发现自己孤单无援，被英美两国所遗弃。

不过，《凡尔赛和约》最危险的弱点是心理上的。维也纳会议所建立的国际秩序，有符合均势要求的保守势力团结原则为后盾，而实际上最有能力维持维也纳和解的各大国，都认为和约内容很公平。但《凡尔赛和约》却注定短命，因其标榜的价值观与执行和约所需的诱因相互冲突：有能力维护和约的国家大多认为其内容在某一方面有欠公平。

第一次世界大战的矛盾之处在于，作战的目的是为遏阻德国势力兴起及可能称霸欧洲，且民意曾高涨到难以建立与敌人和解的和平。然而到最后，威尔逊的原则却使盟国无法达到能够压制德国的和平，各国也不认为和约很公正。根据抽象原则执行外交政策的代价，便是无法处理个别案例的特殊情况。由于集会于凡尔赛的各国领袖，既不愿意根据战胜国必然有的权利，也不肯依照均势原则对各国实力的评估来削弱德国实力，他们便只有将要求德国裁军解释为各国全面裁军的第一步，将要求赔偿解释为对战争本身的补偿。

盟国如此解释要求德国裁军的理由，是破坏了维持和约所需要的心理准备。因为从一开始，德国便可因此抗议受到不公平的待遇，并要求重新武装或其他国家也裁军到与它相同的水准，而德国也的确如此抗议。在裁军过程中，《凡尔赛和约》的相关条款反令战胜国自觉理亏。在每次裁军会议上，德国一定采取理直气壮的高姿态，通常英国会表示支持。但法国若同意在裁军上对德国一视同仁，那想要护卫东欧各国的独立便不可能。因此和约中的裁军条款势必导致不是法国就是德国必须裁军。而不论是哪一种情形，法国均不具备足够的力量保卫东欧，最后甚至是自身难保。

同样的，禁止奥地利与德国合并，而在捷克境内又有一大群德裔少数民族，波兰境内也有一支人数较少的德裔少数民族，这些都违反民族自决原则。所以德国追求民族统一的运动有《凡尔赛和约》基本原则为后盾，更增添了民主国家的罪恶感。

造成最大心理负担的是和约的第231条，通称的战争罪（War Guilt）条款。这一条指德国需为引发第一次世界大战负全责，并对此提出严厉的道德谴责。和约中大部分的惩罚措施，包括政治、经济及军事，完全根据德国是罪魁祸首的前提而来。

18世纪主持议和的人一定视“战罪条款”为荒谬不可思议。他们认为战争是利益起冲突的必然结果，与道德无涉。在十八世纪战争结束后所签订的条约里，战败国付出一定的代价，但不致受到道德批判。而威尔逊及参与《凡尔赛和约》的人士则认为，1914—1918年战争的起因必须归罪于某个坏蛋，并且必须加以惩罚。

但是当仇恨消退后，有识之士逐渐发现，战争爆发的责任归属要复杂得多。固然德国必须负一大部分责任，但只处罚德国是否公平？第231条条款是否恰当？一旦大家开始产生这些疑问，尤其在1920年的英国，欲执行和约中惩处德国的条款的意愿，就渐渐动摇。良心不安的议和代表们，对他们完成的和约是否公平不再有把握，便失去了执行此约的决心。对这一点德国当然没有责任。在德国大众的口里，第231条条款被称作“战罪谎言”。建立均势已有实质上的困难，如今又有建立道德均势的心理障碍。

由此可知，研拟凡尔赛和平方案的各国代表最后得到的是反效果。他们想削减德国的实力，却反而增强了德国的地缘政治地位。从长期来看，德国在《凡尔赛和约》后的地位比战前更大大有利于主宰欧洲。一等到德国摆脱裁军的束缚（而这是迟早的事），它注定会变得空前的强大。尼科尔森（Harold Nicolson）曾有这样的结论："我们初来巴黎时，对即将建立新秩序满怀信心；离开时，则已觉悟，新秩序不过比旧秩序更加纠缠不清。"

第十章

胜利者的困境

由左至右：克列孟梭、威尔逊、桑尼诺男爵（Baron Sidney Sonnino）及劳合·乔治，合影于 1919 年 6 月 28 日，签署凡尔赛和约之后

集体安全的观念

《凡尔赛和约》的监督执行建立在两个相互抵消的基本概念上。其中一个概念因太过广泛，另一个则因太过狭隘，均告失败。集体安全概念就是太空泛，不适用于最可能扰乱和平的特殊情况，取而代之的英法非正式合作协议又太分散、欠缺决心，不足以对抗德国大规模的挑衅。不到五年，两个战败国又在拉巴洛（Rapallo）携手。德国与苏联日益密切的合作对凡尔赛体系是重大打击，但已丧失斗志的各民主国一开始并未意识到其严重性。

第一次世界大战结束时，多年来有关国际事务道德与利益孰重的辩论似已终结，而且是法律及道德占上风。经过这场战争的洗礼，许多人期盼世界会变得更好，并尽可能远离被他们视为曾夺走大批年轻人生命的“现实政治”。虽然当时美国正逐渐退回孤立主义，但它却是这个过程的催生者。威尔逊描绘的美景是，即便美国退出，欧洲仍应遵行他所倡导的方向，通过集体安全来维持稳定，放弃传统追求结盟及均势的做法。

此后在美国的说法里，美国所加入的盟约——如北大西洋公约组织（NATO）——通常都被说成是达成集体安全的工具。然而这并非盟约（alliance）这个词的原始意义，因为基本上，集体安全与结盟是正好相反的两个概念。传统结盟是针对特定的威胁，由特定国家因同样的国家利益或相互的安全考虑而结合在一起，定有明确的权利义务。集体安全不以特定威胁为对象，不保证个别国家的安全，对各国一视同仁。理论上其宗旨是在对抗任何可能危及和平的威胁，不论是哪一国发动或威胁的对象是谁。盟约一定有一假想敌；集体安全则是维护抽象的国际法，就如同一国的司法体系维护其刑法一样。它也像国内法一样不会先假设有某个罪犯。对盟约而言，发动战争的理由是其利益或盟国的安全遭到攻击。而集体安全则假定“和平”解决争端原则符合全世界人民的共同利益，违反这个原则便构成开战的条件。因此军队的集结必须视个案情形，由对“维持和平”（peacekeeping）具共同利益的各国出兵，每一次的组合可能都不一样。

结盟是为了建立比分析国家利益更能预期、更为明确的权利义务。集体安全的运作方式完全相反，它是待事情发生后，再视情况决定如何适用其原则，因而无形中十分需要仰仗当时的气氛及各国的意愿。

唯有在全体国家，至少是与集体防御有关的各国，都对眼前威胁的性质有近乎一致的看法，且均不考虑各自在此问题上的国家利益，而愿依事件本身的是非对错决定使用武力或实施制裁，此时集体安全才能发挥作用。只有在这些条件齐备的情形下，国际组织才能进行制裁或担任国际事务的仲裁者。1918 年 9 月大战接近尾声时，威尔逊对集体安全的看法是：

> “国家目的逐渐退居次要，文明人类共同的目的已取而代之。各地老百姓的智慧变得比高高在上的深谙权谋者更为单纯率直且一致，上位者却仍陷溺于争权夺利的游戏而且不惜一切代价。”

以上这一段话反映出威尔逊和欧洲传统对国际冲突起因的解释，两者间有着基本的差异。欧洲式外交是假设国家利益原本就易于起摩擦，因此把外交视作调和各国利益的手段；但威尔逊却认为国际争端是起于“观念不清”，而不是反映着利益真正有所冲突。在现实政治的实际运作上，是由政治家负起责任，以维持赏罚间的平衡使得个别利益与整体利益结为一体；而威尔逊却认为政治家必须将普遍性原则应用到每个个案上。而且他往往视政治家为引起冲突的原因，因为他认为是政治家莫测高深且自私自利的算计，扭曲了人类爱好和谐的本性。

出席凡尔赛议和的政治家，大多数人的言行都辜负了威尔逊的期望。他们个个强调国家利益，留下威尔逊独自一人为整体的目的辩护，其实美国在此次和会的领土议题上没有国家利益（欧洲观念中的）。先知们在遭遇现实的阻力时，都有尽力宣扬其预言，不轻言放弃的本性。威尔逊在凡尔赛遇到的阻碍，并未使他对自己的新理念是否可行产生怀疑。反而这些障碍加强了他坚持到底的信念。他深信国际联盟及国际舆论的力量，会改正和约中许多不符合其原则的条款。

的确，威尔逊理想的威力展现在对均势政策发源地英国的影响上。英国官方在对国联盟约发表的评论中说："最终极、最有效的制裁必为整个文明世界的舆论。"塞西尔爵士（Lord Cecil）在下议院则主张："我们所依恃的是民意，若我们对民意的看法错误，那就没有对的事了。"

皮特、坎宁、帕麦斯顿及迪斯累里的后人，似乎不可能凭一己的想法便得出这个结论。起先他们是为了确保美国会参战才附和威尔逊的原则。后来威尔逊的原则又赢得了英国民众的支持。到 20 世纪 20 年代、30 年代，英国为集体安全辩护已不再是战术的运用，威尔逊主义已真正获得英国人民的信服。

但是集体安全也败在其基本前提的弱点上，即所有国家在对抗每一次侵略上均有相同的利益，也愿意冒同样的风险。经验证明这些基本假设是站不住脚的。凡涉及大国的侵略行为，从没有依集体安全原则而被击溃的例子。每逢这种情形，国际社会或是不肯将其视作是侵略，要不就是对如何制裁才恰当无法达成共识。即使实施制裁，必然也是各国所能同意的最低程度，常难以发挥效果，反而得不偿失。

1932 年日本占领满洲时，国际联盟没有实行制裁的机制。后来这个缺失被改正，但当意大利侵入阿比西尼亚（Abyssinia）时，国联虽投票通过制裁，也有"除战争外的一切制裁"的口号，却未断绝石油的供应。当奥地利被迫与德国统一，捷克失去自由时，国联根本毫无反应。在德国、日本、意大利相继退出后，国际联盟最后的一项作为是在 1939 年苏联进攻芬兰后驱逐了苏联。但此举丝毫不影响苏联的行动。

冷战期间，联合国对每个涉及强国侵略的事件，同样是一筹莫展，有时是因为共产国家在安理会加以否决，有时是因为小国不愿为它们认为事不关己的问题而冒险。联合国在柏林危机、苏联介入匈牙利、捷克及阿富汗时，不是徒劳无功，便是袖手旁观。在古巴导弹危机时，直到美苏两国同意和解，联合国才使得上力。1950 年美国之所以能抬出联合国的权威对抗北朝鲜的行动，还多亏苏联代表退席抵制安理会，且联合国大会仍由急于拉拢美国以防苏联侵略欧洲的国家所主导。联合国的确提供了一个方便外交官会面的场所，也是交换意见的好地方。它还有若干重要的技术性功能，但它未能实现集体安全的基本前提——防止战争及共同抵抗侵略。

即使在后冷战时代，联合国也未能发挥这个作用。1991 年的海湾战争，联合国固然认可美国的行动，但对伊拉克的制裁不能说是出于集体安全原则。因为美国等不及国际取得共识，就先片面派出大批远征军。其他国家要想影响美国的行动，就只有加入这场其实是美国一手主导的行动；如果想否决，难免会起冲突。同时苏联与中国国内的情形，也使联合国安理会的常任理事国想与美国维持良好关系。海湾战争期间，集体安全只是用来使美国的领导地位合理化，而不是被用来取代美国的领导。

当然在当时无知的年代，集体安全的观念刚提出来时，还没有这些教训可资参考。凡尔赛和会后的政治家，既认为军备是造成情势紧张的原因，而非情势紧张的结果，也相信若以善意代替传统外交的猜忌，或可消弭国际冲突。虽然大战使他们备尝孤立无援之苦，但欧洲领袖们应该意识到，只要世上三个最强的国家：美国、德国、苏联不包括在内，即使克服所有障碍，普遍的集体安全原则仍是永远行不通的。美国是拒绝加入国际联盟，德国是被禁止加入，苏联则因被视为化外之民而蔑视它。

最不幸的“战胜国”——法国

在战后国际秩序重建中，遭遇最不幸的是“战胜国”法国。法国领袖知道《凡尔赛和约》的条款无法令德国永远处于弱势。在前一次欧战即1853—1856年的克里米亚战争中，英法虽为战胜国，却只能维持和约中的军事条款不到20年。在拿破仑战争后，只经过三年法国即成为欧洲协调不折不扣的一分子。《凡尔赛和约》签订后，即使法国的军力似乎在欧洲所向无敌，但法国与德国相形之下的衰弱已日渐明显。战胜国法国主帅福煦（Marshal Ferdinand Foch）对《凡尔赛和约》看得很真切："这不是和平，只是休战20年。"

到1924年，英国地面部队的参谋人员也有同样的看法，并预测德国会因"仅是重演使我们卷入上一场大战的情况"，而再度与英国开战。他们指出，《凡尔赛和约》设下的限制，在德国自认具有足够政治力量，摆脱凡尔赛的束缚后，顶多只能使德国的再度武装延后9个月。他们颇有先见之明的预估，德国很可能在10年内便具备这种实力。至于法国，他们除同意英方的分析外还预言，除非在这段期间能与"一流强国"结为军事联盟，否则法国将陷于无力抵抗的窘境。

然而当时唯一可选择的强国便是英国，英国政治领袖又不接受军方的看法。他们的政策反而是根据错误的想法而来，认为法国已经太强，根本不需要与英国结盟。这些领袖认为已失去斗志的法国有可能成为欧洲第一强国，所以需要加以制衡；视对战后境遇不满欲翻案的德国为受委屈的一方，需加以安抚。这两个假设，即法国军力独大及德国未受到善待，就短期而言是正确的，但自长期看，以此作为英国政策的前提将带来祸害。政治家对大势所趋的看法可成就他们的事业，也可使他们一败涂地。第一次世界大战后的英国领袖们未能明察摆在眼前的长期威胁。

法国迫不及待要与英国缔结军事盟约，以填补因美国参议院拒绝批准《凡尔赛和约》而失效的安全保证。英国过去从未与它所认定的欧洲最强的国家结成军事同盟，现在英国领导人又认为法国正重演称霸欧陆的历史威胁。1924年英国外交部中央司（the Central Department）将法国占领莱茵区，断定为"入侵中欧的起点"，这与当时法国的心态完全相反。在外交部这份备忘录中，更无知的是把占领莱茵区当做是包围比利时，以致造成"对斯海尔德（Schelde）及须得海（Zuider Zee）区的直接威胁，因此是对我国的间接威胁”。海军总部对法国的猜忌不下于外交部，由直接得自西班牙王位继承战或拿破仑战争等战事的结论提出检讨：“莱茵区掌控着荷兰及比利时诸港口，这些港口遭控制将严重损及英国皇家海军针对与法国交战的作战计划。”

英国心目中的主要威胁来源是法国，而法国的外交政策其实近乎饥不择食，那么，这些只为抵挡德国又一次侵略的国家，想要维持欧洲的均势无异于缘木求鱼。的确，仿佛是历史的反射作用，此时英国有许多人想到以德国来制衡法国。例如英国驻柏林大使阿伯侬子爵（Viscount D'Abernon）在报告中建议，以德国作为平衡法国的力量符合英国利益。他在1923年写道：“只要德国团结统一，欧洲便可维持或多或少的均势。”若德国分裂，法国将“以其军队及军事同盟，享有不可一世的军事与政治掌控权”。此言固然不假，但这绝非未来一二十年内英国外交所可能面临的状况。

英国向来主张，胜利后要重建国际秩序就必须让先前的敌人重返国际社会，这一点十分正确。但只要均势不断地向德国这一方倾斜，安抚德国的不满情绪无助于恢复稳定。维持欧洲均势的最后一线生机有待于英法之间的团结，但这两国却无法理解彼此的想法，只有无奈地望着对方，而对均势真正构成威胁的德国及苏联，则不屑一顾，袖手旁观。英国太过高估法国的实力，法国则太过高估可利用《凡尔赛和约》弥补对德日益恶化的劣势。英国担心法国可能称霸欧陆，可笑之至，法国以为可以以压制德国为目标推行其外交政策，是别无他法才出此下策。

英国不愿与法国结盟最重要的原因，或许是英国领导人觉得《凡尔赛和约》不公平，尤其是有关东欧的安排，他们担心一旦与法国结盟，法国与东欧各国又有盟约，可能使英国卷入不该插手的冲突，维护不该维护的国家。劳合·乔治表达出当时一般人的看法：

> “英国人民将不愿涉入因波兰或上西里西亚的但泽（Danzig）而起的争执。英国人民觉得欧洲那个部分的人口性情不稳，又易于受挑拨，他们随时随地都可能动手，而争执中的谁是谁非可能极难以判断。”

英国领袖抱持着这种态度，因此在讨论会不会与法国结盟时，主要是战术性的运用，借以减轻法国对德国施压，而不是真正想对国际安全有所贡献。

于是法国继续徒劳无功地设法压抑德国，英国则设法找出既可安抚法国的疑虑，又不必令英国做出承诺的安全协议。两者永远不可能有交集，因为英国不可能给予法国能使它对德国采取较理性、较和缓的外交政策的保证，亦即全面的军事同盟。

法国总理白里安（Briand）在1922年，有感于英国国会决不会认可正式的军事承诺，便想比照1904年的友好协议（Entente Cordiale），寻求英法外交合作，但不涉及军事。然而在1904年，英国感觉得到德国发展海军及不断耀武扬威的威胁；而到20世纪20年代，英国对德国的恐惧尚不及对法国的疑虑，它误以为法国的行为是出于傲慢，不是出于恐慌。后来英国虽勉强同意白里安的提议，但其真正的动机反映在内阁某文件中，文中解释与法结盟是为了加强英国与德国的关系：

> “德国对我而言是欧洲最重要的国家，不仅因彼我间的贸易，更因它是俄罗斯情势的关键。在现有状况下，协助德国或会使我招致背弃法国的指责，但法国若为我盟国，则此种指责便不致出现。”

不论是法国总统米勒兰（Alexandre Millerand）感受到英国是在避重就轻，或仅是觉得这盟约太不具体，他拒绝了白里安的建议，白里安因此辞职。

法国未能说服英国结成传统式同盟后，便转向国际联盟，希望在国联中为侵略立下明确的定义，以达到保障其安全的目的。定义确立后再融入国联架构中成为一项明确的义务，借此使国际联盟转换为全球性同盟。1923年9月，在法英敦促之下，国际联盟理事会完成一项全球性互助条约。一旦发生冲突，理事会将获授权，可判定哪一国为侵略者，哪一国为受害者。每一会员国都有义务，在签约国所在的那一洲（加上此句是为避免国际联盟须涉入殖民地冲突）协助受害国，必要时可诉诸武力。由于集体安全原则下的义务应来自整体原因，而非国家利益，因此条约中规定，受害国若要获得援助，就必须事先签署经国联认可的裁军协定，并按照约定的时间表减少其军力。

由于受害国通常都是较弱的一方，国联这个互助条约（Treaty of Mutual Assistance）其实是让易受侵害的国家更加为难，令侵略者更加有恃无恐。更何况全面性裁军协定的时间表需经年累月的谈判，这个互助条约反而会制造大片真空。国际联盟抵抗侵略的义务被延到很久以后的不可知的未来，在这种情况下，法国及其他受到威胁的国家就只有自求多福了。

互助条约中虽列有种种例外条款，却未能获得各国的支持。美苏拒绝考虑，德国从未被要求表示意见。一旦明白这个草约可能使在各洲都有殖民地的英国，必须协助世界任何角落的任何被侵略国后，工党首相麦克唐纳（Ramsay MacDonald）也感觉不得不表示，英国虽曾参与草拟，但无法接受这个条约。

此时，法国追求安全已到走火入魔的程度。它不肯承认一切努力只是白费力气，始终不放弃要找出符合集体安全原则的对抗侵略的标准，特别是麦克唐纳领导下的英国政府强烈支持集体安全与裁军，即国际联盟所标榜的先进目标。最后麦克唐纳与法国新任总理赫里欧（Edouard Herriot），想出一个互助条约的变体。1924 年的《日内瓦议定书》（Geneva Protocol），要求所有国际冲突均应由国际联盟仲裁，并订出三个各国有义务协助被侵略者的标准：侵略国拒绝交由理事会调解以解决争议；侵略国未能将争议交由司法解决或仲裁；第三点当然是受害国必须参与全面性的裁军计划。所有签署国均有义务以任何可行方式，协助受害国对抗合于上述标准的侵略者。

不过《日内瓦议定书》因同样的理由，落得与互助条约同样的下场，20 世纪 20 年代所有其他的集体安全方案也都未能成功。这个议定书超出英国能接受的范围，却远不及法国想要达成的目标。英国做此提议是为吸引法国加入裁军，不是要为自己多加一份防御义务。法国主要则是为确立互助的义务，裁军充其量只是次要的考虑。美国的态度已注定其失败，美国表示不会遵守《日内瓦议定书》，也不会容许议定书中的条款干预美国的贸易。到英国皇家国防参谋（Imperial Defense Staff）主席警告，这个议定书会使英国兵力过度延伸，十分危险时，英国内阁便在1925年初退出。

这种安排实在荒谬，抵抗侵略者的先决条件是受害者必须先裁军，对地缘政治的考虑及一地的战略重要性，即千百年来国与国交战的理由，如今已不被视为正当理由。照这个原理推论，英国之所以要保卫比利时，是因为比国已裁军，不是基于它的战略地位重要。经过相当时日的谈判，各民主国在裁军及集体安全两方面均毫无进展。集体安全倾向于将侵略转为抽象的法律问题，而且不考虑特定的威胁或承诺，这反而无助于凝聚共识，令各国倍感挫折。

英国虽在言辞上大力支持集体安全，但显然认为集体安全下的义务没有传统联盟所要求的义务那么具强制性。这由英国内阁的表现可见一斑，在发明各式各样的集体安全架构上它迭有创见，却抵死拒绝与法国签订正式盟约，直到十五年后战争爆发前夕都是如此。要不是英国把集体安全的义务看成比同盟的义务要履行的可能性较小，或是较易于规避，态度上就不会有那么大的差异。

盟国最聪明的做法，应是主动将《凡尔赛和约》中对德国最严苛的条款删去，并促成英法间坚定的联盟。丘吉尔（Winston Churchill）就曾有这种想法，他赞成与法国结盟，“如果（且唯有）它全然改变对德国的待遇，并衷心地接受英国协助及友好德国之政策”。可惜这个政策未能一贯地加以推行。法国领袖太过惧怕德国及反德情绪高涨的法国民意，英国领袖则对法国的图谋太多疑。

《凡尔赛和约》的裁军条款拉大了英法间的鸿沟。具讽刺意味的是这反而方便德国取得军事上的优势，加以东欧的弱势，久而久之德国在地缘政治上的优越地位便告确立。盟国的一大败笔是在立下不公平条款之后，又未能制定查证其实施情形的制度。法国出席巴黎和会的主要代表之一达塔迪厄（Andre Tardieu）在1919年写给豪斯上校的信中即预言，未制定查证体制将使和约中的裁军条款滞碍难行：

“正草拟中的是一个不完整的工具，危险且荒谬。国联是否会对德表示：‘请证明我的情报错误’，甚至‘我们希望查证’。但那便是主张有监督权，德国将回答：‘你有何权利？’德国会如此答复，若没有和约强迫它必须承认查证权，那这么回答将很合理。”

在武器管制成为学术研究的对象前那段懵懂时期，没有人觉得要德国自行查证自己的裁军很奇怪。的确盟国曾成立军事管制委员会，但它不具备独立查证权，它想要获得德国违规的资讯，就只能向德国政府要，这是不太高明的设计。委员会在 1926 年解散，使查证工作落到盟国情报单位身上。难怪在希特勒拒绝履行裁军条款以前许久，德国早已严重违规。

在政治方面，德国领袖很技巧地坚持应实行《凡尔赛和约》中承诺的全面裁军，德国裁军只是第一步。经过一段时间，他们争取到英国支持全面裁军，又利用它来作为未能履行其他条款的借口。英国为向法国施压，便宣布大幅减少地面部队（这向来不是英国国防的主力），但不减海军（当然这是其安全之所恃）。但是由于德国的工业实力及人口都超出法国太多，法国国防便完全要仰赖陆军常备军比德国多出许多才行。会使此种平衡改变的压力，不论是德国重新武装或法国裁军，实际上都等于使大战的结果逆转。到希特勒上台时，情势已很明显，和约的裁军条款即将付诸东流，德国的地缘政治优势也明朗化。

赔款问题更加导致英法间的疏离。在《凡尔赛和约》之前，战败国付赔款一直是理所当然的。1870 年普法战争后，德国不觉得需要抬出任何原则，只因它是胜利者，便要求法国赔偿；1918 年它在《布列斯特 – 里托夫斯克条约》中向俄罗斯提出庞大的赔偿数字，也是基于同样理由。

但在凡尔赛新世界秩序中，盟国却认为赔款还需要有道德上的依据。这个依据出现在本书第九章提到的第 231 条条款，即战争罪条款内。它在德国遭到猛烈的抨击，使鼓励德国对和约采取合作态度的有限吸引力也消失殆尽。

《凡尔赛和约》令人称奇的地方之一，就是起草人既纳入了像战罪条款这样明确而易招怨恨的内容，又未订定确切的赔款总额。这个数额要留待将来成立的专家委员会去决定，原因是各盟国误导民众对赔偿期待过高，其金额绝通不过威尔逊那一关，也经不起财经专家严格的分析。

在这种情况下，赔款也跟裁军一样成为德国“翻案派”（revisionists）的武器，专家们不但越来越怀疑这在道德上是否站得住脚，也对其可行性颇有疑问。凯恩斯（John Maynard Keynes）所著《论和平之经济后果》（Treatise on the Economic Consequences of the Peace）便是一个主要的例证。还有就是战胜国的谈判筹码总是随时间而递减。在失败的震撼刚发生时未能确立的事，时过境迁后就会越来越难以争取——这是美国在 1991 年海湾战争结束时对伊拉克所应吸取的教训。

直到 1921 年，即《凡尔赛和约》签订两年后，赔款的数字才终于订出来。其总数高得离谱：1320 亿金马克（Goldmark）（约合当时 400 亿美元），这笔钱德国要一直付到 20 世纪结束才能全部还清。可想而知，德国表示无力偿付，即使国际金融体系能够应付如此大规模的资源转移，也没有一个民选的德国政府胆敢同意接受这个数额。

1921 年夏，德国付出头笔赔款，转移了 10 亿马克（约合当时 2.5 亿美元）。但德国是靠大量印制马克纸钞，拿到公开市场上去购买外币来偿付，也就是大肆贬低其币值，钱虽付得很多，实际上却没有太多资源流出。1922 年底德国又提议延期四年偿付。

至此，凡尔赛国际体系及它在欧洲的主要支柱法国已十分生气。赔偿没有执行机构，裁军没有查证制度。由于英法在这两个问题上意见相佐，德国感到愤愤不平，美苏置身事外，结果凡尔赛其实不是建立国际秩序，反而导致了某种国际游击战。在盟国胜利四年后，德国反而比法国更有讨价还价的筹码。在这种气氛下，英国首相劳合·乔治于 1922 年 4 月在热那亚召开国际会议，他很明智地把赔偿、战争债务及欧洲重建等问题合在一起讨论，跟几十年后的马歇尔计划相类似。至于要谈欧洲重建势必不可能把欧陆最大的两个国家（刚好也是两个主要债务国）排除在外，因此德苏这两个欧洲外交的化外之民，也在战后首度被邀请参与国际会议。但结果不是对劳合·乔治寄予厚望的国际秩序有所贡献，却是促成了这两国的结合。

苏德的交集

自法国大革命以来，欧洲外交舞台上完全不曾出现过像苏联这样的国家。这是百余年来第一次有国家公开宣称以颠覆既有秩序为纲领。法国革命党人志在改变国体，布尔什维克（俄共）更进一步主张废除国家。照列宁（Lenin）的说法，一旦国家式微，就不再需要外交或对外政策了。

起先这个主张令俄共及他们不得不打交道的对象都很不安。早期俄国共产党人所提出来的理论是，阶级斗争与资本主义是引起战争的原因。但他们从未触及如何在主权国家间执行外交政策的问题。他们确信共产党在俄国革命成功后，不消几个月，世界革命便会随之而来，最悲观的预测也认为不会超过几年。苏俄第一任外长托洛茨基（Leon Trotsky）认为他的职务顶多不过是个事务员，为揭发资本主义国家的真面目，而将他们就战后分赃所提出的各种密约公之于世。他自认的角色是"向全世界人民发表几个革命宣言，然后就关店"。早期的共产党领袖都不认为共产主义国家可能与资本主义国家和平共存数十年。既然几个月或几年后国家就会完全消失，因此苏俄早期的想法是，外交政策的主要任务在于鼓励世界革命，而不是处理各国之间的关系。

在这种环境下，凡尔赛议和将苏俄排除在外我们可以理解。盟国没有意愿邀请一个已与德国单独讲和，且其间谍正企图推翻各国政府的国家，参与盟国的讨论。列宁与其同志们也无意于参与他们想要打破的国际秩序。

俄共早年内部无止境的深奥辩论，从未讨论过他们实际取得政权后所承袭的战争状态。他们没有确切的和平计划，因为他们不把苏俄看成一个国家，而是看作一种理想。因此在他们眼里结束战争与促进欧洲革命仿佛一体的两面。的确 1917 年革命后当天所发布的第一个外交政策法条即所谓的《和平法令》（Decree on Peace），其中呼吁全世界政府与人民接受他们所主张的民主的和平。

俄共的美梦很快便破灭。德国总指挥部（High Command）同意在布列斯特－里托夫斯克举行和约谈判，同时在谈判期间停火。托洛茨基以为他可以利用世界革命为要挟，作为谈判武器，并以无产阶级代言人自居。可惜他的对手是一位胜战将领，不是哲学家。此人即德国东线参谋长霍夫曼（Max Hoffmann），他明白彼我的优劣形势，便在 1918 年 1 月提出残酷的条件。他要求并吞整个波罗的海地区，割让白俄罗斯的一部分，使独立的乌克兰成为德国的保护国，还要一大笔赔偿。最后他对托洛茨基的拖延战术已不耐烦，便拿出一张绘好的地图，上面以粗蓝线标明德国的要求。他还表明在俄国复员之前，换句话说就是在它毫不设防之前，德国是不会罢休的。

霍夫曼的最后通牒引起共产党首次对外交政策认真加以讨论，时间是 1918 年 1 月。列宁主张顺从德国的要求，这一主张获得斯大林的支持，布哈林（Bukharin）赞成发动革命战争。列宁指出，德国若没有革命发生或革命失败，俄罗斯将遭到"彻底的惨败"，导致更不利的和平，"且谋和的将不是社会主义政府，而是其他政府。有鉴于此，将始于俄罗斯的社会主义革命之命运，单单寄托于德国可能在不久的将来发生革命之上，万万不可"。

托洛茨基则站在以意识形态为主的外交政策立场上，主张"不战不和"。然而处于弱势的一方，唯有在对方认为谈判自有其运作规则的情况下，始可能采取拖延战术，美国即特别容易有这种高估谈判作用的错觉。德国人却不这么想。当托洛茨基带着不战不和的政策指示回到谈判桌上，并片面宣布战争已经结束，德国便恢复了军事行动。面对彻底战败的威胁，列宁及其同志们接受了霍夫曼的条件并签下《布列斯特－里托夫斯克条约》，接受与帝国主义的德国和平共存。

在后来的 60 年间，和平共存原则一再被苏联提出，而主要各方的反应却一成不变：民主国家每次都称赞苏联宣布和平共存，代表它终于转而改行长期和平政策。然而共产党人则总是以当前形势不利于冲突为由，为每一个和平共存时期自圆其说。由此推论，一旦形势改变，共产党对和平共存的态度就会随之改变。列宁曾表示，决定是否要与资本主义敌人和平共存的是现实条件：

> “单独议和乃现阶段最有力的措施，可使我免受制于两个交战的帝国主义集团，利用其彼此间的敌意，即利用战争使之难以达成不利于我的勾当。”

这个政策的极致当属1939年的苏德协定。任何可能出现的矛盾很容易便可合理化。共产党声明中说：“我们深信最一贯的社会主义政策，仍能与最严苛的现实与最实际的可行性妥协。”

1920年，苏联的政策朝承认对西方需要采取较传统的政策，迈出最后一步。外长契切林（Georgi Chicherin）说：

> “对资本主义制度可持续多久虽有不同意见，但目前资本主义制度确实存在，因此必须有权宜之计。”

尽管高唱革命论调，到头来国家利益仍成为苏联的主要目标，并被上升为一项社会主义的真理，不下于其多年来一直被奉为资本主义国家的政策核心。

但苏联不久又遭遇另一次军事威胁。1920年4月波兰出兵攻击苏联，一直推进到基辅（Kiev）附近才被击退。红军反攻接近华沙时，西方盟国出来干预，要求停止进攻，双方议和。英国外相寇松爵士（Lord Curzon）提议的苏波分界线，苏联愿意接受，但波兰拒绝，因此最后的协议是沿战前的军事界线划定，比寇松提议的偏东许多。

波兰此举使它与两个历史宿仇的敌意更为加深：德国，因它自德国获得上西里西亚及波兰走廊；苏联，因它取得通称为寇松线以东的领土。大势已定后，苏联发现自身终于可免于战争及革命，却也付出了相当的代价，丧失了沙皇时代在波罗的海、芬兰、波兰、比萨拉比亚及沿土耳其边境所征服的领土。到1923年，在战乱期间脱离俄罗斯帝国的乌克兰及格鲁吉亚，又再度为苏联所控制，如今俄罗斯的领袖们对它们一度脱离一事仍难以忘怀。

为恢复对国内的控制，苏联不得不在革命圣战与现实政治，在号召世界革命与实行和平共存间，做出务实的妥协。虽然它选择延后世界革命，但决不会支持现有的秩序。在它看来，和平正是挑拨资本主义国家互斗的机会，而主要目标为德国。德国在苏联思想及俄罗斯情感中一直享有重要地位。1920 年 12 月列宁曾描述苏联的策略：

> “我们的生存首赖资本主义强国阵营存在着严重分裂，其次是协约国获胜及《凡尔赛和约》导致德国绝大多数人民生活难以为继。德国资产阶级政府痛恨布尔什维克，但国际情势的利益正促使它违背本意，走向与苏联谋和。”

德国也有同样的结论。在俄波战争期间，战后主导德国建军的席克特将军（Hans von Seeckt）曾写道：

> “目前的波兰国乃协约国制造出来，旨在取代以往之俄罗斯以便对德东边境施压。苏联与波兰之战不仅波及后者，最重要的是打击到英法等协约国。若波兰失败，整个《凡尔赛和约》架构都将摇摇欲坠。由此可知，助波兰对抗俄国并不符合德国之利益。”

席克特的看法确认了数年前贝乐福爵士的忧虑（前一章曾引述），即波兰给了德、苏一个共同敌人，使它们不再如整个 19 世纪一般相互牵制。在凡尔赛体系中，德国面对的不是三国协约，而是彼此间存在着不同程度的歧见的众多国家，而这些国家也都与在领土上遭遇类似德国的情况的苏联相对立。这同病相怜的两国惺惺相惜是迟早的事。

两国的交集发生于 1922 年，在意大利热那亚附近的滨海城镇拉巴洛，即劳合·乔治召开国际会议的地点。可讽刺的是，德苏得以合流全拜赔偿问题争议不休之赐，自《凡尔赛和约》签订以来这个问题便一直悬而未决，且在盟国提出赔偿金额而德国表示负担不起之后更加恶化。

这次会议难收成效的主要障碍在于，比起后来的美国国务卿马歇尔（George Marshall）得以推动其重建计划圆满成功来，劳合·乔治既无那样的权力亦无马歇尔的智慧。在会前最后一刻法国不同意将赔款问题列入议程，因为担心受到压力要法国降低赔款金额，这个顾虑相当正确。法国似乎特别在乎它那经国际承认但难以达成的赔偿主张，而不愿接受某种可以办得到的妥协。德国希望能够展延付款。苏联则怀疑盟国可能为打破僵局，而有意把沙皇时代的债务与德国的赔偿相提并论，即要求苏联承认帝俄的债务应自德国赔款中取得补偿。《凡尔赛和约》第 116 条正保留了此种可能性。

苏联政府无意于承认帝俄的债务，也无意于承认英法对德国要求的赔偿。它也不想在已树敌甚多的情况下，再加入这一场索赔的讨价还价中，多制造一个敌国。为防止热那亚会议得出对其不利的解决方案，苏联在会前便提议与德国建立外交关系，并放弃对彼此一切的主张。德国不愿成为欧洲第一个与苏联建交的国家，以免因此影响到获得赔款的宽限，于是就没有直接回答苏联。这个提议暂被搁置，直到热那亚情势的演变迫使德国改变态度。

苏联外长契切林出身贵族，但强烈认同布尔什维克理想，他看出热那亚提供的良机，可以让革命信念为现实政治服务。他以为务实的合作比意识形态的要求更重要，因此倡议“和平共存”。俄国代表团认识到，在旧社会秩序及刚诞生的新秩序同时存在的现阶段，代表这两种财产制的国家进行经济合作，对整体经济重建实属绝对必要。

除提议合作之外，他还提出一些刻意让民主国家更加捉摸不定的议题。这些议题牵涉之广，既难以付诸实施，各民主政府又无法置之不理——后来这一直是苏联的外交战术之一。他提出来的议题包括清除大规模杀伤性武器，召开世界经济会议，国际共管所有航道。其目的在于鼓动西方民意，并为苏联争得主张国际和平的美名，使民主国家难以号召反共产主义的圣战，此乃克里姆林宫心中的梦魇。

契切林在热那亚发现自己是个局外人，德国代表们的际遇也好不了多少。西方盟国对于他们为德苏所制造的诱因依旧视而不见，仍对这两个欧陆最强大的国家不理不睬。德国首相及外长三度要求与劳合·乔治会面都被拒绝。同时法国建议与英、苏举行私下磋商，也把德国排除在外。私下会商的目的在重弹以帝俄债务交换德国赔偿的老调。这个建议即使没有苏联那么多疑的外交官也推断得出，是为了破坏德苏关系可能有所改善而设下的陷阱。

第一次的会议开完时，德苏都担心会遭到挑拨离间。因此当契切林的助理在 1922 年 4 月 16 日凌晨 1 时 15 分这个刻意挑选的时刻，打电话给德国代表团建议白天在拉巴洛会面时，双方一拍即合。两方面都希望结束孤立的局面，苏联也想避免不知是福是祸地成为德国的债权国。两国外长当机立断地草拟了协定，德苏将建立正式的外交关系，放弃对彼此一切的主张，并相互给予最惠国待遇。劳合·乔治得到有关德苏会谈的情报时已然太迟，他急忙设法联络德国代表团邀请他们参与一再被拒绝的会面。当德国代表团团长拉塞诺（Rathenau）得到信息时，他正要出发去签署德苏协定。迟疑了一会，他沉吟道："事已至此，覆水难收。"

随后的一年内，这两国一直磋商军事及经济合作协约。虽然后世将德苏复合归咎于拉巴洛，事实上它只是众多不可避免的历史意外之一，往往事后追溯起来才看得出其必然性：其意外之处在于事前双方都没有预谋，但注定会发生，因为时机已成熟，因为西方盟国把两个欧陆最大强国摒除在外，在德苏之间制造了一连串与德苏对立的小国，又割裂这两国的国土。所有这一切都为德苏制造出最大的诱因，使他们得以克服意识形态上的敌对，合力推翻凡尔赛体系。

单只拉巴洛会谈不致产生这种结果，不过它象征着在第二次世界大战爆发前，一种超越意识形态的共同利益使两国领袖越走越近。凯南曾将这个协定归于苏联锲而不舍，及西方不团结且掉以轻心两个原因。西方民主国家显然是短视愚昧，但一旦犯下《凡尔赛和约》的错误，就仅剩极有限的选择余地。到最后，唯一能阻止德苏合作的就只有英法与德国或苏联结盟了。但与德国结盟最起码的代价将是改定波兰边界，而且几乎必然要取消波兰走廊。如此安排下的欧洲，法国唯有与英国形成巩固的同盟，才能免于受德国的控制，但英国又不肯考虑与法结盟。同样的，与苏联结盟的实际涵义就是必须恢复寇松线，而波兰必会拒绝，法国也不会考虑。民主国家不打算付出任何一种代价，甚至不愿承认既要维护《凡尔赛和约》的安排，又不让德、苏深入参与所形成的困境。

在这种情况下，欧陆这两大重量级强国可能永远都选择由他俩瓜分东欧，而不会加入针对对方而来的同盟。于是等到不受传统束缚且为权力所驱使的希特勒及斯大林上台，两次大战期间用心良苦、爱好和平且生性胆小的政治家所建立的沙丘城堡便不堪一击。

第十一章

施特莱斯曼与战败国的复兴

路德（Hans Luther）、布莱恩及施特莱斯曼（右）与德国代表团成员合摄于国际联盟

左右 20 世纪 20 年代
外交大势的政治家施特莱斯曼

自威廉三世以来通行于欧洲多年的一切的均势外交原则，都指向英法应结为反德联盟，以防这个不安分的邻国再生出侵略野心。根本上说，英法各自都比德国要弱，即使是战败的德国也一样，唯有期望联合在一起才能制得住德国。但这个联盟始终不曾出现。英国放弃了三个世纪以来独尊均势的外交政策特色，摇摆于表面上采取均势原则，实际上日益倾向于集体安全原则之间，均势是针对法国而来，在集体安全的执行上又裹足不前。法国采取的则是无可奈何的外交政策，一会想利用《凡尔赛和约》延后德国的复兴，一会又敷衍了事地想与强邻修好。因此注定要左右 20 世纪 20 年代外交大势的政治家，不是来自战胜国，而是来自战败国德国的施特莱斯曼（Gustav Stresemann）。

但是在施特莱斯曼脱颖而出之前，法国还有再一次自行寻求安全保障不成的挫败。1922 年年底，眼看赔偿没有一定把握，裁军问题争论不休，得不到英国可靠的安全保证，德苏又开始复交，法国感觉已到忍无可忍的极限。当年战时的总统普恩加来（Raymond Poincare）继任总理，他决定单方面执行《凡尔赛和约》的赔偿条款。1923 年 1 月，法国与比利时部队未与盟国磋商，便占领了德国的工业重镇鲁尔区。

劳合·乔治在多年后曾表示："若没有拉巴洛会议，就不会有鲁尔区事件。"但不可否认，若英国愿意提供安全保证，法国就不会采取如此迫不得已的行动——占领德国工业的大本营。而法国如果更情愿在赔偿（及裁军问题）上妥协，或许英国会更倾向于与之结盟，虽然当时英国的民意近乎反战，这个联盟能有多大意义是另一个问题。

法国这唯一一次单方面军事行动反而暴露出它其实已无力于自行其是了。法国控制鲁尔区的各项工业，是为了取其钢与煤以替代德国拒付的赔款。德国政府下令消极抵抗，并付钱给煤钢工人请他们不要上工。这个政策虽使德国政府破产，引起恶性通货膨胀，但也使法国无法如愿，令占领鲁尔区变成法国的重大失策。

如今法国完全孤立——美国自莱茵区撤回其占领军以示不满；英国也大为不悦。德国看出这次盟国内部冲突是个与英国修好的机会。全国反法国占领情绪激昂，甚至使某些德国领袖一时情急想要恢复过去的英德联盟。这又是一个德国积习难改、常高估其选择余地的例证。英国驻德大使阿伯侬爵士（Lord D'Abernon）曾提到在某次谈话中，一位德国著名政治家又提起帝制时代德国主张与英结盟的若干理由，还表示："1914 年的情形今日已完全改观。很明显的，正如英国在 1914 年与德交战是为阻止其军队称霸欧洲，不出几年它也可能因同样的原因与法国作战。问题在于英国是否会独力作战，还是会有盟友。"

凡有为有守的英国领袖不可能大胆到要与德国结盟。不过外相寇松及外交部官员克劳爵士（Sir Eyre Crowe，1907 年《克劳备忘录》起草者），在 1923 年 8 月 11 日要求法国三思其在鲁尔的行为，否则未来德法发生危机时它可能失去英国的支持。普恩加来不为所动。他不认为英国支持法国是对法国施恩，而是有国家利益的实际需要："倘若发生类似 1914 年的情况，英国为了本身的利益，势须采取与当年相同的行动。"

事后证明普恩加来对英国最终的抉择看法正确；但对于要多长时间英国才会觉悟到确实面临着类似当年的危机，以及在此期间薄弱的凡尔赛体系终于瓦解，他的估计错误。

法国在 1923 年秋结束占领鲁尔区。它在当地未能激起相当规模的分离主义运动，甚至在德军依《凡尔赛和约》规定不得进入，因此无法前去镇压的莱茵区都是如此。占领期间开采的煤矿也仅够支付治理这片领土的开支。同一期间，德国则为萨克森（左派鼓动）及巴伐利亚（右派鼓动）的暴动所苦。通货膨胀肆虐，使德国政府的施政能力都成问题。法国对赔款金额的坚持反而因为它自身的行动而无法实现。

英法都把对方将了一军：法国执意以片面行动削弱德国，因而失去英国的支持；英国一味要求和解，却未考虑会对均势有什么影响，因而使法国丧失安全感。即使是解除武装后的德国，仍有力量力挫法国单方面的行动，由此不难想见，一旦德国挣脱《凡尔赛和约》的束缚将是如何一番景象。

20 世纪 20 年代，每当民主国家面对僵局，各国总是抬出国际联盟，而不肯面对地缘政治的现实。连英国参谋部都落入这个窠臼。前一章曾引述一份文件，指德国为主要威胁并认为法国将无法有效的抵挡。这份文件也脱不了当时主流思想的格局：参谋部下结论时并未提出更高明的见解，只是建议“强化”国际联盟（无论其代表的意义为何），“在如德国行事脱轨等情况下缔结特别的联盟”。

这个建议几乎保证会失败。国际联盟太不团结，等到德国如脱缰野马时再缔结联盟已嫌太迟。到这个地步，德国只需要一位有眼光有耐心的政治家，能设法去除《凡尔赛和约》的不平等条款，就必然能享有比战前更有利的长期优势。

这位领袖在 1923 年现身，施特莱斯曼在这一年出任外长，后任总理。他复兴德国实力的方法即所谓的“顺应”（fulfillment）政策，它与德国先前采取的政策完全相反，也放弃前任政府对《凡尔赛和约》所采取的外交游击战。“顺应”政策是靠着利用英法对于其本身的原则与凡尔赛条款不符，而感到于心不安这一点。施特莱斯曼努力让德国履行宽限后的赔偿时间表，借以促使盟国主动解除《凡尔赛和约》中最苛刻的政治与军事条款。

战败后并被外国军队局部占领的国家，原则上有两种选择。一是向胜利国挑战，为执行和平的过程制造麻烦，希望其知难而退；一是与胜利国合作，同时设法恢复本身实力，以待来日东山再起。这两种策略都有风险。

战败后仍想反抗，等于在最虚弱的状况下还要与人一决雌雄；合作则可能打击民心，因为能令胜利国高兴的政策往往会令战败国的民意无所适从。

在施特莱斯曼之前，德国采取的是抗拒政策。对抗战术使它在鲁尔危机期间得以占上风，但法国退出鲁尔区却一点也不能平息德国的怨愤。令人费解的是，把阿尔萨斯与洛林归还法国并未引起议论。但重划德国的边界，把大片领土让予波兰，却遭到民族主义者激烈的反对。此外，有强大的民意压力要求解除对德国军力的限制。还有就是全国近乎一致同意，盟国要求的赔偿十分荒唐。

施特莱斯曼的想法跟民族主义者不同，他了解不论《凡尔赛和约》有多么不得人心，事实上也不论他本人如何深恶痛绝，他知道自己需要英国，也多少需要法国的协助，才能取消那些严苛的规定。拉巴洛协定震惊西方国家，这个战术相当有用。但由于苏联太穷，无法帮助德国经济复苏，又太孤立，在大部分外交角力中无法给予德国暗中支持，因此德苏协定真正的影响，唯有等德国强大到足以公开挑战凡尔赛体系之后才看得出来。最主要的是，恢复经济实力必须借助外国的贷款，但在对立的气氛中德国将很难获得外援。由此可见，施特莱斯曼的顺应政策充分反映出他对德国政治经济复苏条件最实际的评估："德国基本的军事弱势点明了德国外交政策的限制、性质及方法。"

虽然顺应政策是以现实主义为出发点，但这种务实作风在第一次世界大战后的德国（尤其在保守派圈内），与在当年保守派政策对第一次世界大战爆发曾推波助澜的时代一样不多见。战争在德军仍在盟国土地上时便告终，这使应为德国投入战争而负责的人得以避开指责，而把罪过转嫁到继他们之后较为温和的主政者身上。劳合·乔治已预见到这个后果，他在1918年10月26日向战时内阁谈到德国首次求和的提议：

首相表示：工业化的法国已惨遭蹂躏，德国却逃之夭夭。一旦我们准备向德国本土攻去，它马上说："我投降。"现在的问题是，我们该不该继续像它攻击法国那样反击回去。

其他阁员觉得英国已太兵困马疲，无力于采取报复行动。外相张伯伦（Austen Chamberlain）忧心地答道："现下报复的代价太高了。"

劳合·乔治不幸言中，新成立的魏玛共和政府（Weimar Republic）自刚成立起，便一直受到民族主义分子的围攻，其实它所获得的和平条件比军方总指挥部可能得到的待遇要好得多。德国这些民主新领袖在最艰难的环境下保全了国家的实力，却得不到应有的肯定。在政治上，减轻损害很少能获得报偿，因为很难证实如果不这么做会有更坏的后果。

跟几十年后主导美国对中国敞开大门的是一位保守派总统一样，唯有像施特莱斯曼这样拥有完美保守派资历的领导人，才能在不论多么为难的情况下，想出在外交政策上要顺应不受欢迎的《凡尔赛和约》。他是啤酒批发商之子，1878 年生于柏林，以认同保守、偏资产阶级思想的国家自由党（National Liberal Party）的主张，在政坛打天下。1917 年他出任党魁。施特莱斯曼交游广泛，爱好文学与历史，言谈间不时引经据典一番。不过他早期的外交政策观点不出传统保守主义的立场。比方说，他认为德国是受忌妒而急于想保住龙头地位的英国引诱，才加入战争的。

迟至 1917 年，施特莱斯曼还赞成在东西两面大事征服，并吞并英法在亚洲、非洲的殖民地。他也支持无限制潜艇战。就是这个大错特错的决定促成美国参战。这样一个把《凡尔赛和约》称为“历史上最大骗局”的人，居然会推行顺应政策其实不足为奇，只有不相信现实政治能让人体会中庸之道可贵之处的人，才会觉得不可思议。

施特莱斯曼是战后德国首位懂得善用《凡尔赛和约》赋予德国的地缘政治优势的领袖，也是唯一一位懂得如此的民主领袖。他掌握到英法关系脆弱的本质，利用它来加深这两个战时盟国的嫌隙。他也聪明地运用英国担心德国不是法、俄对手的心理。英国政府一位分析家把德国说成是对抗共产主义思想蔓延的利器，而他所持的理由显示出“顺应”政策已收到成效。德国政府受到“国民议会（National Assembly）大多数成员的支持，是真正的民主政府，有诚心尽其所能履行和约，值得盟国明确给予支持”。若英国的支持失败，德国“目前势将倾向于布尔什维克主义，日后则可能再恢复君主极权”。

英国赞同协助德国的理由，与美国在叶利钦（Yeltsin）时代主张援助俄罗斯的说法，有若干相似之处。但这两个例子均未考虑到政策“成功”

会有什么后果。若顺应政策收到效果，德国会变得越来越强大，足以威胁到欧洲的均势。同理，冷战后的国际援俄计划若达成目标，俄国日益增加的力量可能在前俄罗斯帝国广大的沿边地带，到处形成地缘政治的后果。

这两个事例中，主张和解的人士都抱有积极甚至颇具远见的目标。西方民主国家愿配合施特莱斯曼的顺应政策，确实相当明智。但它们错在未能加强彼此间的紧密关系。顺应政策必然会促使席克特将军预言的那一天早日到来："我们必须恢复实力，只要一达到这个目标，我们当然要收回所有失去的东西。"美国颇有远见地向冷战后的俄罗斯援手；但俄罗斯的经济一旦复苏，它对邻国的压力势必升高。这或许是值得付出的代价，但若不承认必须付出代价就不对了。

施特莱斯曼在推行顺应政策的早期，并不在意其最终的目标为何。不论是为获得永久的和解，还是为推翻现有的秩序，或最有可能的是同时保留这两种可能性，他最先必须达成的是让德国摆脱有关赔偿的争议。法国除外，所有盟国都希望让这个问题告一段落，好开始收取部分的赔款。法国则希望跳出因占领鲁尔区而自食其果的泥沼。

施特莱斯曼很技巧地提议，交由国际仲裁重订偿还赔款的时间表，因为他预料国际商讨不会像法国单独行事那样难以对付。1923 年 11 月法国同意任命美国银行家道威斯（Charles G. Dawes）担任"公正的仲裁者"，来降低法国的赔偿要求——这悲哀地意味着战时的联盟已分崩离析。道威斯委员会建议减少赔款金额并分五年付清，各国于 1924 年同意。

德国的逐步复兴

后来的五年中德国约付出 10 亿美元，但也获得约 20 亿美元的贷款，大部分来自美国。事实上等于是美国在替德国付赔款，德国则利用多出来的 10 亿美元进行工业现代化。法国在赔偿上决不让步，就是为使德国无法强盛。在被迫选择要让德国衰弱还是让德国有能力偿付赔款时，法国选择了后者，却眼看着赔款反帮助德国重建经济，最后并得以恢复军力。

到 1923 年年底施特莱斯曼已可声称获得部分成功：

> “我们所有的政治与外交作为，经英美两大强国刻意的合作，意大利与其邻国（法国）的疏远，及比利时的举棋不定，几方面加起来已形成法国终究无法抵挡的情势。”

施特莱斯曼的估计正确。顺应政策已为法国及整个欧洲秩序带来难解的窘境。法国的安全需要在军事上维持德国某种程度的不平等待遇才能维持，否则德国在人力与资源上的实力均优于法国，势必会凌驾其上。但若无公平待遇，即与欧洲其他国家相等的建军权利，那德国决不会接受凡尔赛体系，顺应政策也会中断。顺应政策也使英国外交官处境尴尬。英国若不答应给予德国军事平等，以作为德国履行赔款义务的交换条件，则对方大可恢复原先的不合作态度。但给德国军事平等又会对法国不利。英国原可与法国结盟以制衡德国，但又不愿卷入法国与东欧的联盟，或是要为某一块波兰或捷克的领土而与德国交战。张伯伦在 1925 年曾套用俾斯麦对巴尔干的评语并表示：“为了波兰走廊，没有任何英国政府愿意或能够冒牺牲一兵一卒的危险。”他的预言跟俾斯麦一样并未言中：英国后来确曾参战，就像 20 世纪初的德国一样，而且正是为英国一向排斥的理由。

为避免两难，张伯伦在 1925 年想出一个主意，由英、法、比结为有限的同盟，只保证这三国与德国的边界，它基本上是一个自西侧反抗德国侵略的联盟。但当时施特莱斯曼的顺应政策，已进展到他几乎能否决盟国决议的地步。为阻止德国被当作潜在的侵略者，他宣称没有德国参与的条约就是反德条约。

张伯伦有些相信，德国怕遭到包围是促使它在战前之好战政策的原因之一，于是退而提出一个怪异的协定组合，想把传统盟约与新的集体安全政策混合在一起。为保留原始提议的结盟构想，在瑞士洛迦诺（Locarno）签订的新约保证法、比、德的边界不应受到侵略。为符合集体安全的原则，条约中不设定任何假想敌或受害者，只保证对抗来自任何势力对任一方向的侵略。未来开战的理由不再是针对某个国家的侵略行为，而将起于有任何一国违反了法律规范。

到 20 世纪 20 年代中期，战败国德国的外长施特莱斯曼已取得主导地位，超越了战胜国的白里安与张伯伦。以放弃对西部边界的翻案为条件，施特莱斯曼获得了白里安与张伯伦默认，《凡尔赛和约》有关德东边界的部分需要修正。德国接受其“西边”与法、比的边界，及莱茵区永久非军事化；英、意对此安排提供保证，承诺将协助逐退不论来自何方的越界或进入莱茵区的入侵行动。但施特莱斯曼拒绝接受与波兰的国界，而其他签约国也不愿提供保证。德国与东欧邻国签署仲裁协议，保证和平解决一切争议。但英国连这样的保证也不肯为其背书。最后德国同意加入国际联盟，从而承担了以和平手段解决一切争端的一般性义务，理论上这也包括东面的未定界。

《洛迦诺公约》终于让人舒了一口气，且被誉为新世界秩序的开端。三位外长，法国白里安、英国张伯伦、德国施特莱斯曼，一起获得了诺贝尔和平奖。但欢欣鼓舞之余，没有人注意到他们规避了真正的问题：洛迦诺与其说为欧洲带来和平，不如说它已导向下一次的战场。

各民主国对德国正式承认其西边国界所产生的笃定感，显示出新旧国际秩序观点混杂，造成观念混淆与失去戒心的程度。因为此一承认所隐含的意义是，战胜国胜利后虽订立《凡尔赛和约》，却无法强制失败者遵守其和平条件，德国却争取到可选择只遵守它愿意遵守的条款。自这一层意义来说，施特莱斯曼不肯承认德国东边的国界已代表不祥之征兆；而英国连仲裁条约都拒绝保证，造成国际承认的欧洲国界分为两类，一是德国接受且有其他强国作保者，二是德国不接受其他强国也不保证者。

使情况更复杂的是，欧洲现在有三种层次的承诺存在。第一层是传统盟约，辅以幕僚人员谈判及政治磋商的旧式运作。如今此种方式已不流行，仅有法国与东欧新兴弱国间是此种安排，但英国拒绝加入。一旦德国侵略东欧，法国必须在两个不情愿的选择中做一抉择：放弃波兰与捷克，或独力抵抗德国，后者是法国自 1870 年以来即挥之不去的梦魇，而且这么做的可能性亦不高。第二层是类似洛迦诺这类的特殊保证，显然其约束力被视为低于正式的联盟，这正是为什么它在英国下议院从不曾受到阻力的原因。最后一种便是国际联盟对集体安全的保证，但在实际上它已被《洛迦诺公约》所抵消。理由是，倘若集体安全真正可靠，则洛迦诺便属多余；若洛迦诺有其必要，那就等于国际联盟连其主要创始会员国都保障不了。

由于洛迦诺式的保证或者是全面性集体安全的概念，都没有设定一个假想敌，因此便无法预做军事规划。即使有可能采取协同军事行动（虽然国际联盟时代并无这种例子），但其官僚化的运作方式，包括调查真相及各种其他的协调过程，必然也是旷日费时。

所有这些史无前例的外交安排，令感觉备受威胁的国家益发不安。意大利变得必须保障莱茵河沿线的边界，但过去意大利向来不把这条河纳入国家安全的考虑。意国参与洛迦诺最主要的原因是想跻身一流强国。一旦达到目的，就没有理由再冒实际的风险。十年后莱茵河边界受到挑战时，它的表现充分证实这一点。在英国眼中，洛迦诺代表首次有一主要强国，同时保证一个原本的盟国及一个刚遭击败的敌人，而且摆出不偏不倚的姿态。

洛迦诺并不代表法、德之间的和解，只是对战争的军事结果加以肯定。德国在西线遭到挫败，在东线却击败俄国。洛迦诺等于是承认这两种结果，并为德国日后进攻东欧埋下祸根。

1925 年洛迦诺被誉为迈向永久和平的里程碑，事实上它却为凡尔赛国际秩序敲响了丧钟。自此之后，战胜国与战败国之间的差别日益模糊，若是战胜国能因此获得更大的安全感，或战败国能够真心接受经过修正的和平安排，则这种演变值得庆幸。可惜两者均未发生。法国一年比一年觉得气馁，无力感日增。德国的民族主义风潮也日胜一日。战时的盟国全都不肯负起责任——美国逃避和平规划者的角色，英国放弃传统平衡者的角色，法国也未能担负起护卫《凡尔赛和约》的任务。唯有施特莱斯曼，一位战败国的领袖，有长期的政策，并不遗余力地将其国家推向国际舞台的中央。

现在建立世界和平新秩序唯一的希望，全在于洛迦诺协约所带动的激昂情绪及它所引起的期待，一如“洛迦诺精神”这句口号所展现的，或许能克服其结构上的缺失。而且正好与威尔逊宣扬的理念相反，促成这种新气氛的不是全世界的舆论，而是三位外长：张伯伦、白里安及施特莱斯曼。因他们所属的国家彼此猜忌对立才引发战争，使和平难以巩固。

凡尔赛秩序没有地缘政治为基础，因此必须靠各国政治家的私交来维持，这也是史无前例的。19 世纪主导外交政策的是贵族，在他们的圈子里，大家对抽象的概念有共同的认识。他们彼此多半能相处融洽，但不会认为私人情谊能够影响他们对本身国家利益的评估。任何协定决不会以当时“气氛”作为签署的理由，也不致为了维护某人在位而做出让步。领袖们也不以称呼对方的名而不称姓，以向其人民显示彼此关系之良好。

这种外交形态在第一次世界大战后起了变化。从此将外交关系个人化的趋势便一发不可收拾。当白里安欢迎德国加入国际联盟时，他特别强调施特莱斯曼的人品，施特莱斯曼也投桃报李。同样的，因听说张伯伦对法国有个人偏好，促使施特莱斯曼在张伯伦于 1924 年继较亲德的寇松爵士后出任外相时，加快执行其“顺应”政策及承认德国的西界。

奥斯汀·张伯伦系名门之后。父亲是才干过人、足智多谋的约瑟夫·张伯伦（Joseph Chamberlain），20 世纪初时曾主张与德国结盟。日后签订《慕尼黑协定》的内维尔·张伯伦（Neville Chamberlain）则是其同父异母的兄弟。奥斯汀在数任英国联合政府中均握有极大的权力。但他与父亲一样都未做到最高的首相位置；事实上，他也是 20 世纪英国保守党唯一一位未做过首相的领袖。有一说法指他“每战必与，每役必输”。麦克米伦首相（Harold Macmillan）对他的评语是：“此人口才一流，但气势不足。条理分明，但不够锐利。他倍受尊敬，但无法令人生畏。”

张伯伦主要的外交成就便是促成《洛迦诺协约》。他亲法的立场众所周知，还曾说过他“像女人一般爱恋法国”的话。施特莱斯曼害怕会有英法同盟出现。施特莱斯曼是基于这种顾虑乃发动最后签订《洛迦诺协约》的过程。

事后看来，对欧洲疆界线双重标准的缺失便很清楚。但张伯伦认为这已是将英国的战略承诺大为延伸，已到达英国民意能接受的底线。英国在 18 世纪初之前，均是以英吉利海峡为其安全国界。整个 19 世纪，这个安全界线移到了低地国家。张伯伦则试图再移向莱茵河，但后来德国于 1936 年越界时，英国并未起而捍卫。至于保障波兰，在 1925 年时英国政治家尚没有这种见地。

白里安则是法国第三共和国的典型政治人物。他以左翼激进分子起家，后来成为内阁中固定的一员，偶尔担任总理，多半是任外长（曾历任 14 届政府的外长）。他很早便警悟到法国相对于德国的弱势，因此认为与德国修好是法国维护长期安全的上上策。凭他个人长袖善舞的手腕，他希望能为德国解除《凡尔赛和约》中最严苛的条款。

白里安这种政策在曾遭德军蹂躏的国度中不可能受欢迎。也很难判断他这个政策是为消弭一个世纪来的仇视，还是为现实政治而不得不如此。在危机发生时，法国人喜欢立场强硬不妥协的普恩加来，他坚持必须严格执行《凡尔赛和约》。当危机演变到不可收拾时，如占领鲁尔区之后，白里安就会再度出山。如此变换频仍的缺点就是，法国无法有始有终地贯彻这相反两种政策中的任一种：法国已没有足够的实力执行普恩加来的政策，但法国民意令白里安没有太多的筹码可与德国达成永久的和解。

且不论白里安真正的动机为何，他明白法国若不主动修好，也会在英美压力及德国日益强盛的逼迫下这么做。施特莱斯曼虽强烈反对《凡尔赛和约》，他却相信缓和与法国的紧张关系，可加速裁军条款的修正，并成为改定德国东界的基础。

1926 年 9 月 27 日，白里安与施特莱斯曼在法国近日内瓦的侏罗山脉（Jura Mountains）中，一个穷乡僻壤的村落施瓦希（Thoiry）会面。当时德国刚获准加入国际联盟，白里安以一篇亲切且热忱感人的演说表示欢迎。在此有利的气氛下，两位外长研拟出一套整体协议，打算一劳永逸地解决战争留下的问题。法国将归还萨尔区，《凡尔赛和约》要求的公民投票不会举行。法军在一年内会撤出莱茵区，盟国军委会将退出德国。德国方面则会为萨尔区的矿产支付三亿马克，并加速偿还对法国的赔款，实现道威斯计划。白里安等于是想以《凡尔赛和约》最为德国不满的条款，来交换对法国经济复苏的援助。协议内容显示出双方处于不平等的谈判地位。德国得到的是永久性、无法收回的好处；而法国所获得的不过是只此一次、短暂的金钱上的收益，而且有一些是重复德国已做过的保证。

这个协议在巴黎与柏林都遭到反对。德国民族主义者对任何形式的遵从《凡尔赛和约》，不论实际条件多么有利，一定是反对到底；而白里安则被指责抛弃了莱茵河的缓冲区。发行公债筹措德国额外的支出也成问题。于是白里安在 11 月 11 日突然中止谈判，宣称“施瓦希构想尽速实施的希望因技术性障碍而破灭”。

这是两次大战期间德法最后一次尝试达成全面的协议。至于是否这个协议得以付诸实施，后来的历史就会大为改观，也不得而知。因为洛迦诺式外交所引发的基本问题，即和解究竟会促使德国接受凡尔赛国际秩序，还是会助长德国威胁这个秩序的问题，依然无解。

洛迦诺之后，这个问题越来越难以回答。英国相信和解是唯一可行的方式。美国也认为在道德上有义务与德国和好。战略或地缘政治分析已不流行，各国虽对正义一词各有迥然不同的定义，却都把它挂在嘴上。一连串肯定国际联盟一般性原则与呼吁的条约陆续出炉，部分是出于信念，部分是出于不胜其扰，也有部分条约是出于想要逃避地缘政治的残酷现实。

后洛迦诺时期，只见法国一步步自《凡尔赛和约》的安排中退却，虽明知其不可，但在英美不断施压之下也只有一再让步。这段期间资金不断涌入德国，大半是美国资金，加速了德国工业的现代化。专为监督德国裁军而设立的盟国军委会于 1927 年裁撤，其功能转移给无法进行履约查证的国际联盟。

德国暗中重整军备的脚步加快。早在 1920 年，当时的工业部长拉塞诺就曾安慰军方，《凡尔赛和约》规定德国裁撤重武器的条款，主要只会影响到很快就要淘汰的武器。他指出，研发现代化武器及建立快速制造这些武器的工业产能，不会受任何阻碍。在 1926 年，《洛迦诺公约》获批准后不久，白里安与施特莱斯曼正在施瓦希村会面时，第一次世界大战最后三年的德军总司令、刚当选德国总统的兴登堡元帅（Marshal von Hindenburg），在参观陆军演习时说：“今天我看到德国军队的传统精神及战技标准，保存得完好无缺。”果真如此，则一等德军规模所受到的限制去除，法国的安全将立即陷入危机。

等到裁军问题成为国际外交的主要课题时，这个威胁更是近在咫尺。德国要求政治平等，处心积虑地为将来坚持军事同等待遇创造有利的心理环境。除非能获得进一步的安全保障，法国拒绝裁军；而唯一能够提供保障的英国，对德国东界不肯加以保证，对其西界也不愿逾越《洛迦诺公约》的范围，由此可见《洛迦诺公约》的约束力不及盟约。

为避免、至少也要延后德国正式平起平坐的日子，法国开始玩起国际联盟裁军专家所爱玩的制定裁军标准的游戏。它向国联筹委会（the League Preparatory Commission）提出一份分析报告，比较实际军力与潜在军力，有训练的后备军人与人口趋势，现有武器与技术更新的速度。然而这种种辛苦设计的论点都无法规避一个关键性问题，即只要采取平等的军备标准，不论标准多么低，法国的安全都将受到威胁，因为德国有超强的动员实力。法国越是愿意接受筹委会的前提，为自己制造的压力就越重。到最后，法国的种种运作反而主要只是加深了英美的成见，认为法国才是妨碍裁军乃至和平的真正障碍。

法国最大的困境在于《洛迦诺公约》后，它已无力于将自身的想法付诸实现，只能退而求其次地设法缓和其恐惧。法国的政策变得越来越只能做被动的反应。这种心态表现在法国自《洛迦诺公约》成立后两年内，开始构筑马其诺防线（Maginot Line），此时德国仍在解除武装状态，而东欧新兴国家的独立也有赖法国为其后盾。唯有法国利用莱茵河非武装区为要挟，采取攻势战略，东欧才能获得救援。但马其诺防线却显示法国打算采取守势，固守国界之内，因而使德国对东欧得以为所欲为。法国的政治与军事策略已不再是齐一步调。

失去方向的领导人往往喜借公关造势来代替方向感。为要让民众觉得他有所作为，白里安利用美国参战十周年纪念的机会，于 1927 年 6 月向华盛顿提出一个草约。根据此条约，美法两国在对彼此关系上将宣示放弃战争，并同意以和平方式解决一切争端。美国国务卿凯洛格（Frank B.Kellogg）对于这样一个宣示放弃原本就无人畏惧的战争，又提出人人视为理所当然的和平建议的文件，不知该如何回应。但 1928 年选举年即将到来，令他有一番觉悟："和平"人人爱，白里安的草约又有不涉及任何实质后果的优点。

1928年年初，国务卿凯洛格不再保持沉默，接受了这个草约。但他比白里安更胜一筹，提议“放弃战争”这一条有越多国家加入越好。这个提议令人无法拒绝的程度不下于其了无新意。1927年8月27日，排除以战争作为国家政策工具的《巴黎协定》(the Pact of Paris通称为《凯洛格－白里安协定》)，声势浩大地由十五国一同签订。很快地几乎世界上所有国家都通过此协定，在20世纪30年代频频侵略他国的德、日、意三国也包括在内。

协定才签过，各国领袖便各自有了异心。法国在其原始提议中加入但书，承认出于自卫的战争及履行国联盟约、洛迦诺保证及所有法国同盟盟约的战争为合法。这使一切又回到原点，因为但书中涵盖所有想象得到的实际情况。再者，英国为保护其属国，坚持要有行动自由。美国的保留意见更是不留余地：它主张门罗主义，自卫权利及各国有权自行判断自卫的条件为何。美国等于是保留了每一个可能的漏洞，还拒绝参与任何执行《巴黎协定》的行动。

数月后凯洛格在参议院外交委员会作证时提出令人讶异的理论，指美国在《巴黎协定》下没有协助被侵略的受害者的义务，因为若有侵略行动，便证明《巴黎协定》已失效。蒙大拿州参议员沃尔什（Walsh）问：“假设某个国家真地破坏了此约，我们又为什么要涉入其中？”凯洛格答：“毫无理由。”

他已将这个约定变化为一个空泛的论调，即《巴黎协定》只有在和平不被破坏时才能维护和平。战争唯有在所有可预见的情形之外才会被禁止。无怪乎布罗根（D. W. Brogan）对《凯洛格—白里安协定》有这样的评语：“曾借宪法第十八修正案放弃饮酒之害的美国，邀请各国立誓放弃战争。各国半信半疑之下，只好遵从。”

在此过程中，白里安的原始构想却被他过去的盟友转变为向法国施压的新工具。它们据以大力主张，既然战争已被列为非法，法国就有义务加速裁军。为彰显和好时代的来临，盟国于1928年终止占领莱茵区，比预定计划提早五年。同时，张伯伦公开表示，以英国的立场，只要德国不乱来，德波边界可以、事实上也应该加以修正：

> “若它（德国）加入国联，并秉持友好和解的精神参与国联事务，我本人相信，在合理的几年时间内，它会发现自己的经济与商业支援对波兰是多么必要，其友谊在波兰是多么受欢迎，届时不需要求助于国联，凭自己的力量它便能直接与波兰人达成友好的协议。若德国民众与新闻界能受到节制，少谈太多东边国界的问题，问题或许反而会更快获得解决。”

施特莱斯曼很技巧地利用德国加入国际联盟，一方面增加对苏联的选择余地，一方面增加向法国要求对等军备待遇的压力。例如，他要求能获得同意，免除德国参与国联宪章执行条款的义务（第十六条），理由是德国没有武装，无法面对受制裁的风险。事后，他师法俾斯麦的作风通知莫斯科，他要求豁免执行义务是因为德国不愿加入任何反苏的联盟。

苏联明白他的暗示。在洛迦诺后不到一年，1926 年 4 月，德苏便在柏林签订中立条约。双方同意在另一方受攻击时保持中立；也同意不加入任何针对另一方而来的政治结盟或经济抵制，原则上不论所牵涉的问题为何。实质上，这意味着集体安全原则不适用于德苏两国的相互关系。而德国又已获豁免于对其他国家采取制裁。德苏因对波兰共同的敌意而结合，正如总理沃斯（Wirth）对驻莫斯科大使布洛克道夫·兰泽（Ulrich von Brockdorff Rantzau）的训示：“有一件事可以坦白对你说，波兰务必要除掉。我不会缔结任何可能助长波兰的条约。”

然而法国的领袖，尤其是白里安，均认为“顺应”政策仍是法国唯一切乎实际的选择。万一法国最恐惧的情况发生，德国恢复好战的政策，此刻若法国被加上破坏和解的罪名，则最后争取到英国支持及维持美国善意态度的希望就微乎其微了。

欧洲的重心逐渐移往柏林。出人意料的是，事后想起来，施特莱斯曼在国内的人望在这段时间一直走下坡。全国散漫的民族主义自德国对杨格计划（Young Plan）的反应中可见一斑。这是1929年道威斯计划五年届满时盟国所提议的后续计划。它再把德国赔款金额降低，并设定一个截止日期，不过是很久以后。1924年道威斯计划在德国保守派的支持下为德国所接受；1929年时，杨格计划的条件虽更加有利，却遭到有新兴起的纳粹党以及以共产党为后盾的保守派猛烈抨击。最后德国国会仅以20票之差通过这个计划。

几年之间，所谓的洛迦诺精神代表着第一次世界大战中的敌对国家寻求和好的心态。但德文“精神”这个字也有“鬼魂”的意思，到20世纪20年代末期，德国民族主义圈子内渐渐流行开洛迦诺“鬼魂”的玩笑。这种奚落凡尔赛国际秩序根本精神的态度，即使在经济大恐慌尚未激化德国政治到无法挽回的地步之前，即德国经济复苏的承平时期便已然存在。

施特莱斯曼死于1929年10月3日。之后便没有人能够取代他，因为德国找不出聪明才智能与他相提并论的领袖人物，更重要的是，因为德国的复原及欧洲的平静，有极大部分应归功于西方列强对他个人人格的信任。有很长一段时间，一般普遍认为施特莱斯曼集所有“欧洲好人”的特质于一身。就这一点来说，他应可说是伟大的阿登纳（Konrad Adenauer）总理的前辈，阿登纳意识到在德法历史宿仇的鸿沟之上，其实两国有着共同的命运。

但是当施特莱斯曼的文件对外公开时，其内容似乎与外界对他良好的评价相抵触。文件中透露的是一个工于心计的现实政治奉行者，以不达目的不罢休的精神坚持追求传统的国家利益。在他以为，这些利益十分明确：使德国恢复到1914年前的地位，解除赔款造成的财政负担，取得与英法对等的军事待遇，修改德东的边界，完成奥地利与德国的统一。他的助理史特恩·鲁巴斯（Edgar Stern Rubarth）对施特莱斯曼的目标有如下的说明：

> “施特莱斯曼曾对我坦承他最终的希望是：使莱茵区重获自由，收复欧本和马尔梅迪与萨尔区，完成与奥地利的统一，以及用托管或其他方式在非洲取得一块殖民地，以保证重要热带物资不虞匮乏，也为

年轻人用不完的精力开创出路。”

由此可见以第二次世界大战后的用语来说，施特莱斯曼并非“欧洲的好人”，但在当年尚欠缺这种观念。西方政治家多与他有相同的看法，即《凡尔赛和约》需要修正，尤其是西边的国界，而洛迦诺仅是其间的一个阶段。对法国而言，在经过一场元气大伤的战争后，还不得不与重新站起来的德国相往来，当然是痛苦难当。但这也真实地反映了新的权力版图。施特莱斯曼明白，即使在《凡尔赛和约》的重重束缚之下，德国仍有实力成为欧洲最强大的国家。由此他得出一个现实政治结论：他有机会重建德国到至少 1914 年前的水准甚至更高。

他并不像民族主义者所批评的，而且与纳粹的作风正好相反，他是靠着耐心、妥协及欧洲各国取得共识的有利环境，达到他的目标。心思敏捷使他能够以文字上的让步，尤其是在敏感而具象征意义的赔偿问题上，以此换取终止对德国的军事占领及促成长远的变革，这些变革必然能使德国居于日益重要的枢纽地位。不过他与民族主义分子的看法不同，他认为《凡尔赛和约》无须做大幅的更动。

施特莱斯曼之所以有机会推行其政策，全拜德国资源丰富与实力十足之赐。战争并未使德国实力瘫痪，《凡尔赛和约》反而增强了其地缘政治地位。就连第二次世界大战那更惨痛许多的失败，也难以泯灭德国在欧洲的影响力。我们不应认为纳粹对西方价值观的攻击是延续自他，比较正确的看法应当是，纳粹激进的作风打断了施特莱斯曼以渐进且几乎必然是和平的方式，逐步使其国家达成在欧洲的决定性地位的轨迹。

久而久之，施特莱斯曼的战术很可能转变成战略，权宜之计可能变成信念。在当代，埃及总统萨达特（Sadat）最初与以色列和解的动机，几可确定是为了瓦解西方对阿拉伯人好战的印象，使以色列居于心理战的守势。他跟施特莱斯曼一样，想要在敌人与其盟友间制造裂痕。他满足以色列合理的要求，希望借此软化以国对拒绝归还阿拉伯尤其是埃及领土的坚持。但时间一久，萨达特真的成为和平的提倡者与国际嫌隙的弥合者，而原先他很可能只是摆个姿态。到后来，追求和平与和解已不再是萨达特维护国家利益的工具，而变成独立存在的价值观。施特莱斯曼当年是否也在走向同样的道路？他出师未捷身先死，使这个疑问成为历史上未解的悬案之一。

施特莱斯曼死时，赔偿问题已即将要获得解决，德国的西界也已确立。但德国仍想修改东边国界及《凡尔赛和约》的裁军条款。想以占领其领土来向德国施压的做法被证明无效，洛迦诺改良式集体安全的安排无法平息德国对平等待遇的要求。欧洲政治家们不得已只有寄和平的一切希望于全面裁军的承诺。

德国有权获得公平待遇的观念，如今已深植于英国人的心中。工党首相麦克唐纳（Ramsay MacDonald）早在首次出任此职时，即1924年，便宣示以裁军为首要施政目标。在1929年开始的第二任期中，他停止在新加坡建造海军基地，也不再增加巡洋舰与潜艇。1932年他的政府宣布延后建造飞机。在此事上他的主要顾问贝克（Philip Noel Baker）曾表示，唯有裁军始能避免另一次战争。

不过德国要求平等与法国国家安全之间的矛盾仍未解决，或许是因为这个矛盾根本解决不了。1932年，希特勒上台的前一年，法国总理赫里欧（Edouard Herriot）预言："不是我有幻觉。我深信德国希望重整军备。我们正处于历史的转折点，迄今德国一直奉行顺从的政策，但如今它正展开积极的政策，未来则将是主张领土要求的政策。"这番话最值得注意的是其消极被动的语气。赫里欧完全未触及当时仍属欧洲规模最大的法军，因洛迦诺而成为非武装的莱茵区，仍在解除武装状态下的德国，或是法国对东欧的安全责任。法国不愿为其信念而奋战，就只能听天由命。

英国是自相当不同的另一个角度来看欧陆的大势。它想要与德国修好，便不遗余力地压迫法国同意让德国享有同等的军备水准。裁军专家素以善于设计符合安全问题表面要求、却不考虑实质的裁军计划而著称。因此英国专家拟出准许德国享有同等军备水准但不许征兵的提议，因而在理论上让法国保留了受过军训的后备军人人数较多的优势（仿佛德国已走到这一步，还会找不出良策规避这最后小小的一点限制）。

同样是希特勒上台前这关键性的一年，德国的民主政府已有充分信心敢于退出裁军会议，以抗议它口中所说的法国的歧视。经保证“在未来提供所有国家安全的体系中将享有平等权”，德国才重返会议桌。这含糊其词的语句虽指出理论上的平等权，但这个体系中的“安全”规定却使其很难做到平等。当时的民意已无法理会这些字句上的斟酌。作为英国工党喉舌《新政治家》（The New Statesman）直指这种安排“未合理承认各国平等的原则”。保守派的《泰晤士报》（The Times）则赞许这是“及时匡正了不平等”。

“安全体系中的平等”，这种安排基本上就有矛盾之处。法国已无力于保护自己对抗德国之侵略，英国一再拒绝能够建立勉强近乎地缘政治均势的英法军事同盟（虽然根据第一次世界大战的经验连这种均势都值得怀疑）。英国虽坚持纯就形式上的平等，结束德国的不平等待遇，但对于此种平等对欧洲均势的影响却默不作声。1932 年，语带恼怒的首相麦克唐纳对法国外长保罗·邦库尔（Paul Boncour）表示：“法国的要求总是会制造难题，每每需要英国承担更多的义务，此时此刻这一点无法予以考虑。”这种颇伤和气的僵局一直持续到希特勒在 1933 年 10 月退出裁军谈判。

经过十年由欧洲占据外交重心的时日，突显出集体安全制度及国际联盟本身之空洞的，却是大家意想不到的日本，由它开启了 20 世纪 30 年代侵略行为日益升级的十年。

1931 年日本军队占领满洲，法律上那是中国的领土，但中国中央政府的统治权有多年无法及于此地。国际联盟自成立以来从未尝试过如此规模的干预行动。但即使是宪章中第十六条所规定的经济制裁，国联也没有执行的机制。在犹豫不决之际，它充分暴露出集体安全的基本困境：没有国家准备与日本开战（或是能够在没有美国的参与下这么做，因为日本海军称霸亚洲海域）。就算有实施经济制裁的机制存在，也没有国家愿意在经济恐慌时期缩减与日本的贸易；但另一方面，也没有国家愿意接受日本占领满洲。国联各会员国中，无人知道该如何克服这些由自己一手造成的矛盾。

最后大家终于想出一个不必采取任何行动的办法，其形式便是派出调查团，这是外交官们希望不必有所作为时标准的对策。这种调查委员会需要时间来筹组，来进行调查，然后达成共识，到这个阶段，运气好的话，问题本身可能都已经不存在了。日本对这种模式深具信心，还率先建议进行调查。后世称为李顿委员会（the Lytton Commission）的调查团在报告中说，日本有合理的冤屈，但错在没有先尝试尽一切和平的救济手段。既占领了比本国国土还大的土地，对如此温和的谴责日本仍感到难以接受，随即退出国际联盟。这是这整个组织趋向解体的第一步。

在欧洲，这整个事件被视为在偏远大陆才会发生的出轨行为。裁军谈判照常进行，就仿佛满洲事件不曾发生，使安全与平等之间的争议流于形式上的辩论。然后在 1933 年 1 月 30 日，希特勒出掌德国政权，并证明凡尔赛体系的确是不堪一击。

第十二章

假象破灭：希特勒的崛起与《凡尔赛和约》的毁灭

希特勒与墨索里尼，1937 年于慕尼黑

世界史上最大的灾难：希特勒的崛起

希特勒的崛起代表世界史上最大的灾难之一。如果没有希特勒，基础薄弱的凡尔赛国际秩序原可以和平或至少不致酿成巨祸的方式被推翻。在这个倾颓过程之后，德国必然会成为欧陆最强大的国家；而之所以会演变成一场充满杀戮与毁灭的人间悲剧，全都是一个恶魔般的人物造成的。

希特勒以他善于煽动的口才爬上高位。他跟别的革命领袖不同，他是个政治独行客、冒险家，不代表任何重要的政治思想流派。据《我的奋斗》（Mein Kampf）中所透露，他的个人哲学有最稀疏平常的，也有稀奇古怪的，集右翼、激进与传统观念于一身，并加上了动人的包装。单凭这套哲学，绝无法开创一股当发展到极致时能引起革命的思潮，如马克思的《资本论》（Das Kapital）或18世纪哲学家的著作。

长于煽惑人心的鬼才使希特勒一飞冲天登上德国领导人宝座，此后这一直是他维持权位的法宝。他凭借草莽英雄的本能，以及对心理弱点奇准无比的掌握，排除异己，让他们始终抬不起头来，最后只有纷纷求饶，甘愿受他的控制。在国际上，他则毫不留情地利用民主国家对《凡尔赛和约》自知理亏的心理。

希特勒身为政府元首，执行政务却全凭直觉，而非理性分析。他自诩为艺术家，从不肯定下心来，总是游移不定、坐立难安。他不喜欢柏林，在巴伐利亚的隐居所才能找到慰藉，有时一住就几个月，但即使在那里也很快就会感到厌烦。他讨厌按部就班的工作程序，他的阁员们也很难见得到他，因此决策过程往往是一时高兴，心血来潮。凡是新鲜刺激能投其所好的就能兴旺发达，凡是需要持续努力的就会枯萎凋零。

煽动术的秘诀在于能够将情绪及挫折感压缩到关键性的一刻。在此刻让其追随者及一般群众感到满足，并与他们建立一种催眠的、近乎感官的关系，这正是希特勒的专长。在国外，当全世界认为他追求的是正常且有限度的目标时，他无往而不利。外交上的重大胜利全都发生于他执政的前五年，1933 年到 1938 年，而且都是因为各国受到他的蒙蔽，以为他的目标只是在调和凡尔赛体系与它所标榜的原则。

一等他脱去主持正义的伪装，便信誉扫地。一旦他开始肆无忌惮地为侵略而侵略后，就不再能出奇制胜。偶尔他仍有神来之笔，如 1940 年擘画攻击法国的行动和 1941 年拒绝在接近莫斯科时撤退，要不是他这么做，德军难保不会崩溃。不过希特勒根深蒂固的经验似乎来自第一次世界大战德国战败。他不断重复当年是如何被芥子气弄得半瞎，躺在军医院里时，得知德国战败的消息。他把战败的责任归罪于叛国行为、犹太人的阴谋及意志不够坚定等，而终其一生他始终坚持德国只能被自己击败，不能败在外国人手里。在这种思考模式之下，1918 年的投降被当作是叛国，而德国领袖未能战至最后一兵一卒，便成为希特勒一再挂在嘴边、令人听到麻木地步的论调。

不知何故希特勒好像永远无法对自己的胜利感到满足，他似乎唯有通过以钢铁般的意志克服迫在眉睫的危机，才能肯定自我。心理学家或许可自这一点找出一个合理的解释，为什么他会用一种看似毫无战略或政治章法的方式来主导战争，直到耗尽德国的资源，到最后一刻希特勒仍不甘示弱，在他的国家几乎已全被占领时，他仍在四面楚歌的首都内，躲在防空洞里向全世界示威以满足自己。

煽动技巧与唯我独尊是一体的两面。希特勒无法与人正常交谈，要不是自说自话说个不停，便是在对方好不容易抢得发言权后，陷入不耐烦的沉默中，有时甚至会打瞌睡。对于自己由维也纳下层社会近乎奇迹式地攀升到掌握整个德国的地位，他常喜将此归功于他个人的特质而且当代无出其右者。于是，根据其门徒的记载，复述他崛起的英雄事迹便成为希特勒“桌边谈话”（table talks）的令人头痛的仪式。

希特勒的自大狂还有更可怕的后果。他自认为，而且更重要的是他的左右侍从也相信，由于他是天生英才，因此他所有的目标都必须在有生之年完成。而根据家族史，希特勒估计他的寿命会相当短，所以从来等不及让成功水到渠成，总是根据他评估自己体力而来的时间表拼命向前冲。历史上再也找不出其他依医学上的臆测而发动大战的例子。

在大势已成定局后，希特勒早期出人意表的成功，使他得以加速收割前人政策所带来的机会，而那些人正是他所鄙视的，尤其施特莱斯曼。《凡尔赛和约》与《威斯特发里亚和约》一样都留下一个强国，面对着其东边一群不成比例且无所屏障的小国。不过两者间的差别在于，《威斯特发里亚和约》是刻意制造这种情势，《凡尔赛和约》却恰好相反。凡尔赛及洛迦诺为德国打通进入东欧的通路，德国领袖只要有耐心，总有一天可以和平手段取得优势地位，或许甚至于可以让西方将东欧双手奉上。但希特勒的冲撞鲁莽、狂妄自大，把原本可能发生的和平演变变成世界大战。

逐步推翻凡尔赛协议

起先他真正的本性被看似平庸的外表所模糊。德国与西欧社会都不认为他确实有意推翻现有的秩序，即使他经常如此表白自己的意图也一样。受不了日益壮大的纳粹党的骚扰，对经济大恐慌及政治混乱又束手无策，于是保守的德国领导阶层任命希特勒为首相，并在他四周安插了可靠的保守人士，以求安心（在 1933 年 1 月 30 日他成立的首任内阁中，仅有三人属纳粹党）。然而希特勒辛辛苦苦爬上这个位置，可不是为了受国会摆布而来。经过几次粗率的打压行动（还有 1934 年 6 月 30 日的一次整肃，暗杀了多名对手及反对人士），他在上任后一年半内便自封为德国的独裁者。

西方民主国家对希特勒上台的初步反应是加快裁军的脚步。德国政府现在是由一位曾公开宣示打算推翻凡尔赛协议，重整军备，然后要采取扩张政策的首相主持。即使如此，各民主国仍认为没有必要提高警觉。反而，希特勒的崛起加深了英国继续裁军的决心。有些英国外交官甚至觉得，他比过去几任不太稳定的政府更有利于和平。英国大使菲普斯（Phipps）兴致勃勃地向外交部汇报："希特勒的签名对全德的约束力是德国有史以来的第一人。"首相麦克唐纳认为没有必要给予法国保证，因为万一德国破坏裁军协议，"全世界的反对力量将无与伦比"。

法国当然不会因这种安慰之词而能够心安。它主要的难题仍在于若德国重新武装，英国又吝于给予保证，法国该如何自保。若全球舆论在对付违规者上真的那么有力量，那英国为什么那么不愿意同意保护法国？英国外长西蒙爵士（Sir John Simon）的答复是，因为"英国的民意不会支持这么做"。这个回答证实了法国最忧心的一点，即英国不愿保证的，就别指望它会加以护卫。但英国民众为什么不会支持英国给予法国保证呢？保守党党魁也是英国政府实际上的领导人鲍德温（Stanley Baldwin）答，因为他们认为法国不会遭到攻击：

> "若能证明德国正在重新武装，新情势将立刻出现，欧洲将不得不面对。一旦发生这种情况，国王陛下的政府将十分认真地加以考虑，但此一情况尚未发生。"

这个争论永远是在兜圈子，其矛盾永远解决不了：保证既无必要，风险又大；德国在军力获得平等地位后就会满足。即使世界舆论的谴责可在违法者尚未坐大前便予制止，但针对德国想象中不致采取的行动提供保证仍太危险。后来是希特勒本人让这些回避与伪善之词无以为继。1933 年 10 月 14 日德国永久退出裁军会议，但原因不是希特勒受到峻拒，而是他害怕盟国可能答应德国所要求的平等，破坏他想要无限制扩充军备的意图。一周后，他退出国际联盟。1934 年年初，他宣布德国重新武装。德国以此方式自绝于国际社会，并未受到任何明显的损失。

希特勒显然已摆出阵势，但民主国家却无法确定其真正的含义。他重整军备其实不是大多数国际联盟会员国在原则上已容许的吗？在他尚未真正有确切的侵略行为之前为什么要先反应呢？毕竟集体安全的本意不正是如此吗？就这样，西方民主国领袖便避开了必须在情况不明时做决定的痛苦。等希特勒的恶意有较清楚的征兆后再说就容易得多，否则的话民意可能就不会支持采取强烈的对策，至少各国领袖们是这么认为。希特勒当然有一切的理由想要掩饰他真正的野心，等到西方民主国家有所警觉时已措手不及，无法做有效的抵抗。总而言之，第一次世界大战后各民主国的政治家怕战争胜过担心均势出现不平衡。麦克唐纳曾说，追求安全务必“不靠军事而是要靠道德手段”。

希特勒很懂得利用这种心态，定期展开和平攻势，巧妙地迎合未来可能的侵略对象的错觉。他退出裁军谈判时曾提议，将德国陆军人数限制在30 万人，空军则维持相当于法国一半的规模。这些水准是德国在短期无法达成的，因此不免会让人失去戒心，而忽略了德国借此已废除了《凡尔赛和约》设下的 10 万陆军的上限，其实一旦德国陆空军达到那种规模时，这新的上限必然也会被推翻。

法国拒绝接受希特勒的提议，并表示自己可以照顾自己的安全。它的姿态虽高，却掩盖不了噩梦即将成真的事实，即德国的军力会与法国不相上下（或者更糟）。英国对此事所得的结论是裁军的脚步还要加快。英国内阁宣布：“我们的政策依然是通过国际合作设法限制及减少全世界军备，这是我们在国际联盟盟约之下应尽的义务，也是防止武器竞赛的唯一途径。”英国内阁甚而令人匪夷所思地认定，最理想的做法是从英国本身自认为处于劣势的地方着手。1933 年 11 月 29 日，希特勒下令德国代表团退出裁军会议后六周，鲍德温向内阁表示：

> “若没有希望达成任何限制军备的协议，我们便有充分的理由不仅是对空军，也对陆海军的情况都感到忧虑。英国正在运用任何可行的途径促成包括德国在内的裁军方案。”

既然德国已重新武装，而套句鲍德温自己的话，英国的国防情况堪虑，那英国加强国防应该是合理的举动。然而鲍德温却采取正好相反的做法。他继续实施自 1932 年起开始的战机生产冻结。如此表态在于“进一步表达吾王陛下的政府对促进裁军会议进展的诚意”。他未能说明如果英国是片面裁军，那有什么诱因能让希特勒走上谈判桌。（比较厚道的说法是当时英国正在开发新战机；还未开发完成之前便没有飞机可造，因此鲍德温才这么说。）

法国则以一厢情愿的想法自我安慰。英国驻巴黎大使回报：“法国事实上已退回到极端小心翼翼的政策，反对任何带有军事冒险意味的强力措施。”当时的战争部长达拉第（Edouard Daladier）曾收到一份报告，其内容显示连法国也开始偏向于国际联盟的正统思想。法国驻柏林的武官认为，还有比希特勒更可怕的狂热分子潜伏在暗处，因此他主张裁军是遏阻希特勒最有效的办法：

> “除达成某种谅解，可至少是暂时地遏阻德国的军事发展外，我方似乎别无他法。若希特勒宣示他期待和平的话是真心的，那达成协议将指日可待；若他别有企图或有一天他必须向狂热分子让步，我方至少可延后战争的爆发，那也不失为一种收获。”

英法对德国重整军备之事决定顺其自然发展，原因是他们实在不知道还能怎么样。英国尚不打算放弃集体安全与国际联盟，法国则灰心至极，已无法对其不祥的预感有所作为：法国不敢单独行动，英国又拒绝与它联手。

事后看来，要批评希特勒那个时代的人居然愚昧到看不出他的动机，当然很容易。但是他的野心，更不要说他的邪恶本性，在一开始时并不是那么明显。他就任后的前两年里，全副精神都放在巩固自己的统治上。但在许多英法领导人的眼中，希特勒蛮不讲理的外交政策作风，比起他坚定的反共立场及恢复德国经济的政绩，将功赎罪已绰绰有余。

政治家都有一个两难的苦恼，即选择的余地最大时，能掌握的信息往往最少。等采集到足够的信息时，抉择的空间又已荡然无存。20 世纪 30 年代，英国领袖对希特勒的目标太没有把握，法国领袖对于根据无法求证的评估采取行动也极没有把握。认清希特勒本质的代价是，欧洲由西到东、由南到北不计其数的坟墓。但自另一个角度看，当年民主国家若在希特勒掌权不久后便逼他摊牌，史家可能到现在仍在争论，希特勒究竟是个遭人误解的民族主义者，还是个有征服世界野心的狂人。

西方只顾研究希特勒的动机，这自然是一开始便走错方向。从均势原则的角度来看应该可以看得很清楚，又强又大的德国在东边只有又小又弱的国家与它接壤，将是个可怕的威胁。依据现实政治的理论，不论希特勒的动机为何，德国与其邻国的关系是取决于彼此相对的实力。西方国家应该少花些时间于估量希特勒的动机，多花些时间来制衡德国日益壮大的实力。

对西方盟国迟迟未能对抗希特勒的后果，分析得最透彻的当属他那手段残酷的宣传部长戈培尔（Joseph Goebbels）。戈培尔在 1940 年 4 月纳粹侵袭挪威前夕，在一次秘密简报中说：

> “迄今我们已成功地让敌人猜不透德国真正的目标，就如同 1932 年前，国内对手始终看不出我们的葫芦里卖的什么药，看不出我们保证守法只是幌子。他们大可镇压我们，在 1925 年逮捕我们两个人，那就是我们的末日。可是不然，他们引领我们走过危险地带。在外交政策上也是同样的情形。1933 年时，法国的总理应该有这种认识（如果是我，我一定会这么说）：‘新上任的德国总理曾写过《我的奋斗》，书中有如此这般的言论。这种人在我们的四周有如芒刺在背。不是他下台，就是我们进军！’可惜他们没有这么做，反而任我们自由发展，让我们溜过危险区，而我们也顺利渡过惊涛骇浪。等我们准备完毕，充分武装，武装得比他们好，这时他们却开启战端！”

等德国到达既定的武装水准，希特勒真正的意图为何便无关紧要了，但民主国家的领袖不肯面对这个现实。德国军力迅速扩张，除非能加以制止或制衡，否则均势势必被打破。

这正是丘吉尔独排众议的主张。然而在 20 世纪 30 年代，预言家仍需要相当长的时间才能获得肯定。因此英国的领袖们表现出罕见的一致立场，不分党派全都反对丘吉尔提出的警告。和平的关键在于裁军，不在于整军，他们自这个前提出发，把希特勒当作心理学的问题来研究，而不当作战略上的威胁来看待。

丘吉尔在 1934 年呼吁，针对德国重整军备英国应扩充皇家空军。这个意见却遭到朝野两党领袖同声围剿。代表自由党发言的塞缪尔（Herbert Samuel）说："他看起来好像不是在提供正确合理的建言，反而像是在打桥牌一般儿戏。所有这些方案都很危险。"克瑞普斯爵士（Sir Stafford Cripps）则语带傲慢轻蔑地提出工党观点：

> "把他看作中世纪的一位老迈领主也不为过，他对于国境内各诸侯国有可能裁军的想法嗤之以鼻，并指出他本人及其他封建领主唯一能够自保安全与牲口的方法，就是尽可能地加强军备。"

保守党首相鲍德温在反对丘吉尔上是持相同意见，他通知下议院，表示他尚未"放弃对某种武器设限的希望"。据鲍德温的说法，有关德国空军实力的正确情报"极端难以"取得，但并未透露为什么会如此困难。虽然如此，他却很有把握地认为："德国正迅速接近我们的军力水准，这不是事实。"鲍德温觉得"目前没有必要杞人忧天，更不用惊慌"。他指丘吉尔的估计太过"夸张"，并强调"眼前我国或是欧洲任何一国都没有迫在眉睫的威胁，没有真正紧急的情势"。

法国纷纷把 20 世纪 20 年代与捷克、波兰及罗马尼亚达成的片面保证，转换成协防条约，借这种聊胜于无的联盟以求自保。如此一来这些东欧国家便有义务保护法国，即使明知道德国先解决法国之后就要转向东方也不例外。这是虚有其表，甚至可说是令人同情的姿态。这种联盟如果是着眼于由法国保护东欧新兴的弱国，会比较合理。如果是共同对付德国使其腹背受敌的协防条约，就不合适了。东欧各国不足以在东面钳制德国；要它们对德采取攻势以解除法国的压力更是天方夜谭。波兰的做法就充分证明这些条约不具实质意义。为平衡对法的条约义务，波兰与德国签订互不侵犯条约，如此在法国受到攻击时，这两方面的义务便会相互抵消。更确切地说，就是在危机发生时，波兰可自由选择对其最有利的盟国。

法苏于 1935 年订立的新约，则反映出法国在心理上与政治上已到多么无可奈何的地步。第一次世界大战前它曾积极努力与俄罗斯结为政治联盟，而且一直到政治结盟更进展到缔结军事盟约才罢手。到 1935 年时，法国的战略地位已大不如前，对苏联军事支持的需求已是迫不及待。然而，法国却只勉强与苏联达成政治联盟，坚决不愿进行军事人员谈判。直到 1937 年，法国仍不许苏联观察人员参观其年度军事演习。

法国领袖如此敬而远之的态度有三个缘由，想必也加深了斯大林对西方民主国家根深蒂固的不信任。其一是害怕与苏联太接近会影响到不可或缺的与英国的关系。其二是法国的东欧盟国，夹在苏联与德国之间，是不会容许苏联军队进入其领土的，因此法国认为找不到主题与苏联进行有意义的军事谈判。最后到 1938 年，法国领袖已被德国吓得动辄得咎，他们担心与苏联谈判，套句总理肖当（Chautemps）的话，会“造成德国宣战”。

结果是法国与无力于协助它的国家军事结盟，与不敢在军事上合作的苏联结政治联盟，在战略上则依赖断然拒绝考虑任何军事承诺的英国。这种组合是为精神崩溃而设，不是什么了不起的战略。

法国对德国实力日增唯一认真采取的步骤是拉拢意大利。墨索里尼不算是集体安全的信徒，但对意大利的局限尤其是与德国的形势知之甚详。他担心德国兼并奥地利后，会进而要求归还居民都是德裔的南蒂罗尔。1935 年 1 月，当时的外长拉瓦尔（Pierre Laval）谈成了近乎军事同盟的协定。法意同意在奥地利的独立遭到任何威胁时彼此磋商，并展开军事参谋人员的谈判，甚至谈到了沿莱茵河驻扎意军，在奥地利边境驻扎法军。

三个月后，希特勒恢复征兵，英、法、意似乎酝酿着即将结盟。三国政府元首在意大利度假胜地斯特雷萨（Stresa）会面，同意对抗德国任何企图以武力改变《凡尔赛和约》的行为。墨索里尼居然会召开维护《凡尔赛和约》的会议，颇带有一丝历史讽刺意味，因为他素来反对此约，认为它欺骗了意大利。斯特雷萨会议是第一次世界大战三个胜利国最后一次商讨集体行动。会后两个月，英德签订海军条约，这显示当牵涉到切身的安全时，英国偏好与敌对者达成双边协议，而不愿依靠斯特雷萨的盟友。德国在条约中同意，十年内限制其舰队在英国 35% 的水准，但获得潜艇数目可与英国相当的权利。

此约的内容不及其所反映的民主国家的心态来得重要。英国内阁当然明白，它等于是默许德国推翻《凡尔赛和约》有关海军的条款，因此至少是有违斯特雷萨阵线的精神。其实际的效果则是在双边的基础上建立新的上限，而且是对德国建造武器的能力设以外在限制，这种限武方式在日后的冷战期间更是常见。这个海军条约也凸显出，英国宁愿与敌人和解，也不肯劳动斯特雷萨的伙伴，此即后来被称为“绥靖政策”（policy of appeasement）的政策心理基础。

此后不久，斯特雷萨阵线便荡然无存。拥护现实政治的墨索里尼，理所当然地认为他可以比照第一次世界大战前的惯例，任意地扩张殖民地。于是他在 1935 年展开建立非洲帝国的大业，征服了非洲硕果仅存的独立国阿比西尼亚（Abyssinia），并借以报意大利在 20 世纪交替时受阿国军队侮辱的一箭之仇。

墨索里尼的行径在第一次世界大战前虽必会为各国所接受，但现今世界已是集体安全及国际联盟的天下。民意，尤其是英国的舆论，对国际联盟“未能”防阻日本征服满洲，是交相指责；而可进行经济制裁的程序也在此期间建制完成。到意大利入侵阿比西尼亚时，国联已有正式对付这类侵略的方法。更何况阿比西尼亚是国联的一员，虽然那是源自于正好相反的情形。意大利在 1925 年时，因认定英国对其有所图谋而支持阿比西尼亚加入国联以为抗衡。英国认为像阿比西尼亚这种野蛮国家，不配在国际社会享有完整的会员资格，不过最后还是勉强默认了。

现在英意两国都尝到苦头：意大利是因为从事自任何角度看都是无缘无故侵略国联会员国的行为；英国则是面临对集体安全的挑战，而不仅只是一个非洲殖民地问题。造成情况益形复杂的是，英法在斯特雷萨已承认阿比西尼亚是意大利的利益范围。拉瓦尔事后曾表示，他原先的构想是让意大利效仿法国在摩洛哥的角色，进行间接控制。想当然耳，墨索里尼万万想不到，英法既已让步这么多，还会为了并吞或间接控制阿比西尼亚之间的差别，而放弃达成近乎联盟的反德协议。

英法始终未充分了解一个事实，即它们面对的是两个相互排斥的抉择。若它们觉得意大利对保护奥地利十分重要，甚至意大利在洛迦诺所保证的协助维持莱茵河非军事区，也值得重视，那两国就必须想出某种妥协方案，以保全意国在非洲的面子，并维持斯特雷萨阵线完好无缺。相反的，若国际联盟确实是遏阻德国及号召西方民众反抗侵略的最佳工具，那就必须彻底执行制裁，让侵略者付出代价。在这两者之间没有妥协的余地。

然而英法两国已无自信追究这两个抉择的真正含意，只想两边都兼顾。于是在英国主导之下，国联展开经济制裁行动。与此同时，拉瓦尔私下向墨索里尼保证意大利取得石油不会有问题。英国也采取大致相同的做法，礼貌地询问罗马石油制裁是否会导致战争。若墨索里尼不出所料且虚应故事地做出肯定的回答，英国内阁便有借口结合对国联的支持与对战争普遍的恐惧。这个政策表现在一句口号中："战争除外的一切制裁。"

后来首相鲍德温曾若有所指地说，当时可能发生效果的制裁多半也会导致战争。无论如何，经济制裁是武力抵抗侵略之外的另一种选择，这个观念有其价值。同样的主张在五十年后因如何处理伊拉克入侵科威特的问题，又在美国被提出，结果还比较令人满意。

外相霍尔（Samuel Hoare）知道英国自己的策略已乱了方寸。如果要反制即将来临的德国的威胁，英国领袖应该与希特勒对立，与墨索里尼修好。他们却反其道而行：讨好德国，对抗意大利。有鉴于这种荒谬的情形，霍尔与拉瓦尔在 1935 年 12 月设想出一个折中方案：意大利可获得阿比西尼亚肥沃的平原；塞拉西（Haile Selassie）则继续在山区的要塞内统治阿国的传统地盘。针对这些让步，英国将提供四面都是陆地的阿国经由英属索马里的出海口。两人预料墨索里尼必会接受这个安排，并由霍尔提请国际联盟认可。

可惜这个"霍尔 – 拉瓦尔"计划，在尚未向国联提出前，便因外泄让新闻界得知而胎死腹中。在当年这种例子极其少见。因消息曝光，激起公愤，迫使霍尔辞职下台——因促成切乎实际的妥协方案却成为群情激愤的牺牲品。接替他的艾登（Anthony Eden）很快就回到集体安全及经济制裁的模式，但没有必要时诉诸武力的决心。

在此后的危机中，这种应对模式便一再重演。民主国家总是夸大对手的实力，以作为自己不愿使用武力的借口。英国自认为若缺少法国的协助便对付不了意大利。法国虽不是真心想助英国，却把舰队派至地中海，使它与意大利这个洛迦诺保证国及斯特雷萨的伙伴国关系越加恶化。但即使集结了如此压倒性的军力，却始终未实施石油制裁。而普通的制裁即使能发挥作用，也发挥得太慢，无法使阿比西尼亚免于亡国的命运。

意大利在 1936 年完全征服阿比西尼亚，墨索里尼宣布由意大利国王伊曼纽尔（Victor Emmanuel），出任改名为埃塞俄比亚的阿国的皇帝。不到两个月后，国际联盟理事会于 6 月 30 日集会讨论这既成事实。塞拉西提出沉痛的个人呼吁，等于是为集体安全敲下丧钟：

> “这不仅是解决意大利侵略的问题，更是集体安全；国际联盟是否能存在；各国对国际条约是否能信任；对小国保证其完整独立应受到尊敬及保证是否能兑现的问题。这是在各国平等原则及强将小国纳为藩属之间的抉择。”

7 月 15 日，国际联盟撤销对意大利的所有制裁。两年后在慕尼黑事件后，英法因畏惧德国而放弃其道义上的反对，承认阿比西尼亚被征服。集体安全使塞拉西惨遭丧失全部国家的命运，无法保有在现实政治下，“霍尔－拉瓦尔”计划所保留的半数国土。

在军事实力上，意大利跟英、法、德根本不成比例。但苏联保持距离所造成的真空，使意国在维持奥地利独立及在某种程度上维护莱茵非军事区，能发挥相当的作用。只要英法看起来像是欧洲最强的国家，墨索里尼便会支持《凡尔赛和约》的安排，更何况他极端不信任德国，而且起先对希特勒这个人十分嫌恶。不过他对埃塞俄比亚事件的不满，加上对实际实力关系的一番解析，促使他相信若坚守在斯特雷萨阵营，意大利到最后可能要承担德国侵略的所有冲击。因此埃塞俄比亚便成为一个转折点，从此意大利在贪念与畏惧的双重动机下投向德国怀抱，再不回头。

不过阿比西尼亚亡国的教训却是在德国留下最持久的印象。英国驻德大使汇报说："意大利的胜利开启了新的一页。在崇尚权力的国度，英国的声望免不了会堕落。"意大利退出斯特雷萨阵线后，德国向奥地利及中欧进发唯一剩下的障碍，便是莱茵非军事区所可提供的敞开门户。希特勒毫不迟疑地迎头痛击。

他在 1936 年 3 月 6 日星期日的上午，下令军队进入莱茵非军事区，象征着凡尔赛协议的最后一点保障也被推翻。根据《凡尔赛和约》，德军禁止进入莱茵区及其以东 50 公里的地区内。德国在洛迦诺确认这个条款；国际联盟支持洛迦诺的协议；英、法、比、意则保证其执行。

若希特勒在莱茵区得逞，则东欧就会任凭德国宰割。东欧任何一个新兴国，不论是独力或是结合起来，都对抗不了东山再起的德国。它们唯一的希望就是法国能以威胁要进入莱茵区而阻退德国的侵略。

但西方民主国家再一次因无法确定希特勒的意图而犹豫不决。理论上说，他只是重新占领德国的领土。同时他又提出种种的保证，包括提议与法国签署互不侵犯条约。于是同样的论调再出现，主张德国一旦得到维护其本身国土的权利后便会适可而止，而这在所有其他欧洲国家都是视为理所当然的。英法领袖是否有为了维持如此明显的歧视待遇而牺牲人民生命的道德权利？另一方面，他们难道没有道德义务在德国尚未完全武装前对付希特勒？那样或许得以拯救不知多少人的性命。

历史给了我们答案，但当时的人却左右为难，备受煎熬。因为在 1936 年时，希特勒独树一帜的狂人本能及魔鬼般的意志，仍使他左右逢源。民主国家仍认为他是个正常虽略嫌过火的国家领导人，只是想设法恢复其国家在欧洲的平等地位。英法一心想要解读希特勒的心态。他是否诚心？是否真正想要和平？这些的确是值得探讨的问题，但外交政策若不考虑真正的权力关系，而只靠对另一方真正企图的猜测，那无异于空中楼阁。

希特勒以他不可思议的长于利用对手弱点的能耐，选择了最适当的时机重新占领莱茵区。国际联盟因制裁意大利而弄得灰头土脸，此时更无意于与另一个主要强国对立。阿比西尼亚战争使洛迦诺保证国意大利与西欧强国间出现裂痕。另一个保证国英国，虽称霸海洋，却才从在海上对意大利实施石油制裁中脱身，当然更不愿为了那不涉及国界的事端，甘冒在陆地上引起战争的风险。

至于法国，虽然再没有其他国家比它对莱茵非军事区有更大的利害关系，但也没有其他国家比它更对于德国进入此区感到左右为难的了。马其诺防线代表法国一心一意采取守势，而法军的装备与训练一再显示，第一次世界大战已将法军传统的攻击精神消磨殆尽。法国仿佛只想退居马其诺防线之后等待命运的安排，而不愿越过其边界去冒险，包括在东欧及莱茵区。

进驻莱茵区：勇敢的豪赌

然而，进驻莱茵区对希特勒而言仍是一场勇敢的豪赌。征兵制实施还不到一年，德军还不具备实战的能力。事实上进入非军事区的少数前锋士兵，是奉令一见到法国干预就要打退堂鼓。但希特勒以高明的心理战弥补军事上的不足。他对民主国家提出无数的提议，暗示他愿意讨论对莱茵区的驻军设限，并让德国重返国际联盟。他利用各国普遍对苏联的疑惧，宣称他的行动是为反制 1935 年的《法苏条约》。他又建议在德国东西两边边界各设 50 公里的非军事区，再签订 25 年的互不侵犯条约。设非军事区的建议有一举两得的作用，一方面暗示只要大笔一挥，永久和平就在眼前，一方面不着痕迹地瓦解针对德国边界而设的马其诺防线。

希特勒的对手们不需太多敦促，就会采取被动守势。他们随处都找得到借口，可以让他们不必有任何行动。自洛迦诺以来，除非与英国结盟，否则决不冒与德国交战的风险，这一直是法国秉持的首要政策，虽然德国若保持非武装，法国理论上是不需要英国的援手的。在一心一意追求这个目标的过程中，法国领袖无数次忍气吞声，也支持许多次裁军的努力，虽然他们心中深知那些提议无济于事。

法国在心理上极度依赖英国，或许这可以解释为什么法国不做任何军事准备，就连驻德大使邦塞（Andre Francois Poncet）提出警告仍无动于衷。他在 1935 年 11 月 21 日曾警告，德国即将前进莱茵区，比实际发生时早了三个半月。法国却既不敢动员，也不敢采取防备性军事措施，以免被指为挑起它避之唯恐不及的战端。法国在与德国谈判时也未提及此事，因为如果德国不理会它的警告或公开表明其意图，法国将不知该如何是好。

不过法国这种做法有一点颇令人费解，即为什么法国参谋本部在接获邦塞的警告后，其内部计划中却依然未做任何防备。难道法国参谋本部不信任自己的外交官？难道即使为了保卫以莱茵非军事区为主的重要缓冲地带，法国也不愿走出自己的国防堡垒？还是法国已感到完全绝望，因此首要目标转为尽量将战争延后，一心期望会突然发生某种变化使情势逆转——虽然它本身已无力于主导客观的情势？

这种心态的最大表征便是耗费巨资，历经十年才完成的马其诺防线。因此法国是在保证波兰与捷克独立的同一年，确定了战略上的守势。另一个令人想不通的地方是，法国为什么决定停止兴建与比利时交界处的马其诺防线，这完全违背第一次世界大战的经验。因为，法、德如果真有走上战场的一天，那德国为什么不会取道比利时呢？如果法国担心，比利时若听说这条主要防线把它排除在外，可能承受不了，那大可让比利时选择是否愿意沿德、比边界延长这条防线，倘若被拒，马其诺防线仍可沿法、比边界一直延长到海边。但法国没有这么做。

情报单位往往要替政治领袖的决定找出理论依据。通俗文学及影片的情节，常把决策者描绘成受制于情报专家的可怜虫，但事实正好相反。在现实世界中，分析情报经常要跟着政策方向走，或许这可以解释为什么法国军方的估计一直过分夸大德国的实力。德国重新占领莱茵区时，法军总司令甘末林（Maurice Gamelin）将军对政府领袖说，德国训练有素的兵员人数已与法国旗鼓相当，装备上德国还优于法国。在德国重整军备的第二年就做出这种估计实在荒谬，然而有许多政策建议便是出自这个有问题的前提。甘末林的结论是，法国除总动员外，切忌采取任何军事反制行动，而总动员一定要有英国的支持，否则法国政府领袖不会冒此风险——即便进入莱茵区的德军不过 2 万人左右，而法国就算不动员，常备军少说也有 50 万。

于是一切又回到困扰民主国家达 20 年的老问题。英国只承认唯一对欧洲均势的威胁，即法国国界遭到侵犯。它决意决不会为东欧而战，也认为英国在被西方视作某种担保品的莱茵区没有重大利益。英国同样不会为信守洛迦诺的保证而战。艾登在莱茵区被占领前一个月，就对这一点表达得很清楚。1936 年 2 月，法国政府终于打起精神向英国询问，若希特勒真采取邦塞曾提出警告的行动，英国的立场为何。对于可能违反凡尔赛及洛迦诺两个国际协定的行为，艾登的反应仿佛做生意讨价还价：由于划定该区主要是为了法、比的安全，因此首先应由这两国政府决定，究竟它有多么重要，两国愿付出多少代价来维持它。英法宁可在尚有讨价还价的余地时，及早与德国就有条件地放弃在该区的权利展开谈判。

艾登的立场等于主张，谈判最理想的结果是盟国以放弃公认的既有权利（而对这些权利英国拒绝履行它曾许下的承诺），来交换什么呢？换取时间？还是其他的保证？英国让法国来回答以什么作为交换条件的问题，却以行动传达了为实践在莱茵区的承诺义务而战，不在英国的战略考虑之内的取向。

希特勒派兵进入莱茵区后，英国的态度益发明显。就在这个行动的次日，英国的战争部次长（Secretary of State for War）告诉德国大使：虽然英国人民愿意在德国若入侵法国领土时为法国而战，但不会因最近的占领莱茵区就诉诸武力。（英国人民）大多数人的看法应当是，对于德国重新占领自己的领土，不必“大惊小怪”。

不久英国连战争以外的反制措施是否有必要都感到怀疑。外交部曾对美国代办表示：“英国将尽一切努力防阻对德国实施军事或经济制裁。”

法国外长佛兰丁（Pierre Flandin）为法国的立场辩护，却得不到认同。他颇有先见之明地告诉英方，一旦德国完成莱茵区的武装，捷克便不保，而且全面战争将势不可免。虽然事后证明他所言不虚，但究竟他是为争取英国支持法国采取军事行动，还是为法国不打算有所行动找借口，我们无从得知。丘吉尔显然是持后一种看法，他曾不以为然地说："这些话的确是振振有词；可是实际行动会发出更大的声音。"

对佛兰丁的恳求英国当作耳边风。英国领袖多半仍认为和平有赖裁军，新的国际秩序须建立在与德国和解上。英国人觉得纠正《凡尔赛和约》的错误，比澄清洛迦诺的保证更重要。3 月 17 日，希特勒进驻莱茵区十天后，英国的内阁记录记载着："我们本身的态度始终是，但愿能利用希特勒阁下的提议取得一劳永逸的解决。"

内阁以低调方式表达的立场，反对党则毫无保留地说出来。在同一月份，下议院辩论国防问题时，工党议员格林伍德（Arthur Greenwood）说：

> "希特勒阁下的声明中固有不当的主张，但也表现出和平的意愿，这一点值得我方重视。或许这是迄今最重要的表态。指这些声明没有诚意是不对的。我们要考虑的问题是和平不是国防。"

言下之意，反对党明确赞成修改《凡尔赛和约》，取消洛迦诺承诺。他们希望英国慢慢等待希特勒的意图明朗化。这个政策本身无可厚非，但赞成它的人应当了解，如果政策失败，每拖一年要弥补这个错误所需付出的代价会呈几何级数增加。

在此没有必要一步步追究英法曾有过哪些做法，想要将战略上的劣势当作是政治上的金矿，或是把动乱转变为执行姑息政策的良机。要紧的是结果。在这段期间之后，德国在莱茵区驻有重兵，东欧对法军而言已鞭长莫及，意大利则与希特勒治理下的德国越走越近，后来成为它的第一个盟友。至于法国，它曾在英国模棱两可的保证之下同意接受洛迦诺的协议，而这个协议在英国眼中是低于正式盟约的。如今法国又放弃洛迦诺，所换来的却是英国更暧昧不明的承诺，即一旦法国边界受到侵犯，英国将派出两个师加以支援。

英国又一次巧妙地避开对法国的安全给了百分之百的保证。但它究竟达到了什么目的？法方当然看穿英国是在逃避，但仍把这个承诺当作是朝向达成正式联盟的一步而加以接受。英国的解释则是，有这个保证可使法国不去保卫东欧。因为假若法军为保护捷克或波兰而侵入德国，英国的承诺便失效。然而从另一方面来看，两个师的英国部队根本吓阻不了德国攻击法国。英国这个均势政策的发源地，如今已完全背离其实际原则。

对希特勒而言，占领莱茵区等于为迈进东欧开启了军事上及心理上的康庄大道。一旦民主国家接受这个既成事实，在战略上便不可能抗拒希特勒向东欧迈进。罗马尼亚外长狄杜勒斯库曾这样问法国外长："若 3 月 7 日那一天你们无法保护自己，那又怎能保护我们对抗侵略者呢？"随着莱茵区的军备一天天增强，这个问题越来越叫人无言以对。

民主国家的消极态度在心理上的影响更为深远。绥靖现已成为正式的政策，改正《凡尔赛和约》则是一般的共识。在西欧已没有什么需要纠正之处。但可想而知，英法若不愿维护它们曾提出保证的洛迦诺协议，那就更不可能支持凡尔赛对东欧的安排，英国原本自一开始就对此有异议，并不止一次公开表示拒绝提供保证，最近的一次是不同意承担派两个师的军队到法国的费用。

至此法国已放弃黎塞留的传统。它甚至不再求自保，只盼望获得德国善意的回应，以解除本身的危机。1936 年 8 月，莱茵区重被占领五个月后，德国经济部长沙赫特（Dr. Hjalmar Schacht）在巴黎受到社会党领袖、现任人民阵线（Popular Front）政府总理布鲁姆（Leon Blum）的接待。布鲁姆说："我是马克思主义的信徒，也是犹太人"，但"我们若把意识形态当作无法超越的障碍，那什么目标也达不成"。法国外长德勒波（Yvon Delbos）一时之间不知该如何说明这句话实际上的意义，只能解释成"一点一滴地向德国让步以求延后战争"。他也未说出这个过程是否有一终点。法国，这个 200 年来为掌握自身命运在中欧打过无数战争的国家，现已退缩到以一步步让步来换取时间，能争取到多少安全就多少安全的地步，同时则祈求德国会有满足的一天，或是解围之人或事能够出现，好化危机于无形。

法国是小心谨慎地走绥靖政策之路，英国却是大力推动。1937 年，莱茵区恢复武装后第一年，英国外长哈利法克斯（Halifax）前往伯希特斯加登（Berchtesgaden）亲自登门造访希特勒。此举象征着民主国家在道德上的退却。他称许纳粹德国为“欧洲反布尔什维克主义的堡垒”，并提出不少“随着时间或许必然会发生变化”的问题。他还特别提到但泽、奥地利和捷克。哈利法克斯唯一的警告是完成这些变化的方法：“英国愿意见到，任何改变均应经由和平演变而来，而且应避免会引起大规模骚动的方法。”

若是不像希特勒那么独断独行的领袖，一定会难以理解，英国既已愿意对奥地利、捷克及波兰走廊问题让步，为什么还要对德国用什么方法表示意见。既已放弃实质，何必还为方法设限？哈利法克斯认为有什么和平论调能说服别人相信自杀的好处？国际联盟的主流思想及集体安全的理论主张：必须反抗的是造成改变的方法；但历史告诉我们，国家之所以走上战场是为反抗改变的事实。

哈利法克斯拜访希特勒时，法国的战略地位已更加恶化。1936 年 7 月，佛朗哥将军（Francisco Franco）领导的军事政变引发西班牙内战。佛朗哥获得德、意的公开支援，并运来大量装备；不久德意便派出“自愿军”，法西斯主义似有以武力传播其思想之意。法国此时面临着与 300 年前黎塞留相同的挑战——四邻可能都是敌对的国家。但 20 世纪 30 年代的法国政府不及这位伟大的前辈，他们惊慌失措，无法判定是所面临的危险还是解除危险的手段更令人害怕。

英国曾参与 18 世纪初的西班牙王位继承战，19 世纪又在西班牙对抗拿破仑。英国加入这两场战争，都是为反抗欧洲最具侵略性的国家想要将西班牙纳入其版图。而现在，或许因为英国不认为法西斯阵营在西班牙获胜会威胁到均势，或是英国认为法西斯比靠拢苏联的左翼激进西班牙政府威胁性要小（很多人似乎觉得这种可能性最大）。但最要紧的是英国不要战争。英国内阁曾警告法国，若因法国运送武器给西班牙共和政府而引发战火，英国将保留保持中立之权。但依据国际法，法国有充分的权利出售武器给西班牙的合法政府。法国迟疑了一下，然后宣布对西班牙实施武器禁运，但又不时默许违反此一禁令。这个政策令法国的友邦痛心，也让它被敌人看轻。

在如此气氛下，英法领袖于 1937 年 11 月 29—30 日在伦敦会谈，寻求共识。继鲍德温之后出任首相的张伯伦，开门见山地提议讨论法国与捷克结盟有哪些义务。这是外交家想要钻漏洞，不想履行承诺时便会提出的疑问。由此推论，奥地利独立的问题根本不值得一谈。

法国外长德勒波回答的方式，则显示他十分清楚问这个问题的含意。他自法律的角度而非政治或战略的考虑来谈捷克问题，纯粹只就法律诠释法国的义务：此约使法国在捷克受到侵略时必须介入。若德裔人口发生暴动，德国以武装干预予以支持，则此约要求法国根据事实的严重性加以决定。

德勒波未提及捷克在地缘政治上的重要性，也不谈法国放弃盟友对其维护其他东欧国家独立的声誉会有何影响。他反而强调法国的义务可能适用，也可能不适用于唯一实际存在的威胁，即捷克境内德裔少数民族在德军支持下作乱。张伯伦把握德勒波提供的漏洞，拿它作为绥靖政策的理由：

> “与德国就中欧达成某种协定似乎值得一试，不论德国的目标为何，即使它有意进入某些邻国也不为过；实际上我们有希望延后德国计划的执行，甚至于限制德国相当一段时间，以致其计划到最后无法实施。”

然而万一拖延不成，英国又将如何？既已容许德国修改其东界，难道英国还会为修改的时间表而战？其答案不言自明——对于已同意的改变，各国不会为了实现这种改变的速度而开战。捷克的命运不是在慕尼黑而是近一年前在伦敦就决定了。

当时的情形是这样的，希特勒大约在同一时间决定拟出自己的长期战略。1937 年 11 月 5 日，他召集战争部长、三军总司令及外长开会，很坦白地向他们讲述自己的战略观点。他的副官霍斯巴赫（Hossbach）记有详细的记录。会后这几位首长便没有理由抱怨他们不知道其长官的方向。因为希特勒说得一清二楚，他的目标绝不止于恢复德国在第一次世界大战前的地位。他所揭露的是《我的奋斗》中的计划：在东欧及苏联征服大片大片的土地作为殖民之用。希特勒很明白如此野心勃勃的计划一定会遭到抗拒："德国的政策势必要考虑到英法这两个可恶的敌对国。"他强调德国在重新武装上虽已抢先英法一步，但这种优势只是一时的，到 1943 年后便会加速消失。因此，战争必须在此之前展开。

希特勒手下的将领对他的计划如此之庞大，而付诸实施的时间又那么紧迫感到忧心。但他们不敢违逆希特勒，只有默默接受。有些军方领袖曾略微地想到，要在希特勒真正下令开战时发动政变。但希特勒的动作太快。他的出其不意，先下手为强且连战皆捷，使将领们没有（在他们看来）发动政变的道德诉求，对合法政府发动政变从不是德国将领的专长。

至于西方民主国家，她们无法体会自己与德国独裁者希特勒之间存在着意识形态的鸿沟。他们以和平为最终目标，紧系着每一根神经，极力地避免战争。但希特勒却害怕和平，渴望战争。他在《我的奋斗》中曾写道：

"人类在永恒的斗争中成长，在永恒的和平中毁灭。"

到 1938 年，希特勒感觉羽翼已丰，可以跨出凡尔赛所划定的国界。他第一个目标便是自己的祖国奥地利，1919 年《圣日耳曼（St.Germain）协议》与 1920 年《特里亚农（Trianon）协议》（相当于奥匈帝国的《凡尔赛和约》)，使奥地利处于尴尬的地位。在 1806 年之前，奥国一直是神圣罗马帝国的核心；1866 年之前，它是主要的德语系国家，有些人更认为它是唯一的德语系国家。自俾斯麦剥夺了奥地利在德国的传统地位后，它便将重心转向巴尔干及中欧，直到在第一次世界大战中又失去这些领土。当年的庞大帝国如今萎缩到只剩讲德语的核心部分，却遭《凡尔赛和约》禁止与德国合并，这个条款明显违背民族自决原则。虽然德奥两国都有很多人以统一为目标（包括施特莱斯曼），但在 1930 年又受到盟国的阻挠。

因此，这个问题本身的暧昧性对希特勒早期的成功相当重要。德奥统一既符合民族自决原则，又能瓦解均势，而欧洲的政治家们又是越来越不愿意为均势而动武。经过一个月的纳粹恐吓，奥地利让步，继而又反悔，德军在 1938 年 3 月 12 日长驱直入奥地利。奥国没有任何反抗，许多奥国人民甚至为此欢欣鼓舞，大家似乎都觉得失去往日帝国、留在中欧孤立无援的奥地利，与其做个中欧小国，不如成为德国的一省。

民主国家对德国兼并奥地利表示抗议只是虚应故事，并无道德上的宣示，也未提出任何具体的措施。当集体安全的丧钟敲响时，国际联盟眼看着一个会员国被强邻吞没却无声无息。民主国家现在是加倍曲意讨好希特勒，希望在所有德裔人民都回到祖国怀抱后，他会就此罢休。

命运选中捷克斯洛伐克作为这个实验的目标。捷克跟其他奥匈帝国瓦解后所形成的国家一样，其种族复杂的情形不下于帝国本身。在捷克 1500 万左右的人口中，有近 1/3 是非捷克或非斯洛伐克人，而且斯洛伐克人并非全心全意地支持这个与捷克人组成的国家。它有 350 万德国人，近 100 万匈牙利人，近 50 万波兰人。更糟糕的是，这些少数民族都住在与祖国邻近的地区，依照凡尔赛标榜的民族自决原则，这使各民族更可理直气壮地要求重回祖国怀抱。

另一方面，捷克在经济上与政治上，都是奥匈帝国所留下的国家中最进步的。它实行真正的民主政治，生活水准可媲美瑞士。它的军队规模不小，配备精良，而且其中有不少是捷克自行设计制造；它分别与法、苏结有军事同盟。因此就传统外交而言，不太可能轻言放弃捷克；但就民族自决而言，也很难为这种国家辩护。希特勒挟重新武装莱茵区成功的余威，在 1937 年开始以捷克境内的德国人为名威胁捷克。起先，这些威胁表面上是为了要求给予“苏台德区”（Sudetenland）的德裔少数民族特殊权利而发，苏台德区是德国宣传中用的称呼。但到 1938 年，希特勒升高了要挟的音调，扬言打算以武力将这片领土纳入纳粹德国。法国与苏联均承诺保护捷克，但苏联是否援手是以法国必须先有行动为条件。此外，波兰或罗马尼亚是否会允许苏联军队越过其领土去保护捷克也很难说。

自一开始英国便选择了绥靖。3 月 22 日，奥地利被并吞不久，哈利法克斯便提醒法国领袖，在洛迦诺提出的保证只对法国边界有效，若法国履行对中欧的条约义务，这个保证可能失效。英国外交部的备忘录中曾警告：“那些承诺（洛迦诺的保证）在他们看来，对维持欧洲和平关系重大，虽其无意于撤销承诺，但亦无法加以扩大。”法国国界是英国唯一的安全边界，若法国的安全考虑超过这个范围，尤其是如果想要保卫捷克，那法国必须自行负责。

慕尼黑会议

几个月后，英国内阁派出由伦西曼爵士（Lord Runciman）率领的考察团，到布拉格查访有什么和解的途径。这个考察团实际上的作用是宣扬英国不愿保卫捷克。其结论已是众所周知：要达成任何和解，捷克势必要割让一些土地。因此，慕尼黑会议不是投降，只是一种心态的反映，也是民主国家想要以高唱集体安全及民族自决，维持在地缘政治上有瑕疵的安排，而几乎注定会发生的后果。

连最赞同捷克建国的美国，也早早就与捷克危机保持距离。罗斯福总统在 9 月提议就某种中立立场举行谈判。然而美国驻外使馆的报告如果正确，罗斯福应对法国会持什么态度来参加这个谈判心知肚明，对英国的态度更不用说了。事实上，他更火上加油地表示："美国政府对现阶段谈判的进行不负有任何义务。"

当时情况仿佛是为希特勒善于发动心理战所量身裁制的。整个夏天他不断扩大战争一触即发的紧张气氛，实际上却未做出任何确切的威胁。最后，希特勒在 1938 年 9 月初纳粹在纽伦堡（Nuremberg）举行的党代表大会上，对捷克领导阶层做恶意的人身攻击，终于使张伯伦再也承受不住。虽然希特勒未提出正式要求，也没有实际进行任何外交意见沟通，张伯伦却在 9 月 15 日决定要拜访希特勒，以终止这种紧张情势。希特勒为表示不悦，选择在德国境内离伦敦最远、交通最不便的伯希特斯加登与他见面。当年从伦敦到伯希特斯加登，乘飞机需要 5 小时，而那次是年已 69 岁的张伯伦首次搭乘飞机。

经过希特勒一连几小时的咆哮，指责苏台德德裔遭到他口中所谓的不平等待遇，最后张伯伦同意肢解捷克。捷克境内所有德裔超过 50% 的地区都要归还德国。细节部分数日后在莱茵区的戈德斯堡（Bad Godesberg）另行开会讨论。希特勒把第二次会议地点选在此处，说成是一项“让步”，这是他一贯的谈判作风；其实戈德斯堡虽距伦敦近了许多，但仍颇深入德国腹地。在两次会议中间，张伯伦“说服”捷克政府接受他的提议，以捷克领袖的说法，他们是“悲哀”地接受。

9月22日在戈德斯堡，希特勒提高价码，并表明他是要令捷克难堪受辱。他反对分区进行公民投票再划出边界的冗长程序，反而要求捷克立即撤出整个苏台德区，自四天后9月26日开始，必须在48小时内完成。捷克军事设施应完好无缺地留给德国武装部队。他还进一步替匈牙利及波兰后裔要求重划这两国的边界，使割地后的捷克再被瓜分。当张伯伦对他如此提出最后通牒表示反对时，希特勒却无声地指着他手中文件上的“备忘录”几个字。经过数小时激烈的争辩，希特勒又做出“让步”：他愿意给捷克时间考虑，到9月28日下午2时答复，并自10月1日起开始撤出苏台德区。

张伯伦无法允许自己让捷克受如此严重的羞辱，法国总理达拉第的立场更为强硬，有好几天战争似乎迫在眉睫，英国的公园已开始掘壕沟。也就是在这段期间，张伯伦曾忧心地说，英国受到请求要去为一个英国一无所知的远方国家上战场——此话是出于曾为进入印度打过几个世纪的战争，眉头却从未皱过一下的国家的领导人。

但开战的理由是什么呢？英国已同意针对苏台德的德裔人口依民族自决原则，将捷克分割。英法之所以就要决定开战，不是为维护一个盟国，只是为分解这个盟国的快慢有几点的歧见，还有比起已同意的领土分割只是小巫见大巫的一些疆界调整而已。或许墨索里尼也是为这些理由，在最后紧要关头建议，将德、意原定举行的外长会议扩大进行，加入英国（张伯伦）、法国（达拉第）、德国（希特勒）、意大利（墨索里尼）等各国领袖。

这四位领袖9月29日在纳粹党发源地慕尼黑集会，这种具有象征意义的安排原是胜利者的专利。实际讨论的时间不多：张伯伦与达拉第想重提他们的原始提议，但未极力争取；墨索里尼提出一份包含希特勒戈德斯堡提议的文件；希特勒则以嘲讽的态度将会议的议题扭曲为他的最后通牒。既然他提出 10 月 1 日为最后期限被指为蛮不讲理，于是他表示，眼前的任务是“取消这种性质的行为”。言下之意，此次会议的目的只在使戈德斯堡提议能被和平地接纳，否则他就要动武。

但张伯伦与达拉第前几个月的作为使他们别无选择，唯有接受墨索里尼的提议。捷克代表在别的房间中忧心如焚，其国家却难逃分裂的命运。这次会议根本未请苏联参加。英法为减轻自己的内疚，对仅存的失去武装的捷克表示愿意保证其安全，这两个对完整无缺、军备精良的民主盟国食言而肥的国家，摆出这种姿态实在荒谬。不用说，这个保证是从未实现。

慕尼黑在我们的词汇中有特别含意，代表向勒索低头的惩罚。然而慕尼黑不是单一事件，而是自 20 世纪 20 年代以来的一种态度，日积月累后的结果，而每让步一次就更严重一分。十多年来德国一步步摆脱《凡尔赛和约》的束缚：魏玛共和国争取到免除赔款，解散盟国军事管制委员会及盟军撤出莱茵区。希特勒打破对德国建军的限制、禁止征兵的规定及洛迦诺的裁军条款。即使在 20 世纪 20 年代德国便从不承认东欧的国界，盟国也从未坚持德国必须承认。最后是一连串的决定终于导致不可收拾的局面，这在历史上屡见不鲜。

第一次世界大战的胜利国因认定《凡尔赛和约》不当，在心理上便失去维护这个和约的意愿。拿破仑战争的战胜国订下宽大为怀的和约，但也不忘组织四国同盟，以示保护此约的决心不容置疑。第一次世界大战的胜利者订下惩罚性的和约，继而自行创造出修约最大的诱因，最后又同心协力将自己的杰作加以摧毁。

20 年来，均势不是受到排斥，就是受到诬蔑；民主国家领袖告诉其人民，从此世界秩序应建立在更高的道德标准上。后来，当新世界秩序遭遇到真正的挑战时，民主国家——英国是深信不疑，法国是虽有疑虑但迫于情势——别无他法只得和解到底，才能向人民证明希特勒是贪得无厌的。

由此不难了解《慕尼黑协定》为什么在当时广受称道。罗斯福总统（Franklin Roosevelt）就是向张伯伦道贺的人之一，还对他说：“做得好。”

英联邦各国领袖更是喜形于色。加拿大总理写道：“容我向您转达加拿大人民热诚的恭贺，并深致全国上下一致的谢忱。我与僚属及政府，对您对人类的贡献同表无尽感佩。”

澳洲总理也不遑多让：“我与僚属愿对慕尼黑会谈的成果致以最热诚的贺意。全体澳洲人民与大英帝国所有其他人民，对您不遗余力地维护和平深表感激。”

很奇怪的是，所有目睹慕尼黑会议的人都同意，希特勒一点也没有占上风的喜悦，反而愁眉不展。他希望的是战争，他认为要实现其野心就一定要动武。他对战争的需求或许也有心理上的因素，他所有的公开谈话，几乎都必定要谈到个人战时的经验，而公开发言是他公众生涯中最受重视的一环。虽然他手下的将领强烈反对战争，以致打算在他决定开火时要推翻他的计划时有所闻，但希特勒离开慕尼黑时仍有受骗的感觉。而且他根据反常的逻辑思考，所得的结论很可能是对的。假设他顺利挑起因捷克而起的战端，民主国家是否能牺牲到底只求一胜还成问题。因为捷克问题与民族自决原则太相违背，而民意也还不能接受战争初期几乎免不了的败仗。

然而，慕尼黑却成为希特勒心理战策略的终点站。在此之前，他一直能够挑动民主国家对《凡尔赛和约》的内疚，但这次会议后他唯一的武器就只剩残酷的武力，毕竟再惧怕战争的人忍受勒索也有一定的限度。

英国的情形尤其是如此。希特勒在戈德斯堡及慕尼黑的行为，已使他耗尽英国仅存的一些善意。张伯伦返回伦敦时虽有“为当代带来和平”的违心之论，他也下定决心再也不受勒索，并且积极展开建军计划。

事实上他在慕尼黑的言行比后世所描述的要复杂得多。慕尼黑会议后他大受欢迎，但此后便一直被标上投降的标记。民主国家的民众在大难当头时是毫不留情的，即使当初是为满足他们一时的希望才造成了灾难也不例外。一旦事实摆在眼前，他并未达成“当代和平”，张伯伦的名声便一败涂地。希特勒很快就找到另一个战争的借口，此时张伯伦曾领导英国，使后来英国能全民同仇敌忾并以重建的空军渡过难关，这些功劳已得不到任何肯定。

在事后对绥靖者天真的言论嗤之以鼻固然很容易，但他们大多是正人君子，在对欧洲传统外交普遍失望之余，在人人感到身心疲惫之际，为实现威尔逊理想主义所建构的新世界秩序而积极奔走。过去从未有一位英国首相，会像张伯伦在慕尼黑那样，用这种理由为一个协定辩护，指它能“去除长久以来破坏气氛的猜忌及敌意”。此言仿佛认为外交政策属心理学的范围。然而，这些观点都来自于想要以公理正义为诉求，以超越现实政治及欧洲历史为目的的理想主义做法。

希特勒并未让姑息他的人等得太久，便粉碎了他们的美梦，也因而加速他本身的覆亡。1939 年 3 月，慕尼黑会后不到半年，他占领捷克硕果仅存的领土。捷克人居住的部分变成德国的保护国；斯洛伐克理论上是个独立国，但也是德国的附庸国。英法虽在慕尼黑表示要保护捷克，但这个保证始终未形诸文字，也不可能形诸文字。

毁掉捷克自地缘政治上看不出任何意义，只显示希特勒非理性的思考与一味求战。捷克失去国防力量及法苏的盟约后，势必落入德国的势力范围，东欧也必然要针对这个新现实有所调整。苏联刚完成整个党政军领导阶层的整肃，有一段时间内不必在意它。现在希特勒只需要耐心等待，因为以法国实际上保持中立的态度，德国迟早会成为东欧的盟主。但不愿等待当然是希特勒情绪上最大的弱点。

英法（由英国领头）势不两立的反应，就传统权力政治而言同样没有多大意义。捷克被占领既未影响均势，也未改变局势演变的方向。但就凡尔赛标榜的原则来说，占领捷克却是个分水岭，因为此事显示出希特勒志在征服欧洲，与民族自决或平等无关。

希特勒的错误不在于违反了传统的均势原则，而是他触犯了英国战后外交政策的道德前提。他的侵略行为是要把非德裔的人口纳入纳粹德国之中，这就违反民族自决原则，而他先前所有的片面夺取领土都因这个原则而被容忍。英国的容忍度并非毫无止境，也不是国家懦弱使然。希特勒终于符合英国民众对侵略所持的道德看法，虽然还不合英国政府的定义。张伯伦迟疑数日后，改变顺应民意的政策。自此，英国开始对抗希特勒，但不是为遵守传统的均势原则，而只是因为希特勒已不值得信任。

威尔逊对国际关系所采取的原则，促成希特勒采取了过去欧洲所有国际体系所不容许的行为，但到某个程度后，也造成英国划下比在现实政治下更严格的界线，倒是相当讽刺。威尔逊的主张虽导致未能及早对付希特勒，但也种下一旦他明显违反道德标准后便让人恨之入骨的因子。

1939 年希特勒主张收回但泽，并企图修改波兰走廊，此时问题的症结与一年前大同小异。但泽是个纯德语都市，其自由的地位对民族自决原则而言，与苏台德区在捷克的情形相同。波兰走廊的人口虽较复杂，但根据民族自决原则对边界有所调整确实相当可行，至少理论上是如此。但希特勒未能了解情势的演变，他不明白一旦越过道德上所能容许的界限，以往使民主国家能容忍他的道德至上原则，现已转化为空前难以妥协的态度。德国占领捷克后，英国民众已忍无可忍，自这一刻起，除非希特勒按兵不动，否则第二次世界大战的爆发已指日可待，但事实证明，按捺不住是他的本性。

在那个重大事件发生之前，国际体系又遭遇再一次震撼，这一次是来自另一个在 20 世纪 30 年代多事之秋一直被忽视的也是企图翻案的强国——斯大林统治下的苏联。

第十三章

斯大林待价而沽

斯大林的助理摄于最高苏维埃第一次会议。
左起分别为与会代表：布尔加宁（Nikolai Bulganin）、日丹诺夫（Andrei Zhdanov）、斯大林、伏罗希洛夫（Kliment Voroshilov）及赫鲁晓夫，时为1938年1月26日

希特勒与斯大林

如果意识形态能够决定外交政策，那希特勒与斯大林就绝不可能联手，这跟 300 年前黎塞留与土耳其苏丹的情况类似。但地缘政治上的共同利益是一股强大的结合力量，促使希特勒与斯大林这两个往日仇敌唇齿相依地结合在一起。

此事发生时民主国家难以置信，各国的惊愕显示出他们对斯大林心态的了解跟对希特勒同样不足。斯大林与希特勒一样都是自社会边缘起家，虽然他花了更长久的时间才取得绝对的权力。希特勒仗恃他煽动人心的才能，不怕孤注一掷而大获全胜。斯大林则深入俄共官僚体系内部清除异己，终至大权在握，而其他角逐权力者并未把他放在眼里，因为他们起先认为这个来自格鲁吉亚的工于心计的人不是他们的对手。希特勒以超乎常人的坚持精神令僚属唯有俯首听命。斯大林则凭借不断的暗中运作累积实力。

希特勒将其狂放不羁的工作习气及善变的个性转用于决策上，使其政府政策无法一贯，偶尔还带些一知半解的性质。斯大林将他早年在宗教训练中学到的严格诘难法，应用于冷酷地演绎俄共世界观，并将意识形态转换为政治控制的工具。希特勒借助于大众的拥戴而地位日益巩固。斯大林个性过于偏执，不可能采取如此强调个人魅力的做法。他极在乎最后的胜利，远超过对一时掌声的期待，而且宁愿以一一摧毁所有潜在敌人的方式达到目的。

希特勒的野心必须在他有生之年完成，在言谈之间他只代表自己。斯大林同样妄自尊大，但他自视为历史真理的仆人。他跟希特勒不同，他有无比的耐心，他也不同于民主国家的领袖，他是时时刻刻不忘仔细研究权力关系，再小的细节也不放过。正因为斯大林深信其政治思想代表历史真理，因此他毫不留情地追求苏联的国家利益，全不受在他眼中被视为虚伪的道德包袱或感情因素所阻碍。

斯大林的确是个难猜之谜。在处理国际关系上他是个极端的现实主义者——耐心、精明、不妥协，可谓他那个时代的黎塞留。西方民主国家却对此一无所知，以为斯大林与希特勒之间的思想冲突绝无和好的可能，便将命运玩弄于股掌之上：给斯大林一个与法国政治结盟的条约，却又放弃军事合作，不邀请苏联参加慕尼黑会议；又在大势已去，已无法阻止他与希特勒签署协定后，才勉强与斯大林展开军事谈判。民主国家领袖误以为斯大林长篇大论、略带宗教意味的演讲，反映出他一成不变的思想与政策。但斯大林坚持的仅限于共产主义思想，而这种共产主义意识形态反使他在战术上极有弹性。

除以上的心理层面外，斯大林的个性中还有重要的哲学成分，这使他几乎令西方领袖无从捉摸。身为老共产党员，在掌权前的几十年里他曾因信仰坐牢、流亡，备尝艰辛。苏联共产党人自诩为对历史演变有高人一等的见地，他们认为自己的角色是在客观的历史演进过程中，助一臂之力。他们认为共产党与非共产党之间的差异，近似于科学家与门外汉的对比。科学家分析物理现象，但并不能真正制造这些现象；由于他们了解形成这些现象的原委，因此得以偶尔操控其间的过程，但也仅能依照现象本身的定律加以操控。同理，苏联共产党人自认为是历史科学家，其任务在于彰显历史的演进动力，甚至于可能包括加速其演进，但决不可改变历史必然的方向。

苏共领袖表现出冷酷坚持，不讲温情，对其历史使命坚定不移，也决不为传统的理念，尤其是非共产党所提的传统主张而动摇。他们觉得自己在外交上占有优势，因为他们自认为比对手还了解对手本身的想法。他们的想法是，如果有“让步”的可能，也只能对“客观现实”让步，决不可被一起谈判的外交官说服而退让。由此可知，外交是现有秩序终将被推翻的过程中的一环；究竟要以和平共存的外交运作或是以军事冲突来加以推翻，则取决于评估各方势力之间的关系。

不过，在斯大林冷静的算计中有一个不变的原则：决不为可疑的动机打没有把握的战争。从哲学意义上来看，苏联与纳粹德国的意识形态冲突，属于共产主义与资本主义的整体对立，而且在斯大林眼中，英法也包括在内。因此苏联的敌意会针对哪一国而发，完全要看当时莫斯科认为哪一国的威胁最大。

斯大林并不在道德上区分各资本主义国家。对于极力颂扬全球和平之可贵的国家，他真正的感想可自 1928 年他对《凯洛格 - 白里安协定》的反应中看出：

> “他们奢谈和平主义，高唱欧洲各国和平。白里安与（奥斯汀）张伯伦彼此拥抱。这一切毫无意义。我们从欧洲历史可以知道，每逢为下次战争重新铺排各方势力所签订的条约，他们都称之为和约，（虽然）签订这些和约的目的是在记述未来战争的新组合。”

斯大林最恐惧的梦魇，当然就是所有资本主义国家联手同时进攻苏联。1927 年斯大林以与 10 年前列宁相同的说法解释苏联的战略：“……极为……取决于我们是否能展延与资本主义世界注定会发生的战争……直至……资本主义者开始自相残杀……”为助长这种情势，苏联与德国于 1922 年达成《拉巴洛协定》，于 1926 年签订《柏林中立条约》并于 1931 年续约，明确保证不介入资本主义战争。

在斯大林心目中，希特勒辱骂共产主义的言论，并非是与德国保持良好关系的不可超越的障碍。希特勒开始掌权时，斯大林立刻摆出亲善的姿态。他在 1934 年 1 月苏共十七大上说：

> “本党对德国法西斯政权毫不热衷。问题不在于法西斯主义，意大利便是个好例子，其法西斯主义无碍于苏维埃共和国联邦与该国建立绝佳之关系。本党过去与现在的着眼点都在于苏维埃共和国联邦，也只在乎苏维埃共和国联邦。若苏维埃共和国联邦的利益要求与无意于扰乱和平的某国修好，本党将毫不犹豫地加以实行。”

斯大林这位意识形态高手，事实上是以意识形态为现实政治服务。黎塞留或俾斯麦应该对他的战略很能理解。反倒是代表民主国家的政治家戴着意识形态的有色眼镜。他们否定权力政治，认为国家之间关系的好坏，必须视双方是否共同接受集体安全的前提，因此意识形态的对立，使共产主义者与法西斯主义者不可能真正的合作。

民主国家在这两方面都站不住脚。时机一到，斯大林的确加入了反希特勒的阵营，但那是在他向纳粹德国示好被拒后，才十分不情愿地加入。在斯大林终于相信希特勒的反布尔什维克论调很可能是认真的以后，他便竭尽全力要建立最大规模的联盟来包围纳粹。这个新策略在 1935 年 7、8 月举行的共产国际第七届（也是最后一届）大会上显现出来。此次大会呼吁所有爱好和平的民族组成联合阵线，这表示共产党已放弃 20 世纪 20 年代的战术，当时欧洲各国共产党为使各国的议会瘫痪，投票时向来与反民主党派包括法西斯主义者联手。

苏联新外交政策的代言人是李维诺夫（Maxim Litvinov），他正是因为这个任务而被任命为外长。他出身资产阶级，温文尔雅，英语流利，本身是犹太裔，娶英国史学家之女为妻。他这些背景资历不像是会入主苏联的外交事务，反而更有资格成为阶级敌人。在他的主持之下，苏联加入国际联盟，并成为拥护集体安全最有力的国家之一。斯大林很愿意发表威尔逊式的论调以争取保证，以免希特勒真的将《我的奋斗》中以苏联为主要目标这一点付诸实施。政治学家里格沃德（Robert Legvold）曾指出，斯大林的目的是向资本主义世界争取最大的助力，而不是与资本主义讲和。

外交革命

民主国家与苏联的关系始终是相互猜忌。斯大林在 1935 年与法国签订条约，次年又与捷克签约。但 20 世纪 30 年代的法国领袖却背道而驰，不愿进行军事参谋人员谈判。斯大林自然认为这等于是请希特勒先攻苏联。于是为求保险，他决定苏联对捷克的援助必须以法国先履行对捷克的义务为条件。这样安排当然使他有可能坐视资本主义国家内斗。法苏条约绝非天作之合。

法国愿与苏联政治结盟却又不肯缔结军事盟约，这显示两次世界大战之间那段时期民主国家的外交政策多么不切实际。各民主国既高唱集体安全，却又不赋予它实质的内涵。自第一次世界大战，英法应已了解到，即使两国联手是否就打得过德国还成问题。毕竟在 1918 年时，虽然美国已参战，德国也是差一点就获胜。英法若打算不靠美、苏便与德国交手，则是在马其诺防线所代表的心态之外，又过分高估了自身的实力。

只有民主国家领袖极端自以为是的想法，才会让他们普遍认为，身为苏共创始党员且坚信所谓客观物质因素的斯大林，居然可能改变信仰，接纳集体安全的道德及法理原则。因为斯大林及其同志还有意识形态以外的理由，使之对现有的国际秩序敬而远之。毕竟苏联与波兰的边界是强制划定的，罗马尼亚又抢走了被苏联视为其领土的比萨拉比亚。

东欧可能受到德国攻击的国家也不希望苏联协助。凡尔赛和平方案与苏联革命，使任何集体安全体系在东欧都会面临一个无解的难题：缺少苏联，这个体系在军事上便不可行；加上苏联却又在政治上不可行。

西方各国的外交作为，丝毫不能化解斯大林对资本主义反苏阴谋的疑虑。在外交交涉废除《洛迦诺协定》的过程中，苏联未被纳入磋商对象，慕尼黑会议根本未被邀请参加。最后它被邀请参加讨论东欧的安全制度，也是迟至 1939 年捷克被占领后，而且西方国家并非完全乐意这么做。

不过如果把《苏德协定》的责任大部分归咎于西方的政策，就难免错估了斯大林的心理。他的偏执本性充分表现在他将所有可能的敌人消灭殆尽后，更有千百万人因被他无中生有疑为有反叛之心而遭杀害或流放。然而在外交政策上，斯大林不愧是最冷静的算计者，并极以不受挑拨、不轻举妄动而自傲，尤其是对各种势力的相互关系了解程度被他十分看不起的资本主义领袖，更无法影响他。

我们仅能猜测斯大林在慕尼黑会议举行时心中有什么打算。不过当时正值他发动一波又一波的整肃，弄得全国人心惶惶之时，他最不可能做的就是自寻死路地自动执行一项协防条约。由于与捷克的条约中规定，唯有法国开始作战后，苏联才有义务履约，这使斯大林有几种选择。例如，他可要求通过罗马尼亚及波兰，而这些国家必会加以拒绝，他便可以此为借口，静观中欧与西欧的战争结果。或者，他可评估将革命后成为波兰及罗马尼亚领土的土地收回，会有如何的后果，然后视情况采取行动。最不可能发生的是，苏联会在集体安全的名义下，建立起防御工事，成为《凡尔赛和约》土地条款的最终捍卫者。

慕尼黑会议无疑地证实了斯大林对民主国家的疑虑。然而他一心要完成心目中认定的布尔什维克使命，即挑起资本主义国家互斗以避免使苏联成为其战争的牺牲品，而且几乎是不惜一切代价，在这一点上任何外力均无法真正动摇他。因此慕尼黑主要的影响是改变了斯大林的战术。自此他开始公开叫卖苏联的条约，如果希特勒愿认真开价，那民主国家将没有得标的希望。1938 年 10 月 4 日，法国大使去访苏联外交部说明《慕尼黑协定》，接待他的外交事务副委（Deputy Commissar for Foreign Affairs）波将金（Vladimir Potemkin）曾发出如此的警语："可怜的阁下，贵国做了什么好事？在我们看来，唯一的结果就是第四次瓜分波兰。"

由这番话中可见斯大林的冷静理智外交政策之一斑。慕尼黑会议后，波兰必然成为德国下一个目标。斯大林既不想让德军接近目前的苏联边界，又不想与希特勒作对，那唯一的选择便是第四度瓜分波兰（事实上当年叶卡捷琳娜大帝就是基于同样的考虑，于 1772 年促成与奥地利、普鲁士一同首度瓜分波兰）。斯大林等候希特勒先有所行动等了整整一年，由此可见他处理外交政策多么沉着坚定。

在目标确切不变后，斯大林继而迅速让苏联自前线抽身。1939 年 1 月 27 日，伦敦《新闻纪事报》(News Chronicle) 刊载了一篇该报外交特派员（据悉与苏联大使麦斯基相当亲近）的特稿，指出德苏有可能达成协议。这名特派员重申斯大林的标准主张，即西方民主国家与法西斯独裁者之间没有太大差别，并借此使苏联摆脱须对集体安全自动有所承诺：

> “当前苏联政府显然无意于，在英法一旦与德意发生冲突时给予英法任何援手。从苏联政府的观点来看，英法政府这一边与德意政府那一边的立场并无重大差别，因此无理由为保卫西方民主国家做重大牺牲。”

既然苏联认为没有必要根据意识形态，在不同的资本主义国家中做一选择，那莫斯科与柏林之间的歧见就可依实际需要加以解决。为避免表达得不够清楚，斯大林破天荒地下令苏共机关报《真理报》(Pravda) 一字不漏地转载此文。1939 年 3 月 10 日，希特勒占领布拉格前五天，斯大林更进一步对苏联的新策略提出他权威性的阐述。其场合是苏共第十八次代表大会，那是自他五年前宣布拥护集体安全及联合阵线后，迄今所举行的首次共产党代表大会。当时与会代表们主要的心情，一定是对自己还能保住性命感到松了一口气，因为一连串的整肃已使他们元气大伤：五年前的 2000 名党代表如今还能出席的仅剩 35 人；其余的有 1100 人因从事反革命活动而被捕；131 名中央委员中有 98 人遭清算斗争，3/5 的红军将领、所有 11 名副国防委员、所有军区司令、最高军委会 80 名委员中的 75 名，全都落得同样的下场。苏共十八大看不出些许传承的意味，出席人员关心自己的身家性命远重于捉摸不定的外交政策。

斯大林对这群人人自危的听众演说的基调，跟 1934 年没有两样，都是以苏联在险恶的国际环境中希望以和平为诉求。不过他在结论中，明显地偏离前次党代表大会上所主张的集体安全概念。他等于是宣布苏联对资本主义国家间的冲突保持中立：

> “苏联的外交政策清楚明白。我们主张和平及加强与所有国家的经贸关系，这是我国的立场。只要各国与苏联维持同样的关系，不致企图侵犯我国的利益，则我们将固守这个立场。”

为了让迟钝的资本主义国家领袖务必了解他的观点，斯大林又几乎是照本宣科地把《新闻纪事报》那篇文章重复一遍：鉴于各民主国与德国的社会结构相似，因此德苏之间的差距不会比其他资本主义国家与苏联的差距来得更大。简言之，他表达了决心保留行动自由，并打算在任何可能爆发的战争中，把苏联的友好态度出售给出价最高的一方。在一句事后看来颇有所指的话中，他保证“会小心谨慎，不让我国卷入好战者挑起的战端，好战者总是要他人为其收拾残局”。其实，斯大林正是暗示纳粹德国开个价。

他的新政策主要的不同之处只在于重点不同，即使在斯大林最拥护集体安全及“联合阵线”的年代，他也总是逃避任何承诺，以便保留在战争开始后另行交易的选择权。如今，时值 1939 年春，捷克余下的部分尚未被德国占领，斯大林却更进一步，他开始为苏联制造在战争爆发前进行交易的机会。没有人能怨斯大林秘而不宣，民主国家之所以大惊失色是由于他们未能了解，斯大林虽是个热情的革命家，但更是个冷静的谋略家。

在布拉格被占领后，英国抛弃对德的绥靖政策。英国内阁此时又过度夸大纳粹威胁的迫切程度，与当初低估其威胁如出一辙。英国认为希特勒会在灭亡捷克后，立即展开另一波攻势，其对象有人猜是比利时，有人猜是波兰。1939 年 3 月底，又有传言说是与德国非邻国的罗马尼亚。可是那么快就攻击另一个不相关的目标，太不符希特勒的作风。他更典型的战术是，设法使前一次攻击的冲击能够让下一个侵略对象丧失斗志，然后再动手。不论如何，我们从事后知道，英国其实有太多的时间来规划其策略，但英国领袖却迫不及待。再者，英国内阁若曾仔细分析斯大林在十八大上的讲话，就会领悟到，英国越是积极组织反希特勒联盟，斯大林就越会袖手旁观，好增加他与两方面谈判的价码。

英国内阁现在面临着一个基本的策略抉择，不过我们看不出它有这种认识。为对抗希特勒，英国内阁必须决定是要以建立集体安全制度，还是要以缔结传统联盟为基本方针。若选择前者，就必须广为邀集各国加入反纳粹势力；若选择后者，英国就必须有所妥协，以便与可能结盟的国家如苏联调和彼此的利益。

英国内阁选择了集体安全。3 月 17 日，英国向希腊、南斯拉夫、法国、土耳其、波兰与苏联征询，假定罗马尼亚受到威胁各国会如何反应——其前提是各国必须认同共同的利益，并保持一致的态度。突然间英国似乎一反自 1918 年以来的立场，变得愿意保证东欧所有国家的领土。

各国的反应再次突显出集体安全原则的弱点，即假设全体国家，至少所有可能受害的国家，都有抵抗侵略的共同利益，但每个东欧国家都认为自己情况特殊，都强调本身的顾虑而非集体考虑。希腊表示其反应将视南斯拉夫的反应而定，南斯拉夫则询问英国的意图何在，使问题又回到原点。波兰表示不会偏袒英德任何一方或介入罗马尼亚保卫战。波兰与罗马尼亚不同意让苏联参与保卫其国家的行动。苏联的回答则是建议在布达佩斯召开会议，由所有被英国征询的国家参加。

这一招极为高明。若会议得以举行，对那些害怕苏联不亚于畏惧德国的国家，苏联便可取得参与其防务的根据；若这个提议遭拒绝，那克里姆林宫就有借口置身事外，并着手它的如意算盘，试探与德国合作的可能。苏联等于是请东欧各国把德国当作威胁其生存的头号敌人，并且在苏联露出真正意图前就先向德国挑战。但东欧没有国家打算这么做，因此布达佩斯会议始终未曾举行。

各国冷淡的回应促使张伯伦另谋他法。3 月 20 日他建议英、法、波、苏发表宣言，表示将在任何欧洲国家的独立遭到威胁时，“针对采取共同行动”相互咨商。这仿佛第一次世界大战前的三国协约又重生，但建议中并未谈到万一吓阻行动失败，应该采取何种军事策略，或波、苏是否有可能合作，因为这一点是被视为理所当然的。

至于波兰，它凭空过度地高估了自身的军事实力，而英国似有同感。波兰拒绝与苏联采取一致行动，使英国不得不在两国之间做一选择。若英国对波兰提出保证，斯大林参与共同防御的意愿便会降低。而波兰又位于德、苏之间，在斯大林还无须做任何决定前，英国已先有作战的义务。相反的，如果英国着重于与苏联结盟，那斯大林必会索取协助波兰的代价，要求把边界向西移，接近寇松线。

在民意激愤下，英国又相信再退让将更难坚持立场，因此内阁决定不再容许牺牲任何国家，全不顾地缘政治的要求。另外，英国领袖也误以为波兰的军力多少胜过苏联，而且红军缺乏攻击力。在苏联军事将领刚历经过多次大规模整肃后，做如此判断似乎颇合情合理。更主要的是英国领袖极端不相信苏联。张伯伦曾写道：

> "我必须承认，对俄罗斯怀有非常深刻的怀疑。我认为即使它有心也无力于维持有效的攻势。我也不信任其动机，在我看来，苏联的动机似与我国的自由观念毫无关联，而且一味只想挑拨离间。"

英国自认为时间极为紧迫，自《凡尔赛和约》以来它一直吝于对承平时期的欧洲提供任何保证，此时却毫不犹豫地投入其中。由于德国即将对波兰发动攻击的报告频传令人忧心，张伯伦甚至未先与波兰商谈双边结盟，就自行在1939年3月30日亲自草拟了对波兰的单方面保证，次日便向国会提出。这项保证只是为一时应急，先阻止德国的侵略，虽然后来证明那情报错误，此时德国尚无此意。张伯伦并计划将来要更从容审慎地建立广泛的集体安全制度。对波兰提出保证后不久，英国又在同样的考虑下向希腊与罗马尼亚提出单方面的保证。

因道德激愤及策略混淆，英国就此偏向战后历任首相所一概坚持不能也不愿保护的国家，对它们提出保证。《凡尔赛和约》后的东欧实际情势距离英国其实已极为遥远，以致内阁连自己所做的决定反而会增加苏联对德国的选择余地，同时使苏联更易于退出英国主张的共同阵线，都还浑然不觉。

英国领袖认定斯大林会参与其策略是毫无疑问的，因此他们很有把握认为时机及范围都掌握在自己手中。外相哈利法克斯主张将苏联备而不用，只在"某些情况下以最方便的形式请其给予支援"。他心中的盘算是请苏联供应弹药，而不是把其军队开出国境。但苏联为什么会愿意扮演如此辅助性的角色，他不曾说明。

事实上英国对波兰及罗马尼亚的保证，已使可能促使苏联与西方民主国家认真谈判结盟的诱因荡然无存。一则，英国的保证涵盖了苏联与所有欧洲邻国的边界，仅波罗的海三小国除外，因此至少在书面上阻止了苏联的侵略野心，当然其效用是跟阻止德国的野心不相上下的。（英国居然忘了这最现实的一面，由此可见“爱好和平国家的联合阵线”这个口号在西方是多么深入人心。）但更重要的是，英国的单方面保证斯大林正求之不得，因为在任何从零开始的谈判中，而且大多数谈判都是如此，斯大林所能要求的最大空间现在都因英国的保证而唾手可得。若希特勒向东进，斯大林现在即可确定，在德军距离苏联边境尚远时，英国就已经势必要介入战争。因此他实质上享有与英国的同盟，却不必做对等的承诺。

英国对波兰的保证是基于四个假设，但事后证明全都推断错误：波兰的军力庞大，或许还超过苏联；英法联手便足以打败德国不需其他盟国协助；苏联有意于维持东欧现状；德苏之间的意识形态鸿沟永远不可能化解，因此苏联迟早会加入反希特勒的行列。

波兰固然英勇，但称不上是军事强国。而且由于法国参谋总部令波兰对其真正的打算有所误解，以为法国有可能采取某种攻势，使波兰更未能及早预做准备。法国实际上实行的守势战略，将迫使波兰单独面对德国大军的进攻，而西方领袖早该知道这是超出波兰能力之外的。但波兰也不可能被诱使接受苏联的协助，因为波兰领袖认为（事实也证明他们是对的），任何苏联“解放”军都会变成占领军。而民主国家的评估是，即使波兰被打败，他们也能靠自己战胜德国。

苏联志在保持东欧现状的立场在苏共十八大时结束，事实上它是否曾有此意还值得商榷。要紧的是，斯大林的确可选择要不要转向希特勒，而在英国向波兰提出保证后，他更可相当安全地打纳粹牌了。西方民主国家不肯认真了解他的策略，使他更可来去自如，换成黎塞留、梅特涅、帕麦斯顿或俾斯麦等人，必然早已洞悉一切。斯大林的策略其实很简单，就是务使苏联一定是最后做出承诺的大国，以便保留在一场拍卖会上最大的行动自由，不论苏联的合作或中立都可卖给出价最高的一方。

在英国对波兰的保证之前，斯大林必须担心如果向德国示好，可能使民主国家对东欧撒手，留下他一人面对希特勒。但有了英国的保证后，他就有把握，不但英国会为苏联的西边疆界而战，而且战争会自六百英里外的德波交界处开始。

现在斯大林只剩下两个顾虑。一是他必须确定英国对波兰的保证十分明确；二是他必须了解对德国那方面的选择是否真正存在。矛盾的是，英国越强调它对波兰的保证，而为了吓阻希特勒英国不得不如此，斯大林就有更多对德运作的空间。英国希望保留东欧现状，斯大林却以争取最大的选择空间和推翻凡尔赛体系为目标。张伯伦要防止战争。斯大林认为战争已不可免，只想自其中获取利益而不必参与其事。

他长袖善舞地周旋于两方之间。但到最后西方根本不是对手，只有希特勒有资格满足他想要的东欧领土，而为此他很乐于付出让欧洲陷入战争但苏联得以豁免的代价。4 月 14 日，英国建议苏联单方面宣布："一旦有任何对苏联欧洲邻国的侵略行为，而受到该邻国的反抗，苏联政府将援手。"斯大林拒绝作茧自缚，不愿做这种天真的单方面的提议。4 月 17 日，他提出三点相对的意见：苏、法、英缔结同盟；签署军事公约使此同盟产生实际效力；对所有位于波罗的海及黑海之间的国家提供保证。

斯大林必然知道如此建议一定不可能被接受。首先是东欧各国根本不要这种保证；其次是根本没有足够的时间谈判详细的军事公约；第三点是英国十五年来一直排斥与法国结盟，现在岂会同意与一个被视为只具供应弹药价值的国家结为盟国。张伯伦说："我们不能为了让东欧的小国能获得弹药供应，就装作有必要结这种联盟。"

随后英国领袖一步步放弃他们的保留立场，逐渐接受斯大林的条件，但斯大林却不断抬高价码。5 月间斯大林的亲信莫洛托夫（Vyacheslav Molotov）取代李维诺夫出任外长，显示斯大林已亲自主导谈判，而维持谈判代表间良好的私人关系已不再受苏联的重视。莫洛托夫以其好卖弄却不甚高明的方式，要求由英苏两方担保所有沿苏联西界的国家，并坚持把这些国家一一列举出来（借此确保其中至少有部分国家会正式表示反对）。

他又坚持扩大解释“侵略”一词，把“间接侵略”包括在内，指即使并未真正使用武力，只要对德国的威胁有所让步，也算是侵略。由于苏联保留了对“让步”一词的定义，斯大林等于是要求对苏联所有欧洲邻国的内政有无限制的干预权。

到 7 月斯大林已很有把握。他知道英国领袖不论多么不情愿，最后仍会同意根据接近他所提的条件缔结盟约。7 月 23 日苏联及西方的谈判代表，就一项显然双方都表满意的草约达成协议。至此斯大林获得了一张安全网，可以好整以暇地确定希特勒会出什么价。

整个春夏两季，斯大林小心翼翼地放出风声，表示他愿意考虑德国的提议。但希特勒担心若德国采取主动，斯大林会借此向英法要挟更好的条件。斯大林也有同样的顾虑。他不愿采取主动是因为一旦消息曝光，英国可能放弃对东欧的保证，使他必须单独应付希特勒。而且他并不着急，因为他没有时间压力，而希特勒却有。此外他的胆子也很大。于是斯大林按兵不动，使希特勒焦急不已。

7 月 26 日，希特勒沉不住气了。如果他要在秋天雨季开始前进攻波兰，最迟在 9 月 1 日前就必须知道斯大林究竟意向如何。德国与苏联谈判新贸易协定的代表团团长施努尔（Karl Schnurre），奉命开始提出政治议题。他利用两国对西方资本主义国家的敌意拉拢彼此关系，并向苏方主谈人保证：“自波罗的海以迄黑海，两国间没有解决不了的问题。”施努尔提议与苏联举行高阶层政治会谈，继续讨论有关问题。

太热衷的态度很少能加速谈判的进行。凡有经验的政治家决不会因为对谈者的敦促就轻易点头；反而会利用对方的急切设法争取到更大的利益。不管怎么说，斯大林是不会受威胁利诱所左右的人。于是一直到 8 月中，莫洛托夫才接到指示接见德国大使舒伦堡（von der Schulenburg），并提出一连串问题以确定施努尔究竟用意何在。是要向日本施压要日本不得威胁西伯利亚？是要签互不侵犯条约？是要签有关波罗的海国家的协定？还是要对波兰达成某种协议？

此时希特勒已是迫不及待，虽然极不情愿，但他已打算做任何让步。8 月 11 日，他告诉但泽高级行政长官：

“我一切的作为都是针对俄罗斯而来。若西方太愚昧、太昏庸以致看不出这一点，那我只有被迫与俄国人达成某种谅解，先击溃西方，再集结大军转向苏联。”

希特勒的打算这么说应当很正确：对英国，他希望英国不要插手欧陆事务；对苏联，他希望保有缓冲空间。而斯大林有多么成功，可从他如何扭转希特勒的优先目标看出端倪，虽然那只是暂时的。

舒伦堡在回答莫洛托夫的问题时告诉他，希特勒准备立即派外长里宾特洛甫（Joachimvon Ribbentrop）到莫斯科来，授权他全权解决一切两国间未决的问题。斯大林必然注意到，希特勒愿意谈判的层次一直为英国所回避，因为在双方洽商这段期间，英国始终认为不必派部长级官员到莫斯科，而有几位英国部长最远只到过华沙。

斯大林在没有确定对方下的赌注前不会摊牌，他在升高对希特勒的压力。莫洛托夫衔命对里宾特洛甫的热忱表达谢意，但表示必须先达成原则上的协议，外长来访的意义才能确定。苏方请希特勒拟定明确的提议，包括处置特定领土问题的秘密议定书。就连迟钝如里宾特洛甫，想必也领会得到莫洛托夫如此要求的目的为何。若消息外泄，披露的也是德国的草稿，斯大林必可保持清白，而且可把谈判失败归之于苏联不愿与德国的穷兵黩武同流合污。

此刻希特勒已急切到饥不择食的地步，因为进攻波兰的决定必得在几天内就要做出。8 月 20 日他直接写信给斯大林。这封信本身便对德国礼宾官员是个挑战，因为“苏联共产党总书记”是斯大林唯一的头衔，他没有任何政府职位，令官员们不知该如何称呼他。最后这封信终于送出，收信者只写“莫斯科斯大林先生。”信中表示：“我相信苏联要求的额外议定书，若由一位能负责的德国政治家亲自前往莫斯科协商，其内容必可在最短的时间内敲定。”

斯大林坚持到最后一刻仍保有所有的选择余地，因此这一场赌局他必胜无疑。希特勒显然愿意无条件提供给他若与英法结盟须经过与德国血战才能获得的好处。8 月 21 日，斯大林回信表示，希望“《苏德互不侵犯条约》是代表两国政治关系步入坦途的决定性的一步”。里宾特洛甫应邀在48小时后，8月23日前往莫斯科。

里宾特洛甫抵达莫斯科不到1小时，便被斯大林召见。但这位苏联领袖却对互不侵犯条约兴趣不大，对里宾特洛甫言谈间提到的两国友谊更无动于衷，他最重视的是瓜分东欧的秘密协定。里宾特洛甫建议，依1914年的边界划分在波兰的势力范围，主要的差别在于华沙会留在德国这一边。至于是否要维持波兰表面上的独立，或德苏会不会并吞所有征服的领土，暂不决定。在波罗的海方面，他提议芬兰及爱沙尼亚属苏联势力范围（使斯大林终于获得他多年来希望在列宁格勒附近建立的缓冲区），立陶宛归德国，拉脱维亚则一分为二。斯大林要求拉脱维亚的全部，里宾特洛甫便致电向希特勒请示，希特勒让步，后来他对斯大林要求取得罗马尼亚的比萨拉比亚亦复如此。里宾特洛甫兴高采烈地回到柏林，希特勒把他喻为“俾斯麦第二”。在希特勒向斯大林发出第一封信后，短短三天内，便完成一场外交革命。

谁应该为形势如此急转直下负责

事后，当然少不了要检讨谁应该为形势如此急转直下负责。有人怪罪英国勉为其难的谈判方式。史学家泰勒（A. J. P. Taylor）曾指出，在英苏交换意见期间，苏方一反常态，对英国的提议比英国对苏联的信息回应要快得多。泰勒由此得出结论，认为克里姆林宫比伦敦更热切想要结盟。笔者对此不以为然，其实这多半是斯大林想要让英国留在谈判桌上，并不急于得到结论，至少在他确定希特勒的意向之前让谈判继续进行。

英国内阁明显犯下几个严重的心理错误，不仅没有派部长到莫斯科，还迟迟不肯加入联合军事计划作业，到8月初才同意。同意之后，虽然苏联心目中的主要甚至可说唯一的目标在陆战，英国却仍派海军上将担任首席代表。更有甚者，代表团是乘船前往苏联，5天后才到达目的地，让人感觉英国是好整以暇。还有一点，不论道德上的考虑与衡量有多么值得，英国不愿保证波罗的海国家的安全，必会被性格偏执的斯大林解释成是：为方便希特勒经由波兰进攻苏联。

然而导致《苏德协定》的不是英国拙劣的外交手法。真正的问题出在要满足斯大林所有的条件，英国便不可能不放弃自第一次世界大战后坚持至今的每一个原则。如果苏联也能搭便车享受同样的待遇，就没有必要为保卫东欧小国不受德国的凌虐而划定界限。英国领导阶层如果更斤斤计较一点，或许就会把这条线划在苏联边界而非波兰边界，以便大大增加与苏联谈判的筹码，也会使斯大林认真考虑参与有关保护波兰的谈判。为了道德信誉，民主国家再也不能姑息新一轮的侵略，即使涉及本身的安全也不例外。现实政治一定要求，要就英国给予波兰保证的战略意义深入分析，凡尔赛建立的国际秩序，则要求英国外交方向须以道德及法律考虑为主。斯大林有策略无原则；民主国家维护原则，却未能订出策略。

法军消极地躲在马其诺防线之后，苏联红军也在其国界内伺机而动，在这种情况下波兰根本保不住。1914 年时，欧洲各国因军事与政治计划不相联属而致走上战争。军方参谋人员的各种作战计划固然可圈可点，政治领袖却对其一无所知，或缺乏可与军事计划之规模相比拟的政治目标。

1939 年时，军事与政治的步伐又不协调，而这一次的情形正好相反。西方强国具有在道理及道德上无懈可击的政治目标——制止希特勒。可惜始终未能定出可达成这个目标的军事策略。1914 年的战略专家太过跃跃欲试；1939 年的战略专家则太过谦让自制。1914 年时，每一国的军人都蠢蠢欲动；1939 年时，军方却有种种顾虑（连德国也不例外），便把军事判断交到政治领袖手中。1914 年是有策略无政策，1939 年是有政策无策略。

俄罗斯在两次大战的爆发上都扮演决定性的角色。1914 年，俄国严守与塞尔维亚的盟约和僵化的动员日程表，因而促成最后的开火；1939 年，斯大林使希特勒免于两面作战的恐惧，当时他必然心知肚明是他使得全面性大战的爆发不可避免。1914 年，俄罗斯是为荣誉参战；1939 年，它鼓励战争，目的是在分享希特勒征服的战利品。

不过德国在这两次大战爆发前的行为如出一辙，都缺乏耐心及远见。

1914 年它挑起战端是为打破一个联盟，而要不是德国频频施以威吓，这个联盟原本很难以结合；1939 年则是它不愿等候，其实顺其自然德国必可成为欧洲举足轻重的国家。要等候就得采取与希特勒完全相反的策略——暂时休养生息好让慕尼黑会议后的地缘政治现实尘埃落定。1914 年，德皇心理不平衡，对国家利益又认识不清，使他沉不住气；1939 年，有一个不同于常人的疯子决心在实力最高峰时发动战争，把一切理性的评估置之不理。我们从下面这个事实可以看出，德国前后两次其实都没有必要发动战争：经过两次重大挫败，又丧失第一次世界大战前约 1/3 的领土，德国现在仍是欧洲最强大，或许也算得上是最具影响力的国家。

至于 1939 年时的苏联，它的力量有限尚不足以面对即将到来的战争。然而在大战结束时，它却一跃而成为世界超级强国。20 世纪的斯大林像 17 世纪的黎塞留一样，善于利用中欧的分裂。美国跃升为超级强国拜其巨大的工业实力之赐；苏联的崛起则源自于斯大林处心积虑的巧取豪夺。

第十四章

《苏德协定》

莫洛托夫于 1939 年 8 月签署《苏德互不侵犯条约》。其身后为里宾特洛甫及斯大林

假战争时期

在 1941 年前，希特勒与斯大林都以传统的手段追求非传统的目标。斯大林期待的是，有一天能在克里姆林宫掌控一个共产主义世界。希特勒在《我的奋斗》中也提到其疯狂的愿望：建立种族纯正的帝国，由日耳曼民族统治。没有比他俩的想法更离经叛道的了，但他们所采取的手法，1939 年的条约可谓集其大成，却像是取自 18 世纪一篇讨论权术的论文。在某种程度上，《苏德互不侵犯条约》仿佛 1772 年，腓特烈大帝、叶卡捷琳娜大帝及玛丽亚女皇（Maria Theresa）瓜分波兰的翻版。不过希特勒与斯大林不像这三位皇帝，他俩在意识形态上是敌人。有一度，想要瓜分波兰的共同国家利益超越了意识形态上的差距。当他们的密约在 1941 年终于曝光时，人类史上最大规模的陆战业已展开，而且是由一个人的意志所主导。20 世纪号称是全民意志、大众力量的时代，然而主导本世纪的却是极少数的几人，其伤亡最惨烈的战争只需消除单单一个人或许便可避免，这岂非莫大的讽刺。

德军在不到一个月内横扫波兰，此刻法军面对的虽是兵员不足的德国守军，却只是消极地躲在马其诺防线后观望。此后是一段有“假战争”之称的时期，这个称呼倒颇为贴切，而法国的士气在此期间完全消磨殆尽。数百年来法国为不同的政治目标，曾打过不少战争，包括使中欧保持分裂，或是第一次世界大战的为收回阿尔萨斯与洛林。如今法国原本应为某个国家而战，但该国已被征服，法国却不曾为保护它而动过一兵一卒。其结果是，民心士气已失的法国面对着又一个既成事实和一场缺乏基本战略的战争。

英法怎么会以为它们能够打败在前次大战中虽有美俄加入，却仍差一点获胜的国家呢？英法此时的作为仿佛是它们大可躲在马其诺防线后，静待英国对德的封锁能逼得希特勒不得不投降。但德国为什么要按兵不动等着上断头台呢？放着穿过比利时畅行无阻的大道不走，为什么要去攻打马其诺防线，并且这一次已没有东欧战线，德军可倾巢而出？若防御在战争中果真如法军将领所认为的如此重要，且不论波兰的教训正好相反，那法国的命运除了在元气尚未恢复前，又要打数十年内的第二次消耗战之外，还有其他可能吗？

法国观望之际，斯大林抓住了这个战略良机。但在执行瓜分东欧的密约前，他还想把内容修正一番。他像一位 18 世纪的诸侯，将领土任意处置，全不把民族自决放在眼里。他在《苏德协定》完成后不到一个月内，向德国提出新建议：以华沙与寇松线之间根据密约划归苏联的波兰领土，交换原本尽归德国的立陶宛。斯大林的目的当然是为列宁格勒再增一缓冲区。他似乎认为无须为这种地缘战略的运作找其他合理化的借口，为苏联的安全需要即已足够。希特勒接受他的提议。

斯大林立即着手夺取密约中属于苏联的部分。当时波兰境内的战争正打得如火如荼，苏联向波罗的海三小国提议缔结军事同盟，盟约允许苏联在其境内建立军事基地。这三国没有西方的支援，别无其他选择，只得接受这逐步丧失独立的第一步。1939 年 9 月 17 日，距战争爆发不到三周，红军便占领了密约中划为苏联势力范围的波兰领土。

11 月轮到芬兰。斯大林要求在芬兰建立军事基地，并割让靠近列宁格勒的卡累利阿地峡（Karelian Isthmus）。但芬兰不轻易就范，它拒绝苏联的要求，斯大林下令进攻时，芬兰人勇敢地抵抗。然而芬兰军队虽重创红军，红军经过斯大林大规模的整肃，也还在喘息之中，但毕竟寡不敌众。在奋战几个月后，芬兰终于屈服于苏联压倒性的优势。

就第二次世界大战的整体战略来说，苏芬战争只是龙套。但它反映出英法是多么昧于当时的战略现实。芬兰人以寡击众，一时间苏芬之战呈现胶着，英法便自误误人地以为苏联或许是轴心国较弱的一环（其实它并不属于轴心国）。于是英法着手派遣 3 万人的部队，打算经由瑞典及挪威北部进入芬兰。在途中他们将切断德国取自挪威北部及瑞典，由挪威纳尔维克港（Narvik）运送的铁矿沙的运输。但这两国并不准备允许英法军队过境，英法参谋人员的热情却丝毫未减。

同盟国有可能干预这一点，或许有助于芬兰获得比苏联原本开出来的条件要好的结局，但斯大林要把苏联的国防线自列宁格勒附近向外推展的意图，终究无法阻挡。史学家至今仍未能解释，是什么因素促使英法差一点就要同时与苏联及纳粹德国作战，而三个月后法国的陷落证明这整个计划不过是一场空想。

希特勒的愿望

1940 年 5 月，“假战争”结束。德军重演 1914 年的历史，由比利时转而进攻法国，主要的不同点则在于此次主要的攻势是放在中央而非右翼。法国望风披靡，为 15 年来的犹疑及逃避付出代价。虽然德军效率之高此时已众所周知，但法国在如此短的时间内便被击溃的确令人震惊。在第一次世界大战时，德军花费四年时间向巴黎进攻，每前进一英里，死伤均极为惨重，最后并未成功。1940 年，德国以闪电战术在法国长驱直入；到 6 月底，德军已走在香榭丽舍大道（Champs Elysees）上。希特勒仿佛已是整个欧陆的主人。

但他也像过去的征服者一样，对自己莽撞地开启的战端不知应如何收尾。他有三个选择：试试看能不能击败英国；与英国讲和；或先征服苏联，再利用其庞大的资源，回过头来倾全力西进，摧毁英国。

1940 年夏，希特勒试探了前两个选择。他在 7 月 19 日一次扬扬自得的演说中，暗示愿意与英国妥协讲和。他要求英国放弃战前属于德国的殖民地，并宣布不介入欧陆事务，他则保证英帝国不受侵犯。

希特勒的提议跟第一次世界大战前德国帝制时期，连续 20 年向英国所提的方案没有两样，只是当年德国的语气比较缓和，而英国的战略地位更为有利。或许，希特勒如果对德国规划的欧洲面貌能够说得更具体一点，若干英国领袖如哈利法克斯等人——当然绝不可能是丘吉尔——他们曾想过要不要与德国谈判，此时也许会心动。希特勒实际上是要求英国同意让德国在欧陆为所欲为，他得到的则是英国一贯的反应，就如格雷在 1909 年，对比希特勒理性得许多的德国领袖所提的类似建议（且法国当时仍是一大国），曾有如此的回应：若英国牺牲欧陆各国交由德国处置，迟早英伦三岛也会遭到攻击（见第七章）。英国也不会相信对其“帝国”的保证。德国的领袖均不了解英国的想法，英国以为任何能够保护其帝国的国家，同样也能够征服其帝国——克劳在 1907 年那份著名的备忘录中早已说得很清楚（见第七章）。

丘吉尔当然看得更透彻得多，对历史也下过不少工夫，因此不会有任何幻想，以为在这场大战结束后，英国还能保持世界第一大国甚至名列前茅的地位。不是德国就是美国，将取得第一。因此丘吉尔在 1940 年夏不肯与德国妥协，可视为他宁要美国而不要德国称霸的表现。美国跻身世界第一大国或许有时也会令英国不满，但至少英美语言文化相近，彼此也没有明显的利益冲突。更何况英美之间总是有可能建立起“特殊”的关系，但与纳粹德国则是绝无可能。到 1940 年夏，希特勒已使他本人成为“开战的原因”了。

讲和不成，希特勒转向另一选择，打算摧毁英国空军，必要时不惜进攻英伦三岛。但对这一点他只是想想而已。登陆作战原不在德国战前拟定的计划中，如今则因缺乏登陆舰艇，德国空军又不能摧毁皇家空军，这个计划只好放弃。夏季结束时，德国发现又面临与第一次世界大战相仿的景象：虽已打赢不少重大战役，却无法将这些战果转换为最后的胜利。

当然希特勒的处境极适于采取战略上的守势，因英国没有能力单独挑战德国；美国几乎不可能参战；至于斯大林，不论他曾经如何想过要干预，到最后必然会找个理由拖延。但等待别人采取主动不符希特勒的本性。因此他的心意势必会转向进攻苏联。

早在1940年7月，希特勒便下令研拟攻打苏联的初步参谋计划。他对手下将领表示，一旦苏联被打败，日本便可倾全力攻打美国，把华盛顿的注意力转移到太平洋。孤立的英国在美国不可能支援的情况下，只有放弃抵抗："英国的希望在俄美。"希特勒说得很对，"若寄予俄国的希望破灭，那美国也会自顾不暇，因为消灭俄国后，日本在远东的力量将大增"。不过当时希特勒尚不准备下令攻打苏联。他想先试探是否能诱使苏联一同进攻英帝国，好在东进之前先解决英国。

斯大林太清楚自身处境的困难。法国沦陷之快，打破了他与西方军事专家的预期，大家原以为这场战争会像第一次世界大战一样是长期的消耗战。斯大林的如意算盘是德国与西方民主国家会耗尽彼此的人力物力，但这个希望已落空。若英国也被打败，德军便可放手向东进攻，根据《我的奋斗》当中所宣扬的概念，充分运用欧洲所有的资源。

斯大林的反应不出其一贯的作风。他一生中从未对危险表现出畏惧，即使有时他心中一定也会害怕。他认为示弱必会导致对手拉高姿态，因此向来都是以强硬不妥协来掩饰自己的劣势。若希特勒想利用在西欧的胜利向苏联施压，斯大林就会尽量使要他让步变得很困难，很不值得。不过以他这般处心积虑精于算计，却未能考虑到希特勒神经质的个性，便以为希特勒是不可能因苏联的挑衅而两面作战的，不论这么做有多么大胆。

斯大林选择双管齐下的策略。他加速攫取其余在密约中划归他的战利品。1940年6月，希特勒仍忙于征服法国之际，斯大林向罗马尼亚发出最后通牒，要求它让出比萨拉比亚并割让北边的布科维纳（Bukovina）。布科维纳不在密约的约定之中，有了这片土地，苏联军队便可进驻于整个属罗马尼亚的多瑙河沿岸。同一月他又强迫波罗的海国家举行假投票，虽然投票率不及二成，他却借机并吞了这些国家。完成这一步后，斯大林已收回苏俄在第一次世界大战结束时丧失的所有领土；而同盟国也付出将苏德排除于1919年巴黎和会之外的最后一笔代价。

一方面加强本身战略地位的同时，斯大林仍继续努力安抚不怀好意的德国，供应希特勒征战所需的原料。早在 1940 年 2 月，德国尚未席卷法国之前，便在斯大林见证之下签订《苏德贸易协定》，苏联承诺运送大批原料给德国，德国则为苏联提供煤与工业成品。苏联不仅切实遵守协定的条款，更有过之而无不及。事实上，几乎是到希特勒最后进攻苏联的那一刻，苏联火车仍载着物资越过边界关卡走向德国。

但这一切作为均无法改变德国已成为中欧霸主的这个地缘政治现实。希特勒已表示得很明白，他不会容许苏联的扩张行动逾越密约的范围。1940 年 8 月，德、意强迫罗马尼亚将特兰西瓦尼亚的 2/3 归还匈牙利，当时斯大林已将罗马尼亚视为苏联的势力范围，而匈牙利则已几近于加入轴心国。希特勒便决定保护罗马尼亚的石油供应，而在 9 月间摆出更明显的态势，除保证罗马尼亚安全，还派出一个机械化师及空军到罗马尼亚为其保证做后盾。

同一月，在欧洲另一端的紧张情势升高。在密约中原属苏联势力范围的芬兰，违约同意让德军通过其境内前往北挪威。此外德国还运交不少武器，其唯一可想象的目标可能是要强化芬兰以对抗苏联的压力。莫洛托夫要求柏林提供更具体的说明，对方的答复却是闪烁其词。苏德军队开始在整个欧洲的战场上相互寻衅。

不过对斯大林而言最不祥的新征兆发生于 1940 年 9 月 27 日，德日意签订《三国条约》(Triapartite Pact)，规定它们必须对任何新加入英国这一边的国家作战。说得明确些，条约中特别将这三国与苏联个别的关系排除在外。其意义为不论谁先发动攻势，日本均无义务加入苏德之战。但美国若加入攻打德国，日本就有义务反击美国。虽然《三国条约》明显的是针对美国而来，斯大林却没有理由感到安心。因为不论条约中如何规定，这三国仍有可能在某个时刻转而攻击他。在条约谈判期间他根本毫不知情，由此可知他已被摒除在外。

到 1940 年秋，紧张情势急遽恶化，斯大林、希特勒两人进行了最后一次想要压倒对方的外交交手。希特勒的目标是诱使斯大林联合攻击英帝国，以便在德国的后方稳固后更容易将苏联摧毁。斯大林则想要争取时间，希望有一天希特勒会露出力不从心的疲态，但另一方面也想确定在此过程中能否渔翁得利。在《三国条约》签订后两人都无意于安排面对面的沟通，彼此都尽量推诿，以国事为重而不能分身为由避免见面。而合理的会面地点，靠近边界的布列斯特－里托夫斯克（Brest Litovsk），又有太重的历史包袱。

1940 年 10 月 13 日，里宾特洛甫写了一封长信给斯大林，对他自前一年访问莫斯科以来情势的演变，做了一番自己的诠释。外交部长不写信给外国同层次的官员，却写给一个连正式官衔都没有的领袖，颇有违外交礼仪（斯大林唯一的职位仍是共产党总书记）。

里宾特洛甫的信以华丽的辞藻弥补了其在外交上的不妥之处。他将苏德对芬兰及罗马尼亚的歧见归咎于英国的阴谋破坏，却未解释英国如何能从中作梗。他坚称《三国条约》不是针对苏联而来——事实上还欢迎苏联加入德意日在战后的分赃行动。最后他邀请莫洛托夫礼尚往来访问柏林。里宾特洛甫肯定地表示，有可能借此机会讨论苏联加入《三国条约》之事。

斯大林谨慎异常，不会在领土尚未征服前就觊觎分赃，更不会走入在他人设计下的冲突的第一线。但他也要保留余地，以便若英国也不堪一击，他仍有向希特勒分一杯羹的机会——正如他后来在 1945 年战争进入尾声时对日宣战，并获得极高的报偿。10 月 22 日斯大林回了一封明快但含讽刺意味的信。他感谢里宾特洛甫“对最近情势发展的精辟分析”，却不愿提出他本人对这些事件的看法。或许为表现双方都能不顾外交惯例，斯大林接受对莫洛托夫访问柏林的邀请，并单方面决定了一个很快的日期：11 月 10 日，距当时不到三周。

希特勒立即接受这个提议，却引起了又一次误会。斯大林以为希特勒如此快速的同意，代表苏联的关系对德国仍与前一年一样重要。由此可证他的强硬战术有效。不过希特勒之所以如此热心，是因为他若真想在 1941 年春进攻苏联，就得尽快着手策划。

这两个可能携手的国家之间有多么不信任，在尚未会面前便表现得很明显。莫洛托夫拒绝搭乘德国派至边界迎接他到柏林的火车。苏联代表团显然是担心德国车厢豪华的程度，可能跟担心其窃听装置的无所不在不相上下。（最后是德国车厢接在苏联火车之后，这节苏联火车的车盘还经特别设计，可加以调整以适应轨距较窄的欧洲铁轨。）

谈判终于在 11 月 12 日展开。比希特勒个性稳定得多的人莫洛托夫都有本事得罪他们，在纳粹领袖面前他更彻底地发挥了蛮不讲理的作风。莫洛托夫粗暴的天性因对斯大林的畏惧而变本加厉，他怕斯大林远胜过怕希特勒。他一心一意顾虑自己在国内的地位，这是整个苏联时期一般外交官的通病，只是斯大林掌权时代尤甚罢了。苏联谈判人员好像永远更在乎国内的种种限制，却不甚重视国际社会的约束。

外长很少是政治局委员（葛罗米柯任外长已是 16 年后，始于 1973 年进入政治局），因此他们在国内的地位很不稳，而且永远有在谈判出差错时成为替罪羔羊的风险。又因为苏联认为他们掌握着历史真理，所以在谈判时，造成的僵局总是多于促成广泛的解决之道。每一次与苏联外交官谈判都是一次耐力的考验：在苏联谈判代表能说服自己，尤其是说服在莫斯科看电报的那些人，对方所有的弹性均已被榨干后，他才有可能让步。他们遵循这种外交游击战的做法，可争取到一切靠耐力与压力所能获得的成果，但通常都会错过真正能有所突破的机会。苏联的谈判者，尤以葛罗米柯为其中翘楚，对于抱持种种构想又急于达成协议的对手，极长于消磨对方的斗志。但另一方面，他们失之于见树不见林。因而在 1971 年，苏联错失与尼克松举行高峰会谈的机会，如果能举行此次会议，将可延后尼克松向北京敞开大门，但苏联却对基本上无多大意义的先决条件，讨价还价达数月之久，待华盛顿多出中国这一选择，苏联便立刻放弃所有这些坚持。

实在很难想象还有比希特勒和莫洛托夫更难沟通的两个人。希特勒完全不适合谈判，他喜欢以滔滔不绝的独白压倒对手，就算有可能暂停一下，对对方的回答也是置若罔闻。在会见外国领导人时，他通常只会热忱地高唱一些一般性的原则。在少数他真正参与谈判的场合，如与奥地利总理舒士尼格（Kurt von Schuschnigg）或张伯伦，希特勒则采取蛮横的态度，提出强制性的要求而且极少修正。莫洛托夫则对原则没有兴趣，只重实际应用，而且也没有妥协的余地。

1940 年 11 月，莫洛托夫发现自己的处境确实很困难。斯大林一定难以取悦，因为他既不愿帮助德国获胜，又担心万一德国不靠苏联便击败英国，他可能错失分享希特勒征战果实的机会。不过不论是哪一种情况，斯大林打定主意决不重拾凡尔赛的牙慧，并步步为营以保护自己的地位，苏德密约及随后发生的种种，已使德国人对他心目中认为的理想安排知之甚详，或许是太清楚了。因此，莫洛托夫的柏林之行被视为是讨论进一步的细节。至于民主国家，斯大林利用 1940 年 7 月英国新任大使克里普斯爵士（Sir Stafford Cripps）来访的机会，拒斥任何恢复凡尔赛秩序的可能性。克里普斯提出，法国沦陷使苏联有必要重视恢复均势之事，斯大林冷淡地答道：

> “所谓欧洲均势迄今不仅压制了德国，也束缚着苏联。因此苏联将采取一切措施防止欧洲旧的均势死灰复燃。”

在外交词汇中，“一切措施”通常也包括不惜一战。

莫洛托夫所面对的风险再高不过。以希特勒过去的记录，他不可能让 1941 年白白地过去而不发动大规模的用兵，很可能，斯大林若不与他联手攻打英国，他便要攻击苏联。因此莫洛托夫表面上面对的是德国的怂恿，实际上却是德国的最后通牒，只是斯大林低估了这最后通牒的时限有多么短暂。

里宾特洛甫在开场白中先说明最后胜利必属德国。他敦促莫洛托夫加入《三国条约》，全不在意此约的前身原是《反共产国际条约》（Anti Comintern Pact）。继而里宾特洛甫表示，有可能“大致划定俄、德、意、日之间的势力范围”。他认为此举应该不会引起冲突，因为这四个可能结盟的国家最感兴趣的是向南扩张。日本会进入东南亚，意大利进入北非，德国恢复过去在非洲的殖民地。在多次委婉地强调自己有多精明后，里宾特洛甫终于说出苏联能得到什么好处：“是否俄罗斯最终也会向南，找寻对俄罗斯如此重要的通往大海的天然出口。”

凡是稍微知道希特勒公开谈话的人都知道，这是一派胡言。非洲一向不是纳粹的重点。不但希特勒从不曾表示过任何兴趣，莫洛托夫也应当很熟悉《我的奋斗》，知道希特勒真正的目标是将苏俄纳入其生存空间。在里宾特洛甫发言时默默不语的莫洛托夫，现在略带傲慢地提出实际的问题，问起苏联应寻求通往哪个海洋的出口。里宾特洛甫又是一阵顾左右而言他，然后才说出波斯湾，仿佛它已是德国的囊中物可以私相授受：

> “现在的问题是它们未来是否无法继续合作良好。最后对俄罗斯最有利的出海口是否无法在波斯湾或阿拉伯海寻得，及俄罗斯同时对亚洲此一部分所持之若干期待——德国对之完全没有兴趣——是否亦无法实现。”

莫洛托夫对如此夸张不实的提议不感兴趣。德国等于是慷他人之慨，苏联也不需要德国替它征服这些领土。莫洛托夫表达原则上愿加入《三国条约》的意愿，但立即提出主张“为长久之计划定势力范围必须精确”。因此只访问柏林一次自然无法完成，还需要长期磋商，包括德国再到莫斯科回访。

同日下午，莫洛托夫在刚落成的总理府会见了希特勒。德方刻意安排要让这位来自莫斯科的无产阶级外长见识德国的厉害。接待人员引他走过宽广的走廊，两边每隔 1 米左右就有一名身着黑色制服的高大卫士，以纳粹的举手礼向他立正敬礼。希特勒办公室的大门与高耸的天花板齐高，由两名特别高大的希特勒卫士推开，他们举起双手形成拱门，莫洛托夫由此进入室内，只见在那庞大的房间里，希特勒坐在远处墙边的书桌前，静静地端详这群访客一会儿，然后突然站起来，一言不发地与苏联代表团的成员一一握手。希特勒请他们在接待区坐下后，布幔掀起，里宾特洛甫与几名顾问走过来加入谈话。

在让访客领略了纳粹的排场后，希特勒提出他认为此次会面的目的何在。他主张双方达成一项共同的长期战略，因为苏德两国的“掌权者有充分的权威可承诺其国家朝确定的方向发展”。希特勒的想法是与苏联一同将整个欧洲、非洲纳入某种门罗主义之下，并瓜分非洲的殖民地。

莫洛托夫为表现他丝毫未被德方的接待所吓倒，似是模仿维也纳轻歌剧对这种场面的反应，只提出了一连串具体的问题：《三国条约》最终的目的何在？希特勒对他自称的新秩序如何定义？对广义的亚洲如何划分势力范围？德国对巴尔干有何打算？将芬兰划归苏联范围的默契是否仍有效？

过去从没有人与希特勒交谈时，能以这种方式变被动为主动，或是敢于对希特勒有所质疑。不管怎样，只要是德军到得了的地方，希特勒是不愿让德国的行动自由受到任何约束的，尤其是欧洲。

次日与希特勒会面前，先是一顿斯巴达式的午餐，随后的会谈仍一无进展。希特勒不改一贯作风，先发表长篇大论，说明他建议如何与斯大林瓜分世界：

> “在征服英国后，英帝国将被视为一个已破产的庞大的全球产业，任人瓜分。在这片产业上，俄罗斯将有通路直通不会结冻且真正开放的海洋。迄今，英国人以 4500 万的少数统治着整个英帝国 6 亿的人口。德国即将瓦解此种少数。
>
> 在这些情形下，整体的世界观产生于焉。并有必要安排俄罗斯参与解决这些问题。所有可能对此破产产业有兴趣的国家，必须停止一切争议，集中全力于分配大英帝国。”

莫洛托夫冷冷地表示，对他所能理解的部分他可以同意，其余的则保证向莫斯科回报。对希特勒指苏德间并无利益冲突，莫洛托夫表示原则上赞同，但他立即出了一个实际的题目来考验希特勒的提议，他问：若苏联向保加利亚提出类似德国给予罗马尼亚的保证（此举实际上会阻碍德国在巴尔干进一步扩张其影响力），德国会有什么反应？如果苏联并吞芬兰又会如何？民族自决显然并非苏联的外交政策原则，如果不会受到希特勒的干预，斯大林会毫不迟疑地并吞非俄罗斯的民族。不但凡尔赛和平方案的领土安排已寿终正寝，连其道德原则也是如此。

会谈的紧张气氛并未因希特勒接下来的回答而缓和。他暴躁地指出，保加利亚好像不曾要求与苏联结盟。他也反对苏联并吞芬兰，理由是这超出苏德密约的范围，应避而不谈。但莫洛托夫此次正是为了讨论密约以外的问题而来。会谈是以不欢而散收场。希特勒起身，一边叨唠着英国有可能空袭，莫洛托夫重申其基本立场："苏联身为大国，不可能对欧亚的重大问题视而不见。"他没有明说，如果希特勒实现苏联的愿望，苏联将如何投桃报李，只保证在向斯大林报告后，他会将上级对适当划分势力范围的构想转达给希特勒。

希特勒十分恼怒，连莫洛托夫在苏联大使馆举行的晚宴都未参加，虽然其他纳粹领袖多半都出席了。晚宴进行到一半被英国的空袭打断，由于苏联大使馆没有防空避难设施，来宾们只得四散走避。纳粹领袖乘轿车匆忙离去，苏联代表团躲往贝尔维堡（Bellevue Castle，现今德国总统在柏林时，官邸便设于此），里宾特洛甫则将莫洛托夫带至附近他私人的防空避难所中。在那里他拿出一份苏联加入《三国条约》的草约，仿佛全不知道莫洛托夫既无意愿也无权力超出他已向希特勒表明的范围。莫洛托夫则对此草约视若无睹，仍继续提出希特勒回避的问题，并重申任何欧洲问题均少不了苏联。接着他特别列举南斯拉夫、波兰、希腊、瑞典及土耳其，反而故意不提里宾特洛甫及希特勒先前向他开出的沿印度洋的空头支票。

莫洛托夫摆出自大、不妥协的态度，用意是为斯大林争取时间，解决棘手的难题。希特勒建议与他联手击败英国。但明眼人不难看出，击败英国之后，面对可能结盟的《三国条约》签约国，苏联将无所遁形，而这三国原都是《反共产国际条约》的一分子。反之，若英国战败但苏联不曾出力，那苏联最好是改善其战略地位，因为届时与希特勒摊牌乃意料中之事。

最后斯大林终究未决定要采取哪个方向。11 月 25 日，莫洛托夫向里宾特洛甫提出斯大林对加入《三国条约》的条件：德军须撤出芬兰，并任由苏联处置芬兰；保加利亚须与苏联结为军事同盟，并允许苏联在其境内设基地；土耳其也须同意让苏联在其境内设基地，含达达尼尔海峡；苏联若以武力在巴尔干半岛及达达尼尔海峡寻求其战略目标，德国须袖手旁观；对于希特勒自己的提议，承认巴统（Batum）与巴库（Baku）以南地区为苏联的势力范围，斯大林现在将此范围扩至伊朗及波斯湾；至于日本，它必须放弃对库页岛的一切采矿权。斯大林想必早知道德方不会接受这些条件，因为这将有碍于德国向东扩张，而且他并未提出苏联对等的互惠行动。

因此斯大林对希特勒的答复主要是在宣示，他认为苏联的势力范围应该包括哪些，同时也在警告对方，若此范围遭到侵犯他将加以反制，至少会有外交上的对策。其后10年之间，斯大林沿袭过去沙皇的战术，可经由协定时便订协定，必要时则诉诸武力，一步步建立起上述的势力范围。为达成11月25日这份备忘录中揭示的目标，斯大林先是与希特勒唱和，后又加入民主国家对抗希特勒，最后则是与民主国家对立。然后到他临死前，斯大林似乎正打算与民主国家好好地讨价还价一番，以保护他始终不曾松手的苏联势力范围（见第二十章）。

在希特勒这一边，他心意已决。早在莫洛托夫抵达柏林那一天，便下令所有对苏作战准备工作照常进行，但最后决定将延到作战计划核准后。在他心中，唯一的决定只在于是要在击败英国后再打苏联，还是要在这之前就动手。莫洛托夫来访后问题便已解决。莫洛托夫11月14日离开柏林时，希特勒下令，把当年夏天拟定的参谋计划，转换为可供1941年夏进攻苏联之用的作战纲领。11月25日接到斯大林的建议后，他指示不必回复。斯大林也不曾要求答复。德国已在加速准备对苏作战。

对于斯大林究竟明不明白，他的战术用在像希特勒这种人身上会有什么反应，可谓众说纷纭。极可能他低估了希特勒极端急性子的性格。他好像以为希特勒跟他一样，是个冷静、工于心计的人，在结束西面的战争之前，不会想要把军队送到幅员广大的苏联去。这个推论是错的。希特勒相信意志力可以克服一切障碍。每当遭到反抗，他典型的反应便是将其当作对他个人的挑战。希特勒从不能等待时机成熟，只因为等待意味着情势可能超越他的意志。

对德宣战

斯大林不仅更沉得住气，而且因为是共产党人，所以更为尊重历史的力量。他在位近30年间，从来不会孤注一掷，并误以为希特勒也不会如此。而且他极度担心，苏联太鲁莽地进行军事部署会刺激德国先发制人。他也误把希特勒积极拉拢他加入《三国条约》，解读为纳粹计划在1941年继续努力以拿下英国。显然斯大林认为，再下一年，1942年才是决定要不要与德国交战的时候。《斯大林传》作者沃尔科戈诺夫（Dmitri Volkogonov）曾对笔者表示，斯大林是想保有在那一年可对德国先下手为强的选择，这或许是苏军在1941年大事部署的原因。由于斯大林相信，希特勒在发动攻势前会先提出重大的要求，因此他很可能做相当大的让步，答应这些要求，至少在1941年是如此。

然而这种种估计都因为其基本假设是希特勒也会做理性的评估而失算了；不过即使是正常的风险评估，希特勒也以为他不必受此拘束。他在位期间，没有一年不曾采取幕僚们曾警告他太危险的行动：1934—1935年重整军备；1936年再占莱茵河地区；1938年占领奥地利及捷克；1939年进攻波兰；1940年征服法国。1941年他也不打算打破这个惯例。以他这种性情，唯有苏联肯以最有限的条件加入《三国条约》，并参与在中东对英国的军事行动，才能令希特勒罢休。但如此一来，英国战败，苏联孤立，希特勒必然会继续完成他在东方攻城略地的终身野心。

不论斯大林的手腕多么高明，也改变不了使苏联落得与一年前波兰相同的命运。1939年波兰政府为免于遭德国攻击，不得不应允让出波兰走廊及但泽，后又参与纳粹对苏联的战事，到头来仍免不了要受希特勒的宰割。一年后，苏联也只有屈服于纳粹的提议（明知其结果是完全的孤立，还要参与胜负未卜的对英之战），才能延后德国的侵略。但终不免要面对德国的攻击。

有钢铁般意志的斯大林，仍持续双管齐下的政策，一面与德国合作提供战略物资，一面在地缘政治上对抗德国，仿佛情势安好无虞。他虽不愿加入《三国条约》，但仍给予日本特殊待遇，表明苏联会遵守此约，使日本在亚洲的侵略行动可免后顾之忧。

希特勒对其将领说明，攻击苏联可使日本得以公开向美国挑战的这一段，斯大林显然是不知情的，不过斯大林凭自己的推断已料到此种结果，便着手去除这个诱因。1941年4月13日，斯大林对亚洲日益升高的紧张情势，采取基本上与一年半前对波兰危机相同的战术，而与日本在莫斯科签订互不侵犯条约。不论是对波兰或对亚洲，他都为侵略者解决了两面作战的风险，借鼓励他所谓的资本主义内战在别处进行，而使战火暂时不致肆虐苏联领土。《苏德协定》为他争取到两年时间，《苏日互不侵犯条约》则使他在六个月后，得以将远东军全部投入莫斯科的保卫战，奠定他赢得对德之战的基础。

签约之后，斯大林破天荒地至火车站为日本外相松冈洋右送行，以示对此约的重视。同时此举也使他有机会，当着整个外交使节团的面，向德国提议举行会谈，并借以夸耀他的谈判筹码已大增。斯大林以人人都听得到的声量对松冈外相说："如果日苏合作，则欧洲的问题便可迎刃而解。"或许他意在暗示，苏联东界已无虞，因此他在欧洲的谈判地位提高，但也可能是要表示，德国无须对苏作战，即可让日本放心地向美国宣战。

松冈回答："不仅是欧洲问题。"斯大林附和地说："整个世界都解决了！"——只要仗由别人去打，苏联坐等就地分赃就好——当时他心里一定是这么想。

接下来他要向德国传达他的信息。斯大林走向德国大使舒伦堡，张开手臂拥抱他，并宣称："我们一定要保持友谊，阁下现在务必要为此尽一切努力。"他不忘运用所有的渠道包括军方，来传递这个信息，因此又走向德国代理武官，并大声说道："不论发生什么，我们永远是朋友。"

斯大林有充分理由要关切德国的态度。由莫洛托夫在柏林的言行可看出，他一直在迫使保加利亚接受苏联的保证。他又选在 1941 年 4 月，正是德国向南斯拉夫要求过境权以便攻打希腊之时，与南斯拉夫协商签署友好互不侵犯条约，这种做法必会鼓励南斯拉夫抗拒德国的压力。后来，这个条约就在德军越过南斯拉夫边境前数小时签订。

斯大林作为一个政治家最大的弱点，是易于把对手也看作是跟他所深以为傲的同样的老谋深算。这使他低估自己强硬不妥协可能造成的后果，又高估自己示好和解所能发挥的余地。这种态度破坏了第二次世界大战后他与民主国家的关系。1941 年时，直到德军打过苏联边界那一刻时，他显然仍认为有办法在最后一分钟让对方走上谈判桌以避免战争。从一切迹象显示，当时他是准备做出重大让步的。

斯大林不是没有尝试过想要转移德国的攻势。1941 年 5 月 6 日，苏联人民得知斯大林已取代莫洛托夫成为总理，莫洛托夫则任副总理仍兼外长。这是他首次走出共产党的帘幕之后，公开负责处理日常的政务。

唯有极端危急的情况才会促使斯大林放弃在幕后操控大局这种他最喜欢的为政方式。当时苏联副外长维辛斯基（Andrei Vyshinsky）对维希（Vichy）的法国政府派驻的大使表示，斯大林现身担任公职，是“自苏联肇造以来最伟大的历史事件”。德国大使舒伦堡认为他太神化了斯大林的动机。舒伦堡告诉德国外长里宾特洛甫：“在我看来，我们可以很确切地推论，斯大林已为自己订下对苏联极其重要的外交政策目标，他希望借自身的力量来加以达成。我坚信在斯大林认为国际情势严重的情况下，他已立下保护苏联不要与德国冲突的目标。”

随后数周的发展证明他的预测完全正确。为了向德国再度提出保证，塔斯社（TASS）于 5 月 8 日否认，苏联军队有沿西部边界不寻常的集结。接下来的几周里，斯大林与设在伦敦的每一个欧洲流亡政府断绝外交关系，还很伤感情地宣布相关事务今后应由驻德大使馆处理。斯大林同时承认德国在若干占领区所设置的傀儡政府。总而言之，斯大林是竭尽所能地向德国保证，他承认所有德国已征服的领土。

为使德国没有任何来袭的借口，斯大林不许已部署完毕的苏军保持加倍警戒状态。他也不理会英美提出德国即将来犯的警告——部分是由于他怀疑英美想要拉他下水对德作战。他虽禁止对飞临苏联领空日益频繁的德国侦察机予以攻击，在大后方却允许民防演习及召集后备军人。显然斯大林已认定，唯有向德国一再保证他没有不良企图，才最有可能让他在最后一刻与德国达成协议，尤其是在所有可行的对策中，没有一个能发挥决定性的影响，他只有这么做。

6 月 13 日，德军进攻前九天，塔斯社发布另一则官方声明，否认战争已迫在眉睫，虽然谣言已是满天飞。声明中说，苏联打算遵守所有现有的对德协定。声明中也泛指，有可能展开新谈判，使所有现存的问题获得较好的安排。斯大林确曾有意做重大让步这件事，可自莫洛托夫在 6 月 22

日，德国大使舒伦堡向他递交宣战书时的反应中看出。莫洛托夫很难过地抗议道，苏联已准备为德国自前线撤回所有的部队。其他的要求也都可以谈。他一反常态地自责道：“当然我们不够资格这么说。”

斯大林对德国宣战之震惊显然不轻，以致情绪陷入低潮达十天左右。不过在 7 月 3 日他恢复正常，发表一篇重要的广播演说。斯大林不像希特勒，他不是天生的演说家，很少在公开场合说话，而公开演讲时也做作得很。在这篇演说中他不改本色，只是枯燥地陈述俄罗斯人民所肩负的伟大任务。不过他镇定的语气反映出相当的决心，也令人感觉，不论这任务多么艰巨，仍有可能完成。

斯大林说：“历史显示，没有打不败的敌人，过去从来不曾有过。”他下令摧毁所有的机械与火车，并在德军阵线后成立游击队，并列出一连串的数字，就好像一位会计师。他唯一一次诉诸口号的言辞出现在开场白里。过去他从未如此感性地向人民提出呼吁，此后这也成为绝响：“各位同志、同胞、兄弟姐妹、陆海军战士们，我在向大家，我的朋友们，说话！”

希特勒总算如愿以偿打了他一直想打的仗。但也注定了他的结局，或许那正是他的期望。德国领袖这是 30 年里，第二度不自量力地两面作战。当希特勒在 1941 年 12 月把美国也卷入战争后，有大约 7000 万德军要与 7 亿左右的敌军打仗。显然连希特勒本人也对自己一手造成的战局感到惊愕。就在进攻苏联前数小时，他对属下说：“我觉得自己好像正推开一扇门，里面一片漆黑，以前从未见过，一点都不知道门后会出现什么。”

斯大林赌希特勒是个理性的人，但他赌输了；希特勒赌斯大林很快就会败北，但也赌输了。只不过斯大林的错误可以弥补，希特勒的却不行。

第十五章

美国重回战场：富兰克林·德兰诺·罗斯福

罗斯福总统与丘吉尔首相在 1941 年 8 月的大西洋宪章会议上

罗斯福：由孤立走向参战

奉民意调查为圭臬的当代政治领袖们中，富兰克林·德兰诺·罗斯福总统（Franklin Delano Roosevelt）带领人民由孤立主义走向参战，可作为在民主制度中发挥领导力的一个好榜样。欧洲均势遭到威胁，迟早会迫使美国介入，以阻止德国称霸世界的攻势。而美国实实在在、与日俱增的实力，也必会把它推向国际舞台的中心。不过这一切之所以能如此迅速且彻底地实现，完全归功于罗斯福。

伟大的领袖总是孤单的。他们不同凡响之处来自于能够站在时代的前端，预见到未来的挑战。罗斯福引领孤立主义的美国人民加入一场欧洲国家间的战争，仅仅数年前那些国家的冲突还广被认为与美国的价值观不符，且与美国的安全无涉。1940 年后，罗斯福说服数年前才通过一系列中立法的国会，授权美国政府提供给英国一次比一次多的援助，有时甚至更越过这个界限，就只差没有与德国正面交战。后来日本偷袭珍珠港，打消美国最后一点的犹豫。罗斯福能够说服两百年来以无所惧的精神自豪的社会，相信轴心国胜利会造成悲惨的灾难。而且他设法使美国这一次的参战，成为美国永久参与国际事务的起点。战争期间他的领导使盟国团结在一起，并且塑造了直至今日仍为国际社会所仰赖的多边组织。

可能除林肯总统（Abraham Lincoln）之外，再没有其他的总统曾对美国历史有过如此决定性的影响。他宣誓就职时正是全国不知该何去何从之际，也是美国对新大陆无穷尽的发展前景，因经济大恐慌而发生严重信心危机之时。在他四周，民主国家似乎日见下坡，而不论左翼右翼的反民主国家却气势日盛。

在罗斯福恢复了国内的希望后，命运又赋予他保卫全球民主制度的重责大任。对罗斯福在这一方面的贡献，描述得最好的当属以塞亚·伯林（Isaiah Berlin）：

> “罗斯福极冷静地观察未来，仿佛是说：‘让它来吧，不论是福是祸，我们都要把未来变成对自己最有利。我们会化险为夷。’令人丧气的世界里，一边是做坏事效率奇佳的狂热分子四处攻击破坏，另一边则是不知所措、流离失所的百姓，失去奋斗方向与斗志的志士，在这仿佛一分为二的世界里，他深信只要在其控制之下，他有能力阻挡这股可怕的潮流。他拥有独裁者一切的特质、精力与技巧，而他在我们这一边。”

威尔逊担任总统时，罗斯福就做过助理海军部长，1920 年大选中他也曾是民主党的副总统候选人。包括戴高乐、丘吉尔、阿登纳在内的许多领袖，都曾经在成为伟人的过程中，不得不克服须暂时退居幕后所衍生的遗世孤立之感。罗斯福被迫退隐是在 1921 年，他得了小儿麻痹症。他以超人的意志力克服身体上的残疾，学会拄着拐杖站立，甚至可以走上几步，这使他能够出现在大众面前，仿佛根本没有瘫痪。在 1945 年向国会报告雅尔塔会议之前，罗斯福发表重要演说时一定站着。由于新闻界全力配合他想要维持总统尊严的意愿，绝大多数的美国人从不知道罗斯福的残疾到底有多严重，对他的观感中也没有怜悯的成分。

罗斯福是一位精力充沛的领袖人物，他利用个人魅力保持不受体制所限的作风，是政治操控者与远见者的综合体。他凭直觉行事多于根据分析行事，并会引起呈强烈对比的情绪。以塞亚·伯林曾一语道破罗斯福在个性上有严重的缺点，如狂傲、鲁莽、言语刻薄。但他最后也谈到，这些缺点都被罗斯福的优点大大地掩盖掉：

> “吸引追随者的是他那少见且令人鼓舞的相对特质；他心胸宽大，深具政治远见，常有神来之笔，了解时代脉搏及20世纪新生势力的发展大势。”

这是一位将美国带上国际领导地位的总统，在当时环境下，全世界是战是和，是进步是停滞，全都有待于他的远见与坚定不移。

美国由参与第一次世界大战到再度积极投入第二次世界大战，其间经历了漫长的过程，因有美国重拾孤立主义所造成的反复。美国排斥国际事务程度之深，正显示出罗斯福成就之大。因此我们有必要略述罗斯福执行其政策的历史背景。

美国的国内气氛

20世纪20年代，美国的气氛受两股力量所左右，一方面美国愿意肯定一些放诸四海皆准的原则，另一方面又需要为自己的孤立主义外交政策寻找合理的依据。于是美国人更加强调其传统的外交政策主张：美国作为自由典范的独特使命，民主外交政策应以道德为最优先，个人道德与国际道德天衣无缝的结合，开放外交的重要性，以及以国际联盟所表现的国际共识代替均势。

所有这些理论上一体适用的原则都是自美国的孤立主义立场而发。美国人仍无法相信发生在美洲大陆以外的任何事，有可能影响到美国的安全。20世纪20及30年代的美国，甚至拒绝它自己提出的集体安全原则，以免因此介入远方好战国家的争端中。《凡尔赛和约》的条款在美国眼中有许多可议之处，要求赔款则被视为害人害己。法国占领鲁尔区时，美国趁机自莱茵区撤出其余的美军。这种既主张威尔逊思想又主张美国是例外的理想，造成一种没有任何国际体系能达到的标准，因而理想幻灭是在所难免的。

对第一次世界大战的结果感到幻灭，消除了一大部分国际主义者与孤立主义者之间的差异。即使是最开放的国际主义者，也不再认为维持有缺失的战后和平方案合乎美国的利益。没有任何重要的团体对均势观念有好的评价。国际主义是指参与国际联盟，而不是参与国际外交的实际运作。而就连最主张国际主义的人也坚持认为门罗主义高过国际联盟，对于加入国际联盟的执行行动，即使是经济制裁，也要退避三舍。

孤立主义者则把这种退缩的态度发挥到极致。他们对国际联盟的整体加以抨击，指它危及美国传统外交政策的两大基石——门罗主义与孤立主义。国联不符门罗主义之处在于，集体安全赋予国联权力，更应说是要求国联也必须介入发生在美洲的争端。它违背孤立主义之处在于，国联使美国有义务介入发生在美洲以外的争端。

他们的看法颇有道理。倘若整个美洲能够被排除于集体安全范围之外，那又怎能阻止世上其他国家自组区域组织，退出国联的行列？如果是这样，那国际联盟又会使均势制度死灰复燃，只不过是改以区域为单位。在实务上，国际主义与孤立主义汇集成两党合一的外交政策。两方面均反对外力介入美洲，或是参与任何国际联盟在美洲以外的执行机制。他们都支持裁军会议，因为大家一致同意，军备助长战争，裁减军备则有利于和平。他们赞成由国际支持的和平方案，《如凯洛格－白里安协定》，但前提是没有执行的义务。最后一点就是，在技术性通常是财政金融问题上，只要没有直接的政治影响，美国总是很愿意援手，例如订出各方同意的赔款时间表。

美国这种对理论上赞同和实际上不参与执行的双重标准，在1921—1922年的华盛顿海军会议上变得尤其明显。这次会议有两点重要意义。一则它为美、英、日三国的海军军备订下上限，允许美国可有与英国相当的海军规模，日本可有相当于美国3/5的规模。这个结果肯定美国的新地位，它与日本已同为太平洋第一强国。而英国在那里的地位便落入第二。这次会议更重要的成果是日、美、英、法签订了通称的《四强条约》（Four Power Treaty），旨在以和平方式解决争端，取代1902年的英日同盟，并开启太平洋地区的合作新纪元。但如果签署国之一不遵守条约中的条款，其他三国是否会对它采取行动？哈定（Harding）总统曾向一位表示疑虑的参议员解释："《四强条约》中不包含战争承诺。没有对武力的承诺，没有同盟，没有形诸文字或道德上的参与防卫的义务。"

国务卿休斯（Charles Evans Hughes）更以行动强调哈定的话，他通知所有签约国，美国不论在何种情况下都不会参与执行行动。但参议院仍不满意，在批准此约时还附上但书，规定它不得使美国有义务使用武力来反抗侵略。换言之，这个条约必须自求多福，如果有人违约也不会有任何后果。美国将视个别情况决定对策，就跟没有签约一样。

以数百年来各国奉行不渝的外交惯例，批准一严肃的条约却居然不授予执行权，执行时还需要视个案与国会一一商议，实在是匪夷所思。同样的情形发生在 1973 年 1 月的《越南和平协定》之后，尼克松政府与国会的争辩，国会主张美国两党三任政府为其而战的这个协定，不具备任何执行权。根据这个理论，外国与美国签订的协议只反映华盛顿当时的感觉，至于会有什么结果，同样要看后来华盛顿的气氛而定，这种态度不太容易让人对美国的承诺产生信心。

参议院的保留态度并未影响哈定总统热衷《四强条约》的程度。在签约仪式上，他赞扬此约保护了菲律宾，并象征着"人类开始迈向更美好、更进步的新纪元"。没有执行条款的条约，如何能保护像菲律宾这样富饶的一块宝地呢？虽然哈定的政治立场保守，他却说出标准的威尔逊式祝词。他说，世界将以表达"对背信或背德之嫌恶"来惩罚违约者。但他并未说明，美国拒绝加入国际联盟，那世界舆论应如何判定，更别说应如何加以引导了。

《凯洛格－白里安协定》对欧洲的影响在第十一章曾讨论过，后来它又成为美国往往认为原则就等于执行的另一个例子。美国领袖虽热烈地宣扬这个协定的历史性意义，因为有六十二国表示将放弃以战争为国家政策工具，但他们却坚决排斥设立应用此协定的机制，更不用说执行了。柯立芝（Calvin Coolidge）总统 1928 年 12 月在国会一反常态，对此侃侃而谈："遵守这个盟约可比其他任何多国协定更能保证世界和平。"

然而如何达成这种乌托邦？柯立芝为《凯洛格－白里安协定》热心的

辩护，引发国际主义派及支持国际联盟者的反弹，而且很有道理。他们认为既然战争已被视为非法，那中立的观念便毫无意义。既然组织了国际联盟来辨认侵略者，那国际社会就有义务给予侵略者适当的处罚。有人就问道："有谁相信，墨索里尼的侵略企图只要有意大利人的善意及世界民意的力量，就能加以制止？"

虽然已有人预见到这个问题，但并不能让更多人相信问题的确存在。就在以他命名的协定仍在国会进行辩论时，国务卿凯洛格在对外关系委员会（Council of Foreign Relations）演说时便强调，决不可使用武力来促使各国遵行。他指出，依恃武力反而会使辛辛苦苦为和平所做的努力，变成目前正好最需要淘汰的军事联盟。在这协定中也不应对侵略加以定义，因为任何定义都会有疏漏，因而玷污了协定文字的完美高贵。对他而言，文字不只是手段，也是目的："一个自称为自卫而行动的国家，必须在世界舆论及本约签署国面前为自己的行为辩护。基于此一理由，我不愿在本约中加入对侵略或对自卫的定义，因我认为无法事先规定法律上十分周全的定义。这将使侵略国更难而不是更易于证明其无辜。"

参议院并没有为凯洛格的说明而动容，其结果就如同六年前哈定总统为《四强条约》所做的辩解。这一次参议院又加上三点自己的"了解"：参议院的看法是，此协定对自卫权及门罗主义未设限制，也未制造任何应协助侵略受害者的义务——这表示所有可预见的突发事件均被排除于其条文之外。参议院接受《凯洛格－白里安协定》只是原则的叙述，坚持它不具任何实行上的含意，这不免令人要问，即使让美国加入原则性的宣言，都必会引来这类的保留意见，那是否还值得这么做？

若美国拒绝结盟，对国际联盟的功效又表示怀疑，那何从保护凡尔赛体系呢？凯洛格的答复了无新意，依旧是老套，诉诸民意力量："若全体国家因此约而郑重地宣示，放弃以战争为解决国际争端之途径，则全世界将进一步建立舆论，汇集各国庞大的道德力量以确保对条约之遵守，同时也将承担神圣的义务，使世界更不易于被卷入另一次大规模冲突中。"

四年后，凯洛格的下一任，即史汀生（Henry Stimson），可谓是美国在两次大战之间的整个时期，所培养出的最杰出最老练的公务员，却也仍未能提出比《凯洛格－白里安协定》更理想的对抗侵略的办法，自然还是重弹民意舆论的老调：

“《凯洛格－白里安协定》未规定任何武力制裁。反之，它是仰赖民意制裁，而运用得当，民意可成为世上最有效的制裁力量。对民意加以嘲弄者，是对大战以来世界舆论的演进认识不清才会如此。”

对于美国这样一个远方的岛国——这是指美国相对于欧洲及亚洲的地位而言——欧洲的纷争必然显得庞杂难解，更何况经常与切身无关。由于享有宽广的安全距离，美国对威胁欧洲的挑战可以隔岸观火，不致担心本身的安全，因此欧洲国家等于是美国的安全阀。英国在“光荣孤立”时期也基于类似的理论，而对欧陆一般的国际政治保持距离。

不过19世纪英国的“光荣孤立”与20世纪美国的孤立主义，有一个基本的不同点。英国当年也不想介入欧洲枝枝节节的争端。但英国了解，其本身的安全有赖于欧洲的均势，因此很愿意运用传统的欧洲外交方式来维持均势。相反的，美国从不认为均势或欧洲的外交方式很重要。美国自认受独特不凡的天命所庇护，根本不想介入外国的纷争，即使介入也只是为一般的理想，并且是以其本身特殊的外交风格行事，比起欧洲要公开很多，也带有更强烈的法理及意识形态意味。

因此，欧美不同外交的风格在介于两次大战期间的互动情形，往往是集这两者最坏的缺点于一炉。欧洲各国觉得备受威胁，尤其是法国及东欧新兴国家，因而不肯接受美国主张的集体安全及国际仲裁，也不赞同美国对战争与和平纯粹基于法理上的定义。被美国的主张所感化的国家，其中以英国为主，则没有任何根据这些原则执行外交政策的经验。但不论赞成或反对，各国都很清楚要不是美国帮忙，永远打不败德国。自第一次世界大战结束后，均势更加不讨战时盟国的欢心。只要再与德国发生战争，欧洲需要美国援手的程度会更迫切，而且很可能比前一次会更快出现这种需要，特别是因为苏联已不再会参与其事。

在这种期待加上不安全感的交织之下，其结果是欧洲的外交加倍偏离传统模式，变得在情感上更为依赖美国，并形成双重的否决力量：法国没有英国便不愿有所行动，英国则不愿跟华盛顿极力主张的观点唱反调，尽管美国领袖们一再强调，不论在任何情况下，都不会为欧洲的问题而牵连到战争之中。

20 世纪 20 年代美国始终拒绝保证保卫凡尔赛体系，这种态度在 20 世纪 30 年代，国际紧张情势开始酝酿后，使人完全没有应变的心理准备。第一个令人有此感受的事件是 1931 年日本侵略满洲，使满洲脱离中国，再变成日本的附庸国。美国谴责日本的行动，但拒绝加入集体执行行列。美国自行采取措施制裁日本，其做法在当年有规避之嫌，但 10 年后在罗斯福手中却成为强迫日本摊牌的武器。美国的制裁便是不承认以武力导致的领土改变。这个政策是 1932 年由史汀生最早提出，后来在 1941 年秋，罗斯福要求日本撤出满洲及其他日本征服的领土时，曾加以引用。

罗斯福的表现

1933 年 1 月 30 日，希特勒就任德国总理，世界从此展开多灾多难的一页。命运却也安排打击希特勒不输任何人的罗斯福，在四周又几天后宣誓就职。然而在他第一任期中，完全看不出后来会有如此结果的迹象。罗斯福很少偏离当时美国标准的论调，只是沿袭前几任总统传下来的孤立主张。1933 年 12 月 28 日，他在威尔逊基金会（Woodrow Wilson Foundation）演讲时，针对 20 世纪 20 年代各海军条约公定的有效期即将终止，提议扩大这些条约，纳入放弃一切攻击性武器的文字，并重拾凯洛格的主张，要求各国承诺不让其军队进入他国的领土。

罗斯福谈的这个主题，跟他对若有人违反承诺应如何处置所提的解决办法，都一样了无新意。他再度指出民意是唯一的制裁：

> “除非每个国家，无一例外，均能以严肃负责的态度加入这种消除侵略或消除攻击性武器的一般性协定，否则这种协定便不具任何价值。然后，各位，要区别好人坏人并非难事。我们在此新时代中，提议从

今而后，政府与政府之间的战争应改为人民与人民之间的和平，那不过是威尔逊毕生追求的延伸。”

但他不曾提到当坏人脱离好人之后，会发生什么情况。

罗斯福的提议在一提出时已注定不可行，因为德国已在两个月前退出裁军会议并拒绝重返会议桌。总之，禁止攻击性武器非希特勒关切的对象。事后也证明，希特勒选择重整军备并未受到全球的责难。

罗斯福的第一任期正逢德国要求对第一次世界大战翻案最高涨的时期。1935 年，在北达科他州（North Dakota）参议员奈伊（Gerald Nye）领导下，一个参议院特别委员会发布了厚达 1400 页的报告，指责美国参战是武器制造商之过。不久，米里斯（Walter Millis）的畅销书《迈向战争之路》（The Road to War），使美国参战成为全国的热门话题。在这一派思想的影响之下，美国参与第一次世界大战被说成是不法、阴谋及背叛行为，而不是为了基本或永久的利益而战。

为防止美国再次被诱使卷入战争，国会在 1935—1937 年间通过三个通称的“中立法”（Neutrality Acts）。在奈伊报告的驱使下，这三项法律禁止给予交战国贷款或其他财务援助（不论战争的原因为何），并对相关各方禁运武器（不论受害的是哪一方）。以现金购买非军用的物资，须以非美国籍船只运送才可获准。国会反对的不是做生意赚钱，而是不愿冒险涉入战争。当侵略者肆虐欧洲时，美国不分好坏通过一视同仁的限制立法。

美国的国家利益变成是自法律而非地缘政治的角度来衡量。1936 年 3 月，莱茵区重新武装虽已破坏欧洲的军事平衡，使东欧诸国门户洞开，国务卿赫尔（Hull）却纯就法律方面，向罗斯福分析其意义：“就此简短的分析中来看，德国政府之行动似已构成违反《凡尔赛和约》及《洛迦诺协定》，但就美国而言，此举并不构成违反我们 1921 年 8 月 25 日与德国签订的条约。”

罗斯福在 1936 年赢得压倒性胜利后，他大幅超越了既有的架构。事实上他所表现的是，固然把一切精力放在经济大恐慌上，但他也已认识到独裁者的真面目，欧洲领袖除丘吉尔外无人比得上他。起先他只是努力宣扬美国对民主国家的道德承诺。这个宣导过程始于1937年10月5日，罗斯福发表于芝加哥的所谓“隔离演说”(Quarantine Speech)。这是他首次警告美国人民，对灾难的来临要有心理准备，也是他首次公开表明，美国或许必须为此承担某些责任。日本再度对中国进行军事侵略，加上前一年宣布的德意轴心，在这种背景之下，罗斯福所忧心的问题具有全球性意义：

> “全世界9/10的人口，其自由、和平与安全，均受到其余1/10意图破坏一切国际秩序与法律者的威胁。很不幸的，目无法纪这种流行病确实正在世上四处蔓延。当人体的传染病开始流行时，社会会同意将病人加以隔离，以保障全体的健康，避免疾病继续蔓延。”

罗斯福很小心的并未明白指出何谓“隔离”，也未说出对于应采取什么措施他是否已成竹在胸。这次演说如果提到任何行动，都会违背国会以压倒性多数通过且总统最近才签署的中立法。

不出所料，孤立主义者对此大加挞伐，要求总统澄清其意图。他们激烈的批评，区分“爱好和平”与“好战”国家，代表美国已有价值判断，这会导致美国放弃不干预政策，但国会与罗斯福均已保证遵行这个政策。两年后，他对当时那篇演讲引起的轩然大波，有这样的说法：“可惜这个建议未被采纳，甚至还遭到恶意攻击诋毁。它被抨击为唯恐天下不乱，被谴责是企图干预外国事务，甚至被讽刺成根本没有战争危险却自己吓自己。”

罗斯福只需否认他被戴上的帽子，即可平息这场争议。然而尽管外界批评不断，他在记者会上仍是说得相当暧昧，以便必要时可选择加入某种形式的集体防御。根据当时的新闻惯例，总统会见新闻界一定是非正式的(off the record)，即报道中不得引述他的话，也不得提他的身份，新闻界都遵守这些规则。

多年后史学家比尔德(Charles Beard)出版了一份谈话记录，其中显示罗斯福不断顾左右而言他，但始终未否认“隔离演说”代表新的政策方向，却拒绝说出这新方向是什么。罗斯福坚称他的演说意味着，对侵略行为将采取超出道德谴责的行动：“世上有很多从未尝试过的方法。”记者问道这是否表示他已成竹在胸，罗斯福答："我不能提供任何线索，各位只有自行发明。我本人是有计划的。"但他不曾说明计划的内容是什么。

罗斯福以政治家的身份，或可警告大众留心即将来临的危险；但身为政治领袖，他必须兼顾三种不同的民意流派：主张明确支持所有"爱好和平"国家的一小群人；支持这种立场但以不要战争为前提的一群，人数较前一类稍多；但绝大多数的民意则支持中立法的条文及立法精神。高明的政治领袖一定是设法保有越多的选择越好。他必然要求最终的选择即是他的最佳选择，而非迫于情势。当代美国总统中，没有人比罗斯福更擅长于这种战术的运用。

1937 年 10 月 12 日，距离演说一周后，在通常以内政问题为主的"炉边谈话"（Fireside Chat）中，罗斯福想要让三方面都满意。除强调坚守和平外，他对 1922 年《华盛顿海军条约》的签署国即将集会表示肯定，并说美国将参与此次会议，证明了"与该约其他签署国包括中国及日本合作是我们的目标"。如此和缓的言辞代表美国希望和平，甚至与日本也不例外；同时如果与日本合作不成，这番话也能证明美国的善意。对美国的国际角色罗斯福也说得不很清楚。只是提醒听众，在第一次世界大战时他曾任海军助理部长，对战事有亲身体验："记得自 1913 至 1921 年，我个人对世界局势有相当密切的接触，这段时间我不但学到该有什么作为，也学到不该有什么作为。"

如果听众认为他这么不着边际的说法，是指战时的经验令他感受到不介入的重要性，想必罗斯福不会反对。但如果这是他真正的用意，那何妨明说，一定会受到人民更大的欢迎。自他后来的行动中看，他比较可能是在说，他打算以更实际的方法来延续威尔逊的传统。

虽然这次谈话反应欠佳，罗斯福在 1937 年 10 月，告诉威尔逊总统过去的亲信豪斯上校，需要时间才能"使人民了解，就战争的危险性而言，门户紧闭的危险性高于走上街头以我们的影响力制止暴行"。这是换一种说法，其实就是说美国需要以尚不确定的方式参与国际事务，以便压制侵略风潮。

罗斯福立即面临到全国爆发一股赞同孤立主义的声浪。1938 年 1 月众议院差一点通过修宪案，规定除非美国遭到侵袭，否则宣战须经全国公民投票。罗斯福不得不亲自出马，才阻止众议院通过这个修宪案。在这种情况下，罗斯福认为明哲保身才是上策。1938 年 3 月奥地利并入德国，欧洲民主国家只是例行性地提出抗议，美国政府依循同一模式没有任何反应。在慕尼黑会议前的危机中，罗斯福也觉得必须一再强调，美国不会加入反希特勒的联合阵线。属下甚至于亲信若暗示不妨考虑此种可能性，也都被他否决。

1938 年 9 月初，在一次庆祝美法关系的晚宴上，美国驻法大使布里特（William C. Bullitt）重复美法不论“战和都结合在一起”的标准外交辞令。这已足以引起孤立主义者的大力声讨。罗斯福虽不可能事先知道布里特会这么说，因为这种无关痛痒的辞令原在大使的权责范围内，但他仍极力撇清，指出那种美国有意与欧洲民主国家联手的说法是“百分之百的不对”。9 月下旬，当战争看似一触即发，张伯伦也已与希特勒见过两次面后，罗斯福分别在 26 及 28 日致电张伯伦，呼吁由相关各方集会，而在当时的情形下，召开此种会议只会加重捷克做重大让步的压力。

慕尼黑会议似是促使罗斯福让美国步入欧洲民主国阵营的转折点，起先是政治上，渐渐地又有物资上的援助。此后他便义无反顾地投入打击独裁者的行动，并在三年后美国正式参战时达到最高潮。民主社会中领导者与民众之间的互动向来十分复杂。在动荡时期，领导者若将民众的经验奉为圭臬，固可换得一时的民心，却不免要遭后世的唾骂，因为他牺牲了后世子孙的利益。领导者若太走在时代的前端，则难以获得民意的认同。伟大的领导者必须是个教育家，在个人的远景与民众熟悉的事物之间建立起桥梁。但他也必须愿意忍受高处不胜寒，以带领社会遵循他所选定的方向前进。

每一位伟大的领袖一定都具有慧黠的特质，能够将社会面临的挑战加以简化，有时是简化其目标，有时是简化其艰巨的程度。但最后判定成败的标准在于，一个领袖人物是否能具体反映社会真正的价值观及挑战真正的本质。罗斯福拥有这一切特质而且在每一方面都极为杰出。他对美国深具信心；他相信纳粹主义不但是罪恶，也是对美国安全的一大威胁；他个人又极有智慧，他也愿意承担独自做决策的重担。他的处境仿佛是在走钢索，他必须向前移动，小心翼翼，步步为营，以求越过个人目标与社会现实间的鸿沟，向社会证明远方的彼岸比近处熟悉的海岬更为安全。

1938 年 10 月 26 日，《慕尼黑协定》后不到四周，罗斯福重提他“隔离演说”中的主题。在通过广播对《先驱论坛报》（the Herald Tribune Forum）发表演讲时，他针对未指名但心照不宣的侵略者提出警告，指其“国家政策故意借用战争的威胁作为工具”。继而罗斯福虽仍拥护裁军的原则，但也呼吁加强美国的国防：

> “我们曾一再指出，不论是我国或任何国家，都不会在邻国全力武装时接受裁军。若裁军不是全面性的，则我们自己仍必须整顿军备。我们不愿意也不希望采取这种步骤。但是在各国普遍放弃侵略性武器之前，根据一般的国家安全原则及常识，我们必须有备无患。”

私底下罗斯福的行动远过于此。1938 年 10 月底，在分别与英国空军部长及首相张伯伦的私人朋友谈话时，他提出一个规避中立法的计划，等于是对他刚签署的法律毫不避讳地钻漏洞。他建议英法在加拿大靠近美国之处设置飞机装配厂。美国将提供所有的零组件，英法只要做最后装配即可。理论上此种做法不违背中立法，因为那些零组件应当都是民间商品。罗斯福告诉张伯伦的特使：“一旦与独裁者发生战争，他有整个美国的工业资源为后盾。”

罗斯福协助民主国家恢复空中力量的计划失败，此乃意料中的事，因为如此大规模的后勤支援活动根本很难保密。但此后罗斯福对英法的支援，唯有在无法克服或回避国会及民意时才会稍歇。

1939 年年初，罗斯福在国情咨文中指明意、德、日为侵略国。他重提“隔离演说”中的主题，并指出“有许多除战争以外比空谈更有力也更有效的方法，可让侵略国政府明白我国全体人民的感受”。

1939 年 4 月，纳粹占领布拉格不到一个月，罗斯福首次把对小国的侵略也视作对美国整体安全的威胁。他在 1939 年 4 月 8 日的记者会上表示：

“世上每一个小国保持政治、经济、社会的独立，对我们的国家安全与繁荣都有影响。每消失一国就会削弱一分我国的安全与繁荣。”4月14日对泛美联盟（Pan American Union）演说时，他更进一步，主张美国的安全利益不能再局限于门罗主义：

> “毫无疑问，不出几年，飞机飞过大西洋将和今天飞越欧洲内陆海一样简单。因此世界经济必然形成一个整体，任何地方的经济遭到破坏势必也会影响到其他地区的经济生活。
>
> 过去这一代美洲事务的重点在于建立西半球的原则及相互合作的机制。但未来这一代将着重于寻求新旧大陆之间得以和平相处的方法。”

1939年4月，罗斯福在演讲时直指希特勒与墨索里尼。这次演讲内容虽备受独裁者嘲弄，却很有技巧地向美国人民展现轴心国确实有侵略野心。他不愧是美国最高明、最懂得迂回策略的总统之一。他要求独裁者但不是英法，必须保证在十年内不侵犯三十一个欧亚国家。继而又要求这三十一国保证不侵犯德意。最后他表示，美国将参加任何在紧张情势缓和后召开的裁军会议。

这份讲稿的幕僚作业并非没有可议之处。比方说，当时分别在法、英分管之下的叙利亚及巴勒斯坦被列为独立国。希特勒有一次对国会演讲时便利用这份文告大做文章。他缓慢地念出一长串罗斯福告诫他不可动手的国名，全场笑声不断。每当他用戏谑的声音念出一个国家，整个议事厅内就爆出笑声。他又一一询问列在这清单上的国家是否真的感觉受到威胁，而这其中有许多国家早已对他畏惧有加。那些国家当然是极力否认。

虽然希特勒赢得满堂彩，罗斯福却达到了他的政治目标。罗斯福在当时对他认为唯一重要的听众即美国人民面前，只要求希特勒及墨索里尼提出保证，等于为他们烙上了侵略者的烙印。为号召美国大众支持民主国家，罗斯福必须将问题症结加以包装，不谈均势，而是以帮助无辜受害者对抗邪恶侵略者的角度来呈现。演讲内容本身加上希特勒的嘲弄，使他顺利达成这个目标。

罗斯福迅速地把这个美国人的新心态化作实际策略。同样在 4 月，他逐步推动美国与英国进行实质的军事合作。英美签署协定，使皇家海军得以全力部署于大西洋，美国则将大部分舰队派往太平洋。这种分工意味着美国将负责保护英国在亚洲的殖民地不受日本侵犯。在第一次世界大战前，英法间类似的安排（使法国舰队得以集结于地中海）曾被引申为，为保卫法国大西洋沿岸，英国在道义上应该参战。

注意罗斯福行动的孤立主义者深感不安。1939 年 2 月，大战爆发前，参议员范登堡（Senator Arthur Vandenberg）曾很有道理地表达了孤立主义者的立场：

> “的确，我们是生活在一个日益缩小的世界里，跟华盛顿的时代相比，时间和空间的距离都渐渐消失。但我仍感谢上帝赐予我们两个隔绝的大洋；即使距离已缩短，但只要运用得当，这两大洋仍是我们得天独厚的资产。
>
> 对世界各地受国际或国家侵害的受害者，我们都有恻隐之心和人类天性的反应，但我们不是也不可能是地球的保护者或世界的警察。”

当英国在 1939 年 9 月 3 日，因德国入侵波兰而宣战，罗斯福别无他法，只能援引中立法。但他也迅速采取修法行动，好让英法可购买美国武器。

对中日战争罗斯福则避免引用这项法律，表面上是因为中日并未正式宣战，实际上是由于他认为武器禁运对中国的伤害远大于日本。但欧战爆发时，一定会正式宣战，那他就没有借口避开中立法。因此在 1939 年年初，罗斯福呼吁修正中立法，理由是这些法条“执行时可能有不平衡或不公平的情形，可能真的把援助交到侵略者手里，受害者反而得不到”。国会在欧战实际爆发后才有所行动。罗斯福的提议先前曾三度被国会否决，由此可见当时的孤立主义气氛有多么高涨。

英国宣战的同一天，罗斯福召集国会自 9 月 21 日起加开特别会期。这一次他如愿以偿。1939 年 11 月 4 日通过的第四中立法，允许交战国向美国购买武器弹药，但款项须以现金支付且运送军火须用本国或中立船只。由于英国实施封锁，仅英法能够符合这些条件，因此“中立”越来越只是个技术性名词。中立法只在无中立可言时发挥作用。

在所谓“假战争”期间，美国领导阶层始终认为他们只需提供物资上的援助。依常识判断，法军躲在马其诺防线之后，又有皇家海军为后援，以陆地进行防御战，配合海军封锁，法军当可制住德国。

1940 年 2 月，罗斯福派遣助理国务卿威尔斯（Undersecretary of State Sumner Welles）访欧，了解在“假战争”期间是否有可能达成和平。法国总理达拉第认为威尔斯是在推动妥协的和平，这个方案会使德国控制中欧。不过与威尔斯会谈过的领袖大部分对他的提议不做此想，达拉第之所以做这种解读或许是他有先入为主的偏见。罗斯福派威尔斯到欧洲的目的不在于调停，而在于向美国孤立主义的民意展示他对和平是不遗余力的。他也想事先做一番安排，好在“假战争”一旦以和平协定收场时，美国得以参与其事。数周后德国进攻挪威，使这次欧洲之行临时中断。

1940 年 6 月 10 日，眼看法国一步步落入纳粹侵略者手中，罗斯福正式放弃中立，加入英国这一边。他在弗吉尼亚州夏洛特维尔（Charlottesville）发表了一篇有力的演说，同时他宣称美国将加强本身的国防：

> “在今天，1940 年 6 月 10 日，在这所由美国第一位伟大的民主导师所创办的大学里，我们要为远在海的那一边，正以无比勇气为自由而奋战的人们祈祷祝福。
>
> 美国全国一心，将朝两个明确而并行的目标努力：我们要将我国的物质资源提供给反战者；同时我们要充分加速学会善用这些资源，以便我们在这一方面也足以应对一切紧急情况，足以负担保护我们国家的设备与训练。”

罗斯福在夏洛特维尔的演说代表一个分水岭。眼看英国就要被打败，任何美国总统都可能发现皇家海军对西半球的安全是不可或缺的一环。但很难想象与罗斯福同时代的其他领袖，不论属于两党的哪一党，有足够的勇气与眼光意识到这个挑战的存在之余，还能有如此坚强的意志力，带领倾向于孤立主义的美国人民，一步步走向矢志不惜一切代价击败纳粹德国的道路。

使得丘吉尔决定英国将继续独立作战下去的一个最主要因素，显然是他早已料到美国迟早会成为英国的盟友。他说：

> “我们将坚持到底。虽然我根本不相信，但即使全岛或大部分地区被征服又闹饥荒，那我们海外的盟国在英国舰队的武装及保卫之下，将继续奋战不懈，直到新大陆倾其全部力量挺身于拯救及解放旧大陆的时机来临。”

罗斯福的手法不一而足，在谈到目标时十分崇高，在战术上却迂回曲折，在提出问题时相当明确，对个别事件间错综复杂的关系就比较含混其词。他的许多举动都走在宪法的边缘，当代总统当中没有人能用他的方法而仍能保住职位的。但罗斯福清楚地看到美国的安全空间在缩减，而轴心国若获胜，美国将无安全可言。最重要的是，他发现美国历来所拥护的价值观都被希特勒恨之入骨。

法国沦陷后，罗斯福日益强调美国的安全受到直接威胁。对他而言，大西洋的意义就如同英吉利海峡对英国政治家的意义。他视大西洋为美国的重要利益，绝不可落入希特勒的魔掌中。因此他在 1941 年 1 月 6 日的国情咨文中，指出英国皇家海军的存亡关系到美国的安全：

> “不久前我曾指出以现代战争的速度，若独裁国赢得战争，那我们终将面对的真实战争降临到我们的身上会有多么快速。
>
> 有很多不负责任的言论，主张我们对于立即直接的跨海而来的侵略可以免疫。显然只要英国海军保有实力，就不会有这种危险存在。”

当然如果真是这样，美国就有义务尽一切力量防止英国被打败。在最紧急的时候，甚至要自己走上战场。

罗斯福已有好几个月是以美国可能必须参战为前提而行事。1940 年 9 月，他想出一个高招，将 50 艘名义上已超龄的驱逐舰给予英国，交换条件是允许美国在五处英国领土上设立基地，北起纽芬兰南到南美洲。丘吉尔后来称此为一项“绝对不中立的举动”，因为那些驱逐舰对英国的重要性远超过基地对美国的重要性。那些基地大部分都距离可以想象得到的战区相当远，有些甚至与美国现有的基地重复。最重要的是这笔驱逐舰交易有司法部长毕德（Francis Biddle）提供的法律意见为后盾，由罗斯福提名的毕德实难说得上客观。

在此事上罗斯福并未征询国会的同意，也不循修正中立法的途径。他也没有受到任何挑战，与现今总统所受到的监督相比这是不可思议的。在总统大选才刚展开之际他就采取这个步骤，由此可见他对纳粹获胜的可能及极力想要提振英军士气有多么重视。对英国及维持美国全国上下一心都很幸运的是，他的竞争对手威尔基（Wendell Willkie）在外交政策上看法与他相去不远。

与此同时，罗斯福大幅增加美国国防预算，并在 1940 年说服国会实施和平时期的征兵。但孤立主义的声浪仍十分强劲，使得众议院 1941 年夏仅以一票之差通过继续征兵，此时距大战爆发不到四个月。

大选结束后，他立刻着手去除第四中立法所规定的条件，即美国的战争物资必须以现金购买。在某次“炉边谈话”中，他借用威尔逊的用语，呼吁美国立志成为“民主兵工厂”。实现这个目标的法律基础即《租借法》（Lend Lease Act）授权总统自行决定，以他认为适当的任何条件，租、借、出售或交换任何国防物资，给“任何总统认为其国防对美国国防十分重要的国家政府”。通常拥护威尔逊理念、赞同集体安全的国务卿赫尔，颇为一反常态地以战略理由为《租借法》辩护。他指出若无美国大力的支援，英国将败亡，大西洋的控制权将落入敌对者手中，危及西半球的安全。

然而若此言不虚，唯有英国能独力战胜希特勒，美国才有可能不参战，但连丘吉尔都不相信英国办得到。参议员塔夫脱（Taft）在反对《租借法》时便强调这一点。孤立主义者自组名为美国第一委员会（America

First Committee）的组织，由西尔斯公司、罗巴克公司、康帕尼公司的董事长伍德将军（General Robert E. Wood）任会长，有许多各行各业的著名领袖共襄盛举，如诺里斯（Kathleen Norris）、考伯（Irvin S. Cobb）、林白（Charles A. Lindbergh）、福特（Henry Ford）、约翰逊将军（General Hugh S. Johnson）、鲍尔斯（Chester Bowles）及老罗斯福总统之女朗沃斯夫人（Mrs. Nicholas Longworth）等人。

孤立主义者反对《租借法》的心态，由他们当中以能言善道著称的参议员范登堡，在1941年3月11日的一段谈话中表露无遗："我们已把华盛顿的告别演说束之高阁。我们把自己完全卷入欧、亚、非三洲的权力政治及权力角逐中。我们已踏出走上不归路的第一步。"他这番分析十分正确，但这是世界情势使然，是罗斯福别具慧眼才能认识到这一点。

《租借法》提出后，罗斯福打倒纳粹的决心也越来越明显。就在法案尚未通过前，英美参谋长有信心它一定会通过，便先集会对美方即将提供的资源预作安排。在会议上双方已着手为美国积极参战那一刻的到来预作准备。对这些参谋专家而言，就只剩下美国确实的参战时间有待决定了。罗斯福并未签署所谓的"ABC-1号协定"，这个协定规定一旦参战，首要任务应是对抗德国。但不签字显然是因为内政上的需要及宪法上的限制，而不是为了掩饰他的目的。

纳粹的暴行使为美国的价值观而战和为保卫美国安全而战，两者日益合流。希特勒令人发指的行为已超出任何道德容许的范围，因此反希特勒战争的出发点由原来为邪不胜正而战，演变成一场你死我活的生存之战。于是罗斯福在1941年1月将美国的目标简化为四项，称之为四大自由：言论、信仰、免于匮乏及免于恐惧的自由。这些目标远远超越欧洲过去任何一次战争的目标。就连威尔逊也不曾拿免于匮乏的自由这种社会议题，作为战争的目标。

1941年4月，他又采取更朝向战争的一步，授权与丹麦驻华盛顿代表（其职级为部长级）签署协定，好让美军得以占领格陵兰。由于丹麦当时在德国占领之下，在海外又未成立流亡政府，这位没有国家的外交官便自作主张"授权"美国在丹麦领土上建基地。另外，罗斯福又私下通知丘吉尔，此后美军舰艇将巡弋冰岛以西的北大西洋，这涵盖了大约2/3的大西洋水域，并“公布在美国巡逻区内发现的疑似侵略国船舰或飞机所在的位置”。三个月后，应当地政府之请，美军登陆另一个丹麦岛屿冰岛，取代原先的英军。然后在未征求国会同意之下，罗斯福宣布在这两个丹麦岛屿与北美洲之间的整个区域，都属于西半球防御体系。

在1941年5月27日一次冗长的广播演说中，罗斯福宣布进入紧急状态并重申美国对社会经济进步的承诺：

> “我们不会接受由希特勒主宰的世界。我们也不会接受类似1920年战后世界那样的地球，在这种世界里，希特勒主义的余孽仍有可能播种及成长。
>
> 我们唯一能接受的世界是尊重言论自由，人人能够信奉自己宗教的自由，免于匮乏的自由及免于恐惧的自由。”

“不会接受”这四个字必然意味着，罗斯福事实上已为美国许下诺言，若四大自由无法以其他方式达成，那美国就只有加入战争。

少有美国总统在掌握人民心理上，能像罗斯福这样敏锐而且透彻。他了解唯有本身的安全受到威胁，美国人民才会支持军事备战。但要让美国人走上战场，他深知必须诉诸大众的理想主义，就如同威尔逊当年的做法。在罗斯福看来，就美国的安全需要而言，能控制大西洋即已足够，但要参战，参战的目的就要包含对新世界秩序有某种远景。因此“均势”这个名词从不见于罗斯福的公开言论中，只有在批评均势时是例外。

在这种气氛之下，名义上中立的美国的总统及英国战时的领袖丘吉尔，1941年8月在纽芬兰（Newfoundland）外海的一艘巡洋舰上会面。希特勒在6月间攻打苏联使英国的景况有所改善，但丝毫谈不上胜利在望。但是英美两国领袖发表的联合声明，所呈现的不是陈述传统的战争目标，而是一个带有美国标记的全新的世界蓝图。《大西洋宪章》（the Atlantic Charter）揭示一系列“共同的原则”，依据这些原则，美国总统与英国首相希望建立“全世界更美好的未来”。这些原则将罗斯福的四大自由再扩充，纳入公平取用原料及共同合作改进世界各地社会状况等项目。

《大西洋宪章》将战后的安全问题完全套上威尔逊的模式，丝毫没有地缘政治的成分在内。“在彻底摧毁纳粹暴政之后”，自由国家将宣示放弃使用武力，对带来“侵略威胁”的国家实施永久裁军。这将鼓励使用“所有其他可行的措施，减轻各爱好和平民族不胜负荷的军备负担”。世界各国将分成两类：侵略国（明显是指德、意、日），将永远被解除武装；“爱好和平国”，将可保留军力，但希望数量上能大幅减少。而这个新世界秩序的基石是民族自决原则。

自英国为结束拿破仑战争所提出的“皮特计划”与《大西洋宪章》之间的差别可以看出，在英美关系中英国的地位已如何地反主为客。《大西洋宪章》中完全没有提及新的国际均势，而“皮特计划”里却是满纸的均势，别无其他。这不是由于英国在刚打了有史以来最悲观的战争后，便忘记了均势；而是丘吉尔已意识到，美国参战这个举动的本身便会改变均势，而且是对英国有利的变化。此外，为了眼前的需要他不得不暂时不考虑英国长远的目标，这也是英国在拿破仑战争时代从不觉得有必要做的牺牲。

《大西洋宪章》公布时，德军正接近莫斯科，日军正准备向东南亚进发。丘吉尔最关切的是如何去除美国参战的障碍，因为他非常清楚，单靠英国的力量，即使有苏联的参与及美国的物质支援，仍无法取得决定性的胜利。更何况，苏联可能溃败，而希特勒与斯大林还是有可能达成某种妥协，使英国有再度陷于孤立的危险。丘吉尔认为在战争会不会结束还无把握前，没有必要为战后的架构而辩论。

1941 年 9 月美国迈出走向战争的第一步。罗斯福下令将德国潜艇的位置报告给英国海军。1941 年 9 月 4 日，美国驱逐舰“葛瑞尔号”（Greer）向英国战机发出某艘德国潜艇所在位置的信号时，遭水雷攻击。9 月 11 日罗斯福在没有说明事件背景的情况下，谴责德国的“海盗行为”。他将德国潜艇比作作势准备出击的响尾蛇，并下令美国海军在美国先前宣布一直延伸到冰岛的防御区内，“一发现”德国或意大利的潜艇，即予以击沉。基于实际需要，美国已在海上与轴心国作战。

同时罗斯福也接下与日本对抗的挑战。针对日本 1941 年 7 月占领中南半岛，他废止《美日通商条约》，禁止出售废金属给日本，并鼓励荷兰流亡政府停止将荷属东印度群岛（今日印尼）的石油输往日本。这些压力促成了在 1941 年 10 月展开的对日谈判。罗斯福指示美国谈判代表，提出美国过去拒绝“承认”日本侵略行动的宣示，据以要求日本放弃一切征服的领土，包括满洲。

罗斯福想必知道日本不可能接受。1941 年 12 月 7 日，日本仿效日俄战争的模式偷袭珍珠港，并摧毁了一大部分的美国太平洋舰队。12 月 11 日，已与日、意缔结《三国条约》的希特勒向美国宣战。希特勒为什么要这么做，使罗斯福得以放手地将美国的主要作战目标放在他一向视为主要敌人的德国身上，这一点始终没有令人满意的解释。

美国参战意味着一位伟大而勇敢的领袖，其了不起的外交努力终于形成最后的结果。在不到三年内，罗斯福将坚决拥护孤立主义的人民带向世界大战。直至 1940 年 5 月，仍有 64% 的美国人认为，保持和平比打倒纳粹更重要。一年半后，在 1941 年 12 月，就在日本偷袭珍珠港前不久，正反的比例便对调过来，主张和平更胜于阻止纳粹获胜的民意只剩下 32%。

罗斯福以耐心沉着地达成他的目标，在每个阶段一步步教导人民他们所需面对的问题。大众对于他的呼吁，根据自己的观念来加以筛选。虽然他们知道到最后冲突在所难免，却不一定了解他最终的目的是战争。其实，罗斯福也不是非战不可，他更在意的是打倒纳粹；只是情势演变到后来，唯有美国参战才能打败纳粹。

对美国民众而言，战争来得如此突然，主要有三个因素：美国人从没有为西半球以外地区的安全而战的经验；许多人认为欧洲民主国家可以靠自己的力量获胜；很少人知道在日本偷袭珍珠港或希特勒急于对美宣战前，曾有过一番如何的外交运作。直到珍珠港被轰炸后，美国才投入太平洋的战事；在欧洲则是希特勒向美宣战，而非美国对德宣战，由此可见孤立主义在美国有多么深植于人心。

轴心国先表现出敌意，替罗斯福解决了如何让美国人民肯走上战场的棘手难题。若日本只集中攻击东南亚，希特勒也不向美国宣战，那罗斯福要说服人民接受他的观点，这个任务或许要复杂得多。自他公开宣示的道德与战略信念来看，他迟早会设法让美国加入他认为对自由的前途及对美国的安全关系重大的斗争中。

此后美国人对总统这个行政首脑，在行事完全公开上有了更高的要求。但罗斯福跟林肯总统一样，他意识到国家的存亡及价值观正面临关键时刻，而且他必须为自己一手促成的行动的后果负起历史责任。而也跟林肯的境遇一样，各自由国家的人民多亏他领导有方才得享自由，但他当年所表现的大智大慧现在却被轻易地视为理所当然。

第十六章

三种和平途径：第二次世界大战中的罗斯福、斯大林和丘吉尔

丘吉尔、罗斯福与斯大林在雅尔塔，1945 年 2 月

如何创造新均势

希特勒进袭苏联时，发动了人类史上规模最大的陆上战争。这场战争的惨烈即使以过去欧洲一切战争的残酷来比，也是史无前例空前恐怖的。这是一场种族大斗争，是至最后一兵一卒的战争，德军一路势如破竹深入俄罗斯时，希特勒又向美国宣战，使得一场欧洲战争变成全球大战。德军蹂躏了俄罗斯，却不能给予彻底重挫。1941 年冬天，德军被阻于莫斯科近郊。然后，在 1942—1943 年的冬天，德国针对南俄罗斯的攻势，几至停顿。在冰天雪地的斯大林格勒的一场恶斗，希特勒折损了整个第六军，德国的作战气势大为受挫。丘吉尔、罗斯福和斯大林三位盟国领袖，终于可以开始想想胜利以及未来世界的大格局了！

每一位胜利者都以自己本国的历史经验发言。丘吉尔希望在欧洲重建传统的势力均衡体制，这代表着重整英国、法国，甚至战败的德国之实力，再加上美国，就可以和东方的苏联势力抗衡。罗斯福的战后世界秩序观却是，以美、英、苏三个战胜国，加上中国，以类似世界理事会理事的角色来维持和平，对付潜在的恶棍（他认为最有可能为非作歹的是德国），这个观点即是“四大警察”论。斯大林的主张则反映出他的共产主义意识形态和传统的俄罗斯外交政策之结合，他决心以战胜国的姿态要把俄国影响力伸入欧洲中部，并且预备把苏联军队征服的国家，变成缓冲区以保护俄国，防止未来德国入侵。

罗斯福预睹希特勒得逞获胜，将会伤害到美国的安全，可谓独具慧眼的先见之明。但是他不肯接纳传统的欧洲外交世局观点，却又与其国人无殊。当他坚信纳粹获胜将威胁到美国时，他并不是要号召美国人以恢复欧洲均势为己任。就罗斯福而言，战争的目的就是要除掉希特勒这个障碍，以和谐而非均势为基础来建立国际合作秩序。

因此，罗斯福对于宣称融和历史教训的这一派老生常谈，非常不耐烦。他不接受德国若是被彻底击败将产生真空状态，苏联可能乘虚而入的想法。他也拒绝鼓励以某种机制防止战胜国战胜后可能又互相为敌，因为这样做代表又得重建均势，而事实上他又一心想摧毁这种均势体制。他认为，和平可以借集体安全体系来维持，而集体安全体系又要靠战时盟国协同行动，以及相互善意和警觉来维持。

既然不需要维持均势，而是建立全球和平状态，罗斯福决定，在纳粹德国战败后，美国应将其军力撤回国内。罗斯福毫无意愿把美军长期部署在欧洲，更不想以驻军欧洲来制衡苏联，因为他认为美国民众决不会支持他这么做。1944 年 2 月 29 日，美军还未踏上法国国土之前，罗斯福致函丘吉尔说："你千万别要求我把美军留在法国，我办不到！我必须把他们全都带回国。就如我以前说过的，我谴责、也抗议比利时、法国和意大利的父权做法。你必须教养、带好自己的子弟。鉴于他们在将来可能成为你的堡垒，你起码现在就得为他们付些学费！"换言之，英国必须担负起防卫欧洲的任务，不能仰赖美国。

基于同样的精神，罗斯福也不以为美国有任何责任要承担欧洲的经济重建。他说："我不要美国在战后有再造法国、意大利和巴尔干各国的重担。这不是远在 3500 多英里以外的我们之责任。这必然是英国的职责，因为英国在其中的利益远比我们大得多。"

罗斯福可谓过度高估了英国在战后的实力，才会要求它同时承担欧洲的防务和重建工作。英国在这个构想中的角色被过分膨胀，也是因为罗斯福打从心里看不起法国的缘故。1945 年 2 月的雅尔塔会议是同盟国最重要的一次会议。有一天，罗斯福当着斯大林的面，指责丘吉尔也不看看法国有何分量，想把法国培养成为强国之一。好似此事愚蠢到不值得一谈，他嘲弄丘吉尔的动机乃是企图在法国的东部国境建立一道防线，一旦有警，英国可以在这道防线后方集结兵力。而这个时候，这项做法凑巧是唯一可以奏效的抵抗苏联扩张主义的做法。

罗斯福并不预备让美国承担永久的角色，他要求战胜的盟国来监督德国的裁军和瓜分，以及把其他国家纳入他们的掌握之下（最令人吃惊的是，罗斯福把法国也列入应被接管的国家之一）。早在 1942 年春天，在苏联外交部长莫洛托夫访问华府时，罗斯福即大略提出他的“四大警察”理论来执行战后世界和平体系。霍普金斯致函丘吉尔，报导罗斯福此一构想的内容是：罗斯福向莫洛托夫提到一种制度，只准许英国、美国、苏联以及或许中国等大国可以拥有武装。这些“警察”将合作来维持和平。最后，罗斯福也决心终止英国和法国的殖民帝国。他说：当我们赢了大战，我将全力以赴绝不让美国被甘词美语诱惑，以免接纳促进法国帝国主义野心的计划，也决不接纳协助或煽动大英帝国的帝国野心的方案。

罗斯福的政策可谓糅合了传统的美国主义、威尔逊式的理想主义以及他自己对美国人心理的敏锐观察，冶为一炉。美国人一般较倾向于普遍目标，而不是依赏与罚的衡量合计而做事。丘吉尔又太成功，制造出了假像，让他们觉得英国依然是个大国强权，足以独力抗拒苏联的扩张行为。也只有这个原因才能说明为何罗斯福主张的世界新秩序，其基础是：美军由海外撤退回国，德国解除武装，法国亦降为第二等国家，而苏联面前却留下一个大真空状况。战后时期因而变成教导美国了解它所忽视的新均势的一段时间。

罗斯福以“四大警察”促成及保证全球和平的构想，代表着丘吉尔的传统均势做法，与罗斯福的顾问（尤其是国务卿赫尔为代表人物）的不加限制的威尔逊主义之间的妥协。罗斯福决心避免重蹈覆辙，不要再犯国际联盟，以及第一次世界大战结束时所订立的制度的失败错误。他需要有某种形式的集体安全，但是从 20 世纪 20 年代的经验又可以知道，集体安全需要有执法人，而这个角色正是要由“四大警察”来担任。

罗斯福的“四大警察”观念，事实上其架构和梅特涅的神圣同盟相似，只是美国的自由派一想及此恐怕就要吓坏了。每个体系都企图通过有共同价值观的胜利者同盟，来维持和平。梅特涅的体系能奏效，是因为它保障了真正的权力均衡，体系内的主要国家实际上有着共同的价值观。俄罗斯虽然偶尔会捣乱，但多少还能和大家合作。罗斯福的构想不能实施，是因为没有从战争中产生真正的权力平衡，因为斯大林一旦去掉德国这个心腹大患，已经毫无顾忌要推进苏联的意识形态和政治利益，甚至不惜与其昔日战时盟国反目对峙。

罗斯福没有说清楚，如果“四大警察”之一拒绝扮演分派给它的角色时，情形会是如何？尤其如果这个不合群的“警察”，凑巧就是苏联时。在这种情形下，为人鄙夷的权力均衡就必须整个重新建构了。传统的均势的因素被摒弃得越彻底，创造新均势的任务就变得越加艰巨。

战时三巨头

罗斯福寻遍天下也很难找到一个交涉对象，斯大林这样的人与他大大不同：罗斯福想要推行威尔逊式的国际和谐理念，而斯大林对外交政策行为的看法完全就是旧世界现实政治那一套。波茨坦会议期间，一位美军将领为了向斯大林示好，说：“真高兴见到俄军开入柏林。”斯大林却冷峻地答说：“当年沙皇亚历山大一世还挥军直抵巴黎咧！”

斯大林界定的和平条件与数百年来的俄罗斯政治家完全一脉相承——环绕在苏联广泛的边境，建立一条最宽广的安全地带。他欢迎罗斯福强调轴心国必须无条件投降的主张，因为这样一来轴心国就不能参加和平会议讨价还价，并且还能防止在和平会议上出现像塔列兰那样杰出的德国政治家。

意识形态更强化了传统信念，身为共产党员，斯大林拒绝承认民主国家和法西斯国家有何不同。毫无疑问，虽然他认为民主国家没有那么残暴，甚至或许没有那么强悍难胜。斯大林根本不具备一种观念架构，使他能因为信誉而放弃领土，或者暂时搁置“客观”事实。因此，他要向其民主国家盟友提出一年多以前，他曾向希特勒提出的同一议案，斯大林与希特勒的合作并非出于同情纳粹主义，后来与民主国家结盟也没能使他了解自由体制的可贵。他会借外交手段从每个临时伙伴那里拿走可以到手的东西，如果不能免费拿到，亦不惜武力抢来——只要不会有发生战争的危险。他的最高指导原则还是装上共产主义意识形态的苏联国家利益。套句帕麦斯顿勋爵的话，他没有朋友，只是唯利是图。

斯大林唯有在其军事处境最困难之时，才最乐意谈判战后的目标。当刀子已经架在脖子上了，他才在 1941 年 12 月英国外相艾登访问莫斯科时做了些表示；其后在 1942 年 5 月，他派莫洛托夫先后走访伦敦和华府。然而，这些努力由于罗斯福激烈反对在此时详细讨论和平目标而告失败。在斯大林格勒战役结束后，斯大林越来越有把握，战争结束时苏联将拥有大多数领土。鉴于由谈判桌上已经越来越不可能有收获，斯大林把战后世界版图如何划定，交给他的军队能推进到哪里去决定。

若是丘吉尔的话，就会在斯大林占领有利位置之前，便和斯大林开始谈判战后欧洲秩序。毕竟，像斯大林这样的扩张主义的盟友，英国历史上已经遭遇过不少，也克服过不少。若是英国国势更强大，丘吉尔必然也会从斯大林那里挤出实际的妥协，因为斯大林仍然需要别国施援——就好像远在拿破仑战争结束之前，已经从盟国得到承诺，在战后将允许低地国家得到自由。

丘吉尔比他的两位盟友参与战事的时间要长得多，从 1940 年 6 月法国沦亡以后近一年的时间里，英国独撑反希特勒大局，也陷入无法思索战后目标的情境。挣扎求生存已经耗掉它的全部精力，并且战争的结果会是胜是负，一点都不确定，即使美国已经提供大量物资援助，英国也未必能够得胜。如果美国和苏联不参战，英国终究会被迫妥协或遭到失败。

希特勒在 1941 年 6 月 22 日进攻苏联；同年 12 月 7 日日本进攻珍珠港；数日之后，希特勒也对美国宣战。情势如此发展，保证了英国将站在胜利的阵营，虽然战事可能还要拖延，牺牲依然不可避免，丘吉尔从这个时候起才能够实际地去思索战时目标。他必须在英国毫无判例的状况下去思索。当大战继续下去，情势越来越明显，英国维持欧洲势力均衡的传统角色已经逐渐淡出，加上针对德国要求它无条件投降，苏联势将崛起成为欧洲大陆的主导国家，尤其是如果美国把部队调回国后，更是“英消苏长”的局面。

因此，丘吉尔的战时外交就是在两大国之间运作——这两大国都威胁到英国的地位，只是来自不同方向而已。罗斯福主张全世界的自决运动，是对大英帝国的挑战；斯大林企图将苏联势力伸入欧洲中心，则有危及英国安全之势。

丘吉尔夹在威尔逊式的理想主义和俄罗斯扩张主义之间，只得尽其所能，从英国全面相对弱势的地位去辨明英国古老的政策最合适——那就是，如果世界不是听任最强大、最蛮横的国家恣意横行，和平就必须以某种均势为基础。他也清楚了解到了战争终止时，英国已经再也没有能力全靠自己去防卫其重大利益，当然更谈不上去监督权力的均衡了。不管外表上是如何自信满满的样子，丘吉尔内心十分明白（他的美国朋友却还相信英国将能单独去维持欧洲均势），英国战时角色将是它最后一次以真正独立的世界大国身份去演出。因此，丘吉尔明白，盟国外交最重要的一部分莫过于交好美国，巩固英美关系，将来英国才不需要单独去面对战后的世界残局。这正是他日后大体上都对美国的主张礼让、接受的原因——只不过他也经常成功地说服美国接受，华府的战略利益与伦敦的战略利益密切相关。

这项工作的确十分艰巨，罗斯福和他的部属对英国的动机深怀疑虑，尤其认为丘吉尔可能只关心促进英国的国家利益和帝国利益，以及加强权力均衡，而不大顾及美国对世界秩序的想法。

其他国家绝大多数都会视英国追求其国家利益是天经地义的事情。然而，美国领袖却认为这代表英国人的瑕疵。珍珠港事变后不久，罗斯福在一场私人宴会上说：

“我们普遍对此一角色的看法，可能完全不够客观——尤其从英国人的角度来看，可能不是百分之百正确，但那正是美国的普遍看法。我也一再试图告诉他（丘吉尔），他应该考虑到它。这是深植在美国传统里，这种对英国不信赖、不喜欢，甚至仇恨的心态。”

由于罗斯福不愿在斯大林格勒战役结束之前讨论战时目标，斯大林又宁可让战争来决定战后的政治结果，绝大多数战时对战后秩序应是如何的主意都来自丘吉尔。美国人对此事的反应，可以国务卿赫尔在 1943 年 11 月的一段话传达得最入神。他以极度贬抑的口吻谈到英国的传统作风是：

“今后将不再需要势力范围、结盟、权力均衡，或任何其他特殊安排。过去不幸的岁月里，各国通过这些安排去确保其安全或促进其利益，今后统统不要了。”

整个战争期间，罗斯福与丘吉尔的个人关系，甚至比他和任何美国人都来得亲近，然而在某些特定问题上，他对丘吉尔的严酷态度远比对斯大林要厉害，他从丘吉尔身上找到了一位战时亲密的战友；在斯大林身上，他看到的是一位维持战后和平的伙伴。

美国人对英国的矛盾感情集中在三个议题上：美国本身反殖民主义的传统；战时策略的性质；以及战后欧洲的版图划分。不错，俄罗斯过去也是个大帝国，但是它的殖民地与其领土毗邻接壤，而且俄罗斯帝国主义对美国良知的冲击也不像英国帝国主义那样深重。丘吉尔或许抱怨罗斯福拿当年十三州殖民地与英国在 20 世纪的殖民属地相比较，是拿每一物质真相几乎都已不同的、相隔数个世纪的事情来做类比。然而，罗斯福志不在做历史类比，而是要定下美国的基本原则。在他第一次会见丘吉尔，两大领袖公布订定《大西洋宪章》时，罗斯福就坚持《大西洋宪章》不仅适用于欧洲，也适用于全世界各地，包括被殖民地区在内。他说：

“我深信如果我们要达成稳定和平，就必须让落后国家开发起来。我不相信我们能够一方面作战，反抗法西斯奴役，同时却不去努力，让全世界人民自落后的殖民政策中解放出来。”

英国战争内阁则断然表示不能接受这样的解释。它说："《大西洋宪章》是针对我们希望救离纳粹暴政的欧洲国家而发，不是用以处理大英帝国的内政事务，也不是用以处理美国与其殖民地，例如同菲律宾之间的关系。"英国方面故意提到菲律宾，乃是伦敦当局认为美国逾越本分，须予反制，要让美国领袖了解，如果他们的主张太过度，本身也会有损失。然而它却没有了解，事实上美国已经准备把它宣扬的这套理想付诸实行，一俟战争结束就要让它唯一的殖民地菲律宾独立。

美、英两国对殖民主义的辩论一时不会中止，1942 年美国国殇日（每年 5 月最后一个星期一）的演说中，罗斯福的亲信、老友、助理国务卿威尔斯（Sumner Welles）重申美国历来反对殖民主义的立场。他说：

> "如果这场大战事实上是为解放人民而战，它就必须使得全世界以及美洲世界的人民的主权平等。我们的胜利必须带进全体人民解放的列车里，帝国主义的时代已经完结。"

罗斯福接着给国务卿赫尔下一张条谕，告诉他说：威尔斯的声明是权威性的谈话——这种姿态决非强化国务卿和其副手感情的好方法，因为它不啻暗示说，助理国务卿与总统的关系更为密切。赫尔后来终于设法把威尔斯挤走。

罗斯福对殖民主义的看法可谓是先见之明。他要美国带头领导无可避免的殖民地解放运动，免得让追求自决的运动演变成种族斗争。罗斯福曾经对他的顾问查尔斯·陶希格（Charles Taussig）表达过看法：总统说，他很关心东方的黄种人。他说，黄种人人数达 11 亿。在许多东方国家里，他们受到一小撮白人的统治，令他们仇恨不已。我们的目标必须是协助他们得到独立——11 亿的潜在敌人真危险啊！有关殖民主义的争辩不到战争结束不会有实际结果，而到了战争结束时，罗斯福已经不在人世。但是有关策略之争却有立即的影响，反映出两国之间对战争与和平的理念大大不同。美国领袖倾向相信，军事胜利就是一个目标；英国领袖却寻求把军事行动和战后世界的外交计划联结来考虑。

美国最主要的军事经验就是自己的内战——南北战争和第一次世界大战。两场战争都以全面胜利告终。以美国人的想法，外交政策和战略可分段，成为不同时期的国家政策的一部分。美国人的理想世界里，外交官不涉及策略，军事人员则在外交互动开始时，已经完成其任务——这个观点使得美国日后在朝鲜战争与越战中付出惨重代价。

相对地，丘吉尔则认为战争策略和外交政策关系密切。由于大英帝国的资源远逊于美国，英国的战略家一向必须重视目标，但也不能不重视手段。何况，自从在第一次世界大战中被打怕了，英国领袖决心要避免又一次同样的惨剧。任何战略如果有可能将伤亡降到最低，他们都有兴趣。

几乎在美国一参战之时，丘吉尔就建议进攻他称之为轴心国最脆弱的小腹部——南欧，到了战争末期，他一再坚持，一再不被接纳，他力促艾森豪威尔抢在苏军之前，占领柏林、布拉格和维也纳。就丘吉尔而言，这些目标之所以吸引他主张出兵，既不是因为巴尔干半岛敌军势力薄弱（事实上当地地形非常险恶），也不是因为这些中欧国家首都具备军事意义，而是因为它们可以用来制约战后苏联的影响力。

美国军方领袖对丘吉尔的种种建议，显得非常不耐烦，只差没有暴发怒气。他们认为进袭南欧小腹部的战略，无非又是英国想把美国扯进去替英国利益打前阵的做法，他们遂以这是次要目标，不值得牺牲生命为由拒绝它。打从联合规划开始，美国司令员即力主在法国开辟第二战场。美方认为，前线位置在哪里无关紧要，只要战争能全面胜利就好。他们认为只有这样做，才能把德军主力引出来，投入战场。1942 年，美国陆军参谋长马歇尔对英国反抗他的第二战场计划，大为光火，威胁要掉转一年前所做的“ABC-1 号”决定（亦即欧洲战场优先的决议），把美军集中到太平洋战场作战。

罗斯福此时拿出了魄力，一如他带领美军参战一样，以战时强势领袖之姿，针对马歇尔的做法，罗斯福提醒这些吵架的将领，决定要以击败德国为优先，是基于美国利益的决定，不是对英国示惠。他说：“至关紧要的是我们了解，击败日本并未击败德国，并且美国在今年或 1943 年集中力量对付日本，增加了德国完全掌握欧洲和非洲的机会，只有击败德国才是击败日本，而且可能不发一枪、不牺牲一命即可挫败日本。”罗斯福大体上都接纳丘吉尔的战略，只在奠基巴尔干半岛这件事上划下界限。罗斯福支持1942年11月登陆北非之役，以及征服地中海北岸之后，于1943年春天登陆意大利，击溃意军，使它退出战局。在诺曼底开辟第二战场之役，要到1944年6月才发动，此时德军已经气势衰竭，此后盟军伤亡人数大为降低，胜利亦指日可待。

斯大林热切拥护开辟第二战场之情，不逊于美国军事领袖，但是他的动机是出于地缘政治考虑，而非军事因素着眼，在1941年，他毫无疑问急于把德军引离俄罗斯前线。事实上他渴望军事援助之情已经气急败坏，因而邀请英国派遣远征军进入高加索。1942年，德军向南俄罗斯推进之际，他继续不断要求开辟第二战场，但已不再提盟国派遣远征军的主意。

斯大林在1942年年底斯大林格勒战役告终，象征着苏军开始逆转失利之后，依然争取开辟第二战场。因为斯大林发现第二战场的可爱之处是在于它远离东欧、中欧和巴尔干，而在这些地方西方与苏联的利益极可能会冲突。并且，开辟第二战场也保证资本主义国家绝不可能在其中毫发不伤。妙的是，斯大林坚持在盟国的西线要有发言权，却决不让民主国家对苏联的计划有丝毫接触，对苏联的军事部署可以允许它们稍稍知情。

结果，在斯大林要求盟军在法国开辟第二战场时（他一再要求能吸引30～40个师的德军兵力），盟军果然吸引了约33个师的德军投入意大利战场。然而，斯大林升高了他反对采取自南翼进击的战略之声浪。他认为，此方案主要缺陷就是在地理位置上，包含靠近苏联野心有意染指的国家。斯大林在1942年、1943年力促开辟第二战场，其要因正跟丘吉尔刻意想要拖延阻滞的目标相同——因为它会把盟国引离政治上有争端的地区。

在辩论冷战的起源时，若干杰出的批评家提出说，盟军未能早日开辟第二战场，造成了斯大林在东欧强悍不妥协的局面。根据这一推理，迟迟才开辟第二战场，远比其他任何原因更让苏联生气。然而，此说不足信是因为，刚与希特勒签《苏德协定》、协商要瓜分世界的这个老布尔什维克党人，会在现实政治中如此吗？我们很难想象一个大搞整肃、屠杀的人，会因此一战略决定就生气，而把军事目标与政治目标混为一谈，他玩这套第二战场把戏与别人并无两样——冷静、仔细盘算和实事求是。

美国联合参谋首长只不过反映着美国领袖的信念而已。此一信念即是：胜利达成之前，不做任何有关战后世局的讨论。这是影响战后世界数国划分的致命决定，也造成了冷战的无法避免。

一般而言，争取稳定与均势的国家应在战争犹仍进行期间，就竭尽所能去达成其基本的和平条件。只要双方仍在火线上交战中，它的力量就间接强化了较和平一方的力量。如果此一原则被忽略，主要问题拖到和平会议召开前仍未解决，则最坚持一国终将夺得战果，只有通过大对立才能消解。

盟国对战后目标取得协议，或至少也就此进行讨论，在第二次世界大战中尤其有需要；因为，罗斯福和丘吉尔于 1943 年元月在卡萨布兰卡会议后公布了要求轴心国家无条件投降的政策。罗斯福基于若干理由做此建议，他担心讨论对德和平条件，可能使盟国意见分歧，并且他希望盟国集中一切精力先打赢大战再说，他也急于向犹陷于斯大林格勒战役焦局的斯大林担保，决不单独对德国议和。但是，最基本的是，罗斯福力图避免日后有一批德国修正主义人士起来声称，德国当年是被空口承诺诓骗才停止了战争！

可是，罗斯福拒绝在战争进行期间讨论战后世界秩序，却使得美国巨大的影响力只是去支撑一种欠缺均势或任何政治解决基准等重要因素的结果。然而，以威尔逊主义和谐至上的假设出发，罗斯福却扮演主要角色来影响战后世界的样态，在他的支持下，盟国召开一系列国际会议探讨战后世界秩序中的合作方式之蓝图：譬如在敦巴顿橡树园会议中提出联合国的构想，在布雷顿森林会议讨论了世界财政金融体系，在温泉会议讨论粮食和农业问题，在华盛顿会议商讨救济和重建问题，在芝加哥会议商讨民航问题等等。但是他却坚定不移，不肯讨论战争目标，或者是冒着与苏联对此议题见解不一的风险去碰触它。

起初，斯大林认为罗斯福回避以地缘政治层面来讨论战后之解决方案，是一种手法，试图利用苏联军事困难取得优势。就他而言，战局发展已经将由轴心国家即将瓦解而留下的真空状态中，创造出一种新的、更有利于苏联的权力均衡关系。斯大林太熟谙传统的纵横捭阖手法，估计西方最后的和平条件会完全依军事作战结果而定，因此在 1941 年 12 月，甚至德军还长驱直入，直叩莫斯科近郊时，他仍试图与艾登商谈战后方案。斯大林在这次交谈中的开场白，明确显示出他指的不是《大西洋宪章》。他说，宣布原则有如代数学，太深奥了，他宁可搞些实际的算术。斯大林不想浪费时间去搞抽象观念，宁可以互惠让步做交换，最好就是以领土划分来进行。

斯大林脑海里的想法就是老式的现实政治。德国应该被瓜分，波兰边界应向西移。苏联将恢复 1941 年的疆域，换言之，承认苏波边境以寇松线划定，加以保有波罗的海诸小国——这是明显违背《大西洋宪章》所揭示的自决原则。交换条件是，苏联将支持英国对于在法国、比利时、荷兰、挪威和丹麦等国择地设立基地的要求，这些国家是英国的盟国！斯大林对局势的看法，与 18 世纪任何一位君主都无异：胜利者有权分享战利品！

另一方面而言，斯大林还未对东欧国家的政治前途提出任何要求，他也对波兰国界问题略为示意可以有弹性。不过，英国总不能在《大西洋宪章》才宣布三个月时就完全违背它的精神，美国领袖也不会考虑他们认为是破坏第一次世界大战后国际外交的这类秘密协议。即使是如此，斯大林此时的提案姑不论多么蛮悍，毕竟仍比战后实际出现的情形好得多——而且，经过磋商谈判，结果说不定更好。艾登为了避免弄僵谈不下去，答应会把他和斯大林的谈话内容向丘吉尔和罗斯福报告，日后再来继续这项问题的对话。

尽管他的军事局势极端吃紧（说不定也正是因为军情告急），斯大林还是于 1942 年春天重提这个话题。丘吉尔早已准备好一谈，查出苏联究竟要以什么来换取承认 1941 年的国境线；但是，罗斯福及其顾问依然倾向避免让人以为有类似权力均衡的安排之印象，拒绝讨论战后议题。国务卿赫尔代表罗斯福致函丘吉尔，说道：

> “如果要放弃我们对政策、原则和实务所做的广泛基本宣示，将是不智之举。如果在一两个重要事例上（类似你刚建议的事例），这些原则被违背了，则贵我两国的任何一方都将站不住脚，也不会有稳定的

规则去规范，或去坚持要求其他政府应遵循不渝。”

斯大林又在 1942 年 5 月派莫洛托夫走访伦敦，摊开来讨论。四月间，为安排莫洛托夫到访事宜而讨论时，苏联大使伊凡·麦斯基（Ivan Maisky）重提四个月前斯大林提出的条件。苏联现在又要求在战后，与罗马尼亚和芬兰签订互助条约。考虑到德军依然在深入苏联国境，斯大林此时再度提它，正透露出他的长期目标来——尽管我们也必须注意到，此时此议就范围或内容来讲，都还极为遥远，距战后因没有协议而产生的卫星国家而言，也有差距。

华府方面对丘吉尔进行这类对话，强烈反对。赫尔指称，英苏会谈违背了《大西洋宪章》，藐视美国历史传统反对以武力变更领土的主张，也是倒退回臭名昭彰的过去权力政治的反转。罗斯福亦以大体相似的理论，向斯大林提出他的看法，斯大林复以一封简短信函，表示接到罗斯福的信息，但不置一语评论，明显表示对此一函件并不诚心接纳。斯大林同时驰书给丘吉尔，力促丘吉尔别理会“美国人的干预”。

战争初起时，斯大林明显希望能就 1941 年国界线达成协议，他不会迂腐到不提出某种交换代价。斯大林愿意付出何种代价，我们永远不会知道，因为罗斯福邀请莫洛托夫直接来华府一谈，而中止了英苏对话。

艾登 1941 年 12 月访问莫斯科时，斯大林曾暗示他对波兰边界线问题可以有弹性并称之为“开放的问题”。以事后的猜测，斯大林说不定会同意，以盟国承认苏联恢复 1941 年的国境线，换取他接受东欧各国流亡政府的地位（在此之前他尚未对此提出异议），并且同意波罗的海小国恢复 1940 年的独立状态，同时允许苏联在其领土上设立基地，这或许有可能导致东欧国家采取芬兰模式——尊重苏联的安排，但是维持民主政府，也可自由进行不结盟的外交政策。这样的结果当然比实际发生的状况，对东欧人民的福祉更好，甚至在最后，亦对苏联有利。

所有这一切种种可能在莫洛托夫于 1942 年 5 月底抵达华府后，统统消失了。因为美国要求苏联的不是政治协商，而是要就如何达成世界新秩序建立协议。罗斯福向莫洛托夫提出了替代斯大林（和丘吉尔）的势力范围构想的美方方案。简单地说，这个方案就是通过“四大警察”观念的修正，恢复威尔逊的集体安全体制。罗斯福认为，这样的安排将可提供苏联远胜于传统的权力均衡所能给的安全。

罗斯福为何相信才向丘吉尔提出这么马基雅弗利式权谋之议的斯大林，会接受世界政府的方案？原因并不清楚，或许他认为，在最糟的情势下是斯大林坚持保有苏军已占领的领土，此时他在国内易于默认此一既成事实，而不是在军事结果尚不确定之下就同意斯大林的要求。

罗斯福在殖民地问题上就明确多了。他提议“基于我们自己的安全，把取自弱国的旧殖民地，交付国际托管。”（他把法国也列入弱国行列）并且邀请苏联担任托管理事会的发起会员。

如果莫洛托夫是个哲学家，可能会讶然历史竟然绕了一圈又重演，就在 18 个月之内，两个相互对立的同盟都来争取苏联加盟——希特勒和里宾特洛甫拉拢苏联参加德、意、日三国公约；罗斯福则来邀请苏联参加与美、英、中同盟。在这两个场合中，德、美都以南方土地为饵，争取莫洛托夫；柏林愿意划中东给苏联，华府则愿意请苏联担任殖民地托管理事。然而，莫洛托夫在两个情形中，皆不允许自己偏离追求在苏军范围内唾手可得的目标。

莫洛托夫也不认为有必要因谈话对象易人而调整其战术，他在华府采取和在柏林同样的做法，原则上同意参加拟议的盟约，加入“四大警察”行列，就等于成为 18 个月前邀他入盟的三国轴心之大敌。他对此转折，一点也不觉得困扰，莫洛托夫跟在柏林一样，他的原则同意并不代表要放弃斯大林在欧洲的领土野心，在华府，亦跟在柏林一样，莫洛托夫坚持苏联恢复 1941 年国境线，要求苏联对保加利亚、罗马尼亚和芬兰有绝对影响力，在博斯普鲁斯海峡亦有特殊权利。在柏林和华府，他都把殖民地问题拖延到日后再来讨论。

当莫洛托夫向斯大林报告，在战争犹在进行中时华府不肯讨论政治解决方案，斯大林从各种可能性里，怎么也料不到自己有此好运。因为这代表，只要德军还在战场作仗，他就不需要做任何让步。更重要的是，斯大林一旦了解美国要等到战后再洽商政治解决方案，他就放弃了不断诈唬的作风，绝口不再谈起这个问题。盟国步步趋向战胜，斯大林因为政治讨论迟迟不展开，而竭力独吞战利品，获利最大；至少也可利用这些战利品在和平会议上作为谈判筹码。没有人比斯大林更深刻了解先占先赢这句古训。

罗斯福不愿因太早讨论战争目标而伤害到在战后与苏联的合作关系，除了威尔逊式理想主义原因之外，可能还出于战略原因。罗斯福或许已察觉苏联在战后有可能搞扩张活动，但也已觉得陷于美国人民的信念，以及战祸恐将不免这一两难困局里。为了维持作战努力，罗斯福必须争取美国人理念上的认同，而美国人正是最懊恼势力范围、权力均衡这一套。毕竟，国会才刚在几年前热切通过中立法，支持中立法的那些想法依然还在。罗斯福可能认为，不管苏联有何意图，他的最高战略就是让斯大林珍惜其信誉。只有在这一背景之下，他才会有机会动员美国人，起而反抗苏联的扩张主义。

这是小阿瑟·施莱辛格的看法。他声称罗斯福已准备好一旦苏美关系恶化后的后退阵地，如“一支大军，一个海外基地网，和平时期的全面军事训练计划，以及英美独占原子弹技术”等等，皆已整备妥当。

不错，罗斯福已经备妥以上种种工具，但是，他集结这些工具的动机是为了强化对轴心国家的战力，不是用来抗拒苏联的扩张主义的，美国取得这些基地是为了可以把驱逐舰转交给英国；发展原子弹是为了对付纳粹和日本；一切迹象都指出，罗斯福在战争告一段落时，将会迅速将军队复员，调回本国——他也的确在许多场合做此声明。不错，一旦罗斯福认定斯大林背信弃义，他会是一位技巧娴熟、决心坚定的反苏联扩张主义领袖，也会运用上述种种工具制俄。然而我们却没有太多证据说他已经做此判断，或已以可能与苏联对峙来评估美国的军事力量。

战争接近尾声时，罗斯福曾表示不满斯大林的伎俩。然而，整个战争期间，罗斯福的确前后一致坚持美苏合作，并且视克服对斯大林的不信任感为最重要工作。沃尔特·李普曼对罗斯福的评语相当深刻，他说，“他不信任任何人。他认为他能做的就是比斯大林聪明。”如果说他有心如此做，他并没有成功。

罗斯福刻意与斯大林建立私交，丘吉尔则不会如此做。希特勒进攻苏联，丘吉尔在解释英国为何决定支持斯大林时，说了一句不涉及个人信念或道义支持的话，丘吉尔说："如果希特勒进攻地狱，我（丘吉尔）起码也会替魔鬼说两句好话。"罗斯福就没有这种保留态度，美国参战后不久，他就企图排除丘吉尔，安排与斯大林在白令海峡会面，这将是"你我之间非正式、完全单纯的几天盘桓会面"以促成"心意沟通"。罗斯福将只允许霍普金斯、一名译员和一名速记员与会，让海豹、海鸥来见证这场历史性的会谈。

白令海峡会谈从来未能举行。但是，有两场高峰领袖会议确实召开了——一是1943年11月28日—12月1日的德黑兰会议，一是1945年2月4日—11日的雅尔塔会议。两次会议，斯大林都刻意电告罗斯福和丘吉尔，他不急于开会，甚至会议地点也是精心安排力图使英美可以依从他。德黑兰离苏联国境只有数百英里，雅尔塔则在苏联境内。两次，西方领袖都得迢迢千里与会。对于罗斯福的残疾之身，参加德黑兰会议已经备尝艰辛，不堪负荷；到了雅尔塔会议时，他已经病势笃重，勉强抱病赴会。

雅尔塔背负瓜分战后世界版图的千古骂名。然而，当会议召开时，苏联军队已经跨越1941年的全部国境线，取得了可以对东欧其他国家予取予求，片面施加苏联政治掌控的有利地位。如果说战后的解决方案可以在哪个高峰会议谈判，最适当的时机应是15个月以前的德黑兰会议。在此之前，苏联挣扎苦战，力图避免战败；到了德黑兰会议时，斯大林格勒战役已由苏军获胜，战争胜利已经确定在望，德苏个别言和也非常不可能。

德黑兰会议期间，罗斯福本来打算住在美国大使馆里，与苏联大使馆、英国大使馆（两者背对背毗邻）有段距离。安全人员一直顾虑，罗斯福在前往英、苏大使馆开会的路途难保没有纳粹向路人掷炸弹暗杀，因此，第一次会议在美国大使馆举行后，斯大林邀请罗斯福住到苏联大使馆区内一栋别墅里，罗斯福欣然接受。这栋别墅由苏联装潢，富丽堂皇，无疑地也装有窃听设备。

罗斯福接受邀请，住进苏联大使馆，传递出信赖、友善的讯息不可谓不强。然而，这个友善姿态对斯大林的策略并没有重大影响，他还是一再抨击丘吉尔和罗斯福迟迟不开辟第二战场。斯大林喜欢将谈话对手逼在劣势地位。在这个事例上，大举开辟第二战场之论也好比“围魏救赵”，把问题集中在远离某一将有争议的地点以外的地区去。他诱出美英正式保证在 1944 年春天以前在法国开辟第二战场。三国就德国全面非军事化，以及如何分区占领德国亦达成协议。某次，斯大林力促将德国 5 万名军官统统处死，丘吉尔愤而退席，斯大林追出去，解释说那只是开玩笑的话，丘吉尔才肯回去继续开会——鉴于今天我们已经知道斯大林下令屠杀波兰军人的卡廷事件（Katyn Massacre）的真相，他并不是开玩笑说说而已。接着，罗斯福在一次私下会面时向一肚子狐疑的斯大林，勾绘他的“四大警察”理念。

凡此种种议题的讨论挤掉了时间，有关战后安排的议题就只好留到会议的最后一天讨论。罗斯福同意斯大林把波兰国界向西移的计划，也暗示他不会在波罗的海问题上对斯大林施加压力。他说，如果苏联军队占领波罗的海诸小国，美国与英国都不会“翻脸”，不过他也建议举行公民投票。事实是，罗斯福此时依然不愿全盘讨论战后世局，就跟 18 个月前莫洛托夫访问华府时他的立场一模一样。因此他在谈到斯大林对东欧的战后方案时，语气不肯定，似乎有几分歉意。罗斯福吁请斯大林注意，美国国内有六百万波兰裔选民，对翌年他竞选连任的选情，举足轻重。虽然他个人同意斯大林元帅认为的波兰复国的看法，他乐见“波兰”东边国境线向西推移，西边国境也再推移至奥得河。然而，他也希望斯大林元帅了解，基于上述政治理由，他不能在德黑兰或甚至明年冬天，参与就此问题之任何决定，他在目前也不能公开号称参与任何类似的安排。这可能是向斯大林表达，你看片面行动将冒重大风险？的确，这不啻暗示，美国的同意只是形式而已！

罗斯福之所以如此没精打采道出美国的政治目标，是因为他认定他在德黑兰会议的主要目标是建立“四大警察”的共识。他企图争取斯大林信任的手法之一，即是刻意与丘吉尔保持距离。他向担任劳工部长的老朋友柏金斯说：“温斯顿脸红气胀地皱眉蹙额，他越是这样，斯大林就越是微笑。最后，斯大林忍不住爆出大笑。三天来，我第一次见到阳光！我先忍住了，后来终于和斯大林笑成一团。这时，我开始称呼他‘约瑟夫’。他笑着走过来和我握手。从此我们的交情又深化为个人关系，我们可以像兄弟般交谈。”

大搞清洗运动、不久前还与希特勒握手的斯大林摇身一变，成了温和的人物。然而，罗斯福强调斯大林亲善的一面，并非是他个人偏好，而是充分显露他对人性善良面的信仰，超过了地缘政治分析。他把斯大林视为叔叔伯伯式的朋友，而不是极权主义的独裁者。1943 年 5 月，斯大林解散了共产党搞世界革命的工具“共产国际”。此时，世界革命已经不是苏联的最高优先目标，它也已经没有充分实力去推动它。但是，美国参议院外交委员会重要委员，德州的参议员汤姆・康纳利（不久即出任外交委员会主席）却赞扬斯大林此一举动是转向西方价值的基础，“俄国人多年来都在改革其经济，也趋向放弃共产主义，整个西方世界将乐见其努力臻至高峰。”甚至，美国资本主义的大堡垒《幸福》杂志亦以同样的口吻赞扬有加。

因此，在德黑兰会议结束后，美国人民对罗斯福总统借评介斯大林赞扬会议成就，也就不会惊讶了。他说：

> “我可以说和斯大林元帅相处甚好，他是一个兼具坚定决心、爱好幽默的人。我相信他是俄国心灵纯真的代表人，我也相信我们将和他以及俄国人民相处甚欢。”

1944 年 6 月，盟军终于登陆诺曼底并向东推进，德国战败的命运已定。情势反转有利之时，斯大林也逐渐抬高价码。1941 年，他要求盟国接受 1941 年苏联国境线，也暗示不妨修正它。1942 年，他开始对波兰流亡政府的组成有了抱怨。1943 年，他干脆成立一个所谓自由卢布林委员会来与波兰流亡政府打对台。到了 1944 年年底，他已承认共产党人掌控的卢布林委员会为临时政府，取缔设在伦敦的波兰流亡政府。1941 年，斯大林的主要目标是划定国界；到了 1945 年，它已变成要使政治上掌控超过苏联边界以外的地区。

丘吉尔明白发生在眼前的这一切情势。但是，英国已经变得太依赖美国来支持其政策主张。英国也不够强大到足以独力反对苏联在东欧建立势力范围的野心作为。1944 年 1 月，丘吉尔以知其不可为而为的精神，直接和斯大林磋商东欧的未来。丘吉尔到莫斯科访问停留八天，他草拟了一份势力范围图，递给斯大林。他以百分比法划分势力范围，譬如，英国可以获得 90% 的希腊，苏联可以获得 90% 的罗马尼亚和 70% 的保加利亚；至于匈牙利和南斯拉夫则五五对分。斯大林当场二话不说，立刻同意——不过，莫洛托夫则追着和艾登交涉，削减英国人的百分比，让苏联在每一个东欧国家所占的百分比都略占上风，只有匈牙利例外。

英国的努力作为有几分哀婉凄美。过去从来没有以百分比来界定势力范围的事例，试问要以何种标准衡量遵行程度？又有何方法去执行它？势力大小唯有以军力谁强、谁先到达为准。因此，管它协议不协议，希腊落入英国的势力范围，其他的国家（除了南斯拉夫为例外）不论百分比怎么定，统统变成苏联的卫星国家。即使南斯拉夫的自由行动，也不是出于丘吉尔和斯大林的协议，而是因为它只被苏联占领了很短一段时间，并且是靠自己打游击战争才自德国军事占领下获得解放。

到了 1945 年 2 月雅尔塔会议召开时，丘吉尔、斯大林的协议已荡然无存。苏联军队已经占领所有争议之地区，使得边境问题大体上均悬而未决。甚至，它亦与所有被占领国家的内部安排大大交缠在一起。

罗斯福的健康情况已经非常差，却必须长途跋涉，由马耳他飞到克里米亚半岛冰天雪地的沙基机场，再登车在覆雪、泥泞的路上颠簸 5 个小时到达 90 英里以外的雅尔塔，他的居室是利瓦季亚王宫的三室套房。（19 世纪利瓦季亚王宫是沙皇喜爱的冬季王宫，1877 年，沙皇亚历山大二世在此策划进袭巴尔干的计划；1911 年，沙皇尼古拉二世在俯瞰黑海的悬崖上造了一座白色花岗岩王宫，正是三巨头开会的场所）。

会议场景虽换，与会者的战术却是一贯。丘吉尔急切要讨论战后的政治安排，但是罗、斯两人另有打算，否决了他。罗斯福则追求就联合国的表决程序取得协议，强行要商定苏联参加对日作战。斯大林非常乐意讨论这两个问题，因为时间花在讨论它们，就不会掉转来讨论东欧问题了。而且，他也渴望参加对日本作战（他并非如若干美国人研究指称的，勉强、不愿对日作战），因为这样他才有可能参与到胜利国分享战利品的行列中。

丘吉尔最关切的是欧洲权力均衡问题。他希望把法国恢复到大国地位，反对瓜分德国，降低苏联狮子大开口索取赔偿的要求。在这三个议题上，丘吉尔都获致成果；可是，这三个议题与东欧问题之解决相比，重要性相形见绌；而东欧问题由于红军的行动几乎无法收拾了。罗斯福向斯大林诉说，苏联应该做点让步，以免他在美国受到政敌攻击，也就是利沃夫市应保留给波兰，以免美国的波兰裔百姓反弹。斯大林却准备好辩词，他原来乐于从命，可是也不能不顾忌国内的乌克兰人会兴风作浪。

最后，丘吉尔和罗斯福接受苏联的 1941 年国境线。丘吉尔接受这个要求，真是情何以堪！英国当年参战就是为了保护波兰的领土完整！他们一并同意，波兰的西侧边境向奥得河与尼斯河移动，但由于尼斯河有两条，实际国境线也就没有解决。丘吉尔和罗斯福也接受了苏联扶植的卢布林政府，但是附加一条但书，它必须接纳设在伦敦的波兰流亡政府的若干民主人士加入。

斯大林的让步是签署发表“解放欧洲共同声明”，保证在东欧举办自由选举及建立民主政府，斯大林显然认为他所答应的是“苏联版图的自由选举”，尤其是红军将可望立刻占领这些国家，届时摆摆样子即可，殊不知，他完全低估了美国人传统上对法律文件的认真、尊重。日后，美国决定组织起来反抗苏联扩张主义，其理由就是斯大林背信——自雅尔塔以来，事例众多。美国领袖和百姓都明白它。

斯大林对罗斯福吁请参加对日本作战的反应，显示出他对待结盟游戏的规则与罗斯福可谓大相径庭。在一次避开丘吉尔的讨论中（英国还是日本侵略的最早受害人之一），听不见盟国团结为重的声音，也听不见避免政治议题以建立对“四大警察”构想有利的先决条件的主张。斯大林一点也不避讳地坚持特殊利益，且应以策略性目标酬谢他。他要求的这些代价都是自沙皇时代寡廉鲜耻的贪婪要求的复活。

斯大林主张把库页岛南部和千岛群岛的主权交给苏联，还算勉强可以跟苏联的安全和俄罗斯的历史扯上关系。但是，他要求大连和旅顺开放为自由港，苏联有权统管中国的满洲铁路，却是抄自本世纪之初沙皇帝国主义的教科书。在雅尔塔会议里竟以秘密协议方式，同意了他的这些要求，等于是让莫斯科恢复它在日俄战争中失去的中国东北主宰者的地位。中共于1949年在北京建政后，苏联又失去此一地位。

雅尔塔会议后，大家皆大欢喜。罗斯福向国会报告时，强调就成立联合国的种种事宜达成协议，但绝口不提对欧洲或亚洲政治前途的决定。一个世代以来的第一次，一位美国总统自欧洲归国，宣告历史的终结。罗斯福说：

> “雅尔塔会议应该宣示，过去数世纪以来尝试，却又终归失败的单边行动、排他性结盟、势力范围、权力均衡等制度，以及其他种种权宜之计的终结。我们建议以全球组织来代替上述种种办法，让所有爱好和平的国家最后都有机会加入它。我深信国会和美国人民将接受这个会议的结果，作为永久和平的架构之开端。”

换言之，罗斯福把中国北方划给斯大林作为势力范围，来鼓励他参加一个将使得势力范围不具意义的世界新秩序。

雅尔塔会议结束时，只闻庆祝战时团结一致的声音，日后将使之瓦解的种种裂隙，却无人注意到。当时希望依然很大，“乔大叔”也被看作是一位不复杂的伙伴，霍普金斯回顾起雅尔塔，还表示关切斯大林这个温和派会受到克里姆林宫强硬分子的压力。他说：

> “俄国人表现出他们的理想与远见，总统及他们心目中都没有疑虑，认为我们可以和他们和平相处至我们所能想象的久远，但是在此我也必须做个修正，我想我们脑海里都有保留：如果斯大林不测，我们不敢预言结果应是如何，我觉得我们可以相信他的理性、敏感和了解，但是我们永远不敢确信在克里姆林宫他背后的人是何种人？何种事？”

美国人此后种种推论中都抛不掉这种一厢情愿的心理：克里姆林宫的现代老板本质是个爱好和平的温和派，需要施以援手克服他那些顽固的同僚。不论在克里姆林宫当家做主的是哪位苏联领袖，美国人一直延续着这种情绪。这种情绪到了后共产主义时期还存在，首先是在戈尔巴乔夫身上，接着又在叶利钦身上，都幻现出“温和派”身影。

美国一直到战争结束前，都极重视领袖间的私交友谊，以及国家间的和谐关系。1945 年 1 月 20 日，罗斯福在他的第四任总统就职演说中，引用爱默生的话“要交朋友，先得做个好朋友”来描述他的做法。雅尔塔会议后不久，罗斯福向其内阁谈论斯大林说：“除了他的革命党人布尔什维克特质外，他还有某种特质。”他认为，这个特质可能跟斯大林早年受的是要当传教士的教育有关，“我想，他自动感染了基督徒绅士应如何举止的教育。”

然而，斯大林是个纵横捭阖现实政治的大家，不是基督徒绅士。苏军节节胜利，他悄悄向当时仍是南斯拉夫共产党领袖的吉拉斯透露：

> “这场战争与过去的战争不同，不仅是占领了一片土地，亦将其社会制度加诸其上。每个国家都在其军力可及之处，建立其制度，绝对没有例外。”

斯大林的游戏规则要在战争的最后阶段才明确。1945 年 4 月，丘吉尔力促当时的盟军统帅艾森豪威尔将军，抢在苏军之前，先攻占柏林。美军参谋群不肯接受他这个要求，并利用它教训英国盟友，军事规划不能断断续续受到政治考虑的影响。他们解释说：“抢在俄国人之前占领柏林，可能获致的心理和政治利益，不应该压过必要的军事考虑，以吾人之见，此处之军事考虑就是瓦解德国的武装部队。”

由于事实上已经没有德军主力让盟国摧毁，不接受丘吉尔吁请，分明就是美国参谋首长的原则问题。不错，这些军事参谋对其观点非常坚持，艾森豪威尔将军遂直接在 1945 年 3 月 28 日致函斯大林，通知斯大林，他不会挥师向柏林前进，并且建议美、苏两国部队在德累斯顿附近会师。

身为将领却径自向一国元首致函，已经够令人讶异，更何况谈的主题又具政治重要性，斯大林也不是会把平白送上门的免费政治礼物退回去的人。4 月 1 日，他回书艾森豪威尔，表示赞同其评估，他也认为柏林的战略利益不是那么大，只会派少量苏联部队去进击。他也同意在德累斯顿附近的易北河畔会师。既然艾森豪威尔送给他这份大礼，他也投桃报李，起码坦诚告诉艾氏他的政治优先顺序如何。然而，与他向艾森豪威尔的信誓旦旦截然相反，斯大林马上下令苏军地面主力的攻势对准柏林。他诳骗艾森豪威尔，苏军攻击要在 5 月下半个月才能发动，实则命令朱可夫和科涅夫两位元帅，两星期内发起攻击！

1945 年 4 月，距雅尔塔会议仅只两个月，斯大林违背解放欧洲共同声明的行径已经昭然若揭，尤其在波兰方面更是肆无忌惮，恣意行动。丘吉尔已经无奈到只能写信，向“我友斯大林”恳切陈词，希其节制。一方面接受斯大林的条件，波兰新政府里头不得有对苏联具有敌意的人士，丘吉尔促请斯大林把合乎条件的伦敦之波兰流亡政府若干人士纳入。但是，斯大林这时已经不以“不具敌意”为满足，他要的是一个“完全”友好的波兰新政府。1945 年 5 月 5 日，斯大林答复说：“我们恕难同意，在组织未来的波兰政府时，纳入你们说的‘基本上不反苏’的人士；或者只排除你认为‘对俄国极其不友好’的人士，这两个标准，我们都不能接受。我们将坚持，在进行筹组未来的波兰政府之咨商会议时，只邀请那些积极表示对苏联友好态度、诚实真心预备与苏联合作的人士参加。”此处形容诚如“积极”“友好”当然指的是波兰共产党员，而且是完全臣服，听命于莫斯科的波共党员。四年之后，即使是一辈子忠贞的共产党员，若被怀疑具有国家意识，也将被逐出波兰政府。

然则我们要问，是否有别的代替战略可行？或者说，以当时的地理条件和军事现实而言，民主国家是否已经尽了最大努力？这些问题不免常常浮现脑海。因为，回想起来，每件事发生时似乎都无可避免。中间停顿越久，就越难想象会有不同的结果，或是证明不同方案的可行性。历史又不能如同电影倒带，随意再来剪辑，弄出新的结局。

恢复 1941 年苏联国界已近乎无可避免。西方国家若能采取较机动的政策，本来或许可能获致某种修正，甚至让波罗的海诸小国恢复某种形式的独立，或许另以签订互助条约与苏联维持关系，并准许苏联设置军事基地。

如果说有可能达成此一结果，时机应该只有 1941 年至 1942 年那段时间，因为苏联依然濒临全面覆亡的危亡边缘。我们也可以了解，为什么不愿在此时让苏联决策者感受压力，得面临此一不太乐意的选择：因为此时美国尚未参战，而西方国家最担心的就是苏联随时可能崩溃。

斯大林格勒之役结束后，重提东欧前途问题并不会有苏联溃败或可与希特勒单独媾和之虞，盟国应该在此时设法解决毗邻苏联地区的政治结构，替这些国家取得类似芬兰的地位。

如果民主国家十分坚持，斯大林会与希特勒片面言和吗？斯大林从来没摆出这种威胁，但是却设法制造一种德、苏可能单独议和的印象。只有两段故事透露出斯大林可能曾考虑过单独议和。当德、苏战争爆发初期，情势危急，据说，斯大林、莫托洛夫和卡冈诺维奇要求保加利亚大使向希特勒试探，是否可能解决波罗的海诸小国和比萨拉比亚的问题，并愿割让部分白俄罗斯和乌克兰的土地——大体上就是退回到 1938 年的苏联国境线——但是，这位大使拒绝带话。希特勒当时也必然拒绝这样的解决方案，因为德军已全面扑向莫斯科、基辅和列宁格勒，早已跨越这个“和平方案”所提议的地区，纳粹打算把苏联逐退到远在莫斯科后方的阿尔汉格尔斯克至阿特拉克（Arkhangel'sk to Astrak）以东地区，并将该地区人口减少，设法奴役或歼灭。

第二则故事就更为隐讳，不甚明了。它发生在 1943 年 9 月，即斯大林格勒战役结束后八个月，也是德军进袭装甲兵团几乎全军尽没的库尔斯克战役之后两个月。里宾特洛甫向希特勒报告了一则奇怪的故事，曾任苏联驻柏林大使的一位外交部次长正在瑞典斯德哥尔摩访问，里宾特洛甫解读这是个机会可以试探依 1941 年国境线和苏联单独言和。这当然是一厢情愿的想法，因为此时苏军早已反攻，靠近其 1941 年国境线了。

希特勒拒绝了，他对其外交部长说：“里宾特洛甫，你也晓得如果我今天跟俄国达成协定，我明天还是会攻打她的——我没办法控制自己不打她。”他也以同样的话告诉戈培尔，时机“完全不合适”，得先在战场上赢得一场决定性的大战，才可能谈判。直到 1944 年，希特勒依然深信只要他能击退盟军的第二战场攻势，他就可以回师征服俄国。

最重要的是，即使沿着 1941 年国境线德苏缔和，也不能解决斯大林或希特勒的问题，它会使得斯大林直接面对一个强大的德国，他日一旦德苏又爆发冲突，民主国家会不理睬苏联这个背信的伙伴。至于希特勒也会把它解读成为，准许苏联部队向德国挺进，可是并没有保障他们不会伺机恢复战争。

罗斯福的“四大警察”构想跟威尔逊更为广泛的集体安全构想，都遭到同样的困难：这四个大国的全球目标并不一致。斯大林把他的偏执狂妄、共产主义意识形态以及俄罗斯帝国主义混合在一起。他解释“四大警察”基本普遍共有的价值观念，不偏不倚执行世界和平乃是苏联趁火打劫的机会，要不就是资本主义者设下的陷阱。斯大林知道英国本身没有力量制衡苏联，因此有可能在苏联面前出现一个巨大的真空形势。随即在日后有可能使得苏联与美国发生冲突（身为第一代的布尔什维克党人，斯大林认为美苏冲突恐怕势所难免）。在这样的假设前提下，斯大林的路线很清楚：他将命令苏联部队尽力向西推进，一则是掌握更多的战利品，再则也争取更好的谈判地位以待来日外交摊牌时派上用场。

美国本身也没准备好要接受罗斯福总统的“四大警察”构想的结果。如果这个构想要能运作奏效，美国就要在和平受到威胁的任何地方进行干预。可是，罗斯福却不厌其烦再三告诉盟国，美国部队或美国资源都不会投入欧洲复兴计划，维持和平的任务必须由英国和苏联承担。他在雅尔塔会议上也对其与会同僚说，美军在占领地驻留不会超过两年。

如果事实如此，苏联必然可以主宰中欧，英国也将陷入逃脱不出的窘境。一方面，英国已经不再强大到可以独力抗拒苏联去维持和平；另一方面，英国固然也会采取某些具体行动，却颇可能遭遇传统的美方反对，譬如说：1945 年 1 月，《纽约时报》报道罗斯福曾以秘函给丘吉尔，商量英国试图在希腊维持非共政府的事宜，根据此一报道，罗斯福清楚表示，美国对战后英美关系是否能合作无间，信心极脆弱。“英国人受到严正告知，获悉一旦美国人民认为这场战争只是帝国主义者之间彼此敌对的斗争，美国民情可跟英国天气一样善变。”

但是，如果美国拒绝为保卫欧洲而介入，英国企图单独行动又被贴标签指为帝国主义行径，“四大警察”论势必走上20世纪30年代集体安全理论同样的覆辙，制造出同样的真空状态。除非美国人改变观点，否则即不可能抵抗苏联扩张主义。等到美国了解到这一危险，重新进入乱局时，它在战时极力避免的势力范围已然成立，而且国境线更为不利。毕竟，地缘政治无可避免，必然存在。美国又被拉回欧洲；日本和德国也复建，以便重建均势；苏联也开始为期四十五年的紧张对峙，而且其战略过度延伸终于导致其覆亡。

亚洲的问题又不一样。罗斯福把中国列入四强之内，部分是出于礼貌，部分是在其全球布局中也需要有个亚洲伙伴。然而，中国比英国更没有实力执行罗斯福分派给它的任务。大战终止时，中国是个身陷内战剧痛煎熬的低度开发国家，怎么可能担任世界警察？当罗斯福在德黑兰会议提出“四大警察”的构想时，斯大林就提出一个合理的问题：如果中国试图出面解决欧洲的争端，欧洲人将如何反应？他又说，以他的看法，中国不够强大到足可担负此一世界警察角色，因此建议创立一个地区委员会，来维持和平。罗斯福以这样做有类似势力范围之虞，拒绝了这项建议。和平必须以全球为基础来保卫，否则就根本没有意义。

当我们把所有围绕着罗斯福的种种晦暗不明的因素都澄清之后，不免要问：是否有别的方式可以获得美国人民的支持？毕竟，美国人更能相信，一个明确排斥民主原则的体系，可能会幡然转向，而不大能够从过去的和平方案中学到教训——在现实世界里，两者都得靠均势才得以滋长，也得靠道德共识才能长久存在。

丘吉尔的地缘政治分析经证明远比罗斯福正确。不过，罗斯福不愿以地缘政治条件看待世局，乃是促使美国参战，并使它能维护自由大业的同一个理想主义之另一面相。假如罗斯福遵循丘吉尔的方案，他有可能增强美国的谈判地位，但也可能牺牲了美国抵抗冷战冲突的能力。

罗斯福在战时忍辱负重乃是为美国日后重建全球均势的大策略打基础，尽管美国一直否认它事实上如此作为。罗斯福对战后世界的观念可能过分乐观。但是从美国历史来看，如果美国希望克服前头的危机，这个立场几乎就确切代表着美国必须经历的一段过程。最后，罗斯福率领美国社会走过其历史上最大的两次危机，如果他被灌输更多的历史相对论观点，他在从事这些努力时，必定就不会这么成功！

不管是多么无可避免，大战结束，留下了一个地缘政治大真空形势。权力均衡已毁，广泛的和约依然虚幻难捉。世界因意识形态不同而分裂为两大阵营。战后时期将成为一段在漫长痛苦中挣扎，以达成战争结束前即已困扰各国领袖的和解方案的时期。

第十七章

冷战的开始

左：丘吉尔、杜鲁门与斯大林在波茨坦，1945 年
右：艾德礼、杜鲁门与斯大林在波茨坦，1945 年 8 月

杜鲁门其人及外交政策

罗斯福总统就像摩西，见到了乐土却可望而不可即；胜利在望，却赍志而殁。当他亡故时，盟军已深入德国境内，盟军进攻日本本土的前奏冲绳岛战役也刚开始。

罗斯福死于 1945 年 4 月 12 日，噩耗传出，并不令人意外。元月间，他的医生发现总统的血压极不稳定，已经断定除非他能避免一切繁闹、紧张，否则难以活命，以总统职务日理万机的压力而言，医生此一评断无异于宣判他死定了。在这段疯狂时刻，已被围困在柏林的希特勒和戈培尔一度自欺欺人地认为，他们即将目睹德国历史书上所谓的“勃兰登堡王室奇迹”会重演，所谓勃兰登堡王室奇迹是指“七年战争”期间，俄罗斯军队已兵临柏林城下，情势岌岌可危，俄皇却突然亡故，继位的沙皇素来对德友善，腓特烈大帝因而免于覆亡的这段故事。然而，历史于 1945 年并未重演。纳粹的罪行令人发指，至少使得盟国同仇敌忾，决心一定要铲除纳粹毒孽。

纳粹德国崩溃，权力真空亟待填补，导致战时盟国伙伴关系解散。盟国的目标分歧过大：丘吉尔亟欲阻止苏联控制东欧；斯大林则因苏军战胜、俄国人民英勇牺牲，希望在领土上能有所得作为报偿；杜鲁门初接任，有心努力维持罗斯福的做法，保持盟国合作关系。然而到了杜鲁门的第一任任期届满前，战时和谐相处的任何迹象俱已消失得无影无踪——美、苏两大强国在欧洲事务上已经相互对抗，互别苗头。

杜鲁门总统的出身背景与他伟大的前任罗斯福总统相比，可谓迥然不同。罗斯福是美国东北部世家子弟，杜鲁门则来自中西部农村中产阶级家庭。罗斯福受教于第一流的中学和大学，杜鲁门一辈子的最高学历只是高中毕业（虽然艾奇逊曾敬佩地赞誉他的学力不逊于耶鲁毕业生）。罗斯福自幼即被培养要出人头地、做元首；杜鲁门则是堪萨斯城政治机器运作捧出来的人物。

罗斯福原本属意以贝尔纳斯为他的副总统，却因工会反对，不得不作罢，改以杜鲁门为副手。杜鲁门脱颖而出之前的政治经历，实在没有迹象预兆他会是个不寻常的总统。杜鲁门缺乏实质的外交政策经历，罗斯福亦未充分让他与闻涉外事务，杜鲁门承继的任务不可谓不艰巨，德黑兰会议和雅尔塔会谈的协议已经行将瓦解，他却得独自负起结束这场大战，并且建立国际新秩序的任务。

史实显示，杜鲁门在其任期内目睹冷战开始，发展出遏制政策，在日后亦以此赢得冷战。他引领美国成立了第一个和平的军事结盟关系。在他的指导下，罗斯福的“四大警察”理念被前所未有的一套同盟关系取代，这套关系是以后四十年美国外交政策的核心。奉行美国的价值具有举世普遍性的信念，出身中西部的这位老实人，鼓励业已战败的敌人重新加入民主国家的阵营。他支持“马歇尔计划”和“第四点计划”，投入美国的资源与技术，协助遥远的其他国家复苏与开发。

我只见过杜鲁门一次，时为1961年年初，当时我还是哈佛大学新出道的教授。由于被邀请到堪萨斯城演讲，我借机到邻近的密苏里州独立城杜鲁门总统图书馆去拜访这位前任总统，岁月流逝并未使得他飞扬的意兴稍挫。带领我参观了图书馆后，杜鲁门邀我进入仿他白宫时代椭圆形办公室布置的书房。听说我偶尔为肯尼迪总统提供顾问意见，他问我学到了什么。我以华府社交界学来的标准应酬句子答复说，依我之见，官僚体系运作得有如政府的第四权，严重限制了总统的行动自由。杜鲁门不耐烦听这套“书生之见”，制止我说下去，然后对我说教，谈起他对总统角色的看法。他认为："如果总统知道本身想要什么，任何官僚都不可能制止他的作为。身为总统必须知道何时停止接纳忠告而乾纲独断。"

谈话很快退回到我比较熟悉的学术领域后，我请教杜鲁门：哪一项外交政策决定是他最希望受后人承认而不致于被遗忘的？他一点也不犹豫，立刻答说："我们彻底击溃敌人，逼得他们投降，然后又帮助他们复苏、成为民主国家，并且加入国际社会。只有美国会这么做！"稍后，他和我一道散步，穿过独立城的街道，到他居住的简朴的房子，去见他太太贝丝。

我重述这段话是因为它透彻地表露出杜鲁门作为一个典型美国人的本质：他对总统职务的崇敬以及总统职责的看法；他对美国的实力的自豪；以及他对美国的最大天职是作为全体人类自由与进步之泉源的笃敬。

罗斯福谢世以前的声望已经到近乎神人的地步，杜鲁门必须在罗斯福的身影下走出来，建立他的施政风格。杜鲁门真心崇拜罗斯福，但是最后却必须与每位新任总统一样，必须以自己的经验与价值观，来重塑他的职位。

杜鲁门刚上台，对盟国团结一致的承诺就远比罗斯福轻微得多。对这位深受孤立主义影响的中西部弟子而言，盟国团结一致是种实际的选择，感情或道义需求的意味则少得多，杜鲁门也不曾经历战时美苏同盟的那种意兴飞扬的情境，何况他一向对苏联持谨慎态度。当希特勒挥师进攻苏联时，担任参议员的杜鲁门视这两个独裁政权在道德上蛇鼠一窝，因此建议美国应该鼓励他们自相残杀，同归于尽。他说：

> "如果我们看到德国占了上风，就应该援助俄国；如果俄国要赢了，就去帮德国，这样才能让他们大拼个够，尽管我可不希望看到希特勒获胜！他们都不是守信诺的人。"

尽管罗斯福健康情形日益恶化，在杜鲁门任职副总统的三个月期间，他却未曾被邀参与任何重大的外交政策决定。甚至他从未被告知原来的原子弹开发计划！

杜鲁门面对的国际大环境，其分界线仍未确定，只能端视东、西双方军队前进至何位置而定。经盟国军队解放后的各国，其政治命运仍未确定。传统的大国大部分仍需调适其已经有变化的角色。法国国势已衰，英国虽然战胜却已疲弱，德国则遭瓜分为四块占领区——1871 年以来其势力一向令欧洲惴惴不安，但目前却因战败无力而使欧洲有陷入紊乱局势之虞。斯大林则借西欧衰弱、美军计划撤退的真空状态，挥师西向，把苏联国境向西推进 600 英里，直达易北河畔。

杜鲁门的第一个直觉是，与斯大林交好，特别是美军参谋首长依然热切盼望苏联能参与对日本作战。虽然他在 1945 年 4 月与莫洛托夫初次会面，即对俄方强悍态度颇为不豫，他却归因这是两国历史经验不同而生的性格不合现象。杜鲁门说：

> “我们必须强硬对付俄国人，他们不知行止，好似水牛闯进瓷器店。他们建立政府只有 21 年，我们已逾 100 年，英国更是有数百年悠久历史。我们必须教导他们如何知行知止。”

这是地地道道的美国式想法。由和谐为上的角色出发，杜鲁门认为与苏联的歧义不是因为地缘政治利益冲突而起，而是因为俄国人“不知行止”和“政治的不成熟”所致。换言之，他相信可以把斯大林导入“正常”行为。美方逐渐了解到的事实是：美苏关系紧张并非因双方误解而起，而是双方政策、目标迥然不同，无法调和而起，这才是冷战揭开序幕的故事。

杜鲁门继承了罗斯福的高级顾问群，接任伊始，也有意萧规曹随，继续推动罗斯福的“四大警察”观念。1945 年 4 月 16 日，在他接任后四天的一篇演讲中，杜鲁门对比了一下混乱的世局，认为除非采取全球集体安全体制，否则必然是无政府状态。杜鲁门重申信守罗斯福的信念，即战时盟国负有特殊义务维持团结一致，以便建立和维持和平的国际新秩序，尤其是保卫国际争端不应借武力解决的原则。他说：

> “有关未来世界和平最重要者，莫过于各国继续合作，集中一切力量，击败轴心国家统制世界的阴谋。而这些伟大的国家则有特殊责任

去维持和平，其责任系根据所有国家，不分大小，在国际关系上除了护卫法律外不得使用武力的义务而来。”

杜鲁门的演讲词撰稿人显然认为不会有太多变化，也或许是他们认为此一标准演讲词无懈可击，不必再做更动。因此 4 月 25 日，杜鲁门在旧金山向联合国成立大会致词时，又重申同一论点。

分别会谈

尽管调子唱得高，地缘政治的铁的事实却界定了大环境条件。斯大林恢复他执行外交政策的旧方法，并且要求以他最看重的代价——领土，报偿他的胜利。他了解讨价还价，也可能愿意折冲议价，但是必须有确切的利益目标——譬如，西方愿承认苏联的势力范围，或者是以接受共产党势力在东欧受到若干限制，来交换巨额经济援助等确实利益。但是，超越这个有史以来最无道德原则的大国领导人理解范围的，乃是外交政策应以集体友善和国际法作为基础这个想法。斯大林认为，世界领袖面对面沟通或许可以反映出力量的相互作用，或者是国家利益的权衡，但是并不能改变它。因此，他从来不对罗斯福或丘吉尔一再吁求的恢复战时同盟关系有所回应。

以罗斯福享有的盛大声望或许可能使斯大林稍为节制其作为。斯大林最后将在“客观”事实之前做出让步，就他而言，外交乃是一种更广泛、无可避免的斗争，以定义势力关系而已。斯大林与美国领袖打交道，遇到的困难是，他根本不能了解在他们思考外交政策时为何那么看重道德性和合法性。斯大林的确不了解，为什么美国领袖对美国并无明显战略利益的东欧国家之国内结构如何大做文章。美国人坚持原则立场，又不和任何战略利益有关联，实在有悖传统和常情，使得斯大林认定美国必定另有不可告人的动机。当时担任美国驻莫斯科大使的哈理曼曾报告说：

> “我担心斯大林现在不会，将来也绝不会了解我们为何把一个‘自由波兰’当作原则问题。他作为现实主义者很难理解我们对抽象原则的信仰。他很难了解我们为何会干预苏联的对波兰政策，因为波兰只攸关俄国的安全。”

斯大林身为玩弄现实政治的高手，必然已预计到美国会反对因红军进驻欧洲大陆中心而树立的地缘政治新均势。然而，他又是一个意志坚强的人，不会预先就做让步；他必然已思索过，最好是整合好手中已有的谈判筹码，紧紧掌握住他的猎物，然后静待盟国的动作。斯大林只会在意那些攸关危机、报偿后果的动作，盟国既未施加任何压力，斯大林当然相应不理。

斯大林对美国展示出他在 1940 年对付希特勒的同样态度。1945 年的苏联，由于战争伤亡以千万人计，1/3 的国土饱受战火蹂躏而衰弱不振，面对的美国是个夷然无损、唯一拥有原子弹优势的大国。1940 年的苏联，面对的德国也控制了欧洲大陆大片江山。面临这两种情境，斯大林并未做出退让，反而先整合苏联阵地，试图诈唬其潜在敌人，使他们误以为他可能向西挺进而非退却。不过，他一连两次都错估了对手的反应。1940 年，莫洛托夫奉命访问柏林，使得希特勒坚定了入侵苏联的决定；1945 年，同样是这位苏联外交部长，却使得美国的友好变成冷战对峙。

丘吉尔了解斯大林的外交盘算，于是采取两个动作反制苏联。他力促美英苏三国迅速举行高峰领袖会议，把问题摊开来谈，且要抢在苏联已稳固其势力范围前开会。会议召开前，他希望盟国能尽量掌握更多的谈判筹码。他见到盟军推进速度超过原先计划，与苏军会师之地更靠向东边，因此盟军掌握了约 1/3 分配给苏联占领的德国部分，其中包括许多工业化地区。丘吉尔建议以这一部分领土，在即将召开的会议中作为谈判筹码。1945 年 5 月 4 日，他致电即将在华府晋见杜鲁门的英国外相艾登，指示他：

> “盟国不应该自目前的阵地撤退到占领线，除非下列问题获得满意答复：波兰，俄军占领德国系临时性质，多瑙河流域国家（尤其是奥

地利和捷克斯洛伐克）以及巴尔干各国，究竟是俄国化还是俄国掌控的，条件如何确立。”

然而，美国新政府对英国的现实政治主张，却已不若罗斯福总统时代那样反感。因此，战时的形态又重新演出。美国领袖乐于同意在 7 月下半月于柏林附近的波茨坦，举行高峰会谈。但是，杜鲁门还不愿意接纳丘吉尔的建议，丘吉尔认为与斯大林打交道的方法最好是有酬有罚，才能获致成效。杜鲁门政府也和其前任一样，要让丘吉尔明白搞均势外交的日子业已经一去不复返了。

6 月底，距预定的高峰会议不到一个月，美军撤到原先协议的分界线，使得英国别无选择，也得依样撤军。甚至，就好像罗斯福过分高估英国的力量一般，杜鲁门也高估了自己能在英国与苏联之间做调解人的分量。另外，杜鲁门为了避免让人以为他和英国联手制俄的印象，也不顾丘吉尔的不豫，婉拒英国邀请他在前往波茨坦途中过境，以庆祝英美战胜。

然而，杜鲁门却不忌讳单独与斯大林会面。他以罗斯福总统安排白令海峡会谈时的同样借口（与丘吉尔不同的是他与斯大林素未谋面），建议与这位苏联领袖单独会晤。但是，就跟杜鲁门的顾问忌讳让人产生华府与伦敦联手行动的印象一样，丘吉尔也非常敏感，生怕被排除在美苏会谈门外，不得参与讨论。根据杜鲁门的回忆录透露，丘吉尔气呼呼地照会华府，他将拒绝参加一项杜、斯会谈延续性质的高峰会议。为了执行他的自命的调解人角色，与盟国领袖建立直接接触，杜鲁门决定分派特使前往伦敦与莫斯科。

罗斯福的心腹霍普金斯，衔命前往莫斯科；派去见丘吉尔的特使，却似乎更适合去见斯大林，而不具备能力探测英国首相的心意。这位特使约瑟夫·戴维斯是战前的美国驻苏大使，曾经写过一本畅销书《出使莫斯科纪闻》。

戴维斯是个投资银行家，在共产党的眼光中被列为大资本家；但是他却发展出美国多数使节（尤其是非职业外交官）都易染上的倾向，成为他们驻节国家的代言人。戴维斯著作的使俄回忆录，几乎在每一个想象得到的题目上都似鹦鹉学舌，重复俄方的宣传话语，包括受到斯大林清算的人都是罪有应得等等。大战期间，有一回他奉罗斯福之命前往莫斯科，这位粗心大意至极的戴维斯竟然极其鲁钝地在美国大使馆内招待一群苏联领袖观赏依他的畅销书拍摄的影片。国务院的官方报告指出，这群苏联宾客“快快不乐地狐疑地”望着银幕上展现出他们那些旧日同僚的种种罪行。(他们心中说不定暗自猜测，影片可能正是描绘着他们自己未来的命运吧！)因此，杜鲁门派他到唐宁街去了解丘吉尔对战后世局的观点，可谓失人之至。

戴维斯 1945 年 5 月底的伦敦之行，就和他在第二次世界大战期间衔命访问莫斯科一样虚幻不实。戴维斯关切持续美、苏伙伴关系之情，远胜于想要演化英、美关系。丘吉尔向这位美国特使详尽说明他担心斯大林意欲并吞中欧，也强调英、美应团结抵抗斯大林。针对丘吉尔分析苏联的挑衅情势，戴维斯却以讽刺的口吻反问这位老雄狮，是否“您和英国后悔没有支持希特勒，因为就我对您的了解，您现在主张的这套说法正是希特勒和戈培尔在过去四年一再的主张，希望能打破盟国团结，分享征服成果。”戴维斯认定东西外交只能靠斯大林的信守承诺才有前途，否则不会有任何进展。

戴维斯回报杜鲁门，依他之见，丘吉尔固然伟大，却是彻头彻尾的伟大的英国人，对维护英国在欧洲的地位，远比对维持和平来得重视。原本是罗斯福的参谋首长，现在为杜鲁门留任的参谋首长、海军上将莱希，证实了戴维斯的观点得到颇多认同，他支持戴维斯的报告而宣称：“这与我方参谋对丘吉尔在整个战争期间的态度之评估，完全吻合。”

这个事例正是美国对现实政治直接反应的最佳例证。戴维斯和莱希非常不满意英国首相只关心英国的国家利益(任何其他国家的政治家天经地义都会这么做)，虽然丘吉尔追求的欧洲大陆均势，是英国 300 年来历史的具体表征，美国人却视之为异常之事，如此与追求和平的目标接触——好似手段与目标必然就不能两立，而非互补互成。

战时曾数度衔命访问莫斯科的霍普金斯则发现此行气氛非常融洽。然而，气氛融洽是一回事，他与斯大林的会谈却可能在无意间深化了双方在东欧的僵局，并且加速了冷战的发生，因为霍普金斯依然遵循他的战时老套，强调双方应和谐，不宜对立。他无法正颜告诉斯大林，俄国一意孤行势将与已被激起的美国民众，发生严重争端。霍普金斯一辈子的外交经历，使他认为一切的不同意见可在了解与善意的气氛下化解——而这个范畴都是斯大林根本不理解的东西。

斯大林在 5 月底、6 月初的这段期间，与霍普金斯做了六次谈话。斯大林运用他的谈话惯技，把对话人置于防御地位，先发制人地抱怨美国终止了租借法案的援助，而且美苏关系亦已冷却下来。他又警告称，苏联决不向压力低头——当谈判人寻找保持颜面的方法，以决定不透露他的底线所可能接纳的让步时，经常用上这招外交伎俩。斯大林声称他实在不了解美国为何关心波兰是否举行自由选举这档事。意大利、比利时也还都未举行选举，苏联也没有说话呀！西方国家为什么独独关切波兰和多瑙河流域国家这些与苏联边境紧邻的地区呢？

霍普金斯和斯大林各说各话，没有结论，霍普金斯一直没能传达给斯大林明确的讯息：美国人对东欧自决的议题极为看重。的确，霍普金斯展现出绝大多数美国谈判代表的作风，即使在陈述其最为坚持的立场时也避免显示出决不妥协的强硬态度。他们总是心存希望可以妥协，因此设法给谈话对象预留台阶。这套做法的反面就是，一旦美方谈判代表对另一方的信誉失去信心，他们就断然掉头而去，甚至还会极其僵硬，毫无通融转圜余地。

霍普金斯谈判风格的弱点因美方基于战时结盟而对斯大林及苏联的过分礼遇，益发扩大。1945 年 6 月，斯大林已经片面划定波兰的东边国境线和西边国境线，强硬地扶植亲苏的傀儡政府，并且悍然违背他在雅尔塔许下的举办自由选举的承诺。尽管如此，霍普金斯觉得还是可以把苏美之间的分歧，形容为“围绕着波兰问题而出现的一些无足轻重的事项”。他依旧以罗斯福在德黑兰会谈和雅尔塔会议时的战术，要求斯大林修正他对东欧的要求，帮助杜鲁门政府缓和在国内所受的压力。

斯大林声称愿接纳建议，使得波兰新政府合乎美国的原则。他请霍普金斯推荐四到五位民主人士以备加入华沙政府，他声称苏联基于军事需要的迫切性只得先成立华沙政府。当然，允许民主人士象征性地加入共产党政府，并非关键议题，是否举办自由选举才是问题所在。而且，共产党亦已展示出它摧毁联合政府的技术出众。总而言之，霍普金斯承认他口袋里没有人选可以推荐加入新政府，而这正足以让斯大林认为美国对波兰局势并不十分认真对待。

波茨坦会议与冷战揭幕

斯大林依循俄罗斯传统做法，坚持他在邻国地区可以自由行动。从俄罗斯 200 年前出现在国际舞台起，俄罗斯在与邻国发生争执时，总是习惯双边协商解决，不愿提到国际会议上解决。1820 年的沙皇亚历山大一世，30 年之后的沙皇尼古拉一世，以及 1878 年的沙皇亚历山大二世，都不了解英国为何要介入俄罗斯和土耳其的纠纷。在这些事例及其后的各个事例中，俄罗斯领袖的立场是他们在与邻邦交往时有权自由运作，如果受阻，他们就倾向于诉诸武力。一旦诉诸武力，他们就决不退却，除非有爆发战争之虞才会节制。

总之，杜鲁门分派特使走访伦敦和莫斯科，证明了他们在下列两条道路上不知如何取舍：一是遵循罗斯福政策，维持和平，可是在这条路上美国并没有伙伴同行；二是他对苏联在东欧的行动日益动怒，或是在这方面他还没有良好政策。杜鲁门还未预备好面对由战胜而带来的地缘政治现实状况，或者放弃罗斯福的世界秩序由“四大警察”来管理的观点。同时，美国也尚未承认势力均衡是国际秩序的必要，而不是欧洲外交的怪胎。

波茨坦会议自 1945 年 7 月 17 日进行到 8 月 2 日，罗斯福“四大警察”的构想至此告终。美英苏三个领袖在德国最后一位王储的旧邸，隐蔽在大公园内的一栋英国式别墅中开会。选择波茨坦作为会议地点是因为它属于苏联占领区，又有铁路可通（斯大林非常厌恶坐飞机），可由苏联安全部队防卫。

美国代表团抵达之时，原本仍抱持战时对世界新秩序的观点。作为美国代表团讨论提示用的国务院简报资料，仍然认为建立势力范围将是对和平的最大威胁。这份简报资料引用威尔逊主义的正统理论，认为势力范围“代表最纯粹的权力政治，必将带来各式各样伴随而来的不利。我们的首要目标，将是去除让各国觉得需要以此势力范围建立其安全的原因，而不是协助一国建立实力去对付另一国”。国务院并未说明，在没有权力政治运作下，有什么东西可以鼓励斯大林妥协，或者说如果不是利益相悖，又有什么原因造成冲突呢？无所不在的戴维斯也随团与会，担任总统顾问，他似乎挺满意自己的意见（有时已近乎宽容斯大林）颇受杜鲁门重视、接纳。例如，在激烈交谈后，戴维斯递条子给杜鲁门，建议说：“我认为斯大林的感情受到了伤害，请对他好一些。”

娇惯别人，尤其是娇惯共产党人，根本不合杜鲁门的作风。然而，他还是勉为其难去试。起初，他宁可欣赏斯大林的简慢作风，而不喜欢雅致的雄辩滔滔。他在给母亲的家书上提到，“丘吉尔老是说个不停，斯大林则咕哝几句，但你能了解他的意思。”杜鲁门日后告诉戴维斯，7 月 21 日的一次私下晚餐中，他与斯大林坦诚交谈，“……我想劝服他相信，我们跟他坦白无讳，志在和平与世局稳定，对他们毫无敌意；我们也毫无所得，只希望我们国家安全、睦邻友善，而且这项工作有待双方合作去做，我特别强调它，也认为他相信我这一席肺腑之言。”不幸的是，斯大林的思考范围内根本没有：谈判对手声称对交涉议题没有利害瓜葛考虑这一回事。

参加波茨坦会议的三国领袖力图避免重蹈凡尔赛和会覆辙，受组织问题的困扰，陷入细枝末节，且在时间受限制之下协商。因此，杜鲁门、丘吉尔和斯大林三人只处理大原则，让三国外交部长去和战败的轴心国及其盟友磋商签订和约的细节。

即使已经做了如此的限制，波茨坦会议的议程仍然极广，包括赔偿，德国的未来，以及意大利、保加利亚、匈牙利、罗马尼亚和芬兰等等德国盟友的地位问题。斯大林还不满足，又重提莫洛托夫 1940 年向希特勒提出、且在次年又向艾登再度提出的要求清单。这些额外要求包括：改善苏联舰船通过博斯普鲁斯海峡的通行权，准许苏联在博斯普鲁斯设置军事基地，并要求分享意大利的殖民地。这么广泛的议题岂是这些问题重重的领袖在两星期内可以完全解决的？

波茨坦会议很快就变成聋子的对话，与会者各说各话，没有交流，斯大林坚持要巩固他的势力范围，杜鲁门以及丘吉尔则极力为其原则辨明（只是后者程度较轻微）。斯大林想以苏联承认意大利，来换取西方承认苏联在保加利亚和罗马尼亚扶植成立的政府。同时，斯大林全力抗阻民主国家提议东欧各国举行自由选举的要求。

最后是双方各自祭出否决权，不让对手意志得逞。美国和英国拒绝同意斯大林提出的德国赔偿 200 亿美元的要求（其中一半由苏联取得），或者准许以美、英占领区内的资产做抵偿的要求。另一方面，斯大林亦继续演化东欧各地共产党的地位。

斯大林更利用雅尔塔协议对奥得河和尼斯河的规定含糊不明，把波兰的国界往西推进。雅尔塔会议中决定以这两条河作为波兰和德国的分界线，但是似乎没有人察觉事实上有两条河川都叫作尼斯河，丘吉尔以为靠东边的那条尼斯河是界河。但是，斯大林在波茨坦会议上透露，他已把东、西两条尼斯河中间的地图划给波兰，斯大林已经清楚估算过，如果波兰占领历史上属于德国的领土（包括日耳曼古城在内），并且把 500 多万名德国人驱离这片地域，波兰和德国的仇恨将不共戴天。美国和英国领袖默认斯大林造成的既成事实，但是附了一则毫无意义的但书说，他们将保留其对边界问题的立场到正式和平会议时来敲定。然而，这个保留态度只会让波兰更倾向依靠苏联撑腰，而且由于涉及的是德国人被驱离的土地，这无非亦只是摆个空姿态罢了。

丘吉尔来到波茨坦开会时，在国内的政治地位已告吃紧。果然，会议在 1945 年 7 月 25 日必须中断，英国代表者要求休会以便回国，等候英国自 1935 年以来第一次大选的结果揭晓。丘吉尔在此次大选中惨败，再也没有回到波茨坦，接替他的首相职位者是艾德礼，新任外相则是贝文。

波茨坦会议有建树者少，斯大林的许多要求都被拒斥掉，诸如在博斯普鲁斯设置苏联军事要地，苏联担任意大利在非洲殖民地的托管人，以及四国共管鲁尔地区，西方承认莫斯科在罗马尼亚和保加利亚扶植的政府等等，都未能如愿以偿。杜鲁门的若干建议也被阻挠，最显著的就是多瑙河国际化这个方案胎死腹中。不过，三国领袖也设法洽妥若干协议。为了处理德国问题，成立了四国委员会。杜鲁门也成功地促使斯大林接受他对赔偿问题提出的构想，即各国各自在其占领区内向德国取得赔偿。波兰西侧国界这个重大问题则搁置不谈——美国和英国默认斯大林划下的奥得河－尼斯河界线，但保留权利在以后斟酌是否修订。最后，斯大林也同意参加对日本作战。含糊不明、待解决的问题有不少是国家领袖不便敲定，就把这些棘手问题留给外交部长们继续去讨论。

或许在波茨坦会议期间最重要的一件事乃是正式议程上根本未列入的事项。有一天，杜鲁门把斯大林拉到一边，告诉他美国已在研究原子弹，即将有成果。斯大林由他的间谍那里早已获得此一情报，事实上，他比杜鲁门更早知道此事。以他的偏执幻想，他毫无疑问地认为杜鲁门这番话，分明就是恫吓他。他故意摆出对此一技术若无其事的样子，刻意压抑住好奇心。杜鲁门在回忆录中记下："这位俄国总理没有显示出特别兴趣。他只淡淡地说，很高兴听到这个消息，希望我们能好好用它来对付日本人。"苏联在它发展出自己的核武器以前，一直保持此一战术，不动声色。

后来丘吉尔则说，如果他当时当选连任，他就会在波茨坦把问题摊开来谈，企图逼出一个解决方案。但是他从来没有透露他有何腹案。事实上，斯大林是可以被诱导来和解的，但是必得施以极大的胁迫，而且他还会硬撑到最后一分钟才会点头。丘吉尔的渴求得到通盘解决，正道出美国的两难困局：没有一位美国政治家会发出丘吉尔盼望的这一类的威胁或压力，而这类压力却又是针对斯大林的心理非施加不可的。美国领袖也尚未了解到现实，亦即容许斯大林有越多时间在东欧建立一党制国家，就越难让他改弦更张，转变政策。到了战争末期，美国民众已经普遍厌战，盼望把子弟带回本国。美国还不预备就东欧是否建立多党政治体制，或其边界如何界定这类问题，发言不惜以对抗来挟制苏联，当然更不会以发动核战争来恫吓苏联。全体一致抗拒共产主义进逼，与全体一致认同再历战争危机，两者可谓紧密相关。

而且和斯大林对峙可不是茶会的小事，斯大林在筹谋其外交攻势时的深思熟虑，在葛罗米柯于 1989 年退休后与我的一场谈话中，令我大有所悟。退休后的葛罗米柯变得圆融多了，他回答我说，若干顾问也曾向斯大林表达关切，但是斯大林却基于三点理由认为问题不足为虑：第一，他认为，美国决不会就柏林使用核武器；第二，如果美国真的企图通过陆路派出护送部队进入柏林，红军会予以抵抗；第三，如果美国可能将在全线发动进攻，斯大林腹中自有玄机、方案，那就是：在此一时刻，他预备妥协了。

波茨坦会议的实际结果就是欧洲开始划分为东、西两大势力范围，而这正是美国战时领袖最渴望避免的一幕。不足为奇的是，外长会议也不会比高峰领袖会议更有成就，他们的权限较小，当然回旋的弹性也小得多。莫洛托夫的政治生命和肉体生命，都得靠他严格恪守斯大林的指示才能继续下去。

第一次外长会议于 1945 年 9 月和 10 月初在伦敦召开，其目的在于起草针对德国的盟友，如芬兰、匈牙利、罗马尼亚和保加利亚等国家的和约。波茨坦会议后，美国和苏联的立场都没有改变。国务卿贝尔纳斯要求举行自由选举，但是莫洛托夫不肯接受，贝尔纳斯原本希望美国在日本投掷原子弹，展示出可怕的威力后，可以强化美国的谈判地位。可是，莫洛托夫跟往常一样暴乱无秩序，不好驾驭，在会议结束前，情势已经很清楚，原子弹的威力并没有使苏联更加合作——起码，在外交上它是没有效用的。贝尔纳斯对他的前任国务卿说："……我们面对的是一个新的俄国，与一年前打交道的那个俄国全然不同。当他们在战时亟需我们施以援手，我们也提供供应品，我们的关系就不错；但是现在战争已结束，他们对政治领土问题采取侵略性的态度，那就说不过去了。"

"四大警察"的构想因此寿终正寝。1945 年 10 月 27 日，也就是外长会议中断后不到几周，杜鲁门在海军节庆典上演说，畅论美国外交政策的历史论调，并且吁请苏美合作。他说，美国既不追求领土，也不追求建立军事基地，"不拿属于其他国家的东西"。美国的外交政策反映着美国的道德价值观。"坚强地以正当、公义的基本原则为基础"，并且"拒绝与邪恶妥协"。鉴于美国传统上对公私道德并重，杜鲁门保证"我们决不放弃将此一黄金律导入国际事务的努力”，杜鲁门以强调外交政策的道德为楔子，来吁求苏美和解。杜鲁门宣称两个战时盟国之间“并没有绝望的、不可调和的”歧见；战胜国之间“无根深蒂固的利害冲突以致无法解决”。

事实并非如此。下一次的外长会议在1945年12月间举行，产生了苏联的某种“让步”。斯大林于12月23日接见贝尔纳斯，建议西方三个民主国家派遣一个代表团到罗马尼亚和保加利亚，向当地政府就如何扩大内阁，邀请民主人士入阁一事提供意见。当然够讽刺的是，斯大林做此建议反映出他深信共产党对其傀儡政府的掌控已经够强，而不是因为他接受了民主政治的真实。乔治·凯南也洞悉斯大林的伎俩，因此嘲讽斯大林做此让步是“以民主程序的无花果叶，遮掩斯大林独裁统治的赤裸丑态”。

然而，贝尔纳斯却把斯大林的提议解读为，斯大林承认雅尔塔协定需要某种民主姿势，因此他先斩后奏承认了保加利亚和罗马尼亚，而未与他们先签和约，杜鲁门对贝尔纳斯先斩后奏接受了妥协方案大为震怒。几经考虑之后，杜鲁门只好接受贝尔纳斯的决定，然而总统与其国务卿嫌隙已出，终于导致贝尔纳斯在一年之内就挂冠了。

1946年内另有两次外长会议，分别在巴黎和纽约举行。两次会议中完成了各项附属条约，但是也目击了斯大林将东欧转变为苏联的政治、经济附庸而日增的紧张局势。

美、苏领袖的文化差距助长了冷战的兴起。美国谈判代表似乎认为只要一再重复他们的法律和道德权利，就应该产生他们意欲的结果。但是，要让斯大林改变政策方向，需要有更具说服力的理由。当杜鲁门大谈天经地义的黄金律时，他的美国听众心领神会，视为当然并且真正相信世界是由法律规范治理的。在斯大林听来，杜鲁门这套话即使不是诡词诈语，也只是毫无意义的冗词赘语。他心目中的国际新秩序是，以共产主义意识形态强化泛斯拉夫主义。南斯拉夫共产党的异议分子吉拉斯，回忆他与斯大林曾经有过的一段谈话，斯大林说：“如果斯拉夫人能团结一致，将来没有任何人敢动根指头！”斯大林为了强调语气，还以食指比天作势。

矛盾的是，冷战竟会因为斯大林了解他的国家有多衰弱而加剧。苏联在莫斯科以西的国土已经一片残破，因为败军撤退（先是俄军往东撤，后来战事反转，变成德军往西撤）的标准做法就是焦土战术，把每一根烟囱统统炸毁，让追兵无法取暖避寒以抗拒苏联的恶劣气候。苏联估算它在战时死亡的军民超过 2000 万人。此外，斯大林的各项整肃运动，监狱、强迫集体化以及故意制造的饥荒，也致死 2000 万人。在古拉格劳改营中监禁、劳动，幸未丧生者达 1500 万人。现在这个凋敝残破的国家却突然面对了美国的原子弹技术大突破，这是否代表斯大林长久以来担忧的时刻终于到来，资本主义世界将能得逞？经历了这么多年以俄国极端暴政的标准也算是不人道的痛苦，难道除了资本主义占上风以外，别无其他出路？

斯大林以近乎莽撞的虚矫勇气，选择了假扮苏联极为强大的行为，而掩饰其国势虚弱。斯大林认为，主动表示让步等于承认本身衰弱，而承认衰弱极可能招致对手提出新要求和施加压力，因此他把军队部署在欧洲中心地带，并在此一地区逐步扶植设立亲苏联的傀儡政府。他甚至更进一步摆出穷凶极恶的姿态，让许多人以为他会挥师直趋英吉利海峡——这种姿态被后人视为荒诞不经。

斯大林不但虚张声势，夸大苏联实力和摆出好战姿势，他还有系统地故意看轻美国的力量，尤其对原子弹的威力刻意贬抑。譬如说，杜鲁门告诉他美国已有原子弹，他故意不在乎。共产党的宣传加上本意善良的学界人士，纷纷探讨原子弹的来临并未改变军事战略的规则，而且战略轰炸也不会有何效果等等。1946 年，斯大林定出苏联官方说法：“原子弹意在吓唬神经弱的人，但是它们不能决定一场战争的结果。”在苏联的公开文告里，斯大林的话立刻被引申为战略因素可分为“一时性”和“永久性”两种，而原子弹可列入一时性的现象。1949 年，苏联空军元帅韦尔希尼撰文称：“战争贩子极端夸大了空军的角色，……认为苏联人民和各人民民主国家人民会被所谓的‘原子战争’或‘按钮战争’惊吓。”

通常一位领袖在他领导的社会饱受战火摧残，而且战前还经历一长段不人道的压榨后，他会选择与民更始、休养生息。但是苏联这位总书记却不让他的人民休息，他盘算过（说不定他是对的）：如果他准许苏联社会喘息休养，说不定百姓就会开始针对共产党统治的基础提出质疑。1945 年 5 月，欧境停战后不久，斯大林召集麾下红军司令员讲话，他最后一次以战时的情绪性言词演讲。他以“我的朋友、我的同胞”称呼听众。他描述1941年和1942年苏军大撤退时的情形说：

> “也许其他国家国民可能会对政府说：‘你辜负了我们的期望，滚开；我们将成立新政府，与德国媾和，让我安静过日子。’但是俄罗斯人民没有这么做，因为他们对政府的政策有信心。谢谢诸位伟大的俄罗斯人民，因为你们的信赖。”

这是斯大林最后一次承认也有犯错，也是他最后一次以政府首长身份对俄国人民讲话。（有趣的是，斯大林在演讲中只赞扬俄罗斯人民，而未推崇苏联的其他民族。）过了几个月，斯大林又回到共产党总书记的职位，向苏联人民致词讲话时，恢复了共产党的标准称呼法“同志”，强调苏联战胜是共产党的功劳。

1946年2月9日，斯大林在另一场重要演讲中，为战后阶段下达动员令。他说：

> “现在，胜利表明，我们的苏维埃社会制度赢了，苏维埃社会制度已成功地经受战火考验，证明了它的完全活力，……苏维埃社会制度已证明比非苏维埃社会制度更具活力、更加稳定，……苏维埃社会制度是比任何非苏维埃社会制度更优秀的社会组织之形式。”

在描述战争的起因时，斯大林又求助于真正的共产主义信念。他说，战争并不是希特勒引起的，而是资本主义制度的运作使然：

> “我们马克思主义者宣布，世界经济的资本主义制度隐藏了危机和战争的因子，世界资本主义的发展并不遵循稳定、均衡的路线前进，而是通过危机和灾难进行。资本主义国家的不均衡发展终将造成其关系的极端骚乱，并且自认为原料供应不足和出口市场不足的一群国家，通常会尝试改变此一情形，且以武力的方式企图做对彼等有利的改变。”

如果斯大林的分析正确无误，希特勒与战时对抗希特勒的盟国之间，并无基本差异。一场新的大战迟早无法避免，苏联现在经历的停战，不是真正的和平。斯大林为苏联订下的任务和战前所要求的任务相同：要强大起来到足以将此一无可避免的冲突，转化成为资本主义者的内战，远离对共产主义祖国的攻击。盼望和平会舒缓苏联人民日常命运的想法，一定要抛弃。苏联要强调重工业，继续农业集体化，也要镇压内部反对势力。

斯大林的演讲以标准的战前方式表达出来——如有一本教义谕示，由他自问自答，定下规范律令。听在他的听众耳里，不由寒气上升，因为他话语里的限制实在太熟悉了：他警告尚未认出的敌人，只要试图破坏社会主义蓝图必予歼灭。依照几乎是每个苏联公民的个人经验来看，没人敢把这类声明视为虚词恫吓。与此同时，斯大林也定下雄心勃勃的新目标：生铁生产量要增加 10 倍，钢产量要增加 15 倍，石油产量要增加 4 倍。“只有在这种条件下，我们的国家才能保证不遭到任何可能的不利影响。或许需要实施三个‘五年计划’，才能达成上述目标。但是势在必行，也必能成功。”三个“五年计划”，意味着好不容易熬过整肃活动和第二次世界大战劫后余生的老百姓，绝对不可能过上正常生活。

斯大林发表这项演说时，战胜的盟国之外交部长们依然定期开会，美军正迅速撤离欧洲，丘吉尔则还未发表他那篇脍炙人口的“铁幕”演讲。斯大林亦正重建与西方对抗的政策，因为他深切了解，他塑造的共产党不可能在一个致力于和平共存的国际或国内环境中自我存活下去。

我个人相信，斯大林可能并没有那么坚定非要建立被称为卫星国的傀儡政权，以强化他应付虚声挑战的能力。关键是这些政权自己从来没有能以斯大林不敢掉以轻心的危机去挑战他。因此，苏联得以将军事占领变为卫星政权网。

西方国家对自己独占核优势的反应，也深化了东西僵局，可讽刺的是，矢志避免核战争的科学家们开始采取一项惊人的立论，认为核武器并未改变所谓自第二次世界大战学来的教训——也就是说，战略轰炸不是决定性因素。与此同时，克里姆林宫亦大肆宣传未曾改变的战略环境，此一宣传亦广泛得到接受，20 世纪 40 年代末期美国军事理论之所以会迎合此一观点，与其官僚体制动力关系有关联。借着不去确认某一武器是决定性因素，美国各军种的首长可以使其部门显然必不可少。他们因此发展出一种观念，根据第二次世界大战的经验，视核武器在整体战略中只是一种更具威力的炸弹而已！在民主国家相对实力最大的时期，这种观念导致一般误解，认为苏联军力占上风，是因为它的传统兵力庞大。

与 20 世纪 30 年代一样，已经只是在野党领袖身份的丘吉尔，试图唤醒民主国家。1946 年 3 月 5 日，在美国密苏里州富尔顿市，丘吉尔针对苏联的扩张主义敲响警钟，形容"自波罗的海的斯德丁，到亚得里亚海的的里雅斯特港"，已经落下一副"铁幕"。苏联已经在每个经红军占领的国家，以及德国的苏联占领区，建立亲共政府——他明确指出，最有用的一部分德国占领区还是美国交给苏联的。最后，这将"使得战败的德国有力量把自己放在苏联和西方民主国家之间去拍卖"，再做孰轻孰重的考虑。

丘吉尔认为美国与英联邦必须结盟去应付目前的、即刻的威胁。然而，长期的解决方案是欧洲团结，"因此没有任何国家再被永久摒弃"。丘吉尔这个 20 世纪 30 年代率先反对德国的政治家，因而变成在 20 世纪 40 年代率先支持对德和谐的政治家。然而，丘吉尔的中心论点是，对民主国家而言，时间已刻不容缓，必须紧急寻求全面的和解。他说：我不认为苏联希望爆发战争，他们要的是战争的果实，以及无限制地扩张其权力与理论。但是今天事不宜迟，我们必须考虑的是，永远防止战争爆发，并且迅速在所有的国家建立自由、民主的环境。闭目不视并不能去除我们的困难和危险，枯坐以待也不能去除它们，绥靖政策更不能去除它们。我们需要的是和解，而且时间拖得越久，困难就会越大，我们的危险亦将更大。

先知在他们本国很少受人尊崇，是因为他们的角色往往远远超越世人的经验和想象力的范围。只有在其远见被转为世人的经验时，他们才受到承认——总而言之，此时想要因其远见而受惠，为时已太迟。丘吉尔的命运即是如此，只有一段短暂时期，当英国人生存面临危险时才接纳他。20

世纪30年代，他呼吁英国武装起来，时人却主张谈判；20世纪40年代，他主张外交上摊牌，他的同时期政治人物却因自以为实力衰弱，而一心只想自行增强其实力。

最后，苏联的卫星国就在没人管的情况下逐渐出现。乔治·凯南分析斯大林号召推动三个“五年计划”的演讲词之后，在他那篇著名的“长电报”中写下斯大林对外国压力的严肃看法是：“针对苏联的干预，虽然发动的国家也将遭受灾难，却将再使苏维埃社会主义的进展受到延滞，因此必须不惜代价予以遏阻。”斯大林不可能一方面重建苏联，同时一方面又冒险与美国对抗。一再张扬的苏联侵入西欧之说乃是幻想；比较有可能的是斯大林在和美国严重对抗之前，将会退却——当然他会先虚张声势，测验西方国家的决心有多么坚定。

斯大林能在东区划定国境线而未遭逢重大危机，是因为苏军业已占领这些地区。但是一旦要在这些地区树立苏维埃式的政权，他却十分谨慎。战后头两年内，只有南斯拉夫和阿尔巴尼亚成立了共产党政府。保加利亚、捷克斯洛伐克、匈牙利、波兰和罗马尼亚等五个后来成为苏联卫星国的国家，只有联合政府，虽然共产党势力最强，却多少还有他党牵制。其中捷克和匈牙利两国，在战后第一年即办理选举，产生了真正的多党体制。可以这么说，针对非共产党的政党的确有系统的骚乱，尤其以波兰为甚，但是苏联仍未全力予以镇压。

到了1947年9月，一度被视为斯大林最亲信的安德烈·日丹诺夫（Andrei Zhdanov）把东欧他所谓的“反法西斯阵线”国家分为两大类。他在宣布共产党情报局成立的演说中，称呼南斯拉夫、波兰、捷克和阿尔巴尼亚为“新民主国家”（捷克被列入，有点奇怪，因为此时捷共夺权政变还未发生）。保加利亚、罗马尼亚、匈牙利和芬兰被列入另一类，但尚未贴上明确标签。（原按：共产党情报局是全世界共产党的一个正式集合，取代了解散多年的共产国际。）

这是否代表斯大林对东欧国家的态度，与他看待芬兰一样呢？——只要尊重苏联的利益，可以准她成立民主政府？在苏联档案犹未公开之前，我们只得揣测！然而，我们却的确知道，虽然斯大林在1945年告诉霍普金斯，他希望波兰能成立友好政府，但未必是共产党主导控制的政府，他的将领执行的却是截然相反的安排。两年之后，也就是美国承诺给予希腊、土耳其援助之后，正在将西方三强的德国占领区合组成日后称为德意志联邦共和国（详见第十八章）之时，斯大林与美国另一位国务卿有一段交谈。1947 年 4 月，也就是四强外长会议历经 18 个月争执不断的僵局，而且，苏联发出一连串威胁与进行单方面行动之后，斯大林邀请马歇尔长谈，并强调称他非常重视与美国全面达成协议。斯大林声称：僵局与冲突“只不过是侦察部队的小接触、小冲突而已！”斯大林又说，在“所有的重大问题上”都可能妥协，而且“必须要有耐心，不要悲观”。

如果斯大林这番话有诚意，这一回他可估算错了。因为，一旦美国人认为他的信誉已经扫地，就不可能再相信他。斯大林已经走得太过头，因为他不了解民主国家，尤其是美国的心理。结果是：马歇尔计划、大西洋同盟，以及西方国家强化军力，凡此种种都远远超出斯大林游戏计划的想象。

丘吉尔几乎说得一点也不错——政治和解最好的时机是在战争甫告结束，便立刻展开。斯大林当时是否会做出任何有意义的让步，在相当大的程度上要看当时提给他的方案之内容，以及拒而不受的后果将是如何而定，时机和严重性将迫使他正视，越是在战争结束后快谈，以最小代价达成妥协的机会就越大。当美军撤出欧洲的速度加快，西方的谈判地位也加快衰减——起码一直要到马歇尔计划和北大西洋公约组织相继出现，才算止住。

在斯大林和马歇尔的 1947 年谈话之前，这位苏联独裁者已经玩火过头。美国人此时对他的不信赖感，就跟从前善意接纳他一样深刻，即使说美国人由纯粹友善一转而不分青红皂白都予怀疑，有点过当，这也是反映了国际情势的新事实。理论上来说，或许民主国家可以一方面组织联合阵线，一方面亦与苏联就全面和解进行磋商谈判，但是，美国领袖及其西欧同僚却认为，西方的团结与士气太脆弱，不足以撑持双轨策略之模糊与歧异。此时，法国和意大利境内，共产党是第二大政党。正在筹组中的德意志联邦共和国内部也在争议是否应以宣布中立换取国家统一；英国和美国境内也都发生了和平运动，挑战新起的遏制政策。

4 月 28 日，马歇尔国务卿发表广播讲话，指出西方的对苏政策已经越过一个“不归之点”，他拒绝斯大林暗示愿妥协之议，因为“我们不能再蹉跎时间”。“欧洲的复兴进度大大落后；分化的力量越来越明显。病人已垂危，医师犹在争辩如何施医。因此我相信，行动已不能再拖延。我们必须毫不拖延，立刻采取行动，应付这些迫切问题。”

美国选择了西方团结优先于东西谈判的策略，它的确别无其他选择，因为它不能冒风险接受斯大林暗示和解之议，然后再发现他只是利用谈判来破坏美国努力在建立的国际新秩序。因此，遏制成了西方政策的指导原则，持续了 40 年之久。

第十八章

遏制政策的成功与苦痛

约翰·福斯特·杜勒斯与各国贵宾，合影于 1955 年 5 月签署《奥地利国家条约》之后

结束对立的条件

1945年底，美国的决策者可谓进退维谷。波茨坦会议和其后的外长会议并无成果，斯大林似乎并不顾念美国对民主政体的尊重，在东欧为所欲为。美国外交官在波兰、保加利亚和罗马尼亚，一再遭遇到苏联的强悍蛮横作为。在业已战败的德国和意大利方面，莫斯科似乎已经浑然忘了“伙伴”这个词的意思。美国决策者究竟应该何去何从？

1946年春天，杜鲁门总统开始对此一严重问题采取强硬政策，成功地要求苏联退出阿塞拜疆。但是他的做法并未脱离威尔逊主义的模式。杜鲁门和罗斯福一样，既不愿采取权力均势的政策，也不愿以安全为词为美方的行动辩解；他尽力以适用于全体人类的共通原则，以及吻合新签订的《联合国宪章》之精神，来替美国的行动解释。杜鲁门认定未来美国与苏联之间的斗争是善与恶之间的对决与竞赛，与政治势力范围无涉。

然而，不管美国政治家爱怎么称呼它们，势力范围实际上已经出现，而且还持续存在了长达40余年，以迄苏联阵营覆没为止。在美国的领导下，德国的西方占领区统合了起来，而苏联则将东欧国家纳为其附庸。原先轴心国家阵营的意大利、日本，以及1949年以后的德意志联邦共和国，渐渐趋向于和美国结盟。虽然苏联借《华沙条约》强化了它在东欧的霸权，它这个名义上的同盟显然是借由高压手段凑成的。与此同时，克里姆林宫方面在希腊鼓动游击战争，并且煽动西欧国家共产党（尤其是法共和意共）大规模示威，无所不用其极地破坏西方的团结。

美国领袖知道他们必须抵御苏联进一步扩张。但是，如何给抵御行动找到合理的基础？美国受其国家传统限制，无法以传统的权力均势作为诉求。美国领袖之所以如此，并非伪善。当他们终于承认罗斯福的“四大警察”构想无法实现时，他们宁可把这项发展诠释为：这是迈向本质上和谐的世界秩序之路的一种暂时挫折。这一来，他们遭遇到哲学上的挑战。苏联蛮横是否仅是一个过渡阶段，华府可以耐心等候它？美国人是否如其前副总统亨利·华莱士（Henry Wallace）等人所称，因为未曾妥当地把美方要求和意愿与斯大林沟通，不智地使得苏联觉得惊惶？斯大林是否果真拒绝在战后和世界最强的国家合作？他真的不想做美国友人吗？

华府最高决策圈斟酌这些问题时，年轻的外交官乔治·凯南（Geoge Kennan）由莫斯科美国大使馆以俄国问题专家的身份送到一份文件，预备提供哲学和理念上的架构来解释斯大林的外交政策，其中一份报告改变了华府当局的世界观，后来习称它为“长电”（Long Telegram）。凯南认为，美国不应以苏联蛮横而自谴，苏联外交政策的根源深植在苏联制度本身之内。他主张，苏联外交政策本质上乃是共产主义意识形态的狂热，以及旧式沙皇扩张主义两者的混合体。

凯南认为，共产主义意识形态是斯大林世界观的中心。斯大林把西方资本主义国家视为无可挽回的大敌。因此苏联和美国之间的龃龉并非是华府和莫斯科之间有误会或沟通不良所致，而是苏联对外在世界的观点导致的。他说：

> “在这个（共产主义的）教条里，基于利他的目的，他们为其本能地惧怕外在世界寻找理由，因为独裁者没有这份理由就不知如何去统治，他们的暴行使他们必须以此解说，他们的牺牲也令他们必须有所交代。他们以马克思主义为名目，在其手段和战术上牺牲了每一项伦理价值。今天，他们已经不能抛弃它。它是一张无花果叶，

遮掩住他们的道德和知性责任。没有它（遮羞），他们将站在历史上受审判，至多也只不过与俄罗斯一连串残暴不仁的统治者蛇鼠一窝，暴虐压迫国家，追求军力新高峰，以便对内部脆弱的政权求得外部安全的保障。”

凯南指称，很久以来，沙皇就追求扩张领土。他们试图征服波兰，把它变为附庸国。他们把保加利亚视为俄罗斯势力范围内的禁区。他们也在地中海寻找不冻港，并且力图控制黑海海峡。“但是克里姆林宫对世局的神经质观点的底层，是俄罗斯传统、本能的不安全感。早先，这乃是一个和平的、务农的民族，试图住在辽阔的平原上，却与强悍的游牧民族为邻而生发出不安全感。当俄罗斯接触到经济先进的西方，则又加上了惧怕这个地域上更能干、更有力、更高度有组织的社会。不过，后面这种不安全感，困扰俄罗斯统治者大于困扰俄罗斯人民，因为俄罗斯统治者已经体会到他们的统治形式上相当古旧，在心理基础上脆弱和矫揉造作，不能和西方国家的政治制度相提并论。基于这个理由，他们一直害怕外国渗透，害怕西方世界和本国直接接触，害怕一旦俄罗斯人了解外在世界的真相，或外国人了解了其内在世界的真相，就会有难以想象的后果。并且他们也学到，只有耐心，只有奋力斗争彻底摧毁敌人，才能获致安全，不可能以协定或妥协来获致安全。”而且凯南认为，这乃是苏联的本旨，美国无论如何甘言美语，也改变不了它。凯南主张，美国必须预备进行长期斗争，美国与苏联的目标和哲学无法调和。

国务院 1946 年 4 月 1 日向跨部门委员会提出一份备忘录，首度有系统地陈述出美国的新对策。这份备忘录执笔人是国务院官员弗里曼·马修斯（H. Freeman Matthews），它试图把凯南本质上强于哲理的观察，转化为可行的外交政策。美国外交政策文件首次把美、苏争端，视为苏联制度本来的特征。莫斯科必须被说服，“先以外交手法，必要时即以军力分析方式让它相信，它的现行外交政策路线只会把苏联带上灾祸之路”。

这些大胆言词在第二次世界大战结束未满一年即已出现，是否代表美国将把防御圈围在苏联辽阔的周边地区每一个受其威胁的地方？马修斯在这里略有退却，加上了两个条件。他认为，美国掌握海、空优势，苏联是陆上霸权。马修斯在备忘录中提醒决策者注意“我军在广袤的欧亚大陆无力可施”，因此美国军力只限于用在“美国及其潜在盟国的海军，两栖部队和空军力量，能够起码以守势对抗苏联陆军”的地区。第二个条件则警告美国不要单方面采取行动：“《联合国宪章》提供了最好、最不会招致抨击的方法，美国可借此施行反对苏联实质扩张的主张。”

但是，这两个条件适用在哪些地方？马修斯的文件指出下列国家或地区相当危险：芬兰、斯堪的纳维亚、东欧、中欧、东南欧、伊朗、伊拉克、土耳其、阿富汗、中国的新疆和东北。问题是，它们没有一个在美国相关军力能及的范围之内。陈述出美国持续高估英国实力的情况后，这份备忘录力求美国扮演制衡者的角色，而这正是美国领导人仅仅数年前激烈反对的路线（见本书第十六章）：

> “如果要遏阻苏联独霸欧洲，英国就必须作为主要经济、军事大国在西欧继续存在。因此，美国应该给予英国一切可能的政治、经济支持，必要时在联合国的架构下亦应给予军事支持。”

《马修斯备忘录》并没有说明，英国的战备力量为何可以超过美国，而且第二个条件也不见得容易吻合。国际联盟在它短暂、无功的生命期间，已经显示出它几近无能来组织集体行动对付一个大国。何况，《马修斯备忘录》设想的这个构成安全重大威胁的国家，还是个联合国会员国，并且享有否决权。如果说联合国不会有所举措，美国不能有所动作，那么英国的角色也只能是聊胜于无吧！

克拉克·克利福德（Clark Clifford）在他长久的总统顾问亲信生涯中，首要任务之一便是消除《马修斯备忘录》的含糊不清之处和限制条件。克利福德在 1946 年 9 月 24 日的一份最高机密研究文件中，采取此一观点：只有在苏联力量受到制衡时，克里姆林宫的政策才会改弦更张。对苏联侵犯美国，或侵犯攸关我们安全的世界某地区之主要遏阻力，将是我们的军事力量。

现在，他这项见解已经成为人人接纳的看法。但是，克利福德以它为跳板，进而宣称美国的环球安全任务，涵盖了“所有受到苏联威胁的民主国家”。何谓“民主”，意义并不明确。这个条件是否局限了美国仅只防卫西欧？或是它也会对任何受到威胁的地区一视同仁，让美国同时保护东南亚的丛林、中东的沙漠，和人烟稠密的中欧？其后随着时间演进，后一说法成为主流。

克利福德不认为这项新起的围堵政策和传统的外交手法之间有任何雷同之处。在他的观点中，苏、美冲突并不是因两者国家利益冲突而起（此处如何界定尚有讨论余地），而是因苏联领导层道德缺失而起。因此，美国政策的目标，对改变苏联社会的意味重于恢复势力均衡。有如 1917 年威尔逊总统决定对德国宣战，并归咎于德国皇帝，而不是以德国威胁到美国安全做题目；克利福德现在也把苏美关系紧张归咎于“一小撮统治阶层，而不是苏联人民”。只有苏联彻底改变心意，甚至可能还得有一批崭新的领导人出现，苏美全面协议才有希望达成。在某个戏剧性的时刻，苏联这些新领导人将“觉察到我们强大到无法制服，坚强到无法威吓，此时就会和我们获致公正、平等的解决”。

克利福德和其后任何一位美国政治家在讨论冷战时都没有提出结束对立的明确条件，也没有主动作为，以谈判来谋求美苏和解。只要苏联维持其意识形态，谈判即无任何意义。一旦苏联回心转意，和解几乎可说是自然而然水到渠成。因此之故，事先列举和解的条件被认为会限制住美国的行动自由——同样的论证在第二次世界大战期间也被用来回避讨论战后世局如何处理。

美国现在有了理念架构，足以正当主张抵抗苏联扩张主义的做法。自从大战结束以来，苏联即遵循俄罗斯的历史模式四处扩张。苏联已经控制了巴尔干半岛（除了南斯拉夫以外），希腊境内游击战争战火炽烈，他们获得了共产党人在南斯拉夫以及保加利亚的苏联傀儡的支援。苏联对土耳其提出领土要求，也要求在博斯普鲁斯海峡设立海军基地——这和斯大林 1940 年 11 月 25 日向希特勒提出的要求，如出一辙（详见本书十四章）。

击败苏联的策略

自从大战结束以来，英国就在经济上、军事上支援希腊和土耳其。1946—1947年的冬天，英国艾德礼政府照会华府，它再也没有能力独自承担责任。杜鲁门预备接替英国历来阻挡俄罗斯前进地中海的角色，但是美国民众和国会都还不能赞同英国传统的地缘政治理念。抵抗苏联扩张主义，必须依照以严格自美国外交政策思想为基础出发的原则为准绳。

这项转折出现在1947年2月27日在白宫椭圆形办公室举行的一场重要会议中。杜鲁门总统，马歇尔国务卿和艾奇逊助理国务卿，极力向密歇根州共和党以参议员阿瑟·范登堡（Arthur Vandenberg）为首的一个国会代表团进言，力陈援助希腊和土耳其的重要性——这是一项艰巨的任务，因为传统、持孤立主义观点的共和党人此时在国会两院均居多数。

马歇尔首先冷静地分析了援助方案和美国利益之间的关系。他的话招致共和党人老套的不满之词，抱怨美国若是插手，不啻是“替英国火中取栗”，美国参与势力均衡是不义之举，援外负担沉重，等等。艾奇逊发觉政府方面落居下风，悄悄问马歇尔是否可以插口陈述。获得国务卿允准后，艾奇逊侃侃陈词。他大胆地向与会人士勾勒出一份黯淡的未来景象——共产势力将占上风：

> “目前世界上只剩下美国和苏联两个大国。我们已经到达史无前例的时刻。自从罗马和迦太基时代以来，再也没有一个时刻出现这种权力两极化的现象。美国采取措施以强化受到苏联侵略或共产党颠覆威胁的国家，这也就是保护美国的安全——它就是保护自由！”

当艾奇逊的一番说辞明显打动国会代表时，政府方面即坚守此一立论基础。从此之后，援助希腊、土耳其方案即被描绘成民主与独裁全球斗争的一环。1947年3月12日，杜鲁门发表了演说，这一演说日后被称为“杜鲁门主义”。他在演说中脱去艾奇逊的战略分析，以传统的威尔逊主义来形容两种生活方式之间的斗争：

> “第一种生活方式的基础是多数人的意志，特征是自由体制，代议政府，自由选举，保障个人自由，言论与信仰自由，而且有免于政治压迫的自由。第二种生活方式的基础却是以少数人的意志强加在多数人身上。它依恃的是恐怖和压制，控制着报章和电台，操控选举，并且压制人身自由。”

甚至，美国保卫独立国家就等于代表民主和世界，即使苏联可以借由否决权的运作阻止联合国正式支持，“协助自由、独立国家保持其自由，美国将贯彻《联合国宪章》的原则”。

苏联领袖若是了解美国历史，他们就应该察觉杜鲁门这一席话预示的意义。杜鲁门主义象征着一个分水岭，因为一旦美国打出道德大旗，斯大林熟谙的现实政治就永远终结，讨价还价争取互惠让步已经不复可能。此后，美苏冲突解决之道只有苏联改变其宗旨，或苏联制度败亡，甚至两者兼而有之。

杜鲁门把他的主张称为“美国支持自由人抵抗武装的少数或外来压力企图征服的一种政策”。无可避免的，来自左右两翼的知识分子对于保护民主这个目标，都有批评；有人抗议，美国保护的国家不论有多么重要，在道德上殊为可议；有些人则反对，认为美国已承诺去保护一些未必攸关美国安全的社会，姑不论他们是否是自由国家。这项模糊歧义的主张不是那么容易消失，到今天为止几乎在美国涉及的每一项危机中，仍然会激起热切辩论，迄无定论。从此以后，美国的外交政策就必须在两种攻击之间进行：一派抨击它超乎道德，一派则指责它通过宣扬道德主义而超越国家利益。

一旦共产主义挑衅被界定为攸关民主国家前途，美国就不能坐待内战爆发（如希腊的局势），美国的性格就是试图先行诊治。6 月 5 日，距杜鲁门主义宣示不到三个月，马歇尔国务卿在哈佛大学毕业典礼上致词，公开宣布美国将致力于根绝招惹侵略的社会、经济因素。他宣布：美国将援助欧洲复兴重建，以避免“政治骚乱”和“绝望”，重振世界经济，并且培养自由体制。因此，“我深信，任何政府乐于协助复兴工作，都将得到美国政府的全力合作”。换言之，马歇尔计划也对苏联的卫星国家政府开放——这个暗示立刻受到华沙和布拉格的接纳，也立刻被斯大林压制下去。

美国把它定位于一种社会、经济改革方案，宣称它将与妨碍欧洲复兴的任何政府或组织对抗。马歇尔指的是共产党及其外国组织，他说：

> “任何政府、政党或团体，试图让人间沦于永远悲惨以便借以获取政治或其他利益者，将遭到美国的反对。”

只有像美国这样一个具备理想主义、拓荒精神，又相对经验稚嫩的国家，才会仅靠其本身资源就要提出全球经济复兴计划。然而，也正是这项远见激发出全国承诺，支撑着整个冷战时代并获得最终胜利。马歇尔说：这项经济复兴计划“不针对任何国家或主义，而是以对抗饥馑、贫穷、绝望和混乱为目标”。与《大西洋宪章》公布时一样，号召全球为反饥馑、反绝望而战，比诉诸自利或势力均衡，更能打动美国民心。

在这些或多或少随机的方案之后，出现了一份文件，在今后一个世代成为遏制政策的圣经，实际上遏制政策也是因这份文件而得名。美国战后种种思想统统汇总在《外交》1947 年 7 月号的这一篇鸿文内。文章作者不愿透露真实姓名，仅以“X”为名；不过，后来查明他是当时担任国务院政策计划处处长（Head of the Policy Planning Staff）的乔治·凯南。第二次世界大战结束之后出现的数千篇文章中，凯南这篇《苏联行为的根源》（The Sources of Soviet Conduct）可谓最为突出。这篇文章行文清晰、论说有力、辞藻华丽，自其“长电”进一步发挥，凯南把苏联的挑衅提升到历史的层面来探讨分析。

凯南文章出现之时，苏联的强悍作为已经是美方政策文件中的重要主题。凯南的重要贡献是解释了对民主仇视乃是苏联国内结构中与生俱来的，也说明了为何这个结构对西方采取求好缓和政策不为所动。

与外在世界的紧张可谓是内在于苏共哲学中的本质，而且也是苏联国内制度运作的本质。就其国内而言，党是唯一有组织的团体，社会的其他部门为散布的未发展的群体。因此苏联对外在世界难以平抑的敌意，乃是企图把国际事务转为吻合其内部脉动。苏联政策的重点是：

> “确保在世界权力大势中每一个角落和隙缝，它都有一份。但是，如果它发觉遭遇到无法克服的障碍，也能在哲学上接受它们，自我调适。且我们见不到苏联心理上有任何痕迹，透露这些目标必须在某一特定时间去达成。”

要击败苏联的策略就是，“坚定遏制的政策，在苏联显示出侵犯和平、稳定的世界利益的每一个点上，都以不可动摇的对抗力去和俄国人对峙”。几乎和当代每一篇外交政策文件一模一样，凯南这篇 X 论文不屑详细阐述确切的外交目标。他所描绘的是美国的古老梦想：和平可以因敌人受到转化而获致；只不过他的文词较时人的文章高尚，观察较锐利深刻而已。凯南与其他专家不同之处在于，他指出，迟早会有类似权力斗争的机制出现，把苏联的制度彻底改变。由于苏联制度从未有过“合法统的”（Legitsiate）权力移转，凯南认为很可能在某一时刻，不同的权力竞逐者会有所动作：

> “深入到这些政治上不成熟、缺乏经验的群众中去，争取他们的支持，作为其代言人。如果发生这种情形，共产党就可能得到奇怪的结果：因为普遍的一般党员，只习惯于服从铁的纪律和服从上意，不谙妥协、调和的艺术。因此之故，一旦发生某种变故，捣乱了党作为政治工具的团结之功效，苏俄或许会在一夕之间变天，由最强大的国家沦为国际社会中最弱、最悲惨的国家。”

没有任何一篇文件如它预料得这么精确。仿佛预卜到戈尔巴乔夫出现后苏联发生的种种事实现象。在苏联彻底土崩瓦解之后，再谈凯南加诸美国人民肩上的职责有多么艰巨，似乎也太过吹毛求疵。他要求美国在苏联广大周边地区，包括亚洲、中东和欧洲种种不同文化的地域中，在不知何时方止的时间里，独任抗拒苏联压力的重担。甚至，克里姆林宫可以自由选择攻击点，只要它发现可以得到最大利益，即可任意进袭，真是防不胜防。日后发生的种种危机中，美国的政治目标就是力图维持现状，但其全盘努力仍在于通过一系列表面上未有结果的冲突，求取专制主义的最终崩溃。也就是出于美国的国家乐观心态及坚定的自信心的表现，以致像凯南这样老练的观察家，会要求他的国家承担起如此全球性、如此严酷，同时也如此反动的角色。

这项严酷、英勇的主张，要求与专制主义永久对抗斗争，使美国人民承诺不断地竞争，并且把主动权交给敌方，美国的角色亦局限于强化业已站在分界线这边的国家——这乃是典型的利益范围政策。遏制政策由于放弃谈判手段，浪费了美国相对实力最强的宝贵时机——美国依然独有原子弹的优势的时机。的确，以遏制的假设前提——实力阵地尚待建构——而言，冷战变成以军力为主，也予人西方居于相对弱势的不正确印象。

苏联的救赎因而成为政策的终极目标，世局的安定只有在邪恶扫除之后才有可能出现。无怪乎凯南文章的结论，昭示他那缺乏耐心、爱好和平的同胞，要尊重耐心，并且把美国的国际角色解释为是对美国是否值得敬重的一种考验：

> “美苏关系的问题，本质上是考验美国是否值得被认为是各国领袖的问题。……对苏联、美国有深刻观察的人士，将发现对克里姆林宫向美国挑衅，他无从抱怨，他反倒对这份天意有些许感恩之情。因为天意让美国人民遭遇这一艰巨的挑战，使得美国的整体安全端赖他们能否团结一致，也端视他们能否承担起历史赋予的道德、政治领袖是否能承担起责任。”

这个高尚的情操有一项特质，就是它兼具喜恶交织的心情。它让美国人团结起来承担环球使命，又让这项工作艰巨到令美国人全力以赴仍犹恐力有未逮。然而，对遏制政策又喜又惧的感情，似乎对美国政策有着格外强的推动力。虽然对苏外交本质是被动的，遏制政策谈到要在军事与经济范畴建构“实力阵地”时，倒会激出坚强的创造力。这是因为遏制政策之中已经融合纳入美国上一世代经验衍生的两项重要经验教训和信仰：由新政体会到，政治稳定之所以受到威胁，主要原因是经济、社会期望与现实之间的教化差距，因此提出马歇尔计划，以求矫正；美国从第二次世界大战也体会到对抗侵略的最佳保障是，具备强大的优势力量，还得有意愿用上它，因此产生出大西洋联盟。马歇尔计划旨在让欧洲在经济上自立，北大西洋公约组织则以安全为职志。

遏制理论四十年

北约组织是美国历史上第一例承平时期缔结的军事同盟，它的即时影响就是捷克在 1948 年 2 月爆发共产党夺权政变。马歇尔计划公布之后，斯大林开始加速共产党对东欧的控制。他对东欧国家是否效忠莫斯科变得即令不算偏执，也是非常僵硬。一辈子信服共产主义的人，只要被怀疑带有一丝民族感情，都立遭清算。在捷克，共产党在自由选举中崛起，成为最强大的政党，控制了政府。即使如此，斯大林还是不放心。选举产生的政府遭到推翻，捷克共和国国父之子、非共产党籍的外交部长马萨里克（Jan Masaryk）几乎可以肯定被共产党人亲手由办公室窗口推出，坠楼摔死。共产党独裁政权在布拉格成立！

10 年之内这是第二次，布拉格又成了号召抵抗极权统治的象征。1939 年纳粹占领布拉格，使得英国忍无可忍奋起抵抗；9 年之后，共产党政变亦导致美国和西欧民主国家团结起来，抵抗同样的命运被强加给任何其他欧洲国家。

捷克共产党政变的残酷，重新唤醒西方国家对苏联的恐惧，担心它会发动支持另一个类似的夺权政变。例如，鼓励共产党政变，承认新的共产党政府，而且利用军力去替它撑腰。因此，若干西欧国家在 1948 年 4 月签订了《布鲁塞尔公约》——一个旨在击败任何强力推翻民主政府企图的防御公约。然而，对于相对实力的每一项分析，都显示出西欧根本没有充分的力量可以击败苏联的进袭。因此，北大西洋公约组织应运而生，把美国与西欧的防务结合在一起。北约组织可谓史无前例，背离美国的外交政策——美国和加拿大的军队，加入西欧国家的军力，一起置于国际性的北约指挥部统率之下。结果造成了两个军事同盟的对峙，以及沿着整个中欧分界线划分出两个势力范围。

然而，这里不是在美国所见到的过程。威尔逊主义深入人心，无法允许美国称呼任何一个维护欧洲领土现状的安排为同盟。因此，杜鲁门政府的每一个发言人，都刻意把北约组织描绘成与传统保护势力均衡的同盟不一样的安排。如果联想到他经常宣称的构造“独力阵地”的目标，这么做还真需要相当的创造力。政府官员的表现十分卖力。由参议员转任联合国大使的沃伦·奥斯汀（Warren Austin）于 1949 年 4 月代表北约组织在参议院外交关系委员会做证，他以宣布势力均衡已经不复存在来解决这个难题：

> “势力均衡这个老兵，在联合国成立之时已经退役解甲。联合国承诺要通过国际组织结合力量，维持国际和平与安全，基于此一目标，要采取有数的集体措施，因此正式引进优势力量，追求和平，老兵势力均衡遂告结束。”

参议院外交关系委员会满心欢喜地接受了这个说辞。代表大西洋同盟作证的绝大多数人士都大量引述国务院一份文件的说辞，这份报告题目是《北大西洋公约与传统军事同盟之不同》（Difference Between the North Atlantic Treaty and Traditional Military Alliance），它声称对上溯到 19 世纪初期的七个同盟做了历史的评估研究，上及 1815 年的神圣同盟，下至 1939 年的纳粹与苏联的条约。它的结论是，北约“在文字上和精神上”都与它们殊异，而“绝大多数传统的同盟‘假惺惺’地否认‘侵略或扩张主义的意图’，它们经常具有不仅只限于防御的目标”。令人惊讶的是，国务院这份文件坚称北约组织的宗旨不在保护欧洲现状，这对于美国的盟国而言才真是新闻。它说，大西洋同盟维护原则，不是维护领土；它不反对改变，而是反对以武力去促成改变。国务院的分析因此有个结论，认为北约“不针对任何人，仅只是反对侵略。它不追求影响‘势力均衡’，而只追求强化‘原则的均衡’”。这份文件赞誉北约，以及与它同时期的保障西半球的《里约热内卢公约》，是“集体安全理念的大发展”，也支持参议院委员会主席汤姆·康纳利（Tom Connally）宣称北约并未构成军事同盟，“只是反战同盟”的说法。

历史系的研究生做出这样的分析报告，一定会得不到及格的分数。历史上，同盟绝少指名道姓标举出它是针对某某国家而来。它们只指出在某些条件之下，同盟才会发动生效——这和北约组织做法一样。自从 1949 年以来，苏联就是欧洲唯一的潜在侵略者，根本不需要像以往还要指名道姓。坚称美国只是保护原则，而非领土，是道道地地的美式作风，但是很难让心惧苏联扩张领土的国家放心。声称美国只反对以武力求变，而不反对改变本身的说法，也同样难以令人信服。在欧洲长久的历史中，我们不难举出许多领土变更的事例，大抵皆出于武力的结果。

不过，的确也很少有国务院的文件像这份文件一样，受到一向慎重的参议院外交委员会如此全力地赞同。康纳利参议员极力阐发政府的说辞，认为北约组织意在反对侵略的观念，不是针对某特定国家而来。我们摘录艾奇逊国务卿的一段证词，就可以证明康纳利的热诚有多高：

> 主席（康纳利参议员）：国务卿先生，你很清晰地陈述——我亦不妨再稍做重述——这个条约不是针对某特定国家而来。它只针对考虑或已着手对签约会员国进行武装侵略的国家。这样的说法对吗？
>
> 艾奇逊国务卿：正确，康纳利参议员。它不是针对任何国家，只针对武装侵略而来。
>
> 主席：换句话说，除非签字国以外的国家考虑、计划针对他国侵略或武装攻击，它没有理由害怕这个条约。
>
> 艾奇逊国务卿：不错，康纳利参议员。我认为，任何国家声称这个条约是针对它而来，应该记得《圣经》上的忠告：“没人追，罪人也要逃逸。”

一旦委员会接纳了这个精神，它实际上已经替所有的见证人做证词。例如，在国防部长路易·约翰逊（Louis Johnson）做证时的对话如下：

> 主席：事实上，这个条约不具任何军事同盟的意味，它仅限于防卫武装攻击。
>
> 约翰逊部长：是的。
>
> 主席：它与军事同盟恰恰相反。
>
> 泰丁斯（Tydings）参议员：完完全全防御性质。
>
> 主席：完完全全防御性质。如果你要称它是同盟，它也只是一个和平的同盟。
>
> 约翰逊部长：我很喜欢你的说法。
>
> 主席：这是反对武装攻击的同盟，也是反对战争的同盟。并没有丝毫吾人熟悉的军事同盟所规定的主要义务在内。这样的说法对吗？
>
> 约翰逊部长：没错。

总之，大西洋同盟实质上不是同盟，而是具有道德的普遍性。它代表世界的多数，对抗惹是生非的少数。换言之，大西洋同盟的角色是要在联合国安全理事会“采取必要措施以恢复和平与安全”之前，有所举措。

艾奇逊是位熟谙历史、十分老练的国务卿。我们可以想象，他让参议院委员会主席进行问答质询时，眼中闪烁的嘲讽意味。艾奇逊非常明白势力均衡的必要性，这在许许多多对地缘策略议题的分析中已举证历历，毋庸赘言。但是他也有十足的美国思想，他的外交策略确信，欧洲已经在势力均衡这个策略上弄出一团乱局，要让美国人了解均势的观念，就必须以更高尚的理想来加以衬托。在《北大西洋公约》批准通过许久以后，艾奇逊在向哈佛同学会演说时，依然以道地的美国风格来替大西洋同盟辩护，这也正是美国处理国际事务的一贯作风：它促进国际合作以维护和平、增进人权、提高生活水准、宣扬尊重平等权利和人民自决的原则。总之，美国为了大西洋同盟可以赴汤蹈火，但是绝对不能称它是同盟。它可以实行结盟的历史政策，前提是行动可以用集体安全的理论来解释和交代；这也正是威尔逊最初提出来代替同盟制度的构想。因此，欧洲式的势力均衡观念，以独特的美式修辞复活了！

与北约组织同样重要，但并不受到美国民众注意的另一件大事是，把美、英、法占领区合并起来，成立德意志联邦共和国。一方面，这个新国家代表着俾斯麦的杰作瓦解了，因为在不确定的未来里，德国将一直分裂；另一方面，联邦共和国的存在也意味着针对苏联在中欧出现的持续挑战，因为联邦共和国决不会接受在东德的苏维埃政权（苏联也在其占领区成立东德政府）。此后20年，联邦共和国拒绝承认这个德意志民主共和国，任何国家若是承认后者，它就不惜与之断绝外交关系。1970年以后，联邦共和国放弃了所谓的“霍尔斯坦理论”（Hallstein Doctrine），并且与这个东德卫星政权建立外交关系，只不过并不放弃代表全体德国人发言的权利主张。

美国义无反顾地投身填补欧洲权力真空的决断作为，让极力支持遏制政策的人士不禁也吃了一惊。丘吉尔日后回忆说：

> “我在1944年年底很难想到国务院，在美国民意大力支持下，会在两年不到的时间内，不仅接纳、执行我们开头的路线，并且还激烈地、不惜耗费地，甚至带有军事意义地，促使其实现。”

轴心国家无条件投降四年之后，国际秩序出现许多与第一次世界大战爆发前夕相同的因素：两个僵硬的同盟互相对峙，彼此之间少有外交运作的回旋空间，而且现在更是在全世界各地均相互对抗。然而，这里头至少有一项重大的差异：第一次世界大战前夕的同盟能够团结在一起，是因为每一方都担心本身阵营里的伙伴一旦易帜，就会瓦解他们认同其安全的基础。事实上，最好战的伙伴会把大家拉入深渊浩劫。至于在冷战期间，每一个阵营都有一个超级大国为首，它强大到众人非依附它不可，它也不愿让每个盟国轻易把大家带上战争之路。况且，核武器的出现也阻止了1914年7月的幻想再出现——战争不再可能是短促、不痛苦的事。

美国领导的同盟，保证了国际秩序将以道德，甚至偶尔以弥赛亚的方式去维持。美国的领导人代表了为基本价值和彻底地解决，做出和平时期同盟前所未有的努力和牺牲，而不再斤斤计算国家安全和均势，如同往昔欧洲外交局势一般。

日后，批评家强调这种道德论调过分高调。但是，熟识遏制政策规划人的人士，都不能怀疑其诚心诚意。美国若不是真心信服它所代表的最深刻的价值和理念，也无从坚持这个政策 40 年，并且付出严酷的代价。美国政府许多最高等级的机密文件，自始就无意发表给公众知晓，它们却往往弥漫着道德色彩，可以为这个说法做见证。

国家安全会议第六十八号文件（NSC 68）出现在 1950 年 4 月，是美国对冷战策略的正式文件，它可以作为例证。NSC 68 文件大体上以道德原则的词语来界定美国的国家利益。它认为，道德挫败比起物质上受挫可能更加危险：

> "自由体制在任何地方失败就是处处皆失败。捷克覆亡，我们所遭受的震撼决不能以捷克对我们在物质上有何重要去加以衡量。就物质意义而言，捷克的能量早已在苏联支配下。但是当捷克体制的完整性受到破坏时，也就是在这个无形的价值指标上，我们测度到的损失，远比我们业已遭受的物质损失大多了。"

一旦重大利益等同道德原则，美国的战略目标就被摆到是否受到敬重，而不是从权力大小的角度来考虑——"要让我们本身强大，不但在引导国家生活时重申价值信念，而且也要发展我们的政治与经济力量。美国开国先贤的理论是，以美国作为全体人类自由的灯塔，它弥漫在美国的冷战哲学之中"。NSC 68 文件的主笔人摒弃了约翰·亚当斯（John Quincy Adams）反对的"跨出国门，除恶务尽"的美国思想，他选择以美国做十字军这另一种思想，他说：

> "只有在实践上重申我们的基本价值，国内、国外皆然，我们方能保持自身的完整与正直，而这正是挫败克里姆林宫真正的根本。"

因此，冷战的目的是要感化敌人，“造成苏联制度的彻底改变”，它的意义即是：

> “苏联接受了国际社会特定、有限的条件，准许自由体制发展，俄国人民也有机会能自己定出其命运走向。”

虽然NSC 68文件继续叙述有关建立实力的种种军事、经济措施，它的主论调既非传统外交关系的“取予论”（give and take），也不是启示录中的彻底解决。在美国独占核武器的优势之际，却不愿运用或威胁要运用核武器。美国有一套理由：任何一场核战争的胜利将是过渡的结局，因而乃是不尽如人意的结果。至于由谈判而得到的结果，“唯一能获致解决的基础，就是划分势力范围，也就是毫无影响力——因为这样的‘解决’，克里姆林宫势必立刻运用它求取其最大利益”。换言之，美国不肯考虑赢得一场战争，或甚至获致彻底解决，却让敌人不背弃其信仰与主义。

NSC 68文件以其表面冷静的现实主义口吻，开宗明义高唱民主，结论亦坚信历史将站在美国这一方。这份文件特殊之处在于它把普遍主张和放弃武力结合起来。过去从来没有一个大国揭示其目标时，如此投入自身资源，而且除了传布其国家价值观外，并不期待其他国家回报。这一切都将通过全球改革去达成，而不是十字军惯用的全球征服的手段。因此，为了这个目标，美国的实力在某一段短暂时期空前的强大，不过事实上美国却自认它的军力相当弱势。

美国走上遏制之路的初期阶段，没有人能够想象美国对冲突抱持的最高目标，即促成敌人内部改变，对它有多大的压力；也无法想象没有任何评估标准可用以评估每一中期步骤的成败良窳。所有这些自信心极强的美国领袖，无法想象美国在四十年之内，会需要小心驶航，经过艰巨的自我怀疑和国内冲突的考验之后，才能实现苏联阵营的瓦解。在此一时刻，他们已经忙于承担起美国在新世界秩序中的角色，以及抵御对美国外交政策产生革命性大转弯的批评，无暇再顾及其他。

遏制逐渐形成，它亦遭遇到三种不同学派的批评。第一种批评来自以沃尔特·李普曼（Walter Lippmann）为首的“现实主义派”，他认为遏制政策导致心理和地缘政治的过度伸张，以致耗竭了美国的资源。第二种说法的代言人是丘吉尔，他反对要等到建立实力阵地之后再进行谈判的主张。丘吉尔的论证是，西方国家的实力以冷战开始之际最为强盛，此后即不复有如此盛况，因它的相对谈判力量只会日趋缩小。最后，则是亨利·华莱士（Henry Wallace），他根本否定美国有道德权利采取遏制政策。假定双方在基本道德上相等，华莱士认为苏联在中欧的势力范围合乎法统，美国反对它，只会加剧双方紧张。他力主恢复他认为的罗斯福之政策：美国以片面决定来结束冷战。

作为现实主义派最雄辩有力的代言人，李普曼批驳凯南认为苏联社会含有自我衰亡的种子的假设前提。他认为这个理论太冒险，不能当作美国政策的基础。

> “X先生的估计并没有未雨绸缪，没有给厄运、受理不善、错误和未可预见的因素留出安全空间。他要求我们假设苏联力量已经衰退，他劝告我们相信我们对自身的最高希望即将可以实现。”

李普曼认为，遏制会把美国带到苏联广袤的周边地区荒僻的内陆，以他的看法，这些地区包括许多根本不符合现代意义的国家在内。远离本土的军事纠缠，不仅不会加强美国的安全，还会削弱美国的决心。按照李普曼的看法，遏制将使得苏联能选择最能令美国狼狈的挑衅，同时还保持外交主动，甚至军事主动。

李普曼强调亟须建立评估标准，以界定在何种地区抵抗苏联扩张行动，攸关美国的重大利益。没有这一套标准，美国将被迫拼凑组织“一堆卫星、客户、附庸、傀儡的杂牌军”，也会使得美国这些新盟友利用遏制谋取本身利益的情况发生。美国将被迫陷入支持未能存活的政权的泥淖，使得华府只得在“姑息、挫败、丢脸或以不可估算的代价支持（美国盟友）之间”去做无可奈何的选择。

这的确是对美国究竟会遭遇何种情况的先知性的分析，不过李普曼提议的补救之道却与“普救论”的美国传统不相吻合——美国传统较接近于凯南预料的启示录式的结果。李普曼要求美国外交政策以个案分析是否合乎美国的利益，而不依据一般原则来一视同仁运作。他认为，美国政策应该减少针对推翻共产制度做出的努力，多注意恢复因战争而遭破坏的欧洲势力均衡。遏制意味欧洲的分裂了无尽期，而美国在欧洲的真正利益应该是把苏联势力摒逐出欧洲大陆中心：

> “一百多年以来，历代俄罗斯政府无不寻求扩张图谋东欧。但是只有在红军抵达易北河，俄罗斯统治权方才能够实现俄罗斯帝国的野心，以及共产主义的意识形态宗旨。因此，明智的政策应该以和解为其最高目标，促成俄国退出欧洲。……美国的力量必须明确，不是在散布各处的诸点去‘遏制’俄罗斯人，而是制压住整个俄国军事机器，施加重大压力，以支持追求‘和解，亦即撤军’为具体目标的外交政策。”

命运可谓独厚美国，在战争结束时期赐给它济济的人才。美国的政治领袖是杰出的、经验丰富的人物，在他们背后有著名的麦克劳（John McCloy）、罗福特（Robert Lovett）、布鲁斯（David Bruce）、彭克（Ellsworth Bunker）、哈里曼（Averell Harriman）和杜勒斯（John Foster Dulles）等饱学之士，轮番出壁，不分党派，为历任总统献策定计。

而且美国有幸能自知识分子之中，汲取李普曼和凯南那极有深度的思想。凯南正确地了解到共产主义潜在的弱点；李普曼则精确地预言，基于遏制思想，本质上属于反动的外交政策之挫折。凯南呼吁以耐心允许历史去呈现不可避免的走势；李普曼则呼吁在美国仍占上风之时，采取外交主动谋求和解。凯南对美国社会的主流有较好的直觉了解；李普曼则比较了解，忍受似乎无止境的僵局，压力较大，而且遏制政策可能导致美国所支持的路线，相对模糊不清。

最后，李普曼的分析得到相当多的支持者，不过主要都是反对与苏联对峙的人士，他们的支持仅限于李普曼论点的一部分，只强调它的批判，忽略它的建议对策。他们注意到李普曼主张目标要有限制，却忽视了他建议要采取攻势外交。因此，在20世纪40年代，最有力的替代遏制理论的策略，却来自当时英国在野党的国会领袖丘吉尔。

丘吉尔以在密苏里州富尔顿城发表“铁幕”演说，揭开冷战序幕而知名。丘吉尔在第二次世界大战的每个阶段，都力图限制苏联的扩张主义，希望增强民主国家在战后的谈判力量。丘吉尔支持遏制政策，但是他决不以遏制为目标。他不愿消极坐待共产主义溃败；他寻求创造历史，而非静候历史发展；他追求的是以谈判求和解。

丘吉尔在富尔顿的演说，仅只略为暗示应展开谈判。1948年10月9日，丘吉尔在威尔士的兰都诺（Landudno）演讲，又重谈其论调，认为西方国家的谈判地位决不会比当前更好。他在这项不太受到重视的演说中提到：

> “问题在于：如果他们得到原子弹，也囤积了不少原子弹，情形将是如何？你可以由今天发生的情况来预知来日将发生何种情形，绝没有任何有理智的人会相信我们仍有无限的时间。我们必须正视问题，寻求最后解决。我们不应毫无远见地等候事态发展，我指的是坐以待毙。西方国家如果能形成正当要求，趁着他们仍独有原子弹的力量，抢在苏俄共产党也掌握原子弹之前，应该更加可能不必流血就能达成持久的和解。”

两年之后，丘吉尔在英国国会下议院做同样的呼吁，民主国家已经强大到有力量谈判，迁延只会自挫实力。1950年11月30日，他发表演说辩护北约组织重新武装的做法，他也提出警告说，西方即使武装起来也不会改变其谈判力量，谈判力量终究还得仰仗美国独占原子弹的实力：“虽然迅速建立我们的军力是正确的，但是在这个过程中，在我提到的这个时期里，没有任何事物可以取代苏联在目前所称的传统武器上拥有的优势。这一切种种只会让我们增强欧洲团结，扩大反侵略的威慑力量。因此我赞成只要时机适当，可以尽量与苏联达成和解，并且在美国原子弹的优势十分强大，足可抵消苏联在其他军力的绝对优势之际，迅速谋求和解。”

丘吉尔认为，实力地位早已建立，但是美国领袖却认为它仍待建立。丘吉尔认为，谈判是把力量用到外交上的方法。他虽然没有明确提出，却在公开声明中极力暗示，他已见到西方民主国家提出某种外交最后通牒，美国却一味退缩，不敢运用其独占原子弹的优势，即使只用为威胁也不敢。丘吉尔希望能逼迫苏联势力范围缩小，但也预备在缩小后的范围内与苏联力量和平共存。美国领袖却近乎沉沦地厌恶势力范围这套策略。他们希望摧毁，而不是缩小敌人的势力范围。他们宁愿等候全面胜利、共产主义覆亡，不论它有多么遥远，期待能以威尔逊式的方案解决世界秩序的问题。两者的差异归根结底是因为英国和美国的历史经验有别所致。丘吉尔的社会非常习惯不完美的结果；杜鲁门和其顾问亲信却生长在一个传统里：一旦确认问题存在，通常都运用广大资源加以克服。因此，美国倾向最后的解决，也不信赖英国人最拿手的折中妥协。丘吉尔在理念上没有困难，能够接受一方面建立实力，一方面又积极着手外交运作，迫使和解的双管齐下手法。美国领袖却把这些做法视为分阶段循序而进——他们在第二次世界大战时是这么做，日后在朝鲜战争、越战时，也是如此做。美国的主张得以施行，是因为美国比英国强大，也因为丘吉尔此时只是在野党领袖，没有办法强力推动其策略。

最后，对美国政策最大声、最持续的挑战，既不是自李普曼这一派现实主义者，也不是自丘吉尔这一派势力均衡论者，而是来自根源深植在美国激进思想的传统。李普曼和丘吉尔接受杜鲁门政府的前提，认为苏联扩张主义是严峻的挑战，只不过对如何抵御它的策略，有不同的主张；而激进派的批评者根本就摒弃遏制政策。亨利·华莱士是罗斯福第三度担任总统时的副总统，曾任农业部长，也是杜鲁门政府的商业部长，他是这一派的主要发言人。

华莱士体现着美国平民传统，天生带有北方佬不信赖英国的本性。和杰斐逊以后的多数自由派一样，他坚信“私生活上应该遵守的道德原则，同样也该在国际事务上予以遵行”。华莱士认为，美国已经失去道德的指南针，他于1946年9月12日在纽约麦迪逊广场花园演说时宣称，美国正在实行“马基雅弗利式欺骗、暴力和猜谜式”的外交政策。由于偏见、仇恨和恐惧是国际冲突发生的根源，美国没有道德权力在国外实行干预做法，除非它已自本身社会中摒弃这些祸害。

新激进主义重申美国作为自由守望台的历史使命，但是在过程中却以它来反对自身。假设美国和苏联的行径在道德上相埒，成为激进派在整个冷战时期批判的特征。主张美国具有国际责任，在华莱士看来，是权力傲慢的明确证据。他认为，英国人是在诱导易骗的美国人来替他说话：

> “英国政策显然就是要刺激美、俄之间的不信任感，以此替第三次世界大战铺路。”

华莱士认为，杜鲁门把美苏冲突看成民主与独裁的对峙，纯属虚构。1945 年，苏联战后高压统治越来越明显，集体化的残暴不仁也广受注意之际，华莱士却宣布：“苏联人今天享有的政治自由比以往大多了。”他也发现苏联境内“宗教信仰宽容的迹象大增”，并且宣称“基本上美国和苏联之间并没有冲突”。

华莱士认为苏联政策的驱动力，出于恐惧的成分大于扩张主义。1946 年 3 月，还在杜鲁门内阁担任商业部长的华莱士，上书给杜鲁门说：

> “过去几个月的事件又让苏联跌回 1939 年之前担心‘资本主义包围’的噩梦，并恢复其错误的想法，误以为包括美国在内的西方世界，无可避免地一致敌视苏联。”

6 个月以后，在麦迪逊广场花园的演讲中，华莱士直接向杜鲁门挑战，使得杜鲁门动了肝火，要求他递出辞呈，华莱士说：

> “我们或许不高兴苏联在东欧的所作所为。它的土地改革、工业征收和弹压基本自由等行径，激怒了美国绝大多数人民。但是，不论我们是否高兴，苏联人极力将其势力范围社会主义化，和我们努

力要把我们的势力范围民主化并无殊异，苏联的社会经济正义理念将要涵盖几近1/3的世界。我们的自由企业，民主理念也要涵盖其余绝大部分。这两种理念将努力证明，何者能让其政治辖区内的老百姓最满意。”

角色在此发生奇异的倒错现象。自命维护外交政策的道德性之华莱士，务实地接受苏联在东欧势力范围的事实；他所责备的言行不一、要弄权力政治的政府，却以道德理由斥责苏联的势力范围。

根据华莱士的见解，美国没有权力在世界各地单方面实行干预。防卫只有在联合国认可批准下才算合法（他却不顾苏联在联合国握有否决权），经济援助则应该通过国际机构去分配。由于马歇尔计划并不符合这个标准，华莱士预料它最后将让美国受到世人仇视。

华莱士的挑衅，在捷克共产党政变、柏林封锁、朝鲜战争爆发之后，土崩瓦解。1948年他出马竞选总统，只得到100万票（大部分得自纽约州）；杜鲁门当选连任，得到2400万票。华莱士落居第四名，得票数还不及另一位参选人，代表南方民主党参选的瑟蒙德（Strom Thurmond）。

不过，华莱士发表的论调一直是冷战年代美国激进派批评论点的主要部分，到了越战期间更跃为主流。这个论点强调美国道德上有所不足，它所支持的友人未必符合道德标准；美国和其共产党对手之间在道德上并无高下轩轾之分；美国没有义务防卫世界上那些只遭遇到想象中的威胁的地区；世界舆论比地缘政治观念更适合拿来当外交政策指南。当援助希腊和土耳其的议案初提出来之时，华莱士就力主杜鲁门政府把它提到联合国讨论。如果“俄国动用其否决权，道义重担将由他们负起；当我们独自行动，道义重担就要落在我们身上”。在道义上有理，比美国地缘政治利益是否受到保障，来得重要。

虽然华莱士对美国战后外交政策的激进批评，在20世纪40年代即被击败，但他的基本主张反映出美国理想主义的深刻色彩，依然触动着美国人的心理。赋予美国的国际承诺如此能量的同样的道德信念，也有可能因为对外在世界失望或者美国本身的不完美而内向化。20世纪20年代孤立主义因为孤芳自赏，使得美国由世界局势退回国内；华莱士运动则重新主张美国自扫门前雪，退回国内，理由却是它不足以领导世界。

当美国发动其第一次和平时期国际参与行动时，系统性地自我怀疑还远远未曾发生。开创新政、赢得第二次世界大战的世代，对本身拥有极大信心，对美国企业的广阔空间也信心十足。美国的理想主义很适合来处理两强并立的世界，因为传统势力均衡外交的微妙组合并不尽然妥适。只有对其成就和未来有极大信心的社会，才会号召起决心和资源去建立世界秩序，与它击败的敌人媾和、协助残破的盟国复建，并追求敌人转化。大事业往往需要一点天真去推动。

遏制政策还有一项结果，美国在它势力最鼎盛的时期却把自身摆在基本上消极被动的外交地位上。这也是为何遏制政策日益受到另一派人士攻击的原因。这一派以杜勒斯为最激烈的发言人。他们乃是保守派，接受遏制的前提，却质疑它欠缺紧迫意识。这一派批评者认为，即使遏制终究成功地影响了苏联社会，它的时间也未免太久、成本亦嫌太高。不论遏制能有何成就，解放策略必能加速进程。杜鲁门任期将届之前，遏制政策受到来自两方面的抨击，华莱士这一派人士认为它太好战；保守的共和党人却认为它太消极被动。

争议上升，是因为竟如李普曼所预言的，国际危机日益转移到全球的周边地区，在这些周边地区道德议题混淆不清，对美国安全是否构成直接威胁又难以证明。美国发现自己被牵扯到盟国未予保护的地区战争中，代表着模糊不清的目标，往往结果亦无定论。由朝鲜战争到越战，这些事件一直让激进派可以批评攻讦，继续质疑遏制政策的道德效力。

因此又出现了一种新式的美国例外论。虽然未必完美无瑕，19 世纪的美国以自由的守望塔自居；到了 20 世纪 60、70 年代，据说火炬业已渐弱，需要重新点燃，然后美国才能恢复作为自由大业的启示者。针对遏制政策的辩论，转为美国人性的斗争。

早在 1957 年，凯南已经就这方面重新诠释遏制的观念。他写道：

“国人经常问我，对付苏联威胁最应从何处着手，我的回答是：在

> 美国失败之处，在我们眼中自惭形秽的事物上，或者令我们担心惊悸之处；针对种族问题，我国大城市的情形，我国青年的教育与环境问题，以及专业知识和普遍了解之间的差距。”

十年之前，也就是他对其理论演变成过分重视军事层面大失所望之前，凯南根本不承认这种选择。在外交政策上自我要求道德完美的国家，既不能获致完美，也不能得到安全。凯南的成就是，到了1957年，自由世界所有的矮墙都已配置卫兵防守，他的观点对此有决定性的贡献。事实上，由于岗哨林立，美国大可以自我批判。遏制是一种了不起的理论——一度充满理想色彩、对苏联动机的评估深刻，可是对如何开药方却又抽象玄阔。它的乌托邦思想彻彻底底属于美国式，它假设可以借由良性方式达成极权敌人的覆亡。虽然这个理论形成于美国绝对实力最高峰的时期，它却宣扬美国的相对弱势。遏制理论假设在最高点时才有外交接触，它认定要到最后极致，白帽人接受黑帽人彻底洗心革面，才会出现外交接触。

在此种种条件下，遏制理论陪着美国人走过40多年的建设、斗争岁月，最后获得胜利。由于它的模糊歧义，受害的不是美国立定决心要保护的人，却是美国人的良知。在传统上追求道德完美的过程中，美国人自我折磨考验，经过一个世代的斗争，由于努力不懈和争议不断而遍体鳞伤，但美国最终达成了早先预定的大多数目标！

第十九章

遏制政策的困境：朝鲜战争

杜勒斯在朝鲜三八线，1950年6月

两重误解下爆发的朝鲜战争

美国并没有做到罗斯福总统预期的“把子弟带回国”。它深深介入，成立组织和计划去防御苏联入侵，并且尽力对苏联阵营施加压力。

遏制政策照原定构想，顺利运作了三年。大西洋同盟承担防止苏联扩张的军事防范任务，马歇尔计划则在经济、社会方面强化西欧国家。希腊、土耳其援助方案阻止了苏联对东地中海的威胁，柏林空运行动亦显示出民主国家有决心不惜一战，抵御对其权利的威胁。在上述每一个案上，苏联都选择了退缩，不与美国摊牌。

但是，遏制理论有一个重大缺陷，使得美国领袖根据两个错误的前提行动：第一是它的挑战将和第二次世界大战期间一样变幻多端、模糊不清；第二是共产党会消极地坐待其统治政权瓦解。他们没有考虑到共产党可能在某时点爆发，选择对美国政治、战略最具复杂度的地方作为目标，发动事故。

遏制理论被推销给以欧洲为重的国会，使它勉强予以接纳。担心苏联会侵入地中海，促成了援助希腊、土耳其方案；苏联可能会攻击西欧，导致北大西洋公约组织的成立。苏联有可能在各地到处滋事，令人防不胜防。

1950 年 6 月 25 日，美国突然被迫正视遏制政策歧义不清的问题：一个共产党代理人针对华府宣布不在美国防卫范围之内，且所有的美军去年已经撤出的一个地区，发动了军事行动。进攻方是北朝鲜，另一方是南韩，两者都与美国战略焦点——欧洲，相去何止万里之遥。可是北朝鲜开始进攻后不到几天，杜鲁门就匆匆下令在训练并不充分的驻日占领军中，抽调兵力，组成远征军，进行原先战略规划并未纳入、也未向国会寻求批准的就地防卫。美国战后的政治和战略规划，根本就没有考虑到这类侵略的可能性。

美国领袖只界定了两种可能的战争起因：一是苏联突袭美国，二是红军进攻西欧。布拉德利将军（Gen. Omar N. Bradley）1948 年以陆军参谋长身份做证时说：

> "就国家安全做规划当然必须考虑到美国在一开战就遭到空中进袭的可能性。这种空袭的可能性和实际性每天都在增大，故我们必须确保敌人可能空袭的基地之安全。其次，我们必须即刻发动反攻，并以空中作战为最主要的攻势反击，我们需要一些目前尚未有的基地。而占领和坚守这些基地，那就需要动员陆军攻击部队。"

布拉德利却没有说明，苏联在经过一场剧烈作战、国力衰竭之后的三年，如何、为何要进行扩张策略，何况美国还拥有原子弹独占优势，苏联亦无远程空中作战能力。北朝鲜部队跨过北纬 38 度线并南进之后，美国的行为无一能让莫斯科和平壤的决策者认为大不了就是外交抗议之外，还会有更激烈的反应。40 年后伊拉克的萨达姆总统同样大吃一惊，没有料想到美国会由 20 世纪 80 年代末期的修好、和睦态度，一变而为 1990 年在海湾大举布置兵力。莫斯科和平壤的共产党领袖相信美国人声称朝鲜不在其防御范围之内的说法。他们认为，美国在默认共产党占领中国大陆这个局面之后，不会为了并不重要的韩国大动干戈，去抵挡共产党占领南韩。他们显然没有了解到，美国决策人士对美方一再宣称，抵抗共产党侵略是道义责任的说法，其重视程度远远超过战略分析。

因此，朝鲜战争可以说是在两重误解之下爆发的：共产党方面以美国在亚洲地区的利益为分析出发点，认为大部分的亚洲大陆被共产党占了，美方都默不作声，不会在朝鲜半岛的一隅有所举措；美国方面，则以原则问题来看待这件事，它不太关切韩国地缘政治的重要性，也已公开做出表示，却十分重视听任共产党行径不加阻挡的象征意义。

杜鲁门总统毅然决定在韩国抵抗共产党，完完全全和美国领袖一年前的说法，大相径庭。1949 年 3 月，太平洋美军总司令麦克阿瑟将军在接受报纸访问时，已明白表示韩国不在美国防御范围之内：

> “我们的防御线穿越星罗棋布的亚洲海岸的岛屿链。它起自菲律宾，通过琉球群岛（包括其主要基地冲绳），然后折至日本，阿留申岛而到阿拉斯加。”

1950 年 1 月 12 日，艾奇逊国务卿对全国记者俱乐部演讲，说得更清楚。他不仅同意韩国不在美国防御范围内的说法，还明确表示不具意愿保障亚洲大陆地区之安全：

> “到目前为止，就太平洋其他地区的军事安全而言，必须坦率以告：没有人能够担保这些地区免遭军事攻击。但是，同样明确的是，在实质关系上而言，这样的担保也不太有意义或必要。”

1949 年，杜鲁门总统接受联合参谋首长的建议，把美军部队全部撤出韩国，由于美国担心韩国若是稍具实力，即可能冲动以武力统一全韩，因此韩国陆军的训练、装备，大约仅略强于警察功能而已。赫鲁晓夫在回忆录中声称，侵略韩国是北朝鲜领导人金日成的主意。斯大林起初非常谨慎，后来之所以接受这个计划，是因为他被说服，认为事情轻易即可成功。莫斯科和平壤都没有了解到“价值”在美国的国际关系原则中的重要性。当麦克阿瑟将军和艾奇逊国务卿谈论美国战略时，他们想到的是与苏联的全面战争，也是美国领袖有系统地盘算、估计的唯一一种战争。在这样的战争中，韩国的确不在美国防御范围内，决定性的战役要在其他地方进行。

美国领袖根本就没有想到，他们对只限于朝鲜境内，或大约相当地区之内的战争，应如何去反应。当他们在柏林封锁、捷克政变、中共建立新中国等事件之后，立刻遭逢此一局势，他们的解读是：这充分证明共产主义毫无餍足，得寸进尺，必须基于原则大义予以遏止。

杜鲁门决定在朝鲜抗拒共产党南侵，也是基于国家利益的传统因素考虑。共产主义的活动在战后以来，与年俱增。1945 年，由于红军的占领，它在东欧建立据点；1948 年，它又借由政变方式，在捷克夺权成功；1949 年，由于内战胜利，中共建立了新中国。如果现在容许共产党军队跨越国际承认的边界，世界将恢复到第二次世界大战之前的状态。亲历慕尼黑事件的世代，必须要有所回应。南韩一旦陷落，对于一水之隔的日本势必带来灾害性的冲击。日本一向视朝鲜为东北亚的战略锁钥，若为共产党掌控而不加以反制，势必给人印象，认为共产主义在亚洲已坚若磐石，进而伤害到日本的亲西方政策走向。

很少有外交政策会比未曾预料到、却必须采取军事行动，来得更困难。然而，杜鲁门却毅然下了决心。6 月 27 日，也就是北朝鲜部队跨越北纬 38 度线的两天之后，他下令美国海、空军动员起来。6 月 30 日，他又命令日本境内的美国占领军地面部队动员起来。

苏联的僵硬作风使得杜鲁门带领美国参战顺利多了。苏联驻联合国大使为了抗议联合国不肯把中国代表权交还给北京，已经杯葛安全理事会及其他联合国机构达数个月之久。如果苏联大使没有那么畏惧斯大林，或者他能够更迅速获得指令，他必然会出席安全理事会，对美国提出要求北朝鲜停止敌对行动、退回北纬 38 度线以北的决议案，加以否决。由于苏联大使未出席安理会、没有行使否决权，使得杜鲁门可以组织起抗御行动，以联合国的名义出兵，变成是威尔逊主义的“自由对抗独裁、善恶势不两立”的精神，让美军合理地在朝鲜介入战事。杜鲁门声言，美国参战是执行安理会的命令，因此这不是干预遥远的某一地区性冲突，而是抵抗共产主义对整个自由世界的进袭：

> “对韩国的攻击已经不容置疑，这表现出共产主义已超越军用颠覆手法以征服独立国家，今后将运用武装侵略和战争的手段，它违背了联合国安全理事会为保护国际和平与安全而颁布的命令。”

虽然杜鲁门可以用有力的地缘政治为基础，主张参与朝鲜战争，他却以美国人民的核心价值观为基础提出诉求，形容美国的介入是为了保卫普遍原则，不是为了美国的国家利益，“国际事务恢复以武力统帅将有深远影响。美国将继续坚持法论原则。”美国保护原则而非利益，美国保护法律而非强权，这是美国投入军力的最神圣不可违犯的义理，由两次世界大战到1965年升级介入越南局势，到1991年介入海湾战争，皆奉为圭臬。

遏制理论下的朝鲜战争

一旦议题被提升到权力政治之外，就难以界定战争的实际目标是什么。美国的战略理论是以总体战为构想，总体战的目标就是追求全面胜利和敌人无条件投降，与第二次世界大战相同。但是，有限战争的政治目标是什么：最简单、最易明白的作战目标就是实实在在执行安全理事会的决议——把北朝鲜部队逼退回到北纬38度线他们出兵的原始点。但是如果侵略行为不需要受到惩罚？如此，以后又如何吓阻侵略？如何让潜在的侵略者认识到，他们也必然受到惩罚，遏制或许就会变成有限战争无休无止地进行，而这势必耗竭美国的实力——这将不啻是李普曼预言成真。

另一方面来说，什么样的惩戒与承诺进行有限战争，堪可相当？包含在涉及超级大国的有限战争之策略（不论是直接或间接涉及）里的，是某一方提高押注的实质力：这正是他们之所以成为超级大国的原因。因此势必求取均势。任何一方只要能让另一方相信，它会更加敢于冒险，就可占上风。斯大林在欧洲方面，违背任何对实力的理性分析，竟然吓唬民主国家相信他会比他们更敢走极端。亚洲方面，共产阵营亦因中共建立新中国而声势大振，苏联可以不必直接介入即通过中共威胁此一地区。民主国家因此比敌手更害怕紧张局势加剧——至少民主国家是如此深信不疑。

对美国政策起抑制作用的另一因素是，各国通过联合国多边参与的承诺程度有多强。朝鲜战争初起，美国得到北大西洋公约组织各会员国大力支持，英国和土耳其还派出相当数量的部队参战。虽然它们是否参战对韩国的命运没有多大影响，但表明这些国家支持日后本身防务需要可能会用到的集体行动之原则。一旦这个目的达成，联合国大会多数会员国就不会热衷于冒险去施加惩戒了。美国因而发现本身陷入了一场师出无名的有限战争，去防卫它已宣称并无战略利益的一个遥远的国家。在这样进退维谷的两难局面下，在朝鲜半岛见不到国家战略利益：它的主要目标是展示侵略者应受到惩罚。要让北朝鲜付出代价，却又不至于触发战事扩大，美国需要让有力量扩大战事的国家，尤其是苏联和中共，相信美国的确只有有限的目标。

不幸的是美国参战所揭示的遏制理论，却切切实实制造出相反的诱因：它诱导杜鲁门和其同僚扩大了政治战场。杜鲁门政府主要阁员无一例外，相信共产主义对全球有一套构想，并且认为北朝鲜向南进攻是中苏全球策略的第一招，极可能导致全面大进击。美军奉调投入朝鲜战争之际，他们亦极力寻觅方法要传递信息，让共产党方面知道美国决心在整个太平洋地区进行抵抗。他们在宣布派遣军队进入韩国之同时，亦下令海军第七舰队保护台湾："共产党的行为将对太平洋地区之安全，以及在该地区执行合法、必要功能的美国部队，造成直接威胁。"甚至，杜鲁门也对在越南对抗共产党领导的独立运动之法国军队，加强军事援助。（政府的决定通常动机不止一个，由杜鲁门的眼光来看，这些行动另有好处，即它可以封住美国参议院所谓中国游说团的悠悠之口，取得他们的合作，以免他们猛烈抨击政府"放弃"中国大陆。）

刚在国共内战中获胜的毛泽东，把杜鲁门的宣告视为反映出美国人害怕共产主义"阴谋"，色厉内荏；他把它解读为，美国开始想采取行动，扭转共产主义在中国内战得胜的局面。杜鲁门保护台湾，等于是支持美国依然承认国民党政府为中国的合法政府。美国逐步加强援助越南，北京将视之为资本主义包围中国的行径。凡此种种加总起来，都促使北京采取美方最不愿见到的措施：毛泽东有理由认为，如果他不在朝鲜阻挡美国，他或许将会在中国领土上和美国交战；最起码，他没有得到理由去做出相反的结论。《人民日报》说：

“美国帝国主义者天真地认为他们的武装侵略台湾，可以阻挡我们解放台湾。围绕着中国，他们布下长蛇阵形成封锁；北起南朝鲜，它延伸到日本、琉球群岛、中国的台湾和菲律宾，止于越南。”

美国的军事战略加剧了中共对美国意图的误解。诚如早先所述，美国领袖传统上把外交和战略视为两不相干的行动。以美国军方传统的看法，他们会先达成一个结果，然后由外交官接手办下去；但二者都没有让另一方明白他如何追求其目标。在一场有限战争中，如果军事目标和政治目标没有一开头就同步进行，则经常会有过犹不及的危险。做得过头，允许军方放手作为，有可能爆发全面战争，使得对手加剧动作；做得不及，听任外交官主导，则往往谈判战术掩盖了战争策略，倾向于和解而不了了之。

在朝鲜半岛就陷入这个陷阱。战争初期阶段，美国远征军局限在朝鲜半岛最南端釜山港周围的弹丸之地活动。生存是最主要的目标，战争与外交间的关系如何拿捏，根本没在美国领袖脑子里。美国本世纪最有才华的将领麦克阿瑟担任朝鲜战争总司令。麦克阿瑟与他的多数同僚不一样，不喜欢美国人习惯的消耗战策略。第二次世界大战期间，尽管欧洲战场排在第一优先，麦克阿瑟却发明了“跳岛”战略，回避日本的坚强据点，集中兵力攻打防御薄弱的岛屿，两年之内就率领美军由澳洲攻回菲律宾。

麦克阿瑟现在韩国又运用同样的战略。他不采纳华府后方比较正统的上司之意见，而是率美军由仁川（汉城的港口）登陆，这是在敌后 200 多英里的抢滩攻击，切断了北朝鲜部队与平壤之间的补给线。北朝鲜部队溃败，北进门户洞开。

胜利导致了或许最影响朝鲜战争结局的一项重大决策。如果美国有心将其军事目标和政治目标结合起来，这是最恰当的时机。杜鲁门可以有三个选择：他可以下令美军在北纬 38 度线勒兵不前，恢复原状；他可以下令继续挥师北上，对朝鲜施加惩戒；他可以命令麦克阿瑟把朝鲜半岛统一，在中朝边界再止步。换言之，以军事考虑思索、决定战争的结果，最上上之策可能是推进到朝鲜半岛的窄颈部位，即在中朝边界之南

100 英里之处。这是一条可守之地，将可以包含半岛上 90% 的人口，也把北朝鲜首都平壤置于治下。这么做可以获致政治上的大成功，却又不致挑衅刺激中共。

麦克阿瑟虽然是杰出的战略家，却不具政治分析家那份洞烛敏锐。麦克阿瑟没把中国人历史记忆中，日本人取道朝鲜侵略中国东北的情况当一回事，继续挥师进逼到鸭绿江畔的中朝边界。杜鲁门一时亦因其前线主帅在仁川首战告捷而失察，默许了麦克阿瑟的行动。他放弃了在回复原状和全面胜利之间的折中办法，也放弃了扼守朝鲜半岛窄颈部位的地理、人口优势。他不去守住与中朝边境仍有相当距离的 100 英里长的可防地带，却要挺进到与中共主要兵力集结隔河对峙的 400 英里长的边境上。

中共在中国经历了日本侵略所带来的痛苦、破坏与伤亡，以及国共内战的摧残之后，要决心与世界第一强大的军事强权挑战，实非易事。在中共官方档案公开以前，我们无从知道，毛泽东是否在美军一跨越北纬 38 度线，不论他们北进多少都决定要干预，或是毛泽东能够允许美军推进多远。但是，政策的艺术就是创造出可以影响敌手评判的一种利害得失之评估。决定中共干预与否的一个因素，就是美军在朝鲜半岛窄颈部位停止推进，并且提议以某种国际监管方式让韩国其他地区实施非军事化。

华府下令麦克阿瑟不以非韩国部队向鸭绿江推进时，已经朝这个方向试探。但是这道命令不曾转变为向北京发出的政治信号，它也从未对外公布。总之，麦克阿瑟把这道指令视为“不切实际”。华府亦遵守尊重前线司令官判断的传统，不再坚持。麦克阿瑟已在仁川神奇地出兵制胜，以致美国政治领袖大半都认定他比大家都更了解亚洲局势。

当中国人民志愿军参战时，美国大为震骇，造成几近恐慌的撤退，由鸭绿江迅速退兵到汉城之南，六个月之后汉城第二度失守。缺乏有限战争的理论作为指针，这个危机造成杜鲁门政府失去了对政治目标的掌控。随着战斗的起伏，美方的政治目标先后被宣示为：制止侵略、统一朝鲜半岛、维持联合国部队的安全、保证沿着北纬 38 度线的停火，以及不使战火蔓延。

美国地面部队在1950年7月份投入战斗序列时，美方宣示的目标是“击退侵略”，但是这个字词的具体意义是什么，从来也没界定清楚。9月份，美军仁川登陆告捷，北朝鲜部队溃败之后，目标变成“统一”朝鲜半岛。杜鲁门在1950年10月17日做此宣布，但是并未提出对中共交涉的政治架构。杜鲁门要传达给北京的讯息，无非一再重申信守承诺的神圣诺言，而毛泽东所质疑的也正是这一点。杜鲁门下令美军北进时说：

> “我们在韩国的唯一目标，是建立和平与独立。我军将纯依联合国基于此一目的需要我们在当地驻留而驻留。我们在韩国或任何地方，都不追求领土或特权。我们在韩国、在远东任何其他区或全世界各地，都没有侵略意图。”

毛泽东无法信赖他的资本主义头号大敌的这种保证，何况此刻美国正在保护他的台湾劲敌。杜鲁门也没有具体界定他摒弃的“侵略意图”是何所指？也没有定出美军撤出北朝鲜的时间表。美国能够让毛泽东不参战的唯一方法，若是有可能成功的话，就是建议在中朝边境沿线建立某种缓冲区。令人扼腕的是，美国从来没尝试这么做。

接下来几个月里，美军证明了中共领袖所冒的风险有多大。中共最初沿着鸭绿江的胜利，是因为奇袭奏效，以及美军过于分散所致。不久，情势就很明显，中共部队没有充分火力可以制服被困的美军，占领其阵地，而且去除掉奇袭之效以后，它也无力突破美军布下的雷池——譬如，沿着半岛窄颈部位形成对峙战。一旦美军重新整顿，他们证明共军根本无法抗御美方火力。

中共才刚刚参战，美国的目标又变了。事实上，这也不过是几天之内的转折。1950年11月26日，中共发动反击；11月30日，杜鲁门就发表声明，放弃以统一为作战目标，改口说统一可以留待“日后再谈判”。“遏止侵略”这个模糊的概念，再次成为美国的主要目标：

> “联合国部队在韩国就是要扑灭不啻威胁联合国整个组织，也威胁

全体人类和平、正义希望的侵略行为。如果联合国对侵略势力让步屈服，将没有一个国家可以安全无虞。”

1951 年 1 月初，双方交战前线大约在北纬 38 度线之南约 50 英里，汉城再度沦陷，被共军占领。此时，中共重蹈麦克阿瑟三个月前的错误覆辙。如果他们此时提议双方沿北纬 38 度线和解，华府一定乐于接受；中共也可以赢得“在国共内战得胜之后一年，又击败美军”的声誉。但是就跟六个月前的杜鲁门一样，毛泽东被早先没预料的胜利冲昏了头，想把美军彻底赶出朝鲜半岛。他也遭受重大挫折。中共攻击汉城以南美军阵地，伤亡惨重。1951 年 4 月，战势再次逆转，美军第二度攻过北纬 38 度线。但是，局势逆转并不只限于战斗。杜鲁门政府此时因中共突然参战亦损失惨重，因此避免危机一变成为美国的主要目标。

然而，华府对风险的评估却以一些错误概念为基础。美国假定（十年之后她在越南又同样如此假定），她正在面对共产主义整合操控、企图征服全世界的大阴谋。如果莫斯科一声令下，中国和北朝鲜投入战争，必然有苏联在背后撑腰。华府相信，克里姆林宫不会接受挫败，他的马前卒失利，他就会升高赌注。美国若是旨在追求有限度的胜利，或许反会触发与苏联的全面战争。因此，美国也不敢只赢得有限度的胜利，因为深惧共产阵营会不惜代价以求不输。

事实发展与此截然不同。斯大林之所以同意北朝鲜进攻，是因为金日成向他担保，不会有爆发大战的危险。至于斯大林之所以鼓动中共参战，可能是为了增加中共对苏联的依赖度。对这个议题真正的狂热分子是在北京和平壤。朝鲜战争绝对不是克里姆林宫把美国诱导介入亚洲战争，以便苏联可以在欧洲发动攻势的阴谋。威慑苏联不敢在欧洲轻举妄动的是美国的战略空军司令部，它在韩国根本没有动用到。苏联只有极小的核打击力量。以核兵力之悬殊而言，斯大林在全面战争中所遭受的创伤，一定会比美国来得严重，不论欧洲地面部队实力有多悬殊，斯大林也极不可能甘冒与美国为朝鲜爆发战争的风险。果然，斯大林对中共的援助刻薄吝啬，也要求中共要付钱买军火，种下了中苏龃龉的初因。

美国领袖认为他们了解战事升级的危险，却没有考虑到僵局对峙的代价。杜鲁门 1951 年 4 月宣称：

> “我们奋战抵抗韩国遭受的残暴侵略。”

> “我们力图不让韩境冲突扩散到其他地区。但是与此同时，我们必须进行军事行动，以确保我军的安全。此事攸关我军继续奋战，直到敌人放弃其摧毁大韩民国的野心企图为止。”

但是以保护“我军的安全”为目的去作战，在战略上而言可谓愚蠢不当。战争本身就冒着安全之险，以确保“我军的安全”为目标，必然变成一句空话。由于杜鲁门的战争目标无非就是诱导敌人放弃其作为，换言之，最多也就是恢复原先状态——它引起的挫折感，加重了求胜的压力。麦克阿瑟不认为僵持对峙是有意义的目标。他极力争辩说，战争升级的危险在起初决定参战时就已种下，不可能因为在军事行动上有所节制就减缓上升的危险；反倒可能因战事迁延良久而增加危险。1951 年，麦克阿瑟在一次听证会上坚称：

> “你已经介入一场战争，你不能说：‘让这场战争无限期拖下去，我好同时为另外的战争备战。’”

由于他不能接受政府的观点，朝鲜战争必须在避免激恼苏联、使它有借口发动全面攻势之前提下进行，因此麦克阿瑟主张至少要在韩国战场击败中共军队的战略。

麦克阿瑟的方案是：

> “提出最后通牒，要求它（中共）在一段合理的时间内出面谈判停火条件，否则它在韩国的行动将被认为是对参战的（联合国）国家之宣战，这些国家势必会采取必要行动，求得解决。”

麦克阿瑟在不同的时机和场合，曾经主张轰炸中国东北的基地，封锁中国大陆、增强韩境美军，以及把台湾的国民党部队引入朝鲜战争——理论基础是，麦克阿瑟认为这些都是“利用所有军力，在最短时间内，牺牲最少生命，带来公正、光荣和平”的“正常方法”。

麦克阿瑟的若干建议逾越了第一线指挥官的权限范围。譬如，引进台湾国民党军队参战，就是对中华人民共和国全面宣战。一旦中国内战转移到韩国战场，国共双方一定要拼到你死我活，非有一方获致全面胜利不可；美国必然会陷入无休无止的冲突之中，难以脱身。

然而，基本议题不在于麦克阿瑟某个建议适当与否，而是他提出了一个关键问题：在僵持对峙和全面战争之间是否有选择？1951 年 4 月 11 日，杜鲁门罢黜麦克阿瑟，这项辩论公开爆上台面。杜鲁门别无选择，只能罢黜一位公开不服上司的司令官。但是他也使得美国又陷入一项主动权操之在敌的战略。做出宣布之同时，杜鲁门再度修正美国的目标。“击退侵略”首度被界定成为，沿着现有停火线（不管它位置在哪里）达成和解——因而制造出一个诱因，使得中共“加强”军事活动，以便取得最佳阵线：

真正的和平可以通过下列因素为基础的和解去达成：

> 一、战斗必须停止。
>
> 二、必须采取具体措施，确保战斗不会再爆发。
>
> 三、侵略行为必须终止。

美国六个月前主张不惜一战追求韩国统一，现在这一主张又被摆到将来再说：

> “以这些因素为基础的和解，将开启朝鲜半岛统一和全体外国军队退出的大门。”

麦克阿瑟卸职归国，受到英雄式大欢迎，并且出席一系列大受瞩目的参议院听证会。麦克阿瑟以外交政策和军事战略之间的传统关系为基础，为自己的立场辩护：

> "多少年来接受的一般定义是，战争是政治的最终程序；当一切政治手段失灵，你就使用武力；当你诉诸武力，控制的均势、观念的均势，涉及的重大利益，你动手的时机，都由军方所掌控。我的确明明白白提到，当人们在战斗中纠缠对抗时，就不宜以政治的名义玩弄伎俩，这么做会妨碍自己人，减少他们获胜的机会，也增加他们的损失。"

麦克阿瑟反对以僵持对峙作为国家政策，有他的道理。然而，他也无可避免地表现出政治性的局限，反对提出任何的政治目标，即使这些目标攸关局部胜利也一样。如果不让外交来界定战争目标，每一项冲突都会自动变成全面战争，在核武器时代，这绝对不容轻忽。然而杜鲁门政府却更进一步申论，它不仅不接纳麦克阿瑟的建议，还力称除了僵持对峙策略之外，别无其他替代方案可以奏效。这时候已经出任参谋长联席会议主席的布拉德利将军，界定了三种军事方案：

> "要么撤退、放弃南韩，要么继续在现在的区域战斗，但不投入大兵力，要么全力投入足够兵力，把这些家伙赶出韩国。目前我们走的是第二条路线。"

在美国政府中，每当政策方案三案并陈时，大部分都会采取中间方案。由于外交决策高官习于将其建议方案摆在有所不为和全面战争两条路线的中间，有经验的官僚明白，如果他们选择中间路线，可以提振其部属的士气。这的确就出现在布拉德利的三个方案之上；只不过"从事全面战争，并未投入大兵力"表达出没有明确目标的政策之两难困局。

艾奇逊以外交辞令证实，美国在朝鲜半岛的目标的确就是僵持对峙。美国在朝鲜半岛的目标是"终止进攻，防止进攻行为复活，并且恢复和平"。艾奇逊没有界定清楚这些字词，径自就反对麦克阿瑟所提议的措施的有效性："考虑到仅以有限度的方式把战争扩及中国大陆，其利弊不言自明，"这位国务卿说，"我们必须衡量与中共全面战争的风险，苏联介入的风险，爆发第三次世界大战的危险，以及对自由世界盟国团结可能的影响等等""很难认为苏联可以无视中国大陆遭受直接攻击"。

如果美国不敢战胜，却又输不起，它有何选择？所有言词说到最后，也就无非是战场前线僵持不下，因而谈判桌上亦相持不决。杜鲁门在其回忆录中总结其所有文武僚属的观点如下：

> "我就朝鲜半岛冲突所做的每一项决定，都谨守一个目标：防止爆发第三次世界大战，以及它将对文明世界带来的可怕破坏。这表示我们不应该有任何举措，授苏联以口实，以致自由世界陷入全面大战的浩劫。"

认定苏联会随时为全面战争做准备，正透露美国格外不了解实质权力关系的真味。斯大林并没有在寻求借口，挑动全面战争；事实上，他也避之唯恐不及。如果他刻意对抗冲突，单是在欧洲就可以信手拈来许多借口，在韩国业已发生的军事行动中，他也不乏借口。丝毫不足为奇，苏联在朝鲜战争期间根本没有要挟要参战，也没提到要采取军事行动。斯大林审慎狐疑的性格中，没有丝毫线索可以说他是个鲁莽的冒险家。他一向喜以隐讳、间接的手法，代替真正对立的冲突，并且非常小心不愿因触犯美国而发生战争——其理由相当正确，考虑到双方核能力有天壤之别，在全面战争中讨不到便宜的是苏联。奇怪的是，美国政府方面全部官员都强调另一类观点。马歇尔声称，美国还需要两三年时间，为全面战争做好准备。布拉德利认为，"我们并未立于最佳地位去迎接一场全球大战"。因此他有一句脍炙人口的名言：在朝鲜半岛爆发全面战争将"使我们在错误的时间、错误的地点，与错误的敌人，打一场错误的战争"。艾奇逊也认为美国需要更多时间，"建立一支有效的威慑力量"。

为什么在苏联核能力日渐增高之际，美国领袖会认为其威慑力量可以与时俱进？这只能以遏制理论的另一个奇异前提来解释。这个假设前提就是，美国势力薄弱（事实上它拥有核武器方面的优势），并且也认定苏联加强其核武器之际，美国也可以强化其实力阵地。斯大林成功地阻止了美国企图在韩国取得有限度胜利的打算，他利用了美国人自欺欺人的假设，又不用特别做出威胁恫吓的动作。

中共参战之后，美国从未认真探讨有限度胜利的替代方案。杜鲁门政府的基本假设是，不求僵持对峙既不可能，也有爆发全面战争的危险；事实上这个假设并没有穷举各种可能的办法。我早先提到的中期措施（沿着朝鲜半岛窄颈部位画线分治，把其余国土由国际监督进行非军事化），如果不被采纳，也可以片面径自实施。中共可能根本没办法防止它发生。麦克阿瑟的继任者李奇微将军（General Matthew Ridgway）也有同样的想法。

麦克阿瑟一口咬定“中共用尽其最大力量对付我们”，可谓正确至极。至于苏联方面，它就必须估量，在美国占尽核优势、苏联经济又衰弱之条件下，美国从北纬 38 度线推进到朝鲜半岛窄颈部位这一小段距离，是否值得大动干戈，冒全面战争之险？当然中共可能既不默默接受，也不大力抗战，而是在战场前线保持威胁态势。不过，这种情势与日后出现的沿北纬 38 度线南北分治情形，不会有多大差别。中共的政策一旦为因恐惧苏联借机侵略，而向美方靠拢所主导，它就必然会停止做出任何威胁动作。一旦共产党阵营第一次对美军事挑衅遭受明显挫败，其他的黩武好战派在中南半岛等地区可能就会更加审慎三思，不敢冒进。中苏分裂也几乎必然加速发生。

1951 年春天，美军在李奇微将军率领下发动北伐新攻势，并运用传统的美式消耗战术作战。它已经解放汉城，也跨过了北纬 38 度线，对方于 1951 年 6 月建议停火谈判。在这个关头，华府下令停止攻势行动。此后，所有营级以上的行动都必须经最高统帅部的批准——杜鲁门政府认为可以借此向中共表示，华府目标并非旨在求胜，因而可以有助于谈判气氛。

这又是一种典型的美式传统姿势。由于他们深信和平是正常、善意的自然状态，美国领袖一向以排除高压强制因素、片面展示善意的方式来鼓励谈判。事实上，在绝大多数的谈判中，片面动作只会失去一项关键性的谈判资产。一般而言，外交官极少为早已得到的服务付费——在战时犹然。

典型的情形是，战场上的压力促成谈判。减缓这道压力，等于降低敌人认真谈判的诱因，也会引诱敌人拖延谈判，冀求可能会再有片面善意姿态。

这正是朝鲜发生的情况。美军节制，使得中共结束了其部队被美国技术、物质优势压制的情形，不需要冒太大风险，中共就能以军事行动制造美军伤亡，借以扩大美方的挫折感和国内止战的压力。借着这段停火喘息时期，共军方面在险恶的山区建立了难以攻克的阵地，逐渐消除美军恢复攻势的威胁。这又导致长期消耗对峙战，只有在中共物力受局限、美方心理有障碍两者之间出现均势，才会停止。僵持的代价就是，美军在谈判期间人员伤亡数，竟然超过先前全面作战期间的数量。

美方寻求的僵局出现在军事上和政治上两方面。关于军事僵局对部队的影响，英国官方观察员弗格森准将（Brigadier A. k. Ferguson）有深刻的描写：我认为，联合国部队在韩国号召的目标是“击退侵略，恢复本地区的和平与安全”，它在目前的情况下给予最高统帅的军事目标太模糊，难以达成停止交战行为的目标。许多英美官员已经在问：“朝鲜战争何时结束？”“我们在韩国的目标是什么？”这些问题使人相信，除非韩境英军、美军得到具体的目标指令，战场指挥官要想维持士气不落，十分困难！

美国选择对峙僵局，引发出战后第一次外交政策大扭转。麦克阿瑟这一派人士认为，朝鲜战争是挫败，因为它的限制导致了军事和政治的僵局。杜鲁门政府则把朝鲜战争视为梦魇，就其政治目标而言它是一场大战，可是就其战略理论而言，它又只是一场小战。麦克阿瑟不惜与中共一战，要在韩国与共产阵营摊牌；政府方面则想要依据遏制理论、节省美国力量，在欧洲抵抗苏联扩张。朝鲜战争因而暴露出遏制理论的力量与限制。以传统的方略而言，韩国是个试金石，可以判断彼时正在形成的两大对立之势力范围的分界线何在。但是美国人却有全然不同的认知，它把朝鲜战争视为正邪之战，是代表自由世界而战。这样的诠释使得美方的行动得到莫大的驱动力和奉献感。它也使得遏制理论由技术层次一下子摆荡到天启圣命。欧洲、日本复兴重建等伟大工作，与严重不了解细微差异、过分高估苏联实力，同时并存。能够以道德和法律加以包装的议题，得到妥善、细心照料；但是也有趋势倾向于重形式，而轻内容。艾奇逊评估美国在朝鲜的成败，就不重视战场结果，而强调建立集体安全的观念：“集体安全的概念经受考验而确立。相信集体安全的国家已显示出他们能够团结一致作战。”建立集体行动的原则，远比任何特定结果（只要不是战败）来得重要。

遏制政策的模糊歧义给美国人民加上了极沉重的负荷，他们被要求忍受严重伤亡，容许其领袖在抵抗进攻和避免全面战争的狭窄航道中艰苦摸索——可是何谓抵抗进攻？何谓避免全面战争？又未曾有明确定义。这一来就爆发出挫折感，和寻找替罪羔羊。马歇尔和艾奇逊备受诋毁。麦卡锡参议员（Senator Joseph McCarehy）等煽动家系统性地蛊惑，认为华府已经遭到共产党渗透。

但是，美国民众对朝鲜战争的反应最显著的一面，并不是她对战争拖延不决的纷扰不安，而是她竟然容忍接纳。面对着一切的挫折，美国人民在似乎无休无止的反抗共产主义斗争中，承担起全球责任，不计人命牺牲，却又不知究竟会有何明确结果。最后，美国可能是在耗费更长的时间，付出更大的代价后达到了目标。15 年之后，美国将在中南半岛冲突中再度经历更深刻的痛苦。

然而由韩国内部引发的挑战和美国日后经历的中南半岛痛苦两者之间，还是有基本差异。批评朝鲜战争的人士争的是求胜，可是批评越战的人士则主张接受失败，承认失败。对朝鲜战争的争论给予杜鲁门政府谈判助力，杜鲁门和顾问可以利用国内反对声浪胁迫北朝鲜和中共，因为他的另一替代方案无他，就只是积极从事作战而已。但是中南半岛战争，却又倒了过来，反战人士鼓动美军无条件退出越南，挫弱了美国的谈判地位。

最后分析起来，朝鲜战争的全体交战国家都得到重大教训。当时的美国政治家眼光远大，应受到推崇。他们能够有远见，肯投入兵力去保护一个数月前才被宣告与美国安全利益无关的远方国家。当挑战出现，他们有勇气幡然修改立场，因为他们清楚，默许共产党占领全朝鲜，将伤害美国在亚洲的地位，尤其不利美国与日本的重大关系之发展。

美国在承担起一个世代的世界领袖责任之始，虽然挺费力，却通过了第一道考验。美国人的天真，另一面也就是他们格外的使命感，竟然在一场没有结果的战争中，导致了自己子弟将近 15 万人的伤亡。韩国危机导致欧洲方面增强实力，和成立北大西洋公约组织，因而能够有更大耐力进行冷战竞赛。但是，美国也付出了代价，东南亚和其他地方的革命领袖发现了一种战术，既可避免大规模的地面战斗，又有能力消耗一个超级大国的决心。

中共得到的教训就比较复杂。尽管在物质方面相当劣势，中共却能够通过军事、外交交互运作，与美国相持不下；但是它也经历了正面迎战美国军力，苦头不小。冷战期间，中美之间再也没发生军事冲突。苏联对北京的支援不干不脆、算计精明，也种下了中苏失和的种子。

朝鲜战争的最大输家是苏联，美国领袖认定他躲在幕后策划出整套把戏，北朝鲜向南进攻后两年内，美国就把西方阵营动员起来。美国的国防军费支出增加三倍，北约组织也由政治结盟转变成由美国将领担任统帅的整合军事组织。德国的重新武装已经在望，甚至有人主张建立一支欧洲部队。苏联陆军在中欧遇到的真空状态，已经被填补充实。即使有人主张，美国在韩国应该可以有更大收获，苏联此后的成就感指标却是如何减轻损失程度，或是在日后蛊惑其他的共产党冒险家在别的地方，尤其是中南半岛滋事。但是毋庸讳言，由于盟国重新武装，强化团结，权力均势多少已倒向盟国这边。

这些被马克思主义者称之为相对力量的变化，习于以这种分析决定政策的苏联领袖，当然不会见不到。北朝鲜向南进攻的 18 个月之内，斯大林就发动了重新评估苏联政策的运动。

第二十章

与共产党人的谈判：阿登纳、丘吉尔与艾森豪威尔

艾森豪威尔与丘吉尔在伦敦，1959 年

解决冷战问题的时机似乎已经成熟

1952年3月，朝鲜战争尚未结束，斯大林已做出外交姿态要解决冷战问题，其理由却与遏制政策发起人的预想截然不同。这项方案不是因为他们预测的苏联制度发生变化而催生的。这位共产主义理论大师一定是眼见军事竞赛没有胜算，打算借此保全共产制度。的确，以他的马克思主义偏执症，斯大林怎能相信，美国动员偌大的力量只是为了防御。

斯大林的建议只字不提建立和谐的世界秩序这一套；不但不谈如何废除造成冷战的条件，他还主张互相承认美国期期以为不可的势力范围：美国以西欧为势力范围，苏联以东欧为势力范围，两者之间以统一、武装的德国作为中立缓冲国。

从此之后，历史学者和政治领袖就一直辩论不休：斯大林做此建议，西方未予接受，是否错失了冷战和解的大好机会；或者是斯大林只是以此狡计邀请民主国家与苏联谈判，一旦开始谈判就阻绝了德国重新武装的机会。斯大林是想诱使西方国家有所举措，而破坏其团结，或者他的确有心扭转东西日益加剧冲突的局势？

答案是，斯大林本身恐怕也不晓得他必须做多少努力，才能缓和东西方紧张局势。虽然他的方案，若是在四年前提出来，民主国家就会热切接受，但是这四年来他的种种作为，却使得别人几乎不可能测试他的诚意——的确，这已经和他的诚意如何，几乎毫不相干。因为，不管斯大林的最终意图是什么，要测试它就会使得大西洋同盟的团结产生紧张，因而失去促成和议的诱因。

不管是什么情形，善于算计的斯大林却没有考虑到一个决定性因素：他自己的阳寿。斯大林提出这项建议一年之后，就去世了。斯大林的继任人没有韧性坚持通盘谈判，也没有权势能做出进行通盘谈判所必需的全面让步。最后，和平变成了可望而不可即的事物，彰显着冷战双方的思维前提迥然有别。

美国方面坚信："法律承诺可以创造出事实"的信念，等待斯大林执行雅尔塔和波茨坦的协议。斯大林则纯然从势力均衡角度评估一项协议应否遵行，因此等待民主国家对其权利做出某种坚持，使能评估执行协议的利弊得失。在双方都互有期待而未回应的时候，斯大林就拼命抢时间，收集更多的谈判筹码，以待西方国家有具体措施，或他自身认为时机成熟时可以提出苏方的具体措施。

时机似乎在 20 世纪 50 年代早期成熟。美国在 1947 年发起马歇尔计划，并于 1949 年成立北大西洋公约组织。德意志联邦共和国也在西方国家支持下成立。斯大林的初步反应可谓相当蛮横，先后搞出柏林封锁、捷克政变的花样，也同意入侵南韩。不过，美国还是一步一步成功地创造出一个势力范围，涵盖了世界上所有的先进工业国家。

斯大林方面也在东欧营造了一个安全地带，不过这项成就不啻是延伸其薄弱的防御。身为权力算计家，他必须了解（也可能比民主国家领袖更有了解），他得到的并非真实的实力大增，这些卫星国附庸可能还会消耗资源。相形之下，北约会员国和日本代表了极大的工业潜能。因此，就长期趋势而言，美国势力范围占了上风。以现实政治而论，斯大林的帝国困难深重。

美国为首的集团可说是利用朝鲜战争重振军备，开发出深厚的军事实力。斯大林似乎也明白，他对西方民主国家的挑衅，已经起了反效果。他在东欧的蛮悍、强硬政策，已经滋长了西方盟国团结的因子，并且使得德国即将重新武装。

美国战时思想认定的和谐世界，已经转变成两个武装阵营，各依事后证实毫无根据的恐惧感在行事。美国领袖在朝鲜战争时认为，苏联策略在诱使美国介入亚洲偏远国家的冲突，俾使苏联可以乘机进袭欧洲的盟国阵地，这可以说是过分高估了苏联的力量和斯大林的手腕。斯大林一辈子都谨小慎微、精打细算，不会孤注一掷。同时，斯大林把西方的部署解读为不是防御性质的举动，而是他一向认定，且刻意避免的摊牌行动之前奏。事实上，双方都在为没有人愿意它发生的事——直接、全面的对立挑衅做准备。

斯大林并不愿意试探他的梦魇是否真实。一旦遇上可能与美国爆发军事冲突的情况，斯大林就回避退让。杜鲁门 1946 年要求苏军退出伊朗的阿塞拜疆省之时，他同意撤军；1948—1949 年的柏林封锁即将升级发生战争之前，他也下令停止封锁行动。现在，他热切地设法消除他一手挑起的冲突危机，象征着路线又将转变。

在这个个案上，斯大林的方法特别愚钝，因为他极力避免向敌手暴露出脆弱面，尤其是这个敌手正以实力地位为基础在做决策。他的目标是透露他希望避免冲突，又不能显示出他畏缩退让。他的借口就是若干年前经济学家叶夫吉涅·瓦嘉（Yevgenii Varga）在一本高度理论化的新书中提出的一个观点。作者认为，资本主义制度已经越来越稳定，因此资本主义者之间互相争战，不再是不可避免的事。如果瓦嘉的说法成立，斯大林自 20 世纪 20 年代以来采取的策略，玩弄资本主义各国，让他们互相争斗，就不再有效。资本主义者不但不再各自交战，说不定还会团结起来对付社会主义国家，这种可能性由于北约组织成立、美日结盟而令人忧心。

斯大林在 1952 年 10 月出版一篇亲笔写作的长文《苏联社会主义的经济问题》，作为即将举行的党代表大会的指导纲领，反驳瓦嘉的论点。斯大林在这篇理论文章中，重申他在 1934 年、1939 年和 1946 年宣布的共产主义信念，认为资本主义不仅没有变得更加稳定，还面临着加速恶化的危机：

> “据说，资本主义和社会主义之间的矛盾，比起资本主义国家之间的矛盾大得多。理论上，这当然是对的。它不仅在今天，现在是对

的；它在第二次世界大战之前也是对的。资本主义国家的领袖或多或少也理解到这一点。不过，第二次世界大战不是以对苏联作战开始，而是以资本主义国家之间交战而开始。”

每当斯大林重弹旧调，大唱资本主义国家之间无法避免、势必互相争战的老调，他的信徒了解他意在向他们担保、安慰。根据斯大林绕圈子的推理，资本主义国家之间可能发生冲突，也就意味着资本主义和苏联之间的战争还不会立即爆发。斯大林的文章在此等于是训令苏联外交官员，暂勿摊牌，等待资本主义的内部冲突大大挫弱他们之后再有所举措。

1939 年斯大林借由一篇声明，表露他预备与希特勒修好的讯号。斯大林于 1952 年声称，当时的分析依然正确，因为以资本主义国家战争的特性来看，资本主义相互争战的风险，比和苏联交战的危险要来得小：

“鉴于资本主义国家之间的战争，只关系到某资本主义国家比别国是否优势的问题；可是与苏联的战争，势必牵涉到资本主义本身存在与否的问题。”

这一堆高度理论的言词乃是斯大林向资本主义者放出的安抚信息，尤其对美国发讯号。实际上，他要说的是，资本主义国家没有必要发动先发制人的战争，因为苏联毫无意图搞军事挑衅：资本主义者虽然为了“宣传”的目的，大声叫嚷苏联侵略，他们本身也不相信那是侵略，因为他们明白苏联的和平政策，也知道它不会攻击资本主义国家。换言之，资本主义者不应该误解他玩的游戏规则：斯大林要加强力量与影响，但是他不会借战争手段玩得太过火。

斯大林固然晓得做这套意识形态的声明可以满足他的同志，他也晓得资本主义对手不会轻易相信他，还得有更具体的证明才行。如果想缓和紧张局势、希望恢复玩弄让资本主义国家各自交战的旧把戏，莫斯科需要缓和一些压力，以免资本主义世界因为压力而团结（不过斯大林认为这个团结也只是假象，实则貌合神离，各有打算）。

斯大林在外交层面做出努力，1952年3月10日他以民主国家能够了解的语言，提出他所谓的“德国和平通告”。经历若干年的冲突对立、壁垒森严之后，苏联突然似乎有意要和解。斯大林指出，盟国和德国之间迄未签署和约，因而向其他三个占领国家提出一个草案，建议“召开由全体利害相关的政府出席的一个国际会议”，研商和约问题，并期于“最近的将来”能有结论。这份和平通告主张通过自由选举，成立统一、中立的德国，允许它有自己的武装部队，所有外国驻军于一年内撤出德国。

不过，这份和平通告包含太多的漏洞，即使西方国家接受德国中立这个原则，斯大林仍然可以使得协定达成遥遥无期。譬如，草案禁绝“对民主政体和维持和平不友好的组织”，若是依苏联的词语用意，这就可以包括所有西方式的政党在内，在东欧也的确就是如此。其次，一旦民主国家同意坐上谈判桌，苏联谈判代表必然是顽固的莫洛托夫或是同样难缠的人物，他也会竭尽全力破坏德国与西方的关系（苏联接受德国中立的原则，已经隐含这项利益），而且不必付出德国统一的代价。

不过，斯大林在通告中的语气和精确用词透露出他的目的超越做宣传，他似乎表露出开始谈判的意愿。这是战后以来第一次苏联可能愿意付出大代价，换取紧张局势之缓和。斯大林和其平常行径不太一样，在和平通告中出现的一句话，透露出可以有弹性的迹象：“苏联政府提议衡量此一草案时，已经表露它也预备就此问题考虑其他可能的方案。”

斯大林如果在四年前，也就是在柏林封锁、捷克政变和朝鲜战争之前，提出这份和平通告，它几乎必能阻止德国加入北大西洋公约组织。的确，非常有可能德国申请加入大西洋同盟的议案根本不会被考虑。因为通告中提示到丘吉尔在第二次世界大战期间和之后，都曾主张的以谈判解决欧洲前途问题。

然而自1948年迄至通告出现这段时间，大西洋同盟已经组成，德国的再武装也开始了。作为德国重新武装的政治架构之欧洲防务共同体（European Defense Community），也在欧洲各国会中辩论。在德意志联邦共和国方面，阿登纳在国会秘密投票中以一票之差险胜（相信这关键一票即是他本人投给自己的一票），当选总理；反对党社会民主党虽然彻头彻尾是民主政党，却力主追求德国统一，不要与西方结盟。

西方领袖了解，一旦他们试探苏联的提议，所有这些提议都会被延宕；一旦延宕，可能就再也不会有新的动力。在欧洲若干国家的国会里，尤其是法国和意大利最明显，共产党拥有将近三分之一的议席——捷克政变发生前，共产党也有相同比例的实力。而且西欧各国的共产党，都热切反对一切有关大西洋和欧洲整合的措施。甚至，决定奥地利前途的和约谈判，已经迈入第七个年头，朝鲜战争停火谈判业已接近第二个年头。所有的民主国家彼时知道，而且在本书写作之时读者亦已知道，斯大林寻求开始谈判的目的，可能就是要破坏盟国的团结，并且巩固其卫星国附庸。

这当然是斯大林的如意算盘。然而，证据亦显示他也准备试探全面和解的机会。迹象之一就是他对西方对其和平通告回应之回复。3 月 25 日，法、英、美三个占领国提出同样的答复，其宗旨不在开启谈判，而在中止这个讨论。他们接受德国再统一这个原则，但是不接受德国中立的构想。他们指出，统一的德国应该可以自由加入“与联合国的原则、宗旨相符的联盟”——换言之，仍然留在北大西洋公约组织之内。西方国家的答复也接受了自由选举的原则，但又限定条件要让德国人民即刻拥有自由集会、自由言论的权利，这两种权利极可能在选举还没举行之前，就危害到苏联对东德共产党政权的掌控。西方国家的通告目的在表达立场，立此存照，不是意在讨价还价。

斯大林又一反平常作风，立刻回答，而且口气委婉修好。甚至，对民主国家后来每一反驳，他都以同样速度立刻作答：西方国家 3 月 25 日的备忘录，他在 4 月 9 日作答；5 月 13 日的备忘录，5 月 24 日得到答复；7 月 10 日的备忘录，也在 8 月 23 日得到回音。苏联每次作答，就往接纳西方的立场靠近一步。只有 9 月 23 日的备忘录，没有得到斯大林的答复。此刻，斯大林已经忙着即将召开的共产党第十九次代表大会，无暇他顾。并且毫无疑问，他暂时按兵不动，也在等候美国即将举行的总统大选的结果揭晓。

斯大林此时健康情形不理想，在党代表大会上发表简短演讲，以挑战性的意识形态语言包装和平共处的理论。紧接着党代表大会之后，斯大林在 1952 年 12 月宣布，他预备与刚当选总统的艾森豪威尔会面。他从来也没有对罗斯福、杜鲁门或丘吉尔，提议高峰会谈，一向都玩弄技巧要他们主动开口邀请。

苏联国内与此同时又恢复整肃活动，也预示着政策行将产生变化的迹象。斯大林每当要推动新政策时，对于原先用来执行另一条不同路线的属下都不会轻易信赖，即令他们像个奴隶似地奉行其指令，也不会获得信赖，尤其这个时节他特别有这种想法。斯大林认为部属另有想法乃是不忠的种子，宁可用决绝的补救方法，就是把负责执行即将被修正的政策之部属一劳永逸地摧毁掉！1952 年出现了若干依循这些路线发展酝酿的迹象，过去的忠贞分子如外交部长莫洛托夫，政治局委员卡冈诺维奇，以及秘密警察首脑贝利亚，都成了整肃的目标。一批新面孔即将出现去执行斯大林的外交构想。

斯大林的外交攻势起码意在试探，苏联若是抛弃东德共产党政权，会有何种收获。斯大林从来未曾承认东德共产党政权是一个主权独立的国家，给予它的地位与其他东欧卫星国不同，准确地说是把东德当作德国统一问题认真谈判时一个讨价还价的筹码。

斯大林可能认为谈判时机在 1952 年已经成熟。斯大林提议以自由选举决定德国统一，即是传递信号透露可以牺牲东德共产党政权。即使果然如西方盟国担心害怕的，共产党控制住东德的选举，西德这边人口更多也可以保证亲西方的民主政党稳胜。试如唯有斯大林一个人可以有意志力和强悍心，去驱使其力竭气衰的人民起而与民主国家抗衡，他也是唯一一个大权在握的共产党领袖，可以处理掉一个苏联附庸政府。

斯大林若是估算错误，那是因为他假定对手也在玩现实政治，和他一样冷血。就在战争刚结束那段时期，他显然认为可以恐吓对手，或至少教训对手了解，企图迫使苏联让步的代价将十分昂贵。但是他也表现出，当美方要上谈判桌时必定也会根据现有的状况衡量，不会因为过去情形而受影响。斯大林似乎认为，他不必为残害民主国家付出任何代价。

这些假设经过证明是大错特错。美国人不干现实政治这一套——起码不是斯大林所了解的这一套。就美国领袖而言，道德箴言是真实的，法律责任也有意义。斯大林或许认为可以利用柏林封锁加强他对德国问题的谈价地位，或者以此逼迫西方国家和他谈判。他也可能把朝鲜战争作为试探遏制政策的遏制界线何在的方法。但是美国人是基于原则而抵抗这些侵略行为，不是出于保卫势力范围的考虑；美国介入是为了补救普遍原则受到的伤害，不是针对某一地域情势受挑衅而干预。

斯大林在 1945 年对美国的善意视若无睹，他在 1952 年也低估了这些年来他的举措已经让西方国家多么失望。1945—1948 年这一时期，美国领袖希望和苏联和解，但是从未能集合足够的压力让斯大林认真对待他们。到了 1952 年，斯大林总算认真对待美方的压力，可是他的恶名太昭彰，已经叫人无法信任他的诚意。因此，他们把斯大林的提议解读为：又是冷战斗争的一个伎俩。和斯大林妥协已经不在西方国家的日程表上。

斯大林挑的时机也不好。他的和平通告在美国总统大选之前八个月提出，在职总统杜鲁门已决定不竞选连任。杜鲁门和艾奇逊面对这个极不可信的事件，鉴于没有充分时间去完成这件事，也不太倾向于和斯大林谈判。

杜鲁门政府认为，和平通告并没有切中正题。问题不在于条件如何（条件仍可调整），而是它设想的未来世界是什么模样。德国将是中立国家，又被允许武装起来，并且所有的外国军队在一年内全部撤离德国领土。这些条件的真正意义是什么？“中立”的定义是什么？监督选举？监督中立？苏联是否因而在德国事务上得到永久权力可以发言讲话，甚至以监督德国中立的名义取得对德事务的否决权？外国军队应该撤退到什么地点？就西方占领军而言，答案十分清楚——事实上他们在欧洲大陆没有可以立足的基地，1950 年的法国或许能够接纳一支美国大军驻留，但绝不是毫无限制、长期驻留。美国国会在苏联和美军之间建立中立的缓冲区之后，也不会同意这样的军事部署计划，美军势必得撤回美国，苏军却只需要退到波兰、德国边境，只往东后退一百英里。换言之，若是切实执行斯大林的方案，就等于是以北大西洋公约组织的瓦解来换取苏联撤军一百英里。

即使把撤军条款解释为苏联部队应该退回到苏联领土，还是会有新的困扰。由于这些东欧傀儡政权若无苏联驻军撑腰，没有一个能自立，或者说一旦起了民变，必须有苏联干涉弹压才能站稳。斯大林会答应即使共产政府被瓦解，苏联军队也决不再进入东欧吗？1952年的领袖想都不敢想，斯大林这个老布尔什维克会答应坐视民变而不插手。

但是杜鲁门和艾奇逊对斯大林的方案毫不热衷，最重要的原因还是因为和平通告中描绘的德国长期未来，不能打动他们。因为，即使可以把德国的中立界定为永久阻断苏联干预的设计，并且也让德国具有相当的武装力量不至于听凭苏联施恩示怜，这也只不过又回复到1871年德国统一以来的欧洲两难局面而已。一个强大、统一的德国坐落在欧洲中心，纯然会追求其国家利益，而这已经证明不利于欧洲的和平。这样一个德国将比西欧任何一国都强大，甚至比他们全都加起来还要强大。20世纪50年代的德国，出现了1500万新难民，来自许多德国人认为原本就是他们国土的乡里。如果在战后不久就把统一、中立的德国不再加以监督管控，会是何种情形？毕竟，这种结果将使俾斯麦蒙羞，因为这位伟大的德国政治家享有历史盛名即在于他指导德国走出旧时代。

德国领袖阿登纳和斯大林的去世

阿登纳（Konrad Adenauer）1876年生于天主教徒为主的莱茵邦（Rhineland）。莱茵邦在维也纳和会之后才纳入普鲁士治下，传统上对由柏林发号施令的德意志帝国集权统治并不满意。阿登纳自1917年起担任科隆市长，直到1933年遭纳粹罢黜。希特勒统治时期，他完全退出政坛，一度隐居到修道院里。1945年3月，盟军挽请他复出担任科隆市长，同年底，英国占领军当局不满意他的独立作风，把他罢官。

阿登纳的外貌有若罗马皇帝的花岗岩雕像，挺直躯干，高颧骨，眼睛略斜，透露着他说不定有千余年前在莱茵邦地区游牧的匈奴人的血统。阿登纳自第一次世界大战之前的青年时期就培养出优雅的举止风度，反映出一种被占领国家领袖罕见的沉着肃穆气质，而被占领的德国已经没有多少成年人能记得其过去政绩的傲人之处。

阿登纳的办公室设在威廉皇帝时期兴建的太保宫（Palais Schaumburg）内，窗帘一向低垂笼上，任何人踏进去都仿佛置身于一具时间已静止的蚕茧之中。身为战败国领袖，急需带领其国民走出对过去历史的罪愆和迷惑，有勇气面对未来横逆，沉着镇定可说是最重要的特质。阿登纳以 73 岁高龄出任总理，好似他过去一辈子的岁月都在准备着负起这项重责大任，为他的被占领、被分裂、士气民心沉沦的社会，重新恢复自尊。

阿登纳内心的安全感得自于信仰，多于来自理性分析。他不像丘吉尔或戴高乐那样喜爱读书或精研历史。但是他在隐退之际花了相当长的时间思索沉想；他由德国的痉挛骚动得到教诲，对面临的时代具有极为敏锐的直觉。他对与他同时代的人士之心理，尤其是弱点，洞烛在心。我记得有一次阿登纳谈到 20 世纪 50 年代的德国为什么没有强劲的领袖出现时，我提到与他同时代的一位很杰出的人物，阿登纳以他高尚的风味答道："别把精力和力量强劲混为一谈。"

阿登纳为了克服德国人骚动的激情，极力要为以极端主义、倾向罗马威权著名的德国，重新建立可靠的信誉。阿登纳年纪大，还记得俾斯麦担任首相时的施政。出生于莱茵邦虔诚天主教徒家庭的阿登纳，从来不关心现实政治这一套，即使德国已经统一，他也不以现实政治为然；他也认为德国皇帝攻略世界的夸大做法，不符合他实事求是的冷静作风。他对创建德意志帝国的青年贵族阶级，并没有特殊感情；他认为俾斯麦最大的错误就是，把德国的安全放在以操控东西局势的技术作为的基础之上。在他看来，欧洲中央的强大、自由流动的德国，对人人都构成威胁，亦牺牲了自己的安全。

阿登纳面对战争方告结束的世界乱局，认为一个被瓜分、占领，且与历史根源切断脐带的国家，若要重新掌握其未来前途，势必需要有稳定的政策。阿登纳不愿因眷恋过去，或因传统的德国对俄罗斯的爱恨情仇的关系，乱了他的既定路线方向。他选择无条件地站在西方阵营，即使付出延迟德国统一的代价也在所不惜。

阿登纳在国内的对手社会民主党，反抗纳粹的纪录可谓毫无瑕疵。他们传统上的势力基地是苏联占领地，这一部分的德国已经被迫接受共产党统治（社会民主党人曾经勇敢地反抗这一发展）。社会民主党人坚持民主政体，也对遏制政策持怀疑态度，他们重视德国统一，优先于大西洋关系。他们抵拒阿登纳的亲西方政策，乐于以承诺中立为代价追求德国国家目标之进步。（20 世纪 60 年代中期，社会民主党改变路线：他们转而支持大西洋同盟，并于 1966 年与基督教民主党合组大联合政府，但仍保留较阿登纳的基督教民主党更有弹性的对东方阵营之战术。）

阿登纳不像社会民主党一样，不愿谈判中立问题，部分出于哲学原因，部分却是基于审慎的实际原因。这位高龄的总理不欲重新唤醒民族主义的激情，尤其是两个德国分治已成为事实。丘吉尔在他那篇“铁幕”演说中也曾经警告，慎防两个德国互相叫卖，由出价高的一方统一。他比其国内政敌更清楚，就当时的历史条件而言，一个统一、中立的德国只会在一个对德国不利的和平解决方案中出现。对这个新德国不仅会有严格的限制，也会建立某种国际管控，强大的邻国将会永远具有干预权。阿登纳认为这样默认接受臣服命运，在心理上远比德国分裂来得危险，他选择与西方站在平等、整合的地位，也要替他的国家争取尊严。

斯大林是否能够克服阿登纳和其他民主国家领袖的保留态度，推动召开一次重要的外交会谈，或者能在会议中有何种让步，我们永远无从知道。他提议召开会议的构想定然会得到丘吉尔的支持。然而，斯大林亡故使得这些猜测全都没有定论。1953 年 3 月 1 日，他和一群同僚看完电影分手，到 3 月 2 日清晨三时被发现躺在别墅地上，其间某一时刻，斯大林中风。他究竟在什么时候中风，没人知道，因为守卫根本不敢在指定时间之前进入他的房间。因此他很可能躺在地上好几个钟头，才被发现。斯大林的副手马林科夫、贝利亚等人守在床侧，直到三天半之后，斯大林才咽下最后一口气。医生们被招来施救，但是他们的诊治不免遭受见仁见智的批评，最后也成了整肃中遭殃的对象。

斯大林的继承人比他更急盼能够与西方国家缓和紧张关系。然而，斯大林的权威、精明和毅力，以及最重要的，要采取如此复杂的路线必需的政治团结，他们都缺乏。斯大林的继承人无可避免地陷入他身后的权力竞逐战。在这场混战中，人人试图组建党羽以支持自己夺得大权，谁也承担不起对资本主义国家让步的责任。贝利亚被整肃的罪名就是这个原因。事实上，他的罪责是他知道太多内幕隐私，威胁到太多有力的同僚。他在苏共政治局会议上被捕，不久就以阴谋放弃东德的罪名被处死——虽然斯大林一年前提出的和平通告，以及其后与西方多次函电往来的内容要点，也都同样指向这一方向。

根据赫鲁晓夫回忆录所述，斯大林的继承人非常担心西方会利用斯大林逝世这个机会，与共产世界大摊牌。或许是为了吓阻任何人搞政变的野心，斯大林曾一再警告左右手，一旦他撒手人寰，西方会把他们当作小丑扭断脖子。与此同时，斯大林的继承人对西方的疑心，也因彼此激烈争权而抵消掉。即使苏联新领导班子渴望自冷战中暂时缓和，但每一位竞夺大权的人都知道，除非已经掌握绝对大权，否则在外交上稍示弹性都会致命。但是，他们对紧张局势持续下去，亦相当不放心。1946 年，丘吉尔曾评论说，斯大林只想不战而享受战争的果实；1953 年，斯大林的继承人想要得到舒缓紧张局面的果实，却不愿或不能做出让步。1946 年，斯大林制造了一个外交死结来维持他和西方的谈判地位；1953 年，他的继承人却躲到一个外交死结中，以保持互相斗争时的选择。

当政治人物要争取时间思索时，他们就提议大家来会谈。3 月 16 日，距斯大林亡故一个多星期，担任总理的马林科夫，没有指出特定内容，但是邀请西方国家会谈：

> “目前没有一种有争议的或未决的问题，不能以当事国相互协议为基础的和平方法去解决。这涵盖到我们与美国在内的全体国家的关系。”

但是马林科夫并未提出具体建议。苏联新领导班子不晓得如何达成缓解紧张局势，又只具有远低于斯大林的权威去凝铸新方案。在同一时期，新当政的艾森豪威尔政府对于与苏联谈判的提议，忧心忡忡，也与苏联生怕向美国让步一样。

担心的原因，两方都一样——苏联和美国都对新环境害怕。两者都很难消化大战结束以来国际环境产生的变化。克里姆林宫担心放弃东德可能会使整个卫星国附庸阵营崩溃——30 年之后的情况就果真如此。可是，不放弃东德，真正想要舒缓紧张却是镜中月。美国也关心一旦开启德国问题的谈判，会伤害到北约组织，实质上等于是以大西洋同盟去换得高峰会谈。

西方国家是否实际上丧失了斯大林死后的大好机会

要讨论西方国家是否实际上丧失了斯大林死后的大好机会，必须先回答三个问题。大西洋同盟可否与苏联进行重大谈判而不会分裂瓦解？如果对苏联再施压，他会不会提出较有意义的方案？苏联领导阶层是否利用谈判来阻止德国再武装和西方统合，而又不用实际上放弃东德附庸或放松它对东欧的控制？

美国领袖的评估是：真正谈判的幅度极为狭窄。此说正确。中立的德国若非对人人构成威胁，就是容易招致勒索。外交上有些试验只能纸上推演，不能实际付诸实践，因为一旦实验失败，风险大到无可挽回。大西洋同盟好不容易才有的建树，岂可冒险让它付诸流水？

事实上联邦德国保留在西方统合体系内，符合大家的利益，苏联尤其受惠最大，只是权位犹未稳定的任何一个苏联领袖，都不能承认此事。如果德国留在大西洋同盟之内，就可能要同意对沿着新国界线的军事部署施以限制（因而实质上削弱了统一后德国的军事实力）。如果全德都纳入中立区，北约组织就会受到影响，中欧会变成真空或潜在威胁。

如果民主国家预备以军事后果相威胁，或起码提高冷战程度，斯大林的继承人可能就会被导引接受让统一的德国留在北约组织中（虽然多少会有若干军事限制）。丘吉尔在 1951 年又复出执政担任英国首相。他在斯大林犹仍健在时就有类似想法。丘吉尔的机要秘书约翰·柯维尔曾记载：

> “W（Winston，指丘吉尔）好几次向我透露，他希望能对斯大林有联合行动，召开一种类似维也纳和会的会议，重新召开波茨坦会议，弄出结果。如果俄国人不合作，我们就加强冷战。”

但是西方其他领袖没人愿意冒这样的风险，或提出这样易被批评的、大西洋同盟人士指为一面倒的方案。美国领袖因而停止任何重大举动，也就停止认真利用斯大林猝逝的乱局之机会，但是就另一方面而言，他们保存了大西洋同盟的团结。

僵持对峙的代价就是辩论的重心由谈判的实质内容转变成是否需要谈判。即将步入一生事业终点的丘吉尔，变成力主召开谈判的人，可是谈判内容为何他从未精确描绘过。丘吉尔一辈子都力主搞权力均衡，虽然已经年逾 80，依然辛辣尖刻如常，力主召开高峰会谈。

美国领袖批评丘吉尔热衷谈判是接近老年痴呆，有失厚道。事实上，丘吉尔的立场一贯如常，在战时、在战争甫结束，甚至遏制政策初步制定之时，都主张应该和苏联谈判。（详见本书第十七章和第十八章。）有改变的是，这些方案提出之时的环境条件。20 世纪 50 年代的丘吉尔从来没有明确说出他主张的全球和解的具体内容是什么。在大战时期，构想基础是假定美国会撤离，甚至根本就不会在欧洲驻军，因为罗斯福一再这么说。后来，在 1945—1951 年担任反对党领袖时，丘吉尔显然没想到与苏联全面和解要有下列条件：一个中立、统一的德国，沿法德边境建立西方同盟体系，苏联军队撤到波、苏边界，在苏联周边国家依照芬兰模式建立政府——也就是中立、民主的政府，尊重苏联立场，但本质上可以自由追求自己的独立外交政策。

在 1948 年以前依照这个思路和解，也就等于把欧洲回复到历史上曾有的状态。在战时，以及战后若干年，丘吉尔可谓高瞻远瞩，领先当时的时代。如果他没在 1945 年大选中失败，交出政权，说不定可以给兴起的冷战一个新方向——假设美国及其他盟国愿意冒险实行丘吉尔策略的重点：不惜与苏联对立的风险。

可是，到了 1952 年，丘吉尔设想中的和解已经几近不可能了。除非爆发政治大地震。阿登纳之所以名垂青史，是因为他所创建的联邦德国在1949年以前可以说是几近不可想象。丘吉尔在1944年之后所设想的世界大局，就要求联邦德国中止与西方的统合，并作为一个不受约束的民族国家，回到先前的状态。在1945年，于东欧建立芬兰式的政权等于是回归到常态。到了1952年，这已经无法通过谈判去建立，只能由于苏联崩溃或重大冲突才能产生。甚至，这个大冲突可能是因德国统一这个议题而起——可是，没有一个西欧国家预备在大战结束没几年，就替一个战败的敌国冒险出头。

假如大西洋同盟是一个能够执行统合政策的单一国家，它可能就会按照丘吉尔的构想采取全面和解的外交做法。问题是1952年的大西洋同盟太脆弱，经不起这样的豪赌。美国两大政党产生的总统都没有选择，只好痛苦地静待苏联回心转意。

艾森豪威尔的新国务卿约翰·佛斯特·杜勒斯（John Foster Dulles）认定东西冲突是一个道德议题，极力避免就任何问题谈判，除非苏联制度发生重大转变——因此，与英国长久以来的观点迥然不同。英国有史以来就没有空间说，它只和友善、意识形态相仿佛的国家谈判。英国在其国力最为鼎盛的时期，也没有享有像美国的安全空间，因此它必须务实地与意识形态上的大敌国谈判，寻求共荣共存。由古至今，英国对其国家利益有相当清晰的界定，因此英国民众得以评断其政治家能干与否。英国或许偶尔会对某特定和解方案的条件有所争议，但是几乎决不会争辩应否谈判。

丘吉尔遵循英国传统，以近于永久性的谈判寻求与苏联有更宽容的共存共荣关系。另一方面，美国领袖却只想到要改变苏联的制度，而不是与苏联来交涉谈判。因此，英美之间的辩论日益演变成谈论应否要和苏联谈判，却不谈谈判要有什么内容。1950年大选期间，丘吉尔提出在当时冷战阶段可谓革命性的点子——召开四国高峰会谈（不过，丘吉尔在这次选举又告铩羽）。他说：

“我还是不禁又想起与苏俄最高层谈判的构想。这个构想之所以有魅力是因为它代表以最大的努力来弥缝两个世界之间的鸿沟，双方各自能生活，即使不能友好亲睦，至少也不必活在冷战的仇恨之中。”

但是刚组建成立大西洋同盟的艾奇逊，认为这样操作的时机犹未成熟：

“我们由艰难的经验发现，与苏联交往的唯一方法就是制造出实力情境。当我们尽力消除所有的软弱地域之时——我们就可以与俄国人形成可行的协定。目前由我方主动要求对话，不会有何效果。”

丘吉尔要到1951年10月才又复出担任首相，他在杜鲁门总统任期所剩无多之情境下，选择不再大力推动召开高峰会议。他决定等待美国新政府上台再说。最后由他的战时老友艾森豪威尔脱颖而出，当选美国总统。在这段等候期间，他也同意当时流行的观点，认为召开高峰会议之所以有必要是因为，无论谁是苏联领袖，他应该都会接纳高阶层协定。1952年斯大林仍为苏联当家领袖，当年6月，丘吉尔告诉柯维尔，如果艾森豪威尔当选，他将“有另一机会借由三巨头会议来争取和平”。他认为，斯大林在世，我们会比较安全，因为他若去世，继承人势必开始争夺继承权，会有不稳迹象。

斯大林在艾森豪威尔接任总统之后不久就去世，丘吉尔主张和苏联新领袖谈判。然而，艾森豪威尔也没有比他的前任更能接受丘吉尔提出的与苏联重开谈判的构想。马林科夫在1953年3月17日有了表示，丘吉尔立刻在4月5日敦促艾森豪威尔，不要错失良机“试探马林科夫为了缓和世局紧张，愿意做到何种地步”。艾森豪威尔答复，请丘吉尔等候他预定4月16日在美国报纸编辑人学会上发表的一篇政策声明演说。可是，艾森豪威尔在演说中等于不同意丘吉尔的假设前提。艾森豪威尔认为世局紧张如何缓和，解铃还需系铃人：朝鲜战争停火，对奥地利合约，以及“终止对中南半岛和马来亚安全的直接、间接攻击”。因此，他把中共和苏联视为一体，提出明显无法达致的条件，因为马来亚和中南半岛的情形大体上都不在苏联控制之下。（事后发展亦证明，艾森豪威尔对中苏关系的评估不确定）。艾森豪威尔说：没有必要再谈判，现在是采取行动的时刻，不必空口多话。

丘吉尔有机会先读到艾森豪威尔的演讲稿，深为忧心“春蕾”因之霜冻而死。丘吉尔仍然不死心，建议波茨坦会议三大国，美、英、苏举行会谈，不过可由丘吉尔和刚刚重新担任苏联外交部长的莫洛托夫先举行预备会议。丘吉尔诉诸他在战时与莫洛托夫建立的旧谊，并附上他致艾森豪威尔信函中所附的邀请函草稿，对莫洛托夫说：

> “我们可以重叙战时旧谊，而且可以和马林科夫先生及贵国其他领袖会晤。当然我不认为我们可以解决攸关世局现实的任何严重议题。我也应当表明，我不预期在这个非正式会谈中能有何重大决定，只不过盼望能恢复我们之间轻松、友善的基础。”

然而，艾森豪威尔却认定，召开高峰会议等于是对苏联做了危险的让步。多少有点试探意味，他重申要求苏联先符合若干先决条件：

> “我在 4 月 25 日致阁下函件中表达，我们不必操之过急，也不应让我们国内认为，国家、政府首脑的会谈迫使我们仓促做出主动行动。”

丘吉尔虽然不以为然，但他认识到英国对美国依赖太深，使得他不能在华府有这么强烈看法的问题上，任性地做出主动提议。在没有跟马林科夫直接沟通的情况下，他又再次试探，向英国众议院透露他愿意在私下晤谈时，对这位苏联新任总理表达什么意见和主张。1953 年 5 月 11 日，他说明他的分析为何和艾森豪威尔、杜勒斯不同：美国领袖害怕会伤害到大西洋同盟的团结，以及德国的再武装，丘吉尔却更不欲伤害到苏联境内一项有利的演变：

> “如果想要达成国际政策整体解决的自然欲望，会伤害到俄国境内可能发生的自发、健全的演进，则未免太可惜了。我认为俄国国

内若干声明和明显气氛改变，比外在出现的迹象重要多了。我很焦急，北大西洋公约组织会员的外交政策丝毫未触及到俄国人情感上的深刻发展。”

丘吉尔在斯大林撒手人寰之前力促谈判，是因为他认为斯大林是最能履行承诺的苏联领袖。现在丘吉尔主张召开高峰会议，以便维持住斯大林死后产生的充满希望的机会。换言之，不论苏联内部发生何种事故，或者谁掌控苏联权力结构，都有必要谈判。丘吉尔认为，召开最高阶层的会议，可以替未来的谈判定下原则和方向：

“这项会议不应受制于笨拙、僵硬的议程，或陷入技术上细枝末节的迷宫中，也不应受到一群专家和官员激烈争斗的大场面的影响。这项会议应该尽可能限于最少数的国家和人员参与。它或许不会达成任何强制性的协议，但或许与会人士有一种共同感觉，他们可能不必撕破脸乱斗，而能有些较好的表现。”

但是，丘吉尔葫芦里究竟卖什么药？各国领袖如何表达他们不搞集体自杀的决定？丘吉尔提出的唯一具体建议，就是签订一项类似1925年《洛迦诺公约》的协定。当时，德国和法国都承认彼此的疆界，英国也分别向德、法保证，一旦受到另一方侵略，将与被侵略者站在同一边（详见本书第十一章）。

这并不是一个好例证。《洛迦诺公约》只持续了10年，而且从未解决过任何一项危机。英国或任何国家，可以不问潜在的争端内容是什么，就借由同一场协议，同时保障一个盟国和一个大敌的边境安全，这在1925年已经是个奇怪的想法，到了30年之后意识形态冲突的时代，也不会有多大改进。谁来出面保障谁的边界，去对抗何种危险？波茨坦会议与会国家要保障欧洲所有的边界，反对所有侵略吗？如果是如此，外交就等于转了一圈，回到罗斯福总统“四大警察”的构想。或者是，除非波茨坦会议全体与会国家一致同意，不得有抵抗行动？如果是如此，则又不啻给苏联一张空白支票可以发动侵略，不必担心会遭到抗拒。由于西方与苏联彼此都把对方视为最主要的安全顾虑，双方又如何满意于共同保证呢？《洛迦诺公约》的签订是用以代替法、英成立军事同盟，也以此向英国国会和大众报告。现在，仿照《洛迦诺公约》成立新协定，是否就要把已有的同盟关系解散？

然而，丘吉尔并未依任何谈判立场提出其主张。1953年7月1日，他驳斥克里姆林宫的政策是不可变动的这一说法；也不认为苏联是第一个不受历史腐蚀的社会。根据丘吉尔的说法，西方国家的两难是因为它既不承认苏联的卫星附庸国家，却又不愿冒战争之险去解除这些附庸。唯一的解套方法是，发起"武力的侦察"以查明新苏联的真相。他致函艾森豪威尔说：

> "我的意向与1945年在富尔顿演讲时一样，不愿被俄国人愚弄。然而我认为世界均势已有变化，特别是由于美国的行动和再武装，也由于共产主义哲学的退潮，因此自由国家亟宜保持联合、强大，冷静地进行真相调查研究。"

丘吉尔希望"为期十年的缓和，加上科学进展，或许可以使世界改观"。丘吉尔不再倡导全球解决，而是主张日后被称为"缓和"（detente）的政策。丘吉尔认识到原版的遏制理论，无论其分析多么有力，其困难在落实推行上等于是强抑、忍受，直到遥远的一天苏联制度终于自身产生转变为止，遏制或许可以走到一个很好的结局，但是在旅途上却未必有多少好处。替代方案就是立刻透彻完整地和解，它代表旅途较轻松，但目的地未必太美好，而且也将冒险损害到大西洋同盟团结，以及德国整合纳入西方的可能性——除非德国领袖本身坚持这么做，否则这个代价太高昂。丘吉尔此刻提议的是折中之道——和平共处，允许时间流逝，让苏联的长远政策缓和下来。缺乏议题的遏制时代在心理上造成的压力，可以从乔治·凯南的态度转变得到证据。凯南体会到他早先的对苏策略变成无休止的军事对峙的理论基础的不足，他又发展出一种全盘和解的谈判观念，它与丘吉尔 1944—1945 年间的主张非常相似。

凯南所谓的“脱离方案”（disengagement）主要目标是苏联军队退出欧洲中心。为了这个目标，凯南预备相对地以美军撤出德国为代价。凯南极力认为，德国能够与过去一样，以传统武器自卫，尤其是苏联军队必须先越过东欧才能抵达德国边界；因此他深悔过去太依赖核战略了。他支持波兰外交部长亚当·拉派基（Adam Rapacki）的一项方案，在中欧成立一个包括德国、波兰和捷克的非核区。

凯南和拉派基的方案，其难题与斯大林的和平通告一样：它以德国融入西方去换取苏联撤出东德和部分东欧；而除非确保苏联将放弃以干预来保护共产党政权，否则它会导致双重危机，一是在东欧，一是替德国找寻负责任的国家角色（自从德国 1871 年统一以来就一直晦暗不明）。以当时的见识来看，拉派基、凯南主张美军后撤 3000 英里去换取苏联只退兵数百英里，还有另一危险，即看重苏联强大的传统武器，贬抑核武器，至少将使侵略变得很难掌握。我在当时也有这样的观点。

丘吉尔一如往常洞察其中玄妙，虽然他一时没有妥善的对策。民主国家的民众不肯无限期地持续与苏联对峙，除非他们的政府证明，已经试过种种办法仍无法避免冲突。如果民主国家不能发展出与苏联缓和紧张的具体办法，他们的民众和政府都将遭到和平攻势的诱惑。在这项和平攻势中，苦等不到的苏联社会的改变将会被苏联虚喊几声、实则决不推行的政策所代替。民主国家想要避开在强硬不妥协和调和亲睦两个极端之间摇摆，他们的外交空间十分有限：一方是无休止的冲突，在两个阵营都增加核武器军备之条件下，越来越紧张；另一端则是一种外交作为，只会使人们对冷战的认知趋于平和，实则真正局势毫无改善。

民主国家事实上在这个有限的空间中居于强势地位，因为他们的势力范围比苏联的势力范围强大，也因为两个超级大国之间的经济、社会差距会越来越大。历史似乎在民主国家这一边，如果他们能有纪律自律，又能发挥想象力的话。这也正是日后尼克松提出缓和政策的推理。（详见本书第二十八章）事实上这就是丘吉尔 1953 年 7 月 1 日致函艾森豪威尔的立场，主张“为期十年的缓和，加上科学进展”使世界改善。

杜勒斯和阿登纳一样，也是最反对冒伤害西方国家好不容易才建立的团结之风险，去从事未必有结果的谈判之西方政治家。杜勒斯对斯大林方案的危险所做的评断，以及对脱离政策理论家日后提出的见解所做的评断，大体上都正确无误。不过，他也因为主张维持西方团结的最佳办法就是彻底回避谈判，而制造出心理弱势——这可以在他 1953 年 4 月对白宫某位演讲稿撰稿人提出的警告中，得到证明。他说：

"如果我们迷失于这些苏联的建议，会有一些真正的危险。显然他们这么做是因为外界压力加身，我不知道目前我们除了继续加强压力之外，还有什么更好的对策。"

在这样的声明下，杜勒斯达到遏制政策的极致。民主社会除了忍耐自制，还得有主旨目标，才能相信冷战有理。虽然表面上的政治方案与民主国家的利益互不相容，中欧和平演进这样替代性的政治观念却有需要——一种强调让德国留在西方体制之内、并配合以措施、沿着欧洲东西阵营分界线缓和紧张的方案，杜勒斯避而不谈这个需要，宁可以旧立场阻滞外长会议，以争取时间巩固大西洋同盟和德国重新武装。杜勒斯认为，这样的政策可避免盟国间的龃龉不合；斯大林的继承人则避免了必须痛苦做决定的压力。

一旦苏联领袖发觉民主国家不会在中欧议题上施加压力，他们将集中力量在艾森豪威尔、杜勒斯界定为考验信念的项目上，如韩国、中南半岛和对奥地利和约等，追求非常需要的与西方暂停抗争。丘吉尔在 1953 年争取就欧洲问题谈判，这些协定没有用来作为欧洲问题谈判的入场券，却用来作为谈判的替代品。1954 年 1 月，为德国问题召开外长会议的构想迅速停顿下来。杜勒斯和莫洛托夫事实上得出了一模一样的结论。两人都不喜欢搞不会有结果的外交，两人都宁愿就更大胆的外交政策强化自身的势力范围。

然而，双方的立场并不对称。僵持符合莫斯科眼前的战术和内部目的，它却更吻合美国的长远的战略利益——即使美国所有的领袖并不完全了解这一点。由于美国及其盟国必然会赢得武器竞赛，而且他们的势力范围具有极大的经济实力，适当规划的苏联长远目标实际上需要真正缓和紧张局势，以及务实地解决中欧议题。莫洛托夫避免做出让步，可是让步虽痛苦，却可能挽救苏联，避免战略上过分伸张终致覆亡的命运。杜勒斯避免采取弹性措施，却付出了不必要的国内纷争纠葛的代价，也对苏联的和平攻势的假象无力抗拒，不过也因而为美国最后的战略胜利奠定了基础。

杜勒斯利用这段休兵空档期，追求把德国纳入北大西洋公约组织的目标。如何把联邦德国纳入西方军事架构的问题，相当棘手。法国一点儿也不热切于见到德国全面再武装，也不愿牺牲自身的国防，去换取包括德国在内的西方整体防卫系统。因为这么做不啻代表着把法国防务部分交到十年前凌辱法国的那些人手中，而且这也会拘束住法国从事殖民战争的能力。这也正是欧洲防务共同体的计划，因为法国反对而胎死腹中的原因。杜勒斯和艾登因此只好退而求其次，只把德意志联邦德国纳入北约组织。法国勉强同意，但坚持英国承诺英军永久长驻德国领土，艾登同意这个方案，法国等于获得了英国自第一次世界大战以来坚持不肯承诺的具体军事保证。此后，英、法、美部队以联邦德国盟军的身份长驻德国。斯大林首先倡议中止德国分裂（一度得到丘吉尔大力的支持），最后却成了承认欧洲分裂。讽刺意味十足的是，拥护势力范围最力的丘吉尔，最后却寻求软化其冲击，甚而彻底消除它们；而杜勒斯身为一贯抨击势力范围的美国之国务卿，却变成冻结势力范围在原地不动的政策之发言人！

对其阵营的团结有了信心之后，美国觉得现在与俄国和谈将安全无虞。然而，事实上，美、苏阵营在欧洲都已巩固下来，越来越没有什么可以一谈。双方都觉得可以召开高峰会议，不是为了解决冷战，而是因为他们知道可以回避所有的基本议题。丘吉尔已经告老退休，联邦德国稳坐在北约组织内，苏联也认定，维持它在东欧的势力范围，比试图引诱联邦德国脱离西方，来得安全。

因此，1955 年 7 月的日内瓦高峰会谈就与丘吉尔原先所提议的，大相径庭。与会的领袖不仅没有检讨紧张的起因，甚至根本就没谈到有关造成冷战的种种议题。议程在宣传造势和放弃解决东西问题之间摇摆。艾森豪威尔主张“开放天空”，准许彼此对对方领土进行空中侦察，这对美方没有太大风险，因为苏联从他们的情报侦探和公共来源已经对美国有相当的了解，空中侦察增加不了多少作用，可是这一来苏联的谜团可就得公开给美国侦察了。我由个人经验知道，如果苏联接受这个方案，艾森豪威尔麾下设计这套构想的规划人员（大部分都受当时担任总统顾问的尼尔逊·洛克菲勒节制督导）都会大吃一惊。赫鲁晓夫若是谢绝它，也不会有什么不利。中欧未来的议题就这样毫无政策指示地丢给外交部长们去讨论。

日内瓦高峰会谈的主要结果就是，展示民主国家经过十年的对抗之后，心理上需要歇息下来。原先对斯大林方案明确立场坚定的民主国家，现在却对苏联的改变口气屈从接受，他们就好比那马拉松长跑选手，眼睁睁看到了终点线，却累得一屁股坐下来，听任竞争者后来居上。

艾森豪威尔和杜勒斯很技巧地、坚定不移地去除掉斯大林的和平通告，以及丘吉尔召开高峰会谈的影响，坚持对若干明确的问题要有明确的解决。不过，后来他们也认为坚持苏联内部先有转变才肯谈判，有点强人所难，另外规划替代性的会谈立场则又可能太立场分歧，未能取得国内共识。遏制若要持续下去，必须让美国老百姓认为冷战的终结有希望达成。但是，他们没有提出自己的政治方案，却落入他们一向担心的地步：倾向于把赫鲁晓夫和布尔加宁较不具挑衅味的作风，解释为这是苏联态度基本上起了变化的迹象。单是成功地召开一个不剑拔弩张的会谈（不论其实质内容有多么肤浅），就能燃起民主国家的希望，认为翘首以待良久的苏联的改变，总算开始了。

艾森豪威尔在会谈召开前，就替这次高峰会谈定下了基调。放弃了他的政府原先坚持要有具体、详尽进展的立场，艾森豪威尔大体上从心理方面来描绘他对东西外交的看法：

> “战后我们许多会议都太强调注重细节，竭力求取特定问题的解决，而不是在建立一种求取解决的精神和态度。”

媒体的反应热切兴奋，集中在高峰会谈上已有了基本进展这一点上，只不过当时尚不清楚其具体内涵而已。《纽约时报》社论说：

> “艾森豪威尔先生的建树远比十年前他在战场上力挫强敌还要大，他已经防阻战争的发生。其他人可能会以实力相制衡，艾森豪威尔先生却能够睿智地把其他人拉进他的善意的圈子里，即令不能让来自易北河另一岸的访客改变政策，至少也修正了他们的态度。”

甚至杜勒斯也大受日内瓦“精神”感动。他在两个月之后对英国外相麦克米伦说：

> “直到日内瓦会谈之前，苏联政策以不宽容为基础，这是苏联理论的主要精神。苏联政策现在则以宽容为基础，包括与人人建立良好的关系。”

高峰会谈以及其周遭气氛本身就是一项成就。

麦克米伦体会到这种精神，认为日内瓦高峰会谈的真正意义，不在于获致任何明确的协定，而是在各国领袖之间建立了交谊。即使在均势外交大本营的英国，气氛也被提升为外交政策的重要因素：

> “为何这次会谈让全世界都有了希望和期待？并非因为讨论特别精彩。最震撼世人想象力的是，世界对立的两大集团之元首能够友好地会谈。肩负重责大任的这些人能够像凡夫俗子一样聚在一起交谈、开玩笑。我不禁怀疑，夏天在日内瓦那一幕田园景致是不是幻象。”

仿佛历史极宽容似的，美国领袖早先的评估认为，冷战是苏联行动的结果，并非苏联夸夸其词或个人行为所致，这乃是正确的。双方领袖拒绝去探究紧张的起因，必然会使他们永得骂名。如果单单只是一次会谈就对西方舆论有这么大冲击，还有何诱因能吸引苏联做出具体的让步？的确，在此后 15 年内，在任何政治议题上，苏联都不再有让步的姿态。

以德国为分界线的双方势力范围自此冻结凝固。在北约组织成立，以及民主国家与苏联重开谈判以致日后于 1975 年缔结《赫尔辛基协定》这期间，唯一一次政治谈判就是因为苏联为柏林问题发出最后通告而进行的会谈。外交交涉日益局限于武器管制的范围，而武器管制乃是“实力地位”的另一面。主张武器管制的人士寻求把限制或管制军备转为代替政治对话，或者借用遏制理论的语言来说，把实力地位限制到与威慑能相容并存的最低程度。但是，诚如实力地位不会自动转化为谈判，武器管制也未曾自动转化成紧张局势的缓和。

即使日内瓦高峰会谈在西方被赞誉为冷战解冻的开始，它却预示着冷战最危险阶段的来临。因为苏联领袖由它得到的结论与民主国家领袖的结论十分不同。斯大林的继承人在混乱局势中脱颖而出，不能确定民主国家是否可能利用这场乱局扭转苏联在战后的征服成果。1953 年 6 月，距斯大林亡故仅有三个月，他们设法平定四国共管的柏林东区发生的一起动乱，而西方国家毫无反应。他们在德国统一问题上延宕推托，却没有遭到抵抗，共产党在中欧、东欧的政治控制，也只遭到口头言词的挑战而已。最后，他们在日内瓦高峰会谈上得到一张行为良好的奖状，没有受到关于冷战何以发生的认真的质疑。

身为忠诚的马克思主义信徒，他们得到吻合其意识形态的唯一结论：势力的相对关系朝着对他们有利的方向发展。这个信念毫无疑问亦因苏联核武器增加（虽然数量依然相当小），以及发展氢弹而加强了。赫鲁晓夫在回忆录中对这次高峰会谈的综合观点是：

“我们的敌人察觉到，我们能够抗拒他们的压力和看穿他们的诡计。”

1956 年 2 月，也就是日内瓦高峰会谈七个月之后，赫鲁晓夫在他对斯大林重新评价的同一个苏共党代表大会上，以批判民主国家的态度评估国际大环境：

“资本主义的总体危机继续加深，社会主义的国际阵营对世局发展的影响力日增，帝国主义势力的地位日趋式微……。”

民主国家与苏联领袖之间误解的基本起因，是因为前者坚持把他们得自国内经验的标准加之于苏联。这是非常大的错误观念。第二代的苏联领袖成长在一个民主国家无法想象的历史背景下。追随斯大林，受其调教，导致心理发展不健康，唯有野心无穷大的奴仆才会忍受略犯小错就遭处死或终身流放古拉格劳改营的恐怖邪恶，或者只因独裁者本身政策转变就遭受横逆欺压，而敢怒不敢言。

葛罗米柯回忆录中有若干材料谈及斯大林，它透露出斯大林的部属明白这些暴行是以共产主义的名义做的。然而他们为了缓和本身良心的谴责（良心实在是不大），却把斯大林主义归咎于斯大林神经错乱、暴戾孤傲，而不认为是共产主义制度的失败。并且，他们也很少有机会进行系统地反省，因为斯大林一向把他的高层领导人任意调迁摆布。在斯大林政权下丢了官职，并不会回到民间，恢复正常生活；少数存活下来没被斗死的下台人物，要公开受到羞辱，也被昔日同僚彻底孤立隔离。

苏联社会里病态的疑忌心已经深入人民生活，在斯大林刚死不久的时候依然十分强烈。他的继承人花了将近五年的时间争权：1953 年，贝利亚被处死；1955 年，马林科夫被黜罢官；1957 年，赫鲁晓夫击败了莫洛托夫、卡冈诺维奇、谢比洛夫和马林科夫这一伙人的所谓反党集团；1958 年，赫鲁晓夫罢黜朱可夫之后取得绝对大权。这种动荡不安使得克里姆林宫领导人亟须与西方国家缓和紧张局势，不过它并没有使得苏联不出售武器给埃及，也没有阻挡苏联镇压匈牙利革命。

苏联领袖变了调子，并不是就变成能接纳西方国家和平共处的理念。1954 年马林科夫畅论核战争的危险时，他可能第一次表达出苏联认识到核时代的现实了！同时，他也同样可能企图破坏民主国家对其安全战略所持的核武器的信心。赫鲁晓夫谴责斯大林，可能传达出共产主义在软化，但是他也用它作为对付斯大林的老助手（他的主要政敌）的武器，也用来作为控制共产党的手段。

不错，赫鲁晓夫有勇气整肃了贝利亚；或者至少可说，他认识到基于本身生存的安全，非干掉贝利亚不可；他又断断续续地试验在东欧对知识分子解冻和开展非斯大林化。他在启动改革过程这方面，可谓是戈尔巴乔夫的祖师；改革的影响他并不了解，改革的方向却叫他追悔莫及。从这个角度来看，我们甚至可以说共产主义覆亡始于赫鲁晓夫。

由于共产主义彻底土崩瓦解，以致一般人常忘掉赫鲁晓夫对国际社会的挑衅有多么嚣张。他具有农民的本能，能立刻抓住在他的意识形态被斥为帝国主义的那些国家的痛处，他煽惑中东危机，为柏林问题发出一系列最后通牒，鼓动民族解放战争，并在古巴部署导弹。他虽然让西方国家疲于奔命、穷于应付，却没让苏联得到永久的收获；因为他善于点火煽起危机，却不知何时罢手。并且由于西方国家虽然一时混乱，最后还是起而抵抗，因此赫鲁晓夫侵略行为的结局就是苏联资源大量消耗，却没有得到长久的战略收获，还在古巴导弹危机中遭到严重羞辱。

1955 年日内瓦高峰会谈是这一切种种作为的分界点。赫鲁晓夫由日内瓦回国途中，在东柏林小驻，承认了东德共产政权的主权。这是斯大林一直避免的动作。此后的冷战时期，德国统一问题自国际议程上消失，因为莫斯科已经把它列为应由两个德国国家自行谈判的问题。由于东西德的政治价值不能相容，没有一方肯自杀，统一只有等待一方覆亡才能实现。因此，我们可以说，1958—1962 年的柏林危机根源在于日内瓦。

到了 1955 年，距罗斯福去世已有十年之久，欧洲战后问题的解决方案总算出现了，它不是出于第二次世界大战胜利国的谈判，而是由于他们没有能力谈判解决而冒出来。它却正是罗斯福生前刻意要避免的结果：两个武装阵营在欧洲大陆心脏地带对峙，在欧洲大量驻军——地地道道的划分势力范围的举动。不过，毋庸讳言，这样的安排倒提供了某种程度的安定。德国问题即使未获解决，也算暂时稳住。苏联即使不承认西德，也得接受它的存在；美国对东德的态度亦然。

但是赫鲁晓夫不会听任美国的势力范围繁荣而不滋事。他将在斯大林认为不在苏联势力范围之内的地域兴风作浪，把美苏竞争的热点跨出欧洲范畴，第一个引爆事件即 1956 年的苏伊士运河危机。

第二十一章

避开遏制政策：苏伊士运河危机

赫鲁晓夫与纳赛尔在莫斯科，1958 年

美、苏两个超级大国已陷入地缘政治竞争

从1955年日内瓦高峰会议散布出来的种种和平共处论调，都不能改变基本事实——美、苏这两个世界超级大国已陷入地缘政治竞争局面。一方之得普遍会被视为另一方之失。到了20世纪50年代中期，美国在西欧的势力范围一片兴盛景象，美国亦展示出它愿以武力保卫其势力范围，因而阻止了苏联的冒险行径。但是，欧洲僵持对峙并不代表全世界各地都僵持对峙不动。1955年，日内瓦高峰会议结束仅两个月，苏联就和埃及做了一大笔军火买卖，以武器向埃及易物，换来当时已供给过剩的棉花——这是把苏联势力伸入中东的大胆行动。赫鲁晓夫将手伸入埃及争取影响力，事实上等于是以蛙跳动作，跨越美国在苏联周遭建构的防御封锁线，让华府必须面对在此前认为是安全位于西方势力范围内的地区，迎接苏联挑衅的考验。

斯大林从来不愿在发展中世界押注赌苏联的信用度。他认为这些地区离苏联本土太遥远、太不安定，其领袖太难控制，而且苏联还没有强大到足以在遥远地区从事冒险行动——当然随着时间演进，苏联军事力量增强，他的态度可能会改变。迟至1947年为止，斯大林当时的亲信顾问安德烈·日丹诺夫（Andrei Zhdanov）依然认为中东地区仍是英、美帝国主义者掌握的地区，两者还争着出头当老大。

苏联领袖不可能不了解，他们率先出售武器给发展中国家会燃烧起阿拉伯人的民族主义，使得以阿冲突更难处理，也会被视为对西方在中东优势的重大挑战。等到尘埃落定之后，苏伊士运河危机已破坏了英国和法国的大国地位。在欧洲以外的地区，美国此后势必独自扛起冷战大旗。

赫鲁晓夫的起手棋招相当谨慎。苏联起先并未介入贩售军火，因为技术上乃是捷克出面卖军火，不过很快这个掩饰也抛弃不用了。不管怎么掩饰，苏联出售军火给中东，踩到了西欧（尤其是英国）的痛处。埃及仅次于印度，代表着大英帝国光荣盛世最重要的遗产。20 世纪的苏伊士运河，成为供应石油给西欧的主要通道。即使是第二次世界大战一结束，英国国势日颓，它依然以中东霸主自居，它的霸业有两大支柱：一是伊朗，透过英伊合资公司供应石油；一是埃及，它的战略基地价值无与伦比。英国首相艾登 1945 年推动组成阿拉伯联盟，作为抵抗外力深入中东的政治架构。英国在埃及、伊拉克和伊朗仍驻有大批军队。英国军官葛鲁伯将军（John Glubb）担任约旦阿拉伯兵团司令官。

20 世纪 50 年代，这个世界开始瓦解。在第一代新兴独立国家的喝彩下，伊朗首相摩萨台在 1951 年把伊朗石油工业收归国有，下令驻防阿巴丹炼油设施的英国部队撤出。英国已经不再觉得本身实力强大，不需美国支持（美国从头到尾都未伸手支持）即可在这么接近苏联边界的地方采取军事行动。而且，它自认在苏伊士运河之侧仍有军事基地，可作为备用之阵地。

摩萨台的挑战于两年后结束，因为美国鼓动的一次政变将他推翻了。（当时，华府认为秘密行动比军事干预更具合法性。）然而，英国在伊朗的霸主地位再也没有恢复。1952 年，英国在埃及的军事地位也被动摇，一群青年军官在中东地区盛行的民族主义、反殖民统治风潮下，推翻了腐败的法鲁克国王，他们的领袖是纳赛尔上校。

纳赛尔个性坚毅，颇具魅力，他诉诸阿拉伯民族主义，崛起成为一个魅力人物。他把 1948 年阿拉伯国家遭以色列击败，引为奇耻大辱。他把犹太人建国视为西方殖民主义活动的最高潮。因此他立志把英国、法国逐出中东地区。

纳赛尔的崛起也使得美国和她的北约组织主要盟国之间对殖民主义问题潜伏的歧见浮上台面。早在 1951 年 4 月，丘吉尔还担任在野党领袖之时，曾经呼吁在中东采取共同行动："我们已经不再强大到足可以一己之力，承担一向在地中海地区的政治负担，或甚至在当地的外交主导权上扮演主角。但是美国和英国联手，在法国协助下，我们三国合作将居于最强大的地位，去处理诸如埃及问题和防御苏伊士运河的整个问题等等。"然而，美国在中东地区却不愿扮演她在希腊、土耳其的角色，也不愿承担欧洲政治主宰一切的传承，更不愿与殖民传统扯上关系。杜鲁门和艾森豪威尔都坚决反对英国在伊朗或埃及采取军事行动，表面理由是认为这一类争端应该由联合国裁决。事实上，他们不愿跟英国的殖民传统扯在一起，认为这将很难自圆其说，而这个顾虑的确有道理。

然而，美国也有自己的幻觉，认为发展中世界的独立运动与美国经验相当，一旦新兴独立国家了解到美国对殖民主义的态度与欧洲老旧强权迥然不同，就会支持美国的外交政策。但是这些独立运动领袖，却与美国开国诸贤类型不同，虽然口中亦高唱民主调子，他们却缺乏美国宪法制宪先贤的坚定，后者才是真正虔信制衡的制度。前者大多数以威权作风统治，许多人还是马克思主义者，而且几乎全都把东西冲突视为良机，可以利用来推翻旧帝国主义制度。因而不论美国人如何刻意与欧洲殖民主义保持距离，美国领袖却大出意料，发觉发展中国家还是把他们视为帝国主义阵营的帮手，而不是真心的伙伴。

最后，美国由于遏制理论与集体安全理论而被扯进中东事务，因为前者需要在每个地区反对苏联扩张，后者则鼓励成立类似北约组织的体制，以抵抗实质或潜在的军事威胁。不过，绝大部分中东国家与美国的战略观念并不一致。她们把莫斯科看做极佳的平衡物，有助于获取西方的让步，而不是对中东独立的威胁。许多新兴独立国家传递出一个印象，即她们若被共产主义占领，对美国的危险远大于她们本身之受害，因此她们并不需要付出代价，就可换取美国保护。总之，深受民心支持的统治者如纳赛尔，认为与西方站在同一边并无前途。他们要民众认为，他们不仅从民主国家争到独立，也取得了行动自由，不再俯首帖耳听命于人。不结盟对他们而言，不但是外交政策的抉择，在国内亦有其需要。

起初，英国和美国都没有充分掌握到纳赛尔所代表的意义。两国的反应作为都出于以下的假设前提：纳赛尔抗拒他们的政策，是因为有某种不满与怨恨，这都可以补救。但是即使还真有一次机会试验这个假设能否成立，也会因为民主国家各有不同前提而破坏掉。英国想要诱导纳赛尔接受她历史性的主宰权，至于美国则想诱使纳赛尔参加她的遏制大战略。苏联洞察到这是反制“帝国主义包围”的良机，可以借供应武器争取到新盟友，又不必像在东欧那样，还得承担起她们国内治理的责任。纳赛尔聪明地利用这一切动机，让每一个竞争者相互对抗。

苏联军火注入动荡的中东之后，加速了东西竞逐争胜的程序，英国和美国最上乘的回应应该是孤立纳赛尔，直到情势证明苏联军火无助于他获致目标，届时如果纳赛尔放弃与苏联结交，甚至更妙的是他被比较温和的领袖取代，再发动大方的外交主动。这正是二十年之后，美国对萨达特的策略。可是，1955 年时民主国家反其道而行；他们尽力迎合纳赛尔的需索，企图笼络他。

就像沙漠的海市蜃楼幻象，西方国家的算盘一旦试图去推行，立刻烟消云散。英国发觉，不管它如何以糖衣包装英国在中东地区驻军的做法，都不能吻合当地政府的胃口。美国在中东问题上不与英国同流，争取让纳赛尔肯与美国结成伙伴，加入全球反苏战略，这个政策可谓形同老年痴呆症，它也从未付诸实现。纳赛尔没有任何可以信服的诱因，去放弃和苏联交好。他的诱因反倒是反其道而行最划算，他刻意向苏联或激进的中立国家（最好是同时对两者）接近，以便自美国获得利益。华府越是刻意拉拢纳赛尔，这位老谋深算的埃及人越是倾向苏联，因而升高了赌注，寻求自美国多汲取一切利益。

苏联在和不结盟国家集团打交道时，也有她的苦头。苏联渗透进入中东的早期阶段，样样都获致收益。莫斯科只花了微不足道的代价，就把民主国家逼得落入守势。她们的内部冲突升高了，同时苏联在过去视为西方势力范围的地区的实力亦告巩固。不过，随着时间进展，苏联的中东朋友把苏联拉扯进与苏联收获不相称的危机中，每当苏联企图以本身国家利益衡量应否介入这些风险时，就会造成新朋友的不痛快和耻笑。这又使得西方国家的外交可以展示苏联没有办法餍足其新朋友的目标——萨达特自1972年起就开始与苏联疏远，是一个高潮点。

英国首先被迫放弃她对中东的幻想。她在苏伊士运河沿岸的军事基地，是英帝国最后一个重要据点，约有8万名驻军。可是，英国在埃及反对、美国又不支持之情况下，无法在运河区维持庞大驻军。1954年，英国在美国施压的情势下，同意在1956年以前自苏伊士基地撤出驻军。

美国领袖极力要把两个互不相容的政策糅合在一起：一方面要终结英帝国角色，一方面又要利用英国残余的影响力，在中东建构遏制的结构。艾森豪威尔政府设计出所谓“北边国家”（Northern Tier）的观念——包括土耳其、伊拉克、叙利亚和巴基斯坦在内，并且希望以后再把伊朗纳入，这乃是中东版的北大西洋公约组织，目的在沿着苏联南方国境加以遏制。

《巴格达条约》和阿斯旺大坝

这个观念发展为英国发起的巴格达条约组织，但是它在若干方面仍有瑕疵。一个同盟要有效，它必须反映出共同目标感、共同危险的意识，以及能够把力量汇集起来，这些因素在《巴格达条约》上俱都付之阙如。该地区各国的分歧与仇恨，远大于他们对苏联扩张的共同畏惧感。叙利亚拒绝加入；伊拉克以其首都担任条约组织总部所在地达两年，它只关心抵抗阿拉伯激进主义，而不太关切苏联侵略；巴基斯坦则认为安全大患来自印度，不是苏联。

《巴格达条约》各会员国的军力也不是设计来协助邻国抵抗超级大国入侵之用，他们的基本目的是维持国内安全。更重要的是，纳赛尔是中东地区最具力量的领袖，他决心要摧毁《巴格达条约》，因为他认为这是掩饰对中东殖民霸权野心的一种卑鄙手法，企图孤立他和激进派人士。

有鉴于各自的目的有太多的分歧，无法设计出惩戒措施来抵制苏联在中东地区的影响力，英国和美国接下来试图把埃及哄骗离开莫斯科，大力展示追随西方阵营利益极多。他们提出两项政策——促进埃及和以色列间之和平，协助纳赛尔兴建阿斯旺大水坝。

提出和平方案，是因为英美认为1948年以武力建立犹太国家是阿拉伯激进主义萌生的主要根源；光荣和平，可以消除阿拉伯人的挫败感、耻辱感。但是在这个时刻，阿拉伯激进派和民族主义者，管它光荣与否，并不想与以色列谋和。他们认为，犹太国家根本就是硬生生以两千年来古老的主张为基础，强置于传统上阿拉伯人的家园中，来弥补犹太人的苦难，可是犹太人即使有苦难，也不是阿拉伯人引起的。

如果纳赛尔与以色列真正缔和——也就是接受了共存共处——他就等于自绝于阿拉伯世界，不配当阿拉伯人的领袖。纳赛尔不愿受到阿拉伯人非难，他建议以色列放弃整个内盖夫地区（Negev），这是以色列1948年征服的南部沙漠地区，占以色列领土面积1/2以上；并且1948年被逐离家园的数十万巴勒斯坦难民，应该有权还乡。

以色列绝对不肯放弃一半的领土，或允许所有的阿拉伯难民还乡，这一来势必把剩下的一半疆土也全都挤满了。以色列的解套招数是坚持以开放的边界，签订正式和平协定——这是没有大碍的试探要求，但也是阿拉伯领袖最难接受的要求，因为一旦接受，就代表着他们永久接受以色列建国的事实。以色列要和平、不要割让土地；阿拉伯要索回土地，又不肯界定和平，两者之间无可避免就是僵局死结。第一次谈判就产生了一个剧本，经各方奉行直到萨达特在埃及崛起；再过了20年，其他的阿拉伯国家才接受此议案——巴勒斯坦解放组织和以色列到了1993年9月才终于签字谈和。

此时的美国和英国在许多问题上意见相左。杜勒斯虽然赞同“北边国家”政策，却不乐意英国出头当领导人，希望巴格达条约组织总部移设埃及；埃及却不领情，根本拒斥这个组织。英国宁愿推翻纳赛尔，美国虽然对埃及购买苏联军火不豫，却认为最好还是安抚埃及。

英、美领导人为了弥补双方间隙，接着把注意力转移到阿斯旺大水坝兴建计划：这是靠近埃及、苏丹边境，在上尼罗河兴建的一座约110

米高、5 公里长的大水坝。它将调节尼罗河流域的水利灌溉，攸关自远古以来埃及人就赖以生存的这一片广袤流域的兴盛，使它不再受每年尼罗河泛滥之灾。

艾登是纳赛尔的大敌，但是他首先倡议英美联手支持阿斯旺大水坝兴建计划，由美国负担九成经费。为什么渴望推翻纳赛尔、必去之而后快的艾登，一变而大力支持阿斯旺计划？因为他希望驾驭中东外交，阻止苏联继军事援助之后跟着又搞经济渗透。1955 年 12 月 14 日，英国和美国正式提议分两阶段兴建阿斯旺大水坝：在预备阶段中，立刻拨出限额经费，研究规划，确定次阶段真正开工兴建的规模和援助性质之后，才着手兴建。

这是一项奇怪的决定。英、美两国政府虽然乐意见到纳赛尔垮台，也十分忧心他亲近苏联，却承诺去进行这件巨大工程，还挑起财务重担！这两个意见不一的盟国安慰自己，认为：即使第一阶段的补助款不能争取到纳赛尔回心转意，第二阶段施工以后也将使得埃及在财务上仰赖他们，就好像 19 世纪开凿苏伊士运河，使得西方借由财政手段控制住埃及。

阿斯旺大水坝计划不但没有使纳赛尔温和下来，反倒令他更自大。为了保持他的议价分量，他漫天叫价，而且拒绝美国参与协助以阿和谈。当英国试图说服约旦加入巴格达条约组织时，约旦国内爆发亲埃及的暴动，侯赛因国王不得已在 1956 年 3 月把阿拉伯兵团的英籍司令官葛鲁伯将军免职。

5 月 16 日，纳赛尔撤销对蒋介石国民政府的承诺，与中华人民共和国建立外交关系。此举等于对美国直接叫阵，尤其是针对着大力支持台湾的杜勒斯而来。6 月，苏联新任外交部长谢皮诺夫访问埃及，提议苏联对阿斯旺水坝提供财务、工程援助，这一来使得纳赛尔可以玩弄两大超级大国，渔翁得利。

7 月 19 日，杜勒斯决定不再玩下去。这位埃及领袖承认中共，令杜勒斯忍无可忍，决心教训纳赛尔。当埃及大使由开罗返回华府任所，携来指令表示接受美国全盘技术方案时，杜勒斯答复说，华府已经做出结论，认为埃及经济能力根本不可能负担得起阿斯旺大水坝的兴建，因此美国不会施援。

杜勒斯自认为心理上已有准备，埃及的反应必定十分强烈。他告诉《时代周刊》发行人亨利·卢斯说：这项决定是“美国外交活动长久以来未曾有的重大棋步”。他认为，纳赛尔“这下子势成骑虎，不论他怎么做，都对美国有利。如果他转向俄国人，而俄国人说‘不’，就会戳穿了苏联最近在全世界各地以经济交易四处示惠的谎言。如果苏联同意援助纳赛尔建水坝，我们也有对策，可以向苏联的卫星国家宣导，为什么他们的生活环境悲惨，苏联还要掏出数以百万计的巨款给埃及”。杜勒斯的观察明显欠缺一项重要因素：支持“重大棋步”，不惜冒险的意愿。这是杜勒斯天性倾向于高估宣传的重要（尤其是铁幕之后）之又一例证。

对苏伊士运河采取动作

姑不论水坝兴建案的政治考虑从一开始就有多薄弱，美国撤回援助案的方式也必然会激起重大危机。法国驻华府大使德姆维尔（Maurice Couve de Murville，日后出任戴高乐总统的外交部长），就正确地预测到后果：“他们将会对苏伊士采取动作。这是他们制得住西方国家的唯一方法。”

1956 年 7 月 26 日，纳赛尔在亚历山大当着无数群众之面对杜勒斯作答，诉诸阿拉伯民族主义驳斥说：

> “公民们，这是我们现在涉入的战役。这是反对帝国主义及帝国主义方法和战术的战役，这也是反对帝国主义前锋以色列的战役。……阿拉伯民族主义在进展。阿拉伯民族主义在胜利。阿拉伯民族主义在前进。它知道道路，它知道实力。阿拉伯民族主义知道谁是敌人、谁是朋友……”

纳赛尔故意挑衅法国，对群众宣称：“我们决不能自外于阿尔及利亚之战。”演讲进行中，纳赛尔举出兴建苏伊士运河的法国人雷赛布

（Ferdinand de Lesseps）的名字，这是示意埃及部队占领运河的暗号。这使得纳赛尔能在演讲即将结束时，把群众激情带到最高潮，宣布：

> “就在我此刻向你们说话时，你们的埃及弟兄已经开始接管运河公司及其财产，并且控制了运河的航行。运河位于埃及领土之内，它是埃及的一部分，它属于埃及所有。”

民主国家在苏伊士危机之前见解分歧，现在危机又破坏了他们的反应。一年前才坐上英国首相位子的艾登，脾气上不合适在压力境况下做决定。紧接在丘吉尔之后担任首相，绝非易事。艾登更因心理、体力盛衰而时高时低的情绪很出名。几个月之前，他刚动过大手术，经常需要服药。最重要的是，艾登脱不开自己过去经历和环境的桎梏。他自己能说流利的阿拉伯语，成长在英国独霸中东的时代，而且矢志不惜奋力一战阻止纳赛尔得逞。

法国对纳赛尔更加仇视，它在阿拉伯世界的重要利益在摩洛哥和阿尔及利亚，前者过去是法国保护国，后者是法国一个省份，有100万名法国居民。这两个北非国家当时都在争取独立，而纳赛尔的政策提供给他们情感上和政治上的支持。苏联将军火卖给埃及，埃及说不定会成为中继站，把苏联武器转交给阿尔及利亚游击队。法国新任总理摩勒（Guy Mollet）宣称：

> “这一切都写在纳赛尔的作品里，就好像希特勒在《我的奋斗》里阐明他的政策一般。纳赛尔有野心要再造伊斯兰大国。”

拿纳赛尔与希特勒比拟，并不恰当。指称纳赛尔领导的埃及决心征服外国，等于是说中东国家的边界有效力，实际上阿拉伯民族主义者并不承认它。欧洲各国的边界（巴尔干各国例外），大体上反映出共同的历史与文化。相反地，中东国家的边界却是外国（特别是欧洲）列强在第一次世界大战结束后，为了方便主宰这个地区而划定。在阿拉伯民族主义者心目中，这些边界线硬生生划过阿拉伯国家，否定阿拉伯人共同的文化。要泯除这些疆界，并不需以甲国称霸控制乙国去做；它等于是创建一个阿拉伯国家，好像加富尔建立意大利，俾斯麦建立德国一般。

不论比拟有多么不正确，一旦艾登和摩勒举起反姑息大旗，情势很明显，他们不会退却。他们属于把姑息视为罪大恶极的大恶那个世代，慕尼黑代表永难磨灭的耻辱。拿一个领袖比拟为希特勒，或甚至墨索里尼，表示他们已经跨越妥协的可能性。他们已经别无他途，非胜不可，否则就失去所有的权利主张。

艾登和摩勒对于苏伊士运河被埃及收归国有，反应异常激烈。艾登在纳赛尔演讲完的翌日拍发电报给艾森豪威尔说："如果我们不（采取坚定立场），我们相信，贵我两国在整个中东地区的影响力，终将被摧毁。"三天之后，艾登在国会平民院中发言，切断了任何退却的可能性。他说："女王陛下的政府绝不能接受，这个国际航道听任单一国家毫不受节制的掌控之安排；近来事例已显示，这个国家纯以其国策思考加以利用运河。"法国亦十分坚定。7 月 29 日，法国驻伦敦大使照会英国外相，法国预备把法军交给英国指挥节制，并准备把部队由阿尔及利亚抽调出来供联合攻击埃及之需。

杜勒斯 8 月 1 日到伦敦咨商时，也似乎有同样见解。他声言决不能接受运河由任何单一国家掌控，尤其不能让埃及为所欲为：

> "必须找出方法让纳赛尔吐出他企图吞噬的东西。我们必须努力使世界舆论支持国际社会在运河之行动。应该可以创造出一种不利于纳赛尔的世界舆论，让他遭受孤立。然后如果必须采取军事行动，就会比仓促行动更有可能成功，较少严重反弹。"

杜勒斯主张召开航运会议，却使得情势转为困惑，英国和法国开始暴跳如雷，最后却蒙受羞辱。杜勒斯的起手招式也是空口恫吓，配上浪费时间的外交交涉。不一会儿，情势就很清楚地显露出盟国对这项危机意见并不一致。艾登和摩勒以推翻或教训纳赛尔为目的，艾森豪威尔和杜勒斯却以与阿拉伯世界的长远关系考虑此一危机。双方都以有瑕疵的偏见去动作：艾登和摩勒以为纳赛尔垮台，局势就会恢复到他掌控权力之前的情形；艾森豪威尔和杜勒斯则认为，若非纳赛尔，即是本地区其他的民族主义领袖，也要纳入北约组织式的中东安全体系内。他们也认为，对纳赛尔采取军事行动将煽起阿拉伯民族主义怒火，西方在此的影响力至少一个世代都恢复不过来——这种情形恐怕远比失去对运河的控制更惨！

这两样假设都不对。纳赛尔掌权前的埃及，已经一去不复返。仿效纳赛尔的其他民族主义领袖也对遏制之声有了免疫力。他们的主要议价筹码就是冷战，他们固然谴责冷战，实则亦利用冷战争取对自己有利的发展。真正的议题是，究竟纳赛尔胜，或纳赛尔负，哪种结局将煽起阿拉伯民族主义的怒火？

从严格分析的角度来看，美国必然也与英、法见解相同，认为纳赛尔式的民族主义代表着对中东建设性政策的一大艰巨障碍。若能证明依赖苏联军火也不会有积极效果，或许就能在发展中世界防止数十年的动乱。从这个观点说，能把纳赛尔弄垮当然最好。但是，即使把他弄垮，美国也不能协助英、法恢复殖民霸业，美国如果需要与其盟国分道扬镳，并不在苏伊士危机初起之际，而是在它顺利落幕之时。证明依赖苏联支持反而会贻祸埃及之后，还得对纳赛尔的温和派支持人之理性民族主义目标加以支持才可——就好像 20 世纪 70 年代美国对萨达特的做法一般。

然而，民主国家还未能擘划这么复杂的策略。英、法不能接受推翻纳赛尔的先决条件是，预备把纳赛尔要求的许多事项承诺给他较为温和的继承人。美国则不了解攸关政策成败的是，必须让北约组织两大亲密盟国调整适应新环境又能保住她们仍为大国的颜面。一旦某国形象被毁，她扮演重大国际角色的意愿也会消退。这也正是为何当时担任英国财政大臣的麦克米伦告诉杜勒斯的特使墨菲（Robert Murphy）大使："如果英国现在不起而抗击纳赛尔，英国势将沦为另一个荷兰。"然而，美国领袖却愿意冒险一试，争取这位激进的民族主义者；他们先在外交上和英、法不同步调，然后再公开反对她们，显示出她们对中东局势的影响力相当有限——换言之，终结她们担任大国的角色。

杜勒斯视运河问题为法律问题，注意力集中在海路可能受阻，因而酝酿出法律架构来绕过障碍，争取自由通航权。然而艾登和摩勒却矢志不接受苏伊士运河被国有化；试图以它为借口，推翻纳赛尔，或至少羞辱他。纳赛尔则好整以暇，一般革命家完成既成事实后也都端坐静候。他越能撑得住，既成事实就越不易被推翻——尤其不能用武力去推翻。

艾森豪威尔激烈反对使用武力，即使是为了维护苏伊士运河自由通航原则（杜勒斯在伦敦已公开支持它）而动武也不干。杜勒斯将艾森豪威尔的亲笔函交给艾登，强调："在目前甚至考虑运用武力，都是不智之举。"艾森豪威尔甚至还暗示，英国如果片面行动，美国说不定就不支持北约组织，言下之意，放手不管盟国死活，任凭莫斯科恣意妄为。艾森豪威尔信上说，如果爆发战事，在美国发现所有和平解决危机的方法皆已无效之前，它"将非常严重影响我国人民对西方盟国的观感。我不愿过甚其词，但可以向阁下担保：这将增长到后果极为严重的程度！"

就表面来看，英、美两国似乎最不可能发生冲突，两国领袖交情可以远溯到大战时期。艾登不能相信，艾森豪威尔会把担忧英、法单方面行动发展为公开反对，艾森豪威尔则深信，到最后，法国和英国不敢在美国不支持的情况下行动。英、美领袖珍惜他们的"特殊关系"，尤其是战时并肩作战、私人交谊亲睦，特别可贵。但是在苏伊士危机时，却因基本性格冲突，交情起了变化。英方领袖发觉杜勒斯言词尖酸刻薄，艾登因而认为他挺讨厌的。

以家世传承和个人学养来看，杜勒斯可谓非常适合担任国务卿职位。他的外祖父约翰·福斯特（John Foster）在哈里森总统之下担任国务卿；他的姑父罗伯特·蓝辛（Robert Lansing）是威尔逊总统的国务卿，代表美国出席凡尔赛和会。虽然杜勒斯在他中年以前一直是公司律师，但他的血液里却是包含有家学渊源的外交政策的营养。

美国的国务卿们历来都坚持美国与众不同的独特立场，自认为有责任担负世界正义价值。杜勒斯亦不例外，只不过他宗教式的虔信心重于哲学上的认可。他第一次亲涉国际事务的经验是担任一个新教徒委员会主席，鼓吹世界和平。他一度骄傲地宣称："国务院里没有人比我更熟读《圣经》。”他在执行美国外交政策日常运作时，诚心运用长老会的信仰原则。他在 1950 年写道：

> “我深信我们在此需要使我们的政治思想和作为，更忠实地反映一种‘人应信服上帝’的宗教信仰。”

虽然杜勒斯代表一种典型的美国现象，格莱斯顿时代的英国人可以很轻松地认识到，但是第二次世界大战后的这一代英国领袖却厌恶他的正义凛然，道貌岸然，认为他口是心非，言行不一。

不幸的是，杜勒斯的说教意义往往大于他表达对外交事务的专业知识，特别是他对苏联制度的深刻分析。丘吉尔形容杜勒斯是个“顽固的清教徒”。艾登则自始就对杜勒斯没有信心。1952 年，艾森豪威尔宣布任命杜勒斯为国务卿之前，艾登就表露希望他人出任该职，他说：“我不认为我将能和他共事。”

杜勒斯有许多特质，使他极具影响力。他的工作精神和坚持原则，令艾森豪威尔折服。阿登纳认为杜勒斯是他生平所见“最伟大的人物”，一个“言出必行”的君子。他坚定不移的两极世界观念、谨慎不让自己被诱骗或胁迫去对莫斯科让步，以及意志坚定，使得担心美苏单独议和的阿登纳及其他领袖喜爱他。

然而，杜勒斯在伦敦吁求道德，却凸显出伦敦和华府观点越来越不相吻合之势。从头到尾，杜勒斯大声喧嚷支持英法揭示的目标，可是也不断抗拒以武力来践行。他非常有创意地提出克服危机的主张，但是仔细再加检验，这些点子却化为旷日费时的迟疑不决，阻止了英法贸然动武，如果杜勒斯曾预备坚持其方案，它们或许可以作为苏伊士危机的务实之解决方案——或许未必是英法最爱的方案，却是他们能勉强接受者。

杜勒斯刚回到美国就表示排除使用武力，他提出的召开航运会议之方案，也被纳赛尔谢绝。杜勒斯在 8 月 3 日说：“我们不要以暴制暴。首先，我们要找出许多利益攸关的国家的意见，因为我们相信包括埃及在内的全体有关国家，将会尊重 1888 年国际化条约当事国，或依据其条文之受益国之清醒意见。”道德论调改变不了杜勒斯拒用武力等于指出盟国外交步向死巷的事实。能够诱导纳赛尔接受杜勒斯提出的运河解决方案之唯一方法，是以如果再不识相，英、法将有军事干预的打算去威胁他。可是杜勒斯提出国际共管运河之议，也一再声明不用武力，这简直就是邀请纳赛尔一定要拒绝接受其提议。

杜勒斯与英、法合作号召举行苏伊士运河主要的 24 个使用国之国际会议，其中有 8 国曾在 1888 年签署《君士坦丁堡条约》，组成纳赛尔目前试图废除的体制。美国等 18 国以多数票，提议新的运河管理体制，接受埃及的主权，也让埃及人员参与，但亦确立以国际会议与会国家为运河的实质管理人。尽管点子良多，杜勒斯却不愿运用舆论以外的方式去推动执行它们。杜勒斯否认在他的方案以及执行方法之间存在前后矛盾，坚称到了最后道德说服可以促使纳赛尔退让。他认为，多数人“相当尊重人类的意见。由于我相信它，我深信在这项会议会出现道德力量的裁判，我们可以有信心苏伊士运河将一如过去 100 年，在未来的年代里为人类和平服务”。事实证明，道德压力并没有物质压力同样的威力。9 月 10 日，纳赛尔回绝了伦敦航运会议的提案。

三天之后，杜勒斯又提出另一个精巧的方案。这次他提议以使用人协会来营运运河，并在运河两端的塞得港和苏伊士，即埃及领水之外设立管制站收取通行费。如果纳赛尔不让步，使用人协会就要径自运作，不要他参加；如果他同意参加，就得把运河收入的管制权交给一个国际机构。如果不是杜勒斯本人对自己的方案另有意见，这个复杂的方案或许就可付诸实行。10 月 2 日，杜勒斯在一个记者会上又再次声明不会使用武力。他在同一个场合也大放厥词，批评艾登主张以北约组织来处理苏伊士运河类似的危机，乃是不恰当的提议：

“处理苏伊士运河问题的方法可以有些不同。这些不同或许与若干基本事项有关。在某些领域上，（美、英、法）三国因条约，如《大西洋公约》，而同进共退。……其他问题涉及其他地区，和触及所谓殖民主义的问题。在这些问题上，美国扮演较为独立的角色。”

杜勒斯从法理解释，固然有理，不过他日美国却尝到异地而处的滋味。当美国在越南亟须盟国伸出援手时，美国的盟国却以同样道理婉拒声援。1973 年中东战争时，美国空运物资援助以色列，欧洲盟国却拒绝让美机飞越其领空，等于是苏伊士危机的反面回应。换言之，美国的盟国拒绝在严格界定的条约范围之外，承担北约组织之义务。1956 年，英、法最生气的倒不是杜勒斯依法理解释其立场，而是强烈暗示美国在中东地区，对所谓重大利益的界定与欧洲盟国大大不同。

因为，英国最恼怒的是，就在杜勒斯开记者会的前一天，艾登已经拍电报给艾森豪威尔，声明问题关键已经不再是纳赛尔，而是苏联：

> “我们心目中毫不置疑，相信纳赛尔现在实质上已在俄国人掌握中，就跟墨索里尼受到希特勒操控一般。现在向纳赛尔示弱以求安抚他，不会有效，就和当年向墨索里尼示弱一样。”

艾登认为，杜勒斯的声明等于是说，美国不认同他的说法，不以为在埃及的最大威胁来自苏联。他想以遏制政策来架构埃及问题，可是杜勒斯却似乎把整个事件视为一桩殖民主义闹剧，美国决心保持道德清白的形象，不肯插手。

我们很难相信杜勒斯不清楚他玩的把戏有多么危险。虽然表面上他好像坚信美国大众会对崇高、正义、道德的号召乐于从命，杜勒斯也有极丰富的现实经验。他对他在苏伊士运河危机时的所作所为，没有留下任何说明。然而，他似乎受到两种矛盾的脉动所拉扯。以他对共产主义历来的态度而言，他必然完完全全同意艾登和摩勒对苏联渗透中东带来的危险之分析。这正可以说明为何他对纳赛尔动机的解读，与艾登的观点几乎没有差别，以及何以他突然决定不支持阿斯旺水坝兴建，让英国内阁（他们本来就一直挺有戒心）也吓了一跳。

此时，杜勒斯的顶头上司艾森豪威尔总统是个沙场老将，深知兵连祸结的可怕，极力反对动武。艾森豪威尔对玩弄势力均衡这一套毫无兴趣，即使中东局势的确对全球均势存有长远危险。他认为美国实力强大到可以稍后再来抵抗它，等到实际生存受到威胁再行动也不迟。艾森豪威尔认为，苏伊士危机还未构成大碍，用不着使用武力。他的微笑常在脸上，他具有极坚毅的性格，一旦冒犯他可就不好玩了。

诚如艾奇逊曾说过的，国务卿能有何表现，要看他是否知道总统的脾气和个性而定。杜勒斯当然明白，但是艾登和摩勒却不明白，他们认为艾森豪威尔只是一位和蔼可亲的、有名无实的领袖。他们忽视了艾森豪威尔在 9 月 2 日致艾登的一封信的意义，艾森豪威尔此信谈论国际航运会议，他再次警告反对运用武力：

> "近东和北非的人民，甚至整个亚洲和整个非洲的人民，都会团结起来反对西方，我恐怕花一个世代的时间都无法加以克服，尤其是思及俄国人居中挑拨离间的能力，说不定一个世纪都无法克服。"

杜勒斯可说是夹在强硬难折的艾森豪威尔和一群暴怒难抑的欧洲盟国之间，进退两难。艾登和摩勒已经骑上虎背，无法后退；也对杜勒斯宣示的目标口头姿态强硬，可又一再不肯以务实手段去做，大为生气。他们从来不了解艾森豪威尔反对动武的心意有多强，或者他的观点如何主导政策走向。以杜勒斯而言，盟国与纳赛尔之间的差距问题，小于他的上司总统和总统在欧洲的密友之间的歧义。他只好押注，拟以灵活手腕来弥补间隙，期盼时间能使他们或艾森豪威尔的立场转变，或导致纳赛尔犯下错误，让大家都能摆脱僵局。不料，事与愿违，杜勒斯却使得法国和英国孤注一掷。

有位记者在 9 月 13 日的记者会上提问，道尽杜勒斯两难之境，他问："国务卿先生，美国事先宣布将不动武，苏联又以舆论为埃及撑腰，这岂非让王牌尽在纳赛尔手中？"虽然杜勒斯含糊地答称道德力量必胜，但这个问题可谓切中要害。

民主国家之间歧见加深，鼓舞了克里姆林宫加大赌注。华府讶然获悉，苏联愿意解囊协助阿斯旺大水坝兴建案，取代了西方的援助，并且要增加对中东运送军火。赫鲁晓夫对南斯拉夫大使嚷道：

> “别忘了，一旦战争爆发，我们将倾全力支持埃及。如果我儿子向我请缨志愿参战，协助埃及，我会鼓励他前往。”

杜勒斯10月2日在记者会中第二度摒除以武力解决的战术之后，英、法失望之余，决定自行解决，英、法的军事干预现在已箭在弦上，只待少数战术行动履行完程序。其一就是再向始终角色尴尬的联合国做最后的陈情申告。起初，英、法在美国支持下，刻意回避联合国，担心不结盟国家和埃及站在同一阵线。但是在他们外交手段已黔驴技穷之际，他们也向联合国申告，敷衍一下，以示由于这个世界组织无能为力，他们别无选择只好自力行动，因此，联合国竟然由解决国务纠纷的工具，一变而为诉诸武力以前必须清理的最后障碍！甚至还被用为不得不动武的借口。

联合国在心理上毫无准备，只得起而回应。埃及、英国和法国外交部长私下协商，得出“六点原则”之协议，与航运会议上的多数观点非常接近。它要成立一个埃及人掌握的营运委员会，以及一个监理性质的使用人委员会。两委员会如有争议，则交付仲裁。艾森豪威尔兴奋地在10月12日发表电视演说称：

> “我想今晚对美国人民宣布一项上好消息。今天下午在联合国就苏伊士危机如何解决获致的进展，极为可喜可贺。埃及、英国和法国透过其外交部长会商，同意一套开始谈判的原则，看来大危机已经成为过去。”

虽然艾森豪威尔没有确切说出“和平在望”，但他的声明激起了欣喜之情，可是事态发展却证明高兴为时太早。就在第二天，10月13日夜里，安全理事会被要求为“六点原则”背书，却发生了不愉快的意外。分为两次的投票中，“六点原则”无异议地获得一致通过；但是如何执行的方案却遭到苏联否决。

“六点原则”是和平解决危机的最后机会。美国对埃及施压力，可能会使她去要求苏联撤回否决——当然这是假设否绝不是出于埃、苏两国事先串谋。美国若是以警告的方式对苏联施压，正告她一旦摊牌，美国将与盟国站在一边，也可能使苏联不致投下否决票。但是美国决定，除了与盟国维持友谊之外，也要对不结盟国家示好。美国企图把两项互不相容的政策冶于一炉，使得战争无可避免。

艾登和摩勒已经顺从各项方案，避免战争，如航运会议、使用者协会和“六点原则”，无不接受。每一次，开头颇有希望，最后却搁浅；每一次，美国都没有运用其外交影响力替杜勒斯本身设计或支持的方案出面争取助力。但是，英国和法国虽然有许多可以理解的原因动武，她们却给自身弄了个致命的重担，最终用一个笨拙的策略做借口。法国筹划出来的这套办法是，怂恿以色列进袭埃及，向苏伊士运河进兵，然后英国和法国以维护航行自由为名义，要求埃及和以色列都退兵到运河十英里之外。预料埃及一定会竣拒，这时英、法就出兵占领运河区。至于再一步是什么，则不太明白。这项计划预定在距美国总统大选日的一个星期之前发动。

这一套拐弯抹角的策略，搞得人人都是输家。首先，它跟纳赛尔夺占苏伊士运河以来的种种外交作为不符，因为盟国原本一直尝试在运河的营运上面建立国际共管体制，既然国际间各种保障自由通航的办法全都无疾而终，合理的下一步就是由英、法径自用武力成立国际共管机构，虽然他们单方面行动，一定会惹来强大反弹，但是在先前种种外交交涉失败后，这么做还是可以理解的。相形之下，法国和英国实际搞出来的手法未免太矫揉造作，一下就被人看穿底蕴。

每位合伙人如果单独行动，效果可能更好。英、法竟然还得动用以色列协助来修理埃及，可谓自己坏了身为大国的身份。以色列则自甘担任殖民主义者的工具，丧失了因邻国拒绝议和而获得的道德优势。英国在约旦和伊拉克这两个中东主要据点的地位也衰弱下去。艾森豪威尔对于英、法选在大选前一周，怂恿以色列出兵，吃定他不敢得罪犹太裔选民大为光火。要找到一项政策能够把每一步行动的不利集中起来，或者是建构一个组合却又让每个伙伴统统都受伤，也着实不容易，英、法和以色列三国的臭皮匠却做到了！

表面上仿佛根本不知道国际间将爆发极大不满，英、法又采取一种军事策略，故意使人觉得她们迟疑延宕，不料反倒使得政治问题益发复杂。10 月 29 日，以色列入侵西奈半岛。10 月 30 日，英国和法国就要求以、埃双方撤离运河，而以军根本还未推进到这里。10 月 31 日，英国和法国宣布她们将在陆地上介入。不过，要到四天之后，英、法部队才在埃及登陆，也没能在数天之内完成占领运河的任务。

谁也没料到美国的正义感被激惹起来。10 月 30 日，距以色列发起攻击才 24 小时，美国就在安全理事会提出一项决议案，命令以色列武装部队“立刻撤退到已订下的停火线之后”。但是没有要求谴责埃及支持的恐怖活动，或是阿拉伯人非法封锁亚喀巴湾的行为。英国和法国 10 月 31 日介入冲突，艾森豪威尔在同一天上电视演讲，向她们表态：“固然这些国家有权利做这样的决定和行动，同样地我们也有权表示异议。我们相信这些行动犯了错误，因为我们并不认为运用武力，是解决国际争端的明智举动和适当工具。”因此，艾森豪威尔政府并非主张绝对不用武力的原则——譬如，两年之前，它就安排危地马拉政府被推翻；两年之后，艾森豪威尔亦命令美军进入黎巴嫩。这是空前绝后的第一次，也是仅有的一次，美国在投票上与苏联同一立场，反对其最亲密的盟国。艾森豪威尔对美国人民宣布，鉴于英、法必然会在安全理事会上投下否决票，他预备到联合国大会之上去力争，因为英、法无法在大会上运用否决权。

11 月 2 日，联合国大会以 64 票对 5 票的压倒性票数，要求当事国中止交战行为。11 月 3—4 日，大会通宵开会，通过一项更强硬的决议案，开始讨论由联合国组织一支维持和平的部队——这是要加速英、法撤军的象征动作，因为联合国部队从来未抵触某一主权国家的意愿，进驻其领土，而纳赛尔且也必然会要求联合国部队撤退。

11 月 5 日，联合国组成维持和平部队。同一天，英国和法国宣布：只要联合国部队到达驻地，英、法部队将立刻退出——说不定心目中还盘算，他们的部队可以纳入联合国特遣部队中。在美国与苏联联手羞辱其最亲密盟国的创伤之上，又被加上一把盐：苏联军队就在这同一天，在联合国象征性的反对之下，出兵粉碎匈牙利自由斗士的活动。

11 月 5 日晚上，也就是英、法发出最后通牒的一个星期以后，距苏联坦克开始弹压匈牙利起义只有 24 小时，苏联终于发言了。鉴于美国及其盟国之间意见明显分歧，莫斯科可以在最没风险之条件下，以埃及保护人姿态出现，发出一连串密集的函电文件。苏联外交部长谢皮洛夫致函安全理事会主席；总理布尔加宁亲自与艾登、摩勒、艾森豪威尔和以色列总理戴维·本－古里安通信。这五封信函的内容主题都一样：针对埃及的“掠夺性质”侵略，必须停止；联合国必须组织起联合行动加以制止，苏联愿意提供海空军参加联合国部队。

仿佛这些言词还不够狠，布尔加宁针对不同对象还附加警告。例如，艾登是第一个被苏联提醒设想被火箭攻击的西方盟国领袖，虽然布尔加宁是以问句形式提出威胁：如果英国受到一个更强大的国家，拥有各种现代化摧毁性质武器之进攻，它会是何种情况？在目前，这样的国家还可以不必派出海空军进袭英国海岸，只用火箭武器等方法就可以。为避免这个问句被误解，布尔加宁又加上一句更有恫吓味道的话：“我们已决心以武力粉碎侵略者，并且恢复东方的和平。”摩勒也收到同样的警告。给本－古里安的信虽然没有太明确指陈，却更具威胁意味，因为它强调以色列的行动“已经置以色列国家之存在于危疑地位”。

最后，布尔加宁在致艾森豪威尔的信函里，建议苏、美联合出兵，以中止中东的敌对。他甚至暗示第三次世界大战都不无可能爆发：

> “这场战争如果不予遏阻，它充满着第三次世界大战的危险，极可能就演变成第三次世界大战。”

这段话出自一个也具有能力发动世界大战的国家，可以说真是风雨满楼，不祥之至。

苏联的威胁充满着虚词恫吓的声势，这也成为赫鲁晓夫外交术的特征。就在苏联部队残暴镇压匈牙利的自由斗士之同时，苏联竟然还敢声言替西方帝国主义的受害人的命运出头！1956 年苏联无疑比美国弱，尤其在核领域上望尘莫及，也只有蛮横不讲理的赫鲁晓夫才会叫嚣威胁发动第三次世界大战。苏联不仅没有分量去谈摊牌，而且一旦非得要摊牌时，赫鲁晓夫也不得不屈辱地后退，一如六年后他在古巴导弹危机时所不得不做的那样。

艾森豪威尔愤怒地拒斥与苏联联手出兵之议，并且警告称：美国将抗拒苏联的任何片面行动。同时，苏联的警告也使得华府加重对英、法的压力。11 月 6 日，英镑在国际市场上暴跌，美国一反过去的做法，按兵不动，拒绝介入去稳定市场。

艾登在国会下议院里惨遭抨击，在英联邦中又找不到太多的支持，而且遭到美国抛弃，只有黯然罢手。11 月 6 日，他同意在翌日开始停火，这时距离英、法部队登陆运河区还不到 48 小时。

英、法出兵可谓从构想到执行都有如业余玩票者弄的把戏；在挫折中设计出来，缺乏明确的政治目标，注定要失败。美国绝不会支持如此破绽百出的作为，但是问题是，美国与其盟国划分界限的做法有必要这么决绝吗？美国真的是在支持英、法冒险，以及断然反对它们之间做选择之外，就没有别的路吗？就法律层面而言，美国在清楚界定的北约组织地域之外，对英国和法国并无任何责任或义务可言。但是，问题并不纯粹是法律层面的议题。美国是否一定需要用这么绝情的方式，向它最重要的两个盟国表达，它们已经再也不能自力救济吗？这么做就一定符合美国的国家利益吗？

美国没有必要促使联合国以极其迅速的步调来讨论本案，也没有必要支持不谈挑衅起自何方的决议而单单针对当前议题下结论。美国大可以吁请世界各国正视各种国际折中方案以免在运河区发生事端，也可以呼吁大家注意阿拉伯人非法封锁亚喀巴湾的事实，更可以促请各方谴责纳赛尔鼓动恐怖分子侵袭以色列的行动。甚至，美国可以，也应该在谴责英、法行动之同时，也一同谴责苏联在匈牙利的行动。美国不此之图，却认为苏伊士问题纯粹属于道德和法律层面的问题，与地缘政治毫无干系，不去正视以下的事实——埃及并未就运河的营运做任何保证，等于是纳赛尔无条件获得胜利，这也等于是苏联军火所鼓舞、苏联威胁所撑腰的激进政策获得胜利。

问题的核心还是在观念层面。美国领袖在苏伊士危机时提出了三个原则，它们全都反映长久的真理：美国对其盟国的责任与义务受到明确的法律文件之限制；除非是严格界定的自卫行为，任何国家都不得任意动用武力；最重要的一项是，苏伊士危机给了美国机会去承应天命——担负起发展中世界的领导者之使命。

艾森豪威尔在 10 月 31 日的演讲中强调了第一项原则，他以全力反对英、法的作为。他说：

> “没有法律，就不会有和平，如果我们对反对我们的人士动用一套国际行为准则，对我们的友人又用另一套，也就谈不上法律了！”

国际关系可以由国际法巨细无遗地加以界定这种观念，在美国历史上有着根深蒂固的渊源。假定美国应该在国际行为上扮演不偏不倚的道德仲裁人，不受国家利益、地缘政治或结盟关系所左右，也是这种古老想法的一部分。然而，在现实世界里，外交至少有部分涉及有能力区别各个个案，以及分辨敌友。

严格推论自卫才是战争的唯一合法原因的主张，出现在杜勒斯 1956 年 12 月的一篇谈话中，他在诠释《北大西洋公约》第一条时说：

> “关键是我们认为在这种情况下的进攻，将违反《联合国宪章》，也将违反《北大西洋公约》第一条，因为它要求所有缔约国放弃使用武力，并以和平手段解决争端。我们的抱怨是：公约被违背了，而不是事先未经过咨商程序。”

过去从来没有人以这么和平绥靖的方式诠释《北大西洋公约》第一条，此后也没有人这么做。军事同盟的条文竟然有一条款，拘束缔约国必须以和平方式解决一切争端，可谓惊人之说。无论如何，真正的问题不在法律层面，而是这项盟约不包括对盟友界定其重大利益（即使是在严格界定的条约地域之外的地区）时多少有义务包容谅解，或者至少在判断上略有出入时，也能有些同情。

乔治·凯南和沃尔特·李普曼这两个早期辩论遏制理论的大对手，就明确认定要有宽容心。凯南力主忍耐，他说："我们在若干过去的事例上处置笨拙，而我们的友人并未起而与我们作对。甚至，在导致英法政府这次思虑欠周、过分冲动的行为之令人绝望的事情上，我们的责任在于有太沉重的标准。"李普曼则更进一步主张，英法成功有利于美国："法英行动应以结果来判断，虽然我们对此一决定有异议，美国的兴趣在于是法国与英国现在应该成功。尽管我们衷心希望他们未动武，现在却不能希望他们失败。"

美国政策的第三个前提——暗自盼望能崛起成为发展中世界的领袖——却不可能实现。美国战后领袖中对国家利益最有研究的尼克松，11 月 2 日，也就是总统大选投票前四天，把美国置于反殖民主义斗争前锋的位置，他宣布：

> "有史以来第一次，我们展示出不同于英法在亚洲及非洲维持殖民传统的政策之作为，这项独立自主的宣示在全世界都有深远影响。"

日后尼克松的种种言行，让我们很难相信他这番话不是奉指示出来发言。

然而，事情并不如此发展。纳赛尔对美国或对其阿拉伯盟国的政策并未转为温和。即使他有心做，他的激进派追随者也不容许他承认，他是因美国对英法施压而得逞。甚至，为了向这批追随者有个交代，他还得提高对中东亲西方、温和派政府的攻讦。苏伊士运河危机事件之后两年内，伊拉克亲西方政府遭推翻，出现了阿拉伯世界最激进的一个政府，后来更产生了萨达姆掌权。叙利亚也逐渐转向激进。五年之内，埃及部队开入也门，企图推翻原有政府却无功而退。最后，由于美国继承了英国退出而放弃的战略地位，纳赛尔的激进主义全都发作在美国身上，而以 1967 年对美断交达到最高潮。

美国在其他不结盟国家心目中的地位也没有改变。在苏伊士危机后数个月内，美国在不结盟国家中的地位，比起英国好不到哪里去。这不是因为多数不结盟国家突然对美国翻脸，而是因为他们突然了解到对美国有了施压的窍门。这些国家对苏伊士危机印象深刻难忘的一页，不是美国暗助纳赛尔，而是纳赛尔竟然手法灵活，玩弄美苏两大超级大国，让他们互相对抗而渔翁得利。苏伊士危机事件也使得不结盟国家第一次认识到冷战中的另一课：对美国施压一般会引来它真心的抗辩，然后它会对被抱怨的事项去设法解决；至于对苏联施压就有风险，它可能会激烈反弹，翻脸不认人。

苏伊士危机后数十年，这个趋势越来越明显。谴责美国政策变成每一届不结盟国家会议的例行公事。每次不结盟国家会议结束发表的宣言则极罕批评苏联的行动，即使有，语气也十分慎重。从统计上来看，美国不可能永远都错，错到一无是处，因此不结盟国家的偏倚必然是基于利益衡量，而非道德判断。

苏伊士危机最深刻的影响出现在中欧两大阵营。当时担任埃及宣传部门主管的萨达特，在 11 月 19 日写下：

“今天，世界上只有两个大国，美国和苏联。美国的最后通牒使得英国和法国归于适当定位，既非大国，亦非强国。”

美国的盟国也得到相同的结论。苏伊士危机让他们彻底明白，大西洋同盟的一项前提——欧洲与美国的利益一致——最多只是部分正确。从此以后，所谓欧洲不需要核武器、因为美国会支持欧洲的论点，一直会被人拿苏伊士运河事件作为对比。当然，英国一向有独立的威慑力量。至于法国方面，《人道报》1956 年 11 月 9 日发表一篇文章，表达出法国人日后的态度：

“法国政府无疑地即将决定要制造核武器。苏联威胁要动用导弹，这已经驱散所有的幻觉。”

感受到美国与其最亲密盟国划分界限的震撼者，并不只限于苏伊士运河事件的当事国。阿登纳总理是战后欧洲美国的最佳友人，对杜勒斯亦极为钦佩。他也把苏伊士运河事件中的美国外交做法，视为美、苏可能在全球和解中以欧洲为代价去达成协议之前兆。

11 月 6 日，艾登和摩勒决定必须对美国压力让步的同一天，阿登纳凑巧在巴黎做客。根据法国外交部长皮诺（Christian Pineau）的说法，阿登纳表示：

> “法国和英国将不再是堪可与美国和苏联并驾齐驱的大国。德国也不会。他们要想在世界上扮演决定性角色，只剩下一条路：那就是团结起来以欧洲为一体。英国还未能成熟到接受这个做法，但是苏伊士运河事件可以有助于她思考。我们已经没有时间可浪费：欧洲团结将是你复仇之路。”

这个声明反映出日后法、德政策的思考方向，最高潮就是戴高乐在 1963 年与阿登纳签订友好磋商条约。

英国也跟法国一样检讨分析，认识到本身的相对弱势，但却选择了不同的政策做法。英国不采取欧洲团结的做法，却选择永远追随美国的政策，唯美国马首是瞻的做法。苏伊士运河事件之前，英国早就认识到它必须仰赖美国，只不过继续以大国姿态行事罢了。苏伊士运河事件之后，英国诠释它与美国的“特殊关系”，就是对于基本上在华府制定的政策，争取最大影响力。

苏伊士危机事件最致命的影响，发生在苏联方面。距“日内瓦精神”还不到一年，苏联就渗透入中东，也在匈牙利敉平起义，甚至威胁要以导弹攻击西欧。从头到尾，国际舆论抨击的矛头都集中在英法身上，苏联在匈牙利更大的暴行至多只受到表面象征性的谴责而已。

赫鲁晓夫的意识形态与个性特质，使他认定美国的做法是出于软弱无能，而非基于高尚原则。原本只是暂时由捷克出面贩售武器给埃及，却变成苏联的重大战略突破，还使得大西洋同盟分裂，并使得发展中国家为了增加讨价还价力量而倒向莫斯科。赫鲁晓夫意气风发，顾盼自雄，进而大搞对抗动作，先以 1958 年柏林事件发出最后通牒，但是 1961 年则在古巴导弹危机事件上大受羞辱。

虽然付出了惨痛代价，但苏伊士运河危机事件却象征着美国挑起世界领导的重担之开始。美国总算喘了一口气，可以借苏伊士运河事件与一向大搞现实政治、势力均衡的盟国斩断关联。但是现实世界里，美国也不能如此纯真。苏伊士运河事件变成美国介入环球权力赛场的第一个起点，它的第一课就是权力真空永远会被填补上，主要问题不是填补这个真空，而是由谁来填补权力真空。英国和法国在中东地区的历史地位被占夺后，美国发现中东地区势力均衡的责任已经责无旁贷地落在美国肩膀上。

1956 年 11 月 29 日，美国政府赞誉巴基斯坦、伊拉克、土耳其和伊朗领袖新近召开的《巴格达条约》高峰会议，宣称：

> “对（该条约）会员国领土完整和政治独立的威胁，美国将予以最严重的检视。”

这乃是美国将承担起防卫《巴格达条约》会员国责任的外交辞令，这个角色也正是英国已经无力承担的角色。

1958 年 1 月 5 日，艾森豪威尔咨请国会批准一项对中东的经援、军援和防共侵略的三合一政策，日后被称为“艾森豪威尔主义”。1 月 10 日，艾森豪威尔在国情咨文里更进一步宣称美国决心保卫整个自由世界：

> “第一，美国的重大利益遍布全球，涵盖东西两半球及各大洲。
> 第二，我们与自由世界每个国家都有共同利益。
> 第三，利益相倚需要尊重所有人的权利与和平。”

美国想和欧洲保持距离，却使自身必须担负起保护全世界每个地区每个自由国家（意即非共产国家）的责任。虽然苏伊士危机中，美国仍试图通过联合国处理发展中世界均势的混乱问题，但两年之内美军已在黎巴嫩登陆执行艾森豪威尔主义。10 年之后，美国却必须独自被纠缠在越南，大部分盟国则以苏伊士危机时美国自己写就的剧本做脚本，回避介入越战。

第二十二章

匈牙利事件：欧洲的剧变

布达佩斯事件期间，匈牙利街头，1956 年 10 月

战后国际关系改变

1956年同时发生两件事，彻底改变了战后国际关系的模式。苏伊士危机结束了西方盟国的天真，此后，西方盟国再也不能全然相信自己声称的利益相契合这套话。与此同步，血腥弹压匈牙利起义也显示出，苏联在必要时不惜以武力去维持其势力范围，解放之语乃是空话。此后再无疑问，冷战将拖延下去，双方将剧烈对峙，两军将隔着欧洲中央分界线互相戒备，久久不能了结。

匈牙利的反抗苏联霸权，出自掺杂在一起的三大爆炸性因素：俄罗斯传统上的帝国主义，苏维埃的意识形态，以及匈牙利人强烈的民族主义。匈牙利可以说是彼得大帝以来俄罗斯世代相传的扩张主义的受害者之一。历史上，与其接壤的邻国一旦打算采取真正独立政策时，俄罗斯皆一贯加以压制，这种作风延续到后冷战时期。但是，通常这都会肇致俄罗斯陷入大麻烦。敉平独立运动之后，俄罗斯势必在邻国维持驻军，耗费不赀，因而消耗国库却未必有助俄罗斯的安全。凯南曾说："沙皇政府事实上是因为笨拙地蚕食吞并其欧洲部分的少数民族地区，却又无力加以消化才亡了国。"

共产党统治的苏联也重蹈覆辙。斯大林把第一次世界大战末期沙皇政府丢失的所有领土，全都收复，又借由红军占领，扶植成立苏维埃式政府而在东欧建立卫星附庸国家。沙皇时期的帝制统治已经相当复杂，在共产党统治下，这些附庸国人民除了外国控制外，还要承受经济制度之剥削，可谓雪上加霜，苦不堪言。

苏维埃式的中央计划制，经长期实践被证明让人无法容忍，即使在苏联本身亦难以落实，在附庸国家中，它一开始就带来灾祸。第二次世界大战以前，捷克的生活水平可与瑞士媲美。战后，它被拉低到与整个共产阵营一样灰涩、单调、乏善可陈。波兰的工业基础与意大利相若，资源则更胜一筹，但是却沦落到与东欧国家一起均贫的地步。东德把共产制度视为无法与西德分享经济福祉的唯一障碍。东欧每个国家的人民都认为，他们牺牲自我的福祉，成全了共产主义意识形态和苏联的霸权作为。

在苏联境内，共产主义可以本土的事物出现，在东欧国家它却毋庸置疑是强制加诸身上的事物，并且古老的国家传统也被它束缚住了。即使完全掌握了警察、大众传播媒体以及教育体系，附庸国家的共产党却自觉像是被围困的少数族群。列宁曾经撰文说，布尔什维克党人如果要遵循沙皇尼古拉一世的政策，将它们加诸邻国身上，将是愚蠢之举，但是在斯大林逝世之时，共产主义统治和专制沙皇统治的最大差别是，斯大林事实上更加残暴不仁。最后，苏联的政策也遭遇到早先困扰俄罗斯的同样问题：为了强化苏联的安全而共产化的东欧，消耗了太多资源和高层的注意，以至于负担的意味大过战略利益的意味。

斯大林相信唯有由莫斯科全面、强悍地管制，才能把东欧附庸国家慑服。1948 年，东欧唯一一位大体上凭借自己的努力而掌权的共产党统治者铁托，公然表明贝尔格莱德将不受莫斯科节制，走自己的路线。斯大林把南斯拉夫逐出共产情报局（Cominform）作为报复。斯大林预期他会迅速下台，不料铁托却在西方民主国家的援助下熬了过来。这些西方国家暂时搁置意识形态上的对立，反而恢复以旧式的均势考虑做出此一决定。

斯大林对铁托施行独立路线的反应是，恢复他强调纪律的旧办法，在所有的附庸国家搞公审，几乎稍有独立思考能力的人全都被他假司法之名义谋害灭除。就和前一个十年在莫斯科的整肃活动一样，这些人之中很少有人真正搞反对运动。他们可以说全都是忠诚的共产党人，替苏联在其国家搞共产统治当工具，譬如捷克的斯兰斯基（Rudolf Slansky）、匈牙利的拉伊克（Rajk Laszlo）、保加利亚的柯斯托夫（Traicho Kostov）和波兰的哥穆尔卡（Wladyslaw Gomulka）。其中只有哥穆尔卡逃过一劫，没有丧生。这些人在其民众心目中都是莫斯科的工具，却仍然难逃遭清算的命运，使得共产主义制度道德破产，即使少数还相信共产主义宣传的人士也不禁动摇起来。

斯大林的继承人又不敢搞这个暴君玩的镇压手段，更对是否允许苏维埃阵营里出现异端思想意见分歧。他们陷在相互矛盾的两种恐惧之中：一则是若在东欧搞镇压生怕会阻碍了亟须与西方纾缓紧张关系的动作；一则又怕若是卫星附庸国自由化，或许会导致整个共产帝国倾覆。（不过，1953年他们却没有因为担忧西方的反应，就不派坦克到东德敉平乱事。）1955年，他们决定只要东欧附庸国领导层安分地拥护共产主义，就算有民族主义思想也就罢了；他们也与铁托修好，以示新作风。1955年5月，赫鲁晓夫和布尔加宁访问南斯拉夫首都贝尔格莱德，刻意求好。然而，就跟往后每次试图改革一样，自由化必定会打开反共闸门。

赫鲁晓夫1956年2月在苏共第二十届党代表大会上演说，披露斯大林种种罪行之后，共产主义的声誉江河日下。南斯拉夫却是例外，它转而以民族主义为诉求。很快地就显现出，斯大林认为铁托主义对苏联是一大威胁，看法正确。卫星附庸国家的领袖遇上了大矛盾，想要取得民众支持，他们就必须抬出民族主义，必须以波兰、捷克或匈牙利的共产党员姿态出现，不能唯唯诺诺当克里姆林宫的傀儡。赫鲁晓夫访问贝尔格莱德以后，克里姆林宫对东欧附庸国家政权的掌控，越来越受到压力。

从头到尾，美国基本上采取消极态度。遏制理论的中心前提是，让时间自己来拖得由东欧自己解放，不必正面去向苏联挑战。1952年美国总统大选时，杜勒斯在《生活》上发表了一篇“大胆政策”的文章，批评这种政策太消极。杜勒斯认为，东欧国家（他称之为“被俘国家”）已接近绝望，“因为代表自由力量的传统领袖美国，似乎专心致志于‘遏制’和‘僵持’政策”。他呼吁美国“昭告公众，它希望解放能出现”。

但是在实务运作上，何谓“解放”？杜勒斯太精研苏联事务，以致毫不怀疑苏联必会扑灭任何动乱。杜勒斯撰文时，毕竟斯大林还健在。因此杜勒斯明明白白反对“鼓励一系列血腥起义和报复”。杜勒斯说，他的主义是，以美国的宣传和其他非军事措施鼓动东欧国家以铁托模式“和平地脱离莫斯科”。

艾奇逊在铁托与莫斯科分手后支持他，是出于现实政治考虑，杜勒斯基本上拥护同一政策，则以称之为“解放”的普遍理想主义出发。在实务上，杜勒斯提出解放理论乃是企图在不增加美国风险的情况下，增加莫斯科巩固其征服成绩的成本。杜勒斯鼓励的是铁托主义，并非民主政治，他跟艾奇逊想法的差异只不过是修辞上的小差异罢了。

杜勒斯的批评者指责他有解放东欧的想法，不过他实际上从未公开表达。但是，他也没有去更正这种说法。杜勒斯一直是自由欧洲电台（Radio Free Europe）、自由电台（Radio Liberty）等机构的主要支持者，这些机构的主要目的是使东欧保持自由的原则存活，并且鼓舞民众伺机起义。自由欧洲电台的手法一点也不婉转含蓄。理论上，它的论调并不是官方立场，它支持的“解放”只是字义上那么具有好战味道。不幸的是，美国政府财务支持的机构发出的论调是“个人观点”或“官方立场”，其间区别何在，东欧自由斗士极难理解。

波兰和匈牙利的棘手问题

因此，几乎就在民主国家为苏伊士危机焦头烂额之际，苏联也在波兰和匈牙利这两个主要附庸国碰上了棘手问题。

波兰先出事。6 月间工业城市波兹南发生暴动，遭到镇压，造成数十人死亡，数百人受伤。10 月间，在过去斯大林整肃中幸免的若干波兰共产党中央委员会头头，决定采取波兰民族主义路线。1951 年被整肃垮台的哥穆尔卡，被邀复出担任波兰共产党第一书记，并于 1956 年 10 月 13 日第一次出席政治局会议。1949 年起就任波共中央政治局委员，且担任波兰国防部长的苏联罗科索夫斯基（Konstantin Rokossovsky）元帅，遭到罢黜，结束苏联监管波兰这羞辱的一页纪录。波兰共产党发表一篇声明称，波兰今后将以“民族之路走上社会主义”。以波兰人炽热的民族主义感情和漠不关心社会主义来看，这份声明怎能让莫斯科放心？克里姆林宫思考了一阵子，是否要军事干预，苏联坦克开始向主要城市推进；赫鲁晓夫也在苏共政治局委员卡冈诺维奇、米高扬和莫洛托夫的陪同下，于10月19日飞抵华沙。

波兰领袖并未被唬住，他们照会这位苏共总书记：他们一行不会被当作党对党的会谈，因此不会被请到共产党中央党部晤谈。苏联代表们被安置在国宾招待所贝维德宫（Belvedered Palace）下榻。

赫鲁晓夫在最后关头退却了。10月20日，苏军奉令退回他们的基地。10月22日，赫鲁晓夫支持哥穆尔卡出任波共的总书记，以交换波共新领导班子答应保持社会主义制度，并且波兰仍留在华沙公约组织里。表面的正式形式上，苏联的防卫体系维持住完整之局，实际上，一旦与西方爆发战争，波兰军队的可靠度就得仔细思量了。

苏联退让、允许波兰的民族共产主义出头，部分原因是一旦出兵弹压，必会遭到波兰3000多万人民的反抗，而且历史上波兰人抵拒俄罗斯侵凌和苏联残暴的勇气、意愿更是历历如绘。但是最重要的原因是，克里姆林宫在此同时也在匈牙利面临了更大的考验。

匈牙利人口达900万，跟邻国一样经历苏联的侵凌压迫。20世纪40年代起，它就由正统斯大林派的拉科西（Matyas Rakosi）高压统治。20世纪30年代拉科西身陷布达佩斯监狱时，斯大林将沙皇军队1849年虏获的一面匈牙利国旗奉还给匈牙利，救他出狱。战后，拉科西随着红军回国，建立起连斯大林都自叹弗如的残暴统治体系，让许多匈牙利人痛悔当年不该放虎归山。

1953年柏林暴动平息后不久，拉科西的气数亦尽。他被召到莫斯科，贝利亚以无法比拟的斯大林式暴虐口吻告诉他，虽然匈牙利曾经被各种不同民族统治过，却从来没出过犹太人的国王，今天苏联高层领导也不能容许犹太人出头称王。取代拉科西的是纳吉（Imre Nagy），一个知名的改革派共产党员。两年后，马林科夫在莫斯科垮台，纳吉也被黜，拉科西复出担任总理，施行严酷的共产主义正统派政策，艺术家、知识分子纷遭镇压，纳吉也遭开除党籍处理。

斯大林的继承人缺乏他的强悍顽固，纳吉不仅没被整死，他还出版了一本论文，对苏联是否有权干预其他共产国家内政，提出质疑。同时，复出掌权的拉科西也没有比他从前执政时更能符合民心期待。赫鲁晓夫在苏共二十届全国代表大会上揭露斯大林之后，拉科西再次被黜，这回由他的亲信格罗（Erno Gero）接任。

虽然格罗宣称他是民族主义者，但他却与拉科西过从太密，不能遏止全国风起云涌的爱国狂潮。10 月 23 日，哥穆尔卡在波兰重登权位的翌日，布达佩斯方面事态也失去控制。学生分发要求改革的传单，其内容远超过波兰方面已达成的改革，这些要求包括：言论自由、拉科西等一伙接受审判、苏联部队撤退，以及纳吉复职等等。纳吉在国会广场上与大批群众见面时，他还是站在改革派共产主义者的立场，提出包括把若干民主程序导入共产主义制度之内的改革方案。他对着大失所望的群众，还要求他们信赖共产党，许诺定会执行迫切需要的改革。

但是，太迟了，匈牙利人民已经不再信赖备受忌恨的共产党能够改正过失，洗刷前愆。接下来就仿佛电影里的情节，男主角被诱导在半推半就、甚至或许不知究里之情况下，去承担他没有做选择、却命定的任务。纳吉虽是改革派，却是个一辈子忠贞顽固的共产党员，在动乱初起站到群众面前时，似乎决心要拯救共产党，就如波兰的哥穆尔卡一样。但是随着时间进展，纳吉被匈牙利人民的热情感动，转变成托克维尔（Alexis de Tocqueville），一个世纪以前所说的真理之活生生的代表人：

> “经验显示，一个邪恶政府最危险的时刻，往往是它开始自我改革之时。只有大智慧才能拯救，在长久高压之后决定与民更始。原来仿佛无可避免而极力忍受的苦难折磨，一旦有可能脱离，它就变成无可再忍。改革因而只是更加清晰地揭露什么是高压，什么更难强抑忍耐。”

纳吉将为迟迟才体会到的民主认识付出生命的代价。苏联敉平革命后，给予纳吉机会撤回早先的言论主张。他断然拒绝，因而惨遭处死，也使他在为东欧自由而牺牲的烈士神殿上赢得一席地位。

10 月 24 日，群众示威一变而为全面革命。苏联坦克匆匆介入，立刻遭到放火焚烧，政府官署也被占领。同一天，纳吉被任命为总理，苏联共产党政治局委员米高扬和苏斯洛夫两人也抵达匈牙利评估时局。10 月 28 日，这两位苏联客人似乎已获致与赫鲁晓夫在华沙相同的结论，接受铁托式的匈牙利。苏联坦克开始撤离布达佩斯，可是这项动作并不能令局势如波兰那样平静下来。示威者现在的要求已上升到：建立多党制度、苏军完全撤出匈牙利，以及退出华沙公约组织。

事件发展过程中，美国政策还是那么矫揉造作，谨慎犹豫。尽管口中高唱“解放”，华府很显然没料到会爆发这场革命，它陷在两难之境，进退维谷，一方面是意欲尽可能协助革命，另一方面又怕苏联找到借口插手干预。总之，华府显示出它几无能力同步处理两项大危机。匈牙利学生、工人在街头与苏联坦克作战时，美国默不做声。莫斯科根本没被警告，它若动武或威胁势必将危及美苏关系。

美国在 10 月 27 日曾向联合国安全理事会陈情，吁请注意“外国军队在匈牙利行动所制造的局势”。但是它的处置散漫无章，以致安理会直到 11 月 4 日才对决议案投票表决，此时苏联的干预业已发生。

自由欧洲电台却在这段空档期，以诠释美国态度自居，呼吁匈牙利人加速革命的步伐，拒绝任何妥协方案。例如，自由欧洲电台在 10 月 29 日迎接纳吉出任新任总理的播音口气不善：

> “纳吉和他的支持者想要扭转特洛伊木马故事，制造出现代版剧目。他们需要停火，以便布达佩斯现在执政的政府可以长久维持地位。目前为自由而战的人士一刻也不能不注意反对他们的政府有何计划。”

10 月 30 日，纳吉废止一党制度，并以 1946 年最后参加自由选举的所有民主政党之代表组织成立一个联合政府。自由欧洲电台还是不信服：

> “国防部与内政部还在共产党手中，别让它继续下去，自由斗士们，别把你们的武器挂在墙上。”

自由欧洲电台的经费来自美国政府，它却有一个独立的理事会，管理人员也未曾接受政府正式指令。然而，匈牙利的自由斗士哪能分辨其中微妙：一方是美国政府，一方只是个电台。他们只晓得这电台明明是以散布“解放”政策为职责，而且杜勒斯国务卿还以支持这一政策自豪！

艾森豪威尔政府也曾几度发表意见，似乎意在向苏联表态，可是无意中，这些谈话却几乎与自由欧洲电台的广播一样煽动意味十足。10 月 27 日，就在苏联部队似乎要撤出匈牙利首都之日，杜勒斯在得州达拉斯发表一项演说，听来好像美国希望在莫斯科不察之下，把匈牙利诱离苏联阵营。杜勒斯说：任何与莫斯科分手的东欧国家，都可以得到美国援助，而且美援“不会以这些国家采取任何特定社会形式”为条件。换言之，这些东欧国家不需要先成为民主国家，才能接受美援；只要采取铁托模式，并且退出华沙公约组织即可。杜勒斯在这段评论里还加了一句典型不自私的美国式保证，他说：美国“没有暗藏目的希望这些卫星国家独立”，也没有期望他们是“潜在的军事同盟国家”。

不料这些话弄巧成拙，即使在非马克思主义的国家领袖听来，美国这一大堆外交辞令（诸如声明绝无暗藏目的等等）经常就是无法预测与自以为是的代表！总之，在这个节骨眼上，苏联关切的是美国的行动，而不是美国有何种动机。8 年前，莫斯科否决东欧国家参加马歇尔计划，因为它认为美国的经济援助乃是一种资本主义的陷阱。杜勒斯愿意提供经济援助给退出华沙公约的国家，证实了这份诡诈。杜勒斯大谈不预备期望匈牙利转过来与西方缔结军事同盟，反过来看，岂非可以解读为出于美国自制？

就在杜勒斯对苏联谈话煽火之时，艾森豪威尔也在 10 月 31 日发表一项演说，可是最堪注意的是全篇演说都没有暗示到，苏联若动武镇压将会受到惩罚。艾森豪威尔可能是接受幕僚劝谏采取修好口吻，因为在前一天，苏联宣布苏联在东欧驻军的条件，话语虽模糊难明，似乎已经派兵在即。在此同时，艾森豪威尔必然已明白，苏军已经大批移动，向匈牙利各地加强部署。艾森豪威尔对苏联宽容克制，与他在同一份演说中对英、法在苏伊士运河事件中的行动的抨击，成为极鲜明的对比。

就匈牙利方面而言，艾森豪威尔强调，虽然美国希望终止苏联在东欧的强权，“我们当然不能借武力来执行这项政策”，因为这样做“不但违背东欧人民的最佳利益，也违背了联合国的原则”；这个事实显然是自由欧洲电台以及此时正向美国求援的自由斗士都未曾预见。艾森豪威尔又说，同时他将竭力“排除假恐惧，认为我们期望这些东欧国家的新政府，是潜在的军事盟国。我们绝无这种隐蔽未宣的目的。我们把他们视为友人，也纯然希望他们可以是自由友人”。

美国再次声明不具任何不可告人的动机，即使出自总统之口，克里姆林宫听来也不觉得比杜勒斯国务卿所言更有说服力。苏联执行外交政策时以马克思主义意识形态和俄罗斯国家利益为基础，根本不能理解美国声言不具自私动机的说法。但是，苏共政治局却明白放弃使用武力这段话，将使得苏联不再有顾忌，一旦决定在东欧放手镇压，不必害怕美国介入。

艾森豪威尔政府在匈牙利革命时所发表的这两项正式声明，值得讽刺的是两次都在无意中煽风点火。美国担保不在东欧寻求军事同盟，却使克里姆林宫震骇，因为它听来仿佛东欧有选择可以换阵营改投美国；美国放弃用武也助长危机，是因为它使得苏联不再担心一旦红军镇压，美方会有何激烈反应。

在这个时候，布达佩斯的情势也已经失控，改革派政治领袖驾驭不了。10 月 20 日，造反派进入共产党在首都的党部，杀死那里的首长，连纳吉的一个亲信也遇害。当天下午，纳吉宣布依照 1945 年民主党派联合政府的基础，成立新政府。共产党一党统治的告终，可由联合政府内出现小资产阶级小店主党（Small Holders Party）代表贝拉·柯瓦兹（Bela Kovaez）作为例证。几年前，柯瓦兹还被以叛国罪起诉哩！此外，长久以来坚决反共的象征明曾蒂大主教（Cardinal Mindszenty）也被释出狱，对兴奋的群众演讲。纳吉与来访的两位苏共局委员米高扬、苏斯洛夫交涉，要求苏联军队全部退出匈牙利；匈牙利还出现了许多政党，它们纷纷发行报纸和手抄传单。

米高扬和苏斯洛夫佯装答应纳吉，退兵之议可以谈判，飞回莫斯科，佯作准备召开下一轮谈判的事宜。10 月 31 日晚上，《真理报》和《消息报》同时发表一份前一天正式颁布的克里姆林宫正式声明，声称：

“在华沙公约国家中驻扎外国军队，必须征得地主国和整个华沙公约组织的同意；华沙公约会员国部队要驻扎在另一会员国境内，需依据全体会员国的协定，也必须征得驻地国之同意或请求。”

根据这段话，艾森豪威尔在上述 10 月 31 日的广播演说中对苏联政府的宣告给予乐观的诠释，他说：

“如果苏联确实信守它宣布的意图去行动，全世界将可目睹在我们这个世代向正义、信赖和国际间了解所出现的最大的进展。”

苏联的声明听来好似就一般原则做说明，华府忽视了其中两项至关重要的警告：第一，暗示撤军也需要经由驻军相同的程序，这等于让苏联拥有否决权；第二，有一段话特别针对匈牙利发言，警告称苏联决不“允许”匈牙利的“社会主义成就”遭到放弃，必要时将和其他的社会主义国家结合起来保卫它们：

“保卫人民民主匈牙利的社会主义成就，是现阶段劳工、农民、知识分子和匈牙利全体劳动人民的首要、神圣任务。苏联政府有信心，社会主义国家的人民将不会允许国外、国内反动势力来动摇人民民主制度的基础，他们将加强社会主义国家的兄弟团结和相互援助，以保障和平与社会主义的伟大事业。”

可是，苏联声明中提到的“人民民主匈牙利”已经不再以此为国名，事实上也不再愿意保持这个国名或所谓的社会主义成就。纳吉这个有很长党龄的共产党员绝不会不了解苏联警告的意义，也不会不清楚他本人所推动的改革之冲击。纳吉此时已势同骑虎，一边是匈牙利人民的怒潮，一边是共产党盟国的责难，他既无法控制也无法引导整个浪潮的方向。匈牙利人和波兰人不一样的是，他们并不是要求共产党政权自由化，而是要求共产党政权的消灭；不是要求与苏联平等地平起平坐，而是要完全脱离苏联。

11 月 1 日，在实质上已组成联合政府之后，纳吉采取了最后、无可挽回的一步，宣布匈牙利中立，并且退出华沙公约组织。这已经远远超过哥穆尔卡在波兰的作为。纳吉在匈牙利电台广播一项声明，等于是签下了他自己的死刑宣判书：

> “匈牙利政府对匈牙利人民和历史负有深远责任，为表达匈牙利数百万人民齐一的意志，谨此宣告匈牙利人民共和国永为中立国。
>
> 匈牙利人民以独立、平等为基础，遵循《联合国宪章》的精神，希望与其邻国、苏联以及世界全体人类友好共存。匈牙利人民渴望不加入任何强权集团，能够巩固并进一步发展其国家革命的成就。”

同时，纳吉亦吁请联合国承认匈牙利的中立，但是他根本没有接到答复。

对于纳吉的哀婉吁求，这个所谓的世界家庭却充耳不闻，美国与英国都没有采取措施督促联合国紧急处理纳吉的吁求。苏联更是不会因为纳吉陈情就转为温和。11 月 4 日上午，早先几天已侵入匈牙利各地的苏联军队，毫无预警就出击，蛮横镇压匈牙利革命。卡达尔（Janos Kadar）曾受到斯大林整肃，经纳吉提拔擢升为匈牙利共产党总书记。他在几天前精神失常，此时却随着苏联军队回到首都，组织成立了一个共产党新政府。匈牙利陆军总司令马勒德（Pal Maleter）在和匈境苏军司令员交涉苏军退出匈牙利时，遭到逮捕。逃入南斯拉夫大使馆的纳吉，得到保证准许安全离境到南斯拉夫做难民，不料一踏出大使馆就遭到逮捕。明曾蒂大主教躲进美国大使馆，却被困在里头直到 1971 年。纳吉和马勒德后来都遭处死。斯大林的精神仍然活在克里姆林宫。

11 月 4 日以前，苏联部队积极部署的这段紧要关头，联合国一直忙着就苏伊士运河事件谴责英国和法国；直到 4 日才终于转过来注意悲剧已铸成的匈牙利。安全理事会要求苏联撤兵的决议案，立刻被苏联大使否决掉。联合国大会亦召开特别会议，通过一个类似的决议案，确认匈牙利有权要求独立，并要求派遣联合国观察员到匈牙利。这是联大这一天内通过的第二个决议案，它稍早已决议为中东事件成立一支联合国紧急部队。中东决议案是无异议一致通过，甚至英、法也赞同。匈牙利决议案则以 50 票赞成、8 票反对、15 票弃权而通过。苏联集团投下反对票，印度、南斯拉夫等不结盟国家为首者，以及每一个阿拉伯国家，都投下弃权票。中东决议案付诸实行，匈牙利决议案却被搁到一旁，没人理会。

匈牙利革命遭到残酷镇压之后，有人问起：西方国家的外交若是更坚定、更具创意，是否可能阻止或缓和这出悲剧？很显然，匈牙利境内的苏联部队在多日来已经大量增援部署。西方国家是否有力量足以阻止他们出击呢？美国政府本身首先高举解放的大旗。美国通过自由欧洲电台的宣传，制造出希望，其力量远超过杜勒斯在 1952 年于《生活》杂志上的文章所能预期的。当匈牙利革命一爆发，美国驻布达佩斯大使馆必定已把每个新闻记者都知道的事汇报给国务院：共产匈牙利的政治结构已在瓦解中。国务院此时人才济济，光是俄国通就有博伦（Charles Bohlen）、汤普森（Llewellyn Thompson）、柯勒（Foy Kohler）和凯南等人，可备咨询，我们很难相信国务院没有料想到苏联发动军事干预的可能性。总而言之，艾森豪威尔政府没有努力设法让苏联的干预提高代价。

匈牙利动乱时，美国口惠而实不至，空唱高调。十年来美国政策一向明明白白不愿冒战争危险去推翻共产主义对东欧的控制。但是，华府未能认真探索除了战争，还有何方法可以影响局势发展，却在华府大肆宣扬以及它实际上预备如何做两者之间造成巨大差距。美国从来没有对年轻的、没经验的匈牙利政府说明，美国的支持可以到何种限度。并且虽然渠道有许多，美国也从来没有忠告匈牙利人，如何先巩固已经争到的，然后再进一步摊牌。美国在和苏联领导人沟通时，大都依赖公开声明的方式，不料其效果往往适得其反，与艾森豪威尔政府的本意相去甚远。

美国的立场若是更坚定、更清晰些，或许将使苏联决定干预之时少些算计，至少后果也不会如此狼狈。克里姆林宫可以被警告：镇压匈牙利革命将付出重大的政治、经济代价，并且在可预见的未来令东西关系陷入冰冻期。美国和联合国对匈牙利事件的立场，也可以比对苏伊士运河的反应更加一致化。不料，美国和其盟国却犹似旁观者，一副事不关己的模样。

民主国家没有必要为匈牙利投入战争，但是他们可以提高苏联若是弹压必须付出的政治、经济代价。实际结果是，克里姆林宫几乎不必付出代价，甚至经济上也没有负担。匈牙利事件两年多之后，尽管苏联因柏林问题发出最后通牒，英国首相麦克米伦却访问莫斯科，成为第二次世界大战以来第一位访问苏联的英国首相；不到三年，艾森豪威尔和赫鲁晓夫已在庆祝戴维营精神。

苏伊士运河事件使得阿拉伯国家以及印度、南斯拉夫等不结盟国家领袖，有机会抨击英国和法国。然而，当匈牙利事件发生，同样这一群国家却不肯批评苏联的行动，更不用说在联合国里发言谴责。联合国表决匈牙利事件和苏伊士运河事件时，两者若能扯上关系是最好。起码，美国针对英、法的措施应该可以也要求不结盟国家对苏联在匈牙利的动作，采取互惠态度。最后的结局却是，苏联在匈牙利的行动未损及它在不结盟国家中的影响力，而美国也没有因为它在苏伊士运河事件的立场，在不结盟国家中增强了影响力。

20 世纪 50 年代所讲的不结盟集团，代表着对国际关系的一个新奇方式。当然中立国家一向都存在，他们的最大特征是外交政策消极被动。相反地，冷战时期的不结盟国家并不认为他们中立就必然事事不介入。他们组成论坛，把力量集中起来，以加强影响力，大力推动他们的议题，因而组成不结盟国家同盟。虽然他们大声抱怨国际局势紧张，却知晓如何借机得利。他们学会了如何玩弄两个超级大国，让他们互斗。由于他们畏惧苏联大于畏惧美国，大体上都与共产国家站一边，不觉得需要以他们对美国严苛的道德要求，同样适用在苏联身上。

11 月 16 日，印度总理尼赫鲁对印度国会提出他矫饰的理由，说明为何印度不赞同联合国谴责苏联在匈牙利行动的决议案。他说：事实真相还“隐晦不明”；决议案措词用字不恰当；要求由联合国监督办理自由选举乃是侵犯匈牙利主权的行为。

事实真相怎么会隐晦不明！印度完全是搞现实政治。事理很简单，印度不想放弃苏联在国际论坛上对它的支持；印度不想招苏联生气，何况中共和巴基斯坦在其边境虎视眈眈，苏联本身与印度距离也不算太远，何必为了遥远的某个欧洲国家事务，伤害到与可能供应武器的苏联的关系。

印度并不认为外交政策像是牛津大学里的辩论赛，不过它的外交官却假装他们是挑剔的听众，有权以道德标准来挑选谁是赢家选手。印度领导人曾经负笈英国受教育，熟读美国经典著述。他们综合接纳威尔逊和格莱斯顿的论调，以及迪斯累里和西奥多·罗斯福的作为。从印度的眼光来看，这样做十分允当，只要他们的对手不要因此就以为印度的论调就是它实践的指针，或认为印度的外交政策是以抽象、高妙的道德意义为主导就好。

12 月 18 日，距匈牙利悲剧已经六个星期，杜勒斯在一次记者会上说明了美国对匈牙利革命为何有那样的反应。令人讶异的是，他又再度向苏联担保美国和平的意愿：

> “我们没有意愿要以一群有敌意的国家包围住苏联，或者恢复过去所谓的缓冲地带——那种法国在第一次世界大战后发展出来的以敌对势力包围苏联的观点。我们很清楚地陈述，在这方面我们的政策是希望促进卫星国家演变——和平演变，走向真正的独立。”

这篇谈话真叫人震骇。如果遏制政策不是以足可抵拒苏联扩张行为的力量包围住它，那么究竟遏制政策是什么？更叫人讶异的是，苏联不久前才在匈牙利施暴，同时在中东耀武扬威，杜勒斯这篇谈话已经有着道歉的口气。1957 年 3 月 13 日，杜勒斯在澳洲另一次记者会中，又莽莽撞撞地总结美国的态度。这位律师出身的国务卿，以美方毫无法律责任做辩解：

> “我们没有基础给予匈牙利军事援助。我们没有承诺要这么做，而且我们也不以为这么做会有助于匈牙利人民、欧洲或世界其他地区的人民。”

杜勒斯又失言！这并不是一个法律问题，也不是美国是否履行其承诺的问题，这只是美国有没有履行它的各种声明谈话的暗示的问题。

美国既然声言在全世界有反共的大任务，无可避免就会在其原则和国家利益之间遇上鸿沟。苏伊士、匈牙利就是这种理想与现实有差距的场合。美国一直有个伟大的梦想：外交政策必须符合其箴言的普世运用原则。可是，十年来美国的决策者却为其世界领导作用的模糊性而大受挫折——必须向不完美的路线让步，让日常的外交运作得以持续下去；必须向具有不同历史经验的盟国表示尊重，注意其观点。苏伊士运河事件是个好机会可以弥补这个缺陷，使得政策能与原则吻合。抨击最亲密盟国，相当沉痛，却有救赎作用，重新肯定美国道德的纯洁。

下阶段的冷战基调

匈牙利的情形又更复杂，因为它涉及以某种形式动用武力。然而美国领袖并不愿搭上美国子弟的生命，去为一个虽然触动美国人良心，却又完全与美国安全利益不相干的事情牺牲。原则是不容含糊不清或分等级有差异的。在苏伊士运河事件上，美国可以坚持适用其箴言的原则，因为后果如何不会有即刻的风险。在匈牙利事件上，美国和其他国家一样却默许现实政治，因为此时坚持原则说不定会有战争，甚至是核战争之虞。一旦人命攸关，政治人物就必须对人民及本人澄清，说明风险与利益之间的关系，不论他们要如何广泛地从宽界定。苏联很明显愿冒较大风险，去极力维持它在东欧的地位，相形之下美国为解放匈牙利而强出头的意愿就没那么高。我们无法逃出这个方程式。以匈牙利革命爆发前的言论来看，美国的匈牙利政策的确软弱；就利益而论，不肯冒战争之险介入，不仅是无可避免，也可谓得其宜——只不过它无法解释，为何不肯以非军事方式让苏联为了介入必须多付代价。

匈牙利和苏伊士运河事件摆在那儿，给下一阶段的冷战定下了基调。

苏联保持住它在东欧的地位；包括美国在内的民主国家，在中东的地位则相对受挫。苏联找到了一条绕过遏制的道路。就在苏联军队蹂躏布达佩斯后，战斗仍在进行中，赫鲁晓夫就出言恐吓要以导弹攻击西欧，并且邀请美国共同以军事行动在中东对付其最亲密的盟国。美国听任匈牙利在历史演进的大海中沉浮。美国的盟国也深深体会到本身的无能。

当时各方都还不清楚苏联与生俱来的弱点。可讽刺的是，共产党大力提倡运用武力，却使他们步入无以为继的困境。共产主义的领导人或许嘴硬不敢承认，事实却是，在发展中国家发起的唯一一次革命，就在东方阵营内发生。长期而言，苏联如果在东欧布建芬兰式的政府，它可能会更安全、经济上也会更强大，因为它就不必为这些国家的内部稳定和经济进展承担责任。在东欧搞帝国主义，耗竭苏联资源，虽然确实困扰了西方民主国家，但是却不能加强苏联实力，共产主义从来未能把它对政府和媒体的掌控，转化成使得民众接纳它。如果东欧共产党领袖不愿在苏联刀尖下俯首听命，他们就必须推行其民族主义政敌的方案。因此，经过一段血腥恐怖时期后，卡达尔逐渐走向纳吉制定出来的目标，只不过他没有主张退出华沙公约组织罢了。一个世代之后，苏联潜伏的弱点却映照出匈牙利革命乃是苏维埃制度彻底瓦解的先声。因为发生了这个悲剧，尽管 10 年之内，匈牙利发展得在国内比波兰自由，可是在外交政策上却更加依赖苏联。35 年之后，在莫斯科第二波自由化运动中，苏联整个儿地对事情发展失去控制。

1956 年的结果也造成另一个世代的受苦难和受压迫。虽然在历史学家眼中苏联阵营彻底崩溃之前的时段并不太长，我们却很难衡量，这个极权体制对数不尽的受害人带来多少痛苦。在事件刚告落幕之后，莫斯科十分满意（其实她跟资本主义国家一样都曲解了势力均衡的意义）。苏共中央政治局把这一年的事件解读为势力均衡偏于对其有利的状态，开始着手冷战以来最严重的挑衅——为柏林问题发出最后通牒。

第二十三章

赫鲁晓夫的最后通牒：柏林危机，1958—1963

肯尼迪与赫鲁晓夫在维也纳，1961年6月

双方观点歧异渐显

波茨坦会议中，三个战胜国决定，柏林将由美、英、法、苏四国占领管理；四国亦将共同治理德国。结果是，四强共治德国只有一年多的时间。到了 1949 年，西方三国占领区合并成为德意志联邦共和国，苏联占领区成立了德意志民主共和国。

根据四强对柏林的安排，它不在西德之下，也不在东德之下，而是由第二次世界大战的四个战胜盟国共同管辖。苏联占领了柏林墙东边的一大块，美国占领了南区，英、法分别占领西区和北区。整个柏林此时变成坐落在德意志民主共和国境内的一个孤岛。随着时间推移，东德和苏联发现柏林西区这三块占领区，成为卧榻之侧的芒刺，也是共产阵营里令人失望的沉闷景象中一个繁荣的窗口。最重要的是，西柏林成为寻求移民到西方去的东德人之通道——他们只需要搭乘地下铁到西柏林任何一个车站下车，然后申请移民即可。

奇怪的是，尽管柏林明确划由四国分管，却从来没有谈判出来规定它与外界交通的细节。虽然四国划出可以利用不同的道路以及空中走廊进出柏林，却没有明确协定交通的细节办法。1948 年斯大林曾经利用这个空隙，以道路正在修理的技术理由，搞出封锁柏林的行动。西方国家被迫以空中运输进出柏林达一年以后，方又恢复地面交通，但是法定权力依然悬而未决。

紧接着封锁之后的几年内，柏林已经发展成为一个重要的工业中心，一旦遇到紧急事件，其需求已经不能仅以空运来满足。虽然就技术上而言，柏林还是四国分治的都城，苏联负责其对外交通，但实际上东德附庸政府已自其首都东柏林掌控了这些交通路线。因此柏林的地位可谓极其脆弱。公路、铁路、航空线可因一些细枝末节的问题就中断，又很难用武力去抗拒，以致这些小问题积渐起来很可能就危及柏林全城的自由。理论上，盟国军方的一切交通都得通过苏联控制的检查哨，这只是虚有其表的规定；哨所的门户由东德卫兵把守，苏联军官懒洋洋地躲在旁边营舍里，只有略有争议时才会现身。

赫鲁晓夫存心要找一个突破点展现东西方相对力量已经有了长足的变化，便决定利用柏林的脆弱。他在回忆录中指出："说得赤裸裸一点，美国在欧洲插进的一只脚，有个大脓包，那就是西柏林。任何时候我们想要踩住美国的脚，让他尝尝痛苦的滋味，我们只需要阻碍西方借道通过德意志民主共和国领土与封锁柏林的交通即可。"

赫鲁晓夫对西方国家在柏林的地位发出挑衅的时机，也正好就是民主国家再次认为这位苏共总书记是和平希望之所在的时刻。即使对苏联局势一向持猜疑心态进行观察的杜勒斯，对于赫鲁晓夫 1956 年 2 月在苏共第二十届党代表大会上通过演讲痛批斯大林，也声称已见到苏联政策有了"可注意的转变"。他说："苏联统治者已经认为，从根本上改变他们对非共产世界的做法的时机已经到来，现在他们追求其外交政策目标时，已经较少展现不宽容，也较少强调暴力。" 1957 年 9 月，距离苏伊士危机和匈牙利悲剧还不到一年，汤普森大使已经以同样的乐观语气自莫斯科报告说，赫鲁晓夫"真正希望，也几乎是被迫认同在对西方关系上应该和解修睦"。

赫鲁晓夫的行为却一点也不支持这种乐观论调。1957 年 10 月，苏联发射人类第一颗人造卫星"斯普特尼克号"（Sputnik）进入地球轨道，赫鲁晓夫把这个成就诠释为，证明苏联在科学上与军事领域上都已大大超越西方民主国家。即使在西方国家中，认为计划经济体制可能终将优于市场经济体制的说法，也开始获得信服。

艾森豪威尔总统几乎是唯一不肯惊慌的人。身为军人，他明白一具原型和可以派上用场的军事武器之间，差别颇大。另一方面，赫鲁晓夫却深信自己的大话，发动一段漫长的外交攻势，想把自以为是的苏联导弹优势化为外交突破。1958 年 1 月，赫鲁晓夫告诉一位丹麦新闻记者说：

> “苏联领先发射‘斯普特尼克号’显示出在社会主义国家和资本主义国家之间的均势，已经发生真正的变化，而且是有利于社会主义国家的变化。”

在赫鲁晓夫的幻想里，苏联除了科学上、军事上超越了美国之外，不久也将在工业生产上超过美国。1958 年 6 月 4 日，他对保加利亚共产党第七届全国代表大会讲话时提到：

> “我们坚信，社会主义国家不仅在工业生产的步调上，也在产量上赶超最发达的资本主义国家的时刻已经到来。”

赫鲁晓夫身为一个虔诚的共产主义信徒，自然就会想到把他认定的有利的均势变化，化为外交利益。柏林成为第一个目标。赫鲁晓夫以三个创议发动挑衅。1958 年 11 月 10 日，他发表演说，要求结束柏林四国分治的地位，并且警告称苏联有意把它对交通路线的管制权交给它的东德附庸政府。赫鲁晓夫扬言，从那一天开始，“让美国、英国和法国自己去和德意志民主共和国建立关系，如果他们对柏林的问题有心解决，就得去和它缔定协议”。11 月 27 日，赫鲁晓夫把这篇演说中的要点转为给美、英、法的正式通牒，宣布四强关于柏林地位的协定无效并作废，坚持把西柏林转化成一个非军事化的“自由城”。如果六个月之内不能达成协议，苏联将径自与东德签署和平条约，并且把占领权和交通路线交给德意志民主共和国接管。赫鲁晓夫等于是对西方盟国发出了最后通牒。

1959 年 1 月 10 日，赫鲁晓夫又对其他三个占领国提出一份和约草案，界定柏林和东德的新地位。同一月份稍后，赫鲁晓夫在苏共第二十一届全国代表大会上道出他的政策之理论根据。像个有信心推销商品的业务员，他同时又进一步提出对苏联力量的评估，认为苏联加上中华人民共和国，业已制造了全世界工业生产量的一半，因此，“国际形势将有剧烈变化”。

赫鲁晓夫以高度的技巧选择进攻点，以东德掌控通往柏林道路之权，间接提出挑衅。它逼迫民主国家直面问题，不是选择承认东德附庸政府，就是在由谁来盖通行证的章这个技术问题上发生战争。不过，赫鲁晓夫天生好吹牛诈唬，他的大话掩饰了苏联地位上的真正弱点。东德流失了数十万的公民，这些有才能的专业人员大抵都经由柏林逃入西德。柏林变成了铁幕上的一个巨洞。如果这个趋势持续下去，自命为“工人天堂”的东德，恐怕最后将没有任何劳工留下来。

东德是苏联势力范围中最脆弱的一个环节。它的西邻是面积比它大、人口比它多，经济更加繁荣的西德；加上它只得到了苏联卫星附庸国家的外交承认，东德可谓欠缺法统性。经由柏林的人力流失，威胁到它的生存。东德领袖推想可知，如果不采取有效措施，不消几年整个国家就会垮台，将对赫鲁晓夫刻意要强化的苏联势力范围造成灾祸性大打击。借由切断逃生之路，赫鲁晓夫希望让他的东德附庸有一线生机。若能胁迫西方退却，也可以挫弱联邦德国与西方的关系。

赫鲁晓夫的最后通牒击中了阿登纳政策的要害。将近十年以来，阿登纳坚拒所有牺牲西德与西方之关系而促进统一的方案。斯大林 1952 年的和平计划，早已在德国民众面前形成中立主义的幻象；阿登纳在国内的政敌却支持这项计划。阿登纳基于美、德两者国家利益一致的基础，以国家前途为赌注。彼此心照不宣的交易是，联邦德国将加入大西洋防卫体系，盟国则将德国统一视为东西外交关系上完整的一部分。因此，就阿登纳而言，柏林危机绝非只是通路交通程序的问题，它考验着联邦德国的西方政策是否为明智之举。

就阿登纳的立场来看，每当东德地位上升，就会使得苏联主张的统一问题必须由两德直接谈判的气氛上升，根本就不利于西德。在西德社会民主党还力主德国中立之际，类似由西方盟国对德意志民主共和国给予事实承认的做法，必然会使西德内部政治产生革命性的变化。根据戴高乐的回忆，阿登纳在 1959 年 12 月西方国家领袖的一次高峰会议上曾说：

“如果柏林丢掉，我的政治地位将立刻难以获得支持。社会党人将在波恩取得政权。他们将会和莫斯科直接洽商，那也就是欧洲末日。”

阿登纳认为，赫鲁晓夫最后通牒的最终目标在于孤立联邦德国。苏联提出的谈判日程把波恩置于稳输不赢的地位。即使西方让步，最多能得到的也就是本来已经有的：通往柏林的通路自由。与此同时，东德附庸政权将得到对德国统一问题的否决权，这必然导致僵局，或者是阿登纳在其回忆录中描述的结果，他说：

“我们不能以德国退出西方集团和放弃欧洲统一的努力为代价，买下德国的再统一。因为这么做势必在欧洲中部造出一个无从防守、无所拘束的德国，必然会使德国在东、西双方对阵中得利。”

总而言之，阿登纳看不到，依据赫鲁晓夫提议的任何谈判会有何好处。然而，如果不得不谈判，他希望谈判能证明他依赖、信任西方是明智之举。他强烈反对向赫鲁晓夫的最后通牒让步，宁愿西方以自由选举为基础提出统一方案。

然而，阿登纳的观点并不为其英、美盟国接纳，尤其是英国。麦克米伦首相和英国人民不情愿替一个战败国的首都之安危与地位冒战争风险，更何况这个战败国还是摧毁了英国作为超级大国地位的罪魁祸首。跟法国不一样，英国并不认为她的长期安全与德国前途休戚相关。30 年之间，英国两度因美国援手，才脱离德国征服大部分欧洲而进袭英国之险境。虽然英国也赞同维持大西洋同盟，但是如果不得已被迫要做选择，英国倒宁可从欧洲孤立出来，而不愿与美国分道扬镳。阿登纳在西德内部遭遇的困境，没有艾森豪威尔的困境在英国领导人心目中的比重来得大。在面临最大危机时，后者较能召唤英国人的支持，对英国的生存也有极深远的影响。基于这些理由，英国领导人不肯为德国统一押注太多，把阿登纳的焦虑解释为：以法理上迂腐之词包装掩饰的 种民族主义的动作。

英国领导人本质上是务实派，认为没有道理为了在通行文件上盖章的权力、由苏联官员转移给其东德代理人的问题，冒核战争的风险。鉴于核战争后果可怕得不堪想象，造成法国在1940年士气涣散的一句口号："为什么要为但泽而死？"被套用成一句更加撼动人心的口号："为什么要为一个通行章而死？"

麦克米伦因而热切拥护谈判，任何谈判，它或许可以"改善"柏林交通的程序，至少，也可以耗些时间。他在日后回忆说：

> "如果所有的国家元首都在其他国家的领土穿梭进出，很难相信会突然发生致命性的轰炸攻击吧！"

盟国所有元首中，艾森豪威尔担负的责任最沉重，因为是否要冒核战争之险，最后的责任落在他的肩头上。以美国而言，柏林危机让它醒觉，在美国具有核独占优势或近乎独占优势的十年里，核武器似乎是一条求取国家安全的迅捷又相对廉价的道路，可是在接近核均势之际，核武器却限制了美国冒险的意愿，因此也局限了美国外交运作的自由范围。

只要美国基本上还继续可免受攻击之险，核武器就能给予她过去任何国家未尝有过的优势。通常的情形是，盛衰相替，这种优势往往是在即将消逝之际达到最高峰。美国核独占或近乎独占优势时期接近结束之时，杜勒斯发展出"大规模报复"（massive retaliation）的观念，以威慑住苏联的侵害，并且避免未来发生像朝鲜战争这样旷日费时的僵持局面。美国将不再针对受侵略地点发起抵抗，而将即时针对乱源发动报复，并且自由选用武器种类。然而差不多就在美国宣布"大规模报复"之同时，苏联也开始发展热核武器和洲际战略导弹。"大规模报复"战略的可信度因此十分快速地消失。在最可预见的危机（包括柏林危机在内）中，全面核战争显然太不合时宜。民主国家领袖对赫鲁晓夫那种大声叫嚷、夸大苏联导弹实力的说辞，也太信以为真（艾森豪威尔则明显是个例外）。但是1958年人人都没有争议，肯定地认为一旦爆发核战争，数天之内的人命伤亡将远远超过两次世界大战的伤亡总数。

这里就产生了基本上很难相容的情形：一则是外交上需要让人相信美

国可以发动核战争，一则又需要发动民主国家的舆论去对付这个空前浩劫的风险。面对大决战的信用度，代表着对挑衅可以做瞬间反应，而且是展现出超乎正常估算的坚忍、残酷的反应，以致侵害者不敢轻易去试探它。但是，民主国家的群众希望、也应该获得的是冷静、理智的估算，以及弹性的外交，这却又使得敌手怀疑美国是否有决心走极端，不惜发动全面核战争。

柏林危机早期，艾森豪威尔就认定让美国群众冷静，比震撼苏联领袖来得重要。1959 年 2 月 18 日、3 月 11 日他在记者会中，提出一系列主张，化解核战威胁，揭示出美国的战略。他说："我们当然不会在欧洲从事地面战争。"他特别道出柏林保卫战即属于这一类。他保证：美国不太可能"一路射击，杀进柏林"。为免有破绽启人猜测，他又特别举出不以核武器保卫柏林，他说："我不晓得怎么能以核武器去使任何东西自由。"这些声明确实传递出"美国愿意为柏林而战的心志相当有限"的印象。

艾森豪威尔反应温和，部分原因是他和绝大多数美国领袖对赫鲁晓夫的评估一样，仍然认为赫氏是西方和平所期待的最佳希望。赫鲁晓夫的柏林最后通牒，并没有使得汤普森大使改变两年前的看法。1959 年 3 月 9 日，汤普森重述他的印象，认为赫鲁晓夫的主要关切是国内问题。根据汤普森的说法，赫鲁晓夫发展共存形态时经常玩走钢索的游戏，共存并荣则是国内解放和经济改革的前提。至于战争威胁如何去建立共存形态，则没有解释。

这样的分析丝毫不能打动法国总统戴高乐的心。他在经历了 12 年的政治空闲后刚刚复出，他不能认同英、美对赫鲁晓夫动机的分析，他认定柏林危机可以向阿登纳证明，法国才是联邦德国不可缺少的伙伴。他对唤醒德国民族主义之危险的忧惧，大于害怕赫鲁晓夫的恐吓。至少，他希望作为阿登纳留在西方的锚；可能的话，他将寻求渐渐不再有幻想的阿登纳留在欧洲体制内，少受美国的主宰。

艾森豪威尔和麦克米伦试图找出若干苏联的需求，在较少危害或没有长期危害的前提下去给予满足；戴高乐则坚持反对这种策略，他拒绝英、美鼓吹的"试探性谈判"，因为他看不出西方国家能因试探得到任何利益。

他鄙视华府、伦敦认为或许能“改善”柏林对外交通问题那正在研讨的修订程序之政策——赫鲁晓夫提出最后通牒，根本不是为了要改善西方国家进出柏林的程序。依照戴高乐的意见，挑衅的根源是苏联的国内结构，不是因为苏联有特定的怨怼。艾森豪威尔了解苏联在军事上居于弱势；戴高乐则更进一步，认定赫鲁晓夫发出最后通牒是色厉内荏，是出于其政治制度脆弱、百病丛生、完全的劣势：

> “就在苏维埃组织起来的诅咒与需索之喧嚣动乱中，出现若干反复无常与虚伪造假的事物，使人认为这可能是出于预谋发动的狂妄野心，或是为了将注意力引离其重大困难而致。这第二个假设，我比较能接受，因为尽管共产主义制度在遭其支配的国家有高压统治、孤立自主等强力行为，实际上，它的破绽、缺陷、内部失败，尤其是它不人道的高压特性，越来越为其精英和群众所认识，因而他们越来越难骗，也越来越难驾驭。”

因此，苏联的军力被用来阻挡外界透视苏维埃制度与生俱来的不间断的内部斗争：

> “在他们的阵营里，政治风向、派系密谋、个人对敌等等之间的斗争，经常地就会导致难以平息的危机，它的结果——或甚至它的预兆——都只能使它乱象频生，不得解决。”

对苏联压力让步，只会鼓舞赫鲁晓夫升级在国外的冒险行动，借此扭转外界对其制度内部根本危机的注意力。它亦可能使得德国“向东方寻求出路和前途，而这正是目前西方努力提供保证要使之中断的念头”。

戴高乐可以这么洞察事理、毫不妥协，因为他不是美国总统，不必承担是否发动核战争的重大责任。当被逼到最后关头时，戴高乐是否就比艾森豪威尔更肯冒核战争之险，恐怕极为可疑。以法国的单薄实力来看，他可能更不会肯这么做。然而，也正是因为他相信战争会有发生之虞，主因是西方国家犹豫，立场不坚定，并且美国是唯一有能力遏阻苏联的国家，戴高乐因而觉得应该出来运作，促成美国站稳立场，并且为任何可能必要的让步负起责任。这并不是一场漂亮的游戏，但是事实让人们扎扎实实地得到教训。基于这些事实理由，戴高乐一反黎塞留主教极力让日耳曼软弱、分裂的传统做法，而这套政策方向已是300年来法国的中欧政策的基本策略。

戴高乐并非一时情投意合而决定促进法德友谊。自从黎塞留以来，法国的政策一直就是以促使恶邻日耳曼既分裂又衰弱为目标。19世纪的法国认识到自身没有实力围堵日耳曼，遂与英国、俄国和一些小国家结盟制德；到了第二次世界大战之后，这些选择也消失了。两次世界大战，英、法集两国之力犹不足以击败德国。苏联军队已经进驻易北河岸，东德又是苏联的卫星附庸国，若是与莫斯科结盟的结果，恐怕是苏联主宰欧洲的可能大于德国受到围堵的机会，这才是戴高乐放弃传统与德国敌对的政策，转而把法国前途寄托在与宿敌德国交好的原因。

柏林危机使得戴高乐有机会推进他的策略。他谨慎地把法国的角色定位为欧洲命运的保卫者，利用柏林危机表现出法国对欧洲现实的了解，以及对德国国家利益的敏感。戴高乐的做法非常复杂，需要最精细的平衡动作，一方面要表示支持德国的国家目标，一方面又不能鼓舞德国自行料理或甚至与苏联勾结。戴高乐担心莫斯科在东德的军事力量，或许会使苏联领袖在德国统一之上成为大赢家，甚至就在法国边境建立一个漂浮不定的德国。法国长远以来的防德心理，变成深恐德、苏结盟的梦魇。

戴高乐以他一向的大胆作风做出反应。法国将承认德国的军事力量和经济力，它甚至可以承认它在这些领域的领先，也将支持德国统一，以交换波恩承认法国是欧洲的“政治”领袖。这是冷静的估算，不是出于激情，戴高乐的确没有赍志以殁，因为终其一生德国都没有统一。

为了要在戴高乐大张旗鼓的不妥协做法，以及麦克米伦追求坦率谈判两者之间取得平衡，杜勒斯又抬出老把戏，把问题掺进法理细节中模糊掉，因为他认为这套办法在苏伊士危机时颇具效果。1958年11月24日，也就是赫鲁晓夫恫吓演说后两个星期，杜勒斯开始试探实质上未让步、但是变动交通程序的方案。他致函阿登纳表示：他将努力“促使苏联谨守义务，同时亦以事实基础与（东德）低阶官员交涉，只要他们例行公事地执行目前的安排”。11 月 26 日的记者会上，杜勒斯提出东德官员或许可用苏联“代理人”的身份执行任务的观念——这个办法与苏伊士危机时期的“使用人协会”构想相似（详见本书第二十一章）。

1959 年 1 月 13 日的记者会上，杜勒斯又进一步表露出美国在德国统一问题上的历史立场有了变化。声称自由选举是统一德国的“自然方法”之后，他补充说：“我不能说，这是完成再统一的唯一方法。”他甚至暗示或许可以接受两德组成邦联（confederation），“国家和人民集合在一起，有种种方法”。他强烈暗示，统一的责任可能由盟国移交给德国人自己去解决，这不同于阿登纳政策的基本精神。

德国的反应可以预测得到，只不过没人去理会猜测而已。当时担任西柏林市长的勃兰特，大表“震骇与惊慌”。勃兰特说：杜勒斯的代理人理论将鼓励苏联采取更加“不妥协”的立场。

粗暴不是阿登纳的正常作风，他也十分尊重杜勒斯。不过，他对杜勒斯的看法之反应，就跟艾登在苏伊士运河事件时之反应一样。阿登纳和美国大使布鲁斯（David Bruce）谈话时，情绪激动地指出，杜勒斯的声明伤害了波恩政府的政策，西德寻求以自由选举为基础，通过西方求取统一，他坚持说：

> “任何形式的邦联都是完全不能接受的。”

双方观点的歧义到了 1959 年 1 月中旬已经十分明显，阿登纳派遣外交部政务次长丁德曼（Herbert Dittmann）到华府，表达对苏联提出的德国和约方案甚为“惊骇”，并且力促以西方既定政策为谈判基础的立场。丁德曼的谈话对手是美国国务院副国务卿麦钱特（Livington Merchant）。麦钱特坦率告知，在这项危机中，阿登纳不会得到杜勒斯一向给予的全力支持。他力称，杜勒斯要避免“任何极端立场”，并且“设法让俄国人坐到谈判桌上”，德国人的最佳贡献就是“提供一些新点子给我们”。在危机发展时期，每当美国和英国要求“新点子”，他们就委婉地要求提升东德政权的地位，或是找出方法去吻合苏联的若干要求。

持续五年的柏林危机——冷战转折点

可讽刺的是，英国和美国竟促请西德走上几乎必然会使德国人走上更加倾向于民族主义的路线上去，可是阿登纳对其国人不像英美那样有信心，决定不让他们接受这种诱惑。艾森豪威尔和麦克米伦相信德国人已经转向民主信仰；阿登纳却忘不了德国人的原罪。

麦克米伦第一个脱队，自行行动。1959 年 2 月 21 日他独自飞往莫斯科，做“试探性会谈”。由于阿登纳根本不赞同这一回事，盟国也毫无共识存在，麦克米伦去“试探”可以做任何让步，必然包括业已为人熟知的“改善”西柏林对外交通程序，以及他一向主张以世界领袖的私人友谊为基础建立和平这些老话。

赫鲁晓夫把麦克米伦到访视为权力均势有利于苏联的又一迹象。麦克米伦访问期间，赫鲁晓夫又发表强悍演说，以毫不妥协的姿态重提他的要求。麦克米伦离去后，他又发表一篇演说，拒斥麦克米伦认为世界领袖之间的良好私人友谊可以带动和平的看法。赫鲁晓夫说：“历史教导我们，不是以会谈去改变国家的疆界，会谈的决定只是反映势力的新平衡，而且这是由于战争或其他情势结束之后，胜与降的结果。”这是毫无遮掩地表示现实政治的话语，也是黎塞留或俾斯麦可能说出的话。

阿登纳恼火之后，杜勒斯退却了。1 月 29 日，他放弃了“代理人理论”，也不再暗示以邦联方式统一德国。然而，杜勒斯的退却大体上是战术性质的撤退，他的信念并没有变，性格也不会变。就跟两年前苏伊士运河危机时期一样，美国的政策要看艾森豪威尔和杜勒斯两人方式之间的微妙差异如何调和而定。以他个人对苏联制度的分析而言，杜勒斯可以说深切了解阿登纳的观点，也必然有相当的同感。但是就跟以前一样，杜勒斯必须设想出如何把他的策略去和艾森豪威尔更基本的办法相配合。

因此，依艾森豪威尔的思考与研判，阿登纳关切的大多数问题，即使不是毫不相干，也只是理论层面。的确够幸运的是，赫鲁晓夫并不清楚艾森豪威尔的思索。早在 1958 年 11 月 27 日（赫鲁晓夫正式提出最后通牒之日），艾森豪威尔与杜勒斯通电话，表示他可以接受美军退出西柏林的“自由城市”理念，只要柏林及其进出通路置于联合国管辖之下。

当总统顾问或内阁阁员与首长意见不一，他们必须决定，在意见分歧仍在理论层面上时就力陈立场，或等到实际需做决定时才出面说话。答案会影响未来的影响力，因为一般总统的性格中都有坚强意志的因子，不太轻容冒犯。如果顾问选择对假设性议题唱反调，他们可能会制造不必要的刻薄对话，因为总统本人也可能出于己意改变见解。换一个角度，如果他们静候事态发展，则有被驱逐之虞。杜勒斯选择中道。他向艾森豪威尔警告，切莫签订“书面协定”，也提醒称要维持柏林自由，必须有美军驻扎。后来的事态发展是，根本没有需做实际决定的场合。此时，杜勒斯已经罹患重病，6 个月之后的 1959 年 5 月 24 日，他撒手人寰。

7 月 1 日，艾森豪威尔又恢复他的调和理论。他在和苏联副总理科兹洛夫（Fral Kozlov）会面时，科氏抱怨美方对柏林问题的立场不合逻辑，艾森豪威尔答说：“我们承认它不合逻辑，但是我们不会放弃我们的权利与责任——除非我们有必要这么做。”保持权利直到能安排妥放弃权利的方式，实在不像是坚定得去号召作战抗敌的声音。

1959 年 9 月在戴维营，艾森豪威尔告诉赫鲁晓夫说，美国并没有打算永远留在柏林：“很清楚，我们并不打算在当地占领 50 年。”声称要为一个预备要撤离的城市冒核战争之险，听来也不像是作战令。9 月 28 日，艾森豪威尔又更进一步，本质上承认苏联挑衅的基本前提——柏林局势的确“不正常”。“它是在战争结束后的停火、军事停火、停战协定带来的结果，它很奇特地让少数一群自由人民被置于十分尴尬的地位。”

如果赫鲁晓夫继续其挑衅行动，或以他得到的一系列暗示为基础形成若干“妥协”，其后果会如何恐怕不堪设想。幸好是赫鲁晓夫的注意力未能持续，他对苏联本身相对实力的评估不确，加上或许苏联领导人内部的分裂，全都显示着苏联行动怪异的、不确定的特质。赫鲁晓夫的最后通牒反反复复，几次最后期限到了，也没有坚持他的要求非得被满足不可，或者盟国非和苏联谈判不可。前者可以暴露出盟国究竟有多坚定；后者则至少可以测试英、美究竟有多少意愿肯修正对柏林通路以及西柏林地位的立场。赫鲁晓夫不能坚持其目标，使得大西洋同盟避免经历或许是它最大危机的考验。

赫鲁晓夫对于对峙冲突或谈判和解都没有持续一贯立场，单是这一点就足以让西方国家对苏联制度是否运转正常颇有疑念。以发动核战争做胁迫，并且挑战欧洲现状，都没有发展一个策略去寻致外交摊牌，透露出 20 年之后苏联制度半瘫痪的征兆。赫鲁晓夫显然陷身在苏共中央政治局鹰、鸽两派之间，举棋难定。鹰派相信他吹嘘的均势已变得对苏联有利，而认为西方让步不够；鸽派明白真正的军力实况，不愿轻易冒险激怒美国。

在这个奇怪的过程中，赫鲁晓夫听任他第一个最后通牒届期，除了届期前两周召开一次外交部长会议之外，别无任何动作。这次外长会议没有进展，因为刚被任命为苏联外交部长的葛罗米柯利用这个机会淬砺他的技巧，使得往后 30 年民主国家外长们不胜其扰的手法在此初露锋芒。事实上，苏联并不希望在最后通牒行将届期前形成僵局。然而，它却使得艾森豪威尔借邀请赫鲁晓夫访问美国而获得若干时间。

赫鲁晓夫于 1959 年 9 月 15 日至 27 日访问美国，造成了四年前日内瓦高峰会议产生的同样的公众热潮。两国领袖会谈，再次强调气氛重于实质，喊出“戴维营精神”的口号象征美苏修好。《新闻周刊》发表一份成绩单，指出赫鲁晓夫访美代表着成就大于失败。它说，若说还有何失败，主要还是两国领袖本应在柏林问题上有所进展——好像这只是一桩小问题似的。成绩单上列举的成就包括文化交流、增进贸易、加强科学合作，这些其实都不劳两国政府首长出面会谈。最常被提起的好处是，认为赫鲁晓夫终于了解了东道主。这反映出美国人标准的看法是：国与国之间的冲突是因误解而产生，而不是因利益冲突所产生，并且没有人能来到美国亲历美国经验之后，还会对美国方式敌视！

根据《新闻周刊》的民意调查，美国人相信赫鲁晓夫终于了解了“美国人从总统以降，都希望自由”。如果赫鲁晓夫确有此一判断，后果显然是双面刃。总而言之，他把他的看法保密，有如国家机密。几个星期后，赫鲁晓夫在 12 月初演说，吹嘘“资本主义世界在社会主义阵营的打击下撼动了，我们有意志力会赢”。

艾森豪威尔由这次高峰会谈出来，信念与会前一样：他依然愿意（虽未必是渴望）去改变柏林地位。高峰会议结束，艾森豪威尔在 10 月 1 日对他的国家安全顾问格雷（Gordon Gray）描述他认为走出危机的一条适宜之路。格雷回忆道：

> “我们必须记得柏林是一种不正常状况，我们已经发现必须接受它，而且它是由于我们的领袖丘吉尔和罗斯福的错误而铸成的。然而，他（艾森豪威尔）觉得必然有办法可以发展出某种自由城市，隶属于西德，也可能需要以联合国出面保证该城市的自由、平安与安全，而且它除了警力外不具备武装地位。他重申时间已经到来，或许我们即将撤出驻军。”

幸好赫鲁晓夫不愿去试探这些做法，西方盟国无意之间达成了其争取时间的主要目标。1955 年的日内瓦高峰会谈使得赫鲁晓夫不需做具体让步，就获致紧张局势的缓和；1959 年，艾森豪威尔以所谓“戴维营精神”也获致相同结果。

戴维营会谈的主要结果就是事情又拖了下去。艾森豪威尔和赫鲁晓夫协议召开占领柏林的四国会议，但是艾森豪威尔要先和盟国咨商。戴高乐表示，除非赫鲁晓夫先到巴黎进行国事访问，否则他拒绝接受这次高峰会议的请帖。由于种种这些前提条件，高峰会议最早能召集的日期是 1960 年 5 月，在巴黎开会。后来，距高峰会议召开只有两星期的时候，美国一架 U2 间谍飞机在苏联上空被击落。这个事件使得赫鲁晓夫有了借口，推翻业已酝酿谈判一年多的整个会谈。它并没有不好的影响，因为美国原本对柏林的算盘就是计划成立一个“有保证的都城”，其中具备许多艾森豪威尔对格雷提到的想法。就实际而言，这个计划与赫鲁晓夫“自由城市”的构想，主要差别只在给柏林新地位贴上的标签不同而已。

虽然西方盟国有好几天担心赫鲁晓夫或许会以 U2 事件为借口，进行摊牌；不过很快就显示，赫鲁晓夫找的是相反方向——有了借口避免摊牌。口头叫骂代替了赫鲁晓夫在对峙冲突中经常反复威胁、屡次退缩的做法。与所有的预期相反，赫鲁晓夫由流产的巴黎高峰会议回国，途经柏林小停，他宣布最后通牒的截止期限再次延长，这次延到美国总统大选结束之后。

到了肯尼迪接任总统时，距赫鲁晓夫发出第一道最后通牒已经将近整三年。随着时间流逝，他的胁迫的可信度越来越降低，整体危机感也降低不少。就在柏林问题似乎平静下来之时，肯尼迪政府试图推翻卡斯特罗，却在猪湾登陆失败，加上对老挝问题迟疑不决，显然令赫鲁晓夫认定肯尼迪软弱无能。1961 年 6 月初在维也纳的美苏高峰会议中，赫鲁晓夫又声言限期六个月来解决柏林悬案，开启了整个冷战对峙期间最紧张的一段时期。

6 月 15 日就高峰会议情形做报告时，赫鲁晓夫昭告全球，签订德国和约一事已不容再拖延："欧洲的和平方案必须在今年达成。"赫鲁晓夫在一项演说中，故意穿上中将军服出场（斯大林在战时曾颁给他中将军衔）。在另一个场合，赫鲁晓夫告诉英国大使，只消六枚原子弹就可以摧毁英格兰，至于歼灭法国也只不过要九枚原子弹。1960 年 9 月，赫鲁晓夫中止双方已经遵守了三年之久的非正式核禁试协议，苏联恢复核试爆，其中一次威力高达 5000 万吨 TNT 当量！

赫鲁晓夫对战后和解的要求，并无新义。丘吉尔早在 1943 年就主张划分战后版图；斯大林 1952 年提出和平通告，也有同样的主张；凯南在 20 世纪 50 年代中期也主张就德国问题有个了结。但是和其他战争不一样，第二次世界大战结束后，却没有一个战后和约。美国和苏联的势力范围是逐步地，以默认既成事实的方式，而非正式协定的方式去建立的。

划分欧洲势力范围的最后一幕，在 1961 年 8 月 13 日凌晨上演。西柏林人一觉醒来，发觉自己等于成为牢中囚徒。东德在柏林的苏联占领区和另三个西方国家占领区之间，立起铁丝网，隔离起来，另外还围绕整个柏林修盖起围墙。围墙两边的家庭从此各居一方。日子一天一天过去，柏林围墙日益坚固；水泥盖墙、布上地雷，派出猎犬防守，这都成了东西柏林分裂、极权主义惨无人道的象征。东德政权无法让自己的公民留在自己国家之内的破产形象，自此暴露在全世界面前。不过，共产党领导人堵住了苏联阵营大堤上的一个漏洞！——至少暂时堵住了！

柏林围墙使得民主国家又得正视柏林的两难局面。他们有心为保卫柏林自由，对抗公然侵略，但是对公然侵略应该如何反应于未然，却尚未决定；或者可以说还未确定要如何界定侵略。肯尼迪几乎立刻就决定，建起柏林墙并不符合美国对侵略的定义，因此不预备以军事方式去挑战它。美国企图不夸大柏林墙的严重性，可以由围墙建立的第一天，肯尼迪驾船出游、腊斯克国务卿去观赏棒球赛这个事实做证明。在华府根本没有危机气氛。

实际上，肯尼迪在军事上可选择的方案也十分有限。如果美军把占领区界限边的篱障拆了，他们可能会见到退后数百米，东德又盖起一座围墙，试问这时候他们要不要进入东柏林把它拆了。西方民意会支持为柏林“之内”自由活动的目的而战吗？——实际上，东柏林早早已被承认是东德共产卫星附庸国的首都了。

当情势显示美国不会以武力抗拒兴建柏林墙时，西柏林和联邦德国的震撼无以名状，被迫要正视那下意识很清楚、却又害怕承认的事实。经过匈牙利革命事件之后，很明显，西方国家不会以军力挑战现有的势力范围。勃兰特日后宣称，他之所以承认东德政府的东进政策（Ostpolitik），即因对美国针对柏林墙兴建之反应彻底地失望了。然而，若是因为拆除柏林围墙而爆发战争，德国人的震撼必然还会更大。即使是阿登纳也告诉艾奇逊说，他并不希望以核战争来防卫柏林，因为他也深知除此之外别无其他方法可以保护柏林。

美苏两个超级大国继续施展浑身解数，想摸清对方的承诺和限制。7月，肯尼迪大幅增加美国的国防预算，召集后备部队，增调部队赴欧洲。1961 年 8 月，在柏林墙建起之后，肯尼迪调派 1500 人的部队取道苏联占领区的陆上通路赴西柏林，看看苏军敢不敢制止他们的行进。这支部队一路不受阻碍地抵达西柏林，受到已先行登机抵达的副总统约翰逊之热烈欢迎。不久之后，1948 年柏林受封锁时的英雄克莱（Lucius Clay）将军，被委派为柏林总统私人代表。肯尼迪在柏林的自由这个问题上，拿美国的可信度在冒险。

赫鲁晓夫再次自作聪明，自己走进了和艾森豪威尔政府相同的死巷里。他的狂妄恫吓激起了美国人的反应，但他又不敢去挑战。根据美国潜伏在苏联军方的大间谍潘考夫茨基上校（Oleg Penkosky）的报告，苏联高层军官十分明白他们欠缺准备，经常私底下抱怨赫鲁晓夫的莽撞。早在1960年，艾森豪威尔就看穿了赫鲁晓夫的狂言恫吓，告诉一位访客说，一旦爆发战争，他担心美国本身武器的核落尘之危害，远胜于担心苏联的报复反击。肯尼迪一接任总统，也很快就了解到在整体战略力量上，苏联弱多了。

形势有利于想要维持现状的一方。在此同时，肯尼迪比艾森豪威尔还更明显，不愿为柏林而轻易冒核战争之险。他在维也纳与赫鲁晓夫进行高峰会议后的回国途中，陷入沉思：

> "为了通路权的争议或因为德国人想要德国再统一，而冒一百万美国人丧命之险，真是蠢极了。如果我要以核战争要挟俄国，必须有比它更大、更重要的理由。"

艾森豪威尔的策略来自当初的遏制理论。他努力在苏联向西方挑衅的每个地方加以防堵。肯尼迪的目标则更加宏远。他希望通过超级大国直接谈判，一劳永逸地结束美苏冲突——可以利用柏林危机作为转折点。因此，肯尼迪的白宫极力推动在柏林问题上比较弹性的外交，必要时可以片面行动。艾森豪威尔认为，柏林问题是一项挑战，必须坚忍对付，熬到胜利；就肯尼迪而言，它只是通往他理想中的世界新秩序的一个驿站而已。艾森豪威尔或杜勒斯会找出公式去化解某种特定威胁；肯尼迪则要清除通往和平的永久大障碍。

这两位总统对待北大西洋公约组织的态度也不一样。艾森豪威尔在第二次世界大战期间曾在欧洲指挥盟国联军，肯尼迪则在太平洋服役，而太平洋战场的美国比较片面，只涉本国兵力。肯尼迪不预备让盟国对谈判有否决权，实际上他也宁愿与苏联直接交涉。1961年8月21日，柏林墙竖立起来一星期之后，他对腊斯克国务卿发出一道总统令：

> “谈判的日程以及西方立场的实质内容，都还没有敲定，我也不再相信单凭四强会谈就能有满意的进展。我认为我们应该立刻努力在这两个领域强化美国立场，并且清楚地表明，我们不能接受任何其他国家的否定。我们本星期应向我们的三个盟国明确告知，这是我们的决定，他们必须追随配合，否则就不要插话。”

腊斯克遵奉这道指令，放弃四强会谈方案，转而采取与莫斯科直接对话的方式。腊斯克和葛罗米柯当年秋天在联合国见了几次面。其他的对话则由汤普森大使在莫斯科与葛罗米柯进行。然而，苏联并不愿轻易就同意柏林问题的谈判议程。

问题出在彼此都发现自己陷入了核时代特有的两难之局。他们都可以利用自己的核武力来保卫自身生存，但是这些武器却不能使他们产生积极的转型。不论理论上可以估算出他们享有多少核优势，核战危机的风险还是远远超过任何可以达致的目标。即使估算核战风险只有五成，若是代价是一方社会之全然摧毁，也是无法容忍的大风险——尤其这是攸关文明之存亡问题。因此，每一方都在战争风险之前退缩了。

在此同时，每一方也都不可能以外交代替强权。尽管紧张上升，赞同维持现状的论调一向总是胜过想打破现状的冲动。就民主国家这一方而言，盟国根本不可能达成一致共识；就东方阵营而言，赫鲁晓夫的夸口大话可能已使其同僚期望太高，即使西方预备做出重大让步，克里姆林宫的强硬派还认为不够。最后，赫鲁晓夫孤注一掷，冒险在古巴部署导弹，企图打破僵局。这个例子显示出，在军事力量可以影响外交交涉之前，筹码必须押多么高。

这种停滞不前的趋势，也破坏了肯尼迪政府以外交主动打破僵局的努力。任何让步若是赫鲁晓夫能接受，必会伤害到大西洋同盟；任何方案若是民主国家可以容忍，也会挫弱赫鲁晓夫。

肯尼迪政府想从苏联的要求清单中找出没有任何风险就能餍足它的努

力，注定要失败。1961 年 8 月 28 日，肯尼迪的国家安全顾问邦迪（McGeorge Bundy）在一份呈给总统的备忘录中总结白宫的想法如下："目前在规划我方谈判立场详细内容的人士之主轴思想是，我们能够、也应该大幅转向接纳德意志民主共和国、奥得河边界线、互不侵犯公约，甚至分别缔结两项和约的想法。"备忘录没有指出，美国希望得到什么东西做回报。

这种态度使得华府无可避免地逐渐与阿登纳分道扬镳。9 月 22 日，政府方面漏出来的一则讯息清楚说出"美国政府某权威人士今天呼吁西德，考虑自己的利益，接受两个德国存在的'事实'"，"这位人士说，西德'与东德交谈'，而不是不予理会，将有更好的机会达成德国再统一"。

1961 年 12 月，邦迪再度向波恩当局担保，谈到美国"基本"目的是确使德国人民"没有任何正当理由可以为信赖美国而遗憾"。同时，他也警告称，不能把这项担保误加诠释成为空白支票："我们不能让德国对西方政策有否决权——也没有任何德国政治家做此要求。自由人的伙伴关系不能只以一人之需要而行动。"

事实上，这种修好的词语把彼此都消解了。由于美国和西德已宣示的立场无法调和，而且由于德国得完全仰赖美国来防卫柏林，不让波恩享有否决权，其后果不外乎下列两者之一：为一个肯尼迪政府已明说并不相信的目标，冒战争风险；或者强制波恩接受德国领袖已经拒绝的观点。前者的目标在美国国会或舆论中，不会获得支持；后者则会摧毁德国对西方的承诺，以及大西洋盟国的团结一致。

华府和波恩的关系越来越紧张。美国国务院既害怕美苏僵局，又害怕与阿登纳的关系破裂，逡巡不前数个月，没有执行肯尼迪的命令，推动与莫斯科直接谈判——或者应该说，进行会谈却了无新意。如果赫鲁晓夫有感觉，他或许可以感觉到这是确定西方国家的各种不同暗示，何者可以对其具有政治利益的良机。然而，他不作此图，却又加高赌注，避免谈判。

在这段外交停顿、盟国内部龃龉的时期，我也以国家安全会议顾问的身份，略为涉及白宫的决策。虽然我知道当时正在辩论的议题，也知道围绕着总统身侧的种种不同流派主张，不过我个人可没有参与到最后决定。艾奇逊虽然言词刻薄，却没有失宠，此时依然担任政府体制外的顾问，不时提供意见。像艾奇逊这样力主北约同盟的传统派，根本不愿谈判。至于戴高乐和阿登纳，他们看不到新的柏林交通程序会有什么改善余地，谈判德国统一问题也恐怕只会产生激烈争辩。

我虽然敬佩阿登纳，却不相信拒人于千里之外的策略可以持久。每当赫鲁晓夫有选择而动，他就可以迫使西方谈判；哪怕是戴高乐也好，没有一个西方领袖能够不先向百姓说明已经竭尽一切能事而犹未奏效，就直接表示必须与敌对方摊牌决战。考虑到依照苏联议程进行谈判的危险，我认为先发制人至关重要，可以先提出美方对德国前途的方案。如果把决定留给会议去裁定，或听任截止时限到来再匆匆决定，我真替盟国的团结担心。就程序而言，我赞同谈判；就实质而言，我比较接近阿登纳和艾奇逊的传统派立场。

我在肯尼迪时代的白宫短暂的兼职期间，有几次曾与阿登纳相见。这使我很痛苦地看到，柏林危机在原先亲密盟国之间产生的不信赖感之深。1958 年，拙著《核武器与外交政策》(*Nuclear Weapons and Foreign Policy*)出书不久，虽然我只是一个没什么名气的小教授，阿登纳却邀请我前往一晤。在那次谈话中，阿登纳坚定地告诉我，千万别被共产阵营由波罗的海直抵东南亚这种表面现象唬住。他认为，中国和苏联之间无可避免，迟早会决裂。他说，他希望当中苏决裂之时，民主国家能够准备好借势运作。

我过去从来没听过这种推论，也不相信这个论点。阿登纳必定是把我吃惊的静默，当作是默示同意，因为三年后他和肯尼迪会面，谈话终结时重提中苏必将分裂之说，又提到我也有同感。稍后，我得到肯尼迪的口信，希望此后我对地缘政治有何高见，不仅要能和西德总理分享，也要能向美国总统提供。

或许由于阿登纳与肯尼迪这一席对话，我被认为与阿登纳关系不浅。白宫在 1962 年年初要我出面向阿登纳解释肯尼迪政府的柏林政策，我奉命要向他简报美国对谈判的做法、为柏林拟订的军事应变计划，甚至特别要简报美国的核实力。我被告知：除了英国之外，这一部分没有任何一个盟国曾知其详情。

这的确是一桩艰巨的任务。我才刚开口做简报，阿登纳就打断我的话头。“他们在华府已经都告诉过我了。当时我没有动容。为什么现在他们认为我会接受呢？”我回敬他，我不是美国政府官员，我只是受命拜访他，缓和他的忧虑，他应该先听我讲完再做结论。

阿登纳当场窘住。他问我，我兼差担任白宫顾问，花掉多少时间。我告诉他，大约是 25% 的时间。他平静地说：“那我可以假定你告诉我 75% 的实情。”这句话是当着美国大使道林（Walter C. Dowling）的面冒出来的。照阿登纳的算式，道林大使岂非无时无刻不在说谎话？

但是即使在德美关系陷于如此低潮时，阿登纳还是显示出诚信君子的道德风范。虽然核战略不是他最有兴趣的范围，但他深为感谢华府通过我向他简报核实力，由此可以显示出对他的信赖。我在大约 25 年以前即 15 岁时就由德国移民到美国，我并不以为我的德语词汇足敷商谈核武器这类话题，因此只以英语发言。我们的译员是阿登纳的一名幕僚。事隔 25 年，这位译员已经有了相当年纪，且已退休，他写信给我说，他曾经把那次核实力简报做成纪录，呈交给阿登纳。阿登纳的反应是，他保证对简报内容保密，因此即使在档案里留下一纸谈话记录，也有违承诺，所以他下令把我们的那段谈话记录全部销毁。

然而，1962 年 4 月，德美关系还是失控了。4 月 21 日，美国有一项计划，想成立一个国际交通管理局（International Access Authority）控制进出柏林之一切交通。这个管理局将有五个西方理事（三个西方占领国，加上联邦德国、西柏林各推一位代表）、五个东方理事（苏联、波兰、捷克、德意志民主共和国和东柏林各推一位代表），以及三个中立国理事（瑞典、瑞士和奥地利）。至于统一问题则由东、西德各派出等量的代表，组成一系列委员会去磋商、推动。

一点也不意外，阿登纳强烈反对成立一个交通管理局，尤其是东、西德在其中地位平等。甚至，东、西柏林都派出官员参加进来，更会削弱柏林原本已经脆弱的四国分治地位，并且更强化东德的角色。由于共产阵营的代表人数与民主国家的代表人数相同，届时三个并不强大的中立国家在苏联挟制下，岂非有了决定性的声音？阿登纳认为这是糟糕的方案。

阿登纳决心刺破水泡，采取他前所未有的措施，公开抨击他的主要盟国。1962 年 5 月 7 日的记者会上，他强烈指斥国际交通管理局的构想：

> “在我看来，这整个计划无法推行。你们都知道，由于东、西方代表的票数可能势均力敌，到头来，瑞典、奥地利和瑞士这三个国家就会有决定性的声音。我可要请教诸位，如果这些国家被问到他们是否喜欢这个角色，他们会给予肯定的答案吗？我可不以为会。”

为了强调他的不痛快，阿登纳特地讽刺肯尼迪政府把发展中国家置于施政优先位置的做法：

> “我也反对殖民地，并且全心支持开发援助。但是我亦要求（东德）一千六百万德国人能被允许自己过自己的日子。我们应该把这一点告诉我们的友人和敌人。”

这些歧见从来没获得解决。1962 年 7 月 17 日，肯尼迪还对苏联新任大使多勃雷宁（Anataly Dobrynin）说：“或许还有其他议题，我们愿意再对德国人施压，譬如说，交通管理局的结构。”由于阿登纳已经公开详述他反对这个管理局的组成与功能，赫鲁晓夫应该已经知道，他把握着可以让大西洋同盟内部爆发重大危机的关键。

奇怪的是，就在苏联的成功已经在望之时，赫鲁晓夫又转变行进方向。为了把过去三年苦苦追求的突破能够毕其功于一役，赫鲁晓夫把苏联的中程导弹部署到古巴境内。他显然估算到，如果部署成功，他在迟早要进行的柏林会谈上的交涉地位，就会强大无比。基于同样的理由，肯尼迪也不能容许苏联的战略武力深入到西半球来。肯尼迪大胆、技巧地处理古巴导弹危机，不仅迫使赫鲁晓夫撤回苏联导弹，也在这个过程中，让赫鲁晓夫的柏林外交手法仅余的可信度，彻底破灭。

赫鲁晓夫意识到他已失去所有的有利因素，便于 1963 年 1 月宣布柏林墙的“成功”，这也使得为柏林问题单独达成和约一事，不再有必要。柏林危机终于过去，它整整持续了五年。整个过程里，盟国在所有最基本问题上坚守立场——虽然有过许多次踌躇摇摆。就赫鲁晓夫而言，他的成就无非是垒了一堵围墙，使得不情愿被共产党统治的东德人民，无法逃出东德这个乌托邦罢了。

西方国家可谓得来全不费工夫，赫鲁晓夫竟然玩过头而失手，因为盟国已经危险到濒于瓦解的边缘。美国在艾森豪威尔和肯尼迪两位总统任期内的立场，都是以美国传统信念为基础，美国反对以武力要挟去改变，但并不反对改变。作为学理上的表述，这是不许有例外的，前提是要有一共同理解：危机的结果要以实质去判断，不是以方法去评断。

就实质内容而言，艾森豪威尔和肯尼迪政府内部斟酌的种种不同方案，都极具危险。它们全都有个缺陷，即依照苏联的方向去变更现有架构。当然不可能不这么做，毕竟苏联发动这个危机也不是为了降低自己的地位。每一种交换条件的方案都是以苏联放弃它原本就不应发出的胁迫，换得东德附庸地位的提升，以及对既有的柏林交通程序之修正。阿登纳的两个梦魇，一个是东德共产政权可能得到方法可以利用柏林的脆弱性施压；另一个是在波恩对盟国的义务和其渴望国家统一的目标之间，可能会产生差距。这两者都潜伏在每一个谈判方案中。

艾奇逊对这个局势有清楚的看法，用他自己的话说，他“参与创建”了战后同盟体制。1961 年 9 月 21 日他致函杜鲁门，预测西方国家在柏林失败受辱，“却装出新秩序时期的政治家风范”。艾奇逊认为，如果失败不可避免，西方同盟的前途就只能坐视谁来为此混乱负起责任。他在 1962 年 1 月致函克莱将军说：“最好是让追随者跟着领袖而去，别让领袖跟着追随者走。谁来收拾残局？谁来受命领导，重新出发？”这是和戴高乐的策略完全不同的主张。

柏林危机的过程中，德国的重点优先秩序变了。战争结束以来，阿登纳主要唯美国马首是瞻。赫鲁晓夫提出最后通牒一年之后，情势完全变了。1959 年 8 月 26 日国务院有一份情报指出，阿登纳为盟国之间缺乏共识忧愁。根据这份报告，阿登纳仍然希望盟国恢复团结。但是，如果“美、英的结合显示出倾向于与赫鲁晓夫取得谅解，阿登纳将被迫把他的主要后台转向法国”。

整个柏林危机期间，赫鲁晓夫就好像一位棋手，起手势非常惊人，然后就坐下来期待对方思索再三后不战而降。研读外交记录后，我们很难了解为何赫鲁晓夫对于被提议、辩论、且经常暗示的种种谈判方案，毫无试探动作。这些方案包括交通管理局、两个和约，以及“受保障城市”观念等等。最后，赫鲁晓夫从来没有在自己订的截止时限有所动作，或者按照种种方案让西方盟国来坐下来谈判。经过整整三年的最后通牒和血液凝固的可怕威胁之后，赫鲁晓夫的唯一真正“成就”就是垒了一座柏林墙，最后却成为象征苏联的柏林政策大失败的笑柄。

赫鲁晓夫陷入自己编织的罗网里，他发现不动武没有希望达成他的要求，要战他又从来没有十足的准备，可又不敢接受西方提议的和谈，怕被克里姆林宫的“鹰派”和中共责备他接受了太多的让步。赫鲁晓夫乏力于引导“鸽派”走上更加强悍对峙之路，又对自己的地位太没把握，不敢对“鹰派”的要求让步，两难之下就尽量延宕不决，然后以在古巴部署导弹冀图孤注一掷。

柏林危机，加上作为高潮的古巴导弹危机，成为冷战的一个转折点，只不过当时人们未这么认为而已。如果民主国家未因内部争端而分散注意力，他们可能就能正确诠释柏林危机的意义——证明苏联潜在的弱势。到头来，赫鲁晓夫必须接受西方有个据点深入在苏联阵营里的事实，也未能达成他发动危机之初扬言的任何目标。因此，欧洲分裂为两大阵营再次获得确认，犹如匈牙利 1956 年革命一般。此后双方都抱怨局势，却再也不试图以武力改变版图。赫鲁晓夫在柏林、古巴两个事件上失败的最后结果是，苏联此后不再向美国直接挑战，除了 1973 年中东战争末期一度碰撞出火花之外。虽然苏联集结了一支庞大的远程导弹兵力，克里姆林宫从来不觉得他们可以发动直接威胁，向美国的既得权益挑战。苏联军力转到安哥拉、埃塞俄比亚、阿富汗和尼加拉瓜等发展中世界，去支持所谓的民族解放战争。苏联此后十年，未再阻碍柏林对外交通，柏林继续照原有程序与外界交通。在这期间，东德政权逐渐得到外交承认，这是出于西德的决策，且获得西德所有主要政党支持，并非由美国发起。盟国利用苏联渴望东德获得承认的心理，坚持苏联必须遵循几个先决条件：确认柏林交通程序，承认柏林四强分治地位。苏联在 1971 年的四方协定中正式承认这些条件。直到 1989 年柏林墙倾覆，德国实现统一，柏林或其对外交通都没有再受到挑战。遏制政策终于奏效！

第二十四章

西方联盟的概念：麦克米伦、戴高乐、艾森豪威尔与肯尼迪

左：肯尼迪与麦克米伦在百慕大，1961年12月；右：戴高乐与阿登纳在波恩

大西洋共同体面临观点整合

柏林危机象征着两大势力过去近20年沿着欧洲大陆分界线的相互碰撞，进入了最后的稳定期。在对峙碰撞过程的第一阶段（1945—1948），斯大林建立了苏联的势力范围，把东欧国家化为卫星附庸国家，隐藏着对西欧的威胁。第二阶段（1949—1956），西方国家以组成北大西洋公约组织为对策，把他们的占领区统合成立德意志联邦共和国，并且发起西欧整合的过程。

在整合期间，每个阵营间都有企图打破对方势力范围的动作，但是这些计谋都没有成功。斯大林于1952年提出和平通告，企图引诱联邦德国脱离西方阵营，却铩羽而归——部分原因是斯大林去世，政策无以为继。杜勒斯的"解放"东欧策略，在1956年匈牙利革命的失败中被证实纯属空话。赫鲁晓夫1958年提出柏林最后通牒，代表着再一次企图把德意志联邦共和国与西方分化的努力。但是到最后，苏联必须罢手，尽量牢牢紧握住东德卫星政权。古巴导弹危机之后，苏联集中力量渗透发展中世界，结果导致欧洲两极稳定。1958年，法国大哲学家、政治学家雷蒙·阿隆（Raymond Aron）曾经这样概述这个矛盾的性质：

"欧洲现状是不正宗，或荒谬的，但是它设有楚河汉界，泾渭分明，人人都知道分界线在哪里，没人太害怕会有不测后果。如果在铁幕的另一边发生事故——我们一年前即有了这一经验——这一边可没事！因此，欧洲清清楚楚的分立，莫辨对错地被认为比起其他安排来危险较少。”

也正好就是这种稳定感，使得所谓大西洋共同体（Atlantic Community）内部潜在的歧见得以浮现出来。紧接着柏林危机落幕，英国首相麦克米伦、法国总统戴高乐和美国总统肯尼迪，有必要整合他们对同盟的性质、核武器的角色，以及欧洲的前途等等问题彼此相异的观点。

麦克米伦：英国不再是世界强国

麦克米伦是英国第一位必须面对英国不再是世界强国的痛苦事实的首相。丘吉尔在和美国、苏联打交道时是平起平坐，即使他的地位没有反映出真实的均势情形，丘吉尔以他的才具以及英国战时的英勇奋战，能够弥补想象和现实之间的差距。当丘吉尔在第二次世界大战刚告结束，以英国在野党领袖身份呼吁盟国与莫斯科谈判，以及1953年斯大林逝世，他又以英国首相身份主张对苏谈判，他是以一个大国发言人身份讲话。英国虽然不再是前排老大，但依然能够影响其他所有国家的评估。整个苏伊士危机事件中，艾登依然以一个相当能自主的大国政府首长身份，周旋于国际间，也有能力单方面行动。到了麦克米伦面临柏林危机时，英国本身仍有能力改变超级大国战略思考的假象已经无法维持。

麦克米伦是一位温文尔雅、气质高尚的怀疑论者，代表最后一代的老式保守党人。他生长在英王爱德华时代，当时英国是全球第一霸权国家，英国国旗飘扬在世界每个角落。虽然麦克米伦具有狡黠的幽默感，他亲眼见到了英国自第一次世界大战之后就由强权巅峰逐步式微的历史，却又不免有几分挥不去的忧愁。麦克米伦曾伤感地回忆在牛津大学教堂里同班同学只剩下四人还活着的校友重逢情景。1984 年英国煤矿工人大罢工期间，麦克米伦辞去公职已经将近 20 年，他告诉我说：他虽然非常敬重撒切尔夫人，也能理解她的做法，他却绝对做不到与这些第一次世界大战中他派上战场、舍身奋战的战士之子弟，做殊死决战。

麦克米伦是在英国强权式微的分水岭事件——苏伊士运河危机之后，被推选入主唐宁街 10 号首相官邸的。麦克米伦以极度的矜持与华饰来扮演其首相角色。以财政大臣的出身，他十分明白英国的经济实力已经走下坡，英国的军力也永远赶不上核超级大国的庞大实力。英国在欧洲共同市场刚创议时，就拒绝加入。张伯伦 1938 年提到捷克时，称之为一个遥远的小国家，英国对它所知不深，正是精确道出英国在过去一个半世纪，在世界另一端大打殖民战争，却对仅有数百英里路之遥的欧洲的那份生疏、不相干的漠然态度。

但是到了 20 世纪 50 年代末期，英国再也不能以远距离观察欧洲，视欧洲为英国军队偶尔必须干预以制止一个暴君崛起的地方。麦克米伦因此一反过去漠不关心欧洲的政策，申请加入欧洲共同体（European Community）。并且，尽管苏伊士运河事件令英国神伤，麦克米伦的最大关切仍是培养英国与美国的“特殊关系”。

英国并不自认为是个纯粹的欧洲国家。毕竟，她的危难经常源自欧洲，可是救兵却来自大西洋的彼岸。麦克米伦不接受戴高乐的立论，戴高乐认为欧洲与美国不要结盟，安全度才会加强。该说的都说了，该做的都做了之后，英国可能至少也和法国一样愿为柏林而战，但是其动机可能未必出于为盟国占领权这个模糊观念辩护，而是出于支持美国认为全球均势已受到威胁的评估。

苏伊士运河事件之后，法国与英国对于遭到美国羞辱，得出了完全不同的结论。法国加速它的独立，英国则选择加强与美国的伙伴关系。英、美结盟的观念其实早在第二次世界大战之前就存在，也受到鼓舞，早在 1935 年，英国首相鲍德温（Stanley Baldwin）就在艾伯特大厅的演说中提出这个概念：

> “我一向相信，在世界任何地方，不论是欧洲或东方，抵御战争最大的安全将是大英帝国与美利坚合众国的密切合作。可能需要一百年才能达致期待的目标，机会也可能永远不来。但是有时候我们应该有我们的梦想，我展望未来，看到全世界和平与正义合作，我不禁想起，即使人类不能公开拥护它，将来的某日某时，追随我们的人也将可以看到它。……”

美梦成真并没有花100年的时间。从第二次世界大战起，英国和美国就因相互需要而结合在一起，虽然这些需要是通过非常不同的历史经验积累而成的。

两国能够铸成坚强的结合有一个重要因素，即是英国具备配合变动环境而调适的不寻常能力。艾奇逊的评语或许没错，他指出：英国紧抱帝国的幻象太长久，未能替自己当前在欧洲的角色定位。另一方面，在它与华府的关系上，英国几乎是每天都展现出，虽然是个老大帝国，但决不在基本问题上自欺。英国领袖仔细评估过他们不再能够以传统的利益、风险平衡法去影响美国政策，便选择（尤其是在苏伊士危机之后）以缓和方式扩大影响力。英国两党领袖设法使得美国总统在决策过程中倚重他们的意见，不仅不认为咨询伦敦的看法是对较弱的盟国示惠，还认为是自己统治上不可或缺的重大事项。

然而，英国并不完全认同美国的国际关系哲学。英国人从来没有分享美国人那套人类完美论点，也不会主张道德至上论。以哲学观而言，英国领袖大体上都认同霍布斯的性恶论。明白人类的罪恶，就很少会对人性失望。在外交政策上，英国一向奉行伦理上的自我中心主义：对英国有利的，也可以视为对世界有利。

要具备这样的观念，必须具有相当的自信心以及天生高人一等的感觉。19世纪，有一位法国外交官告诉英国首相帕麦斯顿说，法国已经习惯帕麦斯顿在最后一分钟才由袖里掏出外交牌，这位勇气十足的英国首相竟然答说：“上帝把牌摆在那儿！”不过，英国把国家自我本性置于实务运用时，却直觉地以温和态度去做，因此它自认可以代表一般利益，倒也经常没错。

在麦克米伦执政时期，英国完成了由实力变为影响力的过渡。他决定把英国政策依附在美国政策之上，并且技巧地处理对华府的关系，以扩大英国的选择范围。麦克米伦从未争辩哲学论点或观念性论点，也很少向美国主要政策公开挑战。他把中央舞台让给美国，退到幕后试图操控整出戏的内容。戴高乐经常吵吵闹闹，让人不理会他会有痛苦；麦克米伦则使美国轻轻松松地来征求英国意见，以致不这么做反倒不好意思。

麦克米伦在柏林危机时期的战术就接近这种手法。一方面他认为不值得为柏林交通问题打一场核战争；另一方面，丢失和美国的关系可就十分严重了。他愿意与美国站在同一边，即使面对核战大摊牌也无怨无悔，这就远胜过其他盟国所作的保证。然而，在他必须面对这个最后大抉择之前，麦克米伦决心试探是否尚有其他对策。他义无反顾地以西方鼓手和代言人的身份出现，制止美国鲁莽行事，也向英国民众显示“他们的领袖已竭尽全力去促成了解与协议”。

手段很快就变成目的。麦克米伦对自己灵活的手腕极具信心，自认有把握以纯熟的技术掌控谈判来拔除挑衅的针刺。在麦克米伦看来，外交程序本身可能可以卸解赫鲁晓夫最后通牒的胁迫，一个接一个没有结论的谈判能使冲动的赫鲁晓夫把最后通牒的时限一延再延。在阿登纳极端恼火的情况下，麦克米伦于 1959 年 2 月底至 3 月初到苏联访问 11 天，当时赫鲁晓夫已经数度重申他最早的最后通牒。麦克米伦此行并未获致具体成效，赫鲁晓夫却借着他在场重复胁迫言词。但是，麦克米伦依然不屈不挠地追求安排一系列会议的目标，认为这是避过赫鲁晓夫期限最务实的手段。他的回忆录中记述这一段经过：

> “我忧心忡忡地推动以一系列会议，一点一点稳步走向‘和平共处’（用一句当时的流行话来说）的观念，即使不是和平，至少和平共处也能在世界不受挑衅。”

然而，当和谈成为他们自己的目标，他们就只能听任有心破坏谈判的一方的牵制，或起码摆出随时可以不谈的姿态也能占了上风。因此，赫鲁晓夫发现他能够界定什么事“可以谈判”。为了让对话能持续，麦克米伦用尽心智想在苏联的议程上找出若干项目，可以在比较安全的情况下进行交涉。1958 年 11 月 27 日，也就是收到赫鲁晓夫的柏林问题正式通牒的翌日，麦克米伦曾致函其外相劳埃德（Selwyn Lloyd）说：

> “我们不能回避谈判，如何去执行它？这一定会导致谈判统一的德国之前途，以及脱离计划（Disengagement Plans）吗？”

各种不同的计划的共同特点是，在中欧建立有限度武装的地区（指的是德国、波兰和捷克），并且将核武器从这些国家撤出。就麦克米伦而言，以及较低程度下就美国领导人而言，这些武器部署在哪里主要只有象征性的意义。由于核战略必须仰赖的核武器实力（绝大多数的美国核武器并未部署在欧洲大陆），与苏联讨论脱离计划，在麦克米伦看来乃是争取时间的一种无害的方法。

阿登纳反对所有这些办法，因为一旦美国核武器撤出德国，它们势必撤回到美国境内，这势必中断阿登纳认为的欧、美核防务极其重要的政治关联。他的推理，或至少他的国防专家的推理是，只要这些核武器部署在德国领土，苏联必然投鼠忌器，不摧毁核武器，就不敢冒险进攻中欧。加上要进攻中欧就得发动核攻击，美国必定会加以反击。

然而，如果美国撤回核武器，德国就有可能受到传统武器的攻击。阿登纳不敢确定，一旦德国受到毁灭性打击，美国领袖是否将以发动核战争做反应。因此就柏林问题探索出谈判方案，就代替了继续争辩大西洋同盟的军事策略。

每当麦克米伦或艾森豪威尔两者之一采取任何具体的外交主动，另一方的反应就必然印证政治人物之间的关系也少不了虚荣心，彼此要互别苗头。虽然两人私交甚笃，艾森豪威尔在 1959 年为了麦克米伦径赴莫斯科访问，甚为恼火；同年秋天，麦克米伦获悉艾森豪威尔邀请赫鲁晓夫到戴维营进行会谈，大大发作了一场：

> “(艾森豪威尔)总统深陷于‘没有一次高峰会议不是在外交部长会议时即有进展’的结论。他所能想到的唯一方法就是，以宴客作乐代替讨论磋商。因此他邀请赫鲁晓夫到美国做客，也答应将要访问苏联。这些看来挺像奇怪的外交手法。”

怪倒不怪，但是无可避免地，当赫鲁晓夫察觉英国不会与美国各行其是，他就全力在艾森豪威尔身上下工夫。在赫鲁晓夫看来，麦克米伦把美国劝诱得肯坐下来谈判，作用已毕。以最后分析而言，能决定让赫鲁晓夫得遂心愿与否的唯一交手对象是美国总统。因此，所有主要问题的谈判是由赫鲁晓夫和艾森豪威尔在戴维营的会谈，以及后来由赫鲁晓夫和肯尼迪在日内瓦的会谈。可是，美国越是独占了国际对话的机会，便越是在若干北约组织盟国之中制造诱因，使得他们追求获致某种程度的自由空间。当苏联对西欧的威胁渐渐消失，人们对莫斯科的畏惧心理也逐渐消失；大西洋盟国内部即使意见参差，危险也不大，戴高乐即企图利用这种局势，鼓励欧洲采取比较独立的政策。

但是，英国愿意奉谁为老大，唯其马首是瞻，却毫无疑问。麦克米伦宁愿追随美国，而不愿追随欧洲，因此他没有理由去鼓励戴高乐的办法，并且他从来不曾追随以任何名目要使欧洲与美国分手的动作。然而，一旦遇上防卫英国的重大利益，麦克米伦与戴高乐可就一模一样的坚定不移了。这个情形在所谓“天雷事件”(Skybolt Affair)中最为明显。

为了延长轰炸机群的寿命，英国决定向美国购买还在研究中的远程、空中发射的巡航导弹“天雷”。1962年秋天，事先没有照会英国，肯尼迪政府便取消“天雷”研究计划，表面理由是技术难突破，事实上是为了减低对飞机的倚赖，认为飞机没有导弹来得强，并且几乎可以肯定说也是为了不让英国有自主的核武实力。美国事先未与英国咨商就单方面做此决定，使得英国轰炸机实力迅速过时、老化。法国一再声称别依赖美国，这时似乎得到验证。

然而，“天雷事件”接下来的发展却证明，与美国保持“特殊关系”还是有利的。麦克米伦此刻发动了他耐心培养对美关系时建立起来的大小人脉关系，并且也不太客气地扬言：

> “如果利用研发‘天雷’导弹遭遇到困难为理由，迫使英国得不到独立的核实力，其结果的确非常严重，赞成拥有独立核实力的英国人士，以及反对它的人士，都将深刻忌恨此一做法。它冒犯了国家荣誉意识，也势必遭到吾人全力抵制。”

肯尼迪和麦克米伦在拿骚（Nassau）会谈，于12月11日达成协议，修改英、美核合作关系。美国出于弥补英国买不到“天雷”导弹的遗憾，另外售给英国五艘北极星导弹潜水艇和相关导弹，英国即可因此发展自己的核弹头。为了吻合美国要集中控制核战略的条件，英国同意把这五艘潜水艇“指派”给北约组织调度指挥，唯“国家最高利益濒危”之际则不在此限。

英国部队纳入北约组织却变成徒具虚文的规定。由于只要基于“国家最高利益”需要，英国就可以自由使用这些潜水艇，加上由于照定义而言，除非是国家最高利益濒危，根本不会考虑用到核武器，《拿骚协定》实质上是把法国人极力以对峙企图争取的行动自由，给了用咨商方式来交涉的英国。英国和法国对于核武器态度的差异在于，英国预备牺牲形式、只要内容；可是戴高乐却极力要重振法国声威，把形式和内容等同来看待。

当然，法国的情形完全不同。因为它一点也没想要获取和英国相同的对美国决策之影响力。因此，在戴高乐领导下的法国，提起大西洋合作的性质这个哲学性的议题，总要争取欧洲的盟主地位，至于美国却要借此重新认识欧洲外交的历史作风。

美国自从第二次世界大战以来即以过去其他国家未曾有过的方式，主导世界事务。美国人口并不算多，却产出了全世界1/3的物品和服务，加上它在核科技上享有极大优势，可谓得天独厚，远胜过任何可能的敌手。

数十年来，美国由于得天独厚，她的领袖忘记了，受战祸蹂躏、暂时无力且软弱的欧洲曾独领风骚主导世界事务历两百年的那份叱咤风云的威势。他们忘记了欧洲生龙活虎地发起工业革命，也忘记了欧洲的政治哲学孕育出了国家主权的观念，更忘记了欧洲式外交的繁复的权力均衡体制运作了近三百年。欧洲在美国的大力援助下复苏，它的若干传统外交模式就会再生，尤其是法国，自黎塞留以来，现代统治术即源生于法国。

戴高乐：重振欧洲雄风

没有人比戴高乐有更强烈的重振欧洲雄风之意识。20 世纪 60 年代，戴高乐与美国争端迭出最高潮之际，流行的看法是指责这位法国总统仍然偏执自大。殊不知他的问题恰恰相反：他必须力图重振充满失败感、薄弱感的法国之国家意识。法国不像美国那样日益强大，也不像英国把第二次世界大战当做是整体的、学习的经验。很少国家有法国这样的惨痛经历，在第一次世界大战中全国青壮年几乎牺牲殆尽！浩劫余生的法国人明白法国绝对经受不了另一次类似的惨痛经历。在这种思维下，第二次世界大战变成噩梦成真，使得 1940 年法国战败，不仅是军事失利，更是心理重创。虽然技术上说来，但法国是战胜国之一，但法国领袖心知肚明，她是借他人之力而获得拯救。

和平并未带来喘息机会。第四共和国重蹈了第三共和国的覆辙，政局不稳，政府更迭频繁，法国必须面对殖民地纷纷独立的严酷的事实。法军经历了 1940 年的奇耻大辱之后，刚刚组建起来，就得再打将近二十年的殖民战争，并先后在中南半岛和阿尔及利亚战败。美国有稳定的政府、全面战胜更强化了她的自信，可以专心致志从事其价值认定的任务。戴高乐则统领着一个遭受一个世代的冲突、数十年的败战羞辱的国家，他评断政策不太依据现实的标准，大体是以能否有助于恢复法国尊严作为依据。

法国与美国之间的冲突越来越严重，因为彼此之间都有深刻的误解，似乎从来就话不投机，虽然他们大体上都不是虚夸自大的人。美国领袖倾向于对其务实观点过于自信。法国人民在太多的热情破碎、太多的梦想粉碎之后，已变得狐疑多心，戴高乐认为有必要以一种高傲、甚至骄恣的态度来弥补长期以来民心的不安全感。美国领袖个人觉得受辱和历史上的高傲感与戴高乐的个人高傲和历史上的受羞辱感，交织在一起，出现了美、法两国之间的心理鸿沟。

由于华府认为西方盟国的利益理所当然会一致，认为稍有意见不同，彼此咨商一下就可以解决一切问题。依美国人的观点，同盟就好比是公开上市的公司，在其中的影响力要反映每一人的股权比重，这应该以一个国家对共同目标的贡献比例来计算。

法国几个世纪以来执行外交的传统，没有一种因素可以推出这样的结论。自黎塞留以来，法国的外交主动无不出自评估风险与报偿。出自异样的传统，戴高乐较少关切咨商机制的性质，而比较重视汇集各种方案以备意见不一时可拿出来应变。戴高乐认为这些不同的方案会决定相对的交涉议价地位。在戴高乐看来，国与国之间关系健全与否，视利害评估而定，不是看发生争端是否有正式的解决程序而定。他不认为和平是常态，而是必须自利害冲突中挣脱出来的东西：

> “人‘受其天资所限’，可是‘欲求却无穷’，世界因而充满着相互抗拮的力量。当然人的智慧经常成功地制止这种对抗蜕变成为残酷的冲突。但是，竞争的努力就是生命的环境。……就最终的分析而言，永远是在均衡中找到和平。”

我和戴高乐有过短暂的交往，好生领教了他的原则。我们初次见面是尼克松 1969 年 3 月访问巴黎时，戴高乐在爱丽舍宫举办了一场盛大的宴会，一名助理在人群中找到我，说是戴高乐想和我谈话。我带着敬畏之情，走近这个身材高大的总统。一见到我，他立刻屏退周遭的人，没有一句寒暄客套，开门见山就问我：“你们为什么不从越南撤退？”我有点腼腆地答道，单方面撤退会伤害到可信度。戴高乐不为所动，又问所谓可信度会在什么地方出现？我一指出中东地区，他立刻变得忧心忡忡地评论说：“真奇怪。我认为正好是在中东地区，你的敌人才有可信度的问题！”

翌日，尼克松在和戴高乐会谈后，邀我对戴高乐陈述的欧洲以民族国家为单元组成的观念加以评论。戴高乐不喜欢和助理辩论，或者说要辩论也不愿当着助理的面去辩论。我却莽莽撞撞地请教他，法国有何妙计去阻止德国人主宰他刚描绘的欧洲呢？戴高乐显然认为这个问题不值得多费唇舌详尽作答，只简洁地吐出："通过战争啊！"——而此时距他与阿登纳签署两国永久友好条约才六年！

专心致志于追求法国国家利益，构成了戴高乐的冷漠孤高，以及外交上毫不妥协的作风。美国领袖强调伙伴关系，戴高乐却强调国家有责任照料自己的安全。华府希望把整个任务的一部分摊派给盟国每个会员承担，戴高乐却认为这样的分工会把法国贬抑到附属地位，并且摧毁了法国的认同感：

> "大国不可能容其命运由其他国家（不管它有多友善）的行动来代为决定。统合后的国家会失去对其国防的关注，因为它不再负责防务。"

这个说法解释了戴高乐近乎标准化的外交程序，以最少的说辞提出方案，如果方案被拒，干脆就单方面付诸实施。就戴高乐而言，万事莫如法国人自认为和被外人视为，一切都以法国人的自由意志行事最为重要。戴高乐把 1940 年的战败羞辱视为短暂挫败，有待严正、不妥协的领导人来加以克服。以他的思维方式，法国绝不能接受一丝一毫屈从附属他国的表象，即使对它又畏又敬的友邦美国也不能显露出屈从迹象：

> "至于美国，富裕、活跃和强大，（法国）发现本国对她居于依赖的地位。法国持续需要她的援助以避免金融危机，从美国取得武器，配备士卒。法国的安全完全依赖她的保护。这种说法出自统合的姿态，自动地把服从美国的权势视为当然。这就是所谓超乎国家的欧洲之理念，在这个构想下，法国就消失了。一个没有政治实体、没有经济动力、没有防卫能力的欧洲，因而在面对苏联集团时，注定成为那个自身有政策、经济和国防的强大西方国家——美利坚合众国的附庸。"

戴高乐原则上并不反美，他认为，只要法国和美国的利益真正吻合一致，他很愿意合作。因此，在古巴导弹危机事件中，美国官员对戴高乐全力支持美方立场，大吃一惊——这是所有盟国领袖之中，最无条件支持美方立场的国家。他也反对各种中欧退出的方案，最主要原因是这将使美军离得太远、苏军又靠得太近："这种'摆脱'或'退出'本身对吾人而言不具任何价值。如果解除军备的地区不能既包含大西洋也包含乌拉尔山在内的话，法国又如何获得保障？一旦发生冲突，又将如何防止侵略者长驱直入德国这个无人之境呢？"

如果戴高乐不把他主张独立的立场与若干实质上将挫弱美国在欧洲的角色之构想相结合，这些坚持也只不过留在理论层面。第一个想法就是不能仗恃美国会无限期地留驻在欧洲。欧洲必须在法国领导下，准备独力面对未来前途。戴高乐并没有声言他赞同这样的结果，而且他似乎也忘记了这个假设前提或许会变成自夸自诩的预言。

1959 年艾森豪威尔总统访问巴黎时，开门见山地请教戴高乐："你为什么怀疑美国会将其命运与欧洲命运视为一体？"在见识过艾森豪威尔在苏伊士危机中的做法之后，这是个奇怪、自以为是的问题。戴高乐客气地以历史上较遥远的实例作答。第一次世界大战期间，经过三年的人命牺牲浩劫之后，美国才出兵援救法国；第二次世界大战时，更是在法国遭纳粹占领后，美国才参战。若是在核时代，这两次的美国介入都太迟了！

戴高乐抓住每个机会展示，在特定议题上面，美国的判断没有法国那么重视欧洲；他也毫不客气地利用赫鲁晓夫提出柏林最后通牒的时机。戴高乐希望波恩政府把法国视为比美国更加可靠的盟国，逐渐以法国取代美国。当美国单方面主动将若干在此之前不可侵犯的西方战后柏林政策之教条，列入外交议程之时，阿登纳越来越不安，这却对法国构成既是危险，又是机会的情势。说它是危险，是因为"如果德国人民改变立场，欧洲均势将为之大乱，也可能预示战争将要爆发"；说它是机会，是因为德国的害怕或许反倒会加强法国在欧洲的影响力。

戴高乐构想中的欧洲是依据俾斯麦的德国之路线所组成——也就是以国家为基础团结起来，其中的一个国家（法国）将扮演主导角色，其作用就和普鲁士在德意志帝国之内一样。每个国家在戴高乐重新界定的黎塞留的法国称霸旧梦中，都有角色可以扮演：苏联将要求德国分裂；美国希望西欧有防堵苏联的能力；法国则希望把德国的民族意识导向为欧洲统一。但是，法国与普鲁士不同，法国不是西欧最强大的国家；它不具备经济实力去主宰其他国家，而且它也不具备主控包括两个超级大国的均势之地位。

这种意见不一或许可以因时间流逝而解决，尤其因为阿登纳热切希望与美国保持密切关系。其实，所有的德国领袖都深悉法国与美国之间实力悬殊，他们不可能拿美国的核保护去换取法国在政治议题上的灵敏、清醒。

然而，美、法之间有一项歧见就是深植于问题的本质之中，不容迟缓不决：那就是核时代的军事战略由谁掌控的问题。美国坚持统合，法国力主自主，两者无可妥协，并且两者之间没有缓冲来淡化争端。由于核武器的威力毫无先例可以比拟，历史无法提供可靠的数据以制定军事战略。每位政治人物在评估新技术对政策和战略有何冲击时，都很盲目。在这方面的结论大都出自那些没有实证的经验或资料的不切实际的理论。

核时代：艾森豪威尔与肯尼迪

战后头十年，核垄断似乎使得美国的无所不能的论调成真。可是到了20世纪50年代末期，情势转逆明显，两个核大国都即将能让对方经受从前社会无法料想的大灾祸，甚至威胁到人类文明的存续。

这种体会乃是即将改变国际关系性质的一种革命之核心。直到第二次世界大战结束之前，虽然武器日益发展、日益精确化，其杀伤力仍相当有限。战争需要大量动员资源和人力，这需要时间去征集和集结。伤亡则是逐步增加。理论上，一场战争在失控之前当可制止。

由于武力只能相对少量地增加，认为国家拥有太多力量以致无法达到理性的政治目的，这种说法显得荒谬。然而，这正是核时代发生的事情。超级大国主张集中控制核战略力量，面临的两难局势变成不是如何增加额外的力量，而是如何把这么多的核武器只限于自己使用。两边都没有设法解决这个挑战。过去必然会导致战争的政治紧张，却因为害怕发生核灾难而抑制下来，形成一个危机阈值，而保持了半个世纪的和平。但是局势也产生了一种政治挫折感，使得非核的挑衅似乎更为合理、更加频繁。超级大国和无核武力国家之间的军事差距，过去从未如此之大；也从来没有这么不受重视。北朝鲜和北越都没有被美国的核武力吓阻，而不追求自身目标；甚至还挺身与美国军力对抗；阿富汗游击队也没有被苏联的核武力所吓阻。

历史上第一度出现，核时代使得可以借由完全在一个主权国家内部发生的发展，来改变权力均衡。单一国家取得一枚原子弹可以改变的均势，远大于过去取得领土的程度。然而，除了以色列 1981 年袭击摧毁伊拉克核反应堆为唯一例外，整个冷战时期没有一个国家曾诉诸武力去制止敌国力量的增加。

核时代把战略变为威慑，而威慑变成神秘的智力活动。由于吓阻的效果只能做逆向测试，也就是以“未曾”发生的事件来测度它的功效，也因为根本不可能展示为什么某事不曾发生，因此非常难评估现有的政策是最好的政策，或只是勉强有效的政策。甚至，或许根本就不需要威慑，因为不可能去证明敌手是否原本就有心要攻击。这种难以估量的特性引起国际间和国内对核事务的激烈辩论，其范围包罗万象，有主张和平绥靖主义，也有主张强悍对敌，不能让步；有因怀疑而进退失据，也有过度自信势力强盛可以恫吓对方者；有无从验证的国防理论，也有无从证明的军备控制理论。

任何同盟潜在的紧张关系——国与国之间利益的差异，由于这些不确定因素而加剧。历史上，国家一般（当然不是永远）都固守同盟，因为背弃盟国的结果被认为比履行己方义务的结果更加危险。在核时代，这条定律就未必正确：背弃盟国必须冒“最后”遭受灾祸之险，但是坚守盟约而以核武力作战，却保证“即刻”灾祸临头。

为了强化核威慑，美国和其盟国相互激励，强调一旦遭到挑衅必定强烈反击。为了强化这句威胁的可信度，同时为了一旦威慑失效也得降低灾害程度，美国还有一个更大的动机，设法让核战争更能被预估、减少灾害。美国防卫策略家中流行精选攻击目标、集中管制和指挥核武力，以及机动反应策略，等等。然而，美国的盟国却抵制这些措施，因为她们担心，核战争若是更能被预估，较能被忍受，相对地核侵略也就越可能发生。于是乎，到了最后关头，美国或许在动用其核武器之前就退缩了，这一来欧洲岂非陷入两头落空的最恶劣状况：威慑力减弱、战略根本未能实现。

这种担忧绝非无关紧要。同时，美国领袖担心法、英有自主的核武力，会造成多国有能力控制核按钮，也绝非小事一桩。如果欧洲盟国去攻击苏联，美国可能被卷进核战争。因为苏联非常可能先对美国攻击，以防止美国借苏联受伤害而渔翁得利。不过，更可能的一幕场景是，苏联对美国的盟友施以最猛烈的反击，因而产生一个问题：美国是否坐视其最亲密的盟国遭受重大打击？

美国领袖因而决心避免在违背自己意志的情况下，被扯进核战争中。冒着本身受摧毁之风险做决定，已经够可怕了，不需要再因盟国自由行动而牵连自己。可是就另一方面而言，美国针对此一两难局面的“解决方案”，就是剥夺盟国有独立行动的能力，这却与欧洲历史上的大梦魇不能相容。欧洲领袖耳熟能详，为了比不上核灾祸这么严重的理由，就可以背弃盟国或被盟国抛弃，史例历历可考。他们认为，他们的生存要靠尽最大可能，不让美国在面临核战关头时有选择可与欧洲分开；倘若做不到这一点，也得自己有核武力可自行调度，作为一种再保险。

美国与欧洲对核战略的见解有别，产生了一个难以解决的两难局面。英国和法国渴望对影响其国家命运的决定能保有若干控制，是可以理解的，也符合其历史发展。美国希望借由盟国统一步调，以免加剧核时代祸难的心理，也同样有道理。以威慑的观点看，英国和法国决心增建决策中心，有若干优点；侵略者因为得考虑到另有独立的核武力存在，其思虑不能不更加审慎。至于从进行作战时较可忍受这个战略去看，美国坚持统一管控核武力则十分有力。两者之间的冲突无从调和，反映出各国在史无前例的情境下，面对着无法想象的危险，想要掌控自己的命运之努力。美国面对这个两难局面，试图去“解决”它；戴高乐则认为它已不可能解决，只能设法强化法国的独立。

美国的政策分成两个阶段，每个阶段都反映着在职总统的性格。艾森豪威尔的做法是力劝刚愎的戴高乐，法国没有必要发展独立的核武力，并且视法国建军之举为不信赖美国的表征。艾森豪威尔以美国人地道的法理和理想主义的兼具特性，寻求技术解决方案，化解美国人深恐由其盟国不听节制惹出核战争的梦魇。1959 年访问巴黎时，他请教戴高乐：同盟之内各国核武力如何能够整合成立一个单一的军事计划？此时，法国已经宣布发展核武力计划，但尚未试爆核武器。

艾森豪威尔的发问，得到了一个他没有准备好接受的答案。戴高乐认为，整合核武力是政治问题，不是技术问题。这两个观念之间的差异的鸿沟，艾森豪威尔似乎不了解。戴高乐在一年前提出一项建议时已经透露其答案了。艾森豪威尔努力找战略方案，戴高乐则想找到政治方案。艾森豪威尔主要关切一旦战争发生，如何形成有效率的指挥结构。戴高乐对进行全面战争的计划较无兴趣（他认为一旦爆发全面战争，人人都输，没有赢家），只想借维持法国在任何战争之“前”的行动自由来强化其外交方略。

1958 年 9 月 17 日，戴高乐曾交给艾森豪威尔和麦克米伦一份备忘录，其中陈述了他对北大西洋公约组织架构的看法。他建议在大西洋同盟内成立一个政治理事会，以美、英、法三国政府首长组成之。这个理事会定期集会，成立联合国参谋本部，规划共同策略，尤其着重在北约组织地区以外的危机：

> “具世界重要性的政治和策略问题，应该交给由美、英、法组成的新机构商讨解决。这个机构应该就影响世界安全的一切政治问题，负责做共同决策；也负责草拟战略计划，在必要时把它付诸行动，尤其是涉及运用核武器的战略计划。它也应该负责组织个别作战地区，如北冰洋、大西洋、太平洋和印度洋的防务。这些必要时可以再加细分。”

戴高乐为了表示他对这项建议的认真，还附带暗示法国有意退出北大西洋公约组织作为要挟。他指出：

> “法国政府认为这样的安全组织为不可缺少的设计。因此，它目前参加北约组织的整个发展是以此为根据的。”

就某一层面而言，戴高乐要求法国的地位要与美国对待英国的特殊关系平等。就更深一层而言，他提议的安全设计与罗斯福的“四大警察”计划相似，只是以法国取代苏联成为其中之一——这是以核武器为基础的全球集体安全的观念，只不过，此时法国的核武力才刚刚萌芽而已！

戴高乐直接切入核问题的核心：在核时代，不会有技术上的权宜之计来确保各方协调合作。使用“任何”核武器的潜在危险都极大，以致要回避危险就会使得各国高度地从自身利益考虑，要想有共同行动，唯一希望是形成亲密的政治关系，使得参加在咨商过程中的每个人都把他们视为一体。然而，这样的关系在主权国家之间又是最难达成的，而且依照戴高乐的外交作风又是几乎不可能达成的。

戴高乐是否把这个政治理事会当作权宜之计，让法国的核武力可以强大到能自主行动？或者他旨在建立史无前例的新的合作机制，使得法国在欧洲大陆能居于特殊的领导地位？答案我们永远不得而知，因为对这项建议，艾森豪威尔和麦克米伦的反应都非常冷淡。英国不预备冲淡它和美国的“特殊关系”；美国则不希望以成立一个仅限核大国参加的理事会（更不用说，法国的核武力才刚在萌芽阶段而已），反倒鼓舞了核武器的扩散；北约组织其他会员国也不能接受会员分两等的想法——有核武力的国家高人一等，没有核武力的国家就默默追随。美国领袖也宁可把大西洋同盟当作单一个体来交往——最近才因为苏伊士和柏林危机发生歧见，如何去调停则尚未明朗。

艾森豪威尔和麦克米伦的官式反应则回避重点。习惯了第四共和国易于驾驭、且任期极其短暂的总理们，基本上以官僚作风来应付戴高乐，希望时间会使戴高乐的主张淡化。他们接受定期咨商的原则，但设法把咨商层次限于低于政府首长的级别，并且表达希望议程仅限于军事议题。

艾森豪威尔和麦克米伦这套避重就轻，想借程序掩饰具体实质的做法，只有在假设戴高乐是夸夸其言、崇尚浮华的领袖，而且已日薄西山、行将下台之际才有意义；这两个假设都错得十分离谱。戴高乐所提案不获回应，就转而以他独树一帜的办法，让他的对手方明白，他另有对策。他下令让美国核武力退出法国领土、法国舰队脱离北约组织统一指挥体系，更于1966年决定法国整个退出北约组织军事体系。但是在戴高乐走上最后不可挽回的这一步之前，他会与美国年轻、充满活力的肯尼迪总统交手、冲突。

肯尼迪代表了新一代的美国领袖。他们曾参加第二次世界大战，但不曾指挥战事；他们支持战后秩序的建设，但不是新秩序的创造者。肯尼迪的前人曾投入极大的精力维护他们建立的事物；肯尼迪政府则努力要建设新的建筑。在杜鲁门和艾森豪威尔的心目中，大西洋同盟的宗旨就是抵抗苏联侵略；肯尼迪则希望再造大西洋社区共同体，促成日后称为世界新秩序的先声。

肯尼迪政府为追求此一目标，发展了一套双管齐下的做法，试图找出合理运用核武器的方法，并同时演进所谓大西洋联盟共同体的政治定义。肯尼迪对当时仍居主导地位的大规模报复军事理论所能带来的巨灾祸难，大为震骇。在他杰出的国防部长麦克纳马拉的（Robert McNamara）领导下，美国发展了一套战略，创造出既非大决战，也非投降的军事方略。肯尼迪政府增强了对传统武器的重视，也设法对运用核武器增加许多限制。苏联核武力日强，美国以相对脆弱的状态去面对苏联的核攻击，使得美国产生了所谓的“灵活反应战略”（Strategy of flexible response），设计出一套指挥体系和多重选择方案，能够让美国决定（某种程度下需敌手合作）战争要如何打，以何种武器打，以及在何种条件下可以罢手结束战争。

可是这套战略要奏效，核武器就必须纳入集中（也就是美国人）管控。肯尼迪指责法国的核计划对北约组织“有害”，他的国防部长更以一堆带尖刺的形容词，谴责英国在内的欧洲各国意图发展核武力，乃是“危险”“耗费不赀”“易于老旧过时”和“缺乏可信度”。副国务卿鲍尔（George Ball）也说：“通往核扩散的道路没有合逻辑的终止点。”

因此，肯尼迪政府呼吁“统一”北约组织所有的核武力，提出“北约组织多边部队”（the NATO Multilateral Force，简称 MLF）的计划以达成这个目标。它预备把数百枚射程在 1500 ~ 2000 英里的中程导弹，部署在由北约组织指挥的舰船上。为了强调这支部队是由北约组织指挥的性质，船员由各参与国家征集配组而成。但是由于美国保持否决权，MLF 并没有解决北约组织基本的核困境，它既累赘，又没效用。

1962 年 7 月 4 日，肯尼迪颁布了他那高尚的《美国与联合欧洲相互依赖宣言》（Declaration of Interdependence between the United States and a United Europe）。政治、经济上统合的欧洲，将成为美国的平等伙伴，共同承担世界领袖的重担与责任。稍后，肯尼迪在法兰克福的圣保罗大教堂（Paulskirche，这是 1848 年自由的德意志国民大会集会之地）演讲时，又阐释这个象征，把大西洋伙伴与欧洲整合结合来提：

> “唯有完全团结的欧洲才能保护我们大家，不使同盟瓦解。唯有这样的欧洲才会在面对大西洋议程时，允许隔着大西洋享有完全互惠待遇。也唯有这样的欧洲成立了，我们才能有完全平等的取予关系，平等分摊责任，以及平等的牺牲奉献。”

肯尼迪的号召无法推动，因为欧洲此刻是经济力量日增、军事上（尤其是核领域）却有深厚的无力感，犹在两难之间，美国的呼吁也引起北约组织盟国的怀疑。这个灵活反应战略的实际结果是，它将使得华府在决定是否作战上获得更大的政治选择自由——这也正是戴高乐刻意发展法国核武力（终于在 1960 年才成功），亟欲以此加以限制的目标。美国如此渴望的慎重与弹性的性质，反倒使得法国更强化其论点，认为更需要具备核武力自立以防美国碰上危机时却另有盘算。虽然美国的目标就是以加强核威胁的可信度来加强威慑力量，大多数盟国却宁以相反的路线为基础强化威慑力量——他们坚持大规模报复的战略，不计最后结果可能是生灵涂炭，以此增加敌国的风险幅度。如果诈唬无效，下一步要怎么做，则未有讨论，当然投降的可能性也不能排除。

讨论军事整合，有若干神学性质在内。在和平时期，所谓北约组织总司令部主要是作战策划参谋本部：在作业方面，各个盟国的兵力还是由各国司令部节制，撤出军力之权也说得含含糊糊，从来也没人去质疑它。例证不少，如法军调到阿尔及利亚作战，美军在一系列中东危机时也抽调兵力投入干预，如1958年黎巴嫩事件，1973年阿以战争，以及1991年的海湾战争。在争辩“整合”的神学性与利弊得失时，美国与法国都未曾界定清楚，在“整合”的招牌下能采取的共同行动，为何在法国居下风的“合作”概念下就不能做。没有任何一种指挥体系的安排能够解决戴高乐如此分析的政治问题：

> “我们的盟国和友人，美国人，在相当长久的一段时间内单独拥有核武力。只要他们单独拥有此一核武力，只要他们表示一旦欧洲遭到攻击他们有心立刻运用此一武力，美国人若是照这样做，法国就几乎不会提起侵略与否的问题，因为攻击已经超乎所有可能性。但是后来苏联也获得了核武力，而且其核武力也强大到足可危害每个美国人的性命。当然，我不是在做评估——好似可能在某种程度的死亡和另一种程度的死亡之间，可以找出关联——但是这个崭新、巨大的事实已在眼前，不容我们不正视。”

“天雷导弹”事件令人想到这些种种可能的冲突，戴高乐的整个政治生涯中，最反对美国与英国之间的“特殊关系”；因为在他的观念里，这正好象征着英国具有与美国同等的大国地位，却把法国贬抑到次等地位去。肯尼迪提议给予法国导弹计划的援助，与他给英国的援助完全一样，但是，在戴高乐看来，美国的整合论和他的合作论之间差异虽不大，却界定了真正独立政策的本质。何况《拿骚协定》是美、英领袖去磋商洽定，然后通过媒体公开传讯给戴高乐，是可忍孰不可忍，他当然不会接受它。他也不可能把法国的核力量结合在一种随时可能遭到取消的技术（如“天雷”导弹）之上。1963年1月14日戴高乐在记者会上公开表示不能接受肯尼迪的建议。他以同样公开的姿态冷冷地答说：“当然，我只就这项提议与协定发表谈话，因为它们已经公布了，也因为它们的内容大家都晓得。”

一方面划定界限，戴高乐同时也利用这个场合否决英国加入欧洲共同市场；并且驳斥了肯尼迪认为两极的欧洲这一端，必须以超乎国界的方式去组织起来：

> “任何制度若是包括把我们的主权交给高高在上的国际组织，就与法兰西共和国的权利与责任不合。而且，这样的制度毫无疑问会发现，没有力量去驱使人民——法国人民不会答应——进入令其灵肉受考验的领域。”

戴高乐对美国领导地位的挑战，在几天后达到高潮。戴高乐和阿登纳签署了一份共同友好条约，规定在所有的主要议题上固定地咨商：两国政府就所有重要外交政策问题，尤其是攸关共同利益的问题，在做任何决定之前将互相咨商，期待能尽可能获致相同的立场。

这项条约的实质内容并无可观之处。事实上，它只是一艘空船，法、德领袖日后可以视形势发展予以填充。然而，在象征意义上，它却具有相当的重要性。自从 1890 年俾斯麦告老退隐以来，法国与英国在一切国际危机上都与德国作对，可是，当戴高乐不顾美国的强大压力，力阻英国加入欧洲共同市场，却是由一位德国总理出面，不使法国陷于孤立。法国或许不够强大到足可让别人接受它的方案，但是在德国的支持之下，它却强大到足可阻止他人的方案得以遂行。

归结到底，问题乃是国与国为什么要合作！以美国的观点，所有合理性的人到头来都应该得到相同的结论；因此，共同目标多少被视为当然，所以重点摆在以何种机制去执行，促成最终的和谐。欧洲的做法来自长久以来各国利害交互冲突的历史；调和这些利益就成了欧洲外交的本质。欧洲领袖视和谐为必须逐案检讨、增强的东西，要借助政治家精细的动作。这种信念正是 20 世纪 60 年代核管制问题的争议重点，也是戴高乐不接受超国界欧洲主张的根本重心。到了 20 世纪 90 年代为是否通过《马斯特里赫特条约》（Maastricht Treaty）而激辩时，它又出现了。没错，戴高乐还有比较不具哲学意义的动机。身为黎塞留的信徒，他认为法国在欧洲共同体的霸主地位，将因英国入会受到威胁，一则是因为英国的分量，一则是因为英国与美国关系太亲密。

然而，不论戴高乐如何私心自用，他的问题却直扣美国国际角色（尤其是在后冷战时期）的核心。美国还有一课最难学的教训有待学习，那就是国家只有在具有共同的政治目标时，才会长时期合作，必须注意这些共同目标，而不是应该用何种机制去达成这些目标。能够运行无碍的国际秩序，必须替不同的国家利益留下余裕空间，固然必须试图调和这些不同国家的利益，也必然不能认定它们会自行消失。

肯尼迪的大西洋伙伴观是以美国和欧洲做两根支柱，撑起一片共同的屋顶，但它受到戴高乐的抵拒。戴高乐则另提了一套更加复杂的主张。这两套观念各自反映出其国家的历史与价值。肯尼迪的主张是威尔逊和小罗斯福总统主张的现代版；戴高乐的主张则是传统欧洲均势的复杂版本，它的立论基础是：德国分裂，西德经济占优势，法国在欧洲共同体内占政治主导地位，并且以美国的核保护做保险。

然而，戴高乐的主张最后却栽在他自身强力鼓动的旧式国家利益之上。聪明的政治家不做力不从心之事，戴高乐的睿智分析遭挫，因为他没有计算到：法国的国家利益并不容许它与美国唱反调，以致美国可能退出欧洲——起码在实力未减损之前，但是法国从来未曾强大到能号召各国接受它的方案。

姑且不论戴高乐昧于事实，或是过分骄傲不能承认这个事实，他经常把基本上是哲学性的主张转换成对美国用心之抨击，仿佛在大西洋同盟中播下系统性不信赖的种子，乃是法国政策的根本要旨似的。在这个过程中，戴高乐自己毁了自己的设计。他认为，战与和的决定根本上是一个政治性的决定，的确有道理；他建议成立政治理事会，也正确地让盟国注意到调和政治目标，尤其是在大西洋同盟不包括的地区之政治目标，迫切需要。

戴高乐却有倾向把有力的立论弄得太极端，以至耽误了目的。排斥使得协定具约束力的结构，并且设法不使程序手段阻碍自主行动，固然是一件大事，以欧洲和美国永久对峙的方式展开大西洋关系，又是另一回事。他的强硬作风与美国看待国际关系的方式，尤其是看待盟国的关系，截然不同，也与北约组织其他会员国的态度不相吻合，一旦这些会员国被迫要在华府和巴黎之间做选择，肯定会偏向华府。

这个情况在法国对德国关系上，尤其明显。戴高乐把法德合作作为他外交政策的关键。虽然他获得了德国支持其柏林政策，也相当同情他对核管制的观点，但是却有一个限制，德国政治人物不肯也不能超越雷池而与美国破裂。不论他们对美国个别政策有何不满，德国领袖却没有意愿落单，只靠法国撑腰去面对苏联的威胁。姑不论德国领袖对英、美之核管制问题或欧洲整合问题有何评估，他们没有人可能偏向仰赖法国的小兵力而不依靠美国庞大的核武力，或者宁取法国的政治支持而不要美国的撑腰。因此，戴高乐采取反美路线的成就，有其限制；他想要阻止德国的国家主义重新兴起，却有着风险会诱使德国民族主义蠢蠢欲动。

20 世纪 60 年代危机的特征就是它们往往虎头蛇尾，雷声大雨点小。1958—1963 年的柏林危机之后，苏联再也没有对西方国家的欧洲利益正面挑衅。1960—1966 年大西洋盟国龃龉危机之后，北约组织问题逐渐退潮，成为美国和法国主张和平共处之局。20 世纪 70 年代，尼克松政府提出“欧洲年”的号召，拟以比较温和的方案为基础，恢复肯尼迪做法的精神，它亦遭到戴高乐派同样理由的反对而滞碍难行。法国三番两次试图创立真正独立的一支欧洲军力，但是由于美国的保留态度和德国的矛盾犹豫，这些计划未能具体推行。数十年的时间流逝，美、法的主张都过时了。

具有讽刺意义的是在后冷战时期，美、法这两个老冤家都发现身处的环境，已使得他们最终的合作成为大西洋与欧洲关系创造性地发展之关键。威尔逊式的民主国家共同体以共同目标与分工合作为基础运作，适合 20 世纪 50、60 年代的国际秩序，此时的国际秩序特征是：集权主义意识形态产生的外来威胁极严重，美国的核武力具有近乎独占垄断的优势，经济实力更是独步全球。但是，单一、统一的威胁消失了，苏联及其阵营崩溃了，加上经济实力分配的更加均匀，对国际秩序产生了需要更精心地追求国家利益与地域利益之平衡。苏联果真如凯南、艾奇逊和杜勒斯的预测崩溃了。可是，守候在道路末端的并非威尔逊式理想主义的世界，而是威尔逊及其信徒称之为“旧式”的国家主义。戴高乐若是见到这个新世界，一定不会震惊。毫无疑问，他也必然不会认定它是“新”世界。他必然会说，这个世界一直存在，只是被两极霸权这个短暂现象的薄纱略为遮住罢了。

与此同时，苏联的崩溃和德国的统一也推翻了戴高乐的多数假设。戴高乐事事迟疑，只对法国国际角色信心十足，他过分高估了法国纯以自身实力驾驭历史进程的能力。“新世界秩序”对戴高乐梦想的法国在欧洲享有政治地位独尊，并不曾给予顺利条件，对美国想居于全球而不受挑战，也未予厚爱，统一后的德国不再需要盟国认可她的正统性强过东德。在苏联原先那些东欧附庸也成为剧中一角色时，法国发现自己不能纯靠本身力量去组建新的欧洲均势。法国传统上以与俄罗斯修好来围堵德国的做法，也基于前苏联的发展必会产生的两种情形而失去效用：如果俄罗斯变成混乱不堪，它将太弱，无法制衡德国；如果俄罗斯民族主义占了上风，又恢复集中制，这个新国家仍然拥有数以千计的核武器，它又可能太强大而不会成为法国的伙伴。何况这个国家是否会看得上法国，也未可知。它说不定觉得与美国或德国结盟，还更有吸引力！总而言之，想要包围德国的作为，将会唤醒德国领袖迄今尚能抑止的民族主义兴起，而这正是法国持续迄今的噩梦。因此，美国还是法国最可靠的伙伴，只是理念上说不定最难缠而已！但这也是法国与德国友好政策的唯一再保险。

因此，在这条道路上的末端，戴高乐原先的规划是不再需要事事仰承美国意旨；美国则希望能够更完整地把法国整合进入北约组织。这两个长期友好的冤家之间的合作（类似美国与英国的特殊关系），成为了均势的关键。就跟两代人以前的情势相仿佛，当时威尔逊在法国出现，把旧世界救出困境，并把它的眼界提升到超越民族国家的境界。

第二十五章

越南：陷入泥淖，杜鲁门与艾森豪威尔

奠边府的法国步兵，1954 年 4 月

美国人的传统价值体系

一切行为最初的立意都极为善良。第二次世界大战结束后的头20年里，美国带头从残破的世界废墟中重建一个崭新的国际秩序。美国把欧洲和日本重建起来，也在希腊、土耳其、柏林和韩国迎接苏联的挑战并把它压制下去，并且自它有史以来第二次在和平时期加入同盟组织，更发起了对发展中国家技术援助的计划。在大伞庇护下的国家享受着和平、繁荣与稳定。

然而在中南半岛，上述美国在海外介入的方法全都失效。20世纪的国际经验，那种它在价值与成就之间经常享有的直接、适宜的关系，第一次开始遭到损坏。过去普遍适用的价值观，使得美国人开始质疑，也不禁质疑起他们是如何把这种价值观带进越南的？美国人认定美国的国家经验与遏制共产主义的地缘政治带来的妥协折中、含混不清两者之间，出现了裂缝。在越南的严酷考验中，美国的与众不同却反噬了它自己。美国社会没有像其他国家那样去辩论其政策实务上的缺陷，却辩论起美国是否值得去追求“任何”国际角色。关于越南的大辩论的这种取向造成的创痛既深且巨，难以痊愈。

很少有一个国家行动的结果，却与其原始本意如此大相径庭。美国在越南忘却了黎塞留三个世纪前曾经揭示的外交政策基本原则：

“要加以支撑的事物和支撑事物的力道之间，应该互相保持几何比例。”（详见本书第三章）

为配合国家利益进行分析的地缘政治方法，会分辨何者是战略性重要者，何者只具周边性质。它必然会问：1948 年中共征服中国大陆，斩获甚巨，为什么认为坐视不救是安全之举；可是现在却把美国的国家安全与亚洲一个蕞尔小国等同来看，而且这个国家在过去 150 年里从未独立，也从来没有在其现有版图上独立过！

19 世纪现实政治的大师俾斯麦，发现他的两个最亲密盟国奥地利和俄罗斯，为了距德国边界仅有数百英里之遥的巴尔干半岛严重失和，他先表明：德国不会为巴尔干问题介入战争；以俾斯麦自己的话来说，巴尔干根本不值得牺牲一个士兵的生命！美国并没有以同样的算术来做评估。19 世纪，精通外交政策的约翰·昆西·亚当斯总统，曾经提醒美国人别跑到外国去追索“远方恶徒”。可是威尔逊派看待外交政策，却不分要剿灭的恶徒有何不同。威尔逊主义看待世界秩序是一视同仁，不分畛域，不去分辨不同国家有何相对的重要性。美国只问谁是正义一方，即为它而战，不去过问当地局势，也不考虑地缘政治因素。

到了 20 世纪，美国总统一个接一个宣称美国没有丝毫“自私的”利益。即令不是唯一的目标，美国主要的国际目标也是举世和平与进步。本着此精神，杜鲁门总统 1949 年 1 月 20 日在其就职演说中，大方地宣称美国致力的世界目标是“所有的国家和所有的民族，可以自由以其自认合宜的方式治理本身”。美国不会追求纯粹的国家利益：“我们不追求领土。我们不会将我们的意志强加于他人。”美国将以提供“军事顾问和设备给予自由国家，使之与我们合作维持和平与安全”“来强化爱好自由的国家迎战侵略之险”。每一个独立国家的自由因此成为美国的国家目标，不必去论这些国家是否对美国具有战略重要性。

艾森豪威尔总统在他的两次就职演说中，以更加激越高尚的用词，重弹此论调。他描绘的新世界是王位被推翻、大帝国被倾覆，而新国家崛起。在这一个骚乱中，命运要让美国承担起保卫自由的重责大任，不受地理因素限制，也不计国家利益。艾森豪威尔亦申明，如果有此种考虑就违背了价值体系，在美国传统理念上，所有的国家和民族都应一视同仁；“深信保卫自由，就和自由本身一样，是浑然一体、不可分割的，我们对所有的国家与民族都一视同仁、予以尊重，我们不能接受某个种族、某个民族次人一等，可以牺牲的说法”。

艾森豪威尔描述的美国外交政策，与任何其他国家不同，它是美国道德责任的延伸，不是斟酌风险与报酬而产生的事物。美国政策衡量的不是可行性如何（这已被视为天经地义，义无反顾），而是其价值：“历史不会长久把保护自由的负担交给软弱、胆怯之徒。”身为领袖就是奖酬，美国的好处就是享有特权以协助别人去自立自助。所信奉的利他主义，没有政治或地理的疆域界限。

肯尼迪总统在他的就职演说中，更进一步宣扬美国的无私和对世界的职责。肯尼迪宣称他这一代人乃是世界第一次民主革命的嫡系血缘，并且以激越的言词保证其政府，不会“允许人们一向坚持，并且直到今天仍在国内外不懈捍卫的人权，受到慢慢侵凌。我们要让每一个国家，不分敌友，都明白：我们愿付出一切代价、承担一切重荷、迎接一切艰难、支持一切友人、抵抗一切敌人，来确保自由长存与成功”。对全球的普遍承诺与任何特定的国家安全利益无关，也不会把任何国家或地区排除在外。肯尼迪动人的结论，恰恰与帕麦斯顿首相的名言截然不同。帕麦斯顿说，英国没有永久的朋友，只有永久的利益；美国在追求自由时，却没有利益，只有朋友。

到了约翰逊总统于 1965 年 1 月 20 日就职时，美国基于其民主的政府体系衍生的对外承诺，已经完全泯除所谓国内责任与国际责任的分野。约翰逊保证，在美国心目中，不分亲疏，一视同仁：

> “我们从前称为外来的恐怖危险和麻烦，现在已持续存在于我们生命中。如果美国子弟的生命必须牺牲在陌生的地域，财富必须抛撒在那里，那也是我们基于信念必须支付的代价。”

此后，这类谈话常被引为例证，指责美国犯了强权自大症，或者是追求霸权而伪善地借口掩饰。类似的轻下断语的嘲讽，误解了美国政治信仰的本质。美国政治信仰的本质是天真朴实的，并且由这份天真朴实中产生动力做经常的努力。多数国家走上战场是去抵抗对其安全具体的、能界定的威胁。但本世纪里，美国投入战争（从第一次世界大战到 1991 年的海湾战争），大体上都是以集体安全代理人的身份，挑起道义责任去抵抗侵略或不公正。

这份承诺在青年时期曾目睹慕尼黑悲剧的这一代美国领袖身上，特别明确。深深烙印在他们心灵上的教训就是，不论侵略发生在哪里我们都将在更加险恶的环境下去抵抗它。自赫尔以降，美国历任国务卿都重申此一论点。这是艾奇逊和杜勒斯都同意的一点。根据地缘政治观点去分析共产党征服某一遥远国家会带来何种特定危险，被认为不及下列这句口号重要：理论上要抵抗侵略，以阻止共产主义进一步扩张。共产主义在中国大陆获胜，更加强了美国决策领袖的信念，认为不能再容忍共产主义进一步扩张。

这一段时期的政策文件和官方声明显示这个信念大体上没人质疑。1950 年 2 月，朝鲜战争爆发的四个月前，国家安全会议第 64 号文件即认定，中南半岛是“东南亚一个关键地区，正面临即时的威胁”。这份备忘录揭示着所谓多米诺骨牌理论的诞生。根据多米诺骨牌理论的预测，如果中南半岛沦陷，缅甸和泰国即将不保，并且“东南亚的局势将陷入重大危险”。1951 年 1 月，腊斯克宣称：“对我们尽力追求现行路线的忽视，将对我们在中南半岛的利益造成灾祸，结果亦将波及我们在东南亚其他地区的利益。”前一年的 4 月，国家安全会议第 68 号文件也认定，全球均势在中南半岛受到了考验：“克里姆林宫掌控的地区若是再有任何重大扩张，行将导致不再有任何同盟足以聚集更大力量去抵御克里姆林宫。”

但是，这份文件暗示，每次共产党得逞就是克里姆林宫又扩大了地盘，这句话正确吗？尤其是考虑到铁托主义的经验时，这句话还能成立吗？若是中南半岛又被纳入共产主义阵营，就会推翻全球均势，这句话对吗？由于这些问题没被提起，美国从未认真处理地缘政治的现实：在东南亚，美国已经发展到对全球承诺过分延伸的地步——这正是李普曼早先曾提醒要小心的（详见本书第十八章）。

事实上，威胁的性质有极大的差异。在欧洲，主要威胁来自苏联这个超级大国。在亚洲，对美国利益的威胁来自次等大国，它最多只能算是苏联的代理人，而且苏联对它的掌握也颇有问题。事实上，当越战一步一步演进，美国是在和代理人的代理人作战，每一个代理人又对它背后的大老板有深刻的猜忌，而按照美国人的分析，全球均势受到北越攻击，北越被认定是由北京操控，而北京据信则由莫斯科在背后掌握。在欧洲，美国为保卫历史古国而战；在中南半岛，美国打交道的社会正在他们的范围内第一次要建国。欧洲国家有长期以来建立的传统，知道如何合作以保护均势。在东南亚，国家初建，对均势的观念仍然陌生，而且在既有的国家之中也没有合作的先例。

欧、亚地缘政治之间的基本差异，以及美国在欧、亚利益的重大差异，都被普救论的、意识形态化的美国外交政策方式所掩盖。捷克政变、柏林封锁、苏联试爆原子弹、共产党在中国大陆获胜、南韩遭到北朝鲜攻击等等，美国领袖把她们统统归纳在一起，当做一个全球性的威胁——一种集中掌控的全球滋事阴谋。出于现实政治考虑，就应当设法把朝鲜战争局限在最狭窄的颈部地带；可是美国的善恶二元论，却另有主张。杜鲁门赋予韩国全球性的重要地位，不仅在韩境派出大批美军部队，还对法国扩大军援，支持法国在中南半岛和共产党游击队作战（当时的名称是“越盟”），而且调动第七舰队保护台湾。美国决策领袖把第二次世界大战时期，德国和日本在欧、亚同时分头出击，与莫斯科和北京在 1950 年的分路夹击，等同来看，只是把德国换成苏联，让中共取代日本的角色而已。到了 1952 年，法国在中南半岛的支出，三分之一已由美国援助。

美国介入中南半岛，带出了一个全新的道德问题。北约组织保卫民主国家；美国占领日本，也向日传播民主体制；从事朝鲜战争是要抵御针对小国独立发动的攻击。然而，在中南半岛，遏制这个纯粹地缘政治性质的名词却从一开始就呼之欲出，使得它很难纳入当时通行的美国意识形态之内。至少，美国参与保卫中南半岛，就直接与美国反殖民主义的传统相抵触。中南半岛各国，技术上仍属于法国殖民地，既非民主国家，又尚未独立。虽然法国在 1950 年已把越南、老挝和柬埔寨等三个殖民地，改组成立“法兰西联邦加盟国”（Associated States of the French Union），这个新身份还算不上独立，因为法国担心，如果赋予它们完全主权，则它在北非的三个属地，突尼斯、阿尔及利亚和摩洛哥，也会要求比照办理。

美国在第二次世界大战期间反殖民主义的情感，以特别强烈之势集中在中南半岛之上。罗斯福不喜欢戴高乐，因此不喜欢法国，尤其在 1940 年法国溃败之后更瞧不起法国。整个大战时期，罗斯福不断思考把中南半岛交给联合国托管的构想，不过他在雅尔塔会谈时开始让此一构想沉默下来。杜鲁门政府为了得到法国支持成立了大西洋同盟，放弃了联合国托管中南半岛的构想。

到了 1950 年，杜鲁门政府认定自由世界要保住安全，中南半岛就不能沦入共产党手中——以实际而言，就是违背美国的反殖民原则，支持法国在中南半岛的斗争。杜鲁门和艾奇逊找不到其他妙计，因为联合参谋首长判定，美国武装力量由于同时投入北约组织和朝鲜半岛，已经超过负荷，再也没有多余兵力可以投入中南半岛去防卫，即使它受到中共入侵，也无力干预了。因此，他们认为除了依靠法国军队以外，别无他法；而法国军队必须依赖美国财务与后勤支援去抵抗中南半岛的共产党人。在斗争战胜后，美国打算以推动中南半岛独立来调和其战略利益和反殖民主义信念。

情势显示，美国 1950 年在中南半岛的初期承诺，替它未来的介入立下模式：承诺程度大到使美国陷入而难以自拔，可又不够大到足以有决断性胜负。在这样进退维谷的困境的早期阶段，大体是因为美国昧于实际形势，以及间接通过法国殖民当局去执行作战之近乎不可能的情势，甚至即使允许所谓越南、老挝和柬埔寨等加盟国建立一地方政权，亦软弱无力，难挑大任。

由于不愿背上为殖民主义当帮凶的恶名，参谋长联席会议和国务院为了保护美国的道德名誉，一再逼迫法国承诺必定给予中南半岛独立。这个精细微妙的动作最后落到国务院身上去摆平，国务院把它的中南半岛方案取名“蛋壳行动”（Operation Eggshell）就显示出它十分理解其中之复杂纠葛。不幸的是，这个标签传达出对困境了然于心，但如何去解决，则未有太多可以用力之处。整个构想是督促法国走往给予中南半岛独立的方向，同时亦激励她继续从事反共战争，没有人能说清楚，为什么法国人应该不惜牺牲作战，可是最后在该地区还是得退出？

艾奇逊以他著名的犀利言词形容这个困局。他说，固然在一方面美国若继续支持法国的“旧式殖民态度”，可能会失败；在另一方面，如果美国逼得太急，法国可能以下述理由干脆撒手不管，他会认为：“好吧，统统给你，我不干了！”艾奇逊的“解药”乃是再一次道出美国政策的矛盾性：对中南半岛增加美援，同时促使法国及法国挑选的越南统治者保大，“争取民族主义者站在同一边”。他并没有提出解决这个困局的任何计划。

到了杜鲁门政府预备下台时，规避行为终于成熟并变为了正式政策。1952 年，国家安全会议的一份文件正式提出多米诺骨牌理论，认为中南半岛攸关世局安定。它认为“带有敌意的、侵略性的共产中国的存在，潜伏着中南半岛遭到军事攻击的危险”，因此甚至只要一个东南亚国家沦陷，都将导致“其余国家相当迅速地屈服于共产党，或与其站在同一边。甚至，东南亚和印度，以及长期看来的中东（至少巴基斯坦、土耳其为可能例外），也都有可能相继与共产主义站到一起”。

显然，如果这个评估吻合事实，则全面崩溃必将危及欧洲的安全与稳定，也会“极为困难去制止日本最终接纳共产主义”。国家安全会议这份备忘录并没有分析，为什么会如此兵败如山倒，一路自动雪崩，而且波及全球。它完全忽略了研究在远比中南半岛安定的马来西亚和泰国边境，建立防火线的可能性——英国领袖倾向这个主张。美国的欧洲盟国也不认同，长期下来欧洲也会有危险的看法，因此往后他们一再拒绝参与保卫中南半岛。

紧接着中南半岛正在酝酿一场大灾祸的分析之后，出现的补救方法却丝毫抓不到痒处，无济于事。由于朝鲜僵持不下，至少暂时已摧毁了美国人在亚洲又从事一场陆地作战的意愿。艾奇逊认为：“我们不能再来一场朝鲜战争，我们不能在中南半岛投入地面部队。”“在中南半岛防御中南半岛，将徒劳无功，且是人错特错。”这句含义深远的评语似乎表示了，如果中南半岛的确是全球均势的关键，如果中共的确在背后煽火，美国就必须攻打中国，至少得以海、空军力量予以攻击——这正是艾奇逊在朝鲜战场坚决反对采取的措施。这又产生了一个问题：如果法国及其中南半岛的盟友被土生土长的共产主义势力击溃，而不是因中共介入战争而失败，美国应该如何回应？如果如行政部门和国会都相信的，河内是北京的代理人，北京又是莫斯科的代理人，美国就被迫必须认真思考，在地缘政治和反殖民主义的信念之间做个选择。

战略和道德的鸿沟

我们今天已经知道，中共在赢得内战之后，立刻认为苏联是对中国独立最大的威胁，而且在历史上，越南对中国也抱持同样的恐惧心理。因此，如果共产党 1950 年在中南半岛获胜，极有可能加速他们彼此之间的敌对。这当然也会对西方国家产生挑战，只不过性质可能不像集中操控的全球大阴谋罢了。

另一方面来说，国家安全会议这份备忘录的论点，也没有日后表现的那般肤浅。即使不是集中操控的大阴谋，而就西方当时所知道的全部情报而言，骨牌理论还是有它的道理。新加坡总理李光耀见多识广，博学好思，就有这种见解。战后初期，共产主义依然具有极大的意识形态动力。共产主义的经济管理能力大破产，要再经过一个世代才展现出来。民主国家中有许多人士，尤其是新兴独立国家中更有许多人士，相信共产主义世界的工业生产必将超越资本主义世界。许多新兴独立国家的政府很脆弱，且深受内部叛乱之威胁，国家安全会议这份备忘录在草拟期间，马来亚就有一场共产党游击队发动的战争在进行中。

华府决策人士有足够的理由关切共产主义在中南半岛的得势，因为共产主义业已并吞东欧，也占领中国大陆。不论共产党扩张是否通过集中操控，它似乎有足够的势头把中南亚新兴的脆弱的国家，吸纳入反西方阵营之中。真正的问题不是东南亚若干骨牌会不会倒（这不是不可能），而是是否在该地区可能挡得住共产主义浪潮。例如，在马来亚、泰国等政治、安全因素较有把握的国家，守住阵脚。当然，国家安全会议这份政策文件的结论——如果中南半岛沦陷，甚至欧洲和日本都会相信共产主义浪潮难以阻遏，而调整立场——则太过夸张。

杜鲁门移交给艾森豪威尔的是一项每年约两亿美元（折合 1993 年币值约略超过 10 亿美元）的中南半岛军援方案，以及一个有待建立相关政策的战略理论。杜鲁门政府不必面对在美国战略理论和道德信念之间的大鸿沟，也不必面对必须在地缘政治理论和美国能力之间做选择；而艾森豪威尔必须承担处理第一个挑战的责任，肯尼迪、约翰逊和尼克松必须负责处理第二个挑战。

法国与美国陷入游击战

艾森豪威尔政府继承了美国政府对中南半岛安全的承诺，没有去质疑。它以逐步加压，促使在中南半岛进行改革来调和其战略理论和道德信念。1953 年 5 月，艾森豪威尔在宣誓就职四个月之后就力促美国驻法大使狄龙（Douglas Dillon）去促请法国委派新领袖，委之以职权在中南半岛“赢得胜利”，同时“清楚明白地公开宣布，必要时亦得一再声明，一旦反共胜利，立刻给予独立”。七月间，艾森豪威尔也对佛兰德斯（Ralph Flanders）参议员抱怨，法国政府对中南半岛独立的承诺“隐晦不明、迂回间接，并不是大胆、坦率而又一再重申”。

对法国而言，这个问题已经远超过政治改革的程度。它在中南半岛的驻军已经陷入一场挫折不断的游击战之中，这是他们从来没有过的经验。在具有固定前线的传统战中，火力占优势者就赢。相反地，游击战通常不在固定阵地交战，而且游击队往往潜伏在百姓之中。传统战是控制领地之争，游击战却是关系到人民的安全之争。由于游击队不会被拘束在防守任何特定领土上，它可以决定作战场合，甚至可以影响到双方的伤亡人数。

传统战之中，有 75% 的胜算就必然会得胜。游击战中，只有 75% 的时间能够保护人民的安全，则必败无疑。在 3/4 的领土上享有 100% 的安全，可比在全部的领土上，只有 3/4 的安全，要好得太多了。如果守方不能给人民带来近乎完全的安全，游击队迟早必会获胜。

游击战的基本公式说来简单，却不易做到：游击队员要保持不败，就会赢；传统部队却是除非获得决定性大胜，否则必会失败。僵持对立几乎从不会发生。一个国家一旦发生游击战，必须有准备这将是一场持久的斗争，游击队即使兵力大衰，仍可长期持续以打带跑的战术作战。清清楚楚胜负立决的情况非常罕见，成功的游击战通常是在一段长时期里逐渐变小。战胜游击队最著名的例子在马来亚和希腊，守军能胜利是因为游击队的外来供应源头被切断所致（马来亚是地理条件使得马共弹尽援绝；希腊是因为铁托与莫斯科决裂，使得希共失去援助）。

法军，以及十年之后重蹈其覆辙的美军，都没有掌握到游击战的精髓。两者打的都是他们了解的、受训和装备去打的典型传统战争，以清楚界定的前线互相交战。法军和美军都仰赖优势火力，想打消耗战。两者都发现这种战略产生了不利后果，因为敌军在其本国作战，可以通过耐心持久的鏖战来累坏他们，甚至在他们国内形成压力以结束战争。伤亡人数一再攀升，可是界定进展的标准一直隐晦不清。

法国比美国更快认输，因为法国投入的兵力只有日后美军投入的三分之一，可是法军要防守全越领土，美军只需防守半个越南，法军兵力实在太薄弱。法军跟十年后的美军一样因为疲于奔命而失败：当它集结兵力防守人口集中的大城，共产党就掌握了绝大部分乡村地带；当它企图出兵保护乡村地区，共产党就进攻村镇、城堡，逐一击溃。

有关越南的种种，常常搞得涉足其中的外国人彻底丧失推理能力。法国的越战很奇怪地在奠边府达到最高潮，奠边府位于偏远的越南西北隅，接近老挝边境，是个交通要冲。法国在奠边府部署精锐部队，希望诱惑共军到此地进行正式会战，却把自己陷入赢不了的局势之中。如果共军根本不予理会，法军这番部署就平白把精锐部队摆在远离任何战略意义的位置，浪费了可用之兵。如果共军决定迎战，他们唯一的动机一定是深信已有决断性胜利的把握。法国可以说等于把自己摆在了打一场无关紧要的战役或被共军击溃的位置上。

法国大大低估了敌手的强悍和智力——美国十年后也重蹈覆辙。1954年3月13日，北越在奠边府发动全面进攻，抢占了两个外围制高点。使用了中共自朝鲜战争后调来供应的大炮，法军没有预料它会有这种大炮。此后，法军残部何时认输只是时间问题。法国新政府对越战旷日持久，已不堪消耗，并且想到鏖战之后还是得在美国压力下退出中南半岛，实在不值得恋战，乃接受苏联建议，4月份在日内瓦召开中南半岛问题和会。

日内瓦和会召开在即，使得共军在军事上施压，迫使艾森豪威尔在其理论与实际可能性之间做选择。若共军能攻陷奠边府就能迫使法国把绝大部分（若非全部）的越南让给共产党。奠边府要得救，唯有靠大量增兵救援，法国却已无此资源，也缺乏此斗志。美国被迫必须决定，是否以直接军事行动来支持骨牌理论。

3月23日，法国参谋总长伊利（Paul Ely）将军访问华府，美国参谋长联席会议主席雷德福海军上将（Admiral Arthur Radford）给了他一个印象：雷德福将等建议对奠边府周遭共军阵地展开空中大轰炸——很可能包括动用核武器。然而，杜勒斯坚信集体安全体制，要思考这一步骤怎能不先做些外交基础工作。1954年3月29日，杜勒斯发表一项重大演说，实质上呼吁采取集体军事行动，拯救中南半岛以免它陷入共产阵营。他用的是反姑息主义的老说法——若不立即采取行动，日后代价将更加高昂：

> “容许共产俄国及其中共盟友的政治制度加诸东南亚国家，将对整个自由世界造成重大威胁。美国认为，不应该消极接受这种可能性，应该以联合行动面对它。这或许会涉及严重风险，但是如果我们今天不敢坚决抵抗，数年之后面对的风险势必比这些风险更大。”

杜勒斯在“联合行动”的大旗下，建议由美国、英国、法国、新西兰、澳大利亚以及中南半岛加盟国组成联军，制止共产主义在中南半岛的扩张。艾森豪威尔也参加进来力促集体行动。不过大致是要制止干预而不是鼓励各国介入。艾森豪威尔的白宫幕僚长亚当斯（Sherman Adams）形容艾森豪威尔的态度是：

“一年前，在联合国的支持下，已避免在韩国与红色中国爆发总体战，他（艾森豪威尔）不想在没有英国和其他西方盟国的支持下，于中南半岛发起另一场战争。”

艾森豪威尔让美国政治奇特的一个现象更加丰富，那些最后心机狡诈的总统却往往是最复杂难懂的总统。以这个意味来说，艾森豪威尔乃是里根的祖师爷，他以亲切和蔼的外表遮掩住非凡的纵横捭阖的技法。就和两年后他在苏伊士危机中展现的手法，以及稍后在柏林危机中的表现一样。杜勒斯的声明代表强硬路线——在奠边府之役问题上，雷德福的空袭计划或若干代替方案，就是强硬路线；艾森豪威尔的倾向几乎确定就是全力避免军事行动，他太谙熟军事事务，不会相信一次空袭就有决断性的影响，也不愿对中共采取大规模报复行动（这是官方战略）。他也不想在东南亚进行旷日持久的地面作战。甚至，艾森豪威尔对同盟外交也有丰富经验，明白联合行动非常不可能及时组成而足可挽救奠边府命运。就艾森豪威尔而言，这是一条逃脱之路，因为他宁可丢掉中南半岛，也不愿美国沾上亲殖民主义的骂名。他曾写下一段话，不过没有被列入回忆录中出版：

“美国居于反殖民主义大国中最强大的一国之地位，是它在自由世界无可计量的资产，因此，美国这个道德地位，远比东京三角洲（Tonkin Delta），甚至整个中南半岛，更值得保护。”

尽管私底下态度保留，艾森豪威尔和杜勒斯仍努力设法促成联合行动。1954 年，艾森豪威尔写了一封长信给丘吉尔（此时，丘吉尔已是最后一年担任英国首相）说：

“如果他们（法国）撑不下去，中南半岛落到共产党手中，由于整个亚洲、太平洋地区势力不变，对贵我两国全球战略地位的最终影响，势必灾祸深重。我相信，你我也都不能接受它。泰国、缅甸和印尼也很难避免落入共产党手中。这是我们承受不起的打击。共产党对马来亚、澳大利亚和新西兰的威胁将更加直接。沿岸岛链也会断裂。日本将失去非共世界的市场，也会失去食物和原料的来源，其经过一段时间的经济压力后，我们不难见到日本与共产世界达成和解，于是共产世界就能以其人力和亚洲的天然资源，与日本的工业实力结合在一起。”

然而，丘吉尔并没有被他说服，艾森豪威尔也没有进一步努力再争取他支持。丘吉尔固然致力维护美英“特殊关系”，但却是以英国本位第一。在中南半岛上只见到危险，而看不见多少利益，他不能接受骨牌会轻易逐一倾倒的推论，也不认为在一个殖民地受挫，就自动会造成全球大灾祸。丘吉尔和艾登认为防卫东南亚的最佳战场是在马来亚边境。因此丘吉尔不置可否地回答说，艾登将会向即将启程来伦敦的杜勒斯，传达英国内阁的决定。丘吉尔避免具体作答，毫无疑问地透露出，英国正在设法找理由不接受联合行动的方案。如果英国有正面答复，丘吉尔必然会亲自作答。而且，艾登不喜欢杜勒斯已经是世人皆知。在杜勒斯抵达伦敦以前，艾登已经“认为期待对未战败的敌人要求他接受胜利者提出的条件，乃是不切实际的想法”。

4 月 26 日，丘吉尔亲自对在伦敦访问的雷德福，表达他的保留态度。根据官方记录，丘吉尔警告“在边缘地带爆发战争，俄国人在那里很强大，可以动员民族主义及被压迫人民的热情起而作战”。的确，英国人没有理由介入丘吉尔笔下这样的战争：

“英国人不会轻易受到在遥远的东南亚丛林中的事件的影响；但是他们却晓得美国在东英吉利亚（East Anglia）有一个强大基地，而且与中国交战，中国将引用《中苏条约》要求苏联介入，可能就意味着英伦三岛将遭到氢弹攻击。”

总而言之，这样的战争将使这位老战士在担任首相最后一年任期内的大梦幻灭——他的大梦就是与后斯大林时期的苏联领导阶层，安排召开高峰会谈，这项会谈可以使“俄国人深切明白西方的实力，也让他们了解战争的愚蠢”（详见本书第二十章）。到了此时，时机一过，不管英国有何决定，联合行动已经救不了奠边府。5 月 7 日，各国外交官犹在日内瓦讨论中南半岛的问题时，奠边府沦陷了。每当号召采取集体安全措施，屡试不爽的是：联合行动变成毫无动作的先声。

辩论是否在奠边府介入，显示出美国的越南政策开始出现混淆，以及调和地缘政治的分析、战略理论和道德信念，越来越困难。如果共产党在中南半岛得胜就会造成日本到印尼一系列骨牌相继倒塌的说法，果真像艾森豪威尔在致丘吉尔的长信以及 4 月 7 日在记者会中所预测那样，就应该不管其他国家反应如何，必须划定界线，尤其是因为各国参加联合行动的军事贡献大体上也只具象征意义而已。虽然最好是采取集体行动，但是如果全球均势受到危害，亟待保卫，还能以集体行动做先决条件才有所举措吗？另一方面，大致在政府试图号召集体行动之同时，也把军事理论改成“大规模报复”。建议针对侵略的源头进击，在实务上而言就是表示，为中南半岛而战将转向以中共为对象作战。可是要对一个只有间接参与越战的国家发动空袭，实在缺乏道德或政治基础，而且丘吉尔对雷德福也明确正告，这场战争太周边、太危险，在西方舆论中不可能获得长期的支持。

毫无疑问，后斯大林时期的克里姆林宫苏联领导阶层，在他们第一年掌权时是极不愿意为了中国，去和美国正面为敌的。然而，由于美国军事领袖不能具体指出对中共大规模报复（或甚至就只在中南半岛上大规模报复），究竟目标如何、会有何种后果，加上中南半岛的独立还只在计划阶段，因此要干预的确缺乏实质基础。艾森豪威尔很聪明地按兵不动，等到各种不同方法能取得调和观点。不幸的是，十年之后，调和观点还未出现，可是美国却忽略了这项任务的艰巨，自信心十足地挑起法国惨败而丢下的重担。

由于苏联和中共都怕美国介入，艾森豪威尔和杜勒斯在外交姿态上摆出威胁，使得日内瓦会谈的结果表面上比军事作战能得到的结果理想。

1954 年 7 月的《日内瓦协议》，把越南自北纬 17 度分为南、北两部分。为了开启统一的大道，两越分治被形容为不是“政治边界”，而是在举行国际监督的大选之前，方便各方集结其军力的一种行政安排。两年之内将举行大选投票；所有的外国军队在 300 天内全都退出中南半岛三国；外国基地及与他国结盟均在禁止之列。

然而，把这些规定条文分类后，给人一个错误印象，仿佛《日内瓦协议》很正式，很严谨。事实上，协议的不同部分都有许多签字人，可是却没有订约当事人，因此也没有所谓“集体义务”。尼克松日后形容这个大杂烩是：“九个国家出席会议，弄出六份片面宣言，三份双边停火协定，以及一份未经签字的宣言。”

整个协议加起来就是，终止交战、南北越分治、政治结果留待未来解决。业余分析家往往举这类协议含糊不清为例，指责它令人混淆，也显示出谈判代表庸碌——这种指责日后也加在 1973 年的《巴黎和平协议》上。然而，在绝大部分时间里，类似《日内瓦协议》的含糊文件才反映出真实面貌——它们把可能解决的问题先解决，完全知道日后的改良需有待新形势发展。有时候又爆发冲突，迫使双方检讨其作为。

1954 年出现了令人不安的僵持局面，每一方都没办法打破它。苏联因斯大林辞世不久，尚无心与西方冲突对峙，而且它在东南亚也没有太多国家利益可言。中共在朝鲜战争结束不到一年的情形下，尤其鉴于美国提出大规模报复的理论，生怕与美国再次交战。法国则正逐步退出东南亚。美国则战略与民意支持两缺，不敢介入。越南共产党实力亦不够强大到不需要外来补给支援就能持续作战的地步。

在此同时，日内瓦会议获得的协议并未改变主要人物的基本观点。艾森豪威尔政府没有改变它的中南半岛是亚洲均势、甚至全球均势之关键的信念，它也没有永久放弃军事干预的念头，只是不肯站在殖民主义的法国这边去干预。北越领袖也没有放弃他们已奋战 20 年、追求以共产主义统治统一全中南半岛的目标。苏联新领导阶层继续扬言要致力于国际阶级斗争。以理论而言，中共是共产主义国家中最激进的一员，不过数十年后我们明白，她通常通过其国家利益的三棱镜去过滤其意识形态信念。中共鉴于国家利益的考虑，对于在其南方出现一个强大势力（即使是个共产国家），也是五味杂陈，因为中南半岛一旦统一在共产统治之下，必然导致一个大国出现在其南侧。

杜勒斯很有技巧地穿过这片丛林。几乎可以说是必然的，他赞同军事干预，摧毁共产主义，甚至挥师北伐。例如，1954 年 4 月 13 日，他表述：唯一的“满意的”结果是，共产党全部撤出中南半岛。然而，他发现在日内瓦会议的唯一可能结果是，让共产党在北越统治有合法味道，而这样做，共产党势力势必扩张遍及中南半岛。杜勒斯仿佛是个清教徒走进恶名昭彰的邪恶地方，力图建构一个解决方法，“虽然我们必然会作呕”，却也可以“不会被法国殖民主义玷污”。美国介入越南的过程中，首次，战略分析与道德信念合而为一。杜勒斯把美国的目标界定为协助“达成决定，俾使该地区国家可以在稳定、自由的政府治下，和平地享有领土完整和政治独立，并有机会扩展其经济”。

即时的困难当然是美国拒绝正式出席日内瓦会议。她试图出席，又必须刻意缺席——要足以在现场维护其原则，又必须躲到一边，避免国内谴责她不得不放弃若干原则。美国在一项闭会声明中充分表露她的含糊，她宣称美国“注意到”（takes note）这些最后的宣言，并且将“抑制不以威胁或使用武力去干扰它们”。这份声明同时提出警告说：“美国将严正关切违背上述协议而重启之侵略行为，视之为严重威胁国际和平与安全的行为。”我在外交史上从未见过这样的例子：一个国家在声言保障上拒绝签字，且又表达强烈保留态度的协定！

物色越南领袖

杜勒斯未能阻止共产党在北越巩固权力，但是他希望能防止骨牌在中南半岛其余地方倾倒。面对着他和艾森豪威尔视为孪生邪恶的殖民主义和共产主义，现在他已抛弃掉法国殖民主义，可以放手集中力量遏制共产主义了。他认为日内瓦会议的好处是，建立一个政治架构使得美国的政治和军事目标取得一致立场，并且也提供了整个法律基础可以抵抗共产党继续活动。

共产党方面此时忙着在北纬17度线以北建立政府系统。他们以一贯的残暴手段建政，起码杀害5万人，另有10万人被关进集中营。大约8万至10万名游击队员回到北越，另有100万名北越居民逃到南越，美国在他们当中物色到吴庭艳，预备培养他做领袖。身为一个民族主义老战士，吴庭艳的纪录无懈可击；不幸的是，对民主的坚贞却不是他的长处。

艾森豪威尔1954年明智地决定不介入越南，乃是战术决定而非战略决定。日内瓦会议之后，他和杜勒斯依然深信中南半岛的战略重要性至关紧要。中南半岛慢慢安静下来，杜勒斯又重拾当年稍早的集体安全架构方案，加以修正。东南亚条约组织（Southeast Asian Treaty Organization）于1954年9月成立，除了美国之外，会员国还有巴基斯坦、菲律宾、泰国、澳大利亚、新西兰、英国和法国。但它缺乏共同的政治目标或相互支持的方式。的确，没参加东南亚条约组织的国家，反倒比其会员国重要。印度、印尼、缅甸和马来亚宁愿保持中立以谋求安全。而《日内瓦协议》又禁止中南半岛三国加入它。至于美国的欧洲盟国，法国和英国不可能代表它们最近才被迫退出的地区去冒矢石之险。法国之所以加入东南亚条约组织几乎可以肯定是为了得到否决权，以防美国可能草率决定危及其利益；英国的程度较小，大体亦出于同样的想法而加入东约组织。

东南亚条约组织规定的正式义务相当模糊。它要求签约国依“宪政程序”应付“共同危险”，可是并未建立界定共同危险的标准，也没有像北大西洋公约组织一样，建立共同行动的机制。不过，东约组织提供了一个法律架构去保卫中南半岛，已经吻合杜勒斯的目的。这也就是非常奇怪的，东南亚条约组织对共产党侵略中南半岛三国——依照《日内瓦协议》不得加入——规定非常明确，对共产党侵犯签约国的规定却一笔带过的原因。另外一份文件指出对老挝、柬埔寨和南越的威胁，乃是不利于签约国和平与安全的行为，实质上提供了对此三国的片面担保。

现在就看中南半岛的新国家，尤其是南越，能否成为全面运作的国家了。她们中没有一个曾在其现有领土范围内，以一个政治实体有效统治过。顺化是越南旧皇城。法国把越南分为东京、安南和交趾支那三区，分别以河内、顺化和西贡为首府。西贡周遭和湄公河三角洲地区晚近才由越南人垦殖，大约是在19世纪法国人抵达之同时。既有的权力架构是由法国人培训的公务员以及秘密会社组成。这些秘密会社有些具有宗教色彩，但全部以欺凌百姓来维持组织发展和半独立地位。

吴庭艳的父亲曾经是顺化旧皇室的一名官员。吴庭艳本身在天主教学校受教育，曾经有一段时候供职于河内的殖民政府，但是法国人拒绝实施他建议的若干改革措施，他就挂冠辞职。此后20年，吴庭艳退隐在家乡治学，或出国流亡（绝大部分时间是在美国）。日本人、共产党和法国支持的越南领袖屡次邀他出任公职，他都拒绝。

所谓自由运动的领袖基本上都不具备民主的性格，他们在流亡或坐牢期间能够坚毅地生存下去，都因心怀远志，他日一旦掌权将要如何如何改造。谦卑很少是他们的特质，因为如果他们谦逊自抑，也就不会成为革命党人，建立一个领袖能够更迭的政府（民主政治的本质），令他们绝大多数难以接受。独立斗争的领袖要当英雄，而英雄通常都不好相处。

吴庭艳的人格特质亦深受越南的儒家政治传统的影响。民主思想视真理由理念冲突相激相异而产生，儒家思想却大不相同，认为真理是客观存在，只有借由勤勉研究和教育才能洞烛真理，而只有少数人才够格受教育。儒家探索真理时，并不把冲突的理念视为同样有价值。由于真理只有一个，不是真理就没有地位，或者必须通过竞争增强地位。儒家思想本质上讲究阶级差序、重视精英，强调对家庭忠诚、尊重体制和权威。受到儒家思想影响的社会，还没有任何一个已建立顺利运作的多元制度（20世纪90年代的台湾已经最接近多元体制了）。

1954年的南越，尚无建国的基础，更谈不上建立民主体制。可是，美国的战略评估和它相信南越必须以民主改革加以挽救，这两者都没有思考到这些现实状况。艾森豪威尔政府本着真诚热心，一马当先挑起保卫南越、抵抗共党侵略的担子，也承担起南越建国重任，想使文化与美国迥异的这个社会能维护它新获得的独立，也能实行美式自由民主。

杜勒斯力主全力支持吴庭艳，因为他是“唯一找得到的良驹”。1954年10月，杜勒斯致函吴庭艳，爽快地保证提供援助，条件是南越“在执行必需的改革时应有合乎标准的表现”。美援将与独立的南越“结合在一起”，而南越“要建立强大的政府，合乎其人民的民族主义盼望”，也能得到国内及国际的尊敬。

有一段时间内，似乎事事推进顺利。艾森豪威尔政府交卸之时，美国授予南越的援助已经超过10亿美元；南越亦驻有1500名美国人；西贡的美国大使馆成为全球最大的使馆之一；美军顾问团人数高达692人，亦超过《日内瓦协议》规定的外国军事人员之上限。

吴庭艳在美国庞大的情报机关支援下，扫平了秘密会社，稳定了经济，并设法建立中央管控——这些出人意表的成就，深获美国人嘉许。美国参议员曼斯菲尔德（Mike Mansfield）1955年访问南越之后，认为吴庭艳代表了“真正的民族主义”，并“重举自由失落的大旗，赋予新生命”。还未出任总统的约翰·肯尼迪参议员也支持美国的越南政策以安全与民主为两大支柱，他形容越南不仅是东南亚安全“巨拱的基石”，也是“亚洲民主的试验场”。

复杂无解的越南问题

情势发展很快就显示，美国只不过是在共产党压力的空档期略有成绩罢了，并没有获得永久性的成就。美国人认定他们自己特殊品牌的民主体制已足可出口，却被证明有误。在西方，政治多元主义在团结的社会中兴盛，它长久具备强烈的社会共识，能够容忍不威胁国家生存的反对意见。但是在一个尚待建立的国家中，反对派可能会威胁到国家的存在，尤其是当它没有一个市民社会（civil society）并提供安全网之时。在这种环境下，经常极易有强烈的诱惑，把反对党等同为叛逆。

这些倾向在游击战争中更被扩大。游击队的策略就是系统地破坏统治机构设法建树的任何作为。在越南，游击队最初的目标是阻止稳定、合法的机构巩固基础。他们最乐于攻讦最糟的和最优异的政府官员。他们攻击糟的官员是以“惩治”贪污、欺压良民的官吏做号召，争取民心；他们之所以攻讦最优秀的官员，因为这是阻止政府获得合法地位、阻碍有效率的治国服务的最佳办法。

1960年以前，每年南越有2500名左右的官员遭到暗杀，当然只有少数高度积极任事的官员，以及多数贪官污吏有这种杀身之险。在建设国家与制造混乱、在民主与高压的竞争中，游击队占了极大便宜。即使吴庭艳是美式模范改革者，在容许改革有所建树所需的时间，以及制造混乱所需的时间，这两者并不平等的竞赛中，他能否得胜也是个大问题。即使南越没有陷于游击战争旋涡，吴庭艳也未必是个更加民主的领袖。他以儒教统治家自居，以德治国，不是以争取共识治国，并且是以成败与否达致合法地位——所谓天命——吴庭艳本能地从合法反对党的观念面前退却畏缩，就跟由北京到新加坡所有华人作风的统治者，以及几乎东南亚所有的领袖在面临国内并不算严重的困难时的作风如出一辙。有一段时间，吴庭艳在国家建设上的成就遮掩了民主改革的蹒跚进度。然而，当南越内部的安全日益恶化，美国价值和南越传统之间潜在的冲突，必会趋于深刻。

尽管美国资助建立起了南越军队，但安全局势却日趋恶化。美国军方也跟美国政治改革者一样，受到自信十足的信念鼓舞。他们都深信，已经替这个地理、文化俱与美国有相当距离的苦难国家，找到了绝对错不了的补救秘方。他们努力建立一支美式的南越军队。美国武装部队是以在欧洲作战为建军思想，他们在发展中国家作战唯一的经验是朝鲜战争，而在朝鲜战场上，美军面对的是一支越过国际承认的分界线入侵的传统式部队，美军大体上是在支持美国人的民众中间执行作战任务，这种情势非常像军事规划家预测欧洲会发生的情势。但是到了越南，战争没有界定好的前线，敌人由线内供应给养，不需要防守任何要地，可以任意选择攻击对象；他可以立刻四处放火，也可以瞬时无影无踪。

美军顾问团一到越南，就开始运用熟悉的作战方式：依赖火力、机动力和机械化优势打消耗战。这些方法在越南统统派不上用场。美国训练的南越部队立刻陷入法国远征军十年前同样的境地。消耗战最有效是用于对付一个别无选择、非得防守要地的敌人。但是游击队罕有非得据守不可的要地，机械化和师级建制，使得南越军队在其国家的作战上，毫无作用。

美国介入越南事务的早期阶段，游击战犹在婴儿期，军事问题还不是最主要的问题，因此看来似乎局势有了真正的进展。一直到艾森豪威尔执政进入尾声，河内才升级游击战，不过仍然还要经过一段时间，北越才建立起足可供应打大规模游击战的后勤体系。为了完成补给线，北越进犯和平、中立的小国老挝，取道老挝，建立了一条胡志明小道。

艾森豪威尔即将卸职时，事实上老挝是他最关切的问题。他在回忆录《追求和平》(Waging Peace) 中，形容老挝是骨牌理论的关键：

> "老挝若是陷入共产党手中，可能造成其仍然自由的邻国柬埔寨和南越的相继沦陷，甚至泰国和缅甸也可能不保，犹如一排骨牌纷纷倒塌。这样的连锁事件将替共产党夺取整个东南亚打开通路。"

艾森豪威尔认为老挝的独立攸关紧要，他打算"有没有盟国参加都得一战"。在 1961 年 1 月权力移交给肯尼迪的过渡期间，艾森豪威尔给肯尼迪最具体明确的一项建议，就是保卫老挝。

美国政府移交易人之际，美国介入中南半岛的层次和性质，还没有拿全球可信度冒险至无可挽回的程度。美国的作为仍与地区安全目标有关联，其作为还没有深刻到必须辩护，以强调自己合理化的地步。

骨牌理论已经为一般人接纳，很少受挑战。但是就和威尔逊主义一样，骨牌理论不区分任何国家。一概纳入，也未必全然错误。越南所呈现的真正问题，不是应否在亚洲抵抗共产主义扩张，而是北纬 17 度线是否为恰当的地点；不是如果南越骨牌倒下，中南半岛将会如何，而是是否能在其他地方（譬如马来亚边界）布下另一道防线。

这个问题从来没有被摆在地缘政治角度加以仔细检讨。慕尼黑已经成为那一代美国领袖的重大教训，退却被认为将加剧困难，而且在道德上有所亏欠。艾森豪威尔在 1959 年辩解美国何以介入越南，就是以此为理由："我们本身的国家利益就需要我们协力维持越南的士气、经济进展和军事力量，俾能使它继续存在于自由阵营内。……继续忽视这些问题的代价，远大于今天我们必须承担的代价——的确超过我们能经受得起的程度。"

美国传统讲究一视同仁，无分畛域，不允许美国以战略衡量而对潜在可能的受害人有所偏袒。领袖吁求国民无私投入，是因为他们诚心相信，他们为维护原则而保卫某个国家的可能性，大于基于美国国家利益而战。

选择越南作为界限，抵抗共产主义扩张行为，不准他们越轨，使美国必然要面对严重的两难困境。如果政治改革是击败游击队的良计，游击队势力滋长是否表示美国的方法未正确运用，或者这些方案没有切中要害？如果越南果真如几乎全部美国领袖所认定的，事关全球均势，这难道不代表地缘政治的需要最后将超越一切，迫使美国接手离家 12000 英里的这场战争？这些问题的答案，得待艾森豪威尔的继任人肯尼迪、约翰逊两人提供。

第二十六章

越南：走向绝望，肯尼迪与约翰逊

林登·B. 约翰逊，1965 年 12 月

处理越南问题

肯尼迪成为第三位必须处理中南半岛问题的美国总统，他继承了一组久已存在的政策前提。肯尼迪与其前任一样，认为越南是美国整体地缘政治地位中关键的一个环节。他和杜鲁门、艾森豪威尔都相信，阻止共产党在越南获胜是美国的重大利益问题。他也和其前任看法一致，认为河内的共产党领导阶层乃是克里姆林宫的代理人。一言以蔽之，他认同前两任政府的见解，认为保卫南越事关全球遏制的全盘战略。

虽然肯尼迪的越南政策在许多方面延续了艾森豪威尔的做法，可谓“艾规肯随”，但是还是存有重大差别。艾森豪威尔看待越战是从军人立场出发——这是北越和南越这两个明确实体之间的战争。肯尼迪却认为，越共攻击南越并不太像一场传统战争，倒有几分像是以游击战形式从事的准内战。肯尼迪偏好的解决方案是：美国把南越建立成社会、政治、经济和军事上均能独立担当的国家，让她能击败游击队，又不必让美国牺牲子弟的性命。

同时，肯尼迪也以更乐观的心情来解读军事方面的冲突。艾森豪威尔以传统战的眼光看越南受到的军事威胁，肯尼迪却相信美苏之间的核武力已旗鼓相当（事后证明这是过于早熟的评估），套用他的国防部长麦克纳马拉的话来说，这使得全面战争“不堪设想”。美国政府相信加强军力部署可以消除共产党从事朝鲜战争式有限战争的机会。通过逐项剔除法，美国认为游击战是未来的新浪潮，对抗游击战是对美国遏制共产主义能力的最大考验。

1961 年 1 月 6 日，距肯尼迪总统宣誓就职日还有两星期，赫鲁晓夫扬言“民族解放战争”是“神圣”战争，苏联坚决支持它们。肯尼迪的“新边疆”（New Frontier）政纲把苏联这席话当成是对美国盼望与发展中世界增进关系的公开叫阵。今天，赫鲁晓夫这篇谈话被普遍认为主要针对北京的意识形态对手而发，因为北京一再抨击他对列宁主义不敬，已经第三度延长对柏林最后通牒的最后时限，也经常对核战表达保留意见。然而，当时的肯尼迪在 1961 年 1 月 31 日第一次提出国情咨文报告时，把赫鲁晓夫的谈话视为证明苏联和中共“有野心称霸世界——这个野心他们不久前才强烈重申过”。

1965 年 9 月，约翰逊政府对中共也发生了解读错误的现象，当时中共国防部长林彪倡导“人民战争”，主张在第三世界煽动革命，“包围”世界上各大重要工业国家。约翰逊政府把这番话解读为，中共示意将介入越南局势，却忽略了林彪的下文，他强调各国革命党需要自立自强。毛泽东亦另外评论说，中共军队不会出国作战，也强烈暗示中国不打算再次介入共产党的解放战争。这显示朝鲜战争的双方当事国都学到了同一课，他们决心不再重蹈覆辙。

肯尼迪和约翰逊政府对共产党谈话的解读，使得越南战争不再被当做冷战中多场战役里的一场。就新边疆而言，越南战争乃是决定性的一役，它将判别游击战可否制止、冷战能否胜利。肯尼迪把这项冲突解读为共产阵营有计划的全球阴谋之行动，使得他认定必须在东南亚站稳脚步，重振他在 1961 年 6 月维也纳高峰会议遭到赫鲁晓夫诟骂所失去的可信度。他告诉《纽约时报》资深专栏作家赖斯顿（James Reston）说：

> “现在我们的问题是要让别人信服我们的力量，越南似乎是个理想的地方。”

就跟古典悲剧里，英雄被一些无意中的事件不知不觉地牵引步上命运之路一样，肯尼迪政府因着他的前任回避的一项危机——老挝的未来——被扯进越南局势。没有人比温和的、爱好和平的老挝人更冤枉，他们不该遭到此飞来横祸。老挝东侧与越南为邻，崇山峻岭，西侧则以宽阔的湄公河与泰国隔河相望。老挝人民对好斗的邻人别无所求，只盼别来干扰他们平静的生活。然而，北越焉能让他们如愿？河内在1959年于南越境内发动游击战，对老挝的压力亦无可避免地大为增强。如果河内企图通过越南领土给在南越的游击队提供补给，它就必须穿过沿着北纬17度线划分越南的、宽约40英里的所谓“非军事区”（Demilitarized Zone）。这段距离很可能被南越部队在美国援助下封锁住。否则，北越就必须以有组织的军事单位，跨过北纬17度线发动攻击，而这几乎必然会激怒美国，甚至招致东南亚条约组织的干预——这是河内在1972年之前极力回避的风险，到此时越战已进入尾声。

河内以整个越战时期一向的冷静逻辑思考，认定借道中立的老挝、柬埔寨，渗透进入南越，比起公然挥师跨过北纬17度线，遭遇的国际阻力要小得多。即使老挝和柬埔寨的中立受到1954年的《日内瓦协议》的保障，也受到东南亚条约组织重申保障，但河内的判断并没有受影响而动摇。事实上，它并吞了主权国家老挝的部分领土，在老挝和柬埔寨建立基地，也没有遭到国际社会太大的反对。世界舆论竟然接纳了河内的歪理：美国和南越亟欲阻止北越在中立国家建立渗透网络，却被谴责是“扩大”战争的恶徒。

老挝的狭长地带丛林密布，提供给北越一条通道，沿着南越与老挝、柬埔寨绵延650英里的边境，直入南越。1959年北越有6000多人的部队开进老挝，表面任务是支援老挝共产党的“爱国战线”（Pathet Lao）。爱国战线是1954年《日内瓦协议》后，河内沿着北越、老挝边境，埋伏在老挝东北省份的一支游击武力。

作为军人，艾森豪威尔了解防卫南越必须始于老挝。他在移交过渡时期明确地告诉肯尼迪，他打算干预老挝局势，必要时不惜单方面行动。肯尼迪有关老挝局势的第一个声明，与艾森豪威尔推荐的立场一致。1961年3月23日，他在记者会上提出警告说：“如果老挝失去其中立、独立地位，整个东南亚的安全将受到波及。她的安全与我们大家的安全相辅相成——在于大家尊重其真正中立。”然而，就在五天之后提出其新的国防政策时，肯尼迪坚称：“今天世界面临的基本问题，不是轻易就能以军事加以解决的。”虽然不是完全不合于防卫老挝的决定，这份声明也确实没有响亮号召采取军事行动。河内绝对不会有幻想，它深知这是战争，要用尽一切手段去赢得战争。肯尼迪的立场就比较含糊不清，他希望通过政治手段能够遏制住共产主义，如果可能，也不妨妥协。

1961 年 4 月，受到古巴猪湾事件的震撼，肯尼迪决定不介入老挝局势，改以谈判来维护老挝的中立。一旦美国干预的大患去除，就中立而进行谈判必然让河内气势更涨。事实上这已是河内第二次推销老挝的中立，它早在 1954 年的日内瓦和会上已经承诺要尊重老挝的中立地位。

北越一方面开发日后称为胡志明小道的后勤运补网络，一方面拖延谈判整整一年。后来，肯尼迪在 1962 年 5 月派陆战队进驻毗邻老挝的泰国。这使得谈判迅速达成结论：所有的外国部队和顾问，都必须通过国际检查哨撤出老挝。泰国、美国顾问个个按照日程表撤出；至于进入老挝的 6000 多名北越军事人员，只有 40 人（没错，就是 40 人）通过国际检查哨撤离。其余的人呢？河内厚着脸皮根本不承认有这些人进入老挝！通往南越的大路现在彻底开放了。

艾森豪威尔的见解此刻被证明的确高明。如果中南半岛的确一如华府领袖十多年来所声称的，是美国在太平洋安全的基石，则老挝比越南更适合来保卫中南半岛——它的确可能是唯一能守住中南半岛的地方。即使老挝是个偏远的内陆国家，但北越人作为受畏惧、被仇恨的外国人，无法在老挝领土内进行游击战。美国可以在老挝打一场美军受训过的、精准的传统战争，泰国部队也几乎必然会支援美国。面临这种可能的状况，北越或许会撤退，静待另一个更有利的时机发动全面战争。

然而，这么冷静的战略分析在大体上以意识形态来衡量的冲突中，被认为并不适合（我在当时也持这样的见解）。十年来，美国领袖一再主张防守越南，因为它代表亚洲防卫观念中的一个重要因素；突然间修正此一战略，而认为一个偏远、落后的山地王国是骨牌理论的关键，可能扰乱国内的共识。

基于上述种种理由，肯尼迪和其策士认为，必须力守南越以保卫中南半岛，因为共产党在南越肆行侵略。虽然这对美国人而言还有意义，但却没顾到这项任务已注定在军事上无法达成。因为不仅通过老挝的补给线畅通无阻，而且柬埔寨那位机智、善变的统治者西哈努克亲王默许共产党沿着柬埔寨和南越的边境建立基地。这一来又替美国人制造了一个两难局面：如果听任柬埔寨境内共产党基地存在，北越就可以进攻南越，然后退到安全地带休整，使得南越保卫战无从打起；如果攻击这些基地，南越和其盟国又会被人谴责，指为对“中立”国家进行“侵略”。

因为柏林危机，肯尼迪不愿在老挝——这个处在中国边境并且不为哪怕百分之一的美国人所知道的国家作战，乃是可以理解的。但彻底放弃中南半岛的替代方案，则从来未列入考虑范围。肯尼迪不愿意去转变十年来两党已有共识的承诺，尤其是在猪湾事件后。撤退也代表着美国承认制服共产党游击战新战略的努力彻底失败。最重要的是，肯尼迪深信他得到的建议是对的，即美国的协助能让南越军力击败共产党游击队。在那个年代，两党领袖没有任何人料想到美国正在走向泥淖，难以自拔。

肯尼迪关于中南半岛局势的公开言论中有一个从未放弃的思想：单凭武力不足以遏阻共产主义；美国的反共盟友必须建立政治基础，始有胜算：

> “制止共产主义南进，固然有道理，却不能仅凭武器的力量。应在这些地区建立强大的本土的反共心理，并且依赖它作为防卫先锋，而不是仰仗拉特里将军（法国中南半岛总司令）（General de Lattre）的兵团。”

1954 年 4 月，杜勒斯奔走号召联合行动以拯救奠边府之际，肯尼迪在参议院发言，只要中南半岛仍是法国殖民地，他就反对美国介入。1956 年，法国已退出，南越亦获致独立，肯尼迪终能加入当时盛行的正统主张：“这是我们的产物——我们不能放弃它。”在同一时候，他重申这项冲突不只是军事性质，也是政治、道德的挑战，“在那认为自由企业和资本主义毫无意义的国家，在那敌人不是隔着北纬17度线的凶顽，而是人们身在其中的贫穷与饥馑的国家，我们必须提供给他们的是一场革命——一场远胜过共产党能供给的，政治、经济和社会的革命。”受到考验的不仅是美国的可信度：

“如果这场革命在威胁其存在的种种灾祸，如共产主义、政治混乱、贫穷等之前失败，美国就难辞其咎，我们在亚洲的声誉将跌入新低点。”

肯尼迪似乎是说，秘诀在于让受害人不要向侵略卑躬屈膝，这个办法中流行着一个在过去的外交词汇里没见过，但是今天还在使用的新观念——“国家建设”的观念。肯尼迪偏好的策略是强化南越，让他们自己能够抵抗共产党。这项策略强调民间行动和内政改革；也把官方论调修正为，是美国声誉和可信度，而未必是美国的安全，在越南受到考验。

每一届新政府在必须处理中南半岛问题时，似乎都越来越深陷泥淖。杜鲁门和艾森豪威尔建立军事援助计划；肯尼迪强调改革，导致美国越来越深涉南越的内部政治。问题是，改革和国家建设，在南越将需数十年始能开花结果。20世纪40年代和50年代，美国对于具有悠久政治传统的欧洲古国，提供马歇尔计划进行经济援助，借由北大西洋公约组织军事同盟，予以补强。但是越南是个全新的国家，没有既有体制可为凭借去建国。两难局势的焦点变成：美国拟在南越引进稳定民主政治的政治目标，未能及时达成，便转为去遏阻游击队得胜，后者乃是美国的军事目标。美国势必得对其政治目标或军事目标，择一加以修正。

肯尼迪就职之时，南越境内游击战的激烈程度已足以阻碍吴庭艳政府的巩固，但是未达到令人怀疑它能否支撑下去的地步。游击活动似乎进入稳定时期，使得肯尼迪政府有了幻觉，认为稍微加把劲，就能获致完全胜利。然而，这短暂的平静期，主要是因为河内忙着在老挝建立基地，它只是暴风雨前的宁静。一旦打开借道老挝的新补给线，南越境内的游击战争又再次加剧，美国的两难局面也越来越无可救药。

肯尼迪政府陷入越南泥淖可谓始于1961年5月，副总统约翰逊衔命率团访问西贡，以便“评估”局势。这种代表团必定传递出信号，使外人相信决策已拍板定案。没有一位副总统能在两到三天的访问行程里，就能够针对纠缠十多年的游击战做出独立的评断。虽然他通常能够广泛接触情报和使馆报告电文（视总统决定给他多大空间而定），但是他没有足够的幕僚从事广泛分析，更没有幕僚能够跟踪后续发展。副总统出国访问通常是用来提升美国的声望，或对业已达成的决定提供可信度。

约翰逊的越南行是这些规则可以编入教科书的范例。肯尼迪总统在宣布约翰逊即将访问南越之前，先会晤参议院外交关系委员会主席富布赖特（J William Fulbright）参议员，暗示美军可能必须派驻越南和泰国。富布赖特答应，若是相关国家本身要求援助，他一定支持。富布赖特的答复是典型的美国式反对。若是黎塞留、帕麦斯顿或俾斯麦，就会问这项措施吻合何种国家利益；而富布赖特却只关心美国的法律立场和道德立场。

就在约翰逊出发之同时，国家安全会议在5月11日有一份指令，确认制止共产党统治南越为美国的国家目标。美国的策略是通过军事、政治、经济、心理和秘密行动，“在该国建立一个亲民主并且日益民主的社会”，策略由遏制变成了建国。

约翰逊报告说，中南半岛最大的危险不是共产党的挑衅（他没有举出理由说明，只说是“短暂”现象），而是饥馑、无知、贫穷与疫病。约翰逊评价吴庭艳是可敬之人，却与人民“颇有隔阂”；他说，美国的唯一选择就是支持吴庭艳，否则只有撤出南越。美国若是迅速、果断动作，南越就有救。约翰逊并没有说明，何以美国能在对付游击战争的同一时段里，也可以扑灭饥馑、贫穷和疫病。

既然宣布了原则，肯尼迪政府接下来就得制定政策。然而，此后三个月它却忙着处理柏林危机。到了1961年秋天，当它有暇处理南越问题时，当地的安全局势已经恶化到唯有美国军力以某种形式介入才能缓和的地步。

肯尼迪总统的军事顾问泰勒（Maxwell Taylor）将军和国务院政策计划处处长罗斯托（Walt Rostow）衔命到越南考察，研订妥当政策。泰勒和罗斯托都和约翰逊不同，他们是肯尼迪的亲信顾问；但是他们和约翰逊一样，在他们还没由华府出发之前，对美国的越南政策已有定见。他们的真正任务是判定美国应以何种方式、何种规模，增加介入越南的程度。

旷日持久，胜负难决

后来，泰勒和罗斯托建议，在越南各层级的政府机关大规模扩增美国顾问的数量。美国即将派出一支 8000 人的所谓军事后勤部队，表面上的任务是协助修建湄公河防洪工程，实际上却配备了充足的战斗补给可以自卫；他们亦建议大量增加文职顾问人数。

这项结果事实上乃是两派意见的折中，一派是肯尼迪政府中的人士力主美国参与越南事务仅局限于扮演顾问角色，另一派则赞同立刻派出作战部队。后者对于美国作战部队的任务究竟应如何，却又莫衷一是，亦完全低估了问题的严重性。国防部代理助理部长威廉・邦迪（William Bundy）估计，如果照参谋长联席会议之建议，投入 4 万人的作战部队，则有七成把握“掌握事态发展”。由于游击战是非胜即败，根本不存在胜与败之间的中途点，“掌握事态发展”当然只是迟滞大混乱，并且是以美国的全球可信度赌博。邦迪亦颇有先见之明地补充，他所谓的三成失败机会，其后果可能与法国在 1954 年所示的败绩相似。在此同时，国防部长麦克纳马拉和参谋长联席会议估计，如果河内和北京公然介入，则需要动用 205000 名的美军才有胜算。事后证明，单是对付河内介入，美国最后投入的兵力就不止两倍于这个数字。

官僚体系的折中妥协通常反映了下意识地希望能发生某些因素，使得问题自己解决。但是在越南这个个案上，却没有可信服的基础去抱持类似希望。官方估计低者是投入 4 万人的兵力才能保持对峙之局，高者需派出 205000 人的兵力才会获胜，肯尼迪政府于是把投入八千人的部队当做杯水车薪、无济于事，或者是美国大举介入的第一期付款而已。虽然说有七成把握“掌握事态发展”听来很诱人，可是也必须拿来与一旦失败，可能遭到法国曾蒙受的败绩会对全球均势有何冲突，做个比较评估。

由于肯尼迪并未改变他的评估意见，整个动向朝着追加兵力投入的方向走。1961 年 11 月 14 日，他对幕僚提到，美国对共产党“侵略”的反应，必须“在铁幕两侧检验，……以衡量政府的意图和决心”。如果美国选谈判而非增兵，它可能“事实上被判定为比在处理老挝局势时更加软弱”。他拒绝鲍尔斯（Chester Bowles）和哈里曼（Averell Harriman）所提的通过“谈判”以执行 1954 年《日内瓦协议》的建议，认为这只是放弃在南越进行努力的委婉说辞罢了。

如果不肯谈判，而且增兵又势在必行，要避免不断增援南越，唯有由河内让步。然而，即使为了让河内后退，美方还是需要一次大举增兵，而不是每次略加一点。美国此刻还不能痛下决心，要么就全面投入，否则就撤退，最危险的路线就是逐步升高介入程度。

不幸，当时流行的做法就是逐步升高介入的程度。不要过度运用武力而制止侵略，它的大目的就是不让军事规划脱离政治决定的掌控，一如第一次世界大战前夕的情况。逐步反应早先被视为一种核战争的战略——逐步升级，以免发生全面大浩劫。这套战略用在游击战上面，却有不断加大危险的可能。每一次有限度的投入可能被诠释为犹豫踌躇而不是坚定不移，反倒鼓励敌方继续用武，唯有风险事实上已经变得无法承受，他或许才会运用理智去思索。

密切注意历史记录就会发现：河内领导人不会因为美国秘密的战略理论而放弃野心，他们也有克服西方先进技术的天分，而且民主政治不是他们的目标，也不是他们向往的制度。和平建设之乐趣根本诱惑不了这些曾被法国监禁良久、数十年从事游击战的硬汉，美国版的改革进而激起他们的蔑视。他们一辈子忍辱、作战、为的是建立统一在共产党统治下的越南，并且驱除外国势力。革命战争是他们唯一的专业。美国人找遍全世界，再也找不到比北越更难缠的敌人。

根据当时担任国务院情报暨研究局局长的希尔斯曼（Roger Hilsman）的说法，美国的目标是把越共贬抑为“一群饥饿、四处打劫的暴徒，花尽力气只求生存”。但是历史上有何先例可说游击战必然导致此后果？在马来亚，英国人动用 8 万人的部队和两倍于此的马来亚部队，花了 13 年工夫才敉平不到 1 万人的马共游击队，而且马共还没有充分的外来支援和安全的通信路线，也没有太多机会增添兵员。在越南，游击队人数以万为单位计算，北越也把自己组织起来成为斗争的大后方，沿着数百英里的边境地区修建了许多基地，而且一直保有主动，一旦游击队遭到太多压力，立刻投入经验丰富的北越部队进行干预。

美国若是依照邦迪的估计投入 4 万人的兵力（这还大大不够），最多也只是胜负难分的格局。当肯尼迪总统就职之时，越南境内美国军事人员的人数接近 900 人。到了 1961 年底，人数增加到 3164 人；1963 年 11 月肯尼迪遇刺身亡时，数字已增加为 13263 人，此后还不断增加。1960 年美国人死了 5 人，1961 年为 16 人，1963 年为 123 人；1964 年是美国投入战斗部队之前一年的和平时期，死亡人数已逾 200 人。然而，军事情势并未明显改善。

美国在南越的军事角色越是扩张，美国就越是强调政治改革。而且，华府越是坚持南越内部改变，它就越把吴庭艳美国化。1961 年 3 月 28 日，肯尼迪首度发表国防检讨时，重申其主要论点：不管美国的战略武器有多么强大，它还是会在周边地区“遭到颠覆、渗透、挑衅、离间或非公开的侵略势力，国内革命，外交敲诈、游击战争等等”的逐步侵蚀——这种危险到头来只有以政治和社会改革来克服它，使得潜在的被害人能自立自助。

肯尼迪政府的论调后来成为中南半岛许许多多难解的两难困局之一，那就是坚持同时要达成政治改革和军事胜利，只会造成恶性循环。在广泛范围内，游击队能够决定战事的激烈与否，因此安全的程度以短期而言，与改革的步调无涉。越是不安全，西贡政府就变得越心狠手辣。只要华府认为游击队成功，部分原因可能归咎是改革迟滞没有进展，河内就可以兴风作浪，让美国对于她亟欲推翻的西贡政府施加压力。吴庭艳陷身在河内狂热的意识形态和华府稚嫩的理想主义者之间，做法转为僵硬迟滞，最后终于覆亡。

即使不是像吴庭艳那样出身传统官宦世家的政治领袖，也会觉得在游击战争之中，想在宗教、会党和民族分裂的社会中建立多元民主体制，是很艰难的工作。美国整个布局具有信用差距，未必全是因为美国领袖欺骗群众，而是因为他们自己欺骗自己，高估了自己的能力，包括自以为本身熟悉的体制很容易就能够移植到其他的文化中去。基本上，肯尼迪政府执行的是威尔逊的假设。威尔逊相信对民主政治和外交的理念，能够以十四点计划的形式加诸欧洲；肯尼迪政府也想授予越南美式规则，让他们用以治理自己。如果南越的暴君能被推翻，并且建立民主制度，中南半岛纷扰的冲突必然会缓和下来。

每一届美国新政府都在增加对南越的援助时，将其改革绩效为先决条件。1954 年艾森豪威尔是如此；肯尼迪于 1961 年更加坚持，非得南越答应在各个阶层政府都聘美国人当顾问的前提之下，才肯大规模增加美援。可以料想得到，吴庭艳立刻拒绝。独立斗争的领袖很少能接受训政指导。曼斯菲尔德参议员在 1962 年年底访问越南，扭转他自己早先的判断（详见本书第二十五章），并且同意吴庭艳政府“显得不像向全民负责、有效能的政府”的说法。

这个判断正确无误。不过，关键问题是这些状况有多少是因政府无能，因美越之间的文化差距，或因游击队肆虐所致？美国政府与吴庭艳的关系在 1963 年一年里日益恶化。发自西贡的媒体报道在此之前还都支持美国介入，现在也开始有了敌意。批评的言论此时尚未质疑美国的目标（日后就会），只是质疑在南越拥护吴庭艳这样的高压领导人，能够促成民主、非共的政体吗？吴庭艳甚至被怀疑在考虑与河内妥协——怪的是若干年之后，阮文绍总统却被谴责不肯跟北越妥协！

最后美国与西贡的决裂是因为南越佛教徒与吴庭艳之间爆发冲突而导致的，冲突起于吴庭艳政府颁布命令，禁止会党、宗教团体或政党树起任何旗帜。为了贯彻执行这道命令，部队在 1963 年 5 月 8 日于顺化，朝抗议的佛教僧侣示威者开枪，造成若干示威者死亡。抗议群众的确冤屈难伸，立刻被国际媒体广为报道——不过，越南缺乏民主却不在报道热点之列。佛教僧侣和吴庭艳一样充满威权性格，拒绝列出任何条件与吴庭艳谈判。总而言之，问题不在民主与否，而是权力作祟。吴庭艳一则受困于游击队猖獗，一则因本身无能，拒绝做任何退让。但华府对吴庭艳增大压力迫他退让，并且力促吴庭艳将其主掌南越安全力量的弟弟吴庭儒免职。最后的破裂发生在 1963 年 8 月 21 日，吴庭儒的特务攻击了许多佛寺，逮捕了 1400 名和尚。

8 月 24 日新到任的洛奇（Henry Cabot Lodge）大使，奉令要求把吴庭儒免职，并且警告吴庭艳，如果他拒绝，美国必须“正视吴庭艳本身能不能保存”的问题。西贡的军事领袖得到正式通知说，美国未来的援助全看吴庭儒是否下台而定。洛奇的越南谈话对象，闻歌知意，了解这代表吴庭艳必须被推翻。肯尼迪和麦克纳马拉接下来公开重申同一要求。深恐这些南越将领不了解这个暗示，华府还告知他们：“任何中央政府瓦解的空当时期，美国将提供直接支援给他们。”南越将领踌躇了近两个月，才鼓足勇气在美国刺激下起事。最后，在 11 月 1 日，他们推翻了吴庭艳，政变过程中，吴庭艳、吴庭儒兄弟都殒命。

美国鼓动推翻吴庭艳，他们在越南的介入之局即已铸成。推究至极，每一个革命战争为的都是争夺政府法统地位；而游击队的主要目标就是破坏它。吴庭艳被推翻，等于把这个目标免费奉交给河内。由于吴庭艳政府的封建方式，他的垮台影响到低至村级的每一层级的公务行政系统。权威必须由底下重建起来，历史昭示出这个革命的铁律：越是彻底根除既有权威，继承人就越发必须依靠赤裸裸的权力为自己奠定基础。因为，到头来，法统涉及不需强迫即接受权威；缺乏法统正当性就使得每项竞争都变成力量的考验和角逐。在政变发生之前，至少理论上一直存在着美国直接介入军事行动的可能性，就好像艾森豪威尔将近十年前在奠边府悬崖勒马没有出兵一般。由于政变被解说成是为了更有效进行战争的不得已措施，美国撤出已经不复成为政策方案之一。

但是除去吴庭艳，并未如华府所期望，把南越人民团结起来支持军事将领。虽然《纽约时报》赞扬政变是“击退共产主义进一步蔓延到整个东南亚”的机会，结果却适得其反。多元社会的支柱是对基本的价值有共识，它暗含对互相竞逐的个人或团体的主张有所限制。在南越，这种共识从一开始就很弱。政变摧毁了十多年来建立的架构，出现了一批既无政治经验，又无政治支持，可又互相竞争的将领。

光是 1964 年内，南越政府就更迭七次，他们没有一个具有民主外貌，可又个个都靠政变起家。吴庭艳的继任人缺乏他作为民族主义者的声望，又没有雍容的官宦人家的父亲这一角色的架势，迫不得已把战争主导权交给美国人。吴庭艳垮台后，出现的论调是："问题不是如何鼓舞一个美国能支持的南越政府，而是如何找到一个政府能支持美国与喜洋洋的共产党继续斗争下去。"

河内领导人立刻把握良机，1963 年 12 月共产党中央委员会议定下新策略：强化游击组织，加速对南越渗透。最重要的是导入北越正规部队："北方加强对南方援助的时候已经到来，北方必须进一步承担起作为全国革命基地的任务。"紧接着，北越正规军第三二五师开始进入南越，政变之前，渗透南下者大部分是 1954 年重新整合的南方人；政变之后，北方人人数增加，过了 1968 年春节大攻击之后，几乎所有渗透者都是北越人。北越陆军正规部队投入战场，双方已经势成骑虎，非得决战不可。

吴庭艳被推翻后不久，肯尼迪也遇刺身亡。新任总统约翰逊把北越正规军参战视为地道的公然侵略行为。差别在于河内在执行其战略，而华府却众说纷纭，没有定论。

美国焦急不安于渴望非军事胜利和预见军事灾祸之间，陷入了悲剧性的进退两难局面，1963 年 12 月 21 日，麦克纳马拉向新任总统报告，南越境内安全局势非常不乐观。美国不能再回避做选择：大幅升高军事干预程度，或南越崩溃。肯尼迪政府担心站在一个不民主的盟友的阵营参战；约翰逊政府则担心抛弃新立、不民主的西贡政府之心理，远大于对美国参战与否的顾虑。

回顾起来，美国能以可忍受（还是相当沉重）的代价退出越南的最后时机，应该就在吴庭艳被推翻的前后时刻。肯尼迪政府评估认为美国不能与吴庭艳一起赢得胜利，乃是正确意见。约翰逊政府却自欺而相信美国能与吴庭艳的后任一起赢得胜利。从政变之后种种事态发展来看，美国听任吴庭艳因无能而垮台，自己也借势退出，或者至少别去碍着吴庭艳涉嫌计划与河内谈判，是最容易的事。肯尼迪经分析后，拒绝谈判，因为谈判无可避免地将导致共产党掌控南越。这项分析也正确无误，问题是美国既不预备面对困局，拿出解放方案，放手一搏，又不预备听任事态自由发展，去接受其可能的结果。

若干曾经供职于肯尼迪政府的官员，在 1964 年总统大选后说，他们的总统有意撤出美军（这个议题当时还在争论不休）。且有同等地位的其他人士曾否认这个说法。我们对此只能说，此后每次增兵到越南，都使他越来越难做抉择，并且不管是要投入或撤军，其后果都更痛苦、代价也更高。时间月复一月地流逝，美国起初只是军事代价益增，后来连美国的国际名声也赔了进去。

肯尼迪遇刺，使得美国更难退出越南。如果肯尼迪的确因为体会到美国已走上无法久撑的路线之痛楚，他只需要反转自己下的决定即可；可是，约翰逊就必须抛弃一位受敬爱的前任之政策！尤其是，他接收自肯尼迪的策士没有人劝他撤军，特别叫他为难——副国务卿鲍尔（George Ball）是例外，但是他并非肯尼迪内圈亲信。一位领袖必须具备格外的自信和知识，才能在刚接任不久就做出这么大规模的撤退。但是一谈到外交政策，约翰逊对自己又格外没有自信。

回想起来，约翰逊总统应该好好分析：美国已经投资偌大努力的军事、政治目标是否能达成，用什么方法可以达成，要花多少时间去达成——也就是美国做下这些种种承诺的假设前提是否正确？除了约翰逊发现他继承自肯尼迪的这些前朝策士一致赞同在越南力求胜利的事实（鲍尔是例外）之外，我们很怀疑，即使做了这些分析，结果会有何重大区别。麦克纳马拉的国防部和邦迪的白宫幕僚，都是搞分析的高手，都是非常有才华的人士，他们只缺如何去评估与美国经验、美国意识形态大相径庭的挑战之标准。

美国最初介入南越的动机是因为顾虑到越南一旦沦陷将导致非共产党的亚洲国家会覆灭、日本也会接受共产主义。基于这样的分析，保卫南越，美国等于是为本身安危而战，也不管南越是否是民主国家或是否可能建设成为民主国家。然而这样的分析就美国人而言太以地缘政治和权力角度出发，不久就被威尔逊式的理想主义取代。一个又一个的政府试图兼顾双重任务。可是每项任务本身都很难单独成功：要想击溃在广泛的周边地区建有安全基地的游击部队，岂是易事？毫无多元主义传统的社会，要建立民主化，谈何容易？

在越南这个大热锅里，美国得到了即使最神圣的信念也有其限制的教训，被迫要承认权力与原则之间可能产生的差距。也正因为美国不愿接受与其历史经验相反的教训，它在必须壮士断腕时才会那么痛苦。因此，伴随着这两项挫折的痛苦，乃是其最佳特质而非最糟特质的后果。美国不肯以国家利益作为外交政策的基础，使它在道德汪洋中浮沉，不得其解。

1964 年 8 月，美国驱逐舰“麦道克思号”（Maddox）据信受到北越攻击，导致美国对北越展开报复攻击，参议院更以几近无异议的票数通过所谓《东京湾决议案》（Gulf of Tonkin Resolution）支持报复。这项决议案认定数月前的空袭报复是合法行为。1965 年 2 月，越南中央高原城市波来古的美军顾问营区遭到攻击，引发美国对北越报复攻击，后来升级为有系统的空袭行动，密码代号是“滚雷”（Rolling Thunder）行动。到了 1965 年 7 月，美军作战部队已完全投入，美军人数日益上升，到了 1969 年初，总数已达 543000 人。

接下来，约翰逊政府就“麦道克思号”遭攻击事件是否向美国百姓说了实话，变成日益炽热的有关越南的大辩论之一部分。有人用它来攻讦《东京湾决议案》和美国参与作战。坦白地说，即使允许因为战斗导致难免的混乱因素，《东京湾决议案》也不是基于充分的事实报告所做的决议。但是这已经都不是美国介入地面战斗的主要因素。鉴于美国所有主要领导人的信念，它只是美国迟早必走的命运之路的一小步而已。

用以获致《东京湾决议案》通过的方法，在今天已经不复可能，因为美国的民主已经更有进步。同时，容我们说，约翰逊的权术或坦诚与罗斯福造成美国介入第二次世界大战玩的手法，没有重大区别——美国在 1941 年介入大西洋海战，用的理由是驱逐舰“葛丽尔号”（Greer）遭到鱼雷攻击，罗斯福并未完全坦诚地交代实情。这两个案例里，总统都是片面界定美国绝对不能容忍的事：20 世纪 40 年代是不容德国胜利；20 世纪 60 年代则不容中南半岛沦陷。两位总统都准备把美国的军力置于险地，一旦他们遭到伤害就立予攻击。这两个案例里，最后决定参战的依据的考虑都远超过当前即时的事件。

越南之所以成为梦魇，不是美国参战的方式，而是美国为何不再更仔细评估可能的代价与结果就投入战争。一个国家不应该派出五十多万青年子弟到遥远的大陆作战，或拿其国际地位和国内的团结冒险，除非其领袖能说清楚其政治目标，并且提出达成目标的务实策略——布什总统日后在海湾战争时，就做到了这一点。华府应该问自己两个基本问题：可能同时建立民主体制和达成军事胜利吗？历任总统和策士们，都支持把美军投入越南地面战斗，因为他们视之为理所当然，殆无疑义。

游击战争要成功，需要灵活地混合运用军事和政治策略。然而，美国军事领袖从来就不太乐意以军事为政治目标效劳。整个越战期间，手段根本不足以达成既定目标，而且倘若想达成目标，必须承担的风险又是华府还未必预备接受的！

朝鲜战争的主要教训之一是，旷日持久、胜负难决的战争会粉碎美国国内共识。可是，华府却似乎在收集正好相反的教训——朝鲜战争挫折的源头是麦克阿瑟挥师进军到鸭绿江畔，并且想争取全面胜利。因此，朝鲜战争的结果被重新诠释为成功地阻止了中共胜利。美国介入越南战局也是清醒地局限在一个相同的目标：在不要刺激中共介入之前提下，向北越展示，绝不允许它占领南越，因此，北越的唯一选择是谈判。但是谈判的目标是什么？尤其是当前的敌人把妥协视同战败，抵死不从！美国领袖显然忘掉，朝鲜战争的最后两年以及麦卡锡时期，已经几乎把不耐久战未决的美国社会扯烂了！

理论上，只有两种策略在游击战中有机会奏效。第一是基本上采取守势，设法不使敌人掌控老百姓。这个策略要求替尽可能多数的百姓建立完整的安全，使得游击队在其余百姓中之所获，不足供给其政治基地的需求。泰勒将军似乎有此一策略，他建议建立一系列村落，由美军保护，至于南越部队就不必日日夜夜驻守每一村镇，可以出动扫荡，阻止越共切实建立共产党基地地区。第二个策略是攻游击队必守的目标，如他们的庇护所、补给站和本土基地——譬如，借由地面部队封锁胡志明小道，并且封锁为这些庇护所服务的北越、柬埔寨港口。这项策略，至少在观念上或许可以催生美国军方渴望的相当快速的消耗战，迫使双方谈判。

约翰逊与圣安东尼方式

不会有效的策略却成为美方事实上奉行的办法：幻想在百分之百的领土上建立百分之百的安全，并且以扫荡战来耗竭游击队。不管远征军兵力有多雄厚，都不足以剿灭逃躲在越南境外，并且具有大量的庇护所和强悍的意志之敌人。1966 年年底，北越总理范文同告诉《纽约时报》资深记者索尔兹伯里（Harrison Salisbury）：虽然美国军事上强过北越太多，最后却必输无疑，因为愿意为越南捐躯的越南人远多于美国人，而且更有决心要耗下去打一场持久战。他的评估完全正确。

约翰逊非常坚定，拒绝“扩大”战争。华府认为，中南半岛四个国家是四个单独的实体，可是共产党 20 年来把她们视为一个单一战场，在她们的国境内进行着协同作战的策略。甚至，华府对整体国际脉络的评估，也过于注重中共可能介入，而忽略了林彪声明中国军队不会出国作战这段话。毛泽东也对同情中共的美国记者斯诺重述林彪的讲话；毛泽东告诉斯诺，中国在自己国境之外没有驻军；除非本身领土受到侵犯，否则也没有意愿与任何人作战。因此可以说，在相隔十五年的这两场战争中，美国因为不把中共的话当真而付出代价：在朝鲜，美国没理会中共的警告，向鸭绿江进军，惹来中共参战；在越南，美国又不理会中共声言不介入的保证，使得美国错失唯一可能达成胜利的策略。

既担心中共介入，又决心维持与苏联纾缓紧张，更盼望对国内“伟大社会”政策凝聚共识，约翰逊样样采取折中办法，结果是赔上了美国的国际地位却未达成已宣明的目标。美国既想击溃全球大阴谋，又盼望避免全球大冲突，想两全其事，只使得自己显得笨拙愚蠢。

如果游击队可以选择在何时、何地作战，消耗战就不会有效。针对北越实施空袭，旨在使它痛苦加剧，此计也没有效果；因为北越的交通系统本来就只略具雏形，没什么好破坏的，也派不上用场，不能以它为神经中枢目标加以痛击。僵持停滞最合河内的意思——尤其是局限在南越境内僵持，造成美军重大伤亡最好。以上种种挫折，导致美国国内反战之风大盛——反战之声起初以中止轰炸北越为诉求重点，而轰炸北越原本目的是要让河内明了，它毫无胜算。

华府力图证明侵略得不偿失，而且游击战不会是未来的新潮流。但是它却不了解其敌人如何计算其成本效益。约翰逊认为，解套之道是展示出温和立场，向河内再次保证，并且提出折中妥协方案。可是，这些特质反倒都鼓励河内抗拒不从，这个过程告诉美国人，以温和立场而败，不会有好结果。约翰逊以如下的谈话解释美国的目标：

> “我们不是要消灭北越。我们也不是要改变他们的政府。我们也不是试图在南越建立永久基地。……我们之所以在那儿，因为我们想使北越共产党不再开枪射击邻人……展示由一国煽动去攻打另一国的游击战争，决不会成功……我们必须持久下去，直到北越共产党体会到侵略的代价太高——要么就得同意和平解决，要么就中止其作战。”

他希望河内的共产党领导阶层能从中了解：

> “一旦你了解军事胜利已经不可能，你就会放弃运用武力，你也将发现我们乐意回报互惠。……我们只要越南光荣和平。你手中掌握着和平的钥匙。你只需要稍为扭转一下即可。”

约翰逊不应当遭到那般的仇恨与讪笑。他只是重申传统的美国真理罢了。但是，约翰逊和美国社会都没有了解，敌人把这种信誓旦旦的保证认为太可笑；甚至，敌人把美国人界定的妥协，认为是招降的呼声！

就河内的强悍、死硬的领导人而言，安定的观念毫无意义。他们成年以后一辈子都在为胜利而作战，起先是对付法国，现在则和一个超级大国对抗。以信奉共产主义的名义，他们已经给人民带来难以想象的苦难。“别去招惹邻国的事”绝非河内领导人能做的事。俾斯麦曾经说，德国统一决不能靠谈出来，必须透过“铁与血”；河内看待越南统一问题也的确具同样观点。

美国各派主张的人士不断吁请河内接受某种民主的结果，绞尽脑汁要设计可行的大选方案。然而，美国国际事务思想的主干，毫无任何部分能吸引河内注意，除了想以它为工具去混淆美国人民的视听之外。既然已建立起全世界最严厉的独裁政权，河内政治局决不会接受屈居南越众多政党中之一员的地位。没有任何可令河内信服的诱因去使它停止使用武力，毕竟，只要它不输，挺下去就必然会赢；而且很显然，它还未居劣势——的确，美国的策略明明白白是以求僵持为目标，河内怎么会输？约翰逊建议，大规模的重建计划，人人都可以纳入，包括北越亦不例外，而北越来个充耳不闻。河内要胜利，不要开发援助，因此摆出它那套傲慢跋扈的态度，仿佛它根本不需要在两者之间做选择。

美国舆论浪潮转向反战之后，批评约翰逊的人士更加大肆抨击他在外交上陷入僵局，毫无作为。这些指摘称约翰逊不愿谈判，此说并不公允。约翰逊之渴望谈判，已经明显到饥不择食的地步。河内因而认为，再延宕下来或许可能引出更宽厚的条件。约翰逊一而再、再而三地下令暂停空袭北越（他自己在回忆录中一共提到16次），使人毫不怀疑他已经不惜代价，只盼望早早谈判；河内当然处心积虑要让美国付出的代价越高越好。

我个人参与到了一项和平议案里，这个故事一则显示出约翰逊政府渴望谈判，一则显示出河内利用美国渴望的心理以服务其目的的技巧，已是炉火纯青。我自己涉入越南有关的过程，可谓逐步演进。整个20世纪50年代，我对外交政策的研究集中在欧洲问题与核战略问题上面。肯尼迪政府延揽了许多我敬佩的人士，我对它的中南半岛政策，没有深入思考，但大体上持赞同立场。我开始认真思考越南问题，是在1965、1966年，三度访问越南回国之后。当时我是以洛奇大使绥靖事务顾问的身份往访，借此机会我得以涉足南越许多省份，并且有机会与大使馆派到各省的所谓报道员讨论——这是一群散布在全国不同地区的能干、忠勤任事的青年外交官，这几次行程令我相信，越战无法用压倒性战略取胜，美国必须与河内谈判才能脱身；不过，我对谈判究应具备何种内容，尚无明确概念。

1967 年夏天，我参加了一项讨论裁减核军备问题的科学家会议。两位与会人士听说我曾经访问过南越，向我提出一个听来相当吸引人的建议。雷蒙·奥布雷克（Raymond Oubrac）供职于世界卫生组织，1946 年胡志明在巴黎与法国进行谈判时，曾下榻他家，两人因而结识。奥布雷克有心由支持和平运动的另一位科学家赫伯特·马柯维奇（Herbert Marcovich）作陪，前往河内，亲自呼吁胡志明接受谈判。我立刻向已出任助理国务卿的邦迪，以及国防部长麦克纳马拉报告此事。他们鼓励这两位科学家成行，只要两位以私人身份前往河内，并且不声称代表美国官方观点即可。

奥布雷克和马柯维奇前往河内，也得到胡志明接见。胡志明重弹旧调，谴责美国“侵略”之后，暗示：若是美国停止轰炸北越，河内愿意谈判。河内驻巴黎的外交代表马文保（Mai Van Bo）被指定做正式的接触联络人。

后来，透过一套复杂、刻意非外交程序的手法，进行了几次接触 。由于河内不肯在中止轰炸之前与华府直接打交道，我以平民老百姓身份做了中间人。即使如此，河内还是深藏不露，不肯授权其代表与一个不具官方身份的美国人打交道。因此，讯息由华府（通常由麦克纳马拉亲交）交代给我，然后我传递给上述两位法国科学家，他们再传递给马文保——我被授权可以提供任何解释。麦克纳马拉渴望结束战争，一再拜托我，设法从我也看不到的对手那里得到任何暗示（再细微也无妨），使他能够走上以谈判得出结果的路线。

约翰逊和他的顾问在一次会议中研订出美国的最后方案，我参加了部分的会议议程。这是一个悲伤的经验，约翰逊的直觉一再反对中止轰炸行动。约翰逊虽然在外交政策上狐疑不定，但他仍有丰富的政治经验，怀疑以单方面退让开始谈判究竟有何好处。然而，一方面他已疲于应付国内的批评议论，一方面也不愿推翻急欲试用外交手段的亲信之建议。约翰逊终于让步了！结果，在我退出会议室之后，拟定出了所谓“圣安东尼奥方式”（San Antonio Formula），由约翰逊总统于 1967 年 9 月 29 日在得州圣安东尼奥发表演说时公布：

> “美国愿意停止对北越的一切空中、海上轰炸行动，只要能迅速导致有成果的讨论（productive discussion）。当然，我们也假定讨论进行当中，北越不会趁轰炸中止或限制而占便宜。”

“圣安东尼奥方式”是越战有决断性影响的转折点之一，美国提议停止以军事行动对付北越——一项明确的义务——换取“有成果的”讨论，只要求不要借轰炸中止而占便宜。何谓“有成果”或“占便宜”，却没有制定标准。可是，河内已经显示出颇有能力操控美国国内辩论，当然也十分明白，美国若想中止轰炸，势必惹起争议，还会迁延时日。不借中止轰炸占便宜，显然不会使河内不搞游击战，或者放弃它原本已在做的动作；最多只能说，这项规定指的是，河内不得将其占上风的战略升级罢了。

河内谈判战术的特性是，即使这么一面倒的提议也要加以拒绝。河内利用这项提议当保护网，保护它即将发动的全面军事行动。不到几天，我和河内的联络渠道中断。北越了解到美国中止轰炸的代价的确很高，在坐下来思考美方方案前，试图增加对约翰逊的压力。春节攻势在几个月之后就爆发了！

河内正确地察觉到，美国人越来越不满，对越南问题迟迟没有解决，将和朝鲜战争拖延良久一样，不会再容忍。不过，美国国内这两项争议，性质上有差异。美国介入朝鲜战争是否明智，从未受人质疑；不满，是针对如何求胜的措施意见不一。至于越战，原先广泛支持美国政策的共识，突然间消失了。在朝鲜方面，批评政府的人士要求美国再加把劲；他们不满杜鲁门的政策，提出的替代方案是麦克阿瑟战局升级的战略。在越南方面，绝大多数的批评者却力促美国减少努力——及时完全地放弃它；他们的主张从修正美国战略，到无条件撤出，无所不包。在朝鲜战场，如果反对派占了上风，敌人势将面对更糟糕的替代方案。在越南方面，当美国国内争执闹得如此明显，河内立刻明白，外交停滞，加上军事压力，对河内有利。僵持之局会使得约翰逊政府被攻讦缺乏外交主动，美国子弟持续伤亡将导致呼吁减少军事行动，甚至还会酝酿放弃越战之声音。

针对美国的对越政策之批评，开始时相当传统式，主要是理性地质疑越战能否打赢，以及目标与手段之间的关系。1968 年 3 月 11 日，李普曼把他业已著名的批评遏制政策之矛头，指向越南。他认为，美国业已过度扩张本身的实力，遏制政策摧毁了国家目标以及借以达成目标的资源之间合理的均衡关系：

> “事实上，他（约翰逊）的战争目标无限大：它担保整个亚洲的和平。以这样的无限大目标，战争不可能以有限的手段去打赢。由于我们目标无限，我们必然会‘被击败’（defeated）。”

为了凸显传统的思想类型对越南根本不配套，李普曼把“被击败”这个字加上引号，以示越南与美国安全根本不相干。根据这个观点，撤出越南只会强化美国整体的地位。

同样的观点富布赖特参议员已经于 1966 年提出过，他批评美国屈从于“权力的傲慢”，把“权力与道德，主要责任与全球任务”混为一谈。不到两年前，富布赖特曾经谴责戴高乐，因建议越南中立化而“弄混了情势”。当时，富布赖特曾警告说：这样的路线或许会“激出无法预见的连锁事件，因为她（法国）在远东既非主要的军事力量，也非主要的经济力量，因此不太可能能够掌控或大为影响她的倡议所促发的事件”。1964 年，富布赖特只认可两个实际的选择方案：“扩大冲突，或重新努力强化南越人的能力，使之能以目前规模成功地进行战争。”

究竟在不到两年的时间内发生了何种情势，使得富布赖特参议员把越南的地位，由重大降级为周边呢？为什么这反映出约翰逊政府在同时执行富布赖特两项建议时，具备之傲慢心态呢？美国领袖遵从美国国家传统，不愿把美国援助越南摆在安全理由之上，若是这么做，迟早可能对成本、效益产生争辩。把问题摆在于东南亚建立民主政治的角度，他们放弃了在进退之间的合理的停止点。

批评战争的人士和从事战争的领袖，走的是同一条路，只是方向背道而驰。反战人士把结论摆在明显的实际基础上：战争赢不了，成本超过效益，美国已经透支过度。但是，反战人士也是同一个美国理想主义的产品，迅速以两个阶段把他们的批评伸展到道德层面：第一，在道德层面而言，河内与西贡之间差别实在不大，因此没有必要以意识形态理由去打战；第二，美国坚持作战下去，不是反映其实际判断差劲，而是会反映美国体系核心的道德腐败。因此之故，一个差不多享有普遍支持的政策在两年内，就变成对美国整个外交政策是否合乎道德的指控；而且不久即演变成对美国社会本身的批判。

第二次世界大战后一段时期，美国很幸运，不需要在其道德信念和战略分析之间做抉择。它所有的重大决定都立刻被视为推进民主政治、抵抗侵略扩张的行为。然而，南越再怎么牵强来说，也不能被称为民主国家。接替吴庭艳上台的所有政府，都感到被包围。南越将领在此之前于群众心目中并无赫赫声名；而且这些一点儿也无心举办选举，试验自身受欢迎的程度。或许有人会说，西贡新统治者比起河内那帮人对百姓的高压欺凌要少一点。事实上，这个主张经常被人提出，但没人把它当真。道德相对主义论，就一个信仰善恶分明的国家而言，根本不能接受。

批评者日益主张，如果西贡不能符合完全的民主标准——他们的心底早已明白，西贡根本做不到——就怨不得被彻底抛弃。时日一久，将近 20 年来防卫南越所依据的安全前提“骨牌理论”，先是被抛弃，接着遭讪笑。耶鲁大学教授任斐德（Richard Renfield）提出一份极为透彻的论文，把李普曼批评美国战略上过分扩张以及越战双边在道德上的半斤八两，摆在一起相提并论，因此，结论是战争毫无意义。他认为，美国在越南抵抗共产党侵略的心情，绝没有它支持保守势力对付社会变迁来得强。

批评者指出西贡的许多不当之处，以凸显美国的做法在道德上站不住脚。1968 年，赖斯顿问起一个许多美国人深受其扰的问题：“什么样的目标，使得这场大屠杀变成合情理？如果我们在战场上摧毁了越南，又将如何拯救它？”1972 年，富布赖特宣布，约翰逊从来不了解“议题不在‘自由人’和‘集权政府’之间，而是在互相为敌的集权政权之间；事实上，（越战）不是一场国际侵略战，直接或间接都谈不上，而是一场反殖民战争，后来转为内战”。

电视此时开始流行。每天定时播出的晚间新闻吸引了数千万名观众，绝大多数普通媒体记者原先一辈子也无法得到这么多的受众。电视还拥有视觉直观的优势。电视新闻反映出民众渴望戏剧和表演的心态，即使它有心做好，也不能经常保持平衡观点，何况技术上也不可能采访到越共在其控制地区犯下的暴行。电视新闻主播变成政治人物，好比总统那样可触及众多百姓，受人注目，甚至总统出现在百姓面前的频率也比不上他。

战后，美国一直响应领袖的号召，牺牲奉献去协助偏远的国家。在越南，对战后复兴给予极大动力的美国例外主义（exceptionalism）——认为美国价值放诸四海皆为准的一种信仰——开始攻击自身，采取道德上的“焦土政策”。随着越南战场死亡人数的上升，抨击美国外交政策的论调，由挑战政策的有效性转为质疑其必要性；由攻击美国在越南的作为，进而抨击它在全球的作为。

失去斗志的高层

对美国执行全球政策得当与否的攻讦之所以特别尖锐，是因为它们大都源自大学校园与知识界，涉及在此之前许许多多最忠心维护美国在国际上采取理想主义的人士。许多知识界领袖被肯尼迪延揽加入政府决策阶层，当他遇刺身亡，“新边疆”突然中止，他们大为震撼。后来，他们更因为他们的学生反战示威，而更受惊骇。以何种形式撤出越南，已经不是他们关心的主题，因为受到自己学生的压力，许多教授逐渐趋向单方面、无条件撤退。

作为对 20 年来两党协商一致的外交政策的挑战，反对越战的激进派人士嘲讽反共是过时的观念；林德（Staughton Lynd）和海登（Tom Hayden）这两位跑到河内的反战分子说：“我们拒绝再当反共人士。我们坚信这个字眼已经丧失它过去具有的明确内涵。它却成为一种主要的抽象思想，美国人用来替其未必高明过‘强奸’的外交政策做辩解。”美国最主张国家利益的政治哲学大师摩根索（Hans Morgenthau）也转而宣称美国邪恶不正：“当我们谈到违背战争规则时，我们必须谨记住，最基本的违背之举，莫过于从事这种战争，而因此带来所有其他违禁之措施。”

就生长在冷战的理论基本上未受挑衅的时代的领袖而言，上述攻讦反对声浪着实令他们惊骇。约翰逊本身是战后两党达成共识的主要参与人士之一，对于来自他夙所敬仰的知识界的攻击，他目瞪口呆，不知所措，以致找不到共同语言可以跟学界沟通。哈伯斯坦（David Halberstam）到了1966年也一变而为尖锐地批评越战，但稍早他本人曾说：“越南是（美国）全球承诺正正当当的一部分，它可能是全世界仅有五六个真正事关美国利益的国家之一。如果它真是那么重要，可能值得我方做更大的承诺。”

约翰逊的反应是求助于由杜鲁门以迄肯尼迪诸位前任总统的正统论。但是对反战人士而言，这些正统论听来已经过时，甚至言不及义了。他提议无条件谈判，河内领袖置之不理，河内太精明，才不给美国国内骚乱提供安全阀。为了平息反对浪潮，约翰逊逐渐修正他的谈判立场，原先是要求在美国中止敌对行为前，北越必须先撤军，改为采取圣安东尼奥方式，美方在谈判之前即先中止轰炸行动；从原先拒绝和河内在南越的代理人“民族解放阵线”（the National Liberation Front）谈判，改为同意与其个人代表会谈，最后更让步接受民族解放阵线以政治实体身份参加谈判。他甚至还以对整个中南半岛提供经济援助，来诱使北越软化立场。这些行动，每一样都被河内视为不充分而加以拒斥，也被美国国内多数反战人士斥为不够诚意。美国国内大辩论变成在求胜与撤退两者之间两极化：求胜，缺乏战略；撤退，却无政策。

针对约翰逊政府还有一派较温和的批评者——我也是其中之一员——则主张，以谈判求妥协。然而，真正的障碍不在华府，而是河内。北越共产党斗争了一辈子，不是要以分享权力或减少游击战（他们最有效的施压手段）来求取妥协。北越共产党和一个世代以前的斯大林一样不理解，谈判如何脱离均势去进行？也不能理解，单是谈判又能谈出什么结果？约翰逊一再担保他会有弹性，他不会顽固闭塞，在河内看来，除了言不及义之外，未免太天真！

令人讽刺的是，美国为了妥协要付的代价，跟它为了求胜要付的代价并无不同。河内只有在自认太弱，无法战胜之时才会接受妥协——换言之，要在它被击败之后才会接受妥协。美国只能在战争过后表现温和宽大，不能在战争进行中表现温和宽大。约翰逊政府和温和派批评人士提出来的所有的标准“解决方案”，在河内不屈不挠的决心下，都没有扣住关键。停火，美国人看来是结束杀戮的良策，从河内的角度来看，却将失去使美国人撤离越南的诱因。成立联合政府，在河内领袖看来，是否终究会走上共党接管的道路，尚不得而知，但必然会使西贡政权苟延残喘。

美国真正能选择的不是胜利与妥协，而是胜利与失败。北越与美国之间的差异在于，河内掌握住现实，约翰逊或温和派批评人士都不肯承认现实。河内这帮现实政治的信徒认为越南的命运将以地面军力之均势去解决，不是在会议桌上谈定。

回顾起来，不会有人质疑美国要开启谈判必须付出代价。河内在1968年美国总统大选之前就决定谈判，只不过想让美国两党都承诺接受谈判结果。但是河内领袖必须在进入谈判之前，先在军事上发动行动以争取上风。这项增进其谈判地位的行动，就是1968年的春节总攻势。每年阴历新年，1968年也没有例外，交战双方都同意在这段期间停火。然而，这一年的1月30日，共军针对南越30个省的省会，发动了大规模全面攻击。由于完全出人意料，他们在西贡境内占领了若干重要目标，甚至攻打了美国大使馆和威斯特摩兰将军总司令部。顺化古都也被攻陷，共军据守达25天之久。

就军事层面而言，阴历新年总攻势现在被公认是共产党的大败笔。共产党游击队第一次现身，从事公开交战，发动全国大进击的决策，迫使他们在常理之下不会选择的战场去作战。美军优越火力几乎把整个游击队架构全数歼灭，这和美军作战手册上预料的状况完全雷同。从此以后整个越战期间，越共游击队战斗力一蹶不振，几乎所有的战斗都由北越陆军正规部队承担起来。

就某些方面而言，阴历新年总攻势证明了美国军事理论正确高明，共产党孤注一掷，接受了美国战略一向冀求的消耗战，他们的伤亡可能远超过正式报告所披露的数字。现在他们也可能冀望与美国的谈判能提供一个安全阀。

不过，阴历新年总攻势在心理层面上是河内大胜。美国领袖若是对业已失去游击队掩护的北越主力部队，加大压力，情势可能大为改观。回想起来，实在令人唏嘘。如果美国真的强力进击，约翰逊说不定就能获致他所提议的无条件谈判，甚至无条件停火。证明就是，约翰逊再度提议谈判，并且依据圣安东尼奥方式局部中止轰炸行动，河内迅速接受——实际上，不到 72 小时，河内就宣布接受谈判。

然而，美国领袖已经受够了。这不是因为舆论唾弃他们。民意调查显示，61% 的美国人民自认为鹰派，23% 自认为鸽派；支持继续轰炸北越的人也有七成。失去斗志的是一向支持美国应该介入越南的大佬、贤达。约翰逊召集了一批前朝大佬咨商，这些人大部分是鹰派，还包括艾奇逊、约翰·麦克劳（John McCloy）、邦迪和狄伦等人。他们绝大多数建议美国中止升级越战，开始清理越战。鉴于河内态度此刻尚未为外人所了解，这个决定可说是为美国种下了失败的种子。坦白地说，我大体上同意这些“智者”的建议。这也证明了，到了回顾时才容易认清转折点，而不是在转折发生时就体会到它。

1968 年 2 月 27 日，当时影响力如日中天的电视新闻主播克朗凯特（Walter Cronkite）预言美国将会失败，令白宫大为震撼：

> “现在情势比以往更肯定，在越南的血腥经验将以僵局告终。今年夏天几乎必然地平手，将以真正的互有取予的谈判或可怕的升级战事而告终；并且我们能升级的，敌人都能与我匹敌。”

最后这句话还是有相当的疑问：北越怎么可能成为历史上唯一的国家，

可不受任何风险、效益评估之影响？不错，它几乎比任何其他国家都有更高的忍耐受苦的毅力，但还是有个限度。河内最不会有兴趣的事物就是互有取予的谈判。不过，克朗凯特夸张的比拟却有一部分至当正确：河内的忍受度明显胜过美国。

在此之前一向大力支持政府立场的《华尔街日报》也转向了，质问：事态发展是否已“弄乱了我们原先可驾驭的目标？如果政府或国家将不复存在，还有什么可以拯救、保存？”《华尔街日报》认为，“如果还没准备好的话，美国人民应该准备好接受：整个越南事件前景黯淡”。3 月 10 日，全国广播公司电视网一项越南特别节目的结尾，很快成为了普遍的声音，它说：“放下一切争辩，现在我们必须正视，要摧毁越南才能拯救越南，是否可算明智？”《时代周刊》3 月 15 日也参加进来评论说：“1968 年已使得国人觉悟到，在越南获胜，或甚至只是有利的解决，可能已经非此一世界最大强国力所能做到的了！”

参议院领导阶层也加入进来，曼斯菲尔德宣布：“我们在一个错误的地方，从事一场错误的战争。”富布赖特也提出质疑：“政府有权不经国会同意，不经国会辩论或审酌，就扩大战争吗？”

在这些攻击的冲击下，约翰逊退让了。1968 年 3 月 31 日，他宣布对北纬 20 度线以北的局部地区中止轰炸行动，一旦具体谈判开始即全面中止轰炸行动。他指出，将不再大量增兵调往越南，并且又重申一再表达的保证：“我们在南越的目标从来不是歼灭敌人。”距离河内违反正式停火协议，对美国基地设施发动猛烈攻击，而且光在顺化就杀害数千名平民只有六个星期，约翰逊就邀请河内领袖参加东南亚经济开发工作，明明白白地暗示可以给予经济援助。他又宣布放弃竞选连任，派了 50 万大军到东南亚作战的美国总统，把撤兵的事交给后继者来负责。

这是战后时期历任总统所做的最重大的一项决策。如果约翰逊不是这样戏剧性地放弃竞选连任，他可以把越南问题呈现在大选中，由选民来评断，争取选民某种形式的肯定。如果他的健康情形不允许他承担第二个任期的重担，约翰逊应该在他剩余的任期中，对河内增加压力，让他的继任人可在选后与国会获致协议，留有最佳选择空间。毕竟河内在阴历新年总攻势之后已经势力衰竭，美国在 1968 年若持续施压，几乎必定能带来远比日后出现的更好的谈判架构。

约翰逊同时决定减少战斗、放弃竞选连任，又提议谈判，可说集所有不利之大成。他的继承人互相竞争保证真正开始解决问题，但民众已失去方向。河内只以程序性的会谈做交换就获得中止轰炸行动，并得到机会让北越人员南下，重建它在南越的组织架构。河内根本没有诱因与约翰逊谈判解决问题，反而有许多诱因，要考验他的继承人的实力与意志。

第二十七章

越南：解脱，尼克松

亨利·基辛格与黎德寿在巴黎，1973 年 1 月

尼克松的责任

责任落在尼克松政府肩上，带领美国退出她有史以来第一次不成功的战争，也是她第一次面对道德信念与实际可能冲突的海外承诺之失败经验。很少有其他外交政策任务比此更艰巨，也没有任何国家能经历此一转折而无挫折与痛苦。

虽然法国撤出阿尔及利亚经常被引为美国可以学习的模式，事实上戴高乐花费的时间却大过尼克松政府能有的四年，尼克松只有四年的时间用以终止美国在中南半岛的战事。戴高乐带领法国撤出阿尔及利亚，必须承担起遗留在当地垦殖已经有好几代的一百万名法国垦殖人家之重担。美国要撤离越南，尼克松必须放弃过去 20 年来，四任美国总统一再声称攸关全体自由国家安全的承诺。

尼克松在冷战以来最分歧破碎的国内环境之下，挑起了这令人伤心的担子。即使事隔 25 年，每一思及美国全国对越南问题的共识突然间冰消瓦解，还是令人心痛震撼。1965 年，美国在一片赞同声中专心致志要赢取游击战，对抗共产主义在全球煽动的阴谋，并且于东南亚建立自由体系。两年以后的 1967 年，同样的作为开始被视为已经失败，甚至还被当作是热爱战争的政客玩弄的变态政策。有一段时间，知识界欢欣祝贺一位具进步意识的青年总统的来临，但几乎是不旋踵之间，知识界已指控他的后任残暴不仁、一贯撒谎、热爱战争，不顾事实上这位新总统的策略（或至少其策士）基本上都是前任留下来的旧人旧政。到了 1968 年任期即将届满时，约翰逊除了在军事基地或其他能隔离激烈的抗议分子的地点之外，无法公开露面。虽然他是现职总统，但他根本无法出席 1968 年民主党全国代表大会。

越南战争还是国内政治斗争

仅只中止了短短数个月，反越战的激烈风潮又起，甚至在接替约翰逊出任总统的尼克松治下，变本加厉。国内辩论之所以如此激烈，几乎无法解决，是因为公开的意见对立其实无非代表着更深层的哲学见解冲突。尼克松盼望谈判交涉光荣脱身，他所界定的光荣退出就是样样均可，唯有不能把前任美国总统带领的、依赖美国的数以百万计之人民交给北越共产党去统治。他非常重视美国的可信度与光荣，因为它们界定了美国构成和平的国际秩序之能力。

另一方面，和平运动的领袖认为越战可恶之至，因此光荣退出越南听起来就荒谬可笑。尼克松政府认为国家可能受到的屈辱，这些反越战人士却视之为国家的救赎作为。政府追求一种结果，能使美国维持其战后保护、支持自由人民的国际角色——而这个角色恰恰就是和平运动亟欲终结的角色，认为它就是这个有瑕疵的社会的傲慢与僭越之心态。

就在一代人之内，美国经历了第二次世界大战、朝鲜战争和十五年的冷战危机。越战显得太难负荷，为它牺牲太难容忍，因为它与美国传统价值和期待太不相吻合。20 世纪 20—30 年代，尼克松和约翰逊还是青少年的时代，美国以自命为超越马基雅弗利派的方式处理欧洲事务。到了 20 世纪 40—50 年代，这个世代长大成人，美国自命受到召唤，要在全世界承担正义使命。美国的确崛起为自由世界无可争议的领袖。这些人士在 60 年代到达其政治生涯巅峰时，越南和平运动却冒出来质疑这项全球使命。到了

70 年代，新世代的美国人出现了，他们不再认为美国纯洁、孤高；他们认为，美国要在世界插手事务，需要先有一段时间专注做好本身的改善，正己方能正人。

因此，新世代就在美国面临整个战后时期最混淆的道德挑战的关键时刻转向了。反战人士对电视画面上描绘的残酷的战争镜头深恶痛绝，对美国盟邦的道德地位越来越没有把握。他们相信，一定会有某种方法可以立刻中止这些杀戮，因而情绪日趋恶劣。美国人自命与众不同的例外主义，以其理想主义、天真直率和专心致志，支持着的一个伟大的政策，现在都凶悍地转过来要求美国的盟国也要同样完美纯洁，使得美国的抉择泾渭分明，不得含混。若是做不到，它认定美国必会蒙羞，盟国必会失败。

美国道德上的洁癖阻遏了弹性外交。越南最多只是一个不完美的、伤心的选择。和平运动的直觉冲动就是从那个世界退缩，寻求美国不再自命清白、孤高。或许小罗斯福、肯尼迪或里根这样有领袖魅力的领袖，会有办法处理这种情感。尼克松虽然在其他方面才华出众，在这方面却无能为力。尼克松不像约翰逊，他非常精熟国际事务。他入主白宫时，内心已与许多反战人士一样认为，要在越南获胜已经不可能。从一开始，尼克松就明白命运之神给了他一副吃力不讨好的牌，他必须承担起退出这一不得人心的战争的责任。他盼望光荣地执行这项任务，这乃是总统的天职。他在情绪上和智慧上都无法处理的是，他所仰慕、钦佩的一流学府毕业生与上流社会成员，却主张走一条他认为象征美国屈辱失败、且背弃盟国的路线。

尼克松把经常爆发的反战抗议，认为是那些上流社会成员的捣乱，也是他一生中意识形态大敌对他个人攻讦的系列作为。在他的眼光里，越南问题之争议已经变成一场国内政治斗争。

追求光荣和平

我们永远无从知道，尼克松若是宽宏大量，是否就能缓和早在他就职以前就已开始恶化的乱象。20 世纪 60 年代末期，学生激烈抗议的风潮已经蔓延全球，法国、荷兰和德国——但是没有一个涉及的局势有越南这么复杂，也没有一个像美国的种族问题这么敏感的。尼克松可以说是太不具安全感，也太脆弱，因而要在这段时间建立世代沟通的桥梁。

容我们说句公道话，上流权势社会根本没给予尼克松任何援助。说完话之后，他们留下他去面对问题。让美国介入越战的许多前朝政府官员，也与尼克松政府具有若干共同见解。哈里曼（Averell Harriman）和前任国防部长克利福德（Clark Clifford）等人，是战后推动两党对外交政策达成共识的主要人物。正常情况下，这些人士必然觉得在此一危机时刻应该保持某种程度的国家团结一致，对于遭到围攻的政府所提出的若干最低限度能同意的和平方案加以声援。

然而，这些构成战后外交政策共识的人士这次却没有出面支持他们的总统。事实上，他们已经成为和平示威运动的第一个目标——他们对这个命运特别感到痛心伤感，因为在和平运动的先锋队里的男男女女，乃是他们敬仰的朋友，也是长久以来被认为是他们的核心支持者。他们是“新边疆”政策的战士，在某一层意义上，也把抗议者视如自己的子孙。约翰逊政府的主要成员，没有赞成和平运动的方法，却实质上与比较激烈的反战人士结成同盟。他们对政府政策不断地以一堆看似温和的反对意见加以阻挠，就是不退让去与尼克松取得协议，使得尼克松加重衔恨，认为全国共识可望而不可即，全出于他们从中作梗。

尼克松决心坚持其做法，追求光荣和平。由于我是他这方面的主要副手，我的说法无可避免受到我的角色之影响，也受到我认同其基本前提的影响。

在大选结束至正式就职这段期间，尼克松要我照会北越，他承认以谈判得出的结果。北越的答案让我们初次见识到河内的标准要求：美军无条件撤离，推翻西贡的阮文绍政府。

越战经验

河内根本不想劳心去试验尼克松是否说话算话，是否有诚心。就在尼克松宣誓就职才三个星期，北越就发动了一场新攻势（所谓微型春节攻势）。此后 4 个月内，每个月平均有 1000 名美国人丧生。很显然，尼克松的妥协提议不能在这些强悍的领导人心目中激起互惠心理。河内也丝毫不遵守它在 1968 年与约翰逊政府达成的“了解”，当时它答应不利用美国中止轰炸行动占便宜。

尼克松政府接管权力时，希望通过理性的妥协方案发展出全国共识，因此能以大体上团结一致的国家立场去面对河内。很快地，尼克松就发觉他和其前任一样，低估了河内的倔强与决心。胡志明越来越肯定，鉴于西贡领导层的无能，以及美国的承诺日益减弱，河内部队必能赢得无条件胜利。胡志明是现实政治的老手，怎会在谈判桌上放弃他预期可以在战场上以血和枪弹赢来的东西！

河内领导阶层这些倔强的战争英雄，哪里听得进妥协、和平这些呼吁。尼克松政府接任之时，发起介入越战的民主党，也爆发了激烈内斗。一派持正式的党的政纲，一派是爱德华·肯尼迪（Edward Kennedy）、乔治·麦戈文（Geogre McGovern）、尤金·麦卡锡（Eugene McCarthy）等参议员支持。而在民主党全国代表大会中未被接受的“鸽派”立场，却在共和党的尼克松就职以后不到 9 个月，已经超过民主党的鸽派主张。河内领受美国的每一项让步，却毫无回报的表示，并且毫不动摇地坚持要求，美国要定下无条件撤军的日期，以及西贡政府应该换掉（实质上是由共产党政府取代之）。河内坚持，除非上述两项要求同时达到，否则决不释放美国战俘。河内的要求等于是要美国不光荣的投降！

然而，总统们不能因为任务比原先预期困难大，就放弃任务。尼克松在正式就职以前就下令幕僚人员有系统地检讨，如何终止越战；当时曾经分析过三种方案：美国单方面撤退；通过军事和政治压力交互运用，与河内摊牌；逐渐把战争的责任转移给西贡政府，以便美国逐步退出。

第一种方案单方面撤退，后来变成许多修正式猜测的主题。它认为，尼克松就职后应该宣布美国撤军的日期，并且以美国单方面决定来结束战争。

果真如此，历史就和新闻报道一样简单了。虽然总统们有相当大的自由裁量范围，但却必须受到政治环境和实际现实的限制。尼克松 1969 年 1 月就职时，民主、共和两党都没有支持单方面撤退，也没有任何民意调查显示这个主张受到支持。1968 年民主党全国代表大会上否决的“鸽派”政纲，也只主张美国降低攻势作战，外来军队相互撤离（包括北越部队在内），鼓励西贡政府和民族解放阵线之间调和的政策。互惠是基本前提，它一点儿也没提到单方面撤退。

约翰逊政府的和平方案以“马尼拉方式”（Manila Formula）表达出来。它提议，美军将在北越撤军之后六个月才开始撤离，而且暴力程度在撤军之前也必须降低才行。即使如此，美国仍将依照韩国模式，在越南留驻部分军队。民主党正式通过的党纲也主张，在军事作战结束后，在南越举行自由选举。后来共和党的政纲也要求越战“去美国化”（de-Americanization），军事战略改变，不是以“不惜代价求和”或矫饰投降为基础的谈判。因此，我们可以说当尼克松上台时，两大政党的每一派毫无例外都主张，河内必须先履行某些条件，美国才撤退。这一切代表的是妥协折中，不是投降。

美国立即、无条件、单方面撤军，也会造成难以克服的实际问题。美国有 50 多万大军与南越 70 万部队并肩作战，对付至少 25 万名的北越正规军部队，以及相同数量的越共游击队。尼克松就职初期就立刻承诺单方面撤军，势必将庞大的美国远征部队置于遭到美国背弃的盟友——南越——的怒火，以及北越的猛烈攻击下。

美国国防部估计，不可能在 15 个月以内组织好美军有秩序的撤退，在这段期间内，美军的地位将逐渐减弱到某一地步，而使残余部队变成南、北越的俎上鱼肉。即使有人假设，南越部队不会攻击美军，只会很快土崩瓦解，结果也会是在难以形容的大混乱之中撤退，尤其是河内必然会利用其日增的强势地位，提出更严苛的和平条件。单方面撤退只会造成可怕的血腥惨剧。

最重要的是，尼克松政府相信单方面撤离将造成地缘政治上的大灾害。花了 20 年时间才辛苦建立起自由世界对美国的信赖感，是自由世界结构的关键成分。由一位原本认同保守外交政策的总统，一百八十度地转变了美国历经四位总统的重大承诺，势必在美国的盟国间产生深远的幻觉醒悟，尤其是那些最依赖美国支持的国家，必会另有盘算，与他们是否认同美国的越南政策之细节毫无关系。

在这种情形下，尼克松政府认为需要有一项策略，可以影响河内重新评估其是否必能获得全面胜利，以及是否有能力迫使美国单方面撤军。因此，第二项方案就是试图通过政治、经济措施双管齐下，迅速求个结果。这项策略我本人相当支持，因为我认为它可以中止耗竭精力的国内斗争，也可以让政府转而做些团结人心的工作。这个方案有三大成分：一、国会支持继续作战下去；二、努力谈判，美国可以做出任何让步，但决不能串谋让共产党占领南越；三、修正军事战略，在南越境内集中防卫人口密集于北区，同时截断老挝境内的胡志明小道、柬埔寨境内的共军基地地区，以及对北越港口布雷封锁，以破坏河内的补给供应线。在四年内，这些措施全都获得推行，也逼得河内在 1972 年接受了它过去十年一直拒绝的谈判条件。如果这些措施能够全部在美军仍在越南拥有庞大地面部队的同时推动，其影响更具有决定性。

尼克松在他接任伊始，可以亲赴国会，陈述他对越战光荣结束的构想，要求国会支持，并且强调若国会不支持其做法，他别无选择，只有不顾结果可能有多可怕，都得单方面撤军。尼克松基于两点理由没有这么做。第一，他认为这等于是总统放弃职责；第二，他本人曾在参、众两院担任过六年的国会议员，他相信——而且正确——国会将回避做出清楚明确的抉择，最多只会给予他一些含含混混的支持，还要附带许多条件，只会让问题更扩大，于事无补。

起先，尼克松很踌躇要不要攻击北越的后勤补给系统。美国对苏联、中共的关系依然很不稳定，或许可能更加恶化，日后对美国弹性外交，政策贡献颇大的美、中、苏三角关系，可能会迟滞或受挫。大众希望越南局势可趋缓和，一旦受挫，或许反倒会进一步替和平运动煽火。军事后果会如何，太没把握，国内的代价都可能高到无法掌握。“前瞻策略”可能在尼克松的亲信顾问群中遭逢重大阻力，唯有改组内阁才能推动它，这一来要消耗掉总统太多精力，又可能伤害到其他重大、远程方案的成功。

美国人民似乎是要求政府同时追求两个不相容的目标：他们要结束越战，但是美国不能投降。尼克松和他的策士顾问也有这个两难心态。为了导引美国政策走出这些矛盾，尼克松选择了第三方案，即所谓的“越战越南化”（Vietnamization），不仅因为他认为这是精心规划的妙计，也因为在他的判断里，它能使美国从越南脱身时三个方面相对来说可以达到最安全的平衡，这三个方面即：维持美国国内士气；让西贡有机会可以自立；并且给予河内诱因来和解。让政策的这三方面间彼此保持某种可以掌握的关系，成为美国退出越南最大的考验。

美国民众要以美军撤离和认真谈判去担保；南越也要通过大规模的美援和训练，给它一个真正的机会去自保；美国也得用和平方案做胡萝卜，以及定期报复行动的棍棒，向河内警告：美国的自制与宽容是有限度的。“越战越南化”是非常复杂的一项策略，它有极大的风险，使得策略的三大因素不能同步发生；时间可能不够，政策也可能两头落空。它只能说是一项危险的任务，因为每次撤军都会使河内蠢蠢欲动，每次临去一击都会激起和平运动。

我在 1969 年 9 月 10 日，呈递一份备忘录给尼克松，这份备忘录的起草人莱克（Anthony Lake）当时担任我的执行助理，目前是克林顿总统的国家安全顾问。我在这份报告中申论“越战越南化”的风险，如果“越战越南化”拖得太久，群众的纷扰可能不降反升。届时政府可能陷于鹰派和鸽派之间两头为难——对鹰派而言，太宽容；对鸽派而言，又太好斗。预备用以安抚这两派的政府声明，“可以让河内搞不清，但也会使它确信可以撑下去”：

> “越战越南化”进行下去，将遇上日益严重的问题。
>
> ——美军撤退将变成美国群众爱吃的加盐花生：得寸进尺，贪得无厌，美军撤回国越多，就更会要求加速撤军。事实上，这将导致要求美方单方面撤军，说不定一年之内就会出现。
>
> ——美军撤得越多，河内就越发受到鼓舞。
>
> ——每撤走一个美国士兵，就使美国留在南越的士兵的作为相对地增加一分重要性，因为他将较前者代表更高的百分比。
>
> ——还留在南越的美军，士气恐将越来越难保持，还不用提他们的母亲。
>
> ——“越战越南化”不一定会使得美军伤亡人数减少，除非是到了最后阶段。我们的伤亡率或许也与总共有多少美军驻在南越无关，敌人只需要攻击一小部分美军就可以每周杀害一百五十名美国士兵。

备忘录指出，如果以上推论成立，河内将专心在心理上击败美军，而不是在军事上求胜；它会拖延战争、阻滞谈判，等候美国国内局势转坏——这个预测后来大体上都成了事实。

这份备忘录预见到许多日后我们遭遇到的困难；它却注定派不上用场。首先，它虽然指名呈送给总统，我却没有盯紧它送进椭圆形办公室。在华府，有好主意，并不能就必然有识货人。撰写备忘录，又不愿为它们而力争的人，很可能发现它们被束诸高阁，而不是用作行动的指南。一则是遭到激烈反对，再则是担心强力与河内摊牌恐会激起国内骚动，我从来没有强烈要求有系统地考虑此一方案。尼克松总统也不曾调查其可行性，几乎必定也是出于相同原因。只要任何一个涉及越南事务的政府机关没有表示保留意见，尼克松就没有理由去推翻自己赞成的“越战越南化”的决定。事实上，也没有任何一个政府机关表示保留意见，主要原因是他们慑于反战示威的声势，不想惹火上身。

我曾评估过此一抉择的痛苦，以便证明尼克松就任时，针对越南局势能做的抉择乃是两害相权取其轻而已。“越战越南化”将非常痛苦艰巨，并不能使得其他选择就较有吸引力。此一中心事实使得批评越战的美国人困惑，就和它在其他事例上令许多美国群众困惑一样：外交政策经常要在不完美的抉择中做决定。尼克松在越南局势上面临的抉择，可谓几乎都是不受欢迎的选择。经历 20 年的遏制之后，美国为过分扩张付出代价，已经别无简单的选择。

虽然“越战越南化”是一条有风险的路线，就大体而言却是可供选择的方案中最好的方案。它的好处是让美国人和南越人民，能接受美国最终将不能不撤退的事实。如果在无可避免地减少美军兵力的过程中，美国能够成功强化南越兵力——尼克松政府确实有心如此做——美国就可以达成其目标。如果此计不成，不得已只剩单方面撤军一途，则最后的撤出可以在美军已缩小到某一程度，混乱与羞辱的风险大减之情境下才进行。

此一政策展开之际，尼克松决心争取谈判，并要求我去执行此一任务。法国总统蓬皮杜的办公室替我和北越代表在巴黎进行的秘密谈判做事务性安排，几乎每次谈判完毕，我都会对他简报经过情形。有一回，我对似乎无法克服的僵局感觉特别沮丧，蓬皮杜以他务实的口吻，简洁地道出我的方向，他说：“你被判定非成功不可。”

公职人员没有权利挑选报效国家的时机，也没有办法挑选任务。如果我可以挑选，我一定会挑选一位比黎德寿更好相处的谈判对手。经验强化了他和他在河内政治局里的同僚的意识形态教条——游击战只有胜与负，没有妥协与折中。谈判初期，“越战越南化”打动不了他们。自信十足的黎德寿在 1970 年问道：“既然南越在 50 万美国大军的援助下尚且无法获胜，你又怎能期待单凭南越兵力就可占上风？”这也是我们一直挥之不去的大难题。经过四年的强化西贡、挫弱河内，双管齐下，使得成功希望似乎在望；即使如此，我们还得加上施行封锁，北越攻势失败，以及密集轰炸河内，才能迫使河内来签订协定。

美国人的经验里从来没有遇过一位敌人，夙怨难解，完全没兴趣妥协——甚至，设法把僵局化为武器。越来越多的美国人渴望妥协，但是河内领导人发动战争是为求胜，不是要谈判交易。因此，美国人争辩的种种议题，化为诸如停止轰炸、停火、为美军撤退定下期限、组织联合政府等等方案，都没能激起河内的兴趣。河内只有在遭逢严重压力时才肯交涉——特别是当美国恢复空袭，甚至对北越港口布雷封锁之时。可是，诉诸压力却又是令国内反战人士最生气的手段。

与北越的谈判分两个层级进行。参与冲突的四方，即美国、阮文绍政府、民族解放阵线（河内在南越境内的傀儡组织）以及河内政府，在巴黎的美琪饭店进行正式会谈。虽然花了好几个月时间辩论谈判桌的样式，好不容易才解决既让民族解放阵线代表落座，又不至于这么做将意味着西贡承认其合法地位的问题，使正式谈判立刻又搁浅。参加谈判的当事人太多，舆论界又密切紧盯，河内也不肯以平等承认对待西贡，甚至也不肯给予自己的代理人民族解放阵线平等地位。

尼克松政府因此只得继续所谓的私下会谈——也就是只限美方与北越代表参加的秘密会谈，这也是约翰逊政府下台前数个月，由哈里曼等代表所开始的秘密会谈。一旦黎德寿抵达巴黎，就意味着河内预备进行会谈。虽然在河内领导阶层中排名居于第五位，黎德寿却自称是北越代表团团长春水的特别顾问。

美国的谈判立场是军事议题和政治议题分开来谈，且自 1971 年以后就没有改变此一立场。这个方案要求停火，然后美军完全撤离，北越亦终止对南方之补给、增援。南越的政治前途，交由自由选举去决定。一直到 1972 年 10 月有所突破之前，河内的立场是坚持美军无条件定下全部撤离的最后时限，并且要解散阮文绍政府。美军撤军期限是开始谈判其他议题的先决条件，而且无论其他议题谈判是否成功，美方皆不能恢复派军。换言之，美国人要求妥协，河内却要美国投降。除非地面部队势均力敌才有可能妥协，否则毫无折中空间——并且，妥协也只有在势力相当时才会存在。

美方要求进行谈判，委派美国驻巴黎大使馆武官沃尔特斯（Vernon Walters）将军担任中间人。（沃尔特斯日后担负许多敏感的总统密使任务，先后出任中央情报局副局长、驻联合国常任代表，以及美国驻德大使。）诱使美国主动要求和谈是河内要建立心理优势的诡计之一部分，它显示出河内对美国国内舆情掌握得十分精确。如果黎德寿在巴黎逗留一阵子，美方政府代表仍不接触他，他就对新闻记者或访法的美国国会议员放话暗示，尼克松政府未能体会河内已经展露的和平意愿。由于美国国内争议炽烈，这种暗示必然被广泛传布；即使谈判在进行中，黎德寿也能够随时放话煽风。

1970—1972 年之间黎德寿每次到巴黎，都会在一段时间内进行五六次会谈。（我方也与春水有若干次单独会谈；但是，事实显示，黎德寿若未与会，双方会谈纯属浪费时间）

谈判程序一成不变，春水以北越谈判代表团团长身份开始了冗长的发言，重申我们这些出席美琪饭店会谈的人士听烂了的北越谈判立场老调，然后再把发言权交给“特别顾问黎德寿”。黎德寿身着纯棕色或纯黑色的毛式中山装，接着就开始长篇大论，畅谈其哲学观，并且穿插着越南人为争取独立而奋斗的故事。

直到谈判几近终止之前，黎德寿的论调一成不变：权力均势有利于河内，而且还会益发有利于河内；北越是基于政治目标而作战，因此美方提议停火、交换俘虏乃是荒诞不经之议，无从接受；政治解决要以美国推翻南越政府为起点。（黎德寿一度还好心地建议达成此一目标的方法——刺杀阮文绍）

所有这一切都以无瑕疵的礼貌外表呈现出来，一种透着道德高人一等的冷淡姿态，而且以不为愚昧的帝国主义者所撼动的马克思主义语汇表达出来。黎德寿在最深奥难解、需要借助意识形态指导才能解说的地方，也绝对得理不饶人。有一次在谈判中我要求暂停休息一下，运用了我自以为十分机灵的马克思主义形式来表达——我说：“客观需求”使得会谈必须暂停。即使这样故作幽默，也引来黎德寿滔滔不绝讲了十分钟，痛斥像我这样一位“帝国主义者”不应擅用马克思主义术语。

黎德寿这种冷漠态度的基本策略就是要表示，时间站在他那一边，因为他可以利用美国的意见分歧争取对北越有利之条件。会谈的第一回合于 1970 年 2—4 月间进行，他拒绝接受停火、为期 15 个月的美军撤退日程表、降低作战程度，以及柬埔寨中立化等提议。（有趣的是，在他喋喋不休

诉苦抱怨的谈话中，却绝口不提北越在柬埔寨的避难所基地遭到“秘密”轰炸这一段）

第二回合谈判在1971年5—7月进行，黎德寿又玩出新花样。民族解放阵线在公开的谈判桌上提出一项“七点计划”；黎德寿却在秘密会谈中提出一项略有出入、但更为明确的“九点计划”，特别是更坚持以“九点计划”作为实质谈判的基础。同一时候，共产党发言人却要求美方对其在公开会谈中提出的七点计划做答复。尼克松政府因为对北越谈判代表已明确声称不肯交涉的议案没有反应，而遭受舆论抨击。北越葫芦里卖什么药，一直隐蔽到尼克松公开揭穿其手法为止还秘而不宣；此时，河内针对“七点计划”提出两点“阐释”，它立刻又使得各方对尼克松施压。后来谈判结束了，我请教黎德寿，这两项阐释究竟说明什么要点，他微笑着答道：“什么也没有呀！”

第三回合谈判在1972年8月至1973年6月进行，终于产生突破。10月8日，黎德寿放弃其一贯主张的美国必须推翻西贡政府的要求，而同意停火；此后，事情就迅速趋向结局。黎德寿展现出他在严密防守时可以顽固、坚持，在寻觅解决方案时也可以精巧、灵敏。他甚至还改了作为开场白的演讲词，它虽然还是长篇大论，却歌颂、期勉要有进展。然而，认真谈判开始了，也阻止不了他惹人嫌的癖性。每天上午他的开场白一成不变就是：“你们做了重大努力，我们也将做出重大努力。”有一天，他略掉了形容词，只说：美方应做出重大努力，他会投桃报李也做出努力。我为了打破沉闷气氛，故意提醒他略掉了形容词。我这位对手泰然自若地回答：“我很高兴你注意到它；但是，昨天我们做了重大努力，你们只做出努力，因此今天我们得反过来做：你们应该做重大努力，我们只需做出努力即可。”

部分问题出在黎德寿只有一个目标，可是美国身为超级大国却必须有多个目标。黎德寿决心以胜利作为其革命生涯的最高荣耀；美国却必须从兼顾国内与国际因素的角度进行衡量，还得兼顾越南的未来及维护美国的全球角色。黎德寿拿捏美国人的心理，就仿佛熟练的外科医师对患者下手术刀一般；尼克松政府则必须多处作战，几乎没有机会进行攻势外交。

的确，从一开始到整个谈判过程里，尼克松政府就必须格外付出精力去应付各方对其诚意的抨击。尽管尼克松业已多次单方面地、不求回报地向河内示意，他还是在一就职后立刻被批评对和平的努力不够。到了 1969 年 9 月，美国已提议让民族解放阵线加入政治过程，也准予其加入混合选举委员会，美军已撤出一成以上兵力，也同意在和解后全数撤出——共产党方面对这些让步只会一再重申他们的标准论调，要求美军撤军，推翻西贡政府。

1969 年 9 月 25 日，纽约州共和党参议员古德尔（Charles Goodell）宣布，他将提出议案要求美军在 1970 年年底以前全部撤离越南。10 月 15 日，全美各地同时爆发反战示威活动。两万名群众中午时在纽约市金融区集会，聆听曾任约翰逊总统新闻秘书的比尔·莫耶斯（Bill Moyers）发表反战演说。纽黑文绿园（New Haven Green）也有三万人示威，五万人在白宫视线下的华盛顿纪念碑前集会；波士顿也有十万人集会听麦戈文参议员的反战演说，并且一架飞机在空中喷出和平记号，指称政府排斥和平。

美国例外论具体呈现在和平运动之中，不准任何人讨论撤出的可行性，并且把讨论撤出之举视为政府暗中希望继续作战的征兆。把越战转化成国内善与恶之间的对决之后，和平运动以自命道德高尚的理由，宁可见到美国在越南战败，而不愿因为出现“光荣”结局，而败坏了政府胃口，使它日后还想在国外有冒险举动。

这正是和平运动与美国政府之间无法找到共同立场的关键。尼克松三年之内把在越南的美军兵力由近 55 万人降低到 2 万人左右；伤亡人数亦由 1968 年的 16000 人左右，即总驻军的 28%，降低到 1972 年（交战最后一年）的 600 人左右，即驻军的 1% 左右。但是这仍不能缓和不信任或痛苦。因为最基本的歧见仍无法沟通：尼克松要“光荣”退出越南，可是和平运动认为“光荣”就是美国实质上无条件退出越南。

如果结束战争是唯一的目标，在批评政府的人士心目中，西贡政府就成为了和平的障碍，而非盟友。当初认为南越攸关美国安全的信念，早已被抛弃，剩下的感觉是美国在南越交友不慎，选错伙伴。批评政府的人士之新正统主张是，应该另组联合政府取代阮文绍，必要时美国应不惜切断对南越的经费援助。所谓联合政府的构想正是国内激辩主权谁属的议题的补救方案，此刻北越的和谈代表亦明确地表达，照他们的定义，联合政府正是共产党接管南越的客气说法而已。

事实上，北越设计出一套狡词迷惑美国百姓。他们发誓旨在组成一个三方“联合政府”，即由民族解放阵线（北越自己的马前卒）、中立人士，以及代表“和平、自由与独立”的西贡政府成员所组成的联合政府。就和河内许多厚颜无耻的伎俩一样，世人必须深加思索才能确定在表面冠冕堂皇、合理的方案下潜藏的真实意义。我们细加探究，才发现这个三方联合政府不是要统治西贡，而是要和民族解放阵线交涉谈判最后的解决方案。换言之，以一个共产党员主导的机构，与一个全然共产党的团体去谈判南越的政治前途。河内提议的是通过自身对话结束越战。

然而，议题出现在美国国内的讨论时，可就不是这样。富布赖特（William Fulbright）参议员在其著作《跛足巨人》（*The Crippled Giant*）中声称，关键在于两个对峙的极权主义者如何做选择。麦戈文参议员1971年主张在西贡成立“混合政府”，到了1972年他即将得到民主党提名为总统候选人时却改口，力主美军撤出越南，并且切断供给南越的军援。尼克松政府愿意冒险接受由国际监督的自由选举，来决定阮文绍政府的前途，但是它不肯推翻这个由其前任政府拥立的盟国政府，来促成美国退出越战泥淖。

和平运动认定的成功之标准，相当简单，就是越战是否真正停止。如果答案为否，就认为美国谈判不力。和平运动不肯谴责河内，不论其谈判立场，或其从事战争的方式，都不加非难，因此使得河内更加蓄意刁难、拖延。到了1972年，美国已经单方面撤退50万大军，西贡已正式提议举行自由选举，美国将于协定达成后四个月内撤出一切部队。阮文绍也同意在大选之前一个月下野。美国也提议组成一个混合委员会监督选举。这一切提议的先决条件是，由国际监督停火，互释战俘。但是这一切措施都不能使批评者减少对美方动机或政策的抨击。

时间月复一月地过去，美国国内辩论越来越集中在河内提出的先决条件——美国定下确切的撤军期限，以示终结战争的诚意。国会各项反战决议案（1971 年有二十二案，1972 年有三十五案）纷纷以确定撤军期限为主要题目。这些决议案并无法律约束力，使得提案人占尽便宜——与政府唱反调，又不必替后果负责任。终止战争最简单的方法莫过于一走了之，撤军回国——只是越南的问题根本就不单纯。

美国和平运动人士与北越、民族解放阵线和谈代表会面后，一再声称他们“知道”，一旦美国承诺确定期限撤军，决不反悔，战俘释放及其他问题的解决，将立可迎刃而解。事实上，河内从未做此保证，还是坚持 1968 年争取美军停止轰炸行动时用的老一套，同样含含糊糊令人焦急。黎德寿说，定下撤军期限可以为解决其他问题创造“有利的条件”；但是等到实际谈判时，他又坚持撤军期限一旦定下，不论有关停火或释俘的其他谈判如何，都应有约束力。实际上，河内的释俘或停火与否，是以西贡政府垮台为前提。黎德寿一再喋喋不休，仿佛在上政治学初级课程，其实骨子里这才是越战之所以发生的原因。

对美国国内大辩论最大的讽刺是，河内实际上根本就对美军单方面撤军没兴趣。讨论越战的许多文献，对于这一点依然不太了解。直到接近尾声时，河内从未偏离其一贯的标准公式：美军除了要定下不可更改的撤军期限，美国还得承诺在退出时推翻南越政府。它根本就对一厢情愿的美国国会议员提出的各种不同的撤军时间表没兴趣理睬，除了它们可以激发美国分化以外。为表示修好之意，在撤军时间表上略作让步，不会使北越改变其立场。依照河内的思考方式，越战的结果将由武力予以解决。她会高高兴兴笑纳各项献礼，但绝不至于让这些影响其交涉立场。反战人士认为，如果美国表现出格外的诚意，河内会变得理性些。这一点，他们大错特错。华府听到的河内种种说辞等于是迂回要求投降：无条件撤军，继则推翻南越现有政府，再以河内傀儡取代，然后当美国不再有牌可打时，就可利用战俘谈判予取予求，榨取美方更进一步退让。

事态发展显示，撤军大辩论象征着越战的转折，显示出政府的许多胜利事实上代价不菲。尼克松坚持其立场，不同意定下撤军期限，除非能换取其他的基本目标。但是，他的条件一旦达成之后，他就必须付出代价，同意全部撤军。南越因而将必须依靠自身力量，抵御美国任何盟国都未曾遭逢的强敌之侵凌，美国从来也未曾要求其他盟国去履行这些条件。美国部队进驻欧洲已有两个世代；朝鲜半岛停火后亦由美军保障逾 40 年。只有在越南，美国迫于内部意见分歧，同意不再驻留任何部队；因此，当她必须保护终于达成的协定之时，已经丧失安全系数。

尼克松分别在 1972 年 1 月 25 日和同年 5 月 8 日的两项重要演说中，定下美国的和解条件。这些条件是：由国际监督停火；释放战俘或交代清楚失踪美军的下落、生死；继续提供军事、经济援助给西贡；根据自由选举，由越南各政党去解决南越的政治前途。1972 年 10 月 8 日，黎德寿接受尼克松的关键方案，河内终于放弃她要求美国与她共谋，在西贡成立共产党政府的条件。她同意停火、释放美军战俘，并且交代清楚作战中失踪美军的生死、下落。阮文绍政府暂不受影响，美国也获同意继续提供军事、经济援助给阮文绍政府。

黎德寿在此之前根本不肯讨论这些条件，因此他发表了下述声明，象征着谈判的大突破：

> "此一新方案正是尼克松总统本人所提议者：停火、终战、释俘与撤军。……我们亦提出一些有关政治问题的原则。你们也有此提议。我们应交给南越各方去解决这些问题。"

日后的种种悲剧和争论都不能抵消我们这些制定美国政策的人士当时感受的振奋，因为经过整整四年的痛苦努力，总算成果在望，并且美国不必抛弃曾经仰赖她的人民。尼克松曾在许多场合宣称，倘若他的条件得到接受，他会迅速和解。1972 年 8 月 14 日，我曾经告诉阮文绍，如果河内接受尼克松总统的方案，不打折扣，美国将迅速签订一项协定。我们有责任信守承诺，我们别无选择、必须守信。如果我方拖延，河内将会公布其议案，迫使美国政府说明为何出尔反尔，不接受自己的条件，而引起国会表决中止经费拨款。

河内接受她过去一再拒斥的方案，有以下若干因素：由于针对北越港口布雷，造成其补给供应品耗竭；1970、1971 年美军对柬埔寨和老挝的北越庇护所轰炸奏效；北越 1972 年春天发动攻势失败；尼克松政府恢复轰炸北越，莫斯科与北京并未出面支持北越；加上担心一旦尼克松当选连任，将大力推动摊牌。

决定性的因素可能是，在评估 1972 年美国总统大选的结果时，河内谨慎的评估人有了重大的错误判断。河内似乎相信，尼克松胜券在握，必然以压倒性优势赢得连任，将使他在越战上得以放手一搏，全力施为。尼克松政府明白，新选出的国会不会再对尼克松的越南政策友善，甚至可能对他个人更加仇视。国会里已有几十个决议案要求停止拨付战争费用，其中的一个有可能获得通过——很可能就被附加在 1973 年初必须批准的追加经费法案中，这个追加经费法案是支付 1972 年击败北越春季攻势的开销。

我很高兴看到和平在望，也希望它能使美国开始国家融合的过程，并且重新建构形成战后美国外交政策的两党共识。和平运动总算可以达成他们要和平的目标，坚持要有“光荣”结局的人士也能满意其耐心坚忍得到的成果。我在阐述最后协定的条件之简报中，向四年来在美国国内争辩不休的敌手指出：“现在情势终于明朗，在这场战争中没有一方独占痛苦；在这场争辩中没有一方独占道德上风；现在我们终于达成协议，协议中，美国并没有越俎代庖要求盟国接受政治前途，而且这场协定也保持了各方的尊严与自尊；在中南半岛疗伤止痛之际，我们亦可在美国开始疗伤止痛。”

国家团结的一切希望，却在柬埔寨问题上彻底破灭。由于柬埔寨是美国在中南半岛各战场中，唯一不是尼克松继承自其前人的战场，它特别容易激发党同伐异的辩论，使得这些辩论变成越战期间最尖锐的争议。

我无意在这里重启这些争议，其中细节在我其他著作里已有讨论。基本上，批评政府的人士之指责可以归纳为两大点：尼克松无缘无故把战火延伸到柬埔寨境内，因此之故，美国的政策要为红色高棉（Khmer Rouge）共产党在 1975 年胜利后推行种族大屠杀，负起主要责任。

指责尼克松轻率扩大战争，乃是 1961—1962 年间为老挝局势所产生的战略性误解的再版。换言之，批评者认为即使河内在中南半岛三个国家都从事作战，战争仍可局限在南越境内进行。北越陆军已经在毗邻南越国境的柬埔寨边界建立庇护所网络，可以借由这些基地针对美军和南越部队，发动师级兵力的攻击。这些庇护所的补给供应，由借道老挝的胡志明小道而来，或者由柬埔寨的海港西哈努克维尔而来——都已经公然违背柬埔寨的中立地位。美军加速撤退行动之际，如果这个后勤补给网络安然无损，越来越少的美军对付兵力不减的北越部队，挟无限制外来供应之助，则南越与美军的军事据点必然难以扼守。尼克松政府因而做下战术决定，于1969年针对这些庇护所发动空中攻击，于1970年又发动地面攻击。空中攻击是反击北越对南越发动的一波波之攻击，在北越的攻势中每周有四百名美军阵亡，而且它亦违反了1968年美国停止轰炸北越时，河内与约翰逊总统的"理解"；美军的地面攻击则是保护美军部队撤离（每年达到十五万人）的一种策略。

不挑战北越的后勤补给基地，美国的撤军策略就不会奏效。在这两项决策上，柬埔寨当局都欢迎美国人发动的攻击，视之为确保柬埔寨中立地位的行动；毕竟，没有人邀请北越进入柬埔寨建立据点。

但是，美国这两项军事行动都在国内成为非常情绪化的议题，激起远超过军事策略层面的剧烈辩论。柬埔寨问题立刻被纳入有关越战的大辩论当中。政府的政策反映出战略需求；批评者的焦点则是战事本身的道德性瑕疵。由于美国人不能彻底明白革命意识形态的性质与残暴，更加激发了反战的态度。所有的证据显示，红色高棉的领袖早在20世纪50年代留学巴黎时期，就是狂热的意识形态挂帅的人物；他们矢志消灭柬埔寨现有的社会，要消灭任何略具"布尔乔亚"教育背景的人，以建立一个狂热的乌托邦。那种声称他们是因美国军事行动才变成血手屠夫，因而情有可原的说法，与说犹太人遭到纳粹屠杀的浩劫，乃是美国对德国实施战略轰炸而致，一样荒诞不经。

我无意利用本篇裁判何种情绪为何如此高涨的是非功过。但是，美国人自己必须反省认识，不论对美国决定介入柬埔寨是否明智有何最后裁判，可堪浩叹的是，红色高棉是下手的屠夫，而柬埔寨人民却因美国国内意见分歧而付出代价。反战人士使得美国无法继续支援柬埔寨政府的抵抗红色高棉屠杀行为，反战人士不曾了解在他们力主、最后亦促成的断绝美援之后，势必继而发生流血悲剧。不错，他们也为事后的悲剧大为震骇；但是他们对进行种族屠杀的屠夫的判断错误，在他们日后检讨时的反省中，却仍未痛加针砭，反倒推之于自己的同胞。

对一个社会的大考验即是，它在追求共同目标时能否捐弃歧见；以及它是否谨记，社会繁荣进步是因为能调和成见，而不是冲突斗争。美国在中南半岛的这个考验上败得很惨。

伤痕深重，以致和平亦无足喜悦。冀望协定能成为全国融合契机的希望淡化了，因为草约达成至实际订约中间隔了三个月之久，尤其是在1972年12月下半月还发生了美军轰炸机空袭河内事件。虽然民间损失十分有限，因此而爆发的反战示威风潮却使得协定虽于1973年1月27日签订，仍产生了一丝疲惫的松弛感。

就反战人士而言，河内接受美国的和平条件并未使他们缓和下来。他们担心，如果尼克松的光荣和平理念确立，美国或许有朝一日还会再涉入同样的国际行动，过度干预。在他们看来，越南不折不扣是个令人鄙夷的象征。因此，他们迎接和平协定时的怀疑心态，就与他们对战争与外交的行为一样半信半疑。反战人士纷纷声称此一协定是一出政治戏目，同样的条件四年前就出现了，而且它出卖了阮文绍——却不曾检讨，要求阮文绍下台，正是和平运动多年来的重要主张。

没有一种说法可以比指称美国与河内签订协定是为了影响国内大选，更不符合事实。实际上，尼克松曾计划在大选前签订协议将弊大于利；他在民意调查中领先之势已经无可撼动，若是激辩和平条件反会破坏其优势。他决定接受协议的动机，恰恰与批评者所指称的完全不同：他一再向美国人民担保，只要政府揭示的条件获得北越接纳，立刻就愿意签订协定，他不愿意以大选考虑来阻止协定的成立。

关于尼克松政府的越南政策，还有另一项持续得更久的神话，它指称尼克松没有必要把战争拖了四年之久，因为同样的和平条件在四年前就可以得到了。此说的缺陷在于它完全忽视了一切已知的事实真相。历史记录一面倒地呈现，美国的条件在四年前一再被北越拒绝接受，当它们一被接受，美方立即接纳。

当然，美国在中南半岛的努力到了1975年尽付流水，如果美国早就放弃其目标，同样的溃败可能提早出现；但是，美国政府与人民都没有要投降认输。1968 年的总统大选中，所有的候选人都主张妥协，而非投降；1972 年的大选，主张投降认输的候选人遭到彻底惨败。即使如此，读者还是可以有自由在回顾中下结论，认为在 1969 年应该以投降认输为目标。不过，在 1968 年的政治大选中，没有迹象显示美国人民或政党支持类似的结果。

但是，痛苦并不因为《巴黎协定》签字而告终。战事刚告结束，争议立刻转移到美国执行和平的权利何在这个议题上。尼克松政府的高级官员无不明白这个协定相当不可靠。我们已照尼克松一再宣示的，尽最大可能让步，可是国内的动乱使得政府没有太多回旋余地。

不过，尼克松和我，以及政府里许多高级官员都相信，如果北越恪守协定及禁止再行渗透的规定，凭协定里有关军事、经济问题之条款，南越即可抵拒来自北越可以预见的压力。然而，尼克松一直承认，北越可能违背协定，若无美国援助，其违规事实可能无法遏阻或抵抗。他预备提出经济援助的方案，以鼓励北越加入国际社会，如果以上种种措施都失败，在尼克松政府成员的脑子里，或在其公开发言里，都没有排除运用空中武力，以执行《巴黎协定》的可能性。

战事结束，美国政府即准备接受再一次实力考验，因为经验告诉它，在执行协定时很可能必须以实力做后盾。我们认为，在五万名美国子弟以身相殉后得到的协定，我们天经地义有权利，也有责任去护卫它。如果不是如此，任何美国对外签订的和平协定，只会是法定的投降文书。不去护卫和平的条件，等于是投降屈服。如果一个国家不被允许去执行和平条件，它不如放胆公开放弃其主张算了。尼克松和其主要顾问在许多场合一再宣示其防卫协定的意向。譬如，1973 年 5 月 3 日，尼克松在其年度外交政策报告里宣示："类似的（大规模违背协定）行为将危害到在中南半岛来之不易的和平成果。它将产生与我方重生对峙的风险。我们已在公开、私下场合正告河内，我们不会容忍违背协定的行径。"

过去五年的事态又重新出现。若是新当选连任的总统没有受到伤害，或许能坚持随时采取尖锐的军事措施以执行和平协定；但是，水门事件已经伤害到总统，此时他已经没有可能强势运作。即使数千计的北越卡车穿越胡志明小道，将近五万名北越部队进入南越，北越拖拖拉拉不肯对作战中失踪的美军之生死下落做出确切交代——凡此皆是违背协定的重大行径——反对派仍坚持尼克松没有权力执行协定，不论北越违约行径有多么严重。他们把这项协定视同他们一向主张的片面撤军协议。1973 年 6 月，国会否决在 8 月 15 日以后，继续拨款“让美国部队在柬埔寨、老挝、北越和南越，直接或间接支持战斗活动”，空中侦察也被列入禁止项目。1973 年 7 月，情势明确显示，国会不支持以经济援助北越的方案。

《巴黎协定》不会自行履行，从来没有一项协定会自动履行。北越依然以在其统治之下统一越南为目标，光凭在巴黎签署一份文件，不会使河内改变其永久目标。《巴黎协定》使得美国可以自越南的军事冲突中抽身；但是，南越的命运有待于美国的支持。国会必须裁定，美军退出中南半岛后，是否继续维持遏制式的政策。不幸，国会决定不这么做。

即使对南越的经援也遭到遏阻。1972 年，美国国会表决以 20 亿美元经援南越；1973 年，数额降为 14 亿美元；到了 1974 年，即使石油价格涨了四倍，经援数额又减半；到了 1975 年，国会讨论给予最后一笔赠款，约 6 亿美元。柬埔寨则一文也分不到，理由是这可以有助于保护人民性命——这是绝情抛弃的饰词，在其后发生的种族大屠杀之后，更成为冷酷的大笑话。1975 年，柬埔寨和南越在两周之内，相继被共产党攻陷，结束了美国人情感上的悲情，但是中南半岛的悲情才刚刚开始。

美国的理想主义，对战后世界秩序启发良多，却以自己的武器击败了自己。四位总统曾经界定越南攸关美国安全。两位不同党派的总统曾经认定美国的光荣，就是决不放弃信赖美国言语的人们。尼克松在 1972 年得以破竹之势赢得大胜而连任，即是以此立场为基础。就越南政策辩论的两方，依照美国的古典方式，都以道德绝对论自扰，从未寻求方法沟通双方歧见。

即使事隔 20 年，美国此一大辩论仍未得出客观论点，依然是责备他人大于从经验中吸取教训。共产党获胜迅速解决了越战时期一个长久的辩论——决策者是否借口一旦共产党得胜必然会爆发血腥屠杀，而继续作战不已。

当然，柬埔寨发生种族大屠杀，新统治者屠杀了全国至少15%的人口。南越的悲剧没那么惨烈，然而，仍有数十万的南越人被赶进“再教育营”（集中营的美称）。1977年年初，共产党当局承认关了约五万名政治犯，不过绝大多数独立的观察家认为，真实的数字接近20万人。至于南越民族解放阵线，多年来在西方国家被宣传是民主的联合政府中不可或缺的重要分子，等到北越征服后，却显现出它另有打算。1969年，民族解放阵线摇身一变，成为南越共和国临时革命政府。1975年西贡沦陷之后两个月，临时革命政府“内阁”开会，决定有限度地恢复南越境内金融机构的运作；成立顾问委员会，延揽反对阮文绍的若干非共产党政客加入，协助治理国务；临时革命政府与82个国家建立外交关系。

然而，河内根本不想要一个独立的南越出现，即使是共产党执政的南越也不行，必须防患于未然，以免产生铁托主义。“内阁”决议立即被宣告作废，顾问委员会不得运作，临时革命政府的大使们一个也没被派出国履任。南越政府由北越共产党干部和军官组成的军事委员会掌握。1975年6月，河内领导人和报章发起呼吁，要求国家早日统一——换言之，早日正式兼并南越——不到一年，南北越就归于一统。

虽然就严格的意义来讲，跟着倒下的骨牌只有柬埔寨和老挝，但全球其他地方许多反西方的革命分子却开始大受鼓舞。如果不是美国被认为已在中南半岛崩溃、因水门事件而民心士气涣散，并且因而退缩畏怯，大概卡斯特罗也不至于介入安哥拉、苏联也不会干预埃塞俄比亚。同时，还有一个言之凿凿的说法，认为若是南越在20世纪60年代早期就沦陷的话，印尼共产党在1965年企图发动的功败垂成的政变，或许就会推翻苏加诺政府，而肇致另一个战略灾祸。

美国为了她在越南的冒险行动，付出了与其可能的收获不成比例的重大代价。很明显，在如此一个难以自我界定的方向上投注偌大成本，绝对不智。美国一开始之所以介入，是因为她把原先在欧洲运作成功的政策，运用到在政治、社会和经济条件迥然不同的地区所致。威尔逊的理想主义不允许有文化畛域，可是集体安全的理论却是，安全不可分割，只要有一股线被抽离，整个国际秩序也会解体。

美国太过理想主义，不能基于国家利益制定其政策，又在战略理论上太过执着于普遍战争的条件，以至于不能掌控她不熟悉的，可又政治、军事目标缠结在一起的战略目标。美国人受到自以为其价值观可以普世通行的影响，过度低估了在一个深受儒教思想影响的社会要推动民主化的障碍，也低估了一个外力侵凌频仍的民族，追求政治目标时的意志力量。

或许由于越战而倒下的骨牌，造成的最严重、最深的创伤乃是美国社会的凝聚力也断送了。美国的理想主义深深影响着官员和反战人士，给予他们错误的观念，误以为可以轻易、迅速地把越南社会转化为美式民主社会。当这个乐观的想法瓦解，且情势显示越南距民主十分遥远时，无可避免就出现了失望之情绪。另外针对军事问题还有一个几乎不可理解的错误见解。由于缺乏评断的标准，官员经常误解问题，因此对问题陈述有误。当这些官员声称已在隧道末端见到光明在望时，事实上他们只是自以为如此；因而，评估有误，也就等于自欺欺人。

通常，能够上达高级决策人士的问题，也都是复杂的问题；单纯、没有争议性的事情在下层政府已有共识而解决了。可见，一旦做成决定，不管内心有多大的怀疑，决策者都会信守承诺；因此，他显示出的确定、自信表情，可能产生相当的误导；甚至，这些错误的假象还经常因为官僚有自我表功的倾向而更加深化。

揭发政府行政部门故意的误导言行，是新闻媒体和议会的重要职责，蓄意误导绝对不可取。但是，声称越南的基本问题会受到所谓信用差距的影响，此一说法纯属无稽之谈。美国是光明正大地进入越南，绝对没有偷偷摸摸溜进去。国会很清楚美国投入的程度，而且年复一年批准拨款。我们或许可以说，想要制止共产党占领一个新兴国家，乃是天真的想法，但是决不能像全国大辩论那样，集中火力抨击美国的核心价值。

这些激烈争论继续混淆了中南半岛的实际状况，在二十年里，历经两党四位总统的任期，产生了一段认识的真空期。美国唯有开始借由这段痛苦经验，汲取两党各自的教训，才能自越战煎熬中恢复。

第一，美国承诺投入战争之前，应该对她将面对的威胁之性质，以及她能实际达成的目标，有清楚的理解。她必须有清楚的军事战略，并对何谓成功的政治结果有毫不含糊的界定。

第二，当美国因承诺而投入军事行动，她就别无选择要争取胜利，一如当年麦克阿瑟将军所说："胜利是无可替代的。"匆促执行不能缓和疑惧；迟疑拖延会腐蚀耐心，从而伤害美国民众的意志。这就需要仔细评估政治目标，并且在决定参战前先评估达成目标的军事策略。

第三，如果民主国家内部互相争战的各党各派，不能有最低限度的自制，就没有办法执行严肃的外交政策。一旦战胜国内敌对人士成为政策的唯一目标，团结的希望将十分渺茫。尼克松深信，身为总统，责无旁贷必须保卫国家利益，即使违逆国内最激烈的异端分子也义无反顾——或许在当时，尤其需要有此勇气。可是，越南事例表明，总统也不能凭其行政命令进行战争。面对各方暴乱示威，面对国会决议案越来越倾向单方面撤军，以及新闻媒体的敌视与苛评，尼克松应该在其任内尽早对国会陈述其战略，要求毫不含糊地支持其政策。如果他得不到国会支持，他应该要求国会表决来清理这场战争，使国会也承担起责任。

诚如前文所述，尼克松不肯接受此一建议，因为他认为这是放弃行政部门的责任的行为，历史不会原谅这么做所肇致的骇人结果。这是一个光荣的决定，也的确是高度合乎道德与明智的正确决定。但是，依照美国的制衡制度，尼克松一肩挑起的重责大任，决非一人所能承担。

在越战期间，美国有必要了解自己的局限性。美国在其长久的历史中，超人一等的思想使她自命道德优于他人，也由于国家物资丰厚，得天独厚而有此思想。但是在越南，美国发现她介入了一场道德上模糊的战争，而且在这场战争中，美国丰厚的物质根本派不上用场。20世纪50年代电视荧幕上出现的和睦家庭，正是在文化上支持杜勒斯的高度道德标准，以及肯尼迪的理想主义之团体。在这些期盼中受挫，美国开始反躬自省。的确，没有其他社会对其最终的团结凝聚，有可以与美国匹敌的信心，因此她才不惜裂解开来省视，确信必能吻合复原。也没有其他民族像她这样英勇，为求更新而肯冒险犯难。就即时的结果而言，国内这一出戏剧乃是悲剧；然而，就长期而言，这个痛苦可以作为美国必须付出的代价，以便将过去迭有伟大作为的道德完美主义，拉回到认识远比过去较不和善、较为复杂的国际新环境中来。

越战经验依然深深镌刻在美国人心上，而历史却似乎仍对若干最动人的教训有所保留。美国经过内省检讨之后，恢复了自信；苏联，尽管表面上坚如磐石，却因道德、政治和经济上过分伸张而付出死亡的代价。经过一段扩张主义的阶段后，苏联发现自身陷入了重重矛盾之中，终致覆亡。

这些发展激起美国人对历史教训的性质的一些嘲讽式的反思。美国介入越战，冀望制止她所认为的幕后指使的共产党阴谋的野心，但是失败了。从美国的失败中，莫斯科得出一项结论，这项结论认为历史的相对力量已变得对她有利，使得主张骨牌理论的人士为之大骇。莫斯科因此试图扩张，将手伸至也门、安哥拉、埃塞俄比亚，最后进入阿富汗。但是在这个过程中，她发现地缘政治现象在共产主义社会和在资本主义社会，都一样有局限性。事实上，由于欠缺弹性，苏联的过度扩张，不是产生美国遇到的异化作用，而是土崩瓦解。

问题仍然无解：如果美国保持被动，听任历史进展去解决共产主义的挑衅，事情是否仍会照同一方向发展？或者由于美国此一不作为，使得共产世界获得推动力，坚信必能得胜，因而足以延迟，或者甚至制止苏联的覆亡？

姑不论学理上做出何种解答，政治人物必然不能采取不作为的政策原则。他或许可以在评估中学习修正其信心，为未可估计的因素预留余地；但是依赖时间来使威胁力量十足的敌手终致覆亡，乃是对数百万受害人无法慰藉的政策，也是使决策变成凭直觉冒险的不负责任行为。

美国在越战问题上的痛苦，乃是对其道德意识彷徨踌躇留下的特殊之证明，这一痛苦本身也对美国经验在伦理上有何意义这类问题，提供了极好的答案。经过一小段中断，美国人又在20世纪80年代重新寻回其意义。到了90年代，全球自由国家的人民再次企望美国导引，以重建一个国际新秩序。他们最大的忧虑不是美国傲慢自负介入世界事务，而是她的退出。这也正是为何我们应保持对中南半岛的悲伤记忆，以提醒我们：美国人的团结不仅是责任，也是世界之希望所在。

第二十八章

地缘政治的外交政策：尼克松的三角外交

勃列日涅夫与尼克松，1973年6月

尼克松其人及观点

就尼克松而言，美国撤出越南的痛苦过程归根结底，就是如何维持美国的世界地位之问题。即使没有这段煎熬，对美国外交政策的重大再评估也有其必要，因为美国几近完全主宰世界舞台的时代也接近尾声了。美国的核优势正在式微，美国的经济独霸地位亦受到欧洲和日本蓬勃成长的挑战，而欧洲和日本乃是因美国资源而复兴，也因美国提供的安全保障而受到庇荫。越南问题象征着重估美国在发展中世界的角色已到了迫切关头，也是在保守和过度扩张之间寻求适宜地位的紧要关键。

就另一方面而言，整个冷战时代共产主义阵营被视为坚若磐石，亦已出现严重缝隙。赫鲁晓夫 1956 年揭露斯大林统治的残暴不仁，苏联 1968 年入侵捷克，都削弱了共产主义对世界其他地区的吸引力。更重要的是，中共和苏联的分裂破坏了莫斯科是统一的共产主义运动首领之假象。因此美国外交亦出现了新机会。所有这些发展都显示，有相当的空间可供新的外交弹性转圜运作。

20 年来，威尔逊的理想主义使得美国领袖能以传教士般的活力去扮演其世界领袖角色。但是，60 年代末期的美国，外则受困于中南半岛局势，内则因国内冲突而分裂，需要对其国际事务有更复杂、更清晰的界定。威尔逊领导的国家，对国际事务很陌生，但自信有能力解决任何问题。尼克松继承的社会却为挫折所困遏，国家的前途在于它是否有能力建构可以达致的远程目标，以及面对拂逆是否不会自我怀疑还能维持这些目标。

尼克松继承的是几近内战的局势。尼克松本人对既存体制有深刻猜疑，相对地又受到许多既存体制的代表人物的不信赖，他却坚持其信念，认为美国作为世界民主国家的领袖，不能放弃其责任，也不能在命运面前退缩。美国少有其他总统像尼克松这么复杂：羞涩，可又有决断；缺乏安全感，可又意志坚定；不信赖知识分子，私底下却爱深思；谈话、声明偶尔冲动莽撞，可是在策略规划上又耐心且具远见。尼克松发现自己处于必须领导美国由独行其是过渡到领导世界的地位。尼克松在言谈上经常表现得气度狭窄，也不善表现出个人的和善可亲，可是却在最艰难的情形下通过了对领导者的严峻考验，把美国由熟悉的环境引领走向她素来陌生的崭新世界。

没有其他总统比他对国际事务具备更丰富的知识。除了西奥多·罗斯福总统之外，没人比他更多地到国外旅行，或努力以更多的真诚去了解其他国家领导人的观点。尼克松对历史的研究与认知，与丘吉尔或戴高乐不属于同一流派。他往往只略为涉猎某个国家的历史，足以理解当前状况的事实真相实貌即可——甚至往往还未必知道这么多。可是他具有一种禀赋，能够掌握他注意的任何国家之政治动态。他对地缘政治现实的了解亦确实不简单。尼克松在处理国内政治时，偶尔或许由于野心或个人欠缺安全感而扭曲，谈到外交政策方面，他强大的分析技巧和独到的地缘政治直觉，却能永远鲜明地以美国利益为重。

威尔逊主义者认为人性本善，国家之间的和谐可由集体安全得以维持；尼克松并未接受这种看法。威尔逊认为世界潮流无可抵挡，奔向和平与民主；美国的任务是协助世界向前进展。尼克松则认为世界上有友有敌；有合作领域，也有利害冲突。在尼克松的认知里，和平、和谐不是事物之本然，而是在扰攘不安的世界里偶见之绿洲，要靠十足的努力才能维持安定。

尼克松试图以美国国家利益的观念来领航——这个论点为许多传统的理想主义者所厌恶。如果包括美国在内的大国，能依理性、可预料地去追求其自身利益，尼克松相信——依据 18 世纪启蒙时期的精神——在利益相互冲突中可以出现均势。尼克松和西奥多·罗斯福一样，但与20世纪的其他美国总统不同，他依靠势力均衡去制造稳定，认为美国的强大攸关全球均衡。

这两个观点在当时都不合时宜。尼克松在1972年1月3日出版的《时代周刊》专访中表示：

> "我们必须记得，世界历史上享有相当长期和平的唯一时期，是势力均衡存在的时期。在某一国家与其潜在竞争者相继强大时，就会出现战争的危险。因此我相信美国要维持强势的世界。如果我们有强大健康的美国、欧洲、苏联、中国和日本，各自制衡，不要互相抵制，甚至能够均衡，我相信世界将更美好、更安全。"

同时，尼克松也反映出美国社会的本质矛盾——迫切需要被人视为冷静精明，可是又得仰赖从传统理想主义中汲取内在力量。说来也矛盾，尼克松最敬佩的美国总统是威尔逊，可是他自己的信条则一点儿也不具威尔逊色彩。每一位新任总统就职后可以挑选内阁会议室要悬挂的一些前任总统的画像，尼克松挑了威尔逊和艾森豪威尔两人的画像。当他下令把威尔逊用过的办公桌摆到椭圆形办公室时，好笑的是，白宫经办人员抬进来的，并不是威尔逊总统的桌子，而是格兰特总统的副手亨利·威尔逊副总统的桌子。

尼克松经常爱用威尔逊的论调，他说："我们命运中有责任赋予世界的不仅只是范例，其他国家过去也都能给予这些范例，我们要给的是精神领导与理想主义，并不是物质力量或军事力量所能提供者。"的确，他心目中拟追求的是没有自私自利的外交政策：

> "我可以代表美国声明如下：我们不贪图任何人的领土；我们也不想主宰其他人民；我们追求的是和平生存的权利，不仅是为了我们自己，也为了全球人类。我们的力量只用来维持和平，而非破坏和平；用来维护自由，而非摧毁自由。"

一位总统宣扬利他主义，可又几乎同时坚持世界的未来应由追求自身国家利益的五大强国去决定，这就代表美国经验的神妙综合。尼克松非常执着地认同美国理想主义，可谓深信威尔逊的国际主义和美国之责无旁贷。但是他也同样认为有责任把美国的使命与他认知的世界如何实际运转，综合以观。即使尼克松希望美国能够坚持威尔逊的价值，他也痛苦地了解到命运赋予他吃力不讨好的任务：美国曾派军队到世界各地宣扬、护卫这些价值，他却必须执行撤退任务。

尼克松的出发点也是美国例外论（American exceptionalism），不过他广泛结识的外国领袖让他了解到，这些外国领袖中能有利他精神者乃是凤毛麟角；坦白地说，他们绝大多数宁可相信美国的外交政策只有若干程度的可靠性，并且认为美国的国家利益比起利他主义更为可靠。这也正是尼克松何以宁愿同时采取两条路线的缘故：一面引述威尔逊论调以说明目标，一方面又诉诸国家利益以利其战术做法。

足够讽刺的是，尼克松对美国在追求世界和平时之角色的信念，却使他与许多同一世代的美国精英并不相同；这些人原先认同威尔逊主义，现在却支持尼克松认为的背弃美国的国际角色之政策。尼克松深深明白他自己的美国全球责任观，并不少于其前任总统，因此认为自己有职责要替理想主义的美国，在史无前例的、复杂的国际环境中，界定出可行的角色——也就是在尼克松心目中，威尔逊主义和现实政治要能整合为一。

战后初期的遏制战略，把美国投入到每一次国际危机的第一线。肯尼迪时期高唱旧调，替美国定下物质与精神力量皆力所未逮的目标。因此，美国的正义凛然变成自我仇恨，批评大肆运用国力，导致畏缩自卑。在这样的大环境下，尼克松认为其首要任务是要正确看待越南经验。美国的动态依然攸关国际稳定，但是美国亦无法再维持没有深思熟虑的干涉主义，比如没有求胜的战略就在中南半岛投入 50 万的美国兵力。人类的生存最终要取决于两个超级大国的关系如何，但是世界和平有待于：美国是否能分辨美国的角色是帮忙，还是不可或缺？或者美国能否在本身不分裂之状态下，维持本身不可或缺的地位。

尼克松选择了一个不太寻常的场合，透露他对这些难题的答案。1969

年 7 月 25 日，他首次抵达关岛，展开其由东南亚转赴罗马尼亚做环球旅行的第一站行程。那天早些时候，他目击人类首次登上月球后在附近太平洋中的约翰斯顿岛（Johnston Island）返回地球的历史镜头。现代新闻，即使在这个最神奇的历史大剧里也要力求突出，要求每个新闻周期都得有重大新事件可资报道。尤其是总统出访，更是不能冷场。关岛与太空人返回地点在国际日期变更线上不同边，因此此一历史事件被记录为发生于 7 月 24 日，也因此它算是另一个新闻周期的事件。

有鉴于此，尼克松选择这个时间揭示美国国际关系新的指导原则。虽然尼克松及其顾问经常讨论新途径，但从来没谈到计划在这个特定场合公开发表它。因此，包括本书作者在内，人人都吃了一惊，尼克松居然会在海外宣布美国新政策。此后被称为“尼克松主义”的新政策，后来在 1969 年 11 月一项演讲，以及 1970 年 2 月尼克松首次提出的总统外交政策年度咨文里，分别被加以阐释。外交政策咨文也是尼克松首创，借此列举其外交政策的基本前提。

尼克松主义处理了美国在第二次世界大战后两度介入战事（朝鲜战争与越战）的矛盾。因为美国在未有正式承诺的国家作战，在技术上未有任何同盟含义的地区作战。针对这些地区，为了不要过分伸张势力，也不要放弃职守，尼克松主义订立了美国干涉的三大标准：

> 第一，美国将信守条约承诺。
>
> 第二，如果某个核大国威胁到与吾人结盟的国家之自由，或威胁到吾人视其生存攸关我国安全之国家时，美国将“提供保护伞”。
>
> 第三，一旦涉及非核之侵略，美国将“依赖直接受威胁的国家，承担起提供防御之人力之主要责任”。

然而，事实不是那么容易被纳入正式标准的。美国担保会信守承诺，乃是烫手的芋头，由于不可能在事件发生前宣告要食言，承诺的可信度相当有限。总而言之，核时代的关键问题不是信守承诺与否的问题，而是如何去加以界定、诠释的问题。尼克松主义对盟国有关核战略的下述争议，并未提出指南针：核武器是否会动用？甚至残酷地说，在谁的领土上运用核武器？盟国是否将发动全面核战（主要将影响到超级大国），或只采取“弹性反应”（主要将威胁到受侵略国家之领土）？

所谓“攸关我国安全之国家”若是受到核大国的威胁，美国将提供保护，此一条款有两点歧义不明之处：如果美国只针对攸关其安全之国家受到核大国威胁，提供保护，试问：如果攸关美国安全的国家，被非核大国威胁时，美国的态度如何？或者说，当它受到核大国不以核武器威胁时，美国的态度如何？如果面临核威胁时，美国的支持多少已属自动发生的性质，试问是否必须先建立正式的盟约关系？

尼克松主义也要求受威胁国家，承担起本身传统防务的更大责任。但是如果受威胁国家寄希望于美国一定会支援，而不肯分担防务责任——尤其是面临核大国之压力时，试问：美国要怎么做？够讽刺的是，尼克松政府强调国家利益，却提供诱因让受威胁国家不需多尽力、增强防务努力。因为，如果美国果真以国家利益为主要目标，则它就必须防卫攸关其安全的任何地区，而不问受害国是否值得施援，或对共同防卫有何贡献。因此，所有这些难题日后都在“盟国分担负担”这个大题目下出现。

因此，尼克松主义主要涉及不受正式盟约保护、但受到苏联代理人威胁之地区的危机；事实上，这种危机为数极少。尼克松政府试图设计一套“主义”以避免类似越南的另一冲突，但却发展出主要适用于类似越南情势的主义，可是这类危机又是美国已矢志不再重复者。

不过，在尼克松接任之时，东西方关系已明显需要重新评估。与苏联的冲突促使美国涉入全球参与（global engagement），而在越南乱局之后，美苏冲突之战略亟待重新检讨。重新评估之所以难，在于整个冷战时期，美国国内针对遏制政策的辩论，是以典型的不计算地缘政治之美国模式进行：一方视外交政策为神学范围，另一方却视外交政策为精神病学的范畴。

艾奇逊、杜勒斯等遏制政策之父，对国际事务深具经验，基本上以神学角度来看待其规划。由于他们认定苏联有称霸世界的癖性，因此除非克里姆林宫放弃其意识形态，否则苏联领袖不会是合适的谈判对手。兼以美国外交政策以促成推翻苏联为主要任务，全面进行谈判或甚至只在外交上提出全面谈判蓝图，即使不是不道德的，也是不具意义的，除非美国能以“实力位置”迫使苏联改变其宗旨。

像美国这样的社会不曾体验到冲突不能解决的困境，又深信可以妥协来解决争议，很难有足够的耐心去执行如此僵硬的路线。许多相信艾奇逊和杜勒斯道德前提的人士，为了加速谈判的时程，声称苏联制度业已有了转型，或即将转型。美国民心亟盼结束对峙，使得强硬的遏制派也不能不注意到气氛之转变。杜勒斯仍为国务卿时，所谓的日内瓦精神和戴维营精神，即反映出此种新氛围。

照“精神病学派”的说法，苏联领导人对和平的需求，与美国人并无差异。他们之所以毫不让步，部分是因为美国使他们觉得不安全。这一派人士因而力促耐心，以便强化苏联领导人中的爱好和平派之立场。据他们说，苏联领导人分为鸽派、鹰派，与美国政府一样。美国全国大辩论逐渐转向所谓苏联内部变迁的强度，却未能解决那原始的困难。所谓原始的困难，即遏制政策明白在对峙与维持现状之间别无中间立场，从未解答要交涉什么的问题。

到了 20 世纪 70 年代初期，这两派学者都遭到一种新激进主义的挑战。40 年代的亨利·华莱士方式复活，并贴上了新的标签，在遏制政策上提出更加骇人的论调。它不仅如其前辈主张的一样，主张美国没有道德权利去反对共产主义，还断言反对共产主义只会助长共产主义。根据这派新激进主义，共产主义不需要被遏制，而需要存活。因为，最终如果它该覆亡，历史本身就会击溃它。

小说家诺曼·梅勒（Norman Mailer）描绘华盛顿一次示威游行时，主张美国无条件自越南撤军，就归纳了这种观点：

> “如果共产主义在亚洲盛行，就会出现分化、宗派。因此，美国退出亚洲也正好可以获致势力均衡。共产主义越是扩张，它的问题就越庞大，忙于料理其征服的世界就使它越软弱。共产主义扩张，就是它自身的遏制。”

新激进主义主张，击溃共产主义最好是依靠其自身的胜利，甚至可能也只有依靠其自身的胜利而达成，而不是经由美国反抗以达成。它等于是宣扬遏制政策的反面主张。过于扩张是共产主义衰弱的根源，共产主义越是扩张，它就更加必然溃亡。美国放弃抵抗共产主义，就种下了战胜共产主义的种子，这的确是小说家自相矛盾的说法。

梅勒的诗意得到更世故的学院分析师不露形迹的附和。学界巨擘加尔布雷思（John Kenneth Galbraith）等主张的“趋同理论”（convergence theory），事实上坚持，美国没有意义冒巨大风险去反共产主义，因为两个社会注定在自然发展中会变得越来越相似。

东西方关系也已走到死胡同。传统的遏制观念已导致外交僵局。它的主要替代方案乃一种异端主张，要求抛弃一个世代的承诺中所有的假设前提。但是，没有一位负责任的美国总统可以把其国家命运交给所谓历史的力量，迦太基遭到罗马征服者蹂躏后数百年，罗马也从历史上消失了，这对迦太基人又有何可告慰之处？

尼克松完全不接受这三派学说，决定以国家利益为美国长远的外交政策之基本标准。这种作为的最重要工具就是一年一度的总统外交政策咨文。自1970年起，他一连四年发表其美国外交政策年度报告。这些报告由笔者本人率同部属起草，反映出总统的观点，并以尼克松的名义发表。与所有类似的文件一样，作者是谁并无关宏旨，要紧的是总统承担起一切责任。虽然这些报告提出了新政府的观念途径，但它们在这方面并未完全成功。媒体只顾追逐事件、不重观念，除了有关越南的部分之外，对它们的大部分都视而不见。外国领袖则把它们当作是出于幕僚之手的作品，当报告所述及的情势的确发生时，再来重视它也不迟。

不过，就研究当时世局的人士而言，这些是了解尼克松时期外交政策的最佳地图；就新闻记者和外国领袖而言，也的确如此。但这些人在注意外交函电往来和日常事物之际，错失掉许多显著的暗示。报告的主要基调就是，美国外交政策此后将以国家利益之分析为依据，美国将依政治目标，而非法律原则之诠释而决定是否介入。尼克松总统1970年2月18日提出第一次的外交政策年度咨文，表述下列观点：

“我们的目标，首先就是要以坚定的外交政策，长期支持我们的利益。政策越是以切实评估吾人及他人之利益为基础，我们的世界角色就可以越有效。我们不因为已有的承诺而介入；我们有承诺是因为我们已介入。我们的利益必须影响我们的承诺之形成，而不是反其道而行。”

在英国或法国的国家文件里，这类陈述会被当做陈词滥调，不需要特别注意它。在美国，总统政策说明是基于国家利益，却属空前。尼克松在本世纪的每个前任总统，除了西奥多·罗斯福之外，都把美国的理想主义视为居于许多因素之上，或者不以永久参与国际事务的态度看待未来，而是就事论事。

报告指出，在应付苏联时，美国政策将以确切了解苏联制度的性质为基础，既不低估共产主义意识形态信念之深度，也不幻想共产党领袖“业已放弃或正要放弃其信仰”，美国也不能允许自己在情感上依赖对苏关系而决定政策走向。进步的标准就是以明确的协定表达出来，反映出相互利益而不是只有气氛而已。总而言之，要缓和紧张局势必须在宽广的阵线上去展开：

“我们看待我们的共产主义敌手，为追求其自身利益的国家，就好像我们也追求自身利益一般。我们将以其行为去评判他们，正如我们期待依照我们的行为而被人评判。明确的协定，及其建构的和平结构，将来自务实地容忍相互冲突之利益。”

1971 年的外交报告亦重申同样的调子：

“苏联的内部体制不是吾人政策的目标，然而我们亦不讳言不能接受其许多特征。我们与苏联的关系，就跟与其他国家的关系一样，视其国际行为而定。”

对国家利益的强调，受到了保守派人士的强烈抨击；尤其在越战结束，由国际紧张局势中释脱出来的压力减退之际。真正的问题不在于当时批评者所指责的尼克松过分倚靠苏联领导人（只要了解到尼克松强调具体细节，以及他对人性持悲观看法，就知道此说不确），而在于究竟什么是最适合阻止苏联扩张主义的战略。尼克松相信，在越南乱局之中，国家利益是抵抗共产主义扩张活动、维持民众支持的最佳判断标准。他的批评者则认为强调国家利益，乃是一种精神上的解除武装。

在决心阻止共产主义势力继续扩张方面，尼克松政府的观点与先前的艾奇逊、杜勒斯所见无异，与其后的里根亦难以区分。越战仍在激烈进行中，尼克松政府对下列诸项苏联的地缘政治或战略性威胁，都苦于应对：1970 年，苏联在古巴兴建海军基地事件，苏联地对空导弹移调苏伊士运河事件，以及叙利亚入侵约旦事件；1971 年，苏联在印度与巴基斯坦之战争时的角色；1973 年，就勃列日涅夫暗示将出兵干预以阿战争之反应；等等。直到福特政府时期，针对古巴派兵到安哥拉事件之反应，其态度依然如昔。

同时，尼克松政府对待遏制政策亦有异于艾奇逊和杜勒斯的作风，不把苏联社会转型作为双方谈判的先决条件。尼克松与遏制之父在此分道扬镳，选择了一条类似丘吉尔曾采取的途径——丘吉尔在 1953 年斯大林谢世后，主张与莫斯科会谈。尼克松相信，谈判的过程，加上长时期的和平竞争，会加速苏联制度的转型，并强化民主国家的力量。

尼克松揭示的谈判时代，作为一种战略，使美国得以在越战依然进行中，可重新取得外交主动。尼克松的目标是把和平运动局限在越南问题上，不让它使美国外交政策每一方面都瘫痪掉。尼克松的方式基本上亦非战术性质，他和他的顾问们相信，两个核大国在紧张缓和之状态下，很可能有暂时性的利益交集。核均势似乎正趋向某种稳定状况，或者说可以由单方面努力或武器控制谈判，去达成稳定均势。美国需要有喘息空间以便自越南抽身，并且替越战战后时期建构新的外交政策；同时，苏联或许也有更强烈的理由寻求喘息机会。苏联在中苏边境线部署重兵，暗示着苏联在相距数千英里的两个前线面临紧张局势，或许也已预备与美国试探政治解决之道，尤其是如果我们能在对中国开放方面获得成功的话——对中国开放是尼克松策略的基石。姑不论其意识形态信念为何，苏联领导人或许已在对西方国家关系上发展了相当的利害关系，而不想对峙冲突。在吾人观念里，苏联与西方的对峙冲突越是迟迟不发作，要把苏联帝国拼凑在一起的任务就越难以料理，尤其在其政治问题因经济迟滞而越复杂之条件下。换言之，尼克松及其顾问们相信，时间站在美国这边，而不是共产主义世界那边。

尼克松对莫斯科的观点比他的前任更加精细。他没有把美苏关系看做“全然或全无”的命题，而是一组解决程度各异的问题之混合。他致力把超级大国关系之间的所有因素拼组起来，求取一个整体的解决之道，既不像“神学派”主张的那么全然冲突对峙，也不像“精神病学派”主张的那般全然调和妥协。他想要强调有可能合作的范畴，利用合作的杠杆来修正苏联在两国不和睦范畴下之行为。这乃是尼克松政府给“缓和”（detente）下的定义，而不是对日后争辩的讽刺漫画。

这个“联系”（linkage）政策是以某一范畴之合作与另一范畴之进步相联结，它有许多障碍。许多有影响力的美国人迷恋武器管制之情，就是暗礁之一。20 年代的裁军谈判，即以把武器裁缩到不具威胁性之程度为标的，结果是彻底失败。这个目标到了核时代变得更加复杂，因为核武器的“安全”程度，根本就是完全矛盾的提法。我们也无法想象，如何在像苏联这么广袤的国家境内，去查验武器已裁至既定水准。要到了冷战行将结束之际，才算真正达成裁军目标。整个 20 世纪 60 年代和 70 年代，裁军是附属在减低特定的、可界定的危险这个目标之下的。所谓特定的、可界定的危险，其中最显著者即是防止突袭发生——这一切摆在“武器管制”的名目下去开展。

决策者并未预料到减低突袭之风险，会在武器管制谈判中成为关键问题。常识似乎指出，超级大国均具有庞大的毁灭力量，可以消灭对方，因此每一方都可以对对方施加无法忍受的损害。然而，1959 年兰德公司（Rand Corporation）分析家沃尔斯泰特（Albert Wohlstetter）提出可谓冷战时期最具创意的一篇研究报告，指出常识不足以指导核关系。核武器是由集中在相对稀少的基地之飞机所装载，因此就技术而言，在敌方发动之前有可能将其战略兵力摧毁掉。在这种情况下，先发动攻击的一方或许可以把对手的反击减低到可以忍受的地步，进而可以遂行自己的意志。同理推论，害怕受到突袭，可能诱发先下手为强的心理——也就是说为了避免受到突袭，就要先发制人。

照沃尔斯泰特的看法，核均势事实上相当不稳定。所谓先下手为强的第一击和反制而发之第二击，其间有何差异，成为国防分析家和武器管制专家争辩不休的议题。因此就又出现“双方可能有兴趣谈判，安排自保，免遭终极危险”的想法。哈佛大学、麻省理工学院、斯坦福大学和加州理工学院，出现了许多学术研讨会，探讨武器管制和战略稳定之理论与实务方案，让此后20年的决策者参考择用。

沃尔斯泰特这篇论文在战略分析中的贡献，和凯南1947年以“X”笔名发表的论文，对政府分析之贡献，可以前后辉映。从此以后，武器管制的外交谈判集中在限制核力量的组织及运作性质，借以将突袭的诱因降低到最低程度。

但是，武器管制本身就已经经纬万端，异常复杂。这个题目相当奥妙难解，令决策者和一般大众都十分焦虑。譬如，它过分简化了问题的性质。决定发动核战争的人，不会是熟悉这些武器的科学家，如果他们的了解略有误估，即使不会摧毁整个文明，也可以摧毁其社会；决策者将是不胜烦忧的政治领导人。何况，两大超级大国对此一新技术也都没有实战经验，因此为了要在核战争中占上风，势必得同时发射数千枚核弹头。然而，在整个冷战时期，苏联从来没有一次同时试射三颗以上的导弹，美国则从来不曾自发射井发射过导弹。（这是因为美国的发射井，位于美国中部地区，华府担心如果试射导弹掉到地面，会引发森林大火。你瞧，信心只有这么大。）

因此，突袭之危险事实上受到目标相互冲突的两组人马之夸大：一派希望扩大国防预算，以免遭到突袭；一派则激发对突袭之恐惧，作为缩减国防预算的理由。由于此一议题错综复杂，在陈述技巧上就大有学问。而且，情感因素纠缠极深，我们不易判别，专家是否因科学研究而获致其结论，抑或他们借科学之名来支持其预设结论——往往后者情形居多。遗憾的是，决策者必须受制于意见极为分歧的科学家们之建议；而科学家们又花了成年累月的时间去研究核议题，但政治家却只有数小时去思考它们。就脆弱性、准确性和可估算性等奥妙题目的辩论，已经达到中古时期对神学争议不休的地步；事实上，这些长久不止的哲学上之歧义见解，可以远溯到遏制政策出现之最早阶段。

20 世纪 70 年代对武器管制争辩最激烈的时期，保守派批评者警告说，苏联领导人不可靠，苏联意识形态敌意十足。主张武器管制的一方却强调，武器管制协定有助于关系和缓之整体气氛，未必就逊于实际获致协定的贡献。这又是“神学派”和“精神病学家”昔日的辩论，披上技术之外衣重新出现。

起初，武器管制直接附属在遏制理论上面。依赖实力地位与武器管制论并存，以求使遏制较不危险。随着时间进展，武器管制很明显使得遏制越来越成为常态。政治解决之议很少有人提起，两大阵营也几乎不去尝试谈判政治解决之道。的确，在武器管制派人士觉得世界越来越安全之时，政治人物越来越没有理由离开熟悉的位置，投向政治解决此一情况未明的怒海。

危机来了又去。事件由东南亚发展到加勒比海和中欧，但是双方似乎都在等待对手在历史演变的冲击下或多或少地自行溃败。在某一方的历史演变观明显占上风之前的时段，借着武器管制谈判，生活可以差堪容忍。这似乎是僵持的大环境：政治论（遏制）解决不了军备竞赛，战略论（武器管制）也解决不了政治冲突。

尼克松就在这样的气氛下执政，加上受到国会与新闻媒体的压力，于是迅速与苏联进行武器管制谈判。他很不情愿在苏联部队占领捷克还不到六个月的时候，就装做若无其事地进行外交交涉。最起码，他要防止武器管制被错误判断为苏联扩张主义的安全阀。尼克松政府决定要判别，苏联力图让比其前任强硬的——换言之，对苏联利益威胁较大——美国政府镇静下来，这一点是否可以用来争取苏联合作，借以消除对柏林的威胁，缓和中东的紧张局势，并且最重要的是，终止越南战争。这套方法被称为“联系”，引起极大争议。

身为政治人物的一项主要职责就是，了解何种主题真正互有关联，可用来互相补充。大体而言，决策者在这方面的判断差别不大，毕竟，是现实把事件连接起来，而不是政策去把它们纠合在一起。政治人物的角色就是在关系存在时认识到它的存在——换句话说，要创造出诱因与惩罚网络，以产生有利的结果。

尼克松在 1969 年 2 月 4 日，也就是接任两周之后，在一封给内阁阁员的信中陈述他的国家安全观点如下：

> "我深信，在甲地有危机或对峙冲突，在乙地却又真实合作，不能长久并存。我体会到前任政府的观点是：当我们在甲议题上发觉与苏联有共同利益，我们就力求获致协议，试图尽可能把它与另一处的冲突之上下波动隔离开来。这在文化或科学交流等许多双边实质问题上，可能相当稳健；但是，在当前的重大议题上，我相信我们必须寻求广泛推进，明确显示我们认为政治与军事议题之间有关联。"

有关联系原则的争论就是要把尼克松的基本前提由单纯化为模糊。冷战乃是两个超级大国之间的敌对关系。尼克松坦率地指出：选择某一地区关系去改善，却又在所有其他地区继续对峙，实在荒唐。在尼克松及其策士们看来，选择性的缓和紧张关系乃是必定会伤害民主国家的策略。根本没有道理把武器管制如此复杂、奥妙的题目，用以考验和平是否有希望，可是同时又听任苏联的武器暗助中东冲突，甚至在越南杀戮美国人。

联系的观念在外交决策圈遇到了若干风雨波折。美国外交政策官僚体系大部分是由一些热诚的人组成，他们献身于美国社会，也视外交决策为其正统的行业，因此他们能够把自己对美好新世纪的见解，付诸实践。舒尔茨国务卿日后曾喟叹官僚体系斗争永远休止之时，这些外交官员的意见也就在这个体系中备受熬炼。美国外交政策受限于人事流动、时间变迁，及针对高度特定问题提出对策等因素，很少以整体观念去思考。临时针对局部事项处理，发言的人很多，谈到整体策略，则根本乏人问津。必须要有一位异常坚毅的总统，且又深谙华府官场之道，才能打破此一旧习。

尼克松企图把开启美苏战略武器谈判，与政治议题之进展结合来谈，但遭到了武器管制派与克里姆林宫问题专家两方之反对。前者只想设法达成武器管制，后者只相信美国外交政策应该设法在克里姆林宫鹰派和鸽派的政策争端中，协助鸽派抬头。官僚体系故意玩弄手段，破坏尼克松总统致阁员函件中揭示的政策，向新闻媒体泄漏，说武器管制本身就应是政策目标。虽然未经“批准”就对外泄漏消息，可也从来没人出面否认此一说法。1969 年 4 月 18 日《纽约时报》刊载，“官员”形容对苏武器协定是“尼克松外交政策的最大目标”。4 月 22 日，《纽约时报》又披露，“美国外交官”预测六月间可以进行战略武器限制谈判。5 月 13 日，《华盛顿邮报》引述政府人士的话，指出 5 月 29 日以前应可就开始谈判之日期达成协议。针对尼克松宣示武器管制应与政治议题联系的立场，这些官僚不正面对抗，而是逐步增加压力去修正它，每天拿出一些评论，技巧地把政策推向他们采取的立场。

政府之外的分析人员不久也发动他们的批评。1969 年 6 月 3 日，《纽约时报》称美国把贸易限制与其他议题扯在一起，是“自己打自己”，是“冷战政策”“与尼克松政府宣示的由对抗转为谈判、合作时代之政策相抵触”。《华盛顿邮报》也深入探讨此一论证。它在 4 月 5 日说：“现实十分错综复杂，很难让任何一位总统相信，他能把如此多的鸭子排列整齐。武器管制有其价值和紧迫性，完全与政治议题地位不相干。”尼克松有意以迟滞战略武器限制谈判为手段，来扩大与莫斯科之对话。官僚的行动，加上哲学观点的殊异，消耗掉了尼克松可以节省下来的资产。

我们不能说，政府的方法立刻成功，1969 年 4 月，美国派出未来的国务卿万斯到莫斯科，授权他同时就战略武器限制和越南问题进行谈判，但都告失败。这两个议题太难拿来对比：战略武器谈判的结果，太不确定；河内领导人又太倔强难缠。每一个议题的谈判都将旷日持久，实在太难同时并进。

但是，到最后，尼克松及其顾问们还是设法使各个不同的政策互相扶持支援，并且开始奏效。因为尼克松政府借由戏剧性地对中国开放，设法为对苏联关系趋于和缓创造出重大诱因。棋赛里，大家都知道抢夺越多地盘的人，选择就越大，而对方相形之下就会觉得限制重重。同理，在外交上，一方有较多的选择，另一方的选择相对就少，她在追求其目标时就必须更加小心翼翼。的确，在这种局势下，可能就会产生诱因让对手寻求放弃其作对角色。

一旦苏联不能再仗恃世界最强的国家与世界人口最多的国家之间的长久对立——即使中苏被视为已开始合作——苏联强悍不妥协的空间就会大为缩小，甚至消失。苏联若是持续摆出威胁姿态，可能反而会强化中美合作关系，因而不能不略为修正态度，在60年代末期的环境下，改善中美关系成为尼克松政府对苏策略的关键因素。

美国传统的对华友善在1949年因中共赢得内战并于次年介入朝鲜战争而结束。代之而行的是蓄意把中共统治者孤立在北京的政策。代表此一心态最显著的例子之一，即是1954年日内瓦中南半岛和会时，杜勒斯拒绝和周恩来握手那一幕——17年之后，周恩来以总理身份在北京接见我，还记得这段往事，问我是否也是不肯和中共领导人握手的美国人。两方之间唯有靠彼此驻华沙的大使，保持唯一的外交接触，他们不定期会晤，互相拌嘴吵架。60年代末期至70年代的中国“文化大革命”期间，除了驻埃及大使之外（原因不明），中共所有驻外大使悉数奉召回国，中止了华沙会谈，华府和北京的外交或政治接触也全部中断。

有趣的是，最早察觉中苏分裂有机可乘的领袖是欧洲外交政坛的两个老人：阿登纳和戴高乐。阿登纳根据一本他刚读完的书，在1957年左右就开始谈到此一话题，不过当时的西德根本不够分量推行全球政策。戴高乐就不觉得有此限制，他在60年代初期就正确地预见到苏联在中苏广大的边境上问题严重，这会使得中、苏都要寻求与西方国家有较为合作的关系。戴高乐因而相信，这个事实将加速法苏和解。由于莫斯科面对的中国问题，莫斯科和巴黎可望谈判打开“铁幕”，实现戴高乐提倡的“由大西洋到乌拉尔山的欧洲”大一统目标。但是，戴高乐的法国也没有强大到足以实行这样的外交革命。莫斯科没把巴黎当作可以平起平坐谈和解的对手。然而，虽然戴高乐的政策规划因为由法国本位一厢情愿的思考而有所扭曲，但他的分析观察可谓颇有先见之明。美国的决策者有很长一段时间，由于意识形态的定见所限制，未能体会到中苏不和是西方国家的战略大良机。

美国的对华观点依照冷战的熟悉模式而分裂。一小群中国问题专家，把不和认为是心理因素，他们促请美国把联合国的中国代表权席位交给北京，并且通过广泛接触缓和紧张局势，来处理中国的不满。然而，绝大部分的意见则认定，中共是无可救药的扩张主义者，意识形态狂热偏执，倔强地坚持要搞世界革命。美国之所以已经卷入中南半岛战争，不容讳言是因为中共为首的共产党阴谋占领整个东南亚所致。传统的认识是，远比苏联的案例更甚，在可以考虑谈判之前，中国的共产主义制度必须先改造。

这个观点从另一批没料想到的人士那里得到声援。十多年来力主与莫斯科维持长久性质对话的苏联问题专家，在对华态度上却反对对话。尼克松的第一任期之初，一群前驻苏联大使，为了华府首次对北京发出示好信号而不安，向尼克松提出警讯。他们力称，苏联领导人对中共的不睦十分偏执，因此美国企图与北京改善关系，会导致与苏联的冲突面临无法接受之危险。

尼克松政府不认同此一国际关系观点。把像中国这么大的一个国家，排除在美国的外交考虑之外，等于是让美国把一只手绑在背后到国际上去运作。我们相信，增加美国的外交政策选择，将使莫斯科立场转化，而非趋于强硬。尼尔逊·洛克菲勒 1968 年角逐共和党总统候选人提名时，我曾替他起草一份政策声明，提到："我将开始与共产党中国对话。在华府、北京和莫斯科之间微妙的三角关系中，我们加强对她们两者之选择，也就增进了与任何一者互相包容的可能性。"尼克松则更早就提出一模一样的观点，其用词吻合美国传统的世界共同体观点。1967 年 10 月，他在《外交季刊》上撰文说：

> "就长期观点而言，我们根本不能让中国永久排除在国际大家庭之外，独自孕育幻想、坚持仇恨和威胁邻邦。在这个小小的地球上，不可能听任十亿人口愤怒地在孤立状况下生活。"

尼克松在争到总统候选提名后不久，就变得更加明确。1968 年 9 月，接受某杂志专访时，他声称：

> “我们必须不能忘掉中国。我们必须不断寻求机会与她谈谈，也与苏联谈谈。我们必须不只注意是否变化，我们也必须寻求机会制造变化。”

到最后，尼克松达成其目标，不过中共之所以重新加入国际社会，是出于害怕遭过去的盟友苏联攻击的心理，大于计及与美国会谈或许有利的因素。尼克松政府没有立即了解到中苏关系的此一方面，还是因为苏联本身的行动才被提醒注意。苏联外交政策弄巧成拙，把克里姆林宫最担心害怕的事助长起来，这不是第一次，也不是最后一次。

1969 年春天，中苏部队在乌苏里江双方边境发生了一系列冲突事件。根据过去 20 年的经验，华府最初视之为这一定又是中共偏激领导人挑起这些争端。但是，苏联外交手法拙劣，引起美国重新评估。苏联外交官把苏联版的事件经过，向华府仔细通报，并且追询：如果冲突升级，美国将持何种态度?

美国在此一议题上显示出并不特别关切，苏联却破天荒地急切要咨询华府态度如何。这使得我们自问：苏方向我们巨细靡遗地详做通报，可能不只是意在筹谋对中国发动攻击那么简单。由于苏联的简报激发了美方做情报研究，更增强了此一疑虑，因为情报显示：这些冲突一成不变都发生在苏联的主要补给基地附近，离中共通信中心很远——这个形态令人不免怀疑，判断是苏联部队实际上先动手侵略。其他证据也加强了此一分析的可信度，因为苏联迅速沿中、苏 4000 英里长的边境部署重兵，很快就超过了 40 个师的兵力。

如果尼克松政府的分析正确无误，一项重大国际危机已在全世界不知不晓中酝酿着。苏联若是对中共实施军事干预，将是古巴导弹危机以来对全球均势的最严重威胁。针对中国施行勃列日涅夫主义，意味着莫斯科将试图让北京政府像去年的捷克一样，屈膝臣服。世界上人口最多的国家，因而将屈服听命于一个核超级大国——这将是可怕的中苏集团复活之征兆，也是50年代令人不寒而栗的噩梦。苏联是否有能力实现这样一个大计划，的确不太肯定。然而，明显的是：这个风险冒不得，尤其是苏联政府一向以地缘政治观念思考其外交政策，美国更是不容任何险着。如果认真看待势力均衡的问题，则任何可能爆发地缘政治动乱的情况，都必须加以抵制。一旦变迁已发生，再要反对就太迟了，最起码，抵制的代价也会呈现指数增加之势。

这样的考虑导致尼克松在1969年夏天，做了两项不寻常的决定。第一个决定就是抛开构成现存的中美对话之全部议题。华沙会谈定下的议程十分复杂，耗费时间。各方都强调本身的愤懑：中共要谈台湾的前途，以及被冻结在美国的资产等问题；美国方面则寻求中共宣布放弃对台湾动武、中国加入限制武器谈判，并且解决美国人对中国提出的经济权利主张。

中、苏、美三角关系

尼克松决定将关注的重点集中在中国对与美对话的态度这个较为广泛的议题上。优先重点摆在确认中、苏、美三角关系的牵连范畴。如果我们能够确认我们的猜测为真，即苏联与中国彼此之间畏惧对方之心，远大于他们对美国之戒惧——美国外交上就会有一史无前例的大好机会。如果关系能在此一基础上改善，传统的议程悬案自然水到渠成，会有解决；如果关系不能改善，传统的议程也就依然不得解决。换言之，实质议题会因中美关系修好而解决，不是替如何修好定下限制。

为了实施把两极对峙的世界转化为战略性的三角关系之策略，美国在1969年7月宣布一系列的单方面主动议案，来显示态度已有转变。原先不准美国人前往中华人民共和国旅行的禁令取消；美国人可以携带价值一百美元的中国制物品进入美国；也准许在某一限量之内的美国货物输往中国。这些措施本身都不算太具重大意义，但是旨在传达美国有了新作风。

罗杰斯国务卿在尼克松的许可下，于一项重要演说中透露了这些信号。

他在1969年8月8日于澳大利亚宣布，美国将欢迎共产党中国在亚洲、太平洋事务上，扮演重大角色。如果中共领导人放弃他们内省式的“世界观”，美国将“开启沟通渠道”。罗杰斯的谈话是二十年来美国历任国务卿，对中国最温和的谈话。他吁请各方注意，美国在经济领域单方面采取若干主动，旨在“提醒中国大陆人民，我们对他们之历史性友谊关系”。

但是，如果1969年夏天真正有苏联进犯中国之险，就不会有充分时间让这些复杂局势逐渐暴露出来。因此，尼克松采取或许是他任内最大胆的措施，向苏联提出警告，如果她进攻中国，美国不会视若无睹。不管中国即时对美国持何态度，尼克松及其策士们认为，中国的独立是维持全球均势不可少的因素，也认为与中国的外交接触，攸关美国外交弹性。尼克松向苏联提出警告，也是具体表示出他的政府新策略将使美国政策以仔细评估分析国家利益作为基础。

尼克松关切苏联沿着中苏边境部署重兵，批准在1969年9月5日发表一份措词强硬的双边声明，声称美国“深为关切”中苏爆发战争。副国务卿理查德森（Elliot Richardson）奉命传递此一讯息；理查德森的职位可以令苏方明白他是代表总统发言，同时也不致让美国正面向苏联的挑战过于明显：

> “我们不会利用苏联和中华人民共和国之间的敌对，求取利益。这两个共产主义巨人之间意识形态的歧义，不关我们的事。但是我们不能不深为关切，这一争执的逐渐升级将破坏国际和平与安全。”

当一个国家宣称放弃利用另外两方之间的冲突求利，事实上也就是宣示它有能力这么做，另两者最好节制自己以保持此一中立态势。同理，当一个国家表示她“深为关切”军事行动之可能性，也就是传达她将会帮助她确定的侵略行动之受害人——虽然帮助的方式尚未明确表示。尼克松因此可谓本世纪美国历任总统中最特殊的一位，他表露出：预备支持一个20年来美国并无外交关系的国家，他的政府迄今与这个国家亦无任何层次的接触交往，甚至这个国家的外交官和媒体一有机会就痛诋美国“帝国主义”。它揭示出美国又回到现实政治的世界来了。

为了强调新作风，每一年的总统外交政策咨文都要强调美中关系改善之重要性。1970 年 2 月——华府与北京之间出现任何直接接触之前——外交咨文呼吁与中国展开务实谈判，并且强调美国不会与苏联勾结，对付中国。这当然是向莫斯科警告的反面说法；它暗示，华府在情势逼迫下有其选择可考虑。1971 年的咨文重申美国愿意与中国建立接触，并且再向中国担保，美国没有不良意图：

> “我们预备与北京建立对话。我们不能接受其意识形态观点，或者共产主义中国必然在亚洲施展霸权的理念。但是我们也不希望对中国施加一种国际立场，否定了她的合法国家利益。”

这份咨文再次重申美国在两大共产主义中心之间的冲突中，保持中立立场：

> “我们不会有任何动作去激化此一冲突，也不会去鼓励它，认为我们会与一方勾结，去对付另一方，乃是荒谬的想法。同时，我们也不能允许共产中国或苏联指挥我们的政策，去对付另一方。我们对中国、对苏联，不仅要听其言，也要观其行。”

一再声称放弃与任何一个共产主义巨人勾结，等于是邀请他们都与华府改善关系，也等于是向他们警告，继续对美国保持敌意，后果自行负责。就某一程度而言，中国与苏联都计算到他们需要美国的善意，也担心美国偏向其敌手，因此他们都有诱因改善对美关系。两者也都被明确告知——的确，信息摆在那里，谁都可以明确读到——与华府拉近关系的先决条件就是节制，不得威胁美国的重大利益。

事情的发展显示，要界定对华关系新架构容易，要实现它却不易。美国与中国之间的孤立十分彻底，彼此都不知道如何与对方接触，也不知道如何去找到共同语言进行沟通，但可以向对方担保：修好并非陷阱。

中国方面的困难更大，部分原因是北京的外交十分微妙与间接，大部分超越我们在华府的官员。1969 年 4 月 1 日，也就是尼克松总统宣誓就职两个多月之后，即将被任命为毛泽东的继承人的中共国防部部长林彪，向中国共产党第九次全国代表大会提出报告，不再用在此之前美国是中国头号大敌的说法。林彪形容苏联同样对中国有重大威胁，这一来，三角外交关系的基本先决条件已经完备。林彪亦重申毛泽东 1965 年接见美国记者斯诺（Edgar Snow）讲过的话——中国在其国境之外没有任何部队，并且除非中国领土受到侵犯，也无意对外掀起战争。

毛泽东的信息未受到注意，部分是因为中共过分高估斯诺在美国的重要性。斯诺是长期同情中国共产党的美国记者，北京领导人认为他在美国对中国问题享有特殊的可信度。然而，华府认为斯诺是共产党的工具，不预备相信他享有的秘密。毛泽东故意在 1970 年 10 月 1 日中共国庆日观礼台上，把斯诺安排在他身边，美方没有注意到其中的意义。毛泽东 1970 年 12 月接受斯诺访问时，表示他愿意邀请尼克松以访客身份或以美国总统身份，到中国大陆访问；这个信息，美方也未予重视。虽然毛泽东还指示译员把笔记递给斯诺过目（以示具诚心邀请），华府却从来不知道有此一邀请，直到数个月之后通过其他渠道已安排好尼克松访华之行时，才知道有这一段公案。

与此同时，美国与中国在 1969 年 12 月于华沙恢复外交接触。但是，与过去一样，并没有令人满意的进展。尼克松指示十分干练的、谨慎的美国驻华沙大使斯托塞尔（Walter Stoessel），利用社交场合接触中国驻波兰大使馆代办，邀请他恢复大使级会谈。斯托塞尔的机会在 1969 年 12 月 3 日到来，场合挺怪异的——南斯拉夫借华沙文化宫举办时装表演。中国代办完全没有得到北京的训令，指示一旦遭到美国外交官接触时应该如何对应。斯托塞尔好不容易堵住其译员，这个信息才得以传递出去。到了 12 月 11 日，中共代办终于接到指示，知道如何与美方交涉，才邀请斯托塞尔到中国大使馆，恢复华沙会谈。

但是，双方几乎立刻发生僵局。双方的标准议程都没有可以探究地缘政治根本问题的空间——根据尼克松的观点，后来发现毛泽东、周恩来也有同感，中美未来关系的发展有待于这些地缘政治的根本问题如何解决。甚至，这些问题在美方而言，还得通过向国会及主要盟国咨商的繁冗过程，如果能有何进展，这些进展也必然缓不济急，且人人有成见。

结果是，华沙会谈在美国政府内部制造的争议，更大于双方在会谈中的争端。因此，尼克松和我在 1970 年 5 月，听到中共以抗议美军攻击柬埔寨越共庇护基地为借口，中止大使级会谈的消息时，反而如释重负。此后，双方都试探是否还有比较具弹性的接触渠道。巴基斯坦政府满足了此一需求。双方接触步调加快，在 1971 年 7 月我秘密访问北京时，达到最高潮。

中国领导人是我所遭遇到的对手中，最能接受尼克松式外交手法的一群人。他们和尼克松一样，认为传统的议程是次要的，最要紧的是找出是否有可能在一致的利益上合作。这也就是为什么日后毛泽东见到尼克松，开口就说：

> “台湾是小问题，世界才是大问题。”

中国领导人所要的是，美国担保不会与克里姆林宫合作施行勃列日涅夫主义；尼克松所要的是，想知道中国是否可能与美国合作，对付苏联在地缘政治上的攻势。每一方的目标本质上都是观念性质，不过，迟早这些观念都必须化为务实的外交做法。双方提出其世界观后的说服力，出现了某种共同利益的感觉——尼克松在这方面十分拿手。

基于这些原因，中美对话初期阶段主要集中在协调观念与基本方法上。毛泽东、周恩来与日后的邓小平，都不简单。毛泽东是有远见的、冷静的革命领袖；周恩来是高傲、有魅力、干练的行政主管；邓小平，则是具有根本信念的改革者。这三个人反映出详细分析的传统，也是古老中国经验的精华，能够分辨何者为常经，何时应权变。

他们的谈判作风与苏联领导人大相径庭。苏联的外交官几乎绝口不谈观念问题，他们的战术是，选定莫斯科当下关切的一个问题，纠缠不休，旨在令对手疲乏而不是被说服，而获致一项决议。苏联谈判代表的坚持与死硬，强调苏共政治局的一致意见，反映出其纪律严酷，也透露出苏联政治的内部张力，把政策变成累死人的零售叫卖，葛罗米柯就是这一派人士的典型。

中国领导人代表着在感情上更为安全的社会。他们比较不在意计较小地方，而着重建立信心。尼克松与毛泽东会谈时，毛一点儿也不浪费时间，开门见山就向尼克松表示，中国不会用武力对付台湾。“我们可以暂时不去管它（台湾），等个一百年吧！”对美国人想了 20 年的这个担保，毛泽东没要求美国回报。

我在和周恩来起草《上海公报》时，一度建议拿掉中方版本中一句话，换上美方版本，可又担心周恩来可能反对它。他说：“这样子谈不出结果的。如果你能说服我，为什么我们的字句不妥，我就听你的。”

周恩来的态度里不是出于抽象地表示善意，而是因为他确实把握住长期的优先秩序。当时，中国需要重振信心，斤斤计较这些小节，有违其利益。照毛泽东的说法，主要的安全威胁是苏联：“目前，来自美国的侵略，或者来自中国的侵略，都是小问题；因此，你要把部分军队撤退回国，我们则是不要派兵出国。”换句话说，中国并不怕美国，甚至也不怕美军在中南半岛作战；她不会向美国的重大利益挑战（不管美国在越南要怎么办），只关切来自苏联的威胁（日后又衍生出来自日本的威胁）。为了强调他重视全球均势，毛泽东还说他自己那些反帝主张是“空弹”。

这个方式先谈观念、回避实质问题，缓和了我们初期接触的矛盾。1972 年 2 月，尼克松签署《上海公报》，替未来十年的中美关系提供蓝图。《上海公报》有个破天荒的特征：它有一半以上是双方各自表述在意识形态、国际事务、越南和台湾问题上面的不同观点。奇妙的是，双方见解不一的部分却给双方有同感的主题赋予重要意义。它们确认：

> ——中国和美国之间关系正常化之进展，符合全体国家的利益。
>
> ——双方都希望减少国际军事冲突的危险。
>
> ——彼此都不在亚太地区寻求霸权，也都反对任何一国或国家集团建立类似之霸权。

——彼此都不预备代表任何第三者谈判，或针对其他国家，彼此达成协议或了解。

抛开外交辞令，这些协议表示，最低程度上，中国不会有任何举动加剧中南半岛或朝鲜的紧张局势，中国和美国都不会与苏联集团合作，并且两国都反对任何国家想主宰亚洲的企图。由于有能力主宰亚洲的另一国家就是苏联，因此可以说中美已心照不宣地结盟阻止苏联在亚洲的扩张主义（与英、法在 1904 年以及英、俄在 1907 年达成的协约没有不同）。

一年之内，美国与中国之间的了解，更加清楚，也更加全球化：1973 年 2 月双方又公布一份公报，中国与美国同意将“共同”（由《上海公报》中的“个别承诺”升级）“抵抗”（由“反对”升级）任何国家在“世界”（由“亚洲”升级）建立霸权的企图。仅只一年半的时间内，中美关系由尖锐对立、孤立的情形，进展到实质结盟共御头号大敌。

《上海公报》及促成公报之外交折冲，夸大一点来说，使得尼克松政府能够建立崭新的和平架构。美国一公布对中国开放，国际关系的模式就起了戏剧性大变化。日后，西方国家常称对华关系是“打中国牌”，仿佛紫禁城里的中国领导人之政策，可以在华府设计似的。事实上，“中国牌”从来不曾打过，也不存在。美国政策的作用是，建立一个架构，在国家利益相合时能够彼此支持。

在尼克松及其策士的分析里，只要中国恐苏大于恐美，中国基于自身利益就会与美国合作。同理，中国之反对苏联扩张主义，虽然吻合美国与中国之利益，却绝不是对美国施惠加恩。尼克松对于中国领导人，尤其是周恩来的思路清晰，大为折服。周恩来一点也不要求美国在中苏冲突上明明白白选择立场。美国借着与两大共产主义巨人都有更亲近的关系，而不是偏袒其中之一，谈判地位反倒最坚强。

美国对中国开放，提供给我们一个很好的个案去研究外交决策者之个性。后来视为新转折点的，通常是来自一系列不经意的行为，很难分辨何者是蓄意去抉择。由于中美关系是在 20 年的完全孤立之后才发展，每件事情都是全新的，因此对日后发展都有影响。双方是基于需要而修睦，不管谁在各自国家内当家主政，都得相互修好。但是，中美关系进展之顺利、迅速与范围广泛，都得归功于双方领导人的坚持和精明；就美方而言，更是因为它破天荒地强调国家利益之分析。

毛泽东以上承中国 3000 年世代相袭的大一统而自信心十足。他在发动“文化大革命”、坚持共产主义意识形态之后，此刻正要在中国外交政策上注入若干务实做法。中国数世纪以来，都以远交近攻为治夷策略，毛泽东深以苏联扩张主义为忧，在对美开放上面也师法同样的策略。

尼克松不介意毛泽东的动机是什么。他的主要目标就是，美国在外交政策上重新主动。尼克松追求他所谓的美苏“谈判时代”的来临以克服越南乱局，他不依靠个人关系，也不靠苏联回心转意，而是依靠平衡诱因，使苏联能更有弹性。

美国对中国开放之后，苏联在两个阵线上受到了挑战——西有北约组织，东有中共。就另一方面而言，在苏联的自信达到最高点、美国的自信沉沦之际，尼克松政府设法重新洗牌。这让苏联明白，全面战争对苏联风险太大。对中国开放之后，苏联即使发出非全面战争的压力，也变得非常危险，因为这有可能加速中美修好的速度。一旦美国对中国开放，苏联的最佳选择将变成寻求她自身与美国缓和紧张关系。基于她可能比中国有更多东西可与美国交换的理论，克里姆林宫甚至想象，她可以影响美国和苏联成立对付中共的准结盟关系——勃列日涅夫在 1973 年和 1974 年两度向尼克松如此建议。

美国基于新的外交政策做法，不预备在任何势力均衡态势中，去支持强者对付弱者。作为一个最有能力扰乱和平的国家，苏联应受激励去缓和已有的危机，并且避免在两面受敌之情势下再惹出新危机。中国也有能力打破亚洲均势，基于需要美国的善意对待，也应受到节制，而可以对苏联之冒进达成抑制之效。通过上述做法，尼克松政府试图与苏联解决实际问题，并且与中国在全球范围维持对话关系。

虽然许多苏联事务专家警告尼克松，与中国改善关系，不利美苏关系发展，事实却恰恰相反。在我秘密访问中国之前，莫斯科在勃列日涅夫和尼克松高峰会谈这件事上就拖了一年多，迟不安排。她提出一大堆条件，才肯安排高峰会议。可是，我密访北京后一个月内，克里姆林宫就改变主意，邀请尼克松到莫斯科会谈。苏联领导人放弃逼美国单方面让步的作为后，美苏所有的谈判就开始加速进行。

尼克松是自西奥多·罗斯福以来，第一位以国家利益为号召执行外交政策的美国总统。这个做法的缺点是，在美国人民心目中起不了情感共鸣作用。虽然尼克松经常提到和平的架构，架构却是一种工具，本身不会使社会的心灵激发出承诺——尤其是被灌输了“美国例外论”的社会。国家利益，也不像历次总统外交政策咨文所陈述的那么明白易懂。因为缺乏长久建立的传统，美国领导人对国家利益这个观念，就没有英国、法国或中国领导人那么放心。即使在最合适、最宁静的条件下，要建构尼克松式的外交政策传统也要花掉一个总统四年任期的绝大部分时间。

尼克松在他的第一个四年任期中，都没有太多机会进行这类启迪教育工作，因为美国社会饱受抗议示威之苦，美国政府也为共产主义的威胁而忙碌不已。至于他的第二个任期，则一开始就受水门事件之困。面临被弹劾之虞的总统，不可能被接纳为重构传统思考的领袖。

同时，尼克松与其策士提出的新做法，也着实不符合美国的意识形态传统。20 年前，杜勒斯国务卿把他的现实主义分析，披上美国例外论的外衣；10 年之后，里根总统在推动美国群众支持其外交政策时，给了它理想主义的外表，但是就其运作内容而言，却与尼克松的主张没有太大不同。尼克松的两难是在于，杜勒斯或里根的论调于他都好比火上加油。若是在比较平静的时代里，尼克松取杜勒斯或里根的论调，可能又太睿智了。

尼克松的外交政策新做法越是理所当然，它所回避的祸害也消退之际，尼克松（和我）的做法就变得越有争议性。若无水门事件，尼克松或许能让美国接受其外交主张，并且显示出这事实上是实现美国理想主义最务实的做法。但是水门事件和越南问题使得美国无法产生社会共识，虽然尼克松在中南半岛悲剧之情境下，仍使美国居国际主导地位，但他的第二个任期却目睹美国社会上下对美国在世界之角色有格外激烈的辩论，尤其是对美国应以何种态度对待共产主义，争辩特别激烈。

第二十九章

国际紧张关系的缓和与不满缓和者

福特总统与多勃雷宁大使（左）和勃列日涅夫（右）在海参崴，1974 年 11 月

借由退出令人心士气低落的越南血战，并且把美国的注意力重新投注在更广泛的国际问题上，尼克松政府锻造出形容得略为夸张的“和平架构”。美、苏、中三角关系打开一系列重大突破之门；结束越南战争；协议保证能自由进出分裂下的柏林；苏联影响力在中东地区大减，也开始了以阿谈判程序；以及召开欧洲安全会议（后来在福特政府任内完成了）。这些事件环环相扣，大有关联。

欧洲外交领域自从 1961 年东西势力范围确定以来已相当固化，“缓和”（detente）为它带来新的流动性、不定性。直到勃兰特（Willy Brandt）1969 年 9 月当选西德总理之前，历任西德政府都坚持，波恩才是代表德国的唯一合法政府。联邦德国拒绝承认东德政权，任何政府（除了苏联之外）承认了东德，她就与之断绝外交关系——这就是所谓“哈尔斯坦主义”（Hallstein Doctrine）。

柏林墙 1961 年垒起来之后，德国统一问题就逐渐从东西方谈判议程上消失，德国人追求统一一事暂时冻结起来。这几年里，戴高乐试探独立于美国之外、单独和莫斯科谈判的可能性，主张与东欧“缓和、协商和合作”（detente，entente and cooperation）的政策。他的希望是，如果莫斯科把欧洲视为自由的代理人，而不是美国的附庸，克里姆林宫领导人在面临与中东交恶的情势下，可能会被诱导而放松对东欧的控制。戴高乐希望西德多少能与华府保持距离，并且追随法国的对苏新方针。

戴高乐的分析正确，只是过于高估了法国利用国际形势转趋灵活的能力。联邦德国不预备背弃强大的美国。不过，若干德国领导人倒是掇拾戴高乐的观念，认为西德或许具备巴黎所欠缺的谈判筹码。戴高乐展开其棋局时，勃兰特正担任西德外交部长，了解戴高乐见解的玄妙。他记得，支持戴高乐方案的那些德国人，未能把握住形势，“（戴高乐）将军不会追求他们的欧洲核威慑之梦（他坚决反对德国参加）。他们也忽略了下述事实：他在设计缓和政策，却永远得不到联邦（德国保守政党）的右翼之支持，实质上就多方面而言，是替我们的‘东进政策’（Ostpolitik）铺路”。苏联在 1968 年侵占捷克，使戴高乐的主张终止，但是讽刺的是，此举却替 1969 年出任西德第一把手的勃兰特打开了大门。

勃兰特提出当时还令人惊骇的理论：既然依赖西方国家已产生僵局，应该通过德国与共产主义世界修好之路，来追求两德统一。他力促西德承认东德附庸，接受对波兰之边界线（奥得 – 尼斯河线），并且改善与苏联的关系。东西方关系和缓下来，苏联在两德统一问题上可能就不会那么僵硬。起码，东德百姓的情况或许可以获得改善。

起初，尼克松政府对勃兰特提出的东进政策的态度极为保留。两个德国互相引诱，她们或许到最后会如阿登纳和戴高乐所担心的，在某种国家主义的中立主张上，取得一致立场。联邦德国有比较吸引人的政治、社会制度；共产党方面占便宜的是：她一旦获得他国外交承诺，其承认就不会被翻案，而且她握有两德统一的关键。最重要的是，尼克松政府为西方阵营的团结担心。戴高乐业已使法国退出北大西洋公约组织，并且自行与克里姆林宫和解，而破解了西方对莫斯科之统一阵线。华府对于西德独立自主、脱离阵营，颇为惊骇。

勃兰特的方案得到的动力越多，尼克松及其助手就越了解到，无论东进政策有何缺陷，替代方案仍更危险，情势业已越来越明显，哈尔斯坦主义已不再可行。到了 60 年代中期，波恩已修正其对东欧共产主义政府的做法，借口是他们并没有自由自行决策。

然而，问题当然并非如此简单。60 年代里，谁也不相信莫斯科会听任其东欧附庸未经过重大危机就崩溃。任何源自德国坚持其国家期望的危机——或者以此名义提出而产生之危机——都极有可能使西方国家的联盟分裂。没有一个盟国愿意替造成其战时生灵涂炭的德国是否统一，而出头冒战争之风险。赫鲁晓夫威胁要把柏林的通行权交给东德共产党政权时，西方盟国并未立即有所反应。同样也不例外，柏林墙的竖立，象征德国分裂，西方盟国也选择坐视。多年来，民主国家对德国统一的主张口惠而实不至，毫无实际作为，大西洋盟国的德国政策已告破产。

尼克松及其策士因此接纳东进政策作为必要的政策，不过他们也认为勃兰特和阿登纳不同，对大西洋联盟从来没有感性上的坚持。世界上只有三个国家有能力打乱欧洲战后现状——美、苏两大超级强国，以及德国，如果她决定不顾一切追求统一的话。60 年代，戴高乐的法国曾尝试打破原有的势力范围安排，并未成功。但是，德国身为欧洲最强大的经济体，又是在领土上遭到最大折磨的国家，如果她决定解决战后体制，其后果之严重恐怕难以忽视。当勃兰特显示出有意自行向东方阵营试探时，尼克松政府认为，美国应该支持他，不要阻挠，免得西德因而脱离北大西洋公约组织，甚至与欧洲共同体越行越远。

甚至，支持东进政策也使得美国在结束持续 20 年的柏林危机上有着力之处。尼克松政府坚持，一定得把东进政策与柏林通行权“严格挂钩”，也得把这两个问题与苏联整体节制一并论及。由于东进政策是以德国的具体让步为基础，即用承认奥得 – 尼斯河国界线以及东德政权，以交换关系改善等无形的东西——勃兰特得不到国会的支持，除非他能在柏林通行权及与之相关的自由上面，获得具体的新保证。否则，柏林深入在东德境内 110 英里之处，随时可受共产党侵扰，而东德的主权又已受到国际社会的承认，完遂了斯大林与赫鲁晓夫当年以封锁和最后通牒要挟所求之心愿。在此同时，波恩并没有足够的力量可以自行推进柏林问题之解决。只有美国具有足够的力量可以抵拒因柏林孤立而潜伏的压力，也只有美国有足够的外交力量可促成柏林通行程序的改变。

柏林能够在苏联控制的地区内被团团围住而又保持合法地位，是基于一个法理上的假设：它在技术上仍由第二次世界大战的四个战胜国“占领”。因此，有关柏林问题的谈判必须由美国、法国、英国与苏联等四国来洽商。苏联和勃兰特——通过其极为干练的亲信巴尔（Egon Bahr）——都向华府求助，希望能够打破僵局。通过错综复杂的谈判，四国在1971年成立新协议，保障西柏林的自由，以及西方国家进出柏林的权利。此后，柏林不再是国际危机焦点清单上的对象。当它再次出现在全球议程上时，已是柏林墙拆除，德意志民主共和国瓦解之时。

除了有关《柏林协议》之外，勃兰特的东进政策也促成西德与波兰、西德与东德，以及西德与苏联之间订立友好条约。苏联会如此重视、强调西德承认由斯大林划定的边界线，事实上就显示出她的式微和欠缺安全感。联邦德国是个分裂的国家，表面上怎么会向一个核超级大国挑战？同时，这些友好条约给予了苏联很大的激励诱因以节制其行动，至少在谈判及等候批准之时可以有此效果。这些条约送到西德国会审批时，苏联不敢轻举妄动，怕破坏了它们获批准的机会；国会批准后，苏联也十分谨慎，免得把西德又激回到阿登纳的政策中去。因此，当尼克松决定对北越港口布雷封锁，并且轰炸河内时，莫斯科噤不做声。只要尼克松在国内政治地位稳固，缓和政策就可以成功地把东西方阵营在全世界的一切问题统一起来。如果苏联想从紧张关系缓和中收获其利益，他们也得对缓和有所贡献。

在中欧方面，尼克松政府可以把若干谈判相互联结在一起；在中东方面，它却利用缓和政策为安全网，同时亦降低苏联的政治影响力。60年代期间，苏联已成为叙利亚和埃及的主要武器供应国家，也是激进的阿拉伯团体组织、技术方面的支持者。在国际论坛上，苏联扮演了阿拉伯立场的代言人，而且经常替他们最激进的观点辩护。

只要维持住这个模式，外交上有所进展就可以说是苏联支持的结果，但同时僵局中也有危机重起之虞。要打破僵局，只有各方全都正视中东固有的地缘政治现实方可——以色列太强大（或可以被塑造为太强大），以致集其全体邻国之力也击不垮；而且美国有反对苏联干预之力。尼克松政府因此坚持，在美国进行和平程序之前，不只是美国的盟邦，而是全体当事国都得表示愿意牺牲。苏联有高度的能力能提升紧张程度，但是却没有方法使危机完结、或以外交手段促成其友邦的目标。她可以威胁说要介入，一如 1956 年那样；但是经验一再显示，美国一旦反对立场强，苏联就倾向退缩。

因此，中东和平之关键握在华府手中，而不是握在莫斯科手中。如果美国仔细出牌，要么苏联会对真正的解决有所贡献，要么她的一位阿拉伯友邦会与苏联分道扬镳，转向美国。不管是何种情形，苏联在激进的阿拉伯国家中之影响力，将会降低。这也是为何在尼克松第一个任期的早期，我会有充足的信心对某位新闻记者透露，新政府将寻求把苏联的影响力逐出中东。这段不谨慎的谈话虽然会引起风波，但它却正确地描绘出尼克松政府即将奉行的政策。

苏联领导人不了解本身战略上的两难，试图引诱华府支持必会加强苏联在阿拉伯世界地位之外交作为。但是，只要苏联继续供应大量武器给予激进的中东国家，加之她们的外交方案又如出一辙，美国不会有兴趣与莫斯科合作——不过，认为与苏联合作本身就是目的的人士，并不明白这一点。就尼克松及其顾问的观点而言，最佳策略是彰显出苏联煽动危机的能力与她解决危机的能力是不相称的。若是阿拉伯国家的冤屈有理，美国愿意支持她，借以鼓励阿拉伯的温和立场。此时的苏联只有参与中东的外交交涉，否则不能不缩到一边去。

美国在追求此一目标时，采取两项互补的政策：对于苏联军事支持或涉及苏联军事威胁的任何阿拉伯国家之举动，皆予以封锁抵制；若是阿拉伯领袖不满僵持对峙，而与苏联疏远而转向美国，这将引导和平进程。这些条件在 1973 年中东战争之后出现。

在此之前，美国走在崎岖道路上，备尝辛苦。1969 年，国务卿罗杰斯提出一项计划（后来称为“罗杰斯方案”），支持以色列的 1967 年边界线，但略作修正以换取全面的和平协定。它和过去的具体事实尚无变化即提出的方案，遭到同样命运：以色列拒绝接受它划定的边境线；阿拉伯国家则因为还未预备承诺和平，也不能接受它。

1970 年，以阿又爆发严重的军事对峙情形。战事首先在苏伊士运河区发生，埃及针对以色列展开了所谓的消耗战。以色列深入埃及，进行大规模空袭作为报复，苏联也在埃及安置大型防空系统，派出约 15000 名苏联军事人员负责操作。

危险并非只局限在埃及。同年，在约旦境内几乎以一个国家的形式存在的巴勒斯坦解放组织，劫持四架飞机，飞往约旦。侯赛因国王因此命令约旦部队进攻巴勒斯坦解放组织，并且将巴解领袖驱逐出境；叙利亚挥兵入侵约旦；以色列军事动员。中东似乎已濒临战争边缘。美国也大规模加强它在地中海的海军兵力，并且明确宣告决不容许任何外力干涉。情势旋即明显，苏联不肯冒与美国决斗之险。叙利亚撤军，危机也告落幕。哪一个超级大国对中东地区前途更有影响力，已经由此向阿拉伯世界展示。

尼克松策略已有影响力的第一个信号，出现在 1972 年。埃及总统萨达特把所有的苏联军事顾问解职，并且要求苏联技术人员离境。同时，萨达特和白宫之间也开始有了秘密外交接触，不过先后受到美国总统大选，以及水门事件之牵制，未能全力推进。

1973 年，埃及和叙利亚联手攻打以色列。以色列和美国完全没料到这一行动，显示出成见对情报分析影响太大。美国方面的评估一向是，以色列兵力强大，阿拉伯国家的警告都是虚词恫吓。当时并没有迹象显示苏联积极怂恿埃及和叙利亚发动战争，萨达特日后也告诉我们，苏联领导人一开始就力促埃、叙停火。苏联重新装备其阿拉伯友邦的程度和影响，也远远不及美国对以色列的空中运输补给。

当战争停止时，阿拉伯军队的作战表现比起以往历次以阿战争都要英勇、有效。但是，以色列已越过苏伊士运河，直抵距开罗约二十英里之处；以军占领的叙利亚领土亦到达大马士革近郊。此刻就需要美国插手帮忙，先恢复战前原状，再促进和平了。

第一个认识到这一点的阿拉伯领袖就是萨达特。他放弃早先的“全然或全无”策略，离开莫斯科而转向华府，寻求协助逐步达成和平。甚至，在两人之中被认为比较激进，也与苏联关系比较密切的叙利亚总统阿萨德，也请美国外交干涉，以解决戈兰高地被以色列占领的问题。1974 年，以色列与埃及、叙利亚达成临时协定，开始撤军，换取阿拉伯的安全保证。1975 年，以色列和埃及达成第二个撤兵协定。1979 年，埃及和以色列在卡特总统支持下，签订正式和平协定。此后，历任美国总统都对中东和平进程有重大贡献。例如，1991 年在贝克国务卿策划下，阿拉伯人和以色列人进行了首次谈判；1993 年 9 月在克林顿总统支持下，以色列和巴勒斯坦人达成协议等等。克里姆林宫在上述任何和议中，均未扮演重要角色。

本章限于篇幅无法细述中东外交交涉之种种，主要只谈论美国如何运用她与莫斯科的关系，削弱苏联在中东的势力，又不引起重大危机。1970 年的大辩论里，批评尼克松的人士常讥笑他，希望苏联能基于自身的醒悟而与美国达成协议，缓和紧张局势，纯属空想。然而，尼克松的中东外交交涉是他及其顾问如何看待总统一再声称的“和平架构”之上好实例。它不是不切实际地追求合作，而是进行地缘政治竞争的一种方法。美国的策略是基于下列前提：苏联应该面对抉择，或者与其激进的阿拉伯代理人分手，或者接受影响力的降低。最后，此一策略的确降低了苏联的影响力，也把美国置于中东外交上的枢纽位置。

尼克松政府依循两条路线去达成此一目标。中东战争期间，它与克里姆林宫几乎保持每天接触，避免在战火炽热之际，基于不充分的资讯做决定。这不能阻止隐藏在交互冲突的利益中之一切紧张，但却能减少因误解而发生的危机。我们同时亦就广泛的问题进行谈判，以便让苏联领导人有着不愿处于危险境地的诱因。柏林问题之谈判，使苏联对中东局势十分节制，直到 1973 年。后来的欧洲安全会议也使苏联在多项外交穿梭中，保持温和反应，因此在中东外交交涉上沦至旁观地位。界定进展的重要指标与达成的协定之间，需要保持精密的平衡，因而就必须依赖苏联的善意。缓和，不仅促使国际局势平静，也创造出一种抑制作用，使得苏联领导人接受了近似地缘政治大撤退的结果。

尽管这些方面成绩斐然，尼克松政府在其外交政策上引起的争端仍日益升高。外交政策上有任何变化，都容易遭到拥护旧路线者的抗拒。任何成功的谈判都得冒着反对者严厉批评的风险，这些人士不认为协定通常反映出当事人互有让步，而是片面争取满足。这反映了长久以来抵触美国外交政策的法律论之传统。美国向中共开放，也触怒了国会里亲台湾的人士。与苏联和解的过程里必须软硬兼施，有敌对、也得有合作的行为，却与传统的黑白分明论——每个国家非友即敌，不相吻合；殊不知在真实世界里，国与国之间可以既友又敌。

这些不同见解与威尔逊总统1915—1919年期间，想把持孤立主义立场的美国带上扮演世界角色的时代遭遇的情形相同；也和罗斯福1939—1941年间，决心让美国站在英国这一边时的际遇无别；更与杜鲁门1946—1949年间，发起冷战架构时所遇者一样。

主要的差异在于现在这些辩论发生在越战战火方炽之际，紧接着又发生了水门事件。依照美国的制度，总统是唯一由全国选出的代表人物，他也是界定国家目标的唯一焦点。其他的组织可以就外交政策发表主张，但是唯有总统可以在相当长的一段时间内执行其政策主张。国会作为立法机关，倾向于把问题分割为一系列个别决定，因而通过互惠折中寻求解决方法。媒体可以推荐、建议某一路线方向，但不可能处理日常执行的细节。但是，外交政策的本质，却又分明就是累积细节，追求长远目标的能力。因此，规划路线方针的担子就落到总统的肩上。其他的组织虽然可以修正它，甚至阻挠它，却无法产生前后一致的替代方案。

美国外交政策发生重大转折，全是出于强大的总统与其他组织的互动的结果。总统扮演教育家的角色，以他的道德观点提供辩论的架构。如果不是水门事件，尼克松或许可以把他第一个任期内非常具体的外交政策成就，化为永久的运作原则——就好比富兰克林·德兰诺·罗斯福创造的、固化了的全新的美国内政政策；也有如杜鲁门和艾奇逊制定的遏制政策的大方向。

但是，尼克松的领导资格却因为水门事件而彻底破灭。本章意不在探究此一悲剧的根源，但是我们可以强调，尼克松为遂行其政策，需要进行教育、说服的工作；但是对此一任务的成败极重要的道德力量全因水门事件而断送了。在日常事务上，他直到下台之前都能果断睿智地处理。但是在长远的或观念性的争议上，他虽然仍能够提出基本问题，可已经不再强大到足可形成解决方案了。缺乏一位强有力的总统担任调停人，起到总其大成者的均衡作用，每一个互不相让的团体都会把其特定观点推向极端。因此，70年代大部分的时间都花在探讨主题之争，而这只是先前美国伟大方案中之细枝末节，却缺乏美国外交政策大转折的形成时期亟需的整合动力。

尼克松的外交政策的新做法，向美国例外论挑战，这种论调认为政策要以获得肯定的形而上的价值为基础。在尼克松及其策士看来，美国的挑战乃是如何把这些传统价值调适入新的国际环境之中。美国的国内经验导致她把国际秩序看成本质上是温和的，因此其外交表达出善意和有意愿妥协。因此，敌对被视为是异常现象。尼克松的外交政策却大不相同，把世界视为充满混淆不明的挑战、许多国家各自因利益思考而非善意地互相对待，改变必须分段逐步而进，不是一劳永逸彻底变革——换言之，这个世界可以驾驭（be managed），却不能去支配（be dominated）或排斥。在此一世界里，不会有截然清楚的分界点，某个问题的解决很可能又会衍生出下一个新问题。

这样的世界需要的外交政策，不但要有解救苦难的功效，更需要有持续力。美国的传统价值仍然十分重要，但是不再像威尔逊时代，它们不能转化为迅速彻底解决的问题。美国人仍需要它们来提供内在力量，走过混沌，通往人人希望比过去更美好的世界，可是这条路却一直未能走完。

尼克松及其顾问不认为把共产党视为敌友兼具的对象去对待，有任何矛盾之处：在基本的意识形态上是敌对的，必须阻止共产主义破坏全球均势；可是在控制意识形态冲突，不让核战争爆发上，又得相互合作。可是，美国走过对越南幻想破灭这一段情感煎熬的漫长道路之后，人们更愿意在道德承诺上找回自信，而不再算计利益得失。

在缺乏具有道德说服力的总统直属机关里，许多习于美国传统外交政策方法的人士，不分自由派或保守派，都起而反对尼克松的新做法。自由派反对，是因为认为强调国家利益不道德；保守派反对，是因为他们重视与莫斯科的意识形态竞争，不能认同因地缘政治需求而要和苏联修好。

由于美国人对外交政策的思考，自从威尔逊总统以来即受自由派思想的影响，因此一下子尚不能接受尼克松式的外交策略。过去美国的外交政策专家和律师们，对美国的自由派国际关系观点影响颇大，但尼克松并未采取他们主张的务实的、视个案而办的方法。他也没有采纳威尔逊派人士主张的集体安全、以司法解决争端，并强调以裁军为走上国际新秩序之唯一的道路等做法。因此，自由派人士发现本身陷入了难过的窘境中，实质上被他们认同的外交结果（如与苏联缓和紧张关系、对中共开放等），却是出自受威尔逊派传统所诅咒的原则（强调国家利益与势力均衡等）。甚至当尼克松政府成功地推动出自威尔逊派理想之政策（如增加苏联对外移民人口），借由秘密外交去追求此一目标，亦往往招致反对者抨击他偏离美国外交政策的主流。

就保守派人士而言，尼克松把苏联视为地缘政治上的对手之策略，实在太陌生，又太不适合。他们绝大多数人认为与共产主义的冲突，几乎绝对是意识形态上的势不两立。他们深信美国不会被地缘政治的挑战所撼动，把遏制前线的问题看得不太重要，只关系到欧洲各国的传统斗争，对于此，他们是不屑理会的。他们在约翰逊总统执政时期，业已放弃越南，认为越南问题已经背离主要斗争——尼克松则视之为主要斗争中的一个极其重要之单元。作为道德绝对论者，他们不信任与苏联的任何谈判，把妥协视为退却。共和党的保守派预备咬紧牙关，勉强接受对中国开放，因为这可以让莫斯科困窘，并且在美国退出越战方面亦符合战术上的需求。但是，他们一向对与莫斯科谈判疑惧，只能接受建立实力地位、坐等共产主义覆亡的原始的艾奇逊、杜勒斯方式，因此把在政治、军事问题上进行广泛谈判，视为背弃了道德原则。

传统的保守派逐渐由料想不到的圈子得到生力军——自由派、强烈反共的民主党人，因为不满党内激进分子之优势而与该党疏离，靠向保守立场。1972 年麦戈文取得民主党总统候选人提名，使得这些自称为新保守派的人士的幻想彻底破裂；1973 年中东战争亦使他们第一次有机会以连贯的方式，在全国范围内表达其外交政策观点。

新保守派是坚定的反共人士，或许被期待为会在道德上支持坚守越南、维护声称美国为反共前哨的尼克松政府。然而，新保守派和保守派一样，关切意识形态重于关切地缘政治。最有影响力的若干新保守派要角，热切反对越战。他们把原先对尼克松的一切保留态度，统统带进新阵营，一点儿也不称誉他忍受激战、争取光荣和平的苦心。由于他们不喜欢尼克松，也不信任尼克松，他们担心他可能抛弃美国的重大利益，只是恋栈当总统。

白宫对待政府官僚体制相当傲慢，使得事情益加复杂。尼克松在他的第一个任期内，一如在竞选时所宣称，把外交权紧紧抓在白宫。苏联领导人发现，尼克松绝不会把重大外交决策权下放，立刻指令多勃雷宁大使与白宫建立直接沟通的私下渠道。尼克松通过此一方法，可以和克里姆林宫高级领导人直接接洽最重要的问题。

政府官僚因此大为衔恨。尼克松的白宫由于不够敏感，不照既定程序行事，使得问题更趋严重。谈判，照定义来说，就是交互让步。然而，没有参加到谈判起伏过程的人士，却散布谈判乃是美国一方需做出一切让步的虚幻言词；若是肯听他们进言，美国就可以避免做出那些让步了。失去了通常由官僚构筑的安全网，又受到保守派、自由派和新保守派攻讦，尼克松的白宫陷入奇怪的地位：外交政策虽然成功，却备受抨击，必须采取守势。

事实上，批评者要求政府采取强硬的对抗路线，殊不知此时的美国正在大闹和平运动、总统受到弹劾调查（他的继任人福特，是由派任产生，并非经由选举出任副总统），而且历届国会都大力削减总统职权，同时设法削减国防预算。尼克松政府认为，当前要务是在不遭受地缘政治损害之条件下，退出越战，建立一个新的针对相关战场上的共产党的政策。尼克松把和解当做是长期的地缘政治斗争中的战术；批评他的自由派人士则视为这一政策本身的终结，保守派和新保守派也把此一重视地缘政治的做法视为历史已证明其并无前途，宁可采取坚定的意识形态对峙之政策。

够讽刺的是，到了 1973 年，尼克松的政策相当成功，东西关系平静无波，反对人士可以安全地在国内对他展开挑战。争议的核心是一个更深刻的问题：美国政策是否可能或有利于脱离其最终结果及间或干预的信念？尼克松声称，在多元世界里，变迁必须通过演变。这就需要有耐心，但这不是传统的美国外交的长项。批评尼克松的人士，反映着美国例外主义的传统，坚持美国应坚守立刻改造苏联社会的目标——这个目标过去从未有人追求，即使在美国独占核优势时亦然。在把外交政策视为策略和把外交政策视为十字军运动的人士之间，以及认为上策是使苏联知所节制和力主痛惩恶邪的人士之间，无可避免，需要进行一场全国大辩论。总统垮台不是不可避免的事件，然而不幸的是此时总统权位岌岌可危，停止了可能得到有意义的结果的辩论。

在缺乏凌驾一切的原则之情况下，争议中的每一方只专注于不同的威胁。尼克松的梦魇是地缘政治上虚弱不振，必须向苏联扩张主义屈膝献媚。保守派则忧惧，道德上解除武装，或是因为苏联获得技术突破而发动核决斗，可能导致生灵涂炭。自由派关切美国过度强调军事安全的主张；保守派担心苏联军事上有主宰力量；自由派却要避免过度扩张；尼克松则寻求可行的长远策略。

结果造成了相互冲突、无法解决的压力纠缠在一起的大旋涡。自由派密切注意，唯恐政府对武器管制的承诺降低。尼克松则由古巴到中东，极力抵制地缘政治上的威胁。保守派则针对他们认为美国从意识形态对峙，以及核战略方面退却的现象，大肆抨击。这造成一种怪现象：自由派抨击尼克松的国防预算太高，保守派却批评尼克松的武器管制政策太过示好。尼克松借由保守派之助，战胜自由派的反对，取得国会批准其国防预算；武器管制措施需要经由国会通过，尼克松则在自由派协助下，克服若干保守派的反对，获得通过。

绝大多数的批评之重点（到头来，连自由派的批评也不例外）就是，主张回归到原始的遏制理论，躲在强大的国防背后，坐等苏联制度转变。尼克松认同需要有强大的国防，但不认为应促使莫斯科能制定外交议程，令美国内政危机失控。批评者认为，东西方外交太活跃，会使美国人民的警觉心麻木。尼克松相信，需要有外交弹性来强化美国人抵抗共产主义的意愿。他决心要抵拒苏联的每一项扩张主义行动——若干批评者却把它解释成把欧式地缘政治注入基本上是意识形态冲突的一种手法。

1974 年 6 月，杰克逊（Henry Jackson）参议员向他所属的武器管制小组委员会，分发一份由若干知名学者起草的，批评缓和政策的文件。这份文件说：以目前苏联的术语来说，“缓和”或“和平共处”乃是公然与所谓“资本主义国家”对敌的一种策略性替代方案罢了。它并不意味苏联及其盟国会放弃与西方自由国家冲突。只是将正面冲突换成间接的作战方式，利用非军事手段，美其名曰“意识形态”；照苏联务实的态度，这个名词包含颠覆、宣传、政治勒索和情报作战。

全美产业工会同盟（AFL-CIO）主席米尼（George Meany），也在参议院外交关系委员会上说：苏联是这样看待缓和——缓和是因为美国衰弱。缓和代表着加强意识形态作战；缓和就是挫弱北大西洋公约组织；缓和乃是苏联终于在军力上凌驾于西方之上；缓和也使西方承认苏联拥有东欧；缓和更代表着美军撤出欧洲。

这类批评令尼克松政府大为愤慨，它从来没有怀疑克里姆林宫认为缓和对苏联多少有点用处——否则莫斯科怎会要进行它？真正的关键是，缓和是否符合美国的目的？尼克松和其顾问们认为，时间站在民主国家这一边，因为在没有苏联扩张的和平时期，将可强化共产主义阵营内部的离心力量。

我在 1976 年 3 月供职于福特政府时，曾对缓和有如下之分析。事实上，福特政府萧规曹随，继续奉行与尼克松政府相同的政策，也遭逢了相同的敌手。我当时说：

> "苏联的力量不均衡；苏联制度的衰竭与挫折很醒目，也有文书详细记载。虽然苏联的力量无可避免地会增加，就军事、经济和技术力量做全面评估，她远远不及我们及我国的盟友。苏联若是向工业民主国家挑战，可谓极其鲁莽。苏联社会不再绝缘隔离而受不到外在世界的影响和吸引，或者全然不顾与外界接触的需求。"

如果能留出一些时间，就缓和的此一本质属于理论性质进行辩论，或许可以被事件所克服。但是，杰克逊参议员身为批评者当中的知识分子领袖，不肯让时间来考验缓和，他动员力量来制止缓和的进度。杰克逊是华盛顿州选出的民主党籍联邦参议员，非常杰出的人民公仆，精研国际事务，尤擅苏联问题，更是世界知名的国防问题专家。他不但学识渊博，更擅长运作政府的不同部门，懂得如何结合国会及行政部门的同情分子。杰克逊的幕僚，以聪明的培利（Richard Perle）为首，学识渊博不逊于他，对于议事运作技术之娴熟胜于他。

虽然杰克逊是尼克松属意延揽担任国防部长的第一人选，他却成为尼克松政府的苏联政策最难缠的反对者。在尼克松第一个任期的绝大多数时间里，杰克逊对越南的立场坚定、合理，在国会不断施压有意裁减国防预算的压力下，他坚决支持尼克松维护美国国防实力的作为。在使尼克松提议的反弹道导弹防御体系获得参议院通过一事上，他居功甚伟。不料，到了尼克松第一个任期行将结束时，虽然两人对苏联所抱宗旨、见解几乎完全相同，两人却分道扬镳。杰克逊不能认同《反弹道导弹条约》，因为它限制美苏双方只能各有两个导弹防务基地，他不久即把反对矛头扩及整个东西关系的领域。

尼克松原始的导弹防务计划，是在美国周边建立 12 个防务基地。在对付中国所拥有的这样比较小型的核武力，或对付苏联次于全面攻击之攻势时，它可能相当有效；也可以作为最后针对苏联之全面防务的核心。

但是，国会每年都要减低导弹防务基地的数字，因此到了 1971 年，国防部在下年度预算中只剩下两个基地。如此配备完全不符合战略目标，它的唯一用途只是实验性质。此外，反映了当时的反军备情绪，国会多数党在每一会期中都大砍国防预算。（尼克松政府知道必败、从不提出的方案，还不计在内。）

这些压力使得国防部突然间不得已支持管制武器。1970 年年初，国防部副部长帕卡德（David Packard）力促尼克松立刻采取主动，进行战略武器限制谈判，“试图在 10 月中旬或至迟 11 月，可以在维也纳达成协议”。他认为极需迅速达成协议，即使只是部分协议也好；因为“国家预算一旦紧缩，很可能大幅削减国防计划，包括战略武力在内都不会幸免”。如果不快速达成协议，国会的片面决定也将日渐“挫低我们的交涉筹码”。

尼克松在此一政治背景下，于 1970 年夏天主动与苏联总理柯西金（Aleksei Kosygin）通信，为两年后达成的《战略武器限制谈判协定》界定架构。在此之前，苏联坚持武器限制谈判只局限于美国有技术优势的防卫性武器，而不及于攻击性武器之管制——这方面苏联每年生产各种型号的攻击性武器 200 枚，美国的生产量为零。尼克松明确表示，他决不会同意如此一面倒的交易。柯西金、尼克松通信的结果是，苏联承认攻击性武器和防卫性武器同时都要受到限制。

接下来的谈判产生了两项协定。1972 年的《反弹道导弹条约》，限定只准有两处基地和两百具导弹发射装置——还不够发动一场小规模攻击之用。尼克松同意接受此一上限是为了保存防务核心，因为他担心若不这么做，国会甚至将会删除掉试验方案的经费。这时候，防卫性武器的限制尚无争议。

引起争议的是一项为期五年的临时协定，该协定规定双方把地面发射或海面发射的战略攻击性导弹，冻结在某一协商程度上。美国五年前就已自己定下标准，因此从未有计划再提升此一方面的实力，遂认为可行。苏联却是每年生产 200 枚攻击性战略导弹，要达到此一协定的上限，就必须拆除 210 枚旧的远程导弹。轰炸机（美国在此方面具有优势）不包含在限制范围内。双方亦可以自由改善其兵力之技术。

要比较双方的导弹兵力，非常困难。美国的导弹比较小，比较精准，其中半数配备多弹头（每一枚都装配若干组爆破设施）。苏联的导弹比较大、比较粗糙、并不灵活，它们的数量亦比美国多出约 300 枚。只要双方心甘情愿，这些差异似乎都不关紧要；美国是因为在轰炸机上优势大，而且是多弹头（在临时协定五年有效期内，还可以精心改善导弹多弹头的优势）。

但是，1972 年 5 月莫斯科高峰会议签署《战略武器限制谈判协定》之后，突然间双方却对已协议的发射装置之差异，产生争议。这是一种奇怪的情势。在还未提出战略武器限制谈判的构想之前，美国已定妥上限。五角大楼在尼克松的第一个任期内，丝毫没有动作增加其核兵力。五角大楼甚至都没有提出要求增加战略兵力，当然不会有所谓被驳回这种事。即使接下来 1974 年在《海参崴协定》中要把上限再提高，国防部也从未建议提升 1967 年以来已拟定的发射设备的数量。

但是，火星人若是注意到美国国内的辩论就会听到奇怪的故事，据说：美国政府已经“让步”决定接受导弹的不平等协定，同时单方面受限——事实上，若无核武器限制谈判，美国也从未计划去改变。即使在两年后解除了此一上限之后，美国也没有去改变，甚至到了里根总统任期内，美国也还未曾改变它。美国自愿接受的兵力上限是因为美国比苏联有更多的多弹头导弹，而且在协定有效期内对方也不会去改变它；可是，当它列入协定之内，却突然间变得危险了。

对于尼克松及其顾问们极其不幸的是，“不平等”却成了事实。政府提出辩驳，比较着发射装置和多弹头，原定的上限和谈判的上限等等之时，各方眼睛都亮了，不舒服地认为政府早在替美国业已沦落到不利的“导弹差距”之事实辩护。

尼克松政府认为《战略武器限制谈判协定》是在下列两方面保护基本防卫计划不受国会干扰的方法：它坚持协定所订的上限，国会应接受；它又配合协定，提出增加 45 亿美元国防预算供武器现代化之用。即使到了 20 年之后的今天，大多数关键性的战略计划（如：轰炸机、隐形轰炸机、导弹、战略巡航导弹、三叉戟导弹与潜水艇等等），都出现在《战略武器限制谈判协定》生效的尼克松、福特两位总统任内。

表面上是对双方导弹兵力的辩论，实则代表着另一个更深刻的令人信服的关切。尼克松这一派人士认为，武器管制越来越受重视——的确，媒体与学界已近似迷恋地抓住这个问题不放——可能威胁到任何认真的国防政策。新军事计划之增加，理由是它可以在未来战略武器限制谈判中作为谈判筹码。尼克松等人担心，此一趋势会伤害国防的战略性的基本理论。毕竟，有限的稀有资源分配给耗费不赀的计划，可是到头来却要在谈判桌上同意取消，这究竟是何道理?

在这个背景下，辩论协定的条款最后变成是辩论如何掌握美国的战略优势。理论上，十多年来大家都了解了核武器的破坏力太大，构成僵持局面，理性的政治领袖不能接受不计代价地求胜利。这点认知使得肯尼迪政府发展出“确保摧毁”（assured destruction）的战略理论，也就是以每一方都有能力摧毁对方为基础去实现威慑的目的。

这个战略理论不但没有解决问题，还只会重新界定问题。依靠自杀威胁而定的国家战略，注定迟早会走上死胡同。第一阶段核武器限制谈判也让大众知道了专家已经知道达十多年的事实。突然之间，战略武器限制谈判被指责为导致现状的祸首，殊不知若是无限制发展军备，局势或许更艰险。局势的确艰险，但是它不是因战略武器限制谈判所引起的，只要威慑等于相互毁灭，心理上关于核战争的禁忌就会极为强大。美国发展武器只对威慑敌国不利用核武器有效用，不是因为它们与任何可以预测的政治危机有何关联，一旦这种认识深入人心，相互摧毁的可能就必然会危及士气民心和破坏现有盟约关系，这才是核战争真正的困局，而不是战略武器限制谈判造成了困境。

因此，就本质上而言，有关战略核武器谈判（乃至缓和）的辩论，反映出对当前世界的反动。在当前世界里，一则是意识形态冲突炽烈，一则又无可避免地存在着核僵持局面。就战略核武器谈判的真正争执，产生出针对核僵局的两种非常不同的评价。尼克松及其策士们认为，任何一方若能不用核战争就可以构成威胁，日久必然有更大的挟制力量，能够执行惊人的扩张主义政策。这就是尼克松强调抗拒地缘政治威胁的原因。在缺乏打击军事力量——首次攻击就能解除敌方武装的力量——的情形下，美国的战略力量将变得越来越无法保护海外地区，到最后，甚至欧洲也保护不了（详见本书第二十四章）。

杰克逊这一派人士了解这一点，也渴望恢复美国的战略优势。但是他们的关怀不仅说出了对美国将失去先发制人的打击力量的担心——这一点是对的——还说早晚苏联会得到先发制人的实力，这就不确，尤其是在辩论所称的这一时段中绝对不确。

杰克逊的梦魇是战略上落居下风；尼克松的梦魇则是地缘政治上积弱不振。杰克逊关切军事力量的均势，尼克松主要关切全球政治力量的分配。杰克逊这一派人士试图运用核武器限制谈判，迫使苏联依据美国的喜恶重新设计其整个战略兵力。尼克松及其策士并不相信在国会急欲削减国防预算的时候，美国有能力做这套设计，不过日后里根倒展示出美国政治的团结，坚决增加兵力部署。杰克逊这一派人士主要的注意力集中在战略均势，他们把对此之威胁认为大体上是技术问题。尼克松政府设法要让美国承担起在其历史上新奇、可又与其国家制度同样古老的角色：防阻敌人积累似乎不起眼的地缘政治之收获，因为日积月累之后，这就会推翻势力均衡。杰克逊派则相对地容忍地缘政治上的变化（1975 年杰克逊投票，反对援助安哥拉的非共阵容），但是对于最奥妙的武器技术之影响则十分热切。

这个死结把战略核武器的辩论，逼到了更奥妙的领域去，直到争议落定在武器系统的细节，使得凡夫俗子不能了解为止，并且对此一争议，武器专家们也各说各话，莫衷一是。回顾过去十年，针对巡航导弹换苏联逆火式轰炸机、等数的导弹换不等数的多弹头等等之辩论，读来仿佛若干遗世独立的修道院修士记载的中古经文一般。

辩论中提出的问题都是基本问题，无从回避。死结何以产生，那是总统的烦恼，这一来意见便无法交集。美国的理想主义至高无上，不受任何政治妥协影响。总统无法运用他职权内的赏罚特权来奖励或惩罚同一流派或持有异见之人士，批评者因而也没有政治诱因要调整自己的观点。因此，辩论就在仿佛是学界自主意识强烈的教授圈会议的气氛下进行。然而，历史学家能像站在局外的旁观者一样来看待问题，不必在政治过程中强自解读。美国因自责过甚，付出了迟滞约十年才终于面对其地缘政治需求的代价。

最后，苏联阵营崩溃，部分是因为它本身僵化，部分是因为西方重振勇气后对它施加的压力。这也是为什么历史的最终裁判对美国国内辩论的对立各方，远比他们彼此的对待更加仁慈的原因。历史将把尼克松及批评他的保守派之做法，视为互补而非互相竞争对立，其中一方强调地缘政治，另一方强调技术层面，实则双方的道德本质并无不同。

武器管制后来由于技术层面太笨重，无法再承载对美国外交政策性质应该如何之哲学性争议的重荷。辩论遂逐渐地转到更契合传统美国理想主义的问题上，而且此一问题在民众心目中也比较容易有共鸣——人权在美国外交政策中亦应居于主要目标之列。

人权辩论初起，是为了以美国的影响力争取苏联公民受到善待，但逐渐演变成迫使苏联内部变化的策略。就和武器管制一样，问题不在于目标，因为目标并无争议，而是意识形态对峙应在美国外交政策优先秩序上摆到什么程度的地位罢了。

犹太人移民迁出苏联这个问题，是在尼克松政府时期才首度被作为一个外交题目。1969 年以前，这个问题从来没有列入东西方会谈的议程上；

在此之前，历任两党政府都把它当做是苏联内政问题。东西方关系已经够紧张了，没有一届政府预备再牵扯上另一个争端。1968 年一年之中，苏联只核准 400 名犹太人移民出国，并且也没有一个民主国家对此一问题发言。

美苏关系改善之际，尼克松政府开始透过总统的幕后渠道提出此一题目，认为美国政府的最高阶层不可能不注意到它。克里姆林宫对美国的“建构”开始有回应，尤其在苏美关系开始改善之后。每年犹太人移民出境人数都有增加，到了 1973 年，当年已达到 35000 人。此外，白宫亦定期把一份“艰困个案清单”交给苏联领导人——这是一些被否决出境签证的个人或那些家庭离散了的人，甚至若干入狱人士的名单。这些苏联公民大多数亦获准移居外国。

这些动作都在外交学者所谓“心照不宣的交涉”下进行。没有人提出正式要求，也没有人做出正式答复。苏联的动作得到注意，但未予承认。苏联公民移民出境的实施的确在稳定改进中，不过华府毫不张扬居功。尼克松政府坚守这个规则，甚至在大选中亦决不居功；直到杰克逊参议员把苏联犹太人迁徙自由问题炒作为公开叫阵为止。

杰克逊之所以发难，是因为克里姆林宫突然于 1972 年夏天决定对移民出境者课征“出境税”所致。所谓出境税是出境者必须退回国家为教育他们而花费的费用的一种税。苏联官方对此一决定没有提出任何解释，或许它是为了改善苏联在阿拉伯世界的地位——苏联最近在埃及遇到战斗部队被请出境，显示出地位不稳；或许苏联拟以出境税来增加外汇收入，认为美国支持这些移民的人士会代出这笔钱。犹太人团体担心移民潮可能因此中止，遂向尼克松政府以及长期支持他们的杰克逊求援。

尼克松政府继续悄悄与苏联驻美大使多勃雷宁设法解决问题之时，杰克逊却设计出一套巧妙办法，公开对苏联施压。1972 年美苏高峰会议时，美国国会签署一项协定，给予苏联最惠国待遇，换得解决第二次世界大战期间因租借法案而积欠的债务问题。1972 年 10 月，杰克逊提出一项法案修正案，不准给予任何限制其公民移民出境的国家最惠国待遇。这是战术极为高明的出击。最惠国待遇听起来远比其实质来得重要。事实上，它代表的只是“无差别待遇”，它一点也没有给予特惠，只是让被列为最惠国之国家，享有美国与所有具有正常商务关系的国家完全一样的待遇（此时，有一百多个国家被列为最惠国）。最惠国待遇只是基于商务互惠原则，便利“正常”贸易而已。以苏联的经济状况而言，美苏贸易程度也不会太大。《杰克逊修正案》所达成的成就乃是让苏联移民出境的实施，不仅成为公开外交的项目，还成为美国国会的立法行为。

尼克松政府和杰克逊之间对实质并没有不同见解。政府的确在若干其他的人权问题上坚定立场。比如，我本人多次、不断代表持不同政见的作家索尔仁尼琴（Aleksandr Solzhenitsyn）向多勃雷宁请命，后来终于促成索氏离开苏联。然而，杰克逊并不赞成在追求人权时搞秘密外交，坚持美国必须公开坚持人权——换言之，成功要炫耀，失败须受惩。

起初，国会的压力可用来强化政府往同一方向的努力。然而，不多久，歧异就超乎理论的层面。尼克松是首倡鼓励犹太人移民观念的人，他以人道主义姿态提倡它（或许也有一丝政治动机，不过他从未公开过）。尼克松划定界限，不肯把整个东西方关系放在犹太人移民问题上来思考，因为他不认为美国国家利益涉及此一程度。

就杰克逊及其支持者而言，犹太人移民问题是与共产主义意识形态对峙的幌子而已。因此不足为奇，他们把苏联的一切让步都当做是他们的压力战术告捷的证明。苏联领导人终于废止了出境税——不论它是由于白宫规劝生效，还是《杰克逊修正案》压力难挡，或许更有可能两者兼而有之，这可能得等他日苏联档案公开，我们才能得知其详。政府的批评者受到鼓舞，进一步要求犹太人移民出境人数要加倍，并且须依照美国认可的时间表，取消对移民到其他国家的限制。杰克逊派人士亦要求立法，限制美国进出口银行对苏联的贷款（《史蒂文森修正案》），因此，在商务关系上，苏联在东西方缓和之后反而处于比东西方紧张关系缓和之前更糟的地位。

身为刚走出令人疲劳的越战之国家领袖，而且总统官职又面临危机，尼克松不会轻易涉险，只肯为国家利益所必须、且有能力支持之政策出面力争，可是他的批评者却要求美国外交能通过在武器管制上的单方面要求、制止贸易和在人权问题上提出挑战等等方式，促成苏联制度崩溃。在此一过程中，参与此一全国大论战的若干要角，立场大反转。《纽约时报》1971

年曾在社论中提出警告，认为“以制止美国贸易作为稍后在若干不相干的问题交涉之筹码，不太可能发挥贸易本身能对苏联政策产生的有利影响”。两年之后，这位社论主笔论调全变。他谴责财政部长舒尔茨访问苏联之行，证明“政府热衷于贸易和缓和，宁可不顾同样重要的问题，不肯正视美国人民对各地人权问题的关切”。

尼克松为了鼓励苏联在国际行为上保持温和，借增加美苏贸易来考验苏联对其外交政策之节制。他的政敌却更进一步，想利用贸易为手段，造成苏联国内骚动，而且是在苏联依然强大且有信心之时。四年之前尼克松被抨击为鼓吹冷战的人，现在却被责备对苏联太软弱、太轻信——这位崛起自 40 年代反共大调查的政治人物，这可是生平第一次遭遇这个指控。

不久，改善苏美关系这个观念就受到挑战。《华盛顿邮报》社论指出：“美苏‘缓和’的实质究竟是什么？这个困难的问题已由辩论阶段过渡到政治阶段。许许多多的美国人现在显然都相信，除非克里姆林宫对其若干国内政策开始自由化，否则要改善对苏关系便不值得、不可能或不安全。”

美国又转回到艾奇逊与杜勒斯，以及“国家安全会议第 68 号备忘录”的信念上去：也就是说认定美、苏在认真谈判之前，苏联的宗旨和国内施政必须先有基本改变。不过，早期的冷战斗士愿意借由遏制政策，让时间来促成此一改变；他们的后续者却坚信，美国直接施压，且公开揭示美国的要求，就可以造成苏联制度的重大变革。

在勃列日涅夫时代，当苏联的实力尚未衰竭时，尼克松和其部属曾经数度与苏联领导人相颉颃，发现他们的确难缠。在核兵力势均力敌的情况下，全面攻击共产主义制度必然陷入长期苦战。经过越战煎熬，而又陷入水门事件风波之中，我们的处境俨若一名泳者差点儿淹死，惊魂未定，就被要求横渡英吉利海峡，当他打不起精神时却被责备太悲观、畏怯。

在国际危机中，总统的一言一行都是政府的焦点。单从这一点来说，水门事件期间绝不是发动美苏对峙政策的良好时机。总统身陷被弹劾危机；越战伤口仍未愈合；对政府的不信赖感十分强烈，以至于当苏联明显威胁要干预中东战争时，一位知名的记者竟然于 1973 年 10 月一次记者会上提问：美国部队奉令进入警戒状况，是否是为了转移民众对水门事件的注意力。

争议又回到约翰·昆西·亚当斯总统时代的老问题：美国是否应以重申道德价值即可，还是应以道德先锋自居举起进军大旗？尼克松寻求把美国的宗旨与能力相连接。在能力可及范围内，他预备发挥美国的影响力以促进其道德价值，他在犹太人移民问题上已表现出其立场。批评他的人士却坚持应立刻施行普遍原则，不耐烦地指斥所谓可行性问题，是道德上不足或历史上的悲观论。尼克松政府在敦促美国理想主义要分清现实，不能一概而论之时，觉得是在做重大的教育工作。最为讽刺的是，美国才被告知必须由越战吸取教训，认清自己在地缘政治上力有未逮之时，若干知名的全国领袖——其中不少还是批评越战最力的人士——却又力主美国在人道问题上采取全球干预的无限制政策。

诚如里根时代所表现的，对苏联采取更大胆的政策也未必不可，不过这些成功得等到美苏关系演进到更后期才会出现。当缓和之辩论炽烈之际，美国必须自越战中走出来疗伤止谤，也必须平息水门事件争端。苏联领袖也必须先产生世代交替。然而，70 年代早期发展的辩论却使得理想主义与现实主义之间，无从产生适度的均衡；前者激发出美国所有伟大的创议，后者又因全球环境改变又不得轻忽。

批评缓和的人士过分简化了状况；尼克松政府的反应过分迂腐，也难辞其咎。尼克松因为遭到旧日盟友的抨击而吃惊，遂指斥他们具有政治动机。姑不论此一评估有多么正确，指责专业政客具有政治动机绝对不是什么高明见解。尼克松政府应该自问：为什么这么多政客认为加入杰克逊阵营有利？

深陷不分轻重的道德主义，以及过分重视地缘政治这两者之间，美国政府在尼克松政府末期已经僵化。增加贸易的胡萝卜已撤回来，可是增加国防预算，或愿意面对地缘政治对峙的棍棒，却没有出现。于是，战略武器限制谈判僵滞，苏联犹太人移民出境人数日稀，共产主义阵营恢复地缘政治攻势，古巴派出远征军到安哥拉建立了一个共产党政府，可是美国保守派却反对美国有强烈反应。我指出其问题是：“如果有一派批评者阻止武器管制谈判，切断与苏联保持更具建设性关系的希望；另一派则削减我方的国防预算与情报工作，阻止美国抵抗苏联的冒险活动，两者加起来，姑不论是有心或无意，将破坏我国执行强大、有创意、温和与谨慎的外交政策之能力。”

因此，这个时期的重大外交所取得的成就也变得有争议。自从 1973 年以来即在中东取得主动的美国外交，大大降低了苏联在此一战略地区的势力，却在若干年的时间内被认为是一个挫折，直到和平进程的动力扫除了怀疑者的保留态度才告终结。

后人认为是西方外交重大成就的 35 国欧洲安全暨合作会议，亦遭逢同样命运。这一个规模庞大、旷日费时的外交程序产生了《赫尔辛基协定》，这是出自莫斯科根深蒂固的缺乏安全感，以及难以遏制的渴求合理性的心理。即使她建立了庞大的军事体制，也控制了相当多的国家，克里姆林宫却似乎需要不断得到保证。虽然核兵力强而又强，苏联却要求受她威胁数十年的国家，以及已被她丢进历史尘埃中的国家，给予她可以用以供奉其侵略成果的承诺。因此，欧洲安全会议成为勃列日涅夫的最爱，用以代替赫鲁晓夫提出柏林最后通牒想求而未得的德国和约——换言之，是对第二次世界大战后的现状加以确认。

莫斯科期待的利益并未全部实现。意识形态革命的发源地却坚持要由历史必然性已裁定的牺牲者去确认其合理性，分明就是格外自我疑惧的征兆。苏联领导人或许想依赖欧洲安全会议消除若干剩余的组织，抵消掉北约组织的力量。

在这方面，他们可谓自我欺骗了。没有一个北约组织会员国愿以欧洲安全会议提出的此一宣示性的、官僚性的装饰品，来取代北约组织的军事实体，或美军驻扎欧洲大陆的事实。因此莫斯科的损失大于民主国家，因为此一会议允许包括美国在内的所有与会国家，对东欧政治安排都有发言权。

经过一段反复思索后，尼克松政府接受召开欧洲安全会议的提议。我们认识到苏联有她自己一套截然不同的议程，却仍认为就长期而言有着良好机会。东欧国家的国境线早已在第二次世界大战结束时，由战时的同盟国和德国的战时东欧附庸，签订和约给予承认。它又进一步经由勃兰特通过联邦德国与东欧国家的双边协定所明确确认，而且其他的北约组织民主国家（尤其是法国），也与波兰、苏联等东欧国家分别加以承认。甚至，北约组织全体盟国也主张召开欧洲安全会议。每一次与苏联代表开会后，西方领袖就更倾向于接受苏联的议程。

因此，尼克松政府在 1971 年决定把欧洲安全会议的召开，作为鼓励苏联温和政策的诱因之一。我们的“联系”策略由国务院顾问索南费尔特（Helmut Sonnenfeldt）归纳整理为：

> “我们拿它当‘德苏和约’来推销，我们也拿它当‘柏林协定’来推销；我们更拿它作为开始相互平衡裁军的约定（Mutual Balanced Force Reductions）来推销。”

尼克松政府及福特政府提出，美国是否出席视苏联是否在其他所有问题上有所节制而定。他们坚持要先就柏林谈判得到满意结果，并且要双方就欧洲平衡裁军问题开始谈判。当这些问题都解决了，35 个国家的代表才出席日内瓦会议，不过他们的艰苦谈判大部分未见诸西方报章之报道。1975 年，会议跨出沉默阶段，宣布各国已获致协议，将在赫尔辛基召开高峰会议签署协定。美国运用影响力把承认国境线问题，局限在承诺不以武力改变它们，等于是重申《联合国宪章》的规定。由于欧洲没有一个国家有能力以武力做出改变，或推行此一政策，正式宣告放弃武力变更国境线绝不是苏联的收获。即使是这种有限度承认的合法性，也受到一个原则宣示的破坏——大部分出于美国的斡旋结果。这个原则宣示即各个签约国家“认为他们的疆界可以依据国际法，通过和平方法和通过协议，加以改变”。

《赫尔辛基协定》最重要的部分是所谓“有关人权的第三类条款”（Basket Ⅲ on human rights，第一类条款和第二类条款分别规定政治问题与经济问题）。第三类条款注定要在苏联的附庸卫星国家解体中产生重要作用，也成为北约组织国家中全体人权运动人士的奖状。美国代表团对《赫尔辛基协定》最后条文发挥了定案作用，但是应该受到嘉许的是人权运动人士，因为若非他们施加压力，进步必然较慢，也可能较少。

第三类条款要求全体签约国家实施若干列举的基本人权。西方的提案人希望这些条款能创造出一套国际标准，阻止苏联镇压不同政见者和革命人士。随着情势的发展，东欧国家英勇的改革派利用第三类条款号召同志奋斗，促成国家脱离苏联宰制。捷克的哈维尔（Vaclav Havel）和波兰的瓦文萨（Lech Walesa）在国内外运用这些条款，不仅破坏了苏联霸权，也推翻了自己国内的共产党政权，而在自由斗士殿堂里替自己取得一席地位。

因此，欧洲安全会议扮演了重要的双重角色：在筹划阶段，它使苏联在欧洲采取温和立场，事后又加速了苏联帝国的覆亡。

今人对赫尔辛基会议的记录，幸好已褪色。福特总统因为出席此一会议，并于 1975 年签署所谓“最后文件”的主要文件，被指控为历史性地卖国。《纽约时报》社论说：“经过二十二个月的语意模棱两可的往复折冲，欧洲安全会议行将达到高潮。从来没有这么多国家费时这么久用于辩争，而只得到这么小的成绩。如果说要取消赫尔辛基高峰会议已嫌太迟……就必须尽最大努力，公开或私底下，不让西方出现虚幻的幸福之感。”

我在三星期后的一项演讲中，归纳福特总统的态度是：

> “美国从自信与实力的立场去追求缓和紧张局势。在赫尔辛基取守势的不是我们；受全体出席代表团挑战应遵守签署之原则的，也不是我们。在赫尔辛基，战后以来第一次，人权与基本自由成为东西方对话谈判承认的主题。这项会议重申我们的人道行为标准，它们过去是，也依然是数以百万计的人类希望之灯塔。”

这是哀伤的时代，劝说似乎丝毫无效。1976 年 3 月，我在一项演讲中相当激愤地向挑衅者反击：

> “没有一项政策可以即刻消除美国、苏联之间的意识形态的竞争性和无可调和的差异性。它也不可能使所有利益和谐一致。我们进入了一个长期的过程，它难免有起有伏。但是，惩罚冒险、鼓励节制的政

> 策则不容有代替品。那些油腔滑调大谈‘单行道’或‘先行退让’的人士，究竟建议我国具体要怎么做？究竟要确切放弃些什么？他们寻求何种程度的冲突对峙？他们要做出什么威胁？他们甘愿冒多大的危险？究竟我们的国防部署要做何改变、在何时段上花费何种程度的国防经费，才能获取他们支持？在战略均势时代里，他们对处理美苏关系有何具体建议？”

尼克松的“和平结构”是针对国人渴望结束海外冒险行动的回应。可是，美国人长久的历史上，都视和平为当然；把和平界定为没有战争，不仅太消极，也太不具灵感，不足以充当美国外交政策的常态主题。尼克松政府的国际关系观念，远比其前人的观念符合现实；就长期而言，也代表着美国外交政策必然的调整。但是它不是以熟悉的原则为基础，其空隙不足之处即由后续政府填补。在美国，以地缘政治观点诠释国际事务已成为必然，而又不足。在另一方面而言，批评尼克松的人士却又把国际环境当作不相干似的不予思考，好似只凭美国好恶就可单方面要求，只要美国一呼，他国就会百依百顺似的。

尼克松政府在寻求设计出革命性大变革的可行办法时，太过于强调美国地缘政治的需求。批评他的人士以及他的后任总统，则又矫枉过正，强调绝对的美国原则。由于美国的观念在越战和水门事件的双重冲击下分崩离析，原本就无可避免的争议，又不必要地过分伤害了彼此感情。

不过，冷战期间仍可维持世局于不败的美国，的确重新找到了自己的定位，向苏联对手提出挑战。当地缘政治的威胁随着意识形态的挑衅一起消失之时，美国却讽刺性地在 90 年代毫无选择，被迫要重新思考国家利益究竟何在。

第三十章

冷战的结束：里根与戈尔巴乔夫

戈尔巴乔夫与里根在维也纳，1985 年 11 月

迎接漫长的新冲突时代

冷战开始时，美国正期盼和平时代来临。冷战结束之际，美国却要重振精神准备迎接漫长的新冲突时代之来临。苏联帝国崩溃之速度甚至快过当年崛起之势；美国亦以同样快的速度转变了其对俄罗斯的态度，不到几个月即由敌对变为友好。这一切都极富戏剧性。

这项重大变化是在两个似乎不太可能的合作对象联手庇护下展开的。里根之当选似乎是对美国离开美国例外主义传统的时代之反动。戈尔巴乔夫通过苏联共产党高层残酷的斗争而崛起，决心重振他认为高人一等的苏维埃意识形态。里根和戈尔巴乔夫都笃信最后的胜利将属于自己这一方。然而这两位意想不到的合作伙伴之间还是有重大差异：里根了解他的社会之主流脉动，戈尔巴乔夫则毫不了解。两人都求助于其制度最佳的部分。里根借由释放出主动创意和自信的力量，解放美国人民的精神；戈尔巴乔夫却以要求苏联进行做不到的改革，加速催动她所代表的制度之死亡。

1975 年中南半岛沦陷之后，美国继而退出安哥拉。国内分裂加剧，苏联的扩张主义也特别猖獗。古巴军队继数千名苏联军事顾问之后，由安哥拉扩张到埃塞俄比亚。柬埔寨方面，越南部队依靠苏联的补给，征服了这一饱经战乱的国家。阿富汗被十多万苏联军队占领。亲西方的伊朗国王巴列维政府流亡，代之而起的是激进的反美的原教旨主义派，它劫持了 52 名美国人（他们几乎全是美国政府官员）作为人质。不论原因何在，骨牌的确在倾覆。

美国的国际地位似乎沦落到无以复加的最低点之时，共产主义却开始解体。在 80 年代初，有一度共产主义似乎要席卷面前的一切；可是，不旋踵即风水轮流转，共产主义开始自我毁灭。不到十年，东欧附庸卫星国家解体，苏维埃帝国土崩瓦解，几乎把彼得大帝以来俄罗斯侵吞之所有权益，全都吐了出来。从来没有一个世界强权未经交战失利，就如此迅速、彻底地四分五裂。

苏联帝国的覆亡，部分是因为其本身历史诱使她坚定不移地走上过度扩张之途。苏联在绝对不利的条件下建国，其后熬过内战、孤立和一连串厉害的统治者。由 1941—1943 年，她技巧地化解掉第二次世界大战的战火，使之成为帝国主义的内战；此后在西方盟国的援助下，克服纳粹的大屠杀。战后，面临美国独占核武器优势，苏联设法在东欧成立卫星附庸阵营；在斯大林逝世后，更把自身转变为全球性的超级大国。起先，苏联军队威胁毗邻地域，稍后又把势力延伸到偏远大陆去。苏联导弹兵力的增长速度令许多美国专家担心苏联的战略优势已迫在眉睫。美国政治家就像 19 世纪英国的帕麦斯顿和迪斯累里一样，认为俄国在到处扩张。

这傲慢的帝国主义有一致命的缺陷，苏联的领袖一路推进下来竟然失去了均衡感，过分高估了苏联制度巩固军事与经济成果的能力，忘记自己是站在非常薄弱的基础上，向所有其他大国挑战。苏联领导人也不能向自己承认，它们制度的能力不足以激发主动创意。苏联虽然军事力量强盛，但的确还是很落后的国家。他们未能通过严酷的生存测验，因为苏联政治局的头头们借以蹿升的特质，遏制了其社会成长所必需的创意，更不能抵挡他们挑起的冲突。

道理很简单，苏联既不够强大，也不够有动力，足以承担其领袖要她担当的角色。斯大林在朝鲜战争期间提出《1952 年和平备忘录》，以对应美国增兵之举，可能是他已对真正的势力均衡的情形有所预感（详见本书第二十章）。斯大林死后慌乱的过渡时期，西方国家未对苏联挑衅，却让斯大林的继承人误以为他们有能力存活是因为西方太弱的缘故。他们以苏联在发展中国家有戏剧性突破而自欺。赫鲁晓夫及其继承人认定，他们当暴君更拿手。他们抛弃了斯大林的基本战略，不再分化资本主义世界，要以柏林最后通牒、古巴导弹、在发展中世界煽风点火等等方式来击败资本主义国家。然而，苏联不自量力、率性而为，终于把僵滞局面变成土崩瓦解的下场。

苏联阵营的分崩离析在里根总统第一个任期内已现迹象，到他即将卸任时已经大势已定不能挽回。在里根之前的几任总统功不可没，紧接着是入主白宫的布什总统，他技巧地导引着苏联寿终正寝，亦有一份功劳。不过，真正发生扭转作用的却是里根。

里根的表现令人咋舌，无懈可击——就学术界观察家而言，则几乎无法理解。里根对历史几近一无所知，而他所知道的一小部分，却被他用来东删西添，支持其坚强的定见。他把《圣经》上提到的善恶大决斗，认为是今世的预言。他所爱引喻的许多历史逸事，跟常人所知的事实完全不符合。有一回在私下的谈话中，他拿戈尔巴乔夫和俾斯麦相比拟，认为两人放弃中央集权的计划经济，走上自由市场经济，都是克服相同的国内障碍。我向一位认识里根和我的朋友进言，认为应该提醒里根别对德国访问者重述这一个荒唐的比拟。然而，这位朋友认为不宜向总统进言，以免他反倒把这个比拟谨记在心。

里根对外交政策的细节不感兴趣，他只吸收了下列若干基本观念，如姑息的危险、共产主义的邪恶和美国的伟大等等；实质问题之分析就非他所长。这一切使得我在国会图书馆某一史学会议上，我以为是不得对外公开的谈论中说出："当你和里根谈话时，有时会想到：为什么有人认为他应该当总统，或甚至州长。但是身为历史学家的诸位必须说明的是，何以这样一位才智平庸的人可以主宰加州八年，主持华府政务已经又将近七年。"

媒体贪婪地抓住我的前半段话大做文章。可是，就历史学家而言，后半段话才更有意思。不管怎么说，这一位学术背景最浅薄的总统要来发展前后特别一致、切中主题的外交政策。里根或许只具备若干基本概念，但这些概念凑巧都是他这一时代的外交政策的核心问题，而且他显示出能抓住大方向、且有信念力量，的确能掌握领导的关键。是谁起草里根的外交政策文告（没有一位总统自己动手起稿），几乎已无关宏旨。民间传说里根是他自己的讲稿撰写人的工具，不过这纯属许多撰稿人的玄思梦想。毕竟，是里根本人亲自选择负责校订稿子的人，并且以坚强的信心和说服力表达出来。任何认识里根的人都不会怀疑，这些话的确表达了他的真正观点，在战略防御倡议（Strategic Defense Initiative，译按：即“星球大战计划”）等若干问题上，他比周围的幕僚都更有远见。

依照美国政府的制度，总统是唯一由全国选举产生的官职，外交政策的连贯性出自总统的文告声明。总统文告可以作为对分散各地、自行其是的官僚之最有效的指令，提供一个评论标准供大众或国会辩论之用。里根提出的外交政策理论，连贯性极好，并且具有相当的知识。他具有特殊的直觉能紧紧扣住美国人兴趣的泉源。同时，他也了解苏联制度本质上的脆弱，此一见解与许多专家的意见完全不同，甚至与他自己的保守阵营见解亦迥然不同。

里根具有神奇的才智团结起美国人民。他也具有不寻常的愉悦性格和真正和蔼可亲的特质，即使被他言词讥评的人也很难为之光火。1976 年他争取共和党总统候选人提名时，曾经抨击过我。多年来身为国家安全顾问，我曾多次向他简报那些他现在抨击的政策，他都没说过反对意见，我没法对他怀恨。事情一过，我已不记得他在竞选时说了什么话，只记得简报中，里根展现的常识丰富和隽语如珠。1973 年中东战争期间，我告诉他：我们会补充以色列损失的飞机，但是对于限制阿拉伯国家的反应则没有把握。里根建议：“你为什么不说，阿拉伯国家宣称打下多少架飞机，你都会全数补充？”——这可谓以子之矛攻子之盾，让阿拉伯人狂乱吹嘘的数字立刻降低下来。

里根温和的外表下隐藏着非常复杂的性格。他兼具意气相投和冷漠疏远，可以一派乐天，但骨子里却挺孤高。和蔼可亲是他与别人之间建立距离的方式。如果他和每个人都同样友善——对每个人都说同样的故事——就没有人可以自命与他特别亲善。笑话一再重述，可以用来避免所见不周到。里根和许多演员一样，是地地道道的独行侠——魅力诱人，可又以自我为本位。据信是他亲信的一位人士，曾经告诉过我，里根是他生平所见最友善、又是最疏远的一个人。

虽然里根1976年角逐提名时另有言论主张，但其实尼克松、福特和里根等历任共和党总统，对国际环境的种种评估，观念上并没有重大差异。三人都决心抵抗苏联在地缘政治上的攻势，也都认为历史会站在民主国家这一边。然而，历届政府的战术及其向美国人民说明政策的方式，却大不相同。

尼克松因国内为越战而分裂，大为震骇，遂认为事先表现出有极大诚意求取和平，是为阻止苏联进一步扩张不得不采取对抗做法时之先决条件。里根领导的美国已经倦于一再撤退，认为要抵抗苏联扩张主义，唯有采取坚定对抗的作风。里根就和威尔逊总统一样，知道在美国历史上，美国人都照着自命与众不同的例外主义之节奏行进，他们势必将在历史理想上找到最终的启示，而不需在地缘政治的分析上寻找它。照这样推理，尼克松之于里根，犹似西奥多·罗斯福之于威尔逊。尼克松好比老罗斯福，对国际关系的运作有很深入的了解；里根则有如威尔逊，比较能掌握美国人民的心灵运作。

里根认为美国具有独特的道德立场，其论点几乎与本世纪美国历任总统曾有的说法相同。使得里根版的美国例外主义与众不同者，在于他在执行日常外交政策时，的确以他对此一精神的诠释作为指针。里根之前任总统们以美国原则作为特定方案（例如，国际联盟或马歇尔计划等）的支柱，里根却把它们作为日常与共产主义斗争时的武器。1983年2月22日，他在美国退伍军人协会演讲说：

> “把美国人一向珍视的历久弥新之真理与价值，与今天的世界现实面结合起来，我们就可在美国外交政策基本新方向方面，奠定一个好开端——这个政策是以对我们自身无比珍贵的自由体制，做出俯仰无愧的说明作为基础。”

里根认为卡特总统的“过失情结”（guilt complex）不足取，骄傲地指证美国乃是“今天世界各地最伟大的和平力量”。里根在他就职后第一次记者会上，就公然指称苏联是“非法帝国”，不惜“犯任何罪行，撒谎、欺骗”，只求遂其愿望。里根1983年又宣称苏联是“邪恶帝国”，这是在他之前历任总统不敢公然揭示的直接的道德挑战。里根不理会传统的外交规矩，过度简化美国的道德，执行自己认定的使命，说服美国人民接受：东西方的意识形态冲突关系不小，而且若干国际斗争只论成败，而不是什么持久力或外交交涉。

里根第一个任期的论调正式为缓和时代画下休止符。美国的目标不再是缓和紧张局势，而是十字军任务和改变苏联帝国主义。里根是因为发誓要英勇反共而当选，而且信守竞选承诺。里根处于苏联急遽式微的优势交涉地位，他认为尼克松强调国家利益，太过于相对论；他又鄙视卡特的缺乏自信，认为它太倾向于失败主义。里根提出冲突后果必然惨烈的看法，但是就历史结果的必然论而言，却较可忍受。1982年6月，里根在英国国会贵族院皇家大厅演讲时，描述他对苏联的见解：

> “颇为讽刺的是，马克思说对了。我们今天正在目睹一场大革命危机，在此一危机中，对经济秩序的需求直接与对政治秩序的需求相冲突。但是，这个危机不是发生在非马克思主义的西方自由阵营内，而是发生在马列主义的大本营苏联……
>
> “过分中央集权，几无任何激励诱因，年复一年苏维埃制度倾注最佳资源制造毁灭的器材。经济成长持续萎缩，加上军事生产大增，对苏联人民造成沉重压力。我们看到的这个政治结构，不再吻合其经济基础；这个社会的生产力已受到政治力的挫伤。”

尼克松和我早在十年前就有大致类似的说法，却使得保守派对缓和的抨击更加炽烈。保守派不信赖可以借历史演变为缓和出力，因为他们担心与共产党谈判可能导致道德武装解体。但是他们发现必然胜利的观念，是有力的对峙之工具。

里根认为，如果也能让苏联畏惧核战的善恶大决斗，美苏关系一定可以改善。他决心让克里姆林宫明白，继续搞扩张主义，风险极大。如果提早十年，他的论调会使国内民间反对声浪闹翻天；如果再晚十年，它又会显得老朽陈旧。但是在 80 年代的大环境下，它却替史无前例的东西方对话时代奠定了基础。

无可避免，里根的论调受到相信正统思想的人士之猛烈抨击。1983 年 4 月 11 日，《新共和》出现了一篇署名“TRB”的文章，抨击里根称呼苏联是“邪恶帝国”，并称里根的说法是“原始的论调，祸害的象征”；《纽约时报》专栏作家安东尼·刘易斯（Anthony Lewis）也在 1983 年 3 月 10 日，指责里根的看法“原始、落后”。1981 年，哈佛大学著名教授霍夫曼（Stanley Hoffmann）谴责里根好勇斗狠的作风是“铁汉”作风、“新国家主义”，是一种“基要主义者的反应”，对于复杂的世界并无助益。据说，在此一世界里，美国的经济衰弱并不比苏联来得轻。

事实上，里根的论调并没有如批评者所预见的阻碍重要谈判。相反地，在里根的第二个任期里，东西方对话范围之广、程度之深，是尼克松缓和时代开始以来所仅见。可是，这一次的谈判得到舆论的支持，也受到了保守派的喝彩嘉许。

如果说里根处理意识形态冲突的方式是简化版的威尔逊主义，他对此一斗争如何解决的观念也一样根植于美国的乌托邦思想。虽然这个问题被包装成善与恶之间的斗争，但里根一点儿也没有力主冲突要作战到最后关头。里根倒是标准的美式想法，认为共产党之强悍不让、无知蛮横大于先天恶意，误解大于故意作对。因此，照里根的看法，若能度化敌手，冲突可能就会终止。1981 年，里根遇到大难而不死，尚在休养中就亲笔写一私函给勃列日涅夫，希望消释苏联对美国之疑虑——仿佛历时 75 年的共产主义意识形态，靠他个人呼吁就可以消除掉。它几乎和杜鲁门在第二次世界大战结束时对斯大林做的担保一字不差（详见本书第十七章）：

> “不时有暗示指称我方有帝国主义图谋，因此会对贵方及新兴国家的安全构成威胁。但不仅没有证据支持此一指控，而且另有证据指出，美国在本身毫无危险即可主宰世界之时，也毫无此类作为。请容我说，

有关美国包藏帝国主义祸心，或企图借武力强令他国听命的指控，绝非事实。……主席先生，难道我们不应关切，如何消除那阻止你我所代表的人民达成他们最珍视的目标之种种障碍吗？”

我们要如何看待里根这封信的示好语气，以及仅只数周前，大谈苏联领袖有野心征服世界，两者之间的截然不同的姿态？里根不觉得需要就此一明显不一致的说法做解释，或许因为他深信这两个见解都对——苏联的行为邪恶多端，可是苏联领导人在意识形态转变上亦具有可感染之可能性。

因此，勃列日涅夫 1982 年 11 月逝世后，里根又于翌年 7 月 11 日亲笔给勃列日涅夫的继任者安德罗波夫（Yuri Andropov）写信，再度申明没有任何侵袭性质的图谋。安德罗波夫不久亦亡故，另由年老体衰的契尔年科（Konstantin Chernenko）接任（明显只是临时派任）。里根在日记中写道：“我有种直觉，想和他坦诚交谈，看看是否能说服他接受，如果苏联加入国际社会，将获得实质利益。”6 个月之后的 1984 年 9 月 28 日，葛罗米柯访问白宫，这是里根政府上台以来的第一次。里根又再次于日记中写道，他的主要目标是消除苏联领导人对美国的疑虑：“我的感觉是，他们怀疑我方的动机，我方亦怀疑他们的动机，武器管制不会有进展。我相信我们需要会谈，看看是否能使他们明白，我们对他们没有企图；我倒是认为他们对我方别有居心。”

如果苏联的行为是因两代人以来对美国长期猜疑而起，里根认定此一感觉已深铸在苏联的制度与历史中，也不是没有道理。里根这样一位旗帜鲜明的反共人士，热切希望与苏联外交部长——他可谓共产主义统治的典型代表人物——仅凭一席谈话，就能消除苏联的警惕，说明了美国有压抑不住的信念，深信人与人之间相互了解是正常的，关系紧张并不是常态，尽最大努力展现善意，便可以产生信赖感。

因此，里根在 1985 年首次与戈尔巴乔夫会面之前夕表示出惶恐心理与紧张期待，也不足为奇。他盼望翌日开始的会谈可以解决两代人以来的冲突——此一态度较接近卡特，而非尼克松的立场：

> “自从勃列日涅夫开始，我个人就盼望能与苏联领袖一对一地交涉，因为我认为，我们或许可以完成一些外交官因职权所限做不到的事情。换句话说，我认为如果高层人士在高峰会议中交涉谈判，然后两人携手步出会场，宣称‘我们已就此事达成协议’，则官僚也无法阻滞、破坏此一协议。直到戈尔巴乔夫之前，我从未有机会试行我的构想，现在总算机会到了。”

尽管他谈及意识形态冲突，以及地缘政治冲突是活生生的现实，里根在心目中根本不相信紧张是因结构原因而起，或因地缘政治因素而起。他和其幕僚认为只关心势力均衡，格局太小、太悲观。他们不致力于追求渐进成效，而是追求最后结果。这个信念使里根这帮人得到了非常的战术灵活性。

一位传记作家曾记述里根有一个“梦”，我本人也曾经听到他说过此一梦想：“里根总统有一个梦想，期盼能带领戈尔巴乔夫游览美国，让这位苏联领袖瞧瞧美国老百姓的生活。里根经常谈到这个梦想。他想象他和戈尔巴乔夫搭乘直升机飞过一个劳工阶级的社区，见到一座工厂，停车场上停满了汽车；他们在上空盘旋，俯视这个愉悦的社区，工人住在‘前后院都有草坪的房子，或许车道上还有第二辆汽车或一艘小船，而不是挤住在我于莫斯科所见的兔笼子里’。直升机降落后，里根将邀戈尔巴乔夫敲门，问问住户‘对我们的制度有何看法’。工人们将告诉他，住在美国真美好。”

里根清清楚楚地相信他有责任尽快改变戈尔巴乔夫或其他任何苏联领袖的认识，使他们承认共产主义哲学的错误，而且一旦苏联对美国真实特征的错误观念得到澄清，缓和修好的时代很快就会到来。就这一层意义而言，尽管里根意识形态狂热，但他对国际冲突本质的看法，还依然是十足的美国乌托邦思想。由于他不相信国家利益绝无调和可能，他也不认为国家之间的冲突一定无可解决，一旦苏联领导人的意识形态观点改变，世界就不再有传统外交拼命要设法解决的争端。他不认为在永久的冲突与持续的修睦之间还有中间阶段。

尽管观点乐观，甚至带有“自由派”色彩，里根仍着眼于最后结果，一心想由坚定不懈的对峙达成目标。照他的思考方式，致力于结束冷战，不需要创造“有利的”气氛，或照常态谈判论者之说，单方面摆出善意的姿态。多数美国人认为冲突与妥协是政策的连续性阶段，里根则是战后第一位同时在意识形态和地缘战略两方面采取攻势的美国总统。

苏联自杜勒斯以来，久已未尝面对此一现象——不过，杜勒斯并非总统，也未曾认真试图推动“解放”政策。反之，里根和其部属言行一致。从里根一宣誓就职起，他们就同时追求两个目标：第一，抵抗苏联的地缘政治压力，直到扩张主义的进度受到遏止并扭转为止；第二，发动重建军备方案，遏制苏联的战略优势，并且使苏联的战略优势变为战略债务。

美国角色的逆转，需要以人权问题作为意识形态的工具；里根及其策士借人权问题发挥，试图破坏苏联制度。不过公平地说，他之前的几位总统也强调人权的重要。尼克松在苏联公民移民出境问题上用心颇深。福特在《赫尔辛基协定》第三类条款上，做出了极大的人权保护努力（详见本书第二十九章）。卡特更以人权作为外交政策的主轴，针对美国盟友时亦不稍假辞色，以致他的正义之声偶尔亦威胁到盟国国内之团结。里根及其策士更进一步以人权作为推翻共产主义、推动苏联民主化的工具，因此可说是世界和平的关键——里根 1984 年 1 月 25 日在其国情咨文中指出：“以被统治者同意为基础成立的政府，不向邻国发动战争。”1982 年里根在威斯敏斯特演说，称誉民主浪潮在全球各地掀起，呼吁自由国家“培养民主的基本架构，建立言论自由、工会、政党、大学的体制，允许人民选择自己的方式，发展自己的文化，透过和平方法调和自己的歧见”。吁请自国内增进民主，乃是经典威尔逊主义基调的前奏：“如果本世纪往后的年代要目睹自由与民主理想逐步成长，我们就必须采取行动协助民主运动。”

事实上，里根把威尔逊主义发挥至极致。美国不会消极坐等自由体制的演变产生，也不会划地自限，只抵抗对其本身安全造成威胁的对象。美国会积极促进民主，优待那些实现其理想的国家，惩罚那些不符所望的国家——即使她们还未公开挑衅或威胁美国。里根政府因此把早期布尔什维克党人的主张倒转来说：未来浪潮是民主的价值，而非《共产党宣言》所揭示的那一套。里根政府言行一致：它对智利的皮诺切特（Pinochet）保守军事政权，以及菲律宾的马科斯独裁政权，都施压要求改革。前者被说服举行公民投票、自由选举，以致被推翻下台；后者则在美方合作之下遭到推翻。

同时，民主十字军也在探究与后冷战时期特别有关联的基本问题。我们如何调和民主十字军与美国长久以来主张不干涉他国内政的主义呢？诸如国家安全等目标，在什么程度下要顺从它？美国推进其价值观念时，愿意付出什么代价？她要如何避免过度伸张和退让不前？后冷战世界使得里根执政早期成为仿佛久远的历史，他必须要回答这些问题。

当里根就职时，在设计可以打断苏联数年前不断扩张的策略之际，他并不忧虑其中意义混淆模糊之处。里根的地缘战略攻势之目标，是要让苏联人明白他们已经过分伸张了。基于共产党的战利品已无法返还，里根不接受勃列日涅夫主义，他的战略表达出坚信共产主义可以被击败，不只是被遏制的信念。里根促成《克拉克修正案》（该案阻止美国对安哥拉反共势力的援助）之废止、大量增援阿富汗的反苏游击队、发展一项在中美洲抵制共产党游击队扩张的大方案，甚至对柬埔寨提供人道援助。这是对美国团结的极大肯定，距中南半岛沦陷仅有五年多时间，一位意志坚定的总统就能再次在全球各地抵抗苏联扩张，而这一次美国成功了。

苏联在 70 年代绝大多数的收获被扭转——不过若干退却是发生在布什政府期间。越南 1990 年结束对柬埔寨的占领，柬埔寨在 1993 年举行选举，难民预备回家；古巴军队在 1991 年撤离安哥拉；共产党支持的埃塞俄比亚政府在 1991 年垮台；1990 年，尼加拉瓜的桑地诺党人也被说服接受自由选举，这是执政的共产党过去从未接受的风险；或许最重要者应推，苏联军队在 1989 年撤出阿富汗。这一切种种发展有助于削弱共产主义意识形态的锐气和地缘政治的信念。目睹苏联势力在所谓的第三世界崩溃，苏联改革派人士立刻引用勃列日涅夫耗费巨资、且徒劳无功的冒险行径为证，指称共产制度已告破产；他们亦相信共产制度下决策的不民主作风，迫切需要改变。

里根政府借实施“里根主义”而达成这些成功。里根主义即是美国将协助反共的义军，促成其国家脱离苏联势力范围。这表示，美国将武装阿富汗穆斯林游击队反抗俄国人，支持尼加拉瓜的反政府游击队，并且援助埃塞俄比亚和安哥拉的反共势力。整个20世纪60—70年代，苏联煽动共产党针对对美友好国家之政府，发动叛乱。现在，到了80年代，美国人以其人之道还治其人之身，让苏联尝尝味道。舒尔茨国务卿于1985年2月在旧金山演讲，说明了此一观念：

> “许多年来，我们见到对手毫无节制，在全世界到处支持作乱以复制共产主义独裁政体，共产主义的任何胜利都被认为无可扭转。然而，今天的苏联帝国因内部问题重重、外界纠葛交织而日趋衰弱。全世界的民主力量值得我们与他们站在同一立场上，放弃他们就是可耻的出卖朋友的行径——不仅出卖这些勇敢的男女老少，也出卖我们自己最崇高的理想。”

威尔逊式的激越崇高的言论支持着全球自由与民主，同时却受到几近马基雅弗利式的现实主义的影响。美国没有遵循约翰·昆西·亚当斯的名言“跨洋出国扫荡群魔”，里根主义等于是帮助敌人的敌人之策略——黎塞留主教一定会衷心赞同。里根政府不仅拨款援助真正的民主人士（如波兰的民主人士），也援助阿富汗境内的伊斯兰原教旨主义（这些人又与伊朗串通）、中美洲的右派人士，以及非洲的部落军阀。美国与这些土著之大不相同，就和黎塞留与奥斯曼帝国苏丹的大不相同一样。他们却有着共同的敌人，在国家利益上契合，因之结盟在一起。其结果有助加速共产主义之崩溃，可是也使得美国必须正视她在其历史上刻意回避的问题。而这个问题正是政治家最大的困扰——什么样的目的可以使得什么样的手段合理？

里根针对苏联的最基本的挑战方式就是加强兵力部署。里根在竞选期间，一直惋惜美国国防努力不足，也提醒人们注意苏联渐增的优势。今天，我们知道这些忧惧反映出对核时代军事优势之性质的过分简化。但是，不论里根对苏联军事威胁的认知正确性如何，他号召整个保守派支持的效果远胜过尼克松一再以地缘政治灾祸示警。

在里根政府之前，针对美国冷战政策激进批评的标准论证是，整备军力没有效用，因为苏联永远会在每一层面，与美国的作为相埒。后来证明这个论调，比认为苏联瞬间即可达到优势的看法，更不正确。里根时代美国增加军备的程度和步伐，加重了苏联领导人心目中已有的一切疑心，认为这是阿富汗事件和非洲局势的必然结果，必须要认真思考：经济上他们是否有能力搞武器竞赛，更重要的是，在技术上他们能否一直保持领先。

里根恢复卡特政府业已放弃的武器系统（如B-1轰炸机），开始部署导弹，这是十年来美国第一个崭新的地面发射的洲际导弹。对结束冷战最有贡献的两个战略决定是：北约组织在欧洲部署美国中程导弹，以及美国承诺投入战略防御计划（“星球大战”计划）。

北约组织决定在欧洲部署中程导弹（射程1500英里），可以溯至卡特政府时期。其目的在于缓和西德总理施密特（Helmut Schmidt）的盛怒；施密特不顾其所属的社会民主党之反对，大力支持部署中子弹——可使核战争杀伤力减弱——不料美国却单方面取消此一计划，令他大为震怒。中程导弹（部分是弹道导弹，部分是地面发射的巡航导弹）事实上是为不同的问题而设计的——是要制衡由苏联内地领土发射，可及所有欧洲目标的为数众多之苏联新导弹（SS-20型导弹）。

在这个本质上，赞成部署中程导弹的论证是政治性的，而非由战略性出发的思考。它出自20年前曾引起盟国对战略大辩论的同样的关切，但是这一回美国试图让欧洲盟国不要害怕。说得坦白一点，问题又是：西欧是否可以依靠美国动用核武器去击退苏联局限在欧洲范围内发动的攻击？如果美国的欧洲盟国真正相信，美国愿意由美国大陆本土、或从其所驻守的海面发射导弹，动用核反击报复，在欧洲部署新导弹就没有必要。但是美国是否有决心这么做，正是西欧领袖保持怀疑的关键。美国领袖也有自己的理由要回应欧洲盟国的焦虑。要在集中于美国的全面战争，以及对苏联的核勒索屈服之间有选择之余地，也是灵活反应策略的一部分。

当然，除了减少大西洋两岸伙伴之间的下意识地不能相互信任之外，还有更深层复杂的原因——新武器有机地把欧洲的战略防务和美国的战略防务结合在一起。这种论证说：苏联在动用传统兵力攻击之前，一定会先设法摧毁欧洲的中程导弹。因为这些部署在欧洲的中程导弹距离近、准确性好，首击便可以破坏苏联的指挥中心，让美国的战略兵力可以发挥最大效果。换言之，只攻击美国的中程导弹，而听任美国的报复力量完好无损，太危险。中程导弹可能有相当数量未被摧毁，足可对苏方制造严重损害，这时美国未受到伤害的报复力量就会出现，成为决定胜负的关键。因此，中程导弹可以把威慑的漏洞补起来。以当时的技术语言来说，欧洲和美国的防务因而“连接”起来。苏联倘若进攻任何一者，都无法避免掀起全面核战争此一难以承受的危险。

欧洲其余国家（尤其是法国）也越来越担忧德国中立主义兴起。1982年，施密特政府下台之后，德国社会民主党似乎又逐渐回到国家主义和中立主义——甚至在1986年选举时，社民党一位领袖拉方丹（Oskar LaFontaine）还呼吁德国退出北约组织统一的军事指挥架构。西德亦出现大规模的示威活动，反对导弹部署。

苏联方面认为削弱德国与北约组织的关系的良机出现了，勃列日涅夫和其继任人安德罗波夫遂以反对部署中程导弹为苏联外交政策的关键部分。1983年初，葛罗米柯访问波恩时提出警告，一旦潘兴导弹进入西德，苏联必定退出日内瓦裁军会谈，这一来大大加强了西德异议人士的声势。1983年7月，科尔访问莫斯科时，安德罗波夫对这位西德总理提出警告，如果他接受潘兴二号导弹进驻，“针对西德的军事威胁将会增加许多倍。贵我两国关系也必将遭遇若干复杂情势。德意志联邦共和国和德意志民主共和国的德国人民，恐怕必须如若干人（《真理报》）最近所说的，得要透过导弹的高崖壁垒互相对看”。莫斯科的宣传机器在欧洲每个国家都发动大宣传。各种和平团体发起大规模示威活动，呼吁裁军为先，不要部署新导弹；同时应立刻实施核冻结。

德国每受到中立主义煽动，法国人就认为这又是国家主义作祟。法国历任总统都企图让波恩接受欧洲的方案或大西洋的方案。20世纪60年代的戴高乐坚定支持德国对柏林问题的观点。1983年，密特朗出人意料地出头，成为最支持美国部署中程导弹的欧洲领袖。密特朗为导弹部署在德国奔走呼吁。密特朗在西德国会演讲时说：“任何人以欧洲大陆与美国的离散赌博，在我个人观点看来，将破坏势力均衡，进而破坏和平之维持。”很显然，这位法国总统认为，法国国家利益要求中程导弹部署在德国境内，胜过他的法国社会党与德国社会民主党在意识形态上的亲密关系。

里根有自己的一套钝化苏联外交攻势的做法，表示愿以美国中程导弹换苏联的 SS-20 型导弹。由于 SS-20 型导弹只是美国用以部署中程导弹的借口，而非原因，这个方案引起西方国家严正关切——美国是否要把欧洲防务与美国防务“解除连接”。可是，“连接”的论据虽然奥妙难解，废除整个武器系统的方案则易于明白。加之由于苏联高估了自己的谈判筹码，拒绝讨论里根的方案，所谓的零和选择，使得欧洲国家依然进行了导弹部署。这是里根，以及坚定支持美国计划的西德总理科尔的大胜利。这也显示苏联领导人已失去挑衅西欧的能力。

部署中程导弹增强了威慑策略，但是当里根 1983 年 3 月 23 日宣布，有意针对苏联导弹发展一套战略防御计划，他将威胁发展到战略上的突破：

> “我号召曾经给予我们核武器的科学界，今日起投注才智在人类世界和平大业上，再给予我们使这些核武器变成无能与过时的方法。”

“无能与过时”（impotent and obsolete）这些字眼必定令克里姆林宫胆寒。苏联的核武力是苏联整个超级大国地位的基石。勃列日涅夫当家的 20 年里，在战略兵力上与美国势均力敌，一直是苏联的主要目标。现在里根却在技术上出一招，提议要消除苏联耗竭国家财力才勉强获致的一切成就！

里根声称的百分之百有效防务，只要接近实现，美国就必然能实现战略优势。这时美国先发制人的攻击就可能成功，因为防卫体系或许能够抵御住苏联储存下来的相当小、又乱了组织的导弹兵力。最低程度，里根宣布的“战略防御计划”使得苏联领导人注意到，他们在 60 年代不顾一切开始的武器竞赛，将耗竭其资源，否则就会导致美国在战略上取得大突破。

里根的“战略防御计划”触到美国国防政策辩论的痛处。核时代之前，一个国家的国防以其人民的脆弱性为基础，会被认为实在荒谬。核时代来临之后，战略辩论有了新奇的特点，部分原因是绝大多数的讨论已经换上一批全新的人士参与。核时代以前，军事战略是在参谋本部里研究制定的，或者是在军事参谋学院里加上几位外聘的七嘴八舌的人士——大部分类似哈特（B. H. Liddell Hart）这类的军事史专家——去讨论研拟的。核武器惊人庞大的杀伤力却使得传统的军事专才派不上大用场；而任何了解新技术的人都能参与其事，这些人大都是科学家，以及一小部分学术界人士。

受到核武器庞大的破坏力之惊吓，绝大多数技术专家相信，政客十分不负责任，如果政客只要发觉有极小机会让核战争尚可容忍，他们可能就会被诱发动核战争。因此，科学家有道义责任要支持大浩劫的理论，来吓唬最鲁莽的决策者。这个方式矛盾之处在于，自认为最关切文明的未来（的确也是如此）的人士，却支持杀戮平民的虚无主义军事战略。

国防科学家乃是逐步演进才得到此一观点的。核时代的头十年里，许多专家还呼吁针对大体上尚不存在的苏联空中威胁，做好防务准备。这些科学家深信必须防止核战争爆发，毫无疑问地要把资源从攻击性武器的开发上调开，借此减少关于美国能先发制人进行攻击的诱惑。但是苏联核能力日强，甚至已有能力摧毁美国之后，科学界主流的建议又很矛盾地变了。此后，大部分科学家热切支持“确保相互毁灭”理论，威慑的基础是：假设双方都知道平民伤亡人数高得不得了，就不会有任何一方会发动核战争。

确保相互毁灭的理论，代表着放弃战略理论中的理性，把国防置于自杀威胁的基础上。从操作上来说，它使得有力量胁迫的一方，心理上得到极大利益，逼得对方要么全面核大战，要么退却。20 世纪 60—70 年代，咄咄逼人的一方明显就是苏联，人们都认为她的传统军事力量远比西方国家占优势。在此同时，类似战略使人相信核战争肯定会摧毁人类文明。因此，里根的战略防御计划特别受到寻求避免在投降与善恶大决斗此一难以容忍的抉择中选择之人士的支持。

然而，大多数的新闻媒体和国防学者，坚持一般接受的观念，反对战略防御计划。对于这一计划的种种保留意见，最好、最公平的摘要可以详见布朗（Harold Brown）所编的一本书。布朗先后在约翰逊、卡特两位总统的政府里，担任空军部长和国防部长。布朗赞同研究战略防御计划，但认为它还不够成熟可以付诸实施。与布朗合编此书的贝兹（Richard Betts）则认为，不论部署到何种程度，苏联都会找到方法使此一国防系统饱和，而且其代价成本将低于美国之部署。约翰霍普金斯大学教授利斯卡（George Liska）则采取截然相反的方向，他假设战略防御计划或许会成功，但是一旦美国得到保护，本身安全无虞，美国就没有激励诱因去保卫欧洲盟国。奥斯古德（Robert Osgood）综合上述批评，担心战略防御计划会伤害到1972年签订的《反弹道导弹协定》，也使得新的武器管制谈判更加复杂。英国外相贺维（Geoffrey Howe）代表许多西方盟国的观点，警告美国不宜试图"在太空中建立一道马其诺防线""这件事要涉及许多年的部署。多年的不安全和不稳定，不能是我们的目标。全体盟国必须在每一阶段都有共识，北约组织领土的安全不可划分，否则此一同盟的两大支柱可能开始倾覆"。

这是一个怪异的观念，就长期而言也是令士气沮丧的观念，维持同盟关系竟须付出令每个盟国的百姓完全软弱无助的代价。这也是逻辑上荒谬的观念。美国甘冒核战争之险，保护欧洲盟国的意愿，当然会随着美国保护民众的能力之增加，以近乎正比而随之增加。

专家的技术论据都可以头头是道，但是里根却把握住一条最基本的政治真理：在核武器充斥的世界，不能保护其人民不受意外、疯狂的敌国、核扩散以及许许多多可以预见的危险之侵扰的领袖，一旦灾难发生，必定招致千古骂名。战略防御计划如此复杂的研究方案不可能一开始就展示出它的最大效用，这是问题复杂万端中的必然性；如果武器开发从一开始就得接受如此完美主义的标准，就不会有任何武器开发出来。

最流行的论证是：任何防御都可因饱和而被击败；这却忽视了饱和绝非直线发展的事实。战略防御计划可能完全如里根所描述的，发挥功效至相当程度；然后，其效力就会逐渐递减。但是，如果发动核战争的代价太高，尤其是由于攻击者不知道哪一颗弹头能够穿透，或命中哪个目标之时，威慑的效力就会增加。最后，能够拦截苏联大量导弹的防卫体系，在对付新兴核国家较小规模的攻击时，也必定更加有效。

里根对于多数技术性的批评根本不予理会，因为他根本不是从战略观点出发去主张战略防御计划的。他是以“自由派”观点提出它，希望能达成放弃核战争的目标。这位战后以来最强力主张增强美国军事力量（包含核力量在内）的总统，同时亦反映着摒弃一切核武器的和平观点。里根经常爱说的警句“核战争绝对没有赢家，根本不能打”，与他的激进派批评者所揭示的目标，难以区别。可是，正如他软硬兼施地对付苏联时的态度一样，里根对于增强军力与绥靖和平的主张，是严肃认真的。里根在其回忆录中形容他对核武器的态度是：

> “没有人能‘赢’得核战争。可是，只要核武器存在，就永远有被人使用的危险；一旦发出第一颗核武器，谁知道会有什么后果？因此，我的梦想就是一个没有核武器的世界。”

里根个人的憎恶核战争，更因为他高度虔信《圣经》里善恶大决斗的故事而被强化。我听到他本人详细解说这些观念，与其传记作者所描述几乎一模一样。仿佛在描述电影里的一幕场景，他述说善恶大决斗的故事里可怕的一段经过：来自东方的两亿大军的入侵，却被一场瘟疫摧毁。里根相信此处的“瘟疫”就是预言核战争的出现，在这场瘟疫中，“眼睛烧得由头颅里突出来、毛发脱离人体等等”。他相信这段话就是预言广岛原子弹爆炸的惨相。

没有一位和平运动的成员在谴责动用核武器时，比里根更能雄辩。1983 年 5 月 16 日，他一方面宣布美国将部署洲际导弹，同时又表示热切希望某一天能够逆转此一过程，废除所有的核武器：

> “我不相信这个世界能够继续这样世代相传下去；双方都以这种武器对着另一方，有朝一日或许会出现一个愚笨或疯狂的人，甚至只是意外，就触动一场我们全体同归于尽的战争。”

里根提出战略防御计划构想时，即使已被官僚体系过滤，其言词依然炽烈、背离正统。如果武器管制谈判拖得太久，美国将会部署战略防御计划，单方面终结核危机。里根相信，美国的科学能力可以令核武器过时。

苏联领导人不为里根的道德言辞所动，但是他们必须认真看待美国的技术实力，以及即使未臻完美的防御计划之战略影响力。情势发展与十四年前尼克松提出《反弹道导弹方案》时一模一样，苏联的反应与主张武器管制者的预期恰恰相反：战略防御计划竟然打开了通往武器管制的大门。苏联早先为中程导弹问题之争退出谈判，现在却又回到武器管制的谈判桌上。

批评者指称里根心口不一，他大谈消除所有核武器，是要掩饰他大搞武器竞赛的真实用心。里根绝对不是心口不一，他一方面表示对美国人民有最大的信心，也认为目标必可达成。的确，他对消除核武器最雄辩有力的谈话，都是即兴地冒出来的，没有经过刻意雕琢。

如此一来就出现矛盾现象：奋力推动美国战略武器现代化的里根总统，也是努力让它失去合法性的总统。敌国或盟友照单接受里根公开对核武器的言论，以及私下对善恶大决斗迫在眉睫的评论之后，结论是：他们面对的这位美国总统绝对不可能动用美国国防所建构的此一武器。

里根总统一再重审“核战争绝对不能打”。要说多少次，才使得核威胁的确实有效性大受破坏？核武器要减少到什么地步，灵活反应的战略在技术上才会不再有可行性？幸好，苏联在此时已太弱，无力测试这个潜在的弱点；美国忧心忡忡的盟国也因苏联迅速衰败，而接受了美国的做法和主张。

里根绝非心口不一的最明显例证是，每当他觉得有机会实现非核世界之梦，都会努力去做。他深信废除核战争客观上至为重要，所有有理性的人都会有同感，因此他预备与苏联共同推进这件最基本的事情，甚至不和那些国家利益亦牵涉其中的盟国商量。1986 年里根与戈尔巴乔夫在冰岛首都雷克雅未克进行高峰会谈时，就有最戏剧化的情节。经过 48 小时的争吵和情绪起伏，里根和戈尔巴乔夫原则上同意在五年内把全部战略武器减少一半，并于十年内销毁所有的弹道导弹。里根差一点还同意接受苏联的提议，把核武器全部销毁。

雷克雅未克高峰会议因而完成了盟国和中立国都担心多时的美苏共识。

如果其他核国家不肯追随美苏协议，就会受到公开非难，被超级大国施压或孤立；如果他们同意，英国、法国和中国实质上就是迫于美、苏压力放弃他们独立的核威慑力量，这是撒切尔夫人、密特朗以及中国领导人根本不情愿做的事。

《雷克雅未克协议》在最后关头失败，有两个原因。戈尔巴乔夫在他上台不久之际，操之过急，试图把消除战略导弹和停止试验战略防御计划联系起来，为期至少十年，但是却对交涉的对手以及本身的交涉筹码估计错误。从戈尔巴乔夫的角度出发，聪明的办法应是提议把双方同意的部分（消除核兵力）公开，并且把试验战略防御计划的问题交给在日内瓦会谈武器管制的代表们去讨论。这一来可以把已经有协议的部分先冻结，也必然可以在大西洋同盟内以及中美关系上制造一个重大危机。戈尔巴乔夫为了争取更多，不顾里根在高峰会谈之前就声明的“决不把战略防御计划拿出来当谈判筹码”的立场，提出进一步要求。戈尔巴乔夫一再进逼，里根的反应却是任何一位熟悉外交政策的专业人士都不会建议的动作：他立刻站起身，步出会议室。若干年之后，我问一位曾出席雷克雅未克会谈的戈尔巴乔夫的高级助理，为什么苏联不肯接受美国业已答应的条件，还要得寸进尺？他回答说：“我们预想到了一切可能的状况，但就是没料到里根会离席而去。”

不久之后，舒尔茨在演讲里描述了为什么里根会认为消除核武器真正有利于西方国家。但是他的措词谨慎，仅技巧性地表示支持“较少核武器的世界”，显示出国务院痛苦地体会到盟国的关切，尚未全然接受里根全部销毁核武器的构想。

雷克雅未克高峰会谈之后，里根政府立刻推动可以做到的部分，减少五成的战略军力——这是全面协议取消所有导弹的第一阶段。双方达成协议，销毁欧洲境内的美、苏洲际导弹和中程弹道导弹。由于这项协议并不影响英、法两国核力量，25 年前盟国之间的争端并未再次出现。同时，解除德国核部署的过程也已开始，因此德国渐有可能脱离大西洋同盟关系。德国只有采取不先动用核武器的政策——与北约组织的战略以及美国的部署相当不一致的政策——才能自刚开始的解除核武力获得全盘利益。如果冷战持续下去，西德或许就会出现多从国家立场出发，少由盟国需求考虑的外交政策，这也是为什么英国首相撒切尔夫人对武器管制谈判中出现的趋势忧心忡忡的原因。

里根把原本一场马拉松竞赛变成了短跑。他的对抗作风结合肯冒险的外交，在冷战初起时，在东西方阵营势力范围巩固之前和斯大林逝世不久时，或许都有效。这种外交也正是丘吉尔 1951 年重掌政权时所提议的。一旦欧洲分治已告冻结，苏联亦一直信心饱满时，企图强力迫使解决几乎必定产生重大冲突，也会使得大西洋同盟陷入紧张关系，因为绝大多数的同盟成员并不想要紧张局势。20 世纪 80 年代，苏联终于陷入停滞状况，使得西方适合再度提出前瞻策略。里根是察觉苏联意志力的瓦解，或者是他的自我意志与机会凑巧碰在一起了？

到最后，里根究竟是凭本能或依据分析而作为，已经没有差别。冷战未再继续下去，部分原因是里根政府对苏联制度施加的压力极大。在里根即将卸职前，东西方交涉议程已回复到缓和时期的模式。武器管制再度成为东西方谈判的中心问题，只是比较强调削减武器，也有更大意愿销毁全部的核武器罢了。在区域性的冲突方面，苏联现在已居于守势，失去了制造事端的大部分能力。安全顾虑渐轻，盟国虽然继续宣称要团结，但大西洋两岸的盟国都有国家主义滋长的现象。美国越来越倚重部署在自己领土上或海上的武器，另一方面欧洲也对东方阵营增多政治选择方案。最后，这些负面的趋势却被苏联阵营覆亡所取代。

变化最甚者莫过于东西政策向美国人民呈现时的方法。里根本能地把强硬的冷战之地缘战略政策，置于意识形态十字军和乌托邦式的和平号召之间，这可以对美国国际事务观的两大主流意识（传教理念与孤立主义，意识形态与精神病学），同时具有吸引力。

实际上，里根比尼克松更接近经典的美国思维模式。尼克松不会用“邪恶帝国”这种字眼去称呼苏联，他也不会建议双方放弃全部的核武器，或期待只靠一场高峰会谈，就能与苏联领导人确定大缓和而结束冷战。每当里根吐露丝毫姑息的意思，若是一位自由派的总统必遭围剿，可是里根的意识形态鲜明，却保护了他。他坚持要改善东西方关系的决心（尤其是在他的第二任期中），加上他的成功，使得针对他的敌对言辞不再那么犀利。如果苏联依然是美国的主要竞争者，里根是否可以长久保持这个走钢索的大动作，就相当值得怀疑。但是里根的第二个任期，凑巧发生了苏联阵营的瓦解——此一过程正是里根政府之政策所催化而开始的。

第七任领袖戈尔巴乔夫

戈尔巴乔夫是自列宁一脉相传下来的第七任苏联领袖，他生长在苏联权力、声望空前鼎盛的时代里，可是他命中注定要替这个帝国送终。戈尔巴乔夫 1985 年掌权时，他是一个核超级大国的领袖，可是其经济与社会状况已败象显著。1991 年他黯然下台时，苏联军队宣布支持其政敌叶利钦，共产党也被宣布为非法组织，自从彼得大帝以来历代俄罗斯统治者通过血腥征服而组建的帝国已四分五裂。

1985 年 3 月戈尔巴乔夫被选为苏共总书记时，若有人谈到苏联崩溃，一定会被视为荒诞想法。戈尔巴乔夫和他之前的历任苏联首脑一样，令人惊惧，也给人希望。惊惧，是因为他是一个谜样的超级大国的领袖；希望，是期待这位新任总书记或许可以引导大家走向期待已久的和平之路。戈尔巴乔夫的每句话都被拿来分析，检验是否有缓和紧张关系的迹象。情感上，民主国家期待能在戈尔巴乔夫身上发现新时代的曙光，也正如他们对斯大林之后历任苏联领导人的期待一样。

这一次，西方国家的希望不完全是一厢情愿的空想。戈尔巴乔夫是另一代人，与受到斯大林威吓的苏联领导人不同，他缺乏前人的强悍作风。非常聪明又温文尔雅的他，像是 19 世纪俄国小说中的抽象人物——既见过大世面，又不脱乡村气息；聪明绝顶，但不专精一技；有远见，但见不到眼前的主要两难困境。

外界几乎松了一口气，期待已久的、难以捉摸的苏联意识形态之转型，似乎终于到来。直到 1991 年以前，华府一直认为戈尔巴乔夫是建立世界新秩序不可缺少的伙伴——布什总统甚至选择乌克兰国会这一让人料想不到的地点，发表演说，称颂这位苏联领袖，并且倡言维持苏联完整不分裂的重要。支持戈尔巴乔夫在位，成为西方决策领袖的主要目标，他们认为换了别人当家，都不好打交道。1991 年 8 月，显然是针对戈尔巴乔夫而爆发了一场奇怪的政变，所有民主国家领袖都站在“法统”这一边，支持把戈尔巴乔夫拥立出来的共产主义宪法。

但是，高层政治绝对不能容许有软弱的情形——即使失败者本身不是软弱的主因。戈尔巴乔夫作为一个意识形态上敌对、核武力强大的苏联领袖，却带着修睦心态出现时，其魅力达到顶峰。当他的政策反映出混淆而非目标时，戈尔巴乔夫的地位开始下滑。政变失败后过了五个月，戈尔巴乔夫被迫辞职，由叶利钦通过五个月以前西方国家大为不满的“非法”程序，取得政权。这次，民主国家迅速表态支持叶利钦，其论据与早先支持戈尔巴乔夫者大体相同。戈尔巴乔夫在外界由声名显赫沦为无人理睬，只得壮志未酬地含悲隐退。

事实上，戈尔巴乔夫缔造了当代意义最重大的一场大革命。苏联共产党组织起来，只有一个特定目标——夺权、抓权，事实上它已经掌控了苏联人民生活的每个层面；但戈尔巴乔夫却摧毁了共产党。然后，数个世纪辛苦建立的帝国，也在戈尔巴乔夫的统治下瓦解。苏联帝国瓦解后的各个独立共和国却担心俄罗斯仍缅怀昔日帝国大梦，她们又变成不安定的新因素，因为她们不仅受到昔日帝国主义的威胁，同时更因为俄罗斯人主宰了她们百年，已在境内迁入许多不同种族族群——通常以俄罗斯人势力最盛——而备受威胁。这些结果绝非戈尔巴乔夫本身所规划。他要促成现代化，不是自由；他想要苏联共产党与外在世界接触，不要故步自封；可是，他却推动了把他送上权力宝座的那种制度的覆亡，进而享有历史声望。

苏联人民怪罪他在任期内肇致重大灾难，民主国家遗忘了他，而且他无法保持住权力宝座也让他十分难堪。其实，戈尔巴乔夫不该受到如此的盛赞与贬抑。因为他继承了一套真正棘手，甚至可能无法克服的困难。戈尔巴乔夫继承权位时，苏联灾厄之规模才开始显露出来。四十年的冷战，几乎使得全体工业国家都集合起来，组成了一个松散的反苏同盟。苏联早先的盟友中国，基于实际理由也加入了反苏阵营。苏联只剩下东欧附庸卫星国家做盟友，而他们是因忌惮勃列日涅夫主义（这一主义代表着苏联资源的流失，而非积累）隐含的苏联军力威胁而不敢有二心。苏联在第三世界的冒险行动，不但耗费巨资，且没有结果。苏联在阿富汗重蹈了美国在越南的覆辙，只有一项大差别：阿富汗是苏联广袤的帝国紧邻的一个邻国，越南则与美国相距千里。从安哥拉到尼加拉瓜，美国重振旗鼓，使得苏联的扩张主义所费不赀仍停滞不前，甚至含愧认输；同时，美国却在加强兵力（尤其是推动战略防御计划）在技术上做出重大挑战，可是停滞且负荷过重的苏联经济开始无法应付。西方国家发动超级电脑、微晶片大革命之际，苏联这位新领袖却眼睁睁看着自己的国家沦为技术后进国家。

虽然最后是失败下台，戈尔巴乔夫肯面对苏联的困境仍值得嘉许。起先，他似乎相信借由整肃共产党，引进若干市场经济因素输入中央计划，便可以使苏联社会恢复活力。虽然戈尔巴乔夫事先不知道他的作为在国内的冲击力会有那么大，但他知道他必须争取到一段国际间平静的时间才能施行其内政作为。就这一点而言，戈尔巴乔夫的结论与斯大林死后所有历任苏联领袖，并无多大不同。但是，赫鲁晓夫在 20 世纪 50 年代依然认为苏联经济即将赶上资本主义国家的水平；戈尔巴乔夫在 80 年代则明白，苏联要花相当长时间才能勉强达到堪可与资本主义世界相竞争的工业生产水平。

为了争取此一喘息空间，戈尔巴乔夫对苏联外交政策发起了重大评估。在 1986 年的苏联共产党第二十七届代表大会上，马列主义意识形态几乎完全遭到摒弃。过去和平共处的时期被认定是暂时休止，以便重新安排势力均衡，阶级斗争仍然存在。戈尔巴乔夫是第一位完全摒弃阶级斗争、并且宣称和平共处本身就是目标的苏联领袖。虽然继续申言东西方之间意识形态不同，但戈尔巴乔夫同时也在坚持，国际合作的需求已超越了它。甚至，和平共处被认知的意义——是无可避免的冲突对峙的前奏曲——也与过去不同了，现在它被视为共产主义世界和资本主义世界之间的关系之固定的成分。它之所以存在，不是被当作走上共产主义必胜道路中的一个阶段，而是因为对全体人类福祉有贡献。

戈尔巴乔夫在他的著作《改革》（*Perestroika*）一书中，描写到他的新做法是：

“确切地说，区别仍然存在。但是，难道我们应该为了它们而决斗吗？更正确的做法难道不是跨越使我们同全体人类利益分离的事物，同全球生灵分离的事物？我们已经做了抉择，应坚持借由有约束力的声明及明确的言行举动而重申新的政治前景。人类已厌倦紧张与对峙，他们宁可追求更安全、更可靠的世界，在这一世界里，每个人都可以保留自己的哲学、政治和意识形态观点，以及生活方式。”

戈尔巴乔夫在两年之前，也就是1985年与里根进行第一次高峰会议后，在记者会中已暗示过这些观点：

“今天的国际局势是由一个非常重要的特征来区分的，我们与美国在外交政策上必须考虑此一特征。我的意思是：在目前的情势下，我们说的不只是两种社会制度之间的冲突对峙，而是在生存和相互歼灭之间的抉择。”

无可避免地，对冷战经验丰富的人很难了解，戈尔巴乔夫的方法比起从前的和平共处时期，会向前多走多少？1987年年初，我和已转任苏联共产党中央委员会国际部部长（约略相当于白宫的国家安全顾问）的多勃雷宁，在莫斯科的苏共中央党部大楼会面。多勃雷宁对于莫斯科支持的阿富汗政府有许多轻蔑评语，我遂问他，勃列日涅夫主义还生效吗？多勃雷宁却吼起来：“为什么你们会认为喀布尔政府是共产主义政府？”

我向华府报告，指出多勃雷宁这句话似乎暗示，苏联可以随时抛弃克里姆林宫的阿富汗傀儡。一般的反应是，多勃雷宁为了想讨好老朋友而失言——我在将近十年里与这位“秘密渠道”的苏方代表来往时，却从来不知道他有此一特质。虽然如此，这种怀疑还是有道理的，因为戈尔巴乔夫对外交政策的教义上之转变，尚未立刻化为政策上明显的转变。苏联领导人只是反复学舌，形容他们的新教义是“剥掉西方是敌人的印象”之方法。戈尔巴乔夫于 1987 年 11 月宣布的此一“新思维”，“开始为世界事务开辟新途径，摧毁掉反苏的定型观念，以及对我们言行建议的疑忌”。苏联在武器管制谈判上的战术，似乎是重演他们在尼克松执政初期的战术——全面取消防御系统，却把更要紧的攻击系统搁置不谈。

大国的政府好比是一艘数十万吨的超级大油轮，掉头转身的半径至少就数十英里。它的领袖在寻求对外界的影响时，也得考虑如何平衡对本身官僚体系士气之影响。政府首脑固然享有职权去建立政策方向，但是诠释首脑构想的工作却落在政府官僚身上。政府首脑和其幕僚也几乎不会有时间，通过执行上的每一细微差异去监督日常指令实施的状况。够讽刺的是，官僚体系越是庞大、复杂，就越会出现这种情形。即使不如苏维埃制度那么僵化的政府，政策变革的步伐经常也是极其缓慢的。

随着时间的推移，戈尔巴乔夫在理论上的转变已无法回避，即使葛罗米柯担任外交部长几近 30 年，他所组建的官僚班子也不能不面对它。戈尔巴乔夫的“新思维”已经远超过调整苏联既定政策符合新现实的步调；它彻底破坏了历代苏联外交政策的支柱。当戈尔巴乔夫以威尔逊派的全球相互依赖论，取代阶级斗争论之时，他界定的世界是一个有相容利益的、和谐的世界——完全推翻了长久以来的列宁主义正统以及历史性的马克思主义。

意识形态的崩溃不仅使得苏联外交政策失去了历史上的理论基础和信念，也让苏联局势中固有的困难加剧。在 20 世纪 80 年代中期，苏联决策者所面对的任何一个问题都难以应付，统合起来，更是无法克服。这些问题有：与西方民主国家的关系；与中国的关系；附属卫星国家中的紧张关系；武器竞赛；国内经济与政治制度的停滞僵化；等等。

戈尔巴乔夫起初的行动仍然不脱离斯大林死后苏联的标准模式——借由气氛的营造，设法缓和紧张关系。1985 年 9 月 9 日，《时代周刊》刊出了一篇戈尔巴乔夫访问记，他针对和平共处提出见解：

“你问我，界定苏美关系的主要事项是什么？我想，无论我们是否喜欢对方，我们都得共存亡，这是一个不变的事实。我们必须回答的主要问题是：我们是否终于预备承认没有其他方式可使彼此和平生活，以及我们是否预备把我们的心态和行为方式，由逞强好胜改为和平。”

戈尔巴乔夫进退维谷的两难是，一方面他的谈话符合马林科夫和赫鲁晓夫 30 年前所说之背景；另一方面，却又过于模糊，不足以鼓舞明确的反应。缺乏政治解决方案之情况下，戈尔巴乔夫身陷在二十年来的正统论之内，这 20 年来东西方外交被认为等同于武器管制。

武器管制变成一个深奥难解的题目，即使有心人也得花费多年工夫才能解决。但是，苏联需要的是立刻解脱，不只要解脱紧张局势，还要脱离经济压力，尤其是跳出武器竞赛的怪圈。通过旷日持久的程序，确立协议的兵力水准、比较难以比拟的系统、交涉难懂的查证程序，然后再花费数年时间去执行它们：凡此种种都不能产生立竿见影的功效。因此，武器管制谈判成为对已经压力沉重的苏联制度施加压力的利器——由于它原本不是以此为目的，反而更有效。

戈尔巴乔夫若迅速终止武器竞赛，或至少是扩大盟国不合间隙的最后良机，但他在 1986 年的雷克雅未克高峰会谈中将机会错失掉。戈尔巴乔夫似乎觉得陷入国内鹰、鸽派之间，犹如赫鲁晓夫二十五年前为柏林问题一样而举棋不定。他或许了解美国谈判地位的脆弱，也几乎必然了解苏联本身非得谈判不可的紧迫性。但是，他的军事顾问可能告诉他，如果他同意毁掉全部的导弹，又容许美国的战略防御计划自由发展，未来美国某一位总统或许会毁约，对于兵力大减（甚至最极端的情况下，业已销毁）的苏联导弹实力，取得决定性的优势。技术上而言，这个说法没错；但是，如果根据在雷克雅未克议定的武器管制协定，销毁了全部导弹，美国国会也几乎铁定不肯拨经费去发展战略防御计划。而且，这个说法也忽略了苏联的利益，因为雷克雅未克计划无可避免地会在美国及其他所有核国家之间产生争论。

后人一向把失败归咎给个人，而非环境。事实上，戈尔巴乔夫的外交政策——尤其是武器管制政策——精细地反映了战后苏联之策略。并且它顺利走向让德国放弃核化的道路，也提供了下述两种理由使德国更趋国家本位政策：美国不太可能甘冒核战争之险，替一个退缩的、不肯为其国防冒核战略风险的国家出头；德国或许日渐被诱导，以某种德国特殊地位来支撑其放弃核子化。

戈尔巴乔夫 1989 年对欧洲议会（Council of Europe）演讲时，提出了一个弱化大西洋同盟的机制，倡导“欧洲共同家庭”（Common European Home）的观念——这是由温哥华直至海参崴的含糊架构，各国都彼此结盟，把同盟的意义稀释到不具任何意义。然而，戈尔巴乔夫所欠缺的就是时间——他的政策要成熟，时间是主要先决条件。只有突发的变动才会使他重新调整其优先秩序。但是，雷克雅未克高峰会议之后，他被迫退回到非常耗费时间的削减 50% 的战略兵力之外交程序，以及中程导弹之零和选择，这一来要花许多年去完成，而且已经远离他的基本问题了——武器竞赛已使苏联国库空虚！

1988 年 12 月，戈尔巴乔夫放弃几乎已到手的长期收获，退回到单方面削减苏联武装力量上去。12 月 7 日在联合国的一项演说中，他宣布苏联单方面削减 50 万名士兵以及一万辆坦克车，面对北约组织布防的半数坦克全都包含在内。驻扎在中欧的其余兵力，将重新组训，纯为防御任务而存在。为了安抚中国，戈尔巴乔夫也宣布外蒙境内苏军“大部分”要撤退回国。苏联公开表示这是“单方面”削减兵力，但是戈尔巴乔夫也很明确地表示：“我们的确希望美国和欧洲国家也将采取若干措施。”

戈尔巴乔夫的发言人吉纳西莫夫（Gennadi Gerasimov）说明其理论根据：“我们终于排除苏联威胁、《华沙公约》的威胁和行将进攻欧洲等等无休无止的一再重演的‘神话’。”但是单方面削减如此多的军力，象征着自信过人，至于格外衰弱也不无可能。当时的演变状况，苏联不可能是自信十足。这种姿态在过去 50 年的任何时刻都不可思议，它也等于是最后证明了凯南的遏制政策最原始之版本的主张有道理；美国已建立实力地位，可是苏联却从内部开始瓦解。

政治家需要良好的判断，也需要运气。可是幸运之神偏偏就不肯眷顾戈尔巴乔夫。就在他在联合国发表大胆演说的同一天，他就必须中止在美国的行程，兼程赶回苏联——亚美尼亚发生了灾情惨重的大地震，把他戏剧化放弃武器竞赛的宣布，全都压下锋芒。

在中国这方面而言，根本没有进行武器管制谈判这回事，北京对此也毫无兴趣。中国进行的是旧式外交，把缓和紧张关系认为是某种政治解决。戈尔巴乔夫提议中苏就改变关系进行交涉，向北京示好。1986 年 6 月他在海参崴发表谈话说："我要再次表述，苏联预备不拘任何时间、级别，与中国讨论再增加措施以创造友好邻邦的气氛的事宜。我希望分隔——我宁愿称之为连接——我们的边界，不久即可变成一道和平、友好的界线。"

但是，北京的外交人物没有"精神病学"这一派，可以接受这种论调的转变。中共领袖提出改善关系的三大条件：制止越南军队占领柬埔寨；苏联撤出阿富汗；以及苏军撤离中苏边界。这些要求都无法迅速做到。它们首先需要得到苏联领导阶层的接受，然后还得经过冗长的谈判才能实施。戈尔巴乔夫整整花了三年时间才在中方这三个条件上略有进展，让北京领导人肯邀请他到北京商量全面改善关系的事宜。

戈尔巴乔夫却又碰上厄运，他在 1989 年 5 月抵达北京时，天安门广场上的学生示威事件即将失控，欢迎他的仪式被示威群众打断。稍后，在人民大会堂谈判的地点还能听到群众抗议声阵阵传来。世界都在关注着中国的事态，而不是北京与莫斯科的关系将如何改善。事件发展再度剥夺掉戈尔巴乔夫受到款待接纳的机会。

戈尔巴乔夫不论处理什么问题，都会碰到同样的两难之局。他一上台，就碰上波兰的动荡不安。从 1980 年起，波兰团结工会势力就日渐壮大。波兰的雅鲁泽尔斯基（Jaruzelski）将军在 1981 年弹压团结工会，但是团结工会的政治力量复起，连雅鲁泽尔斯基也不敢轻忽它。在捷克、匈牙利和东德，共产党的一党专政都受到不同政见的团体以《赫尔辛基协定》"第三类人权条款"为根据的挑战，要求享有更多自由。欧洲安全会议定期检讨会议也使得此一问题不断受到关切。

东欧共产党统治者发现他们陷入了无法克服的进退两难窘境。为了平息国内的压力，他们必须走比较有国家立场的政策，但是这样做会迫使他们向莫斯科坚持独立立场。由于老百姓心目中已认定他们是克里姆林宫的工具，即使走国家主义的外交政策也不足以安抚群众。共产党领导人发觉，为了弥补其信用度差距，必须考虑把国内结构民主化。情势立刻就显示出来，即使依旧掌控着新闻媒体的共产党，也只是代表少数人夺取政权、保住政权的工具，不是设计来从事民主竞争。共产党深谙借助秘密警察来统治的诀窍，却不知如何对付秘密投票。东欧共产党统治者因此陷入恶性循环。他们的外交政策越具国家本位色彩，要求民主化的力量就越大；他们越是民主化，要求他们下台的压力就越大。

苏联的困境更难。根据勃列日涅夫主义，卫星附庸国家一出现革命，苏联就应该派兵敉平它。戈尔巴乔夫的性格不仅不足以担负此一角色，这也会破坏他的整个外交政策。因为，镇压东欧就会使得北约组织团结，也会使中美加强其实质结盟关系，并且加剧武器竞赛，戈尔巴乔夫越来越不得不面对抉择：是政治自杀？还是听任政治权力缓慢坍塌？

戈尔巴乔夫的药方是加速自由化。十年前，这或许有效；但是在 20 世纪 80 年代末期，戈尔巴乔夫已追不上权力曲线，因此他的统治逐渐自勃列日涅夫主义撤退。自由派的共产党人在匈牙利取得政权；雅鲁泽尔斯基也获得允许与波兰团结工会进行协商。1989 年 7 月，戈尔巴乔夫向欧洲议会演说时，似乎不仅放弃了苏联自认为有权干预东欧事务的勃列日涅夫主义，也因放弃“势力范围”而放弃了其卫星附庸国家：

> “一个国家的社会与政治秩序，过去有改变，未来也可能改变。但是，改变纯属该国人民的自家事，也是他们的抉择。任何对他国国内事务的干涉、任何对国家（不论是友好、同盟或其他性质国家）主权限制之企图，都不能接受。现在是把冷战时期的假设束诸高阁的时候了，当时欧洲被认为是对峙冲突的场地，因此分裂为不同的‘势力范围’。”

维持卫星附庸国家的成本变得极为昂贵。甚至欧洲议会上这席演讲也似乎太迂回间接——不过，以苏联传统的标准来看，已经够清楚明白了。

1989年10月，戈尔巴乔夫访问芬兰时，毫不含糊地抛弃了勃列日涅夫主义。他的发言人吉纳西莫夫对新闻界开玩笑地说，莫斯科在东欧已推行"辛纳屈主义"："你记得法兰克·辛纳屈唱的歌《随心所欲》（I Did It My Way）吧？匈牙利和波兰现在可随心所欲了。"

要拯救东欧的共产党人为时已晚，或许苏联共产党也无从拯救了。戈尔巴乔夫押注赌自由化，必然失败。就某种程度而言，共产党失去其擎天一柱的特性后，就士气涣散了。自由化无法与共产党统治和谐并存——共产党人非得必须不再做共产党人，否则无法变成民主派。戈尔巴乔夫不明白这则等式，叶利钦则了然于心。

戈尔巴乔夫也在1989年10月访问柏林，祝贺德意志民主共和国成立40周年；并且在此次行程中，敦促东德斯大林派首脑昂纳克（Erich Honecker）执行改革为重的政策。如果他知道此次庆典将成为绝唱，他一定不会出席东德国庆。他在这个场合发表演讲：

> "我们一再被吁求清除或此或彼的畛域划分。我们经常必须听：'让苏联拆了柏林墙，我们就会相信她有和平的真心。'我们没有把欧洲现行体制理想化。但是，事实上，直至目前为止，承认战后现实确保了此一大陆的和平，每次西方国家试图重划欧洲战后地图，就表示国际局势又要恶化。"

仅仅过了四星期，柏林墙倒了；十个月之内，戈尔巴乔夫同意德国统一，并留在北约组织中。到这个时候，前卫星附庸国家每一个共产党政府都被推翻，《华沙公约》也垮了，雅尔塔的局势完全逆转。历史证明，赫鲁晓夫吹嘘共产主义将埋葬资本主义，并没有实现。苏联在过去四十年来借威胁与压力，寻求破坏西方的团结，却搞得国库耗空，现在由于觊觎西方援助，只得争取西方的善意。1989年7月14日，戈尔巴乔夫对七大工业国家政府首脑的高峰会议吁请：

> "我们的改革，与全面参与世界经济之政策，无法分开。大到像苏

联这样规模的市场若是开放，对世界有利而无害。”

戈尔巴乔夫把全部家当押注在两项假设前提上：自由化将使苏联现代化，因而苏联能够在国际上保有大国地位。这两项期待都没有实现，戈尔巴乔夫的国内基础，也和其附庸卫星国家一样坍塌。

希腊哲学家兼数学家阿基米德曾说：“给我一个支点，我将可以撬动整个地球。”革命往往会吞噬掉其子弟，因为革命党人很少能了解，过了某一点的社会分崩离析之后，便不会再有固定的阿基米德点，可由之运作。戈尔巴乔夫一开始就坚信，改造后的共产党可以把苏联社会提升入现代世界。但是他没有办法接受共产党是问题所在、而非答案的见解。苏联共产党经历两个世代去镇压独立思想，破坏个人主动。到了1990年，中央计划管制已经僵化，旨在制衡每一生活层面而成立的各种组织，也与他们应加以监督的团体，订立互不侵犯的契约；纪律已变成例行习惯，而戈尔巴乔夫企图释放主动创意，却种下紊乱的苦果。

戈尔巴乔夫的困难始于企图改善生产力、引入若干市场经济因素这个最简单的层面。几乎从一开始就情势明显，计划经济制度根本就没有有效的机制，因此有效率的经济之最基本前提完全付之阙如。斯大林派的假设是中央计划主宰一切，事实则大谬不然。所谓“计划”实质上乃是庞大的官僚体系集体串谋，以至于搞出大规模的信心之游戏，而误导了中央当局。负责生产的经理人、负责分配的部门，以及应该发布指令的计划当局都很盲目，因为他们根本不知道需求何在，可一旦制定了方案就没办法调整。因此，体系内每个单位便只选择最小的目标，私下与其他单位躲在官样的中央体制下打交道，掩饰缺失。所有的激励因素都不利于创新改革，并且由于所谓的领导几乎无法了解社会的真正状况，这种情况根本无从改善。苏联已经倒退回到早年俄罗斯的混乱状况。

改革的企图在根深蒂固的现状之重压下失败了，这种情况与早先赫鲁晓夫、柯西金的际遇并无不同。由于至少四分之一的国家预算花在补贴物价上，因此没有客观的标准可以评估效率或测度经济需求。货品乃是分配，而非购买；贪污遂成为市场中常见的表现。

戈尔巴乔夫体察到此一普遍的停滞现象，但是缺乏创意与技巧去打破此一根深蒂固的僵硬局面。此一制度的各个监督机构，随着时间进展，也成为问题的一部分。过去是革命工具的共产党，在此一繁复的共产主义体制里没有功能，只能监督它也不了解的事务——它只好与它应该掌控的去串通勾结。共产党官员变成了特权阶级，理论上掌握着国家正统，实际上却是汲汲营营保持特权。

戈尔巴乔夫的改革大计有两大基础：改革（perestroika），以争取新技术官僚的支持；以及开放（glasnost），以政治自由化争取长久受到欺凌的知识分子。然而由于没有发挥自由表达，促使真正公开辩论的体制组织，开放反而害了他自己。由于除了保留给军方者以外，并无自由的资源，人民的生活状况也无从改善。因此，戈尔巴乔夫既未获得民众更广泛的支持，又逐渐脱离了体制组织方面的支持。开放日益和改革发生冲突，甚至抨击过去的领导人也有反效果。1989 年，奉派陪我到克里姆林宫的一位戈尔巴乔夫的年轻幕僚，对我说："这一切只代表，年纪长于 25 岁的每个苏联公民，都虚耗了一生光阴。"

唯一了解苏联亟待改革，可又不预备支持改革的团体，乃是安全单位。国家安全委员会透过其情报网络明白苏联在与西方国家技术竞赛上，落后甚远。军方在评估主要对手的能力时，往往会考虑到自己本身专业上的利害关系。然而，了解问题后未必就有解决方案。安全单位与戈尔巴乔夫一样爱恶交织。要是开放——政治自由化——不破坏民间的纪律制度，就会支持开放；军方则认为，只要戈尔巴乔夫不会削减军方资源以便实行现代化计划，也可以接受改革——经济结构重整。

戈尔巴乔夫的第一个动作，把共产党转化为改革的工具，却在重大利益集团的压力下失败；第二个动作是弱化——但依然保持——共产党结构，却破坏了苏联统治的基本工具。这样做涉及两个步骤：把戈尔巴乔夫的权力所在地搬出共产党之外，进入平行的政府架构中，并且要鼓励地区化与地方自治的行动。

戈尔巴乔夫却在这两个动作上估计错误。自从列宁以来，共产党一直是唯一的决策机构，政府只是行政组织，负责执行而非设计政策。苏联关键的职位一直是苏联共产党总书记，从列宁到勃列日涅夫，共产党领袖很少兼任政府公职。因此，有野心、敢冒险犯难的人倾向于投入党的阶层体制，政府组织则吸引不想争决策者虚名或有意设计政策的行政人员。戈尔巴乔夫把他的权力重心由共产党转移到政府部门，等于是把他的革命交付给一大群文员。

戈尔巴乔夫鼓励地区自治，也一样走上了死胡同。他发现无法在其列宁主义式的不信赖民众意志，以及渴望创造出可取代共产党的新选择之间，取得平衡。因此他设计出一套基本上是地方选举的制度，除了共产党之外，不准其他全国性政党参加。但是，这是俄罗斯历史上破天荒第一次地方及地区政府可以由百姓投票选出，此举也因将俄罗斯历史的罪愆暴露出来而自食恶果。俄罗斯过去300年来，把欧、亚、中东民族纷纷纳入管辖，却从未把他们融入统治核心。不足为奇，大部分新选出的非俄罗斯人政府（他们占全苏联人口将近二分之一），开始向他们的旧主人挑战。

戈尔巴乔夫欠缺靠得住的群众的支持。他激恼了列宁主义国家既得利益者的大网络，却因为没有办法推动或许可行的改革共产主义或中央集权国家观念之代替方案，而无法吸引新的支持者。戈尔巴乔夫正确地找出了苏联社会的问题，却掌握不了解决办法。仿佛是关在完全透明，却打不破的玻璃窗内的人，戈尔巴乔夫可以清楚地观察外头的世界，但是却受到室内条件的局限，没办法确切了解他所见到的景象。

开放与改革撑得越久，戈尔巴乔夫就越加孤立，越少了几分自信心。我第一次见到他是1987年年初，他意兴飞扬，散发出信心，认为他的每项细小作为都能使得苏联重振雄风，走上霸业。一年后，他已经没那么肯定。他说："无论如何，苏联都不会和从前一样了。"——对于如此艰巨的任务，这句话就透着一丝苦楚与无奈。1989年年初我们又碰面时，他告诉我，他和谢瓦尔德纳泽（Shevardnadze）如何在1970年就认为，共产主义制度需要从上到下彻底改变。我请教他，身为共产党员，他如何得到这个结论。戈尔巴乔夫说："知道什么是错了，容易；知道什么是对的，可就难了。"

戈尔巴乔夫从来没有找到答案。他在位的最后一年里，身陷梦魇，眼睁睁看到大祸临头，却没法脱身或弥补大祸。通常做出妥协的让步是要打出一条防火巷，以保全最重要的东西。戈尔巴乔夫却恰恰相反，每次走走停停的新改革都半途而废，因而加速了苏联衰败的步调。每次让步就为下一次让步开启了一张门，到了1990年，波罗的海三小国宣布脱离苏联，苏联开始瓦解。绝顶讽刺的是，戈尔巴乔夫的大政敌利用了花了三个世纪才建立的俄罗斯帝国土崩瓦解的过程，来推翻戈尔巴乔夫。叶利钦以俄罗斯总统的身份，重申俄罗斯的独立（因此等于暗示其他的苏维埃共和国也是独立的），实质上等于解散了苏联，也等于架空了戈尔巴乔夫担任的苏联总统的职位。戈尔巴乔夫知道问题出在哪里，但是他的动作太快，也太慢：太快，因为他容忍其制度，但又太慢于控制住不断加速的瓦解。

20世纪80年代两大超级强国都需要时间以恢复元气。里根的政策释放出美国社会的活力；戈尔巴乔夫的政策则把苏联社会的功能障碍暴露出来。美国的问题是对政策变更持疑心；苏联方面的改革却导致共产主义制度的危机加速恶化。

到了1991年，民主国家赢了冷战。他们发现竟然获得了远比当初想象的还大的成果之时，立刻就又爆发了早先有关冷战的大辩论。苏联过去是否真的威胁到了西方国家的安危？如果没有冷战施加压力，难道她不会解体吗？冷战是不是过度紧张的决策者制造出来的，反而破坏了国际秩序的和谐？

1990年1月，《时代周刊》选出戈尔巴乔夫为“风云人物”（Man of the Decade），利用此一机会刊出的一篇文章提出了这么一种说法。文章作者断言“过去四十年大辩论的鸽派，一直都是对的”“苏联帝国从来不是真正的威胁。美国政策若非抓不到重点，就是缓解了苏联的动乱。民主国家过去40年的政策，并无特殊功绩，也不能对苏联外交政策的改变而居功。然而，如果没有真正的成就，而是事态自行演进，便没有人能由苏联帝国的崩溃获致教训——尤其不能说在冷战结束而必须创造世界新秩序时，需要美国参与其事”。美国的辩论可以说绕了一大圈又回到原点，这是美国孤立主义的旧调——美国并没有赢下冷战，而是苏联输了冷战；并且如果美国不插手，事情也一样好——甚至或许更好——过去数十年的努力其实未必需要。

相同的推理有另一个说法，认为冷战的确存在，也确实赢了，但是胜利属于民主的理念——不论环绕着东西方冲突是何种地缘战略措施，民主理念必定得胜。这也是一种逃避主义。政治民主与自由理念的确提供给不满人士——尤其是东欧国家的不同政见者一个重振士气的希望。统治集团军心涣散之际，要想镇压坚信民主自由的人士，就越发困难。但是士气溃散首先是因为制度僵滞而起，也是因为共产党精英的觉悟而起，他们的职位越高，就越可能知道真相，越发明白在长久以来声称是最高目标的此一斗争中，他们事实上已经输了，最多这也只是鸡生蛋、蛋生鸡的命题。民主理念集结起反共力量，但若非苏联阵营外交政策失败，以及最后苏联社会的崩溃，民主理念本身也不会迅速占得上风。

这当然是马克思主义诠释者对国际事务的观点，他们谙于分析“相对力量”，比美国观察家更易于发现苏联崩溃的原因。1989 年，伦敦经济学院马克思派教授郝立德（Fred Holliday）认为势力均衡已转为对美方有利。郝立德认为这是悲剧，但是不像自责过甚的美国人不能肯定自己国家领袖的贡献那样，他承认国际政治在里根执政时期发生了大转变。美国已成功地使得苏联介入第三世界的成本大增；郝立德的著作中有一章很适当地定名为《采取守势的社会主义》(Socialism on the Defensive)，把戈尔巴乔夫的“新思维”诠释为企图舒缓美方的压力。

最强烈的证词来自苏联方面的人士。苏联学者自 1988 年开始，承认苏联应对缓和之破裂负责任。苏联评论人士显得比美国许多批评者更了解缓和的命题，他们指出：缓和乃是华府使莫斯科不能挑衅已有的军事、政治现象的方法。勃列日涅夫这一代的领导人违背此一默认的了解，寻求单方面收获，激起了里根政府的反应，以致苏联无力招架应付。

最早、最有趣的一位苏联“修正主义”评论人是世界社会主义制度经济研究所（Institute for the Economy of the World Socialist System）的教授达希契夫（Vyacheslav Dashichev）。达希契夫在 1988 年 5 月 18 日当期的

《文学杂志》上发表文章，指出“勃列日涅夫领导层历来的估计错误和无能”，使得世界其他大国全都结合在一起反苏，也激发了武器竞赛，搞得苏联国库空虚，不胜负荷。因此，苏联传统上站在世界家庭之外，所采取的设法破坏的政策，必须抛弃。达希契夫说：

> “西方国家认为，苏联领导人在积极利用缓和加强其军力，寻求在军事上与美国并驾齐驱，并且与所有的敌对大国大体上能相上下——这是史无前例的事实。美国受到越南战祸之打击，对于苏联在非洲、近东和其他地区的扩张，有非常敏感的反应。
>
> ……‘回馈’效应的运作使得苏联在外交政策和经济方面陷于非常困难的位置。她受到所有的世界大国，美国、英国、法国、西德、意大利、日本、加拿大和中国的反对。跟她们庞大的优势力量作对，非常危险。远远超过苏联的能力所及范围。”

苏联外交部长谢瓦尔德纳泽 1988 年 7 月 25 日在外交部一次会议上，也表达了同样的观点。他逐项列举出苏联的种种错误，如进军阿富汗、与中国交恶、长期低估欧洲共同体、耗费不赀搞武器竞赛、1983—1984 年间退出日内瓦武器管制谈判会议、苏联早先决定部署 SS-20 导弹，以及苏联必须保持与全体敌国兵力相埒的国防理论。换言之，谢瓦尔德纳泽几乎对苏联过去 25 年的所作所为，全都加以批判。这等于是默认西方政策对苏联有重大影响，因为民主国家若是未对冒险行动施惩，苏联政策就可以称是成功的政策，也就不需要重新评估了。

美国两党历任八位总统均追求结束冷战，而冷战之终结与 1947 年凯南所预测者大体相同。不论西方国家采取多么宽容的政策，苏联的制度都会使她非得借外界常有大敌的幽灵，来合理化它强要百姓忍饥受苦，并且维持武装部队与情报安全机构以保障其政权的做法。西方国家反应所累积的压力在里根时代达到最高点，苏共第二十七届全国代表大会把正式理论由“和平共处”改为“相互依存”，对内镇压的道德基础为之消失。接下来，如同凯南所预测，苏联人民习于纪律，不能立刻适应宽容与妥协，一夕之间由最强沦为“国际社会中最弱、最可怜”的一个民族。

本书前文提到，凯南后来认为他提倡的遏制政策太侧重军事方面，更精确的评语应该是：美国一向在过分依赖军事战略，以及情绪上过分倚赖敌人回心转意之间，摇摆不定。我本人也曾经屡次批评以遏制名义提出的许多政策。不过，美国政策的整体方向可说相当有远见，而且虽然政府更迭，决策者个性各异，但仍然保持相当的连贯性。

当自信的苏联帝国一副俨然代表未来新潮流的模样，而且世界领袖也倾向于接受此一见解之时，如果美国没有出面组织反抗，已经在战后欧洲崛起为最大的政党之共产党，可能就将得逞。从柏林问题起发生的一系列危机，就无法抵挡住，而且也必然会发生层出不穷的其他危机。克里姆林宫利用美国在越战之后举国骚乱的局势，派出附庸国部队到非洲，也把苏联军队开进阿富汗。如果美国不起而保障全球均势，并且协助重建民主社会，苏联就会更不知节制。美国没有由均势的角度来观察、界定自己的角色，的确令痛苦增加、令过程繁复，但是这也使得美国有前所未见的坚贞信念与创意。并且事实也没有改变，美国依然保持了全球均势以及世界和平。

冷战获胜，当然不是哪一位总统的成绩。它是美国两党 40 年努力之功，也是共产党积 70 年僵硬之果，里根现象乃是个性与机会偶然汇合的结果。早了十年，他会被认为太逞强好胜；晚了十年，又似乎太偏执一途，毫无折中。以意识形态上的强悍号召美国民众支持，再加上外交上的弹性作为（换了另一位总统，保守派恐怕就不会原谅他如此做），正好是苏联衰弱并出现自我怀疑心态的时期所需要的对策。

然而，里根外交政策性质上的夕阳无限好的意义，大于新时代曙光的意义。冷战几乎是美国人定见的产品。美国人心目中认定存在着意识形态上的严重挑战，因而其普遍真理不论是否过分简化，如何适用到世界上绝大多数国家的问题，都会成为一大考验。军事上的威胁之大是明显、迫切的，其源头非常清晰。即使如此，美国仍不辞辛劳，由苏伊士运河到越南，把她的普遍原则运用到并不友善的特定案例上。

后冷战的世界，不再有强大的意识形态挑战，在本书写作时亦无任何一例地缘战略上的冲突对峙。几乎每一情势都是特例，自认为与众不同的特殊主义，激发了美国的外交政策，也使得美国以不屈不挠的决心赢得冷战。但是在 21 世纪的多元世界里，需要更精细的运用。美国最后仍须面对她在其历史上一直能够回避的大挑战：传统上自视为单纯的哨兵或十字军，依然界定着美国的选择，或局限住美国的发展。总而言之，美国终究必须对其国家利益的发展做出确切的定义。

第三十一章

关于世界新秩序的重新思考

美国、英国、法国、德国、中国、俄罗斯和日本的国旗

威尔逊主义与各国政策

20 世纪最后一个十年的初期，威尔逊主义似乎胜利了。共产主义意识形态的挑衅和苏联地缘政治的挑衅，同时被克服了。道德上反对共产主义的目标已与地缘政治上抵抗苏联扩张主义的使命，结合为一。无怪乎布什总统以经典的威尔逊式的言词描述他所期望的世界新秩序：

> “我们期待各国有超越冷战的新伙伴关系。这个伙伴关系要以磋商、合作和集体行动为基础，尤其要通过国际组织和区域组织集体行动。这个伙伴关系是依原则和法治而团结，并借由平均分摊成本与承诺所支持。这个伙伴关系的目标是增进民主，增进繁荣，增进和平和裁减军备。”

继布什之后的民主党总统克林顿，也以非常类似的言词表达美国的目标，阐释“扩大民主”的理念：

> “在新的危险与机会交替的时代里，我们最大的目标必须是扩大、强化全世界以市场为基础的民主社会。冷战期间，我们寻求遏制威胁，以保存自由体制。现在，我们寻求扩大生存在自由体制下的国家圈，

因为我们的梦想是，有朝一日，世界上每个人的意见与精力，都得以在繁盛的民主世界中充分表达，人人合作，和平生活。”

本世纪以来第三次，美国宣布有意建立世界新秩序，把美国的价值观推广到全世界。而且，美国第三度在国际舞台上居于至高的鼎盛地位。1918年，威尔逊主导了巴黎和会，会中美国的盟国过分依赖她去申述她们的焦虑。到第二次世界大战结束前，罗斯福和杜鲁门似乎已居于照美国模式整建全球的地位。

冷战结束产生了更大的诱惑，美国要依美国模式重建国际环境。威尔逊受到国内孤立主义钳制，赍志以殁；杜鲁门则奋起抗拒斯大林主义的扩张行动。后冷战的世界，美国成为硕果仅存的超级大国，有能力在全球每一区域干涉。可是，权力变得越来越分散，而且与军力有关的问题也消失了。冷战胜利使得美国进入了一个非常类似18、19世纪欧洲国家体制的世界，也面临美国政治家、思想家一再质疑的实际状况。失去了强大的意识形态威胁或战略威胁，使得各国越来越以其眼前的国家利益，执行其外交政策。在五六个大国以及许多小国参加在其中的国际体制上，就和过去数世纪一样，必须借由调和、均衡各自竞争的国家利益，去建立秩序。

但是，布什和克林顿谈到世界新秩序时，仿佛它唾手可得。事实上，它还在酝酿期，恐怕要到下个世纪，其最后形态才会清晰。世界新秩序，部分是过去的延伸，部分则毫无先例，它和它所取代的旧体制一样，必须对下述三个问题给出答案：国际秩序的基本单位是什么？它们互动的方式是什么？它们的互动，以什么为目标？

国际体制其实非常不稳定。每个“世界秩序”都期待能长久，这个字词带有永恒的意义。可是，构成世界秩序的因素不断在流动；的确，每个世纪国际体制持续的时间都在缩短。《威斯特发里亚和约》产生的体制，存在150年；维也纳和会缔造的国际体制，维持约100年；冷战的国际体制只有40年。（《凡尔赛和约》从来未被主要国家接纳、遵守为一个体制，只能说是略胜于两次世界大战期中的停火协议而已。）过去从来没有一个世界秩序的成员，她们互动的能力以及目标，变得如此快速、深刻，而且具有全球性。

构成国际体制的实体，其特征一变，无可避免就会出现一段动荡时期。三十年战争大体上就是由以传统为基础的封建社会，进入现代国家体制的一种过渡。法国大革命之战，象征着过渡到以共同语言、文化界定的民族国家。20 世纪的大战则是因为哈布斯堡王朝、奥斯曼帝国的瓦解而起，并且也因对欧洲霸权之挑战，以及终结殖民主义而起。每一次的过渡，原本认为天经地义的事物突然间就变成时代错误。譬如，多民族的国家在 19 世纪被淘汰，殖民主义在 20 世纪遭摒弃。

自从维也纳会议之后，外交政策就把各国牵连起来，因而产生了“国际关系”一词。19 世纪，即使只出现一个新国家（如统一的德国），也会产生数十年的动荡。第二次世界大战结束以来，出现了将近一百个新国家，其中许多国家与传统的欧洲民族国家截然不同。苏联瓦解，南斯拉夫联邦分裂，又出现了 20 个新国家，这许多新国家正忙着清算数百年的恩怨血债，不遑他顾。

19 世纪欧洲国家是以共同的语言和文化为基础，依照当时的技术水准，提供安全、经济的发展的最适度架构，还能影响国际事件。后冷战的世界里，传统的欧洲民族国家——他们在第一次世界大战之前一直维持着欧洲大和谐——却不再有资源扮演全球角色。他们团结起来组织欧洲联盟（European Union）的成败，将决定其未来是否有影响力。欧洲，倘若联合起来，将继续扮演大国角色；若是分立为许多民族国家，只会沦落为第二流的地位。

新世界秩序兴起带来的动荡，部分原因出于：至少有三种类型的国家自称为“国家”而在互动，可是各自又很少有传统的民族国家的特征。第一类是帝国解体后，不同族裔分离出来的新国家，如苏联、南斯拉夫解体后所产生的国家皆是。因为历史的冤屈、长久追求身份认同，她们主要还在忙着种族对立，国际秩序的目标不在她们兴趣范围内，也经常超越她们的想象范围。就像卷入三十年战争的小国一样，她们只追求保持独立，增进国力，根本管不了国际政治秩序这种大题目。

若干后殖民的国家，代表的又是另一种现象。她们之中有不少，现有的疆界是早先帝国主义列强为行政管理上方便而划定的。法属非洲，海岸线长，划分为 17 个行政单位，现在每个单位都成为了一个国家。比利时属非洲即刚果（金），也曾称扎伊尔——只有非常狭窄的出海口，虽然其面积辽阔，与整个西欧不相上下，但却作为统一的单位管理。在这种情势下，国家通常等于是军队，因为通常仅有军队是唯一的“全国性”组织。一旦这个主张不受承认，往往只有走上内战一途。如果把 19 世纪国家的标准，或威尔逊的自决原则，套用到这些国家身上，无可避免必然会发生激烈的、难以预料的边界重新划分的纠纷。对她们而言，如果不维持领土现状，另一个选择就是无休无止的血腥战祸。

最后一类大陆型的国家，她们可能是代表新世界秩序的基本单位。脱离英国殖民统治而独立的印度，团结了许许多多不同语言、宗教和族裔成为联邦。由于她比 19 世纪的欧洲国家更能接受邻国的宗教和意识形态思潮，她的外交政策和国内政策之分界线既不同又相当暧昧。同样的，中国是拥有共同的文字、共同的文化以及共同的历史、而含纳不同语言的一个大国。欧洲若非 17 世纪爆发宗教战争，或许就会演变成中国的样子；如果欧盟能够实现其支持者的愿望，它也有可能成为中国的样子。同样的，冷战时期的两个超级大国从来也不符合欧洲民族国家的定义：美国因融入不同语言的民族，成功地形成其特殊的文化；苏联则是辖有许多民族的大帝国。前苏联各国（特别是俄罗斯联邦）在本书写作时，仍然陷在分裂瓦解和重建帝国体制之间煎熬挣扎，这情形与 19 世纪的哈布斯堡王朝和奥斯曼帝国类似。

这一切种种使得国际关系的内容、方法与范围起了激烈变化。在现代以前，各大洲大体上都局限在本身范围内活动。我们不可能去比较衡量。譬如，法国与中国相较谁的国力强盛，因为两国并没有互动关系。一旦技术能及的影响范围扩大，其他洲的未来就被欧洲列强的“协议”所决定。过去的国际体制从来没有主要权力中心散布全球的情形；也从来没有政治人物必须在事件发生时、同时由领导人与民众感知的环境中，去进行外交的情形。

国家数量在增加，她们互动的能力也在增加，新世界秩序要依据何种原则去组建？鉴于新国际体制的复杂，“扩大民主”这类的威尔逊式的观念能否作为美国外交政策的主要指南，并且取代冷战时期的遏制战略？这些观念很显然既非全然成功，也非全然失败。20 世纪许多上佳的外交行动，可以追根溯源到威尔逊总统的理想主义。例如，马歇尔计划、勇敢承诺遏制共产主义、保卫西欧的自由，甚至命运多舛的国际联盟，以及日后取代国联的联合国等等都是如此。

同时，威尔逊式的理想主义也制造出了许多问题。威尔逊的十四点计划当中，不加挑剔就接纳民族自决的原则，没有考虑到权力关系以及各个不同族群不顾一切只想解决宿仇积怨所带来的动荡效应。国际联盟没有一个军事执行机制，更凸显出威尔逊的集体安全理念隐藏的问题。1928 年的《凯洛格 - 白里安公约》，规定各国放弃以战争作为政策工具，毫无效果。显示出纯然由法制上加以限制的想法有其局限性。希特勒的行径就显示，在外交政坛上，一把子弹上膛的手枪，比法律制约有力多了。威尔逊吁求美国全力追求民主，制造出极有创意的行动，也导致了到越南参战的大灾祸。

冷战结束，制造出了观察家称之为“单极的世界”（unipolar）或“一个超级大国”（one superpower）的世界。但是，美国实质上并没有比冷战开始时更能单方面独断全面问题。美国比十年前更占优势，可是够讽刺的是，权力也更加分散。因此，美国能够运用来改造世界其他地区的力量，实际上也减弱了。

冷战结束反而使美国越来越难以执行威尔逊的全球集体安全之梦想。缺乏一个一言九鼎的大国，主要国家看待对和平的威胁的方法就不一样，她们也不愿再冒同样的风险来克服她们的确了解的威胁（详见本书第十、十一、十五和十六章）。世界共同体愿意合作“维持和平”（监督现有协定，不受任何一方挑衅），但是对维持和平（真正有威胁世界和平的事情发生时加以扑灭）却又惊惶走避。这种情况不足为奇，因为即使美国也还未发展出清楚的概念，不知道在后冷战世界里她将单方面抵抗些什么。

作为外交政策的途径，威尔逊主义认为，美国具有无可匹敌的美德和实力这一特殊性。美国对其实力以及目标的崇高性深具信心，因而拟想要在全世界各地为其价值观念作战。美国的例外主义必然是威尔逊外交政策的转折点。

21世纪即将来临，庞大的全球力量正在运作，经过一段时间后，它将使得美国不再那么独特。美国的军事力量在可以预见的将来，仍将无可匹敌。在未来的一二十年里，波斯尼亚、索马里、海地等等小型冲突必将无休无止，美国是否有意愿以其力量介入这些小型冲突，乃是对美国外交政策的主要观念之挑战。美国很可能在下个世纪仍保持全世界最强大的经济。可是，财富将越来越普遍分散，产生财富的技术也会散布各地。美国势将面临她在冷战期间未曾经历的经济大竞争。

美国将是最伟大、最强盛的国家，但是仍有其他强国并肩；是鹤立鸡群，但依然和其他国家一样。美国例外主义是威尔逊式外交政策不可或缺的基础，可是在下个世纪里可能越来越不重要。

美国人不应该把这当作是美国受挫，或是美国式微的象征。因为就美国历史的绝大部分时间来看，她事实上是与其他国家平起平坐，绝不是颐指气使的超级大国。其他的权力中心，如西欧、日本和中国之兴起，不应该让美国人惊骇。毕竟，分享世界资源和开发其他社会与经济，自从马歇尔计划以来一直就是美国的一个独特目标。

如果威尔逊主义的假设前提越来越不重要，而且威尔逊式外交政策的主张，如集体安全、感化竞争对手接受美国方式、以法律形式裁决纠纷的国际体制、无条件支持民族自决等等，都变得不切实际，试问美国在下个世纪的外交政策要以什么原则为基础？历史没有给我们提供指南，也没有任何类比可以圆满解说。不过，历史透过事例来教导后人，在美国走向不明海域之际，不妨考虑威尔逊之前的时期，以及“美国世纪”，去寻找未来的索引。

黎塞留的“国家理由”论——基于国家利益可以不问手段去追求它——经常受美国人嫌弃。这当然不是说美国人从来没有实行“国家理由”论——美国有许多实例，如开国先贤在建国初期与欧洲各国的交往，到以“天定命运”为词一心一意向西部开拓都是。但是美国人从来没有办法坦然公开承认他们本身有自私的利益心。无论是参与世界大战或介入地方性冲突，美国领袖永远声称是为原则而战，不是为利益而战。

就研究欧洲历史的人而言，势力均衡的观念似乎十分显然。但是，势力均衡的观念就和国家理由论一样，是最近一两个世纪才发展出来的理论；最早提倡它的是英王威廉三世，为了钳制法国的扩张活动而提出。较弱的一群国家会集合起来，对强国构成反制的观念，本身并没有什么了不起。而且，势力均衡也得时时加以照料。在下个世纪里，美国领袖必须向民众阐释国家利益的观念，说明在欧洲与亚洲维持势力均衡，为何符合美国利益。美国需要伙伴在世界若干地区维持均势，并且这些伙伴不能永远只照道德考虑的原则去挑选，美国外交政策同样需要以清清楚楚界定的国家利益，作为基本指南。

国际体制能持续最久而未发生重大战争者，当推维也纳和会后所建立的国际秩序——它结合了法统与均势、共同价值和均势外交。共同价值局限了各国要求的范围，均势则限制住她们坚持要求的能力。美国在20世纪里有两度几乎完全以其价值为基础，尝试去建立一套世界体制。这代表着英勇的作为，也是当代世界许多善事的起因；但是，威尔逊主义不能是后冷战时期唯一的基础。

民主的增进将继续是美国最主要的期望，但是我们在它似乎获得哲学上之大胜的同时，也需要认清它所面临的障碍。限制中央政府的权力在过去是西方政治思想家的主要关切点，可是在多数其他社会里，政治理论却主张要加强国家威权。从来没有一个地方比美国更坚持扩大个人自由。西方的民主是在具有长久共同历史、文化同质性高的社会里演化的。（即使美国人口多元化，也发展出了强烈的文化认同感）社会，以及某个限度内的民族，不待国家创造，便先于国家存在。在此一背景下，政党代表基本共识的另一种不同形式：今天的少数党，明天可能就变成多数党。

在世界上许多其他地区，民族先于国家，它是组成国家的基本单元。政党若是存在，反映着固定、通常又是共有的身份。少数党、多数党往往一成不变。在这种社会里，政治过程不外于争夺主宰权，而不是官职轮替；即使发生官职轮替，出于政变的可能大于经过宪政程序。现代民主政治的基本要素，忠诚的反对党这种观念很少存在。反对党反倒经常被认为是对国家团结的一种威胁，等于是叛国，而遭到严厉制裁与镇压。

西方式的民主政治预设存有的价值共识，对伙伴关系有所局限。美国若是没有坚持自由的信念不分畛域，就不够真诚。美国应支持民主政府而非高压政府，并且预备为其道德信念付出代价，这是不容置疑的。美国应该审慎运用其裁量空间去支持推动民主价值和人权的政府与组织，这也十分明确。问题出在决定要确切付出何种代价？以及它和美国其他基本优先事项，如国家安全以及全面地缘政治均势的关系究竟如何？如果美国的劝导宣扬要超越爱国的论调，它们必须反映出务实地了解美国本身能力所及的范围。美国必须小心，在她执行全球外交政策的财务、军事资源都被削减之时，不要去增加道德承诺。许下承诺，没有能力或意愿做后盾，会使美国在其他所有事务上的影响力消退。

美国外交政策的道德因素与战略因素之间，应有何种明确的均衡关系，没有办法抽象地描绘；但是最初步的智慧包含要承认必须维持某种程度的均衡关系。不论美国多么强盛，没有任何一个国家有能力要求其余的人类接受她的意愿与喜好；必须先确立优先事项。即使的确有这样的资源存在，对于不加区分一体适用的威尔逊主义，一旦美国民众清楚了解由它衍生出的承诺和牵扯，也不会予以支持。它有可能借由虚张声势，逃避做出艰难的地缘政治抉择而成为单纯的口号。美国政策的表象与支持的意愿之间，有产生间隙之虞；由此几乎无可避免会产生失望现象，很容易就会成为借口而导致美国完全退出国际事务。

在后冷战世界里，美国的理想主义需要借助地缘政治分析去找出通过新的复杂局势的道路。这项工作相当艰巨。即使美国独占核优势，却拒绝当霸主主宰全世界；即使在冷战时间，她实质上进行着划分势力范围的外交，美国仍然厌恶势力均衡。美国在 21 世纪里，与其他国家一样，必须学习在需求与抉择之间行走，在国际关系不变的常数与政治家的裁量会变的因素之间，取得均衡关系。

价值与需求之间建立均衡关系后，外交政策就必须开始界定何者构成重大利益——也就是国际环境哪一变化，可能伤害到国家安全。不论此一威胁是什么形式，也不论它表面上多么堂皇合法，都得加以抵抗。在英国最兴盛的时期，即使低地国家的英吉利海峡的港口是受到圣贤统治的大国占领，她也会出兵防止这些港口被毁。美国历史上长久以门罗主义作为美国国家利益的实际运作的定义。自从威尔逊总统参与第一次世界大战以来，美国就回避界定国家利益为何，理由是美国不反对改变国家利益的内容，但是反对使用武力去执行国家利益。这些定义都已经不再适时，门罗主义太有局限性，威尔逊主义则含糊不清且固执于法律意义。环绕着后冷战时期几乎美国每一项军事行动而产生的争论，显示出美国还没有产生更广泛的共识，不知应如何做个新的界定。要促成此事，将是美国领导人的重大挑战。

就地缘政治而言，美国是欧亚大陆海岸外的一座岛屿而已。欧亚大陆的资源与人口都远远超过美国。不论冷战存在与否，单一一个大国主宰欧亚大陆两大范围之一（欧洲或亚洲），都会对美国构成战略意义上的危胁。因为这样的组成会在经济上胜过美国，最后在军事上也凌驾于美国之上。即使这个主宰的大国开明，也必须抵制此一危险；因为一旦这个大国改变意向，美国将会发现本身有效抵抗的力量已经大减、也逐渐没有能力影响事件发展。

美国是因为苏联扩张主义的威胁而介入冷战；她对后冷战时期的许多期待是以共产主义威胁的消失为基础的。美国对与苏联为敌的反应态度，是站在遏制的角度考量的，也影响到美国对全球秩序的态度；同理，俄罗斯的改革措施主导了美国对后冷战时期世界秩序的思考。美国的政策之假设前提是：俄罗斯在追求民主政治，并且在集中精力发展市场经济之余，将可确保世界和平。因此，美国的主要任务应是加强俄罗斯的改革，以得自马歇尔计划的经验制定措施去协助俄罗斯，而不是以传统外交政策的伙伴关系去对待俄罗斯。

美国针对一个国家，从来是一再以对其用心之评估做决策参考，而非以其实力或政策做标准。罗斯福总统对战后世界和平的希望相当程度寄托在斯大林会变得温和上。冷战期间美国运作的策略——遏制，公开宣布的目标就是促使苏联改变宗旨，有关此事的辩论通常是期待苏联改变宗旨的情况是否业已发生。美国战后历任总统当中，只有尼克松持续把苏联当作地缘政治上的挑战。即使里根也期盼苏联领导人能幡然改变。不足为奇的是，在苏联覆亡之后，一般人都相信敌对意图已经消失，并且由于威尔逊式的传统不接受利益互相冲突，美国在后冷战时期的政策运作起来，就好像传统的外交政策考虑一样都不再适用。

研究地缘政治与历史的学者对于此一方法一边倒的情况，相当不安。他们担心在过度高估了美国影响俄罗斯内部演变的能力的情况下，美国可能没有必要被扯进俄罗斯内部的争端，遭遇民族主义的反弹，而且忽视了一般的外交政策工作。他们愿意支持能让俄罗斯修正传统的粗暴野蛮行为的政策；基于这个理由，也形成了经济援助以及在全球问题上的合作计划。然而他们也认为，不论谁统治她，俄罗斯跨有麦金德（Halford Mackinder）称为地缘政治心脏地带的领土，也继承了最丰富的帝国传统。即使假设的道德转型会出现，也需要相当一段时间；在此之前，美国应该分散风险，不要单押一注。

美国也不应该期待对俄罗斯的经济援助，会获致可与马歇尔计划媲美的成绩。第二次世界大战刚结束时的西欧，还有一个能运作的市场制度，结构良好的官僚体制，并且多数国家具有民主政治的传统。它由于来自苏联的军事及意识形态威胁，而与美国结合。站在大西洋同盟的保护盾之后，经济改革促成基本的地缘政治现实出现；马歇尔计划也使得欧洲能重建其国内统治的传统模式。

后冷战的俄罗斯却根本不存在类似的条件。减低疾苦、鼓励经济改革，是美国外交政策的重要工具；但是它们不能取代面对一个具有长久扩张主义历史的国家。美国应该认真保持全球均势的作为。

本书写作之时，经过两个世纪才建立起来的庞大的俄罗斯帝国，正陷于瓦解分裂状态——情形与 1917—1923 年期间相仿佛，后来她由那段期间复原后，并未抑止其传统的扩张主义节奏。管理一个式微中的帝国局势，是外交上最艰难的工作之一。19 世纪的外交迟缓了奥斯曼帝国的瓦解，使她不至于迸发全面战争；20 世纪的外交证明不能扼制奥匈帝国的分裂。帝国崩溃中会产生两种紧张的源头：邻国想趁帝国中心式微而占便宜，而式微中的帝国则企图在周边邻国重振权势雄风。

前苏联后继各国里，都同时发生了这两种情况。伊朗和土耳其针对伊斯兰教徒占多数的中亚各共和国，寻求增加影响力。但是最惹人注目的地缘政治大动作是，俄罗斯企图恢复她过去在莫斯科控制的全部地区之霸权。莫斯科以维持和平的名义，寻求重新建立某种形式的莫斯科指导保护体制。美国由于专注于“改革派”政府的善意和不愿采取地缘政治的议程，迄今仍默不作声。她没有太多作为去促使前苏联各共和国——波罗的海三国例外——获致国际上的接纳。美国高级官员到这些国家访问的次数少，间隔时间又长，给予的援助也少得可怜。莫斯科部队在其领土上的活动，或甚至长期驻防，几乎没受到质疑。莫斯科在事实上被当作帝国小心看待，她也以此自居。

部分原因出于美国处理发生在前苏联帝国领土上的反共革命和反帝国主义革命时，把它们分别视为单一的现象对待。事实上，两者截然不同。反共革命在整个前苏联领土上获得极大支持；反帝革命是针对俄罗斯霸权而发，在非俄罗斯的新兴共和国里非常受欢迎，但是在俄罗斯联邦里，却极其不受欢迎。俄罗斯的领导集团长久以来认为他们肩负“文明开化”的任务（详见本书第七、八章）。绝大多数的俄罗斯领导人物，不论其政治信仰为何，都拒绝接受苏联帝国崩溃的事实，或是后继各国的合法地位，尤其对俄国东正教发源地的乌克兰之独立，大不以为然。即使索尔仁尼琴撰文主张俄罗斯甩掉不情愿受其统治的外国臣民之噩梦时，也力促莫斯科一定要保留乌克兰、白俄罗斯和几乎一半的哈萨克斯坦作为核心集团，这等于是前帝国约 90% 的版图。在前苏联的领土上，不是每一位反共人士都是民主人士；也不是每位民主人士都反对俄罗斯帝国主义。

务实的政策将承认，即使是叶利钦的改革派俄罗斯政府，依然经常不顾地主国明确表示的愿望，在绝大多数前苏联共和国里维持俄罗斯驻军——而这些国家已全都是联合国会员国！这些军队曾在若干共和国参与其内战。俄罗斯外交部长一再提出一个观点，俄罗斯要垄断对“近邻”的维持和平工作，这与企图重建莫斯科主宰地位几乎无法分辨。和平的长期前景将受到俄罗斯改革的影响，但是短期前景则要看俄罗斯军队是否能被劝导留在国内。如果他们重新出现在旧帝国的欧洲、中东边境，俄罗斯及其邻国之间长久历史上之紧张关系，再加上恐惧、互相猜疑心理作祟，势必重新蹿升（详见本书第六、七章）。

俄罗斯定然在它称为“近邻”的地区有安全上的特殊利益。(“近邻”指的是前苏联各共和国，与旧帝国以外的地区有别。) 基于世界和平，这些利益必须在无军事压力或单方面军事干预的条件下予以满足。关键问题是，是否把俄罗斯与这些新兴共和国的关系视为国际问题，受到外交政策一般接受的规则之管理；或者把它当作是俄罗斯单方面决策可及的问题，美国若是希望能影响它，就必须求助于俄罗斯领导阶层的善意反应。在若干地区——譬如，受到伊斯兰原教旨主义威胁的中亚各共和国——美国的国家利益可能与俄罗斯的利益并行不悖，最起码在抵抗伊斯兰原教旨主义这方面是一致的。只要不是设计恢复传统的俄罗斯帝国主义，美、俄在当地的合作十分可能。

本书写作之时，俄罗斯民主政治的前景尚不肯定：俄罗斯民主化之后是否会执行导向国际稳定的政策，也仍未明朗。俄罗斯在她长久的国家历史中，与西方世界走在相当不同的道路上。她从来没有自治的教会系统，她错过宗教改革、启蒙时期、发现新大陆时期和建设现代化的市场经济时期。缺乏具有民主经验的领导人物，几乎全体俄罗斯领导人——其他新兴共和国亦然——都曾在共产主义体制下身居高位；追求多元主义不是他们的第一天性，恐怕也不是最后的天性。

甚至，由中央集权计划经济过渡到市场经济，无论在何地推行，都会相当痛苦。经理人对市场与激励毫无经验，工人已失去动机，部门首长过去从来没有理睬过财政政策。停滞，甚至衰退，几乎无可避免。中央集权计划经济体在走向市场经济道路时，没有谁能避免痛苦的严酷情势；加上美国许多专家顾问推荐的休克疗法，使得问题更加复杂。由于对过度付出的社会与经济成本不满意，使得共产党人在已脱离共产主义统治的波兰、斯洛伐克和匈牙利，声势大振。1993 年 12 月的俄罗斯国会选举中，共产党和民族主义政党合计得票接近 50%。

最当真的改革派也可能在传统的俄罗斯民族主义中找到可以获致团结

力量的目标。在俄罗斯，民族主义在长久的历史上一直不脱宗教使命感和帝国主义色彩。心理学家可以去辩论其原因是出在根深蒂固的不安全感，还是天生的侵略性。就身受俄罗斯扩张行为之害的民族而言，其间的区别只有学术意义。在俄罗斯，民主化与外交政策有节制，未必并行。因此，那种和平主要靠俄罗斯国内改革即可确立的论证，在东欧、斯堪的纳维亚各国或中国，很少有人支持；波兰、捷克共和国、斯洛伐克和匈牙利，也因此热切希望能加入大西洋同盟。

配合外交政策考虑的系列行动，应设法就可以预见的趋势准备反制力量，而且不要把全部筹码押注在俄罗斯的国内改革之上。支持俄罗斯自由市场和俄罗斯民主之同时，也应该强化对俄罗斯扩张行动的阻碍。事实上，我们可以说，如果俄罗斯受鼓舞，有史以来第一次集中心力，重视由圣彼得堡到海参崴横跨 11 个时区的国内领域之开发，俄罗斯的改革将会加强，也没有理由要罹患幽闭恐惧症。

在后冷战时期，美国对后共产主义俄罗斯的政策，可谓针对某一个别领袖的社会工程，孤注一掷。布什时代，就是戈尔巴乔夫；换了克林顿政府，也换成叶利钦；由于戈、叶两氏个人坚守民主，遂被当作俄罗斯奉行和平外交政策，以及俄罗斯融入国际社会的保护人。布什痛心戈尔巴乔夫领导的苏联解体，克林顿则默许俄罗斯恢复旧日势力范围的作为。美国领袖不太愿意求助于对俄政策传统外交的煞车，因为担心会挑激起叶利钦（以及叶之前的戈尔巴乔夫）所谓的民族主义反对派人士之反弹。

俄美关系迫切需要就外交政策问题进行严肃对话。把俄罗斯不纳入外交政策的正常考虑，对俄罗斯极不利。因为一旦他日她被引诱必须有所行动时，已无从退却，往往必须付出更高的代价。美国领袖不应该害怕坦诚地讨论美、俄利益在何处有交集、何处有分歧。俄罗斯这些搞内斗的老手不是容易害羞的新手，其国内均势不会因务实对话而解体。他们能够体会了解基于互相尊重彼此国家利益的政策。事实上，他们可能更能理解类似的算计，而不是求助于抽象、遥不可及的乌托邦思想。

把俄罗斯纳入国际体系是新兴国际秩序的关键。它有两个成分，必须保持均衡：影响俄罗斯的态度，以及影响俄罗斯的算计。美国有必要提供慷慨的经济援助和技术顾问，以纾缓过渡的痛苦；也应该欢迎俄罗斯加入促进经济、文化和政治合作的组织——例如欧洲安全会议。若是故意不理会俄罗斯帝国意图重新出现的事实，只会阻碍俄罗斯改革，而非帮助她。新兴共和国的独立毕竟都得到了联合国的承认，但绝对不能因为默许俄罗斯在其领土上有军事行动而默认其独立。

美国的对俄政策应该配合长久利益，而不是随俄罗斯国内政治的起伏而动。如果美国外交政策以俄罗斯国内政治为最优先的考虑，势必受到她可能无法控制的力量之戕害，也失去所有判断的标准。外交政策应该以基本上仍在革命过程中的动作而调整吗？美国有本钱能够同时孤立俄罗斯和中国，而不畏她们重温中苏同盟旧情吗？在现阶段持不强人所难的俄罗斯政策可以使未来有更稳定的长期发展的机会。

支持我关于外交政策“精神病学派”的见解（详见本书第二十八章）的人士，倾向于认为此一论证“悲观”。他们说，德国和日本曾经幡然改变性格，为什么俄罗斯就不行？但是，我们不要忘记，民主的德国在20世纪30年代也曾经转向截然相反的方向，只因为原本安于德国的民主意志的国家突然间面对着德国庞大的国力。

政治家经常借由对未来做出最有利的假设来回避其两难局面；但是他得面临一项考验：他是否有能力在发生事先未能预见、不利的突发事件时保护人民。俄罗斯新领袖阶层在企图克服两个世代的专制主义暴政的艰苦过程中，应该得到谅解；但是他们不应该得到过去300年来沙皇和人民委员在俄罗斯庞大的边界上所侵占的势力范围。如果俄罗斯在建立世界新秩序时要作为认真的伙伴，除了受惠之外，她就必须接受稳定的纪律。

美国的对俄政策已经极其接近她对其大西洋盟国的同等对待的地位了。虽然北大西洋公约组织依照威尔逊主义往往被界定为一种集体安全组织，而非联盟；但事实上它代表着美国道德和地缘政治目标最能接近和谐的一个组织。（详见本书第十六章）由于其宗旨在于防止苏联控制欧洲，不论以何种理由来声明本身的正当性，它在地缘政治上的功效始终是为了防止欧、亚权力中心落到一个有敌意的国家的统治下。

如果我们告诉创设大西洋同盟的先贤说，冷战胜利将使人们对其作品的前途之怀疑加剧，他们一定不能置信。他们认为冷战胜利后，天经地义，大西洋伙伴关系可以永续存在。冷战期间，以此目标号召，的确赢了很多次有决定性的政治斗争。在这个过程中，美国与欧洲借由常设咨商组织和统合的军事指挥体系结合在一起——这种结构的范围和持久在任何国家结盟史上都十分独特。

自从苏联阵营崩溃后，所谓的大西洋共同体就开始日薄西山了。降低对欧关系变得相当流行。目前流行强调扩大民主，美国似乎较少关注与她有相同的组织、对人权及其他基本价值有共同观点的社会，而是转而关注其他地区。创建大西洋伙伴关系的先贤，如杜鲁门、艾奇逊、马歇尔和艾森豪威尔等人，对欧洲式的外交都有保留意见；但是他们也了解，若无大西洋盟友，美国在国际社会上，除了西半球之外，找不到太多道德一致或有共同传统的友邦。在这种情形下，美国势必不得不执行纯粹的现实政治，而现实政治本质上与美国传统不能相容。

一度是美国最重要的政策现今都在退化，部分原因是北约组织已经被认为是天经地义的当然组织，不再需要多加照料。或许更重要的原因是，过去 15 年内崛起的新世代美国领导人，大部分出身于南方与西部，而当地人士比起旧的东北部士族对欧洲的情感与人际关系看得很淡。甚至，美国的自由派通常是威尔逊主义信徒，他们经常觉得受到民主盟国的羞辱，因为这些盟国只注重有关国家利益的政策，忽视集体安全与国际法。他们举波斯尼亚和中东为例，虽然有共同价值却不能取得协议去行动。同时，美国保守主义的孤立主义派——另一种形式的例外主义——又倾向于鄙视欧洲的马基雅弗利式的相对主义和自私作风。

与欧洲的意见不合有点像家庭成员不愉快的口角。然而，几乎在每一项关键问题上，美国与来自欧洲的合作均远胜于其他地区。容我们公平地说，法国与英国都派出部队到波斯尼亚执行地面任务，美国则不然；可是公众舆论却制造出相反的印象。在海湾战争中，除了美军之外，最重要的特遣部队还是英国和法国部队。在一个世代之内，基于共同的价值和利益，美国两度派军到欧洲参战。后冷战世界里，欧洲或许不能集合起来支持新的大西洋政策，但是美国也不能在胜利时刻就抛弃三个世代以来的政策。

盟国当前的工作是调整组成大西洋关系的两个基本组织，北大西洋公约组织以及欧洲联盟（旧名欧洲共同体），使之适应后冷战世界的现象。

北大西洋公约组织依然是美国与欧洲之间主要的连接组织。北约组织成立时，苏联部队已在分裂的德国之易北河畔。一般认为，苏联凭其传统兵力即可征服西欧。不久，苏联军方亦大量扩张其核兵力。整个冷战时期，西欧的安全依赖于美国；而后冷战的北约组织体制依然反映上一状况。美国掌握北约的统一军事指挥部，由美军将领担任北约盟国总司令；她也一再反对法国所提的欧洲防御自主的主张。

欧洲整合运动的起源有两个假设前提：一是除非欧洲能有单一的发言权，否则它会渐渐沦落到无关紧要的地位；一是绝对不容许分裂的德国可在两大集团之间游移，而玩弄冷战双方。本书写作之时，原本只有 6 个会员国的欧洲联盟，已增加到 12 个会员国，而且还在继续扩充中，可望在将来纳入斯堪的纳维亚国家、奥地利，甚至若干前苏联附庸国家。

这两个假设的前提，由于苏联瓦解、德国统一而动摇。苏联军队已不复存在，俄罗斯部队已往东后撤数百英里。在可预见的未来，俄罗斯因内部骚乱，进攻西欧似已不可能。同时，俄罗斯重提前帝国的倾向，又重新唤醒了各方传统上害怕俄罗斯扩张主义的心理，尤其令东欧的前附庸国家大为戒惧。紧邻着俄罗斯的国家的领袖，没有人跟美国一样有信心，肯把自己国家的安全寄托在俄罗斯的转变上。他们全都偏向于支持叶利钦，而非叶利钦的对手；但他只是两害相权取其轻的结果，而不是能消除历史不安全感的人物。

统一的德国的出现，使得这些恐惧加深。了解这两个欧陆大国在历史上，不是瓜分其邻国，就是在邻国领土上征战，位于这两大强国之间的国家便深深以安全真空为虑，因此更加渴望美国保护，这可以她们争相加入北约组织为例证。

如果北约组织需要依苏联势力的崩溃而调整，欧盟也要面对德国统一的新现实。德国的统一威胁到了欧洲统合的重心之隐性换位：即西德接受法国在欧洲共同体的政治领导地位，换取在经济事务上有最高发言权。因此，西德与西方的结合是透过两个途径：在北约组织内接受美国在战略事务上的领导；在欧盟内接受法国在政治问题上的领导。

在未来，所有传统的大西洋关系将会变化。欧洲将不再觉得像过去那样需要美国保护，会更加积极热切地追求经济上的自我利益；美国将不会再愿意为欧洲安全承诺大的牺牲，会受到各种样式的孤立主义之引诱；到某一地步，德国将坚持要求具有和其军事、经济力量相称的政治影响力，在情感上也将不再那么依赖美国的军事支持以及法国的政治支持。

只要继承阿登纳传统（详见本书第二十章）的科尔总理在职，这种趋势就不会充分表露出来。可是，他代表的是那一类领袖的最后人物。新起的世代对大战并无亲身经历或记忆，对于美国援助战后百废待举的德国重建，也毫无记忆。没有情感上的理由要服从超国际的组织，或接受美国、法国的观点。

战后世代的美、欧领袖之大成就是，他们认识到除非美国有机地介入欧洲，否则她日后迟早也得在更不利于大西洋两岸的情境下，不得不介入。这个情形在今天更加明显。德国已变得十分强盛，以致现有的欧洲体制无法凭一己之力在德国及其欧洲伙伴之间，取得均衡。欧洲即使挟德国之力，也不能凭一己之力处理俄罗斯的再次崛起或分裂瓦解，这是苏联解体后最有威胁性的两个结果。

德国和俄罗斯各以对方为主要伙伴或主要敌手，绝非各国之福。如果她们关系太密切，会使人产生德、俄共治的忧惧；如果她们争吵，欧洲可能因危机升级而被卷入风波。美国与欧洲有共同的利益，要避免德国和俄罗斯的国家政策失控而竞逐欧洲大陆心脏地带。没有美国，英国和法国无法维持西欧的政治均衡；德国会受到国家主义之诱惑；俄罗斯也将失去一个全球对话的对象。没有欧洲，美国在心理上，以及地球上、地缘政治上，都将成为在欧亚大陆外海的岛屿。

后冷战体制使得北大西洋同盟面临三组关系问题：一是传统同盟结构的内部关系；二是大西洋国家对东欧的前苏联卫星附庸国家的关系；三是前苏联后继各国，尤其是俄罗斯联邦，与北大西洋国家，以及东欧国家的关系。

北大西洋同盟内部关系的调整，由美法之间对大西洋关系的观点的长期角力所主宰。美国以统合的旗帜掌握住北约组织；法国则高唱欧洲独立，促成了欧盟。两者见解不同的结果是，美国在军事领域太过独霸而不去推动欧洲的政治身份，可是法国又太坚持欧洲的政治自主而不去推动北约组织的团结。

就知识层面而言，这项争议等于重演黎塞留观念和威尔逊观念的冲突——也就是外交政策是要要求利益均衡，还是要确认基本和谐，这两者之间的冲突。美国认为，北约组织统合的指挥本部代表着盟国的团结；法国则把它当成一面红旗。美国领导人不能明白，如果一个国家并不希望保留必要时可置盟友于不顾的选择权，又何必非坚持独立行动的权利不可。法国则认为，美国对欧洲保持独立的军事角色不安，分明就是隐藏有独霸的企图心。

事实上，两国的国际关系观点都有其历史缘故。法国继承了欧式外交的传统，其渊源可以上溯到300多年以前。每当英国必须放弃其保护权力均衡的角色时，法国就——姑不论是好是坏——继续坚持“国家理由”政策，也支持精确评估利益而非一味追求抽象的和谐关系。美国或许时日稍短，也同样持续力倡威尔逊主义。美国深信基本上的和谐关系的确存在，坚信既然欧洲和美国的目标一致，欧洲的自主若非不必要，就是太危险。

当前欧洲的两大挑战——把统一的德国整合纳入西方，以及建立大西洋同盟对新俄罗斯的关系——决不能照本宣科地运用黎塞留或威尔逊的方略去处理。黎塞留的方式会助长个别欧洲国家的国家主义，会导致欧洲分裂；百分之百的威尔逊主义则会挫弱欧洲的认同感。以反美为基础建立欧洲体系的企图，终将破坏欧洲的团结与大西洋的合作。另一方面，美国也不需要担心在北约组织之内，欧洲认同感上升，因为我们很难想象，没有美国的政治和后勤支援，欧洲能在什么地区发动自主的军事行动。毕竟，产生团结的原因并不是统合的指挥本部，而是共同的政治与安全利益之意识。

美国与法国之间的争论、威尔逊主义与黎塞留主义之间的争论，都已被事件发展所超越。大西洋同盟与欧盟都已经成为稳定的新世界秩序不可缺少的基石。北约组织是针对来自任何地区的军事威胁的最佳保障；欧盟则是维持中欧、东欧安定的基本机制。我们需要这两个组织来把前苏联的后继国家及附庸国家，导入和平的国际秩序。

东欧的前途，与前苏联后继国家的前途，不是相同的问题。东欧受到红军占领，但它在文化上和政治上都认同西欧的传统，波兰、捷克共和国、匈牙利和斯洛伐克等国尤其如此。若不和西欧及大西洋组织结合，她们将在德国与俄罗斯之间成为无主之地，任人控制。这些关联要有意义，上述四国就必须纳入欧盟以及大西洋同盟。经济、政治上要能活跃，她们需要加入欧盟；为了安全因素，她们仰望大西洋同盟的照顾。事实上，加入一个组织亦即隐含也是另一个组织成员的意思。由于欧盟绝大部分成员也是北约组织会员国，也由于我们无法想象在欧洲统合达到某一地步之后，她们会不理会一个会员国受到攻击之事实，所谓欧盟成员国也必将导致北约组织保障的事实延伸。

到目前为止，因为东欧国家还无从加入这两个组织，这个问题还需要回避。然而，两者都还未容纳东欧国家加入的理由，就跟欧洲、美国政治传统迥异一样相当不同。欧洲是以现实政治为基础，决定把欧盟往东延伸：它已接受了此一原则，并且准予东欧国家准会员国的身份，以待其经济改革成绩追上来（在此一过程中，使西欧经济避开竞争一段时间）。这也就是说，加入为会员国只是技术问题，过一段时间就水到渠成。

美国之所以反对波兰、匈牙利、捷克共和国及斯洛伐克成为北约组织会员国，是基于原则问题。回溯到威尔逊历来对同盟关系之反对——因为同盟是以预期有冲突对峙为基础——克林顿总统利用 1994 年 1 月北约组织高峰会议的场合，提出另一个替代性的观点。他在说明美国为何反对上述四国加入北约组织时，声称大西洋同盟经受不了“在东、西方之间划一条新界线，这可能会引发未来对抗的自我预言。我要敬告在欧洲与美国主张我们应更往欧洲东部推进，划下一条新界线的全体人士，我们不应该堵塞欧洲最佳前途的可能性，那就是四处都是民主、四处都是市场经济、四处的人民都为共同安全而合作”。

基于此一精神，克林顿总统提出他称之为“和平伙伴”（Partnership for Peace）的计划。请前苏联的全体后继国家，以及莫斯科过去在东欧的全体附庸国家，都加入类似集体安全的一个体系。他把威尔逊主义以及本书第十六章所述华莱士对遏制的批评混合起来，运用集体安全的原则，把苏联与俄罗斯帝国主义的暴行的受害人等同看待，赋予毗邻阿富汗的中亚各共和国与波兰相同的地位（波兰四度遭到列强瓜分，俄罗斯都插有一脚）。和平伙伴并不是加入北约组织的中途站，但是它经常被人误认如此；它是代替品，就好像《洛迦诺公约》（详见本书第十一章），只是20世纪20代年法国极力追求却不得的英国同盟之代替品而已。

《洛迦诺公约》显示，在以共同宗旨为基础的同盟，以及不以对威胁的共同认知为基础、却以实现国内统治的特定条件为基础的多边组织，两者之间没有别的选择。和平伙伴有在欧洲制造两组边界线的危险：一种受到安全保障的庇护，另一种则被拒绝予以上述保障——这种情形势必对潜在的侵略者有诱惑力，潜在的受害人则相当沮丧。基于避免冲突对峙，必须十分谨慎不在东欧与中欧等多次欧洲冲突的起源地，留出战略和观念上的无主之地。

情势显示，不可能在同一套方案下解决东欧的安全以及把俄罗斯融入国际社会的孪生问题。如果和平伙伴被当作北约组织的一部分，则它可能把北约的活动转移到与任何实际安全任务无关的方面，扩大东欧的不安全感，可是又相当含糊，不能让俄罗斯放心，因而伤害到大西洋同盟。的确，和平伙伴的风险是，被有可能受侵略之害的国家认为无足轻重，甚至是危险的；可是在亚洲国家中又被认为是针对中国和日本而召集的种族俱乐部。

同时，把俄罗斯与大西洋国家连接起来也很重要。命名为“和平伙伴”的组织，若是全体成员能以大体相同的态度去处理任务，它就有存在价值。这些共同的任务不外乎经济开发、教育和文化事项。欧洲安全与合作会议或许可以被赋予这些任务，并改名为“和平伙伴”。

经过如此设计，大西洋同盟将建立共同的政治架构，并提供全面的安全；欧盟可加速步调，把东欧的前苏联附庸国家纳为会员国；北大西洋合作理事会以及欧洲安全与合作会议，或许会改名为“和平伙伴”，将前苏联各加盟共和国（尤其是俄罗斯联邦）连接到大西洋结构上，安全伞就可伸展到东欧新兴的民主国家。如果俄罗斯安于其国境线，安全的焦点就会在将来移到和平伙伴上。共同的政治与经济方案将越来越成为东西方关系的重点。

大西洋关系的未来并不存在于东西方关系之上，而是寄托在其举足轻重地协助美国适应 21 世纪可以预见的演变之角色之上。在本书写作时，我们还看不出来哪一个新兴势力会最强大或最具威胁性：究竟俄罗斯、中国或原教旨主义的伊斯兰教，谁会崛起？在这一情势下，过去被称为“地区之外”的问题，将成为北大西洋关系的核心，而北大西洋关系应依照此一宗旨重新组织。

美国对亚洲的兴趣加重，例证是克林顿 1993 年在一次亚洲政府首脑会议上提议成立太平洋共同体（Pacific Commnuity）。但是“共同体”这个词用在亚洲，意义十分有限；因为太平洋地区的关系基本上与大西洋地区的关系大为不同。欧洲国家可因共同体制而组合，亚洲国家却自认彼此殊异、相互竞争。亚洲主要国家彼此的关系具有许多 19 世纪欧洲均势体系下的特征，其中之一若是实力大增，几乎必然引起其他国家的抵制行动。

于其中居影响地位者是美国；美国有能力扮演 20 世纪两次世界大战之前英国维持欧洲均势的角色。亚太地区的稳定，其可夸耀的繁荣之支撑，都不是自然定律，而是均势的结果。在后冷战世界，此一均势越发需要仔细精心的照料。

威尔逊主义在亚洲信徒不多。亚洲没有集体安全这种体制，即使在少数民主国家里，也没有所谓以共同的国内价值为基础的合作关系，而是将重点全摆在均势和国家利益上头。所有的亚洲主要国家，军费支出都在上升。中国正在走上超级大国之路，中国的国民生产总值年增长率为 8%（比起 1980 年代的年增率略降），在 21 世纪过完 20 年之后，将接近美国水准。远在此之前，中国的政治和军事阴影就将笼罩亚洲，并且不论中国的实际政策多么有节制，也将影响其他国家的估算。亚洲其他国家很可能以对付日本之道，同样设法制衡越来越强大的中国。虽然她们将矢口否认，东南亚国家将纳入从前她们深怕的越南，使她参加东南亚国家联盟，俾能制衡中国和日本。这也是东盟要求美国仍留在此一地区的主要原因。

日本的角色无可避免地会就情势变迁而调整，但是日本领袖依其国家作风将会以累积许多很难察觉的细微改变去做调整。冷战时期的日本，放弃其历来的自己依赖自己的传统，处在美国保护之下。日本是个坚毅的经济竞争者，她以接受华府外交与安全政策之领导，换来在经济领域里的自由运作。只要苏联依旧被美、日两国视为安全上的主要威胁，我们就有道理把美国和日本的国家利益视为一体。

这种模式已不可能再继续下去。韩国与中国的军事力量日增，苏联军力最未受伤害的部分驻扎在西伯利亚，日本制订长远计划的人不会永远认为美、日利益会绝对一致，当美国历任政府新上任就宣布要重新评估现有政策（至少这是暗示政策有可能改变），并且当经济问题冲突成为常态而非例外时，就很难坚称：美国和日本的外交政策利益绝不会有分歧。由于地理上的接近和历史的经验，日本对亚洲大陆的观点就与美国有别。因此，日本的国防预算缓步上升，直到成为世界第三，并且鉴于俄罗斯的内部困难，或许是第二有效的军事预算。

1992 年日本首相宫泽喜一被问到，日本是否能接受北朝鲜具备核能力时，他以非常不合日本味道的直率，简洁地答了一个字：“不！”这是否表示日本将发展自己的核能力？或者她将设法压制北朝鲜的核能力？单凭这些问题会被问到的事实，就代表日本有可能在某一程度内，脱离美国的安全与外交政策立场。

针对其他主要国家进行更锐利的分析，可能会显示出亚洲均势已有变化，而且不太稳定。美国企图维持亚洲均势的话，就不能等到它已经受到破坏才着手。她的政策必须有充分弹性，能够影响亚洲所有的论坛，就某个程度而言，这业已在进行中。美国业已在东南亚国家建立辅助性的角色，也在亚太经济合作会议中成为主要参与者。

但是，美国对这些多边组织影响力的局限性，也变得明显了。克林顿提议以欧洲模式建立比较有组织的太平洋共同体，却受到礼貌而又冷淡的回应，其原因出在亚洲国家并不认为她们是一个共同体。她们并不想要一个有组织的架构，可能使得亚洲潜在的超级大国，甚至美国，能对其事务有重大发言权。亚洲国家愿意开放与美国交换意见，也赞成让美国充分参与，以便一旦紧急事故发生，美国能援手挡退对其独立的威胁。但是她们对独大的邻国，甚至美国，都有忌惮，因而不能支持在全太平洋建立正式组织。

美国影响事件的能力因此主要得靠她与亚洲主要国家的双边关系来进行。这也就是为什么美国对日本与中国的政策——在本书写作时，仍有极大争论——非常重要之故。美国是使日本与中国虽然互相疑忌却还能共处的关键角色。在可见的未来，日本面临人口老龄化、经济停滞的压力，可能会决定抢在中国崛起成为超级大国、俄罗斯恢复实力之前，先发挥其技术与战略上的优势；然而，她或许会追求更能提升其平起平坐地位的核技术。

针对上述可能的状况而言，日、美紧密的关系将大大有助于日本的温和，也是对亚洲其他国家的重要保证。中国及亚洲其他国家对日本军事力量与美国结合的疑虑反而没有对单单日本一国的军事力量的疑虑来得更大。日本会认为，只要美国的安全网存在——即使已经比以往小一些——她需要的军事力量可以较小。有需要让美国在东北亚（日本与韩国）维持足够的驻军，倘若没有美军驻留，美国承诺的会在亚洲保有长久关切，就失去了可信度。日本和中国也会更加受到诱惑而追求其目标，到头来可能就互相争锋，甚至波及两者之间的缓冲国家。

以平行的地缘政治利益为基础，重振和澄清日美关系，会面临重大障碍。美日在经济上不合是尽人皆知，文化障碍则可能更隐晦。不同国家因为决策方式不同，都会有这些痛苦，甚至有狂暴的痕迹。美国人以地位做决断。某位权威人士（通常是总统、偶尔是国务卿），多少是凭借其职位在各项可能的方案中挑选他赞成的路线。日本却得依照共识运作。每一位必须执行决定的人，都参与了共识的制定与形成，要人人都同意了，共识才算建立。

这种差异在美国总统与日本首相会商时，就必然会因误解而更加严重。美国总统表述同意，接下来就是行动；日本首相认可，他所传达的态度未必表示他同意美国立场，而是他已经了解，会向同僚转达提出。他认为很明显，他的职权不能逾越此一程度。有关亚洲前途的谈判要成功，美国必须更有耐心，日本则必须采取立场讨论有关未来合作的长期政策。

颇为奇妙的是，日美关系稳定，中美关系就会不稳定。日本虽然相当接纳中国文化，却一直挣扎在又敬又惧的心态中，固然想建立睦谊，却又有心要控制中国。中美关系一吃紧，日本就倾向于脱离美国，目的若非增强她在中国的影响力，至少也是不要因太紧密追随美国而损及日本对中国之影响力。同时，日本若纯以本国立场出发，又有被北京诠释为表露日本有霸权思想之虞。因此，美国与中国保持良好关系成了美日长久良好关系的先决条件，也成为中日亲善的先决条件。这种三角关系，任何一角想放弃，都会有重大风险。这种混沌情势也让美国不能完全放心，因为它违反了美国给其他国家贴标签的非友即敌的倾向。

在所有的大国或潜在的大国中，中国的声势最盛。美国已经最为强盛，欧洲必须努力整合得更加团结，俄罗斯是步履艰辛的巨人，日本财富可观却仍然怯懦。然而，中国经济的年增长率接近 10%，具有强烈的国家团结意识、军力亦鼎盛，她在主要国家中的地位将出现最大的相对上升。1943 年，罗斯福总统就构想以中国为“四大警察”之一，可是中国旋即陷入内战旋涡。共产党中国崛起后专注于成为独立的大国，但因意识形态的局限而大打折扣。将意识形态的骚动搁置之后，中国的改革派领导人以纯熟的坚毅，追求中国的国家利益，与中国对抗的政策将使美国在亚洲有遭到孤立之虞。没有一个亚洲国家希望或承担得起，在美国与中国爆发政治冲突时，出面支持美国；她们认为这是美国政策方向错误，才会爆发美中冲突。一旦发生这种情况，绝大多数的亚洲国家即使内心可能不愿，多少都会与美国保持距离。几乎每个国家都盼望美国创造一个稳定、长期的架构，能把中国和日本都包容进去——这项方案一旦遭遇中美对抗，就绝对不会成功。

中国具有最长久的独立外交政策历史，传统上其外交政策更以国家利益为基础，她欢迎美国参与亚洲事务，以制衡可畏的日本、俄罗斯两大强邻，以及印度。可是，美国政策同时要与北京睦谊，又要与北京认为对中国安全有潜在威胁的国家交好——这的确就是美国的立场——华府与北京之间就必须定期、谨慎地对话。

1989—1992 年，美方拒绝与中国有高层接触，中美对话受到抑制——

即使在冷战最炽烈之时，美国也从未对苏联采用此一措施。人权问题因而成为中美关系的重心。

克林顿政府明智地恢复了高层接触，中美关系的未来因此基本上要取决于这些对话的内容。很显然，美国不能放弃她对人权和民主价值的传统关切。问题不在于美国是否支持其价值观念，而是中美关系的全部取向，要有多大程度以人权等价值为先决条件。中国认为，中美关系不以互惠利益为基础，却以华府裁量决定善恶为基础的情势，十分屈辱。这种态度令美方显得不可靠，强人所难；在中国人心目中，不可靠是最最要不得的缺点。

中国长久以来在其区域内是卓越的——的确，在她的世界里，她是天下至尊——任何企图号令其组织和内部运作的作为，都会引起她的深刻忌恨。鉴于中国对西方介入其历史的不愉快经验，此一敏感性更是深化。自从 19 世纪上叶鸦片战争打开中国门户以来，中国人视西方是一连串无休无止的国耻的始作俑者。地位平等、强烈坚持不听命于外国，在中国领导人心目中，不只是战术，更是道德上的必然。

中国所求于美国者是一种战略关系，用以制衡她认为太强大、太贪婪的邻国。要达成这个层次的外交政策协调，中国可能预备在人权问题上做些让步，但是要做出这是出于中国自身决定的姿态。美国坚持要吻合公开划定的条件，使得中国觉得这是美国企图转化中国社会接受美国价值观的作为——中国人视此为耻辱——也证明美国人不够真诚。因为美国声称她在这类的亚洲均势中并无国家利益。如果在此一宗旨上不能指望美国，中国就没有兴趣对她做出让步。中美关系的关键——很矛盾的是，人权问题的关键亦然——是默默地在全球（尤其是亚洲）的战略上合作。

就欧洲而言，美国跟她有共同的价值观，但是还未能设计出符合后冷战时期的共同政策或适当的组织；就亚洲而言，美国有可能界定一个大家都能接受的全盘战略，但是没法建立共同的价值观。然而，十分出乎意料的是，在西半球却出现了道德与地缘政治目标的汇合，威尔逊主义和现实政治的汇合。

美国早期的对西半球的外交政策，本质上是大国干涉主义的政策。罗斯福总统 1933 年公布的睦邻政策，象征着转向合作关系。1947 年的《里约热内卢条约》和 1948 年的《波哥大公约》，提供了安全架构，后来也纳入了美洲国家组织的体制内。肯尼迪总统 1961 年以进步同盟导入外援和经济合作，可是此一有远见的政策却因受援国走上中央控制经济而失败。

冷战时期，大部分拉丁美洲国家受到强权政府（大部分是军人执政）的统治，在经济上采取国家控制的体制。80 年代中期起，拉丁美洲摆脱其经济瘫痪的状态，开始以可敬的一致性大步迈向民主政治与市场经济。其中，巴西、阿根廷和智利摆脱军人政府，重建民主体制；中美洲各国也结束内战。原本因胡乱借贷而破产的拉丁美洲，正在接受经济纪律，几乎到处都在把国有经济逐步开放给市场力量。

布什总统 1990 年宣布的“开创美洲事业倡议”（The Enterprise for the Americans Initiative），以及克林顿在 1993 年才争到的与墨西哥、加拿大签订《北美自由贸易协定》，代表着有史以来美国对拉丁美洲最有创意的政策。经历一系列起伏之后，西半球似乎已即将成为新的、人道的世界秩序之关键成员。一系列民主国家宣称要坚守普选政府、市场经济与在整个西半球推动自由贸易。西半球只剩下古巴是唯一的马克思主义体制；其他地方的国家本位、保护主义的经济管理方式纷纷被自由经济所取代，欢迎外国投资，支持开放的国际贸易制度。美国强调要有互惠的义务和合作的行动，最戏剧化的终极目标是，创造一个北起阿拉斯加、南抵合恩角的自由贸易区——这个构想在不久之前，还会被当做毫无希望的乌托邦念头。

整个西半球的自由贸易体系，以《北美自由贸易协定》起步，将使美国居于无可争议的领导地位。如果 1993 年谈判洽定的《关税与贸易总协定》“乌拉圭回合”的原则，事实上能付诸实施，西半球将成为全球经济成长的主要参与者。如果出现有歧视性的区域集团跃居上风，西半球挟其广大的市场，也可以有效地与其他区域贸易集团竞争。的确，《北美自由贸易协定》是预防此一竞争的最佳方法，如果发生竞争，也可在竞争中获胜。《北美自由贸易协定》准许西半球以外的国家加入成为准会员，可以激励自由贸易，并且惩处坚持具限制性政策的国家。在美国经常不得不于价值观及需要性之间力求均衡的世界里，我们发现理想与地缘政治的目标竟在西半球充分契合，而西半球正是美国期望所源生的、也是其第一个重大外交政策创意实施的地区。

第三度建构世界秩序

美国在发起20世纪第三次创建新世界秩序的任务时，最重要的工作是在隐藏于其例外主义内的两大诱惑之间，取得平衡。这两大诱惑一是认为美国有必要纠正一切错误、安定一切骚动；一是她有潜伏的本能要退却回去。毫无区分就介入后冷战世界的一切种族纷争和内战，势必让美国资源耗竭。可是美国若是自顾门前雪，关起门来砥砺国内道德，势必把美国的安全与繁荣交给偏远地区的其他社会代为决定，美国将因而逐渐失去控制权。

1821年，约翰·昆西·亚当斯奉劝美国人不要妄想“跨海平魔”时，他一定想象不到后冷战世界会有那么多、那么强大的恶徒存在。不是每个恶魔美国都能对抗，若是单凭美国之力更是力有未逮。但是，若干恶徒即使无法剿灭，至少也得被抵制。最需要者乃是选择的标准。

美国领导人一般重视动机大于重视结构。他们重视影响对手的态度，而非估算对手的实力。因此，美国社会对于历史的教训特别爱恨交织。美国影片经常描写戏剧化的事件如何使得恶徒放下屠刀，立地成佛，转变成道德模范——反映出全国人民深信，过去种种可如昨日死，永远有可能今日幡然一改，痛改前非。在现实世界里，这种大转折很少发生在个人身上，而国家是由许许多多个人组成的，这种情形可就更加稀罕了。

美国人不肯接受历史事件，而热衷于歌颂每个正常人都普遍遵循的道理，不论某个人其过去、其来处或任何其他不可变异的环境有何不同。由于美国传统重视普遍真理而非国家特性，美国决策者一般偏好采取多边方式而非基于一国立场去思考问题，换言之，美国决策者好谈裁军、禁止核扩散和人权等问题，而不是基于一国的地缘政治或战略问题进行讨论。

美国拒绝受历史拘束、坚持永远有可能创造那赋予美国生活方式的伟大的尊严和美丽。美国担心迷恋历史的人士自己去制造“历史覆辙”，的确有他几分道理。桑塔亚（Santayana）的格言说，忽略历史者必将重蹈历史覆辙，我们可找到许多例证支持它。

具有美国这样理想主义传统的国家，不能以权力均衡作为新世界秩序的标准来制定其政策。但是她必须知道，均势是追求其历史目标的基本先决条件。这些崇高的目标不是只凭言谈或姿态就能达成的。新兴的国际体制远比美国外交过去所遭遇的更加复杂。外交政策必须由一个强调眼前诱因、且能提供少许长远诱因的政治体制来执行。政治领袖必须能与选民交往，选民则通过视觉印象接受资讯。凡此种种都使我们在重新思考优先事项、分析能力之时，更需注重感情与情绪。

我们要强调，现实政治不是自动生效的万应灵丹。势力均衡在拿破仑战争之后 40 年才达到鼎盛状况，它在这段时期能平顺运作，是因为均势是刻意设计用来增强平衡的。同样重要的，是因为它有共同的价值观念做支撑，至少在保守的朝廷里是如此。克里米亚战争之后，共同的价值观逐渐丧失，事态回到 18 世纪的情境，现在由于技术现代化、舆论的角色增进，变得更加危险。即使民主国家也可以借由外患来唤起民众支持，即以外患来取代民主国家的共识。欧洲各国的民族整合减少了国家数量，以及以外交组合取代了权力配置的能力；同时，共同的法统观沦丧，也破坏了道德的制约力量。

即使美国历来都回避势力均衡，但这些教训却与后冷战时期美国的外交政策息息相关。美国有史以来第一次在国际体制中，居于世界上最强大的国家的地位。虽然军事上是个超级大国，美国却不再能够随心所欲，因为她的力量和意识形态都不容许她有帝国野心。美国借由核武器在军事上占尽优势，可是核武器将成为无用的力量。

因此，美国发现自身的处境十分近似 19 世纪的欧洲，我们可以希望类似梅特涅体制的某一体制能够演化，借由共同的价值观可以增强势力均衡。在现代世界，这些价值观必然是民主的理念。

可是梅特涅不需要去建立其法统秩序，因为法统秩序基本上业已存在。

在当代世界里，民主已经十分普遍，但是关于一般所宣称的民主，世界各地用词未必就一样。因此，美国要以道德共识去支撑均势，乃是合理的做法。美国必须尽其心力，在全球坚守民主政治信念的基础上建立最大可能的道德共识。但是美国也不敢忽视势力均衡的分析，因为追求道德共识时若是破坏了均势，道德共识便会自己击败自己。

如果不可能建立以法统为基础的威尔逊式体系，不论其路线多么不相称，美国都必须学习在势力均衡体系中运作。19 世纪的势力均衡体系有两种模式：帕麦斯顿、迪斯累里所主张的英国模式，以及俾斯麦模式。英国模式是坐等势力均衡受到直接威胁后，才挺身介入，而且几乎永远站到弱者这一方。俾斯麦模式则设法防止挑战发生，它主张尽可能与许多国家建立密切关系，建立交叉重叠的盟国体系，进而运用影响力让竞争者的主张温和下来。

鉴于美国在两次世界大战都与德国对峙的经验，人们或许会很惊讶地发现俾斯麦式的均势运作方法，可能更适合美国传统上处理国际关系的方式。帕麦斯顿、迪斯累里的方法需要能克制、疏离争执，一旦遭遇威胁又必须坚毅、不顾一切地坚持均势。争议与威胁两者几乎必须以势力均衡的角度加以评估，美国一定会发觉很难保持疏离，及很难掌握不顾一切的狠与准，更不用提她会愿意纯然以权力的角度去诠释国际事务了。

俾斯麦后来的政策寻求通过那些与各国都有密切联系的国家达成共同目标之共识，在事先就限制了权力之决斗。在一个互相依存的世界，美国会发觉很难实行英国的孤立。但是她也同样不可能有能力建立一个完整的安全体系，能够平等地适用于全世界各地。最有创意的解决办法将是建立重叠的架构，有些是以共同的政治、经济原则为基础（如西半球），有些则结合共同的原则与安全考虑（如大西洋地区与东北亚），有些则大体以经济关系做基础（如东南亚）。

在任何情况下，历史都不能以任务太艰巨来作为失败的遁词。美国必须掌握的是，由一个有各式各样抉择的时期，过渡到如果明白本身的局限性，仍可比其他社会大有作为的时期。美国历史上根本未尝遭到威胁其生存的外敌，当此一威胁在冷战时期终于出现时，这个敌人又被彻底击败。

美国的经验因而鼓舞美国人去相信，美国在世界各国中是唯一无可撼动的强国，并且只凭道德和善行就能无往不利。

在后冷战的世界里，这种态度会使无知变为自恋。当美国既不能主宰世界又不能脱离世界之时，当美国十分强盛却又十分脆弱之时，美国势必不能放弃让她之所以伟大的理想，但是她也不应该妄自以为无所不能，而破坏了美国的伟大。世界领导地位是随着美国的实力与价值观而来，但是美国没有特权可以自认为美国与他国结合是施恩于她们，也不能自以为具有无限能力可以借由撤回协助而强要他国接受美国的意志。就美国而言，与现实政治的结合必须考虑到历史上第一个表明以自由之名建立的社会之核心价值。但是美国的生存与进步，也要依靠她能反映当前现实，做出抉择的能力。否则，外交政策就变成了自以为是的姿态了。赋予这两个成分的相对分量，以及对每一优先事项愿付出何种代价，决定了政治领袖的挑战和地位。领导人绝对不能做的事，就是主张抉择没有代价，或不需要保持平衡。

美国在走上第三度建构世界秩序的道路时，理想主义依然与往常一样重要，甚至可能更加重要。但是在新世界秩序中，美国的角色将是提供信念，让美国在不完美的世界能顺利通过抉择的迷雾。传统的美国理想主义必须与慎重思考评估当前事实相结合，以便产生有益的美国利益的定义。过去美国外交政策的作为受到若干乌托邦思想的启发，以为世界和谐必会到来。

此后，我们不会见到太多这一类最后结果。美国理想的实践必须靠耐心积累许许多多小成就来完成。冷战时期确实的威胁以及敌意的意识形态，已经远去，掌握新世界秩序所需要的信念变得更为抽象化：对于未来的展望提了出来，却又无法证明；对于希望与可能性之间的关系的判断，本质上也只是臆测罢了。美国过去的威尔逊式的目标——和平、稳定、进步和人类自由——将必须在无尽头的旅途上去寻求。西班牙有句谚语：“旅人啊，前头没有路，路是人走出来的。”

致　　谢

吉娜·戈德哈默作为本书的编辑，以其非凡的能力、机智与耐心，总是在我最需要的时候给予我最大帮助。

乔恩·万登·霍伊维尔的历史研究在我的写作中是必不可少的。此外，从我开始动笔起，他的评论就一直很有帮助。

我的老朋友及助手彼德·罗德曼在关于美国的资料方面做了大量研究。他阅读了本书的每一章，并提出了宝贵的建议。

长期以来罗丝玛莉·尼赫斯一直是一个不知疲倦的助手，她做了关于朝鲜和越南方面的研究。莫琳·迈尼汉和斯蒂芬妮·托恩也给了我有益的帮助。

朱迪·威廉姆斯将我极其潦草的手稿打印誊清，并对许多冗长的句式做了修改。苏珊·迈克法兰为我打点其他事务，使我得以集中全力于本书的创作。

威廉·海兰德关于苏联方面的建议令我获益匪浅。

西蒙与舒斯特出版社的迈克尔·柯达不愧是位好编辑，也是我的好友。在他的帮助下，我最初的创意得以成书。他尤其令我感到良药苦口，忠言逆耳。

林恩·阿马托的幽默与效率在我和西蒙与舒斯特出版社的合作中发挥得淋漓尽致。感谢西蒙与舒斯特出版社的全体成员——版式编辑、设计、宣传人员——的贡献。

我妻子南茜一直是我可靠的顾问和我的精神依托。她读了全书，提出了宝贵的建议。

本书的所有不足是我一人造成的。